はじめての贈りもの

女の子の幸せ名前事典

京都大学名誉教授　(株)感性リサーチ代表取締役

監修 —— 阿辻哲次　黒川伊保子

ナツメ社

はじめに

赤ちゃんの誕生は、人生の中で何ものにもかえがたい喜びです。**名前は、大事な赤ちゃんに、パパ、ママが贈るはじめてのプレゼント。**赤ちゃんは名前を与えられてはじめて、社会の一員として歩みはじめることができるのです。

思いやりのある子に育ってほしい、〇〇ちゃんと呼びたい、夏にちなんだ漢字を使おう、人生を切りひらけるような運のいい名前に……。この本を手にされたあなたは、赤ちゃんへのあふれる思いをどうやって名前に託《たく》すか、頭がいっぱいになっているのでは？

その思いをぜひ名づけに活かしてください。子どもは、名前を呼ばれたり書いたりするとき、そして由来を知ったときに、幸せを願う親の深い愛情を感じとることでしょう。

本書は、**漢字研究の第一人者である阿辻哲次先生、語感研究のパイオニアである黒川伊保子先生の監修のもと、名前の音、イメージや願い、漢字、開運（画数）の四つの手がかりから名づけを考えてみました。**名前の例が満載のうえ、読んでも楽しい一冊です。

名前の音については、データをもとに印象を解説。また、四季や自然、なってほしい性格などのイメージや願いから、名前を探すこともできます。漢字はすべてに意味を明記し、人気のある漢字は名前の例をふやしています。開運から名づけたい場合は、姓から考えられるように工夫しました。先輩パパ・ママの名づけストーリーや名前にまつわるエピソードも、きっと参考になるでしょう。

幸せを願って最高のプレゼントを準備する〝名づけ〟は、赤ちゃんにとっても親にとっても、たった一度きり。その大切な名づけに、本書を活用していただければ幸いです。

みんなどうやって決めたの？

先輩パパ・ママのネーミングストーリー

先輩パパ・ママはどんなふうにして
わが子に贈る名前を決めたのでしょうか？
音から、イメージ・願いから、漢字から、画数から……
名づけのストーリーを紹介します。

杏《あん》ちゃん

フルネームのひびきも◎

私自身結婚して名字＋名前で２文字になったので、子どもにも１文字の名前をつけたいと思いました。主人と名前の案を出し合って「杏ちゃんってひびきが可愛いし、短いと覚えてもらいやすいよね」と、決定。（愛ママ）

颯《そよ》ちゃん

口ずさみたくなるひびき

「そよ」というやわらかな音のひびきが気に入って決めました。「そよそよそよ……」と口ずさみたくなるような心地よい音だと思います。（友子ママ）

英恵《はなえ》ちゃん

胎名から考えた名前

胎名を「はなちゃん」と呼んでいたので、花の名前か花のつく名前を考えていましたが、画数の合う漢字が見つからず。「はなぶさ」と読む「英」の画数が良かったので、賢くて才能あふれる、優しい幸せな子になるようにと名づけました。（菜穂美ママ）

春子《はるこ》ちゃん　夏子《なつこ》ちゃん

ドラマ中の愛称から

夫婦でNHKの朝ドラの「あまちゃん」のファン。小泉今日子さん演じる「春子」の愛称から、娘を「はるちゃん」と呼びたいと思って決定。夏生まれの次女は「なつばっぱ」にちなんで。次は「あきちゃん」かな。（麻理ママ）

音から命名

好きな音を使ったり、呼んでもらいたい音から考えたり……。愛されるひびきを考えて。

（→PART2）

小夏《こなつ》ちゃん

活発な雰囲気がぴったり

赤ちゃんの顔を見て、可憐な雰囲気だったら「詩織」、活発な雰囲気だったら「小夏」にすることに。出産のとき「小夏ちゃん、一緒にがんばろうね」と自然と心の中で思ったし、生まれてきたわが子の雰囲気は、間違いなく「小夏」でした。（千秋ママ）

裕理《ゆうり》ちゃん

夫の憧れの女の子!?

女の子とわかったとき、夫がふと小学校の同級生で「ゆうりちゃん」という賢い子がいたと言いました。初恋の子か追及はせず、ひびきが可愛いので音だけ決定。そこから名字に合う画数の漢字を探しました。（奈々江ママ）

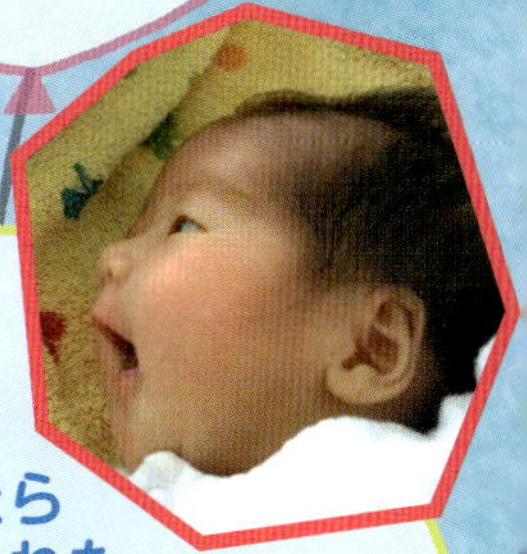

菫鈴《すみれ》ちゃん

呼びかけたら反応してくれた

妊娠中、お腹の外からいろいろな名前を呼びかけると「すみれちゃん」にだけ反応。お腹を蹴ってきて、返事のようでした。野に咲く菫の花の愛らしさや色彩のイメージに、音のひびきである「鈴」を加えて命名しました。（はるなママ）

陽菜《ひな》ちゃん

夫婦の希望が重なった名前

「ひなた」と名づけたかったママと、「ひな」と名づけたかったパパ。偶然にもつけたい名前が似ていて、女の子なので「ひな」にしました。ひだまりに包まれる菜の花のようなおだやかで優しい子になるようにと願いをこめて。（翔里ママ）

イメージ・願い
から命名

思い出の情景、子どもに託す願い……

いろんなイメージや願いをヒントに。

(→PART3)

葉月《はづき》ちゃん

海外で通用する名前に

外国の人が言っても音があまり変わらない名前にしたいと考えました。和風な名前で世界中を渡り歩いてほしいという気持ちもあり、生まれ月である８月から、名づけました。

(みづかママ)

晴海《はるみ》ちゃん

明るく晴れた海のイメージ

僕の好きな色から、第一希望は「きみどり」でしたが、周囲に反対され泣く泣くボツ。夫婦２人とも海が好きなので、明るく晴れた海＝「晴海」に落ち着きました。(寛史パパ)

由芽《ゆめ》ちゃん

母とつながりのある春らしい名前

春らしい＝芽、私の名前の一文字＝由、を組み合わせました。ひびきには「夢をもって生きてほしい」という願いを、漢字には「自分らしい生き方で人生を歩み、その道でたくさんの芽が出るように」という思いもこめています。

(真由美ママ)

夫婦お気に入りのジャスミンから

女の子なら花の名前にと考えていたので、生まれ月の花をピックアップ。夫とそれぞれ候補を挙げたら、偶然にも第一希望がジャスミンの和名「茉莉花」で一致。画数をみて「佳」に替えました。(夏芽ママ)

茉莉佳《まりか》ちゃん

「花祭り」にあやかって

予定日はお釈迦様の誕生日の花祭りの日。せっかくならあやかりたいと「花」を使った名前にすることに。私の名前から一文字とった「花佳」に決まりました。
(佳子ママ)

花佳《はなか》ちゃん

果《か》歩《ほ》ちゃん

二人の願いを合わせた名前

娘がどんな人生を歩んでほしいかを挙げ、夫は「食べ物に困らない人生」で「果」を。私は「自分で歩き、自立できる人生」で「歩」を選びました。（祥子ママ）

優《ゆう》ちゃん

優しい子に育ってほしい

嫁に、どういう人間になってほしいかを元に名前を考えようと話したところ、「優しい子だったらいいじゃない」という一言で決まりました。多くを望まず、シンプルに優しい子に育ってくれたら、と一文字にしました。（考宏パパ）

文《ふみ》ちゃん
美《み》和《わ》ちゃん

流行り廃りのないシンプルネーム

長女はいくつか候補を挙げて姓と画数が合うものを選びました。次女は7月予定日だったので「文月」から一文字とって「文」に。二人とも流行り廃りに関係のない、シンプルな名前です。（千佳子ママ）

六《りっ》花《か》ちゃん

雪の結晶から

妻のお姉さんは8月生まれで「はづき」、妻は6月生まれで「みづほ」。義父のセンスに負けないようにと考え、2月生まれなので雪の結晶の意味の六花にしました。苗字とのバランスが綺麗だと褒められる、お気に入りの名前です。（博史パパ）

碧《あ》音《お》ちゃん

綺麗なブルーをイメージして

妊娠中、お腹に手を当てると、きれいなブルーの色が浮かんできたので夫婦二人で、「赤ちゃん」ではなく「あお」と呼びかけていました。海や空の「碧」の字に、音のひびきを入れて命名しました。（はるなママ）

「漢字」から命名

お気に入りの漢字や、家族にゆかりのある漢字を使った名前です。（→PART4）

千晴《ちはる》ちゃん

ゆかりのある漢字から

夫の出身地が「千」葉で、私の出身地が「千《せん》」厩《まや》、夫の祖母の名前にも「千」が入っていたこと、私が「晴」歌、私の父の名前が「晴」耕なので、この二文字を合わせました。（晴歌ママ）

真帆《まほ》ちゃん

優羽《ゆう》ちゃん

娘もお気に入りの漢字

私の祖母は「羽」の字に、「コウノトリが運んできてくれたみたい」と喜んでくれました。長女は優しい、羽という漢字を誇りに思っているみたい。次女は名前のとおり、風を帆いっぱいに受けて真っ直ぐ進む船のように元気に成長しています。

（和恵ママ）

沙環《さわ》ちゃん

ものごとを見極め環境の変化に対応

「沙」には「水で洗って悪いものを除く」意味があることを知り、「ものごとの分別をしっかり見極め、環境の変化に対応していける人」になって欲しいという思いから、「環」の字をつなげました。（裕之パパ）

幸穂《さちほ》ちゃん

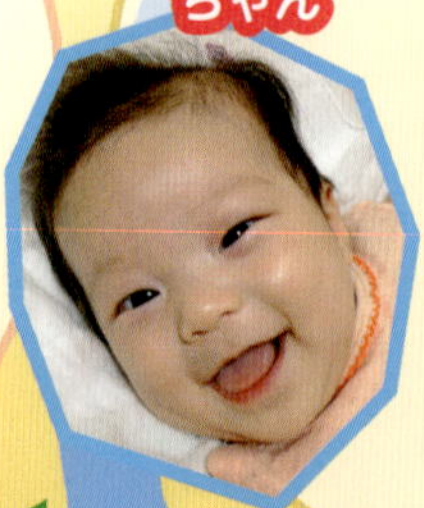

稲穂のように実りある幸せな人生を

「幸」という漢字を使いたかったのと、柔らかいひびきにしたかったので、語尾を「ほ」にしました。稲穂のように実りある幸せな人生を、という意味をもたせました。（星奈ママ）

紗《さ》夜《や》子《こ》ちゃん

「子」のつく名前にしたい！

「子」がつく名前にしたかったのと「漢字三文字は譲れない」という夫の意見をふまえ、ひびきや雰囲気で決めました。（衣里ママ）

愛らしいイメージの漢字で

長女は、たくさんの人の愛情に包まれながら自分の道をゆっくりでいいから進んでいってほしい、という願いから。次女は、桃の字に、「毎日鼻歌を歌うくらい楽しく過ごしてくれたら」という思いをこめました。（真紀ママ）

愛《あ》弓《ゆみ》ちゃん

桃《もも》歌《か》ちゃん

佑《ゆう》南《な》ちゃん

40個の候補から運勢のいいものを

40ぐらいの案から、画数による運勢がいちばんいい名前を選びました。「佑」は人を助ける、「南」は太陽がいちばん高く輝くところ、という意味もあります。

（万里ママ）

美《み》華《はな》ちゃん

すべて高得点のラッキーネーム

好きな漢字を組み合わせ、姓名判断ですべてが高得点（→P357参照）になるものに。読み方を「みか」「みはな」「みはる」のうち、やさしいひびきで、すんなり読める名前にしました。

（直ママ）

画数から命名

運のいい名前を贈るため、名前の画数にこだわって名づけました。（→PART5）

もくじ

PART 1

まず、ここから始めよう 名づけの基礎知識

PART 2

ひびきで変わる名前の印象 音から名づける

この音のイメージは？ 50音のもつ語感 …… 56

赤ちゃんにぴったりの音は？

名前にふさわしい　音と名前のリスト

PART 3

赤ちゃんへ託したい思いは　イメージや願いから

願い

PART 4

使いたい文字にこだわって 漢字から名づける

PART 5

姓名の画数をもとにして 開運から名づける

名づけのお役立ち情報 文字資料

ネーミングストーリー

名前エピソード

＊本書は『最新版 女の子の幸せ名づけ事典』(2011年2月発行)をもとに作成しています。

PART 1

まず、ここから始めよう

名づけの基礎知識

名づけのすすめ方

幸せな名前を贈る四つの手がかり

何を手がかりに考える？

2人の思い出の曲の歌詞から名づけようか
新婚旅行のハワイで見た朝日、きれいだったな～
みんなに愛される子になってほしい
個性的な名前にしたい
3文字がいいな

名前は赤ちゃんへの最初の贈り物。
パパとママでよく相談して名づけよう

赤ちゃんの名づけは四つの手がかりから

赤ちゃんが生まれるのは、人生で最上の喜びのひとつです。明るい子に育ってほしい、将来は社会で活躍するように……。いろいろな期待や願いで頭がいっぱいでしょう。

うれしさの一方で、悩んでしまうのが、わが子の名づけ。どこから考えたらいいか、見当もつかないかもしれません。

本書では、四つの手がかりから名づけの方法や名前を紹介していきます。どの方法でも、どの順番からでもかまいません。最高の名前を考えてあげてください。

赤ちゃんは名前が決まることでほかのだれとも違う存在になり、人生を歩きはじめます。名前はその人そのものなのです。

名づけの4つの手がかり

音

〇〇な印象の
名前にしたい
「〇〇ちゃん」と呼びたい

➡ PART 2へ
(P47〜126)

イメージ 願い

〇〇の思いを
子どもに託《たく》したい
〇〇な子に育ってほしい

➡ PART 3へ
(P127〜216)

漢字

あの漢字を使いたい！
「〇」の漢字に
思い入れがある

➡ PART 4へ
(P217〜352)

開運

運のいい名前にしたい
画数によって
運が開けるかも！

➡ PART 5へ
(P353〜432)

すすめ方の例

音 を決める ➡ **イメージ 願い** を確認 ➡ **漢字** を当てはめる ➡ **画数** を確認 ➡ **決定**

手がかり 1

音から名づける
——どんな名前を呼びたい？

STEP 1 呼びたい音を挙げてみる

• 愛称から •　• 呼んだときの印象から •

「50音のもつ語感」をチェック
→P56〜68

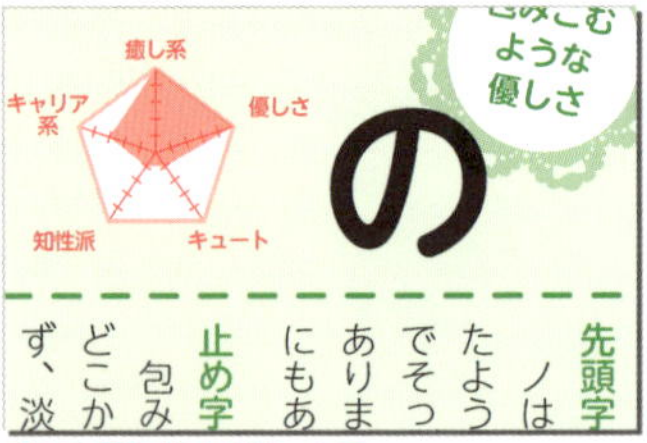

音の語感を調べる

「の」を使うことに決定！

まず音を決めてから表記のしかたを考える

名前を呼ぶときには、口の中に息を通したり空間を広げたりして音をつくり出しています。このとき、音を発した人や聞いた人が感じる感覚を「語感《ごかん》」といいます。語感は脳の奥深くに働きかけ、人の印象を左右する力があります。

　そこで、語感がもたらす効果を利用して、印象のいい名前にすることができます。また、自分たちが考えた名前の音が、どのような印象になるのかも、本書で確認することができます。

　呼び方や愛称《あいしょう》など、音を決めてから名前を考えるのは、最近人気が高まってきた名づけ法です。音が決まったら名前を考え、漢字やかなでの書き表し方（表記《ひょうき》）を決めます。

STEP 2 選んだ音から名前を考える

方法❶

「名前にふさわしい音と名前のリスト」をチェック
→P69～113

「の」で始まる例を見よう

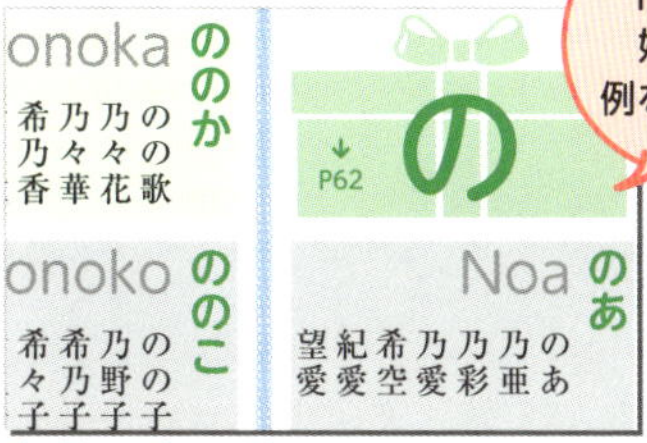
onoka ののか
のの歌 乃々花 乃々華 希乃香
onoko ののこ
のの子 乃野子 希乃子 希々子
の P62
Noa のあ
のあ 乃亜 乃彩 乃愛 希空 紀愛 望愛

名前の音を決める

方法❷

「ひびきから考える名前」をチェック→P114～126

のの
かのの 花乃々 佳野乃
のの 希々 野乃
ののあ のの愛 希野亜
ののか 野乃夏 野々花
ののこ 希乃子 望々子

「の」を重ねてもいいね

止め字や音の数、愛称から決める方法も

方法❸

「イメージワードや将来イメージから選ぶ名前の音」をチェック
→P188～195も参考に

方法❹

50音を駆使する→P481
画数表を利用して

「のりか」は女子力あるね

STEP 3 表記のしかたを決める

方法❶

「名前にふさわしい音と名前のリスト」をチェック→P69～113
(STEP 2 方法❶で使うリスト)

名前の表記を参考に

「ののか」でも7例のってるよ

方法❷

「漢字一覧」をチェック
→P434～480

の
の 乃2 之3 能10 野11 埜11
のう 納10 能10 農13 濃16
のがれる 遁13
のき 宇6 軒10
のこぎり 鋸16
のせる 載13
6

夏10 家10 荷10 華10 栞10
菓11 貨11 椛11 鹿11 渦12
賀12 雁12 翔12 嫁13 暇13
嘩13 靴13 楓13 榎14 嘉14
歌14 箇14 樺14 稼15 蝦15
課15 駕15 價15 薫16 霞17
薰17 鍋17 蘭19 馨20
が 牙4 瓦5 伽7 我7 画8
河8 芽8 俄9 臥9 峨10

「の」と「か」にあたる漢字を選ぶ

使う漢字を決めたら画数を見て、「名前にふさわしい漢字と名前のリスト」(→P225～347)をチェック

手がかり 2
イメージや願いから名づける ——自由に思いをこめて

STEP 1 キーワードを挙げてみる

イメージ	願い

こんなイメージから
- 好きな動物や草花
- 生まれた季節や時間
- 夫婦の思い出の場所
- 文化や芸術

こんな願いから
- ○○な子になってほしい
- グローバルな活躍を
- 歴史上の人物にあやかる
- 夢や希望を大切に

思い出や願い、趣味などから考える

自分たちの好きなことや趣味、赤ちゃんが生まれた季節や場所、将来○○な子になってほしいといったイメージや願いから名前をつける方法です。想像力をフルに働かせて、パパとママのイメージや願いを一致させましょう。

生まれてきた赤ちゃんの顔を見ると、パッとイメージがわくこともあります。雰囲気や個性がすでに表れているからで、それが名前につながることもあります。

イメージや願いをもとにキーワードを挙げ、候補が絞られたら表記《ひょうき》を考えます。キーワードが「優しい」「さわやか」などの語感《ごかん》なら、音から決める方法（左記のSTEP2）を参考にしてください。

STEP 2 漢字や名前の例をさがす

春の名

漢字

花 7　芽 8　青 8　若 8　咲 9　春 9
華 10　桜 10　桃 10　梅 10　菜 11　萌 11
菫 11　晴 12　陽 12　蕗 16　蕾 16　麗 19

名前例

陽菜　あきな　初実　はつみ
梓　あずさ　春　はる

「花」や「芽」が春らしい

友人に恵まれる

周囲から
になるように
友とめぐりあうこと

漢字

与　双　友　加　共　助　佑
皆　信　奏　祐　渉　結　湊

名前例

愛佑　あゆ　友恵　ともえ
亜佑加　あゆか　朋佳　ともか
皆愛　かいあ　朋子　ともこ
和音　かずね　信恵　のぶえ
奏　かなで　信子　のぶこ
香菜与　かなよ　双巴　ふたば

「和」や「朋」もいいな

「イメージ」「願い」から
キーワードをチェック
→P130〜187
→P196〜211
使う漢字や名前の例を
見る

音から決める
「イメージワードや将来イメージから選ぶ名前の音」をチェック→P188〜195

周りの人に恵まれる

そっと手助けしてくれる人が、しぜんと集まってくれそう。

名前例

さくら　とも　まな　まりあ　まりん　みお　みく　ももこ　りな　りん

「とも」っていいひびき

イメージに合う語感から
音を決めよう

STEP 3 漢字の意味や読みを確認

「名前にふさわしい漢字と名前のリスト」をチェック
→P225〜347

朋　ホウ　とも

もとの字は「朋」で、貝を二列に連ねた形から、友人、仲間の意味を表す。友達がたくさんできるように。

ヒント　友に恵まれるイメージ。優しさと力強さをあわせもつ「とも」の読みで、人間性豊かな愛される人に。

朋　とも
朋佳　ともか
朋夏　ともか
朋子　ともこ
朋菜　ともな
朋乃　ともの
朋芭　ともは
朋美　ともみ
朋女　ともめ
実朋　みとも

「朋」に春らしい字を合わせよう

以後は漢字から（P24〜25）と同じ

「50音のもつ語感」をチェック
→P56〜68

止め字の「か」もチェック

以後は音から
（P20〜21）と同じ

手がかり 3

漢字から名づける ——使いたい漢字がある？

STEP 1

使いたい漢字をいくつか挙げてみる

いい印象の文字がある
家族の名前から1字とって

STEP 2

漢字の意味と読みをそれぞれ調べる

「名前にふさわしい漢字と名前のリスト」をチェック
→P225～347

音
オン　イン
おと　ね
名 お　と

音、音楽のほかに、ことば、訪れなどの意味がある。芸術、特に音楽、文学方面に才能を発揮する女性に。

ヒント　定番の止め字。やすらぎと温かさを感じさせる「ね」の音、彼方に広がるような「おん」の音などで。

画数から漢字を探す。画数は「漢字一覧」（P434～480）でも調べられる

「音」を使うことに決定！

おとは 音□？ ｜ かのん □音？

漢字の意味を知り、読み方を考える

印象のいい漢字や、家族の名前から一文字とるなど、使いたい漢字からアプローチする名づけ法です。漢字には、一文字ずつ意味や成り立ちがあります。まして日本は漢字文化の国。表意文字《ひょういもじ》である漢字の特徴を存分に活かしたいものです。

漢字は一文字だけでも名前になります。また、ほかの漢字と組み合わせることでも、豊かなイメージを表現できます。使いたい漢字を先頭字にしたり、止め字（最後の字）にしてもいいでしょう。

読み方は音訓だけでなく、「名乗《なの》り」といって、自由に読ませることもできます。

読みの当て方、漢字の組み合わせ方は、センスの見せどころです。

STEP3

組み合わせる漢字を決める

方法❶

「漢字一覧」をチェック
→P434～480

は
八2 刃3 巴4 羽6 把7 芭7 芳7 杷8 波8 房8 春9 派9 華10 琶12 葉12 頗14 端14 播15 覇19
ば
芭7 杷8 馬10 場12 葉12
はい
灰6 拝8 杯8 盃9 拝9

「は」「か」と読める漢字をさがす

方法❷

「名前にふさわしい漢字と名前のリスト」をチェック
→P225～347

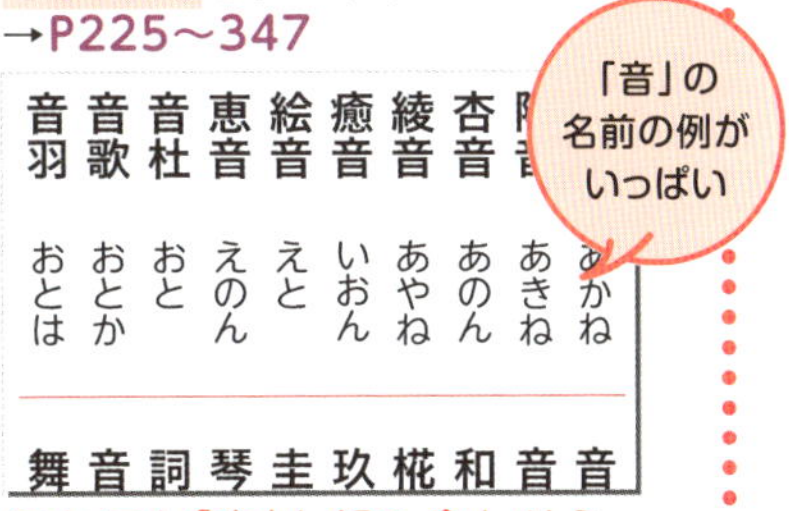
あかね　あきね　杏音 あのん　綾音 あやね　癒音 いおん　絵音 えと　恵音 えのん　音杜 おと　音歌 おとか　音羽 おとは
音 音 和 椛 玖 圭 琴 詞 音 舞

ほかにも「音」と組み合わせられる漢字はないか

方法❸

万葉仮名風の当て字をチェック→P484～485

か
甲5 加5 可5 伽7 花7 佳8 迦9 香9 耶9 珈9 夏10 華10
が
牙4 何7 我7 芽8 賀12 雅13
き
己3 木4 生5 気6 伎6 吉6 来7 季8 城9 紀9 帰10 記10 幾12 稀12 貴12 暉13 綺14 毅15
ぎ
伎6 技7 岐7 芸7 宜8 祇9

STEP4

読み方を決める

組み合わせる漢字の読みをチェック
→P225～347

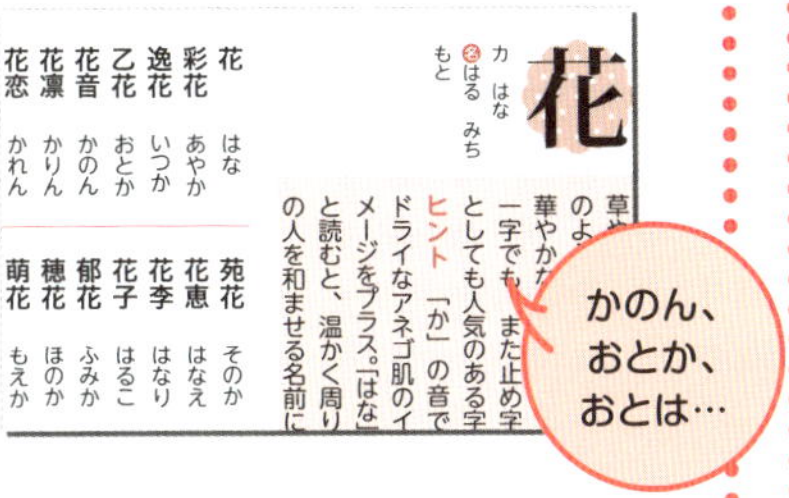
花
カ　はな
名 はる　みち　もと
花 はな　彩花 あやか　逸花 いつか　乙花 おとか　花音 かのん　花凛 かりん　花恋 かれん
苑花 そのか　花恵 はなえ　花李 はなり　花子 はるこ　郁花 ふみか　穂花 ほのか　萌花 もえか
草… のよ… 華やかな… 一字でも、また止め字としても人気のある字
ヒント 「か」の音でドライなアネゴ肌のイメージをプラス。「はな」と読むと、温かく周りの人を和ませる名前に

「50音のもつ語感」をチェック
→P56～68

「かのん」の読みなら、
先頭字の「か」、
止め字の「ん」の語感をチェック

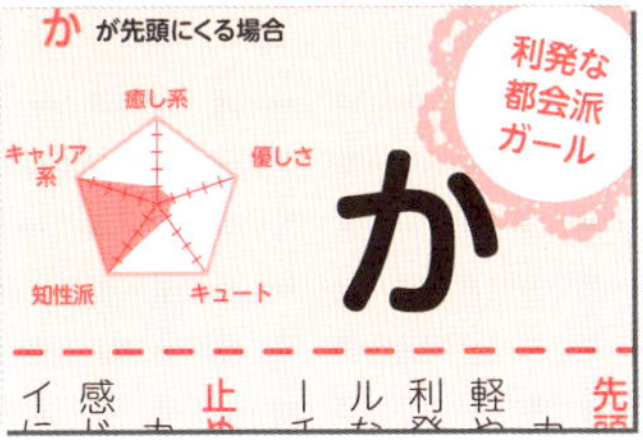

「花音《かのん》」に決定！

手がかり 4

開運から名づける
——画数をもとに幸せな名前を

STEP 1

姓の画数を確認する

「漢字一覧」や漢和辞典で確認する
→P434～480

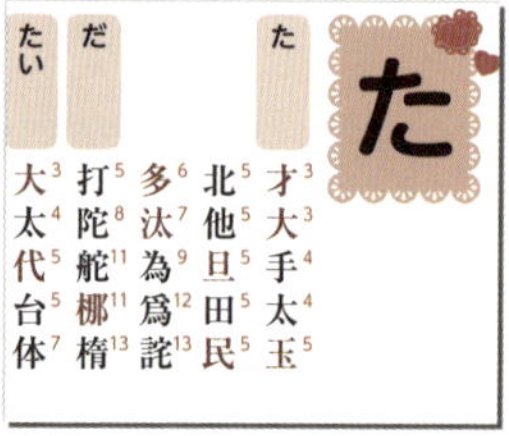
た

た
才 3　大 3　手 4　太 4　玉 5
北 5　他 5　旦 5　田 5　民 5
多 6　汰 7　為 9　爲 12　詫 13

だ
打 5　陀 8　舵 11　椰 11　楕 13

たい
大 3　太 4　代 5　台 5　体 7

STEP 2

姓に合う名前の画数を調べる

「姓の画数でわかる名前の吉数リスト」をチェック
→P381～432

姓の画数と例

5＋14　田端　田嶋　など

姓に合う名の画数

1字名
なし

2・3字名
1＋⑫　4＋②　11＋㉗　19＋⑲　23＋⑯
2＋㉗　7＋⑪　15＋③　21＋⑫
3＋③　11＋②　17＋①　23＋⑥

「田端」なら「5＋14」のリストを見て名前の吉数を選ぶ

「田」は5画、
「端」は
14画だね

まず姓の画数を見て運のいい画数を知る

使う文字の画数によって運勢を占う姓名判断は、いまも根強い人気があります。

画数から考える名づけ法は、使える漢字を制限するので、名前の候補を絞ることができ、逆に名前を考えやすい面もあります。画数を気にするかどうかは、人それぞれですが、気にするなら早いうちに確認することをおすすめします。

まず自分の姓の画数を調べ、その数に合う吉数を調べます。その後は、音を決めて吉数の漢字をさがしたり、画数に合う漢字をまず決めてから読み方を当てたりします。

ただ、画数にこだわりすぎて、無理のある名前にならないよう、くれぐれも注意してください。

STEP3

使う漢字を決める

方法❶
名前の例から選ぶ
「姓の画数でわかる名前の吉数リスト」をチェック
→P381～432

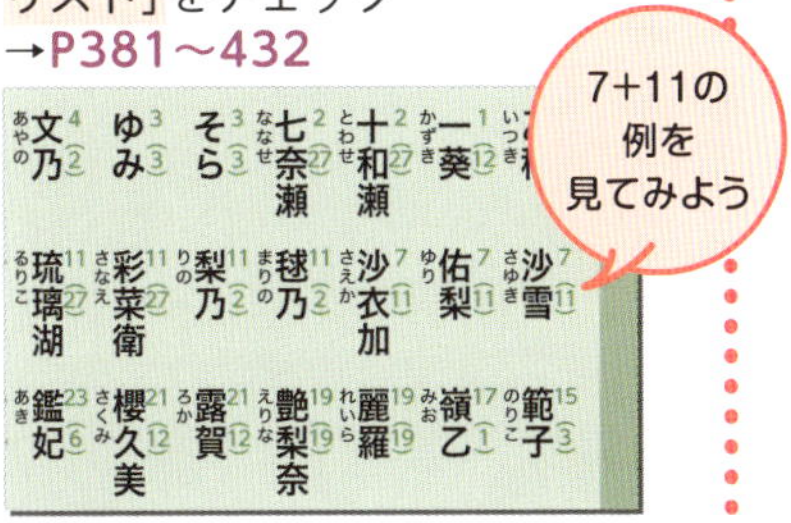

方法❷
音から考える
「漢字一覧」をチェック
→P434～480

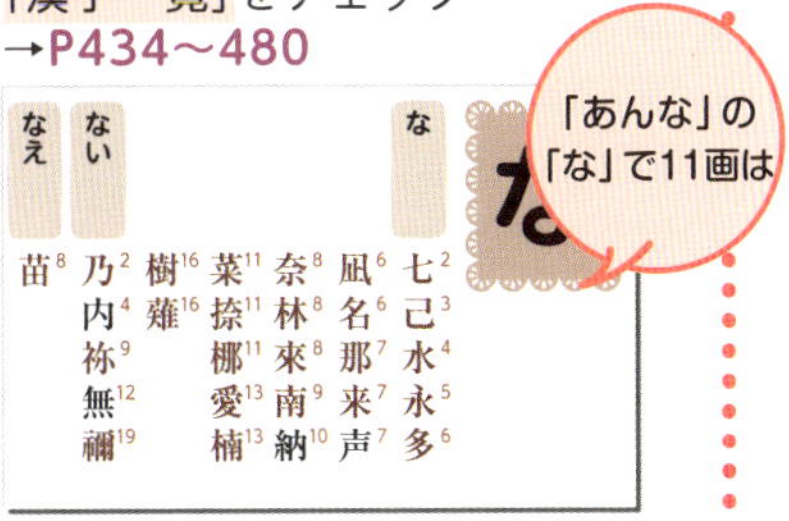

方法❸
画数から漢字をさがす
「名前にふさわしい漢字と名前のリスト」をチェック
→P225～347

STEP4

姓と名前の組み合わせを確認

無理な名づけをしていないかチェック
→P38～41

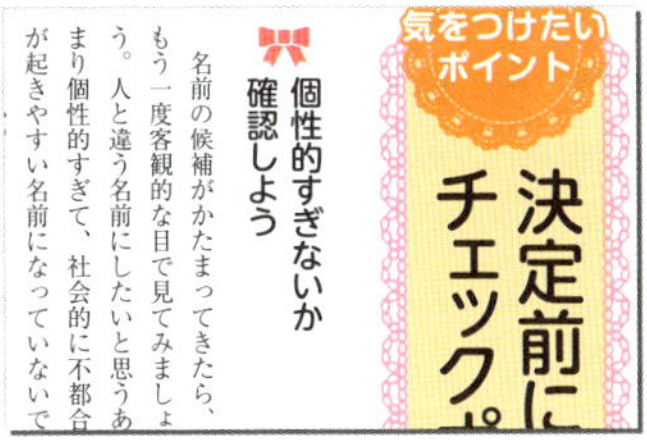

「50音のもつ語感《ごかん》」をチェック
→P56～68

杏菜《あんな》に決定！

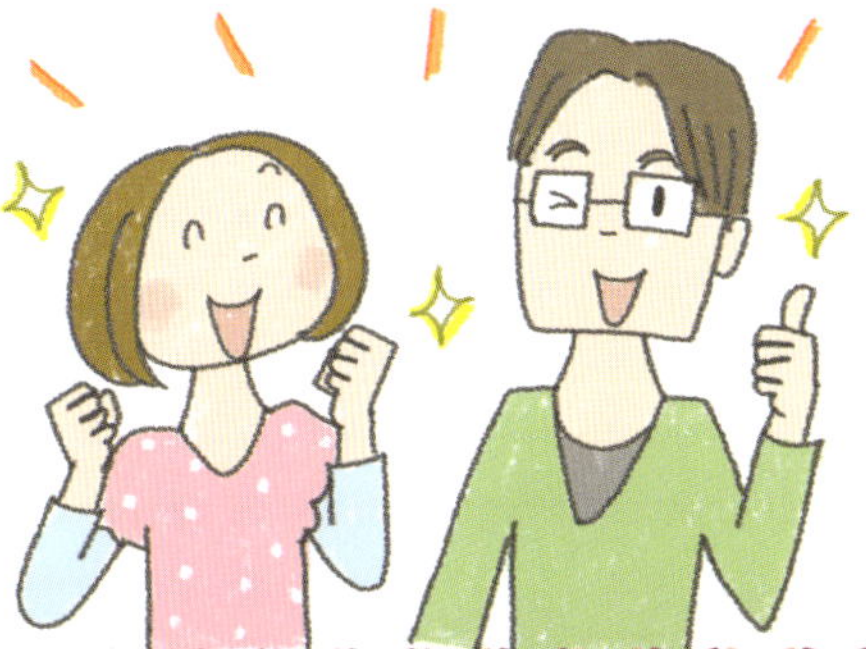

名づけのルール

名前のつけ方には「決まり」がある

法律で決まっているルールが二つある

名前に使える文字は法律で決められています（左記のルール1）。漢字は常用漢字と人名用漢字の二種類。そして、ひらがな、カタカナ、一部の記号です。アルファベットなどは使えません。

名前を決めたら、使える文字かどうか、必ず確認しましょう。

もうひとつのルールは届け出る期間が決まっていること。赤ちゃんが生まれたら二週間以内に、子どもが生まれたことと、赤ちゃんの名前を書いた「出生届《しゅっしょうとどけ》」を役所に提出します（→P490～494）。この書類が受《じゅ》理《り》されて、ようやく赤ちゃんは社会の一員となります。

Column

ミドルネームはつけられるの？

欧米の人には、「名・〇〇・姓」のように、姓と名の間に名前が入っていることがあります。これをミドルネームといいます。

欧米の人と結婚した場合などに、ミドルネームをつけたいと考えることもあるでしょう。

日本では、法律上認められるのは姓と名だけです。ミドルネームは登録できません。ですから、ミドルネームは名前に含めて届け出ることになります。

たとえば、田中さんがミドルネームを「リリー」、名前を「加奈」としたいなら、姓を「田中」、名を「リリー加奈」と届け出ます。それが戸《こ》籍《せき》上の正式な名前になります。

最初におさえておきたい名づけの基本

ルール1 使える文字が決まっている

使える文字

- 常用漢字2136字
- 人名用漢字863字
- ひらがな、カタカナ
- 繰り返し記号（々、ゝなど）
- 長音記号（ー）

使えない文字

- アルファベット
- 算用数字
- ローマ数字（Ⅰ、Ⅱなど）
- 記号（！、？、＠など）

名前に使えない文字を使うと、出生届（→P490～494）を受理されないことも。表記《ひょうき》を決めたら、使える文字かどうか確認しよう。

ルール2 名乗《なの》り（読み方）は自由

使える範囲の文字なら、読み方は、法律上は自由。陽を「ひなた」「あかり」と読ませることもできます。ただし、「いい名前をつけるための３か条」（→P30）を意識して、常識の範囲内で。

名乗りって？ 漢字には名前の場合だけに使われる「名乗り」という読み方がある。たとえば「愛」の名乗りには「あ・え・な・のり・まな・めぐむ・よし・より・ら」など。

ルール3 長さも自由

使える範囲の文字なら、名前の長さは自由。ただし、ルール２と同様、常識の範囲内に。

ルール4 つけた名前は変えられない

幼名《ようめい》や通称《つうしょう》を用いていた江戸時代までの人と違い、現代人の名前は実名《じつめい》ひとつだけ。よほどのことがない限り、改名はできない。心して名づけよう。

いい名前をつけるための3か条

下記の３か条を念頭に置いて名づければ、
自然にいい名前になるはずです。
最高の名前は、ここから生まれるのです。

親が気に入る名前

大事なわが子には、心から愛せる名前をつけましょう。画数や吉凶《きっきょう》、周囲の意見から、いやいや名前をつけるのは、おすすめできません。

本人が愛着をもてる名前

自分の好みを伝えられない赤ちゃんのかわりに、赤ちゃんの立場になって考えましょう。からかわれる原因になったり、立派すぎたりする名前は、いずれ本人の負担になりかねません。

社会に受け入れられる名前

長い人生をともにする名前は、社会に受け入れられやすいものにしましょう。言いやすく、聞きとりやすく、説明しやすい名前がいちばんです。

いい名前

本人も親も愛着がもてる名前に

名づけは、法律さえ守ればいいというものではありません。名前は一生使うもの。本人が愛着をもてることが大切です。また、子どもの名前をいちばん呼ぶのは親です。名前を呼ぶたびに愛情が深まるような、自分たちが本心から納得できる名前をつけましょう。

Column

親子の絆を深める名づけストーリー

子どもに名づけの由来や名前にこめた思いを話してあげてください。劇的だったり変わった経緯《けいい》である必要はありません。一生懸命考えてくれた名前だと伝われば充分です。

人気の名前がわかる！

女の子の名前ベスト10

みんなはどんな名前をつけているの？
まずは最近の傾向をチェックしてみましょう。
女の子には、明るく愛らしく、人との結びつきを大切に
という願いが感じられる名前が人気です。

読み方の例

1位 葵 …… あおい

2位 さくら

3位 陽菜 …… ひな／はるな

4位 凛 …… りん

5位 結菜 …… ゆいな／ゆな

莉子 …… りこ

咲良 …… さくら／さら

8位 結衣 …… ゆい

9位 結愛 …… ゆあ／ゆいな

10位 花 …… はな

11位～20位の名前は…

11位 美桜 …… みお

莉央 …… りお

13位 ひかり

14位 芽依 …… めい

杏奈 …… あんな

琴音 …… ことね

美月 …… みつき

一花 …… いちか

19位 美咲 …… みさき

優奈 …… ゆうな

→人気の音（読み）はP55、
人気の漢字はP224へ

出典：明治安田生命ホームページ
2016年度データ

さまざまなアプローチを

よりよい名前にする名づけのコツとテクニック

名前の書き方——表記を工夫する

考えた名前が、どうもピンとこないとか、悩んでしまって決まらないという場合に役立つ、ちょっとしたコツやテクニックを紹介します。

名前の書き表し方を「表記《ひょうき》」といいます。これがポイント。近年は、気に入った音を考えてから、漢字の組み合わせや読み方を考える方法が人気になっています。「名乗《なの》り」といって、読み方は自由に考えられます。

漢字のアレンジや有名人の名前から

音を決めてから表記をアレンジするには、当て字や万葉仮名《まんようがな》を使う方法もあります。漢字の使い方によっては、個性的な名前にすることもできます。逆に、漢字を決めてから読み方を工夫してもいいでしょう。

何もアイデアが出ないときには、人気の名前や、歴史上の人物、好きな有名人の名前をヒントに発展させていくうちに、赤ちゃんにぴったりの名前になることもあります。

大切なのはわが子のもつイメージ

最近は「さら」や「りりあ」のような、海外でも通じる名前がふえているようです。逆に「和」の雰囲気が漂《ただよ》う古風な名前も、根強い人気があります。

最も大切なのは「わが家の赤ちゃんにぴったり」の名前であること。まず赤ちゃんをじっくり見て。いま風か、ありきたりでないかなどは、そのあとで考えましょう。名づけに正解はないのです。

いろいろな表記を試してみる

気に入った音を決めてから、どんなふうに書き表すかを考えます。「みずき」ならば、「みず」や「き」と読める漢字を順々に当てて、しっくりくる字をさがします。

「み」「ずき」にしたり、「美須輝」のように、万葉仮名風に、1音ずつ漢字を当てても個性的です。「みずき」「ミズキ」のように、ひらがなやカタカナにする手も。印象が変わります。

瑞《み》希《ずき》

- 漢字1字を変える：瑞妃　水希　瑞樹
- ひらがなでカタカナで：みずき　ミズキ
- ひらがな＋漢字：みず季　美ず稀
- 名乗りを利用する：壬葵　泉妃
- 漢字3字で：美珠姫　未寿貴
- 2字とも変える：美月　水季　水輝

読み方を変えてみる

使いたい漢字を中心に考えます。「陽」を使いたいなら、まず組み合わせる漢字「愛」を決め、この2字の読み方をアレンジしてみます。「名乗り」で「陽」は「ひ」「はる」「あき」とも読めます。

陽愛

- ひな
- はるえ
- あきえ

旧字、異体字を用いる

漢字には、旧字《きゅうじ》や異体字《いたいじ》をもっている字があります。表記《ひょうき》を考えるうえでアレンジテクニックのひとつになるでしょう。また、開運を考えるとき、旧字や異体字を使うことで、希望の画数に合わせることもできます。（旧字や異体字があるものはＰＡＲＴ４のリストで漢字の左に旧として表しています。）

●「名前に使える旧字」（→Ｐ486～487）も参考にしてください。

止め字から決める

人気の漢字（→Ｐ224）にランクインしている字の中には「菜」や「美」のように、止め字（名前の最後の文字）として使えるものもあります。止め字から先に決めてしまうのもひとつの手です。

●「名前に使われる止め字」（→Ｐ482～483）
●「万葉仮名風の当て字」（→Ｐ484～485）も参考にしてください。

□□菜

もえ菜　こと菜　ゆき菜
ゆり菜　あき菜　あい菜

夫婦で名づけの方針を再確認しよう

名づけのヒントは音、イメージ・願い、漢字、開運の四つ。いろいろ考えるうちに、夫婦で名づけの方針がずれていないでしょうか。よい名前をつけるには、夫婦の思いがひとつであること。ここで方針を再確認してみましょう。

思いついたらすぐにメモを

いつもメモをそばに置いて、名前を思いついたらすぐに書きとめておきましょう。

心にとまったことばや、テレビやインターネット、名簿などを見て気になった名前があったら、どんどんメモして。思わぬところでヒントになるかもしれません。

当て字をうまく用いて独自の名前に

最近は、漢字の当て字を使うことがふえています。ただし、名前が読めないと困ることが多いので、漢字からある程度推測できるような読み方にしておくのが無難です。当て字でも、意味の悪い字は避けるなど、意味をふまえてセンスよく組み合わせてみましょう。

●音読みの一部を利用

南央（なお←ナン＋オウ）
結杏（ゆあ←ユウ＋アン）
凜克（りく←リン＋コク）

●共通する読みを合体

玲偉（れい←レイ＋イ）
苺依（まい←まい＋イ）
花苗（はなえ←はな＋なえ）

●訓・音読みや名乗りの一部を利用

渚生（なお←なぎさ＋おう）
希空（のあ←のぞむ＋あく）
牧凜（まり←まき＋りん）

●意味から連想する当て字

月（るな←ローマ神話の月の女神の名前）
詩（ぽえむ←詩の英語poemから）
海音（しおん←海の英語seaから）

生まれるまで候補をいくつか残しておこう

生まれる前に名前を考えるのなら、ひとつに絞らないほうが無難です。せっかく名前を決めておいても、生まれたわが子を見て、どうもピンとこないということはあるもの。生まれてすぐでも、それぞれ個性があるからです。初めて赤ちゃんを抱いたとき、突然名前が思い浮かんだという人も。

名前の候補を二つか三つ考えておき、わが子に呼びかけてみてもいいでしょう。

姓とのバランスで字面を整える

名前を決める前に考えたいのが、姓とのバランスです。決めたと思っても、姓と組み合わせると、どうもしっくりこない場合があるので、要注意です。

名前はフルネームで完成。自分の姓の特徴を念頭に置いてすすめましょう。紙に書いて確認することをおすすめします。

1 長さをチェック

姓と名の長さのバランスを見ます。紙に書いたり、読んでみたりしてチェックしましょう。

頭でっかち（3字姓＋1字名）

曽我部 文

← 2字の名前に

曽我部 文那

長すぎる（3字姓＋3字名）

五十嵐 加寿菜

← 2字の名前に

五十嵐 和菜

短すぎる（1字姓＋1字名）

北 円

← 2、3字の名前に

北 茉戸香

2 難易度をチェック

書いてみて、姓と名が簡単すぎないか、難しすぎないかをチェックします。よくある姓の人は凝った名に、珍しい姓の人はシンプルな名に、を基本にするといいでしょう。

平凡（よくある姓＋人気の名前）

山本 美咲

← 万葉《まんよう》仮名《がな》などを使って漢字を工夫

山本 美沙貴

難しすぎる（姓も名も難しい）

刀禰 煌空

← すんなり読める漢字かひらがなの名前に

刀禰 きらら

3 画数をチェック

姓と名の画数が多すぎると重く見え、少なすぎると軽く見えてバランスがとれないことも。よくある姓でも、「齋藤」「渡邊」のように、字面《じづら》の印象が重い場合もあります。名の画数で整えてもいいでしょう。

軽く見える（姓も名も画数が少ない）
小川 一花
← 名前に画数の多い文字を入れる
小川 逸華

重く見える（姓も名も画数が多い）
齋藤 彌優
← 名前に画数の少ない文字を入れる
齋藤 未由

4 意味をチェック

何らかの意味を感じさせる姓なら、名前と合わせたときに、ちぐはぐにならないように注意します。逆に、意味がそろいすぎているのも、違和感があります。

姓と名で矛盾している
冬川 星夏
← 意味がぶつからない漢字に
冬川 聖佳

意味がそろいすぎ
朝日 昇南
← 意味を感じさせない漢字に
朝日 祥奈

漢数字が多い
三宅 三愛
← 漢数字以外の漢字を使う
三宅 心愛

5 タテ割れをチェック

姓名を書いたとき、漢字のへんとつくりが真ん中から割れていないかどうかチェックします。

タテ割れになる
杉林 佐稀
← タテ割れしない止め字を使う
杉林 佐希

6 部首をチェック

姓名を書いてみて、部首がそろいすぎていると違和感があることが多いようです。

部首がそろいすぎ
渋沢 浬沙
← 部首の異なる漢字を使う
渋沢 莉咲

気をつけたいポイント

決定前に確認したいチェックポイント

個性的すぎないか確認しよう

名前の候補がかたまってきたら、もう一度客観的な目で見てみましょう。人と違う名前にしたいと思うあまり個性的すぎて、社会的に不都合が起きやすい名前になっていないでしょうか。

難しい漢字を使ったり、当て字や名乗《なの》りで読ませようとする名前を考えているときは、そのマイナス面もよく考えたうえでつけるようにしましょう。

慎重に万全にチェックして

出生届《しゅっしょうとどけ》（→P490～494）を出す前に、音、字面《じづら》、漢字、イメージなど、あらゆる点から慎重にチェックしましょう。姓と名のバランスも見てください。書いて、読んで、パソコンに表示して、わが子の顔を見て、チェックは万全に。名づけにやり直しはききません。

P39～41にチェックポイントをまとめました。ぜひ参考にしてみてください。

Column
赤ちゃんにいのちを吹きこむ名前

「名前はその人そのものである」といわれます。名前があってはじめて「自分は自分である」と考えられるようになるからです。名前がなければ、その人は存在しないも同じだといっても過言ではありません。

映画『千と千尋の神隠し』の中で、主人公の千尋は魔女に名前を奪われたせいで記憶をなくしかけます。これはまさに、名前がその人の存在そのものであることを表現していたといえるでしょう。

「赤ちゃん」は名前が与えられ、ほかのだれとも違う、たったひとりのわが家の「〇〇ちゃん」となり、自分の人生を歩きはじめます。名前は赤ちゃんのいのちそのものなのです。

呼びにくい名前になっていないか

CHECK 1 同音や濁音が多くなっていない？

「あいだ・あいか」「ささき・きさら」のように、姓と名の最初や最後の音がだぶると発音しにくくなります。

「柳葉紅佳（やなぎば・べにか）」のように濁音が多いのも発音しにくい原因に。濁音は姓名全体で２音までを目安にしましょう。

CHECK 2 似たひびきが多い名前になっていない？

あ行とや行は聞き間違いやすい名前の筆頭。「みあ」と「みや」、「みなお」と「みなよ」のように、ひびきが似ている名前は、呼び間違いのもとになります。

●呼び間違い、聞き間違いしやすい名前の例

みあ・みや・みわ
みう・みゆ
ゆな・ゆうな
りお・りほ・いよ・りょう
あきみ・あけみ
まほ・まお

難しすぎる名前になっていないか

CHECK 3 画数や文字数が多すぎない？

全部が画数の多い漢字や、難しい旧字は、書くのに苦労したり、人に説明したりするのが大変になります。長すぎる名前も同様です。姓の画数や文字数の多い人は、特に注意を。

CHECK 4 パソコンなどで表示しにくくない？

パソコンなどでの表示のしやすさも考えたほうがいい要素です。難しい旧字《きゅうじ》や、「辻」「逗」などの２点しんにょう（⻌）の字などは、機器によっては正確な字形が表示されないこともあります。

●表示しにくい漢字の例

祇　葛　琢　曾　凜

●参考

「表示しやすい漢字、しにくい漢字」→P334
「名前に使える旧字」→P486～487

おかしな意味になっていないか

CHECK 5 からかわれやすい名前になっていない？

「便（たより）」は、ひびきはよくても、漢字から排泄物《はいせつぶつ》を連想してしまうでしょう。「羽音（はのん）」は、ひびきはかわいいのですが、昆虫の名前のあだ名をつけられるかも。

逆に、漢字の意味はよくても、ひびきが意味のよくないことばと似ている場合も、からかわれる原因に。

「いさくらなお」のように、反対から読むとへんな意味になる名前にも注意しましょう。

あまりにも凝《こ》りすぎて、読めない、意味もわからない名前は、違和感をもたれることもあります。

CHECK 6 へんな熟語になっていない？

意味のよさそうな漢字を組み合わせているうちに、いつのまにか熟語になっていることがあります。候補名を決めたら、辞典などで確認しておきましょう。

●注意したい例

海星（みほ）→ひとで
海月（うづき）→くらげ
早世（さよ）→早死にすること
水子（みずこ）→流産した子
水菜（みな）→みずな（野菜名）
白菜（しらな）→はくさい（野菜名）
信女（しんにょ）→〇〇信女（戒名）

姓と続けて呼ぶとへんになっていないか

CHECK 7 姓と名の切れ目はわかりにくくない？

「かじ・のりこ」は「かじの・りこ」と聞こえる場合が。「牧・瀬里花」は「牧瀬・里花」と誤解されるかもしれません。

1字姓や3字姓の人は、特に名前の1字めの音や漢字に注意して。

CHECK 8 続けるとへんな意味になっていない？

フルネームは声に出して音をチェックしましょう。姓と続けると問題があることもあるので注意して。たとえば「水田真理（＝みずたまり）」のように、続けて読んでみると、名前としては違和感のある意味になることもあります。

●注意したい例

安藤奈津→アンドーナツ
小田茉利→おだまり！
大場佳代→おおばかよ
五味広恵→ごみ拾え
原真希→腹巻き
馬場あかね→ババア、金！

使う漢字を間違えていないか

CHECK 10

似た字、悪い意味の字では？

漢字には似た字があるので、間違えて出生届《しゅっしょうとどけ》を出さないように注意しましょう。凜と凛のように、どちらも名前にふさわしい字もありますが、自分が考えていた字と違っていた、ということにならないように。また、一見よさそうでも、実は意味を知ると後悔しそうな字もあります。「名前には避けたい漢字」（→ P488）も参考にしてください。

●注意したい例（意味に注意）

寡（か）　徳が少ない王様
矯（きょう）　事実をいつわる
唆（さ）　そそのかす
迭（てつ）　犯す、逃げる
批（ひ）　ふれる、おしのける
勃（ぼつ）　にわかに、急に
慄（りつ）　ぞっとする

あやかり名をつけてだいじょうぶか

CHECK 9

ネットで検索してみよう

歴史上の人物など、評価の定まった人ならともかく、現在生きている人の名前からつける場合、要注意。よもや不祥事など起こしていないか、調べてからのほうが無難です。

名前エピソード

瑛《あき》莉《り》ちゃん　いつもお腹がすいてる子…？

「瑛」という字の意味が気に入り、名前に使おうと夫の意見。私は「莉」を使いたいとこだわっていたので、「瑛莉（えりー）」が第一候補に。決める前のチェックで、姓と続けて声に出してみたら「原瑛莉」??「腹減り」に聞こえてしまった…。なんだか、いつもお腹がすいているみたいじゃないですか。そこで「瑛」を「あき」と読ませることにしました。

1歳になるまでに

赤ちゃんのお祝いごととマナー

赤ちゃんの誕生と成長をみんなで祝う

待ちに待った赤ちゃんの誕生。これからすくすくと元気に成長していってほしい。子どものお祝いごとには、そんな願いがこめられています。

特に生まれてから1歳までは、さまざまなお祝いごとがあり、新米のパパやママは戸惑うことも多いでしょう。

お祝いごとのやり方は地域によって違いがあります。ここでは、一例を紹介します。

お七夜と命名書

「お七《しち》夜《や》」は、赤ちゃんが生まれて7日目に、赤ちゃんの誕生と健やかな成長を願って行います。

実際には退院の時期にあたるので、退院祝いを兼ね、双方の親を招いて食事をすることが多くなっています。名前が決まっていたら、命名書《めいめいしょ》（名前を書いた紙）を用意して部屋に貼り（下記参照）、名前のおひろめを行います。

お返しは

出産祝いへのお返しは後日行います（→P43）。

命名書とは？

正式には奉書紙《ほうしょがみ》という上質の和紙に赤ちゃんの名前などを書いて三方《さんぼう》に載せ、神棚か床の間の中央に置いて供えます。略式では、半紙や市販の命名書に書きます。神棚などがなければ、ベビーベッドの近くなどに貼ります。

命名

長女　みのり　平成29年4月8日

父　山田太郎
母　　　花子

正式な命名書。奉書紙を3等分に折り、赤ちゃんの名前、生年月日、両親の名前を書く

お宮参り

生後1か月になったら、神社にお宮参りをしましょう。男の子は誕生から31日目、女の子は33日目とされますが、体調や気候によって調整を。特に赤ちゃんにとっては初めての本格的な外出になるので、1か月健診で外出の許可をもらってからにしてください。

赤ちゃんには白い内着《うちぎ》やベビードレスを着せます。父方の祖母が赤ちゃんを抱き、その上から祝い着をかけます。祝い着は母方の実家から贈るのが一般的です。

母親や祖母は訪問着やつけ下げ、色無地《いろむじ》など。最近はワンピースも多くなっています。父親や祖父はスーツが正式です。

女の子の祝い着は友禅ちりめんが多い

お金の包み方

神社で祝詞《のりと》をあげてもらう場合は、お金包み（左記）を用意します。

お返しは

それぞれの両親を招いて会食をすることが多いようです。赤ちゃんがゆっくりできそうな飲食店に皆で行くのもいいでしょう。

マメ知識 このころに出産祝いのお返しを

出産祝いへのお返しは、生後1か月ごろにします。お祝い金の半分～3分の1を目安にします。

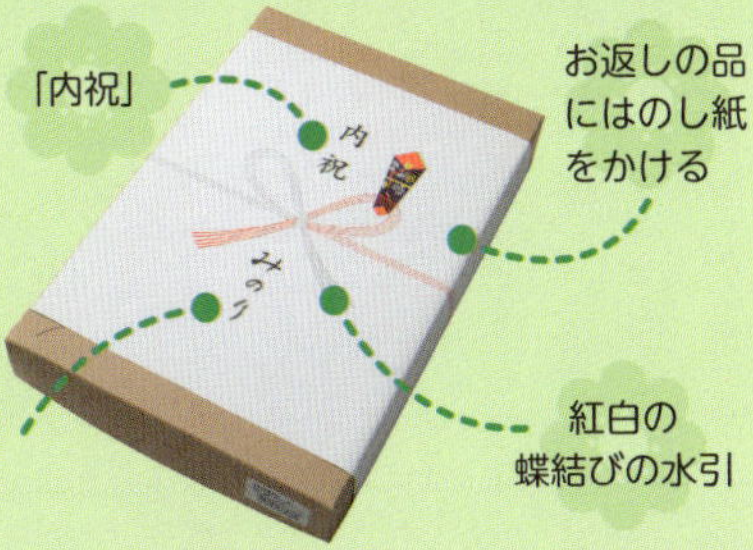
赤ちゃんの名前を書く

お食い初め

「お食《く》い初《ぞ》め」は、赤ちゃんが一生食べるものに困らないように願いをこめて行う行事です。生後100日目に行いますが、離乳食を食べはじめる時期に合わせてもよいでしょう。

新しい食器で祝い膳《ぜん》を用意し、赤ちゃんに食べさせるまねをします。祝い膳の献立は地域によって違いがありますが、赤飯、尾頭つき焼き魚、煮物、なます、お吸い物の一汁三《いちじゅうさん》菜《さい》が基本。塗り物の食器に盛りますが、離乳食用の食器でもかまいません。

このほか、歯固めの石を載せた小皿を用意します。これは赤ちゃんに丈夫な歯が生えるようにという願いをこめたもの。食べ物と同様、赤ちゃんの口につけます。

赤ちゃんの口に食べ物を運ぶ人のことを「箸役《はしやく》」といいます。長寿にあやかるように、赤ちゃんと同性の、親戚の中の年配者にお願いするとよいでしょう。

焼き魚は鯛《たい》でなくてもいい。頭と尾がついていれば◎

お返しは

基本的にお返しは不要です。食器をもらったときなど、気になるならお礼状を出すか、会食をしてもいいでしょう。

Column 節目ごとに思い出を残そう

赤ちゃんのお祝いごとを行うときには、祖父母や親戚に、赤ちゃんの成長の報告を兼ねて、写真を撮って贈るといいでしょう。写真を入れたデジタルフォトフレームやアルバムを作り、いただいたお祝いへのお返しとしても喜ばれます。

写真のほか、お祝いごとを行うときや折々の節目に、手形や足形をとるのも、いい思い出になります。

初節句

女の子が初めて迎える3月の節句を「初節句《はつぜっく》」といいます。3月3日の桃の節句（ひな祭り）に、元気に成長していくことを願います。

お食い初めがすんでいないほど赤ちゃんがまだ小さいなら、1年後に延期してもかまいません。

お祝いには、母方の実家から、ひな人形などの伝統的な品物を贈るのがならわしです。一夜飾《いちやかざ》りは縁起《えんぎ》が悪いので、1か月前から飾れるように贈ります。

最近の人形はバリエーションが豊富

お返しは

両親の祖父母や近しい人を招いて食事をします。ちらし寿司、はまぐりのお吸い物、ひなあられなどを用意するとよいでしょう。

初誕生

赤ちゃんが満1歳になる最初の誕生日が「初誕生《はつたんじょう》」です。ここまで元気に育ったお祝いをします。両親や祖父母など近親者で赤ちゃんを囲んで食事をするなど、内輪《うちわ》で祝うのでよいでしょう。

祝い膳に決まりはありません。赤ちゃんの好きなものやケーキを用意し、楽しく祝ってください。

また、最近は生後6か月を「ハーフバースデイ」として、お祝いをする人もふえているようです。

お返しは

特に必要ありません。

マメ知識

餅を背負わせる風習

初誕生のお祝いごととして、赤ちゃんに餅《もち》を背負わせて歩かせる、昔ながらの風習があります。地域によっては餅をふませます。「一生」にかけて「一升餅《いっしょうもち》」と呼ばれます。餅は切り餅でなく、1個で一升ぶんの餅。最近はふろしき付きの市販品もあります。

餅はふろしきで包んだり、リュックに入れて背負わせる

名づけの疑問、お悩みQ&A

Q なんとなく決めた名前。ちゃんとした由来がなくてもいい？

A あとづけでもいいので考えて

子どもが成長したときに、自分の名前に興味をもつことがあります。どうしてこの名前をつけたのか尋ねたとき「べつに」「特にないよ」では悲しむでしょう。「その名前で呼びかけたら笑ったから」「顔を見たら天からふってきた」でもいいし、あとづけでもかまいません。名づけの理由や思い、いきさつなどを説明できるようにしておきたいものです。

Q 夫婦でつけたい名前の意見が食い違ったら？

A ゆずれないポイント以外は分担して

名づけでこだわる部分が夫婦で違うのでしょう。自分がこだわるポイントはどこでしょうか。ポイントは漢字、音、イメージ・願い、開運。どうしてもこれだけはゆずれないポイントをひとつ、お互いに表明して、そこは相手に任せ、それ以外のポイントを受けもちます。たとえば、漢字は夫に、音は妻に、といったように役割を分担するのも一案です。

Q あまりにもかわいい名前やキラキラネームは、年をとったとき、おかしな感じになる？

A 周りの人も同じなので大丈夫

キラキラネームや子どもっぽいかわいい名前が、大人には合わないように感じるかもしれませんが、最近は多くの人が同じような考え方で、名づけをする傾向です。子どもたちが年をとって大人になったころには、珍しい名前ではなくなっていると考えられます。べつにおかしいとは感じないでしょう。

Q 両親に、代々使っている漢字を入れるように言われたら？

A さまざまな根拠を示して相談

父親か母親の名前にその漢字が使われているのでしょうから、否定はしづらいもの。画数による開運、音による印象、漢字の意味など、さまざまな根拠を示して、自分たちが考えた名前に納得してもらいましょう。また、子どもの名前をいちばん呼ぶのは親です。最終的には、夫婦がいちばんいいと思える名前に決めるといいでしょう。

PART
2

ひびきで変わる名前の印象

音
から名づける

基礎知識

名前の音は生き方や印象の決め手になる

ことばの音はイメージをもっている

「マルとミルは、ある国のことばで、どちらもテーブルを意味します。片方が大きなテーブル、片方が小さなテーブルを表しますが、あなたはどちらが大きなテーブルを指すことばだと思いますか？」

　この質問をすると、たいていの人は「マル」と答えるのだそうです。この質問は、海外の研究者が考え出したもので、マルもミルも架空《かくう》の単語です。

マルとミル。よく似たことばたちですが、明らかに違うイメージをもっています。マルには開放感があり、ミルには愛らしさがあります。

　生まれたばかりの子犬の兄弟にこの名前を与えるとしたら、どちらの子犬にマルを、どちらの子犬にミルの名前を与えるでしょうか？

　よりほんわかした雰囲気のほうにマルを、神経質そうな子のほうにミルを与える人が多いのではないでしょうか。

　このように、ことばの音には人類が共通に感じるイメージがあります。

イメージをつくり出すのは潜在意識に届く発音体感

ことばのイメージをつくり出しているのは、発音体感《はつおんたいかん》です。

　発音体感は、小脳経由で潜在意識《せんざいいしき》に届く、ことばの潜在イメージ。このため、通常はあまり意識されませんが、ことばを発音したり、見聞きしたりするたびに、脳に深く届いている印象なのです。

アは、口腔《こうくう》を高く上げて出す開放感の母音。このため、ア段音＝「アカサタナハマヤラワ」には開放感があり、広々としたイメージがあるのです。

これに対しイは、口腔を小さく使い、舌のつけ根から中央に向かって強い前向きの力をつくる母音。このため、イ段音＝「イキシチニヒミリ」は、コンパクトさ（愛らしさ）と一途《いちず》さを感じさせます。

ア段音マのもつ広々とした開放感が「大きなテーブル」や「ほんわかした子犬」を、イ段音ミのもつ愛らしさと一途さが「小さなテーブル」や「神経質な子犬」をほうふつとさせるのでしょう。

ちなみに、マとミに共通の子音Mは、赤ちゃんがお母さんのおっぱいをくわえたときの口腔形で出す音。口の中にやわらかな息を含み、甘え

ことばのイメージは発音のしかたで決まる

母音　口腔の形で印象が決まる

母音は、口腔の空間のつくり方によって、意識を生み出します。アは開放感、イは前向きの意志、ウは内向する力、エは俯瞰《ふかん》する視点、オは包みこむ閉空間を感じさせます（→P81）。

子音　ことばに質感を与える

子音は、音にさまざまな質感を与えます。S音は口腔内をすべる風で、さわやかな印象を与えます。K音は喉《のど》の筋肉を硬くして強い息で破裂させ、強く、ドライでスピード感のある印象を与えます。

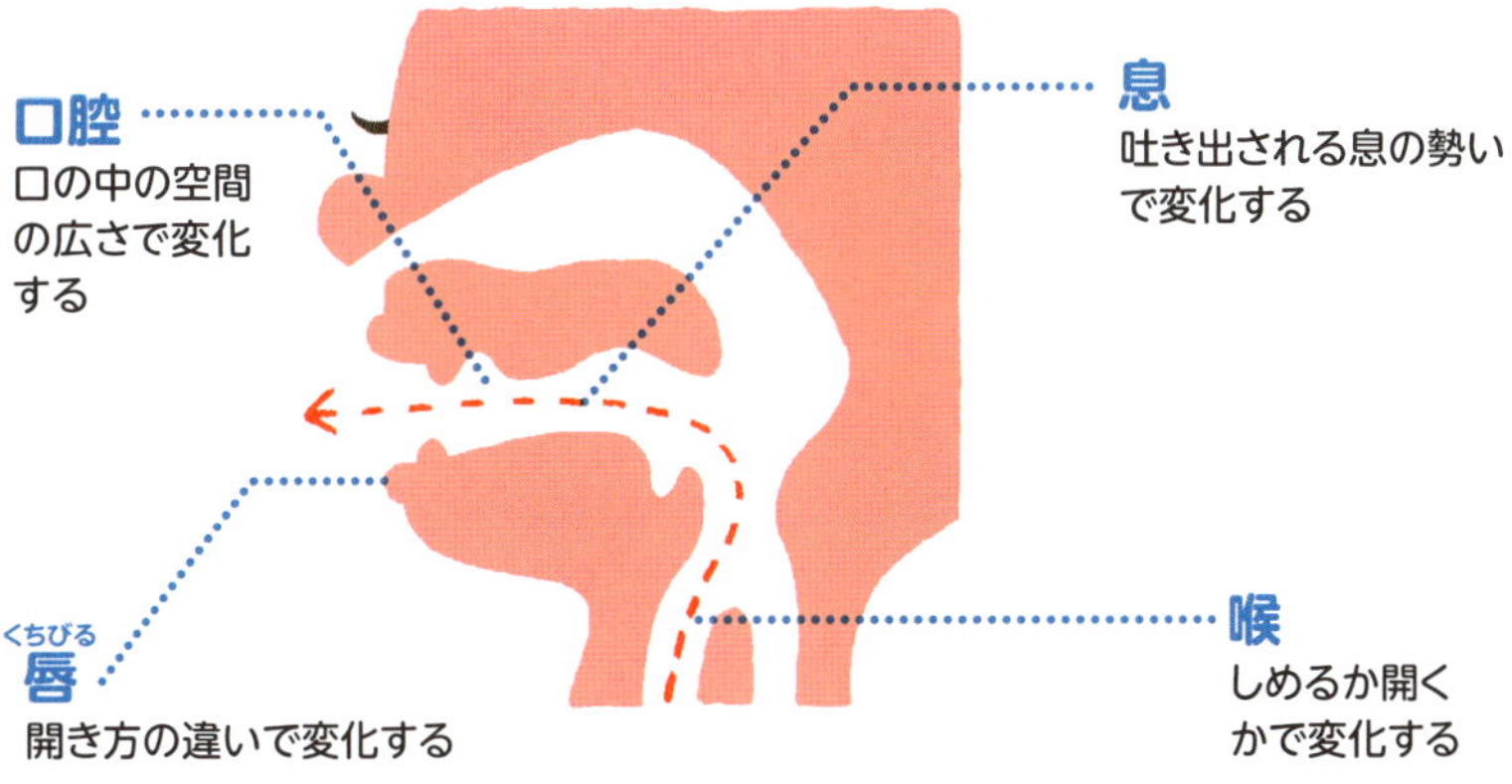

たように鼻を鳴らすとM音になります。甘く、やわらかく、包容力のある印象をつくります。

まったり、まどろみ、満足、満ちる、ママ、マリア……M音のことばには、甘く満ち足りたイメージを感じさせることばが多く存在します。人類は、太古《たいこ》の昔から、ことばの発音体感《はっおんたいかん》を無意識に使いこなして生きてきたのです。

名前とともに人生を授けている

「スズキ・ショウコ」は、口の中を風が吹きぬける音並び。俊敏《しゅんびん》でさわやか、イキイキとしています。一方、「ゴウトクジ・ノブカ」は、頭蓋《とうがい》に深くひびく音並び。迫力や奥行きがあり、肝《きも》のすわった、物事を深く見通す感じがします。

人は、「スズキ・ショウコ」にはすばやい動きを、「ゴウトクジ・ノブカ」には落ち着いた洞察力《どうさつりょく》を期待します。組織内での役どころも自然に決まっていきます。

どの名前も、その発音体感で「周囲の暗黙の期待感」を自らつくり出しています。人は幼いころから、名前を呼ばれるたびに、その期待感を再確認しているのです。その期待感どおりに振る舞えば、人間関係のストレスが生じなくてすむため、多くの人は名前の期待感どおりに育っていくことになります。

子どもに名前を授けるということは、「周囲の暗黙の期待感」を授けるということにほかなりません。それはとりもなおさず、人生の方向性を授けるということなのです。

あなたは、わが子にどんな人生を授けますか?

先頭字・中字・止め字の見分けかた

名前のイメージの大部分を決めるのは、先頭字と止め字です。「けいこ」なら、先頭字は「け」、止め字は「こ」となります。中字の拗音《ようおん》（ゃ、ゅ、ょ）と、促《そく》音《おん》（っ）は省略。止め字の長音《ちょうおん》（～りいの「い」、～るうの「う」など）も省略します。

先頭字	中字	止め字	
け	い	こ	
め	あ	り	い（長音省略）
あ	んじ	ゅ	
き ょ（拗音省略）	う	こ	
り	っ（促音省略）	か	

先頭字と止め字がイメージを決める

まずは、つけたい名前をかなで書いてみてください。

先頭字は、発音の体勢を長くとるので、ほかのどの音よりも印象が強くなります。最後の文字である止め字は、最後の口の動きが余韻《よいん》として脳に残り、先頭字の次に強い印象を残します。

この二つを見ることで、名前の印象の大部分が決定できます。とはいえ、そのほかの文字（中字）の印象も無視はできません。中字で迷ったときは、先頭字のもつ印象を使って確認してください。

印象を確認したら、何度もその名を呼んでみてください。呼ぶ親たちが、そのイメージを気持ちよいと感じることが大切なのです。

ヒント　迷ったら1文字ずつ変えてみる

イメージの主役 **先頭字**	脇役だけど無視できない **中字**	強い余韻を残す準主役 **止め字**
ま	**な**	**み**
「ま」を「か」に変える ⬇ **かなみ**	「な」を「ゆ」に変える ⬇ **まゆみ**	「み」を「か」に変える ⬇ **まなか**
「まなみ」ならふっくらとやわらかい印象が、「かなみ」なら知的で満ち足りた印象に。	「まなみ」なら親密感を、「まゆみ」なら実直さを感じさせる。	「まなみ」ならキュートな印象、「まなか」なら明るく朗らかな印象に。

音の決め方

初対面の瞬間のひらめきを大切に

インスピレーションを信じよう

50音のもつ語感《ごかん》の解説（→P56〜68）を見ていただければわかるように、どの音にも魅力があります。したがって、この音を使えば必ず幸せになるという、絶対的なルールはありません。

いい名前の条件とは、その名前のもち主の個性に合っていることなのです。

赤ちゃんたちは、お腹《なか》の中にいるときから、すでにその個性をはなっています。

ママたちは、胎動《たいどう》からも「動きはおっとりしているけど、とても力強いから、いつまでもがんばれる子みたい」とか、「おおらかで優しい子みたい」などと感じているはず。パパも、ママの表情などから、赤ちゃんの意識の波動を感じとっているようです。

そんな二人が「この子はシュウコって感じがする」とか「女の子ならユウカだな」と思ったのなら、そのインスピレーションを大事にしてください。

妊娠中はピンとこなかったけれど、生まれてきた顔を見たとたん名前が決まったというケースも多いものです。新生児期はその子の個性がきわだつとき。赤ちゃんのいのちの色合いを感じましょう。

それでもインスピレーションが浮かばなかったら、ご両親の「そうなってほしいイメージ」の名前を選んでください。

遺伝子の配合とは不思議なものです。ほとんどの赤ちゃんが、親の望む性質のうちのいくつかをちゃんともって生まれてきます。したがって、「こういう子になってほしい」という名前をつければ、ほぼ間違いがありません。

発音のしやすさもチェックポイント

注意点もあります。それは、いちじるしく発音しにくい名前は避けること。いいにくい名前や聞きとりにくい名前は、発音体感《はつおんたいかん》の恩恵《おんけい》を得られないからです。

また、名前を名乗ったときの口元の形にも気を配ってあげてほしいものです。つばが飛びすぎたり、口が開きっぱなしになったりしていないかどうか、よく確認するようにしてください。

ヒント

名前の音を決めるには

STEP1 思いつくままに声に出す

生まれる前でも生まれてきて顔を見たときでも、少しでもピンときた名前は必ずメモしておいて、実際に何度も声に出してみてください。直感を大切にしましょう。

STEP2 候補の名前を分析する

まず、STEP1で候補に挙がった名前の音を、先頭字・中字・止め字に1音ずつ分解（→P50）。それぞれの音の印象を調べます。特に先頭字の印象に注目してください。

STEP3 音を変えてみる

候補の名前の先頭字・中字・止め字を、それぞれほかの音に入れかえてみましょう（→P51）。印象が変わります。音を変えた名前も声に出してみると、よりしっくりくる名前が見つかるかもしれません。

日本語ならではの特徴も参考に

日本語は、文字のない音だけの時代が長かった言語です。先に名前の音（読み）を決め、あとから漢字を当てはめる方法は、現代的であると同時に、昔からの伝統を受けついだ、ことばの本質にのっとった方法ともいえるのです。

　また、日本語の表記と音には下記のような特徴があります。名前の音や漢字の読みを決めるときに参考にしてみてください。

知っておきたい日本語の表記と音の関係

「ぢ」「づ」は「じ」「ず」と読まれる。語感《ごかん》も同じ	例 いづみ＝いずみ ゆづき＝ゆずき ＊本来の発音では「ぢ」「づ」のほうが奥まった音で、しとやかな印象になる。
「はひふへほ」は「あいうえお」と読まれることがある	例 かほる→かおる／かほる ゆふな→ゆうな／ゆふな そのまま読む場合もある ＊先頭字は変わらない。 ふみか→ふみか（×うみか）
「○」＋「おん」が「○のん」となることがある	例 は（葉）＋おん（音） →はのん／はおん り（理）＋おん（恩） →りのん／りおん
２つの語が結びつくとき、あとの語の最初が濁音《だくおん》になることがある	例 はな（花）＋ひ（火）→はなび み（美）＋つき（月） →みづき／みつき そのまま読む場合もある

人気の音がわかる！

女の子の名前の音ベスト10

最近人気の女の子の名前の音（読み）と表記の例を紹介します。
ほのぼのした「はな」ちゃんが2年連続で1位に。
快活でカッコイイ女性を思わせる「か」で終わる名前も人気です。

順位	音	表記の例
1位	はな	花／羽那
2位	さくら	さくら／咲良
3位	ゆい	結衣／結
4位	りお	莉央／莉緒
5位	あかり	あかり／明莉
6位	あおい	葵／蒼
7位	こはる	心春／心陽
	ほのか	帆花／穂香
9位	いちか	一花／一華
10位	さな	咲那／紗奈
	りこ	莉子／璃子

12位～20位の音は……

- 12位 めい
- 13位 みお、りん
- 15位 はるか
- 16位 ひな、かほ
- 18位 ももか
- 19位 えま
- 20位 ひまり

出典：明治安田生命ホームページ　2016年度データ

この音のイメージは？

50音のもつ語感

名づけをはじめる前に、50音がどのような語感《ごかん》をもっているのか、知っておきましょう。

各音の語感は、先頭字と止め字に分けて解説しています。中字は先頭字の欄で確認してください。

あ

あ が先頭にくる場合

のびやかナチュラルガール

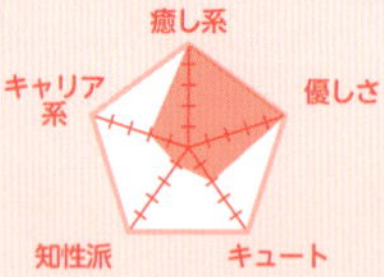

先頭字の「あ」　アイ、アスカ、アヤなど

アは、「素の自分」を飾らずにさらけ出すイメージの音。あっけらかんとした、こだわりのない感じです。幼いころから、飾ることなく自然体で、のびやかに自己表現をして、才能を発揮します。

止め字の「あ」　ミア、ユア、リリアなど

過去にこだわらない、未来の希望を感じさせます。開放感があり、多くの友人を得る人生に。

い

い が先頭にくる場合

キュートながんばり屋さん

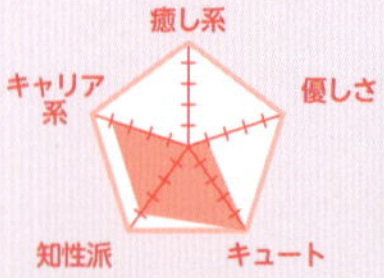

先頭字の「い」　イクコ、イサコ、イズミなど

イは前向きの強いパワーをもつ音。周囲もつい応援したくなる、一途《いちず》ながんばり屋さんです。しかし、もともと前向きな本人は、意外にのほほんとしている幸せ上手。キュートで憎めない、いたずらっ子です。

止め字の「い」　マイ、リリイ、レイなど

キッパリ潔くいいたいことをいい、迷いや逡巡《しゅんじゅん》にとどめを刺します。いじめられっ子の救世主として頼られる存在に。

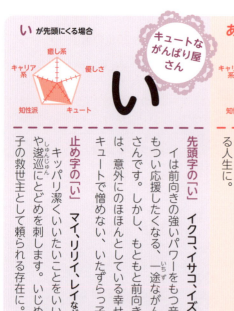

う が先頭にくる場合

ナイーブなアーティスト

う

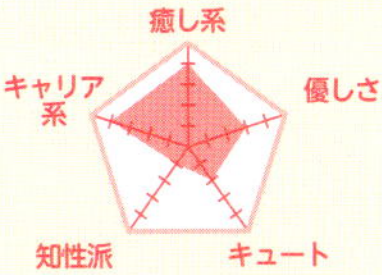

先頭字の「う」 **ウノ、ウミ、ウララ**など

ウの音のもつ内向きに集中する強い力から、何かを思いつめて熟成させる傾向が。芸術、科学などの分野で早くから才能を発揮します。人づきあいはやや苦手ですが、素朴《そぼく》さと豊かな才能で周囲を魅了します。

止め字の「う」 **マウ、ミウ、リウ**など

ナイーブな印象。周囲に「雑に扱ってはいけない」と感じさせるため、大切にされるはず。縁を大事にする人に育ちます。

え が先頭にくる場合

洗練された温かい人

え

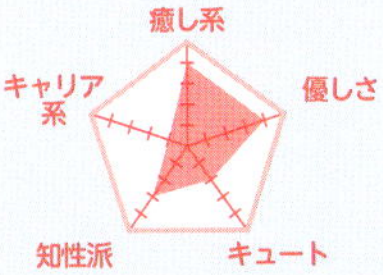

先頭字の「え」 **エイコ、エミ、エリ**など

エの音には、遠くはるかな感じがあります。遠くから温かく見守ってくれる、エレガントな人。人の心にズカズカと踏みこむことはありません。一度親しくなるとつきあいも長く、パートナーにも愛されます。

止め字の「え」 **サエ、モモエ、リエ**など

エレガントで知的な印象。教養を感じさせる、自立した賢い女性に育ちます。人を育てるのがうまく、一目置かれる存在に。

お が先頭にくる場合

おおらかな居心地のいい人

お

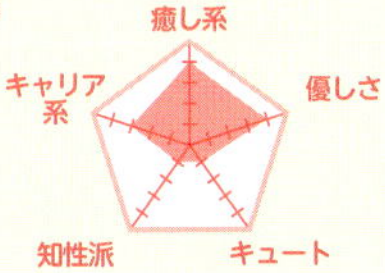

先頭字の「お」 **オウカ、オトハ、オリエ**など

包みこむような母性の優しさを感じさせるオの音。おおらかで包容力があります。居心地がよいので、周りにはしぜんと人の輪ができます。あまり動かないたちなので、競争にさらされる環境はストレスかも。

止め字の「お」 **マオ、ミサオ、リオ**など

包容力のある母性を感じさせます。面倒見のいい、しっかりした女性に。ゆるがぬ信頼感から、人の上に立つ風格もあります。

か が先頭にくる場合

利発な都会派ガール

か

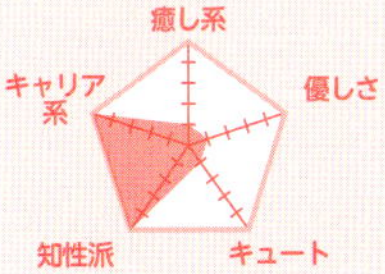

先頭字の「か」 **カオル、カナ、カノン**など

カは、硬く、強く、スピード感があり、軽やかで開放感あふれる音。そのとおりに利発で快活に育った少女は、都会派でクールな印象の女性に。目標に戦略的にアプローチし、確実にキャリアアップします。

止め字の「か」 **アスカ、サヤカ、ミカ**など

カのもつ強く快活な印象は、アネゴ肌を感じさせます。悶々《もんもん》とした悩みにも、ドライにアドバイスをくれるカッコイイ女！

き

が先頭にくる場合

イケイケ個性派ガール

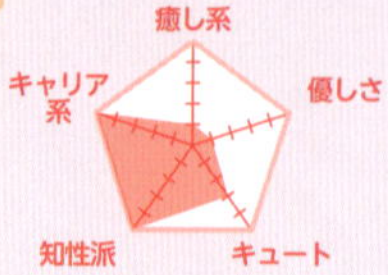

先頭字の「き」 **キサ、キミカ、キリ**など

キは、息の発射力が最も強い音。この名で呼ばれる人は、生命力にあふれています。また、自己主張が強く、突出《とっしゅつ》した個性のもち主。孤立しても、無駄な友情に足を引っ張られずに成功の道を突き進みます。

止め字の「き」 **マキ、ミサキ、ユキ**など

自己主張のキで終わる名前の人は、しっかりと自分をもっています。他人の評価に左右されない、クールビューティです。

く

が先頭にくる場合

魅惑のキュートガール

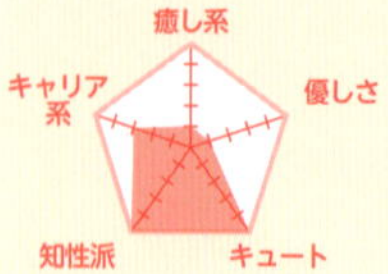

先頭字の「く」 **クニコ、クミ、クルミ**など

息が前に向かうKと、力が後ろに向かうウから成るクは、大人なのに無邪気、清純派なのにちょっと意地悪……そんな魅力的な矛盾を感じさせます。この小悪魔的な魅力で、つねに注目を集める人生に。

止め字の「く」 **イク、ミク**など

なんともいじらしく、何かを大事に胸に秘めるようなイメージ。周囲は愛しく感じずにはいられません。

け

が先頭にくる場合

エレガントな都会派

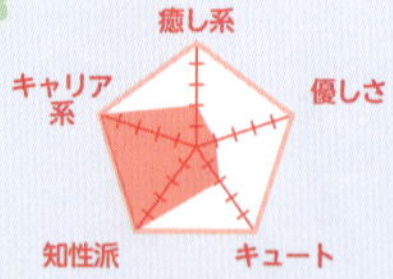

先頭字の「け」 **ケイ、ケイコ**など

ケは、息を下に噴射《ふんしゃ》する発音体感《はつおんたいかん》をもっています。悶々《もんもん》としたときに「けっ」と声に出すと、何かが吹っ切れる感じ。あのイメージの音です。

ケではじまる名前のもち主は、恨《うら》みや欲とは縁のない、思い切りのよいドライな印象の人。とはいえ、母音エのもつエレガントさが働くので、ドライでもがさつではありません。温かい気品のもち主です。

こ

が先頭にくる場合

愛らしく、やりくり上手

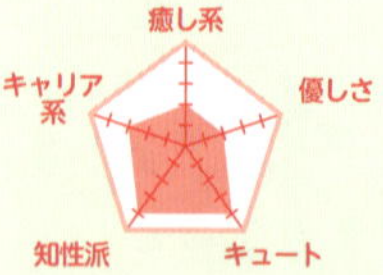

先頭字の「こ」 **ココミ、コハル、コユキ**など

コの音は、小柄《こがら》でキュート。一方で、機《き》敏《びん》でやりくり上手な印象も。コではじまる名前の人は、いつの時代も「お嫁さんにしたい女性No.1」です。ビジネスでも、パートナーや顧客から親しまれ人気者に。

止め字の「こ」 **マコ、ユウコ、リコ**など

コで終わる名前は、愛らしく、やりくり上手な印象。周囲からは、頼りにされつつかわいがられ、ちゃっかり出世します。

さ が先頭にくる場合

さわやかスマイルガール

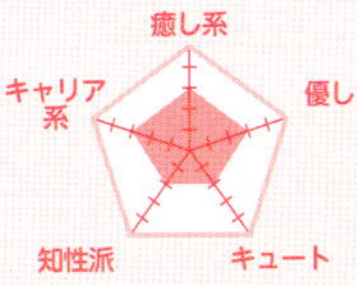

さ

先頭字の「さ」 **サエ、サナ、サヤカ**など

サは、さわやかな、憧《あこが》れを誘うスター性をもつ音。人の先頭に立つ、颯爽《さっそう》とした少女に育ちます。幼いころから憧れの存在で、スポーツも勉強もサボらずがんばります。リーダーとして、人の上に立つ人生に。

止め字の「さ」 **アリサ、ミサ、リサ**など

颯爽として、いつも先頭に立つ人。困難なことに挑戦してもソフトな笑顔を欠かさない姿は、憧れの存在に。

し が先頭にくる場合

憧《あこが》れのクールビューティ

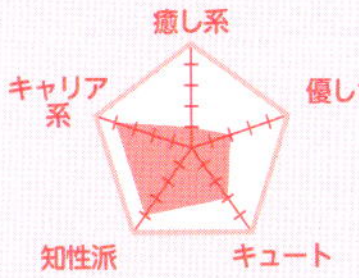

し

先頭字の「し」 **シズカ、シノ、シマ**など

シは、歯で強くこすられた息がシャワーのように噴射《ふんしゃ》され、まぶしい光を感じさせる音。シではじまる名前で呼ばれる人は、きらきらした生命力にあふれています。

人目をひく、華やかなパフォーマンスが得意。ほしいものを鮮やかに手に入れます。押しが強い勝ち組なのに、周囲の支援を受けられるのは、スター性に輝くこの人ならではなのです。

す が先頭にくる場合

魅惑のスイートガール

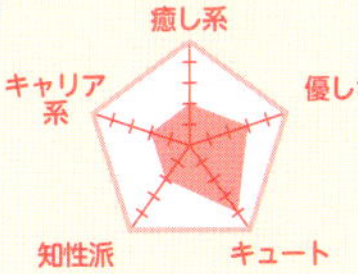

す

先頭字の「す」 **スズ、スズナ、スミカ**など

スの音ではじまる名前は、なんともいじらしく可憐《かれん》な雰囲気。胸キュンのスイートガールの印象です。この名のもち主に何か頼まれると、断りにくい気持ちに。ほしいものを手に入れていく人生を歩みます。

止め字の「す」 **アリス、クリス**など

涼しげな印象を残す人。幻想的な存在感があり、かなり強い発言にも、押しの強さを感じさせません。

せ が先頭にくる場合

エレガントな知性派

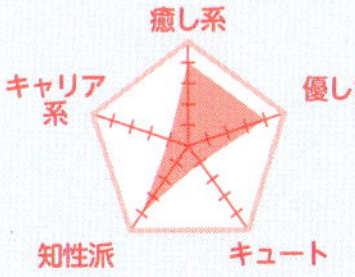

せ

先頭字の「せ」 **セイコ、セイラ、セナ**など

セの音が起こす風は、慎重で、あまねく吹き渡るイメージ。繊細《せんさい》な配慮を感じさせる、ソフトな知性派です。全体を見渡し、仲間はずれになっている人や、陰《かげ》の功労者に気づいてあげられる人。気品と優しさのもち主として、周囲の敬愛を集めます。

止め字の「せ」 **ナナセ、リセ**など

繊細な優しさのもち主で、皆から敬愛されます。科学に強い、理知的なイメージも。

そ が先頭にくる場合

なでるような癒《いや》しの魔法

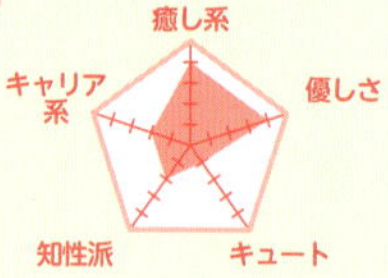

そ

先頭字の「そ」 **ソノミ、ソヨカ、ソラ**など

ソを発音すると、口腔《こうくう》の内側を、ソフトになでるように風が渡ります。やわらかな手のひらで肌をなでてもらったような、頬《ほお》をそっと包みこんでもらったような、なんとも心地よい優しさを感じるはず。

このため、ソではじまる名前のもち主には、ソフトな包容力ですべてを包みこむ印象があります。人を癒す魔法のような名前なのです。

た が先頭にくる場合

誇り高き女性

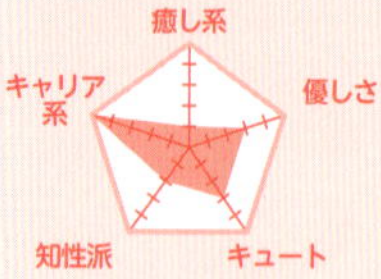

た

先頭字の「た」 **タエ、タカコ、タマキ**など

充実感とアグレッシブなパワーあふれるタの音。高みを目指し、着実に成功していくしっかり者です。日々精進《しょうじん》する姿は周囲の尊敬を集め、どんな組織にいてもしぜんにリーダーに。誇り高き女性です。

止め字の「た」 **ウタ、ヒナタ**など

タフで頼りになるがんばり屋さん。ほかの人がダメだと投げ出したことでもやり遂げるような、奇跡《きせき》を起こすことも。

ち が先頭にくる場合

キュートなお茶目《ちゃめ》ガール

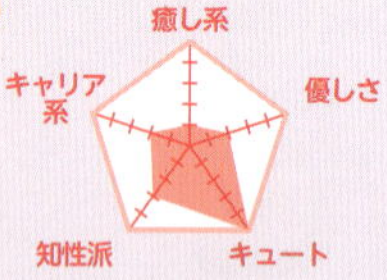

ち

先頭字の「ち」 **チエ、チサト、チノ**など

チの音は、充実感と躍動《やくどう》するパワーが特徴です。この名で呼ばれる人は、生命力にあふれ、充実し、輝き、しかも愛らしい印象。甘え上手なちゃっかり娘です。引き立てられ、かわいがられ、成功を手にします。

止め字の「ち」 **サチ、マチ、ミチ**など

自分をアピールできる人。初対面でも友のように振る舞い、目上の人にタメ口《ぐち》をきいても嫌われない「ちゃっかりパワー」も。

つ が先頭にくる場合

ミステリアスパワー

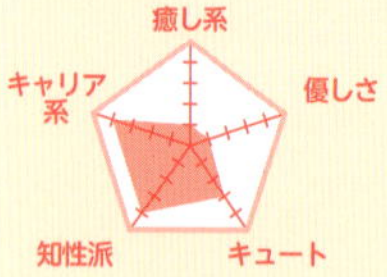

つ

先頭字の「つ」 **ツカサ、ツキコ、ツグミ**など

超人的なほどに強い集中力を感じさせる、ツの音。ツではじまる名前のもち主は、内側に満ちるパワーで、月光のように静かなオーラをつくり出します。物静かなのに、とんでもないことをやってのける、ミステリアスパワー少女です。

止め字の「つ」 **セツ、ナツ、ミツ**など

他人がとうてい無理と思ったことを、抜群の集中力で乗り越えていきます。

て が先頭にくる場合

ひるまない行動派

て

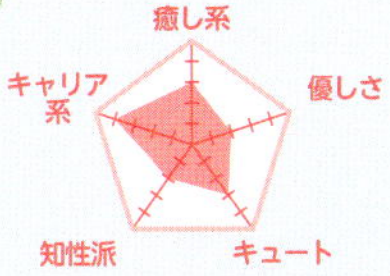

先頭字の「て」 **テイコ、テルミ**など

舌打ちのような、うざったさを吹き飛ばす爽快《そうかい》感のあるテの音。リズミカルに話す、はつらつとした行動派です。皆が迷っていると「まず、やってみようよ」といえる人。ムードメーカーで、頼られる存在に。

止め字の「て」 **ハヤテ**など

機動力を感じさせます。止め字のテは、かけっこのスタートダッシュのイメージ。決めたら、後ろを振り返らない人です。

と が先頭にくる場合

優しい、しっかり者さん

と

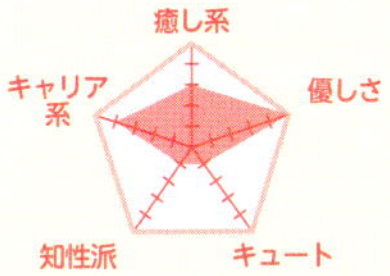

先頭字の「と」 **トウコ、トモ、トワコ**など

包容力があり、おおらかで、しっかりした印象のト。母性的な優しさがあり、小さなときから面倒見のよい優等生。職場に欠かせないマネージメントの天才です。賢母として敬愛を集め、政治家や企業家の器《うつわ》も。

止め字の「と」 **オト、コト、ミサト**など

大切な人を包みこんでしっかり守る、良妻賢母のイメージ。職場では、なくてはならないアンカーパーソンに。

な が先頭にくる場合

しなやか愛されガール

な

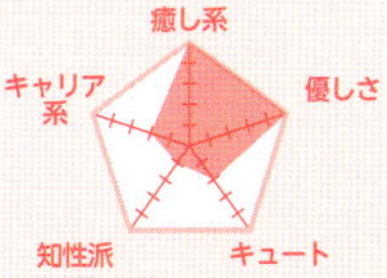

先頭字の「な」 **ナオ、ナナコ、ナミコ**など

手のひらで頭をぽんとされたような、温かい親密感をつくるナの音。やわらかく、のびやかで、初対面でも家族のような親密感があります。呼ぶたびに心地よい親密感が生まれ、幼いころから周囲に愛されていることを実感し、人と人をつなぐ役割に。

止め字の「な」 **カナ、マリナ、モナ**など

心地よい親密感を感じます。多くの友達に囲まれ、明るく面倒見のいい女性に。

に が先頭にくる場合

愛《いと》しのハニカミガール

に

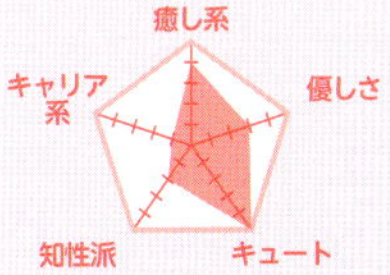

先頭字の「に」 **ニイナ、ニコ**など

ニの音には、秘密主義的な印象があります。恥ずかしがり屋で、人なつっこいのにはにかむ感じが、なんとも愛らしい人。周囲から大切にされます。デザインや工芸など、クリエイティブな才能を発揮します。

止め字の「に」 **クニ、ミクニ**など

ハニカミ屋で愛らしい印象。人なつっこく、なんとも愛しくなる名前です。友人や恋人と、大切にしあう関係を築く人です。

ぬ

ぬ が先頭にくる場合

温かくてマイペース

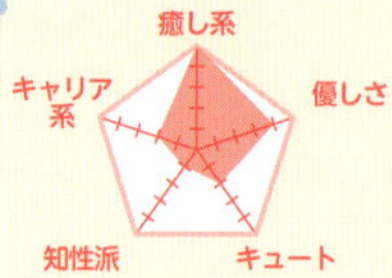

先頭字の「ぬ」 ヌイ、ヌノカなど

ヌの音には、プライベートな空間に招き入れられたような、居心地のよさと同時に、少し得体の知れない感じも。このため、ヌではじまる名前のもち主は、不思議な温かさで、周囲を慰撫《いぶ》します。

止め字の「ぬ」 アンヌ、キヌなど

優しい包容力を感じさせます。感情的にならず穏《おだ》やか。他人のペースに巻きこまれることなく、着実に社会に貢献《こうけん》する人に。

ね

ね が先頭にくる場合

姉のような優しさ、やすらぎ

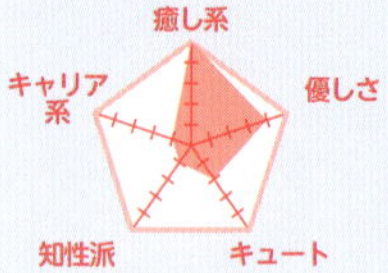

先頭字の「ね」 ネイカ、ネネなど

ネは、やわらかく温かく、親密。身体を覆《おお》う毛布のようなやすらぎがあります。その一方で、人をあまねく支配する印象も。周囲を自分の思いどおりに動かす術《すべ》に長《た》け、グループのリーダー格になります。

止め字の「ね」 アカネ、ミネなど

やすらぎと温かさ、文末に「ね」をつけたときのような親しみがあります。しっかりと念押しする、押しの強い一面も。

の

の が先頭にくる場合

包みこむような優しさ

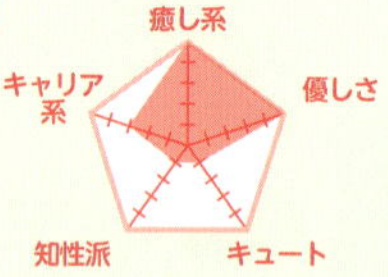

先頭字の「の」 ノゾミ、ノドカ、ノノカなど

ノは、やわらかなもので、大切に包まれたような音。大好きな人に、頬《ほお》を手のひらでそっと包まれたような安心感、優しさがあります。牧歌的なのどかさもあり、何事にもあわてない、感情的にならない人格に。

止め字の「の」 アヤノ、リノなど

包みこむような優しい感じ。のどかで、どこかなつかしい印象です。あわてず騒がず、淡々と自分の責任を果たす人に。

は

は が先頭にくる場合

気風のいい美女

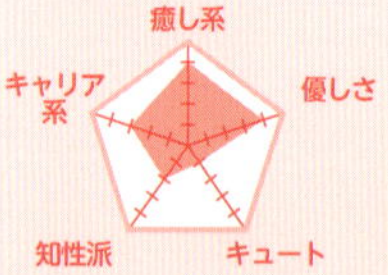

先頭字の「は」 ハナ、ハルカなど

ハは、肺の中の息があっという間に口元に運ばれ、はかなく散る音。「すばやく、温かく、あと腐《くさ》れのない」印象です。気風《きっぷ》がよくて、恩を着せない人情家。魂《たましい》の潔さが顔に出て、キレイといわれる人たちです。

止め字の「は」 カズハ、ヤスハなど

フットワークが軽く、ドライ。遺恨《いこん》を残さず、潔く、働き者で、華があります。事業家、芸事の師匠など表舞台に立つ人に。

ひ が先頭にくる場合

カリスマ クイーン

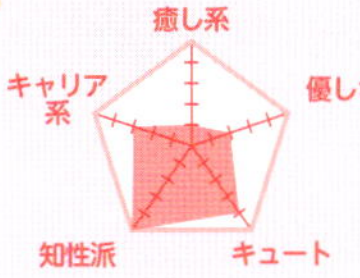

ひ

先頭字の「ひ」 **ヒカリ、ヒトミ、ヒロ**など

ヒは、肺からの熱い息が歯でこすられ、冷たくなって出る、パワフルな音。情熱と冷静を合わせもつカリスマ性があり、独特の魅力をはなちます。場を仕切る支配者的才覚があり、本人もその立場を望みます。

止め字の「ひ」 **アサヒ、ハルヒ**など

パワフルでドライ。情熱的で、タフで、物事に執着しないドライさをあわせもっています。事業家や格闘家になったら最強。

ふ が先頭にくる場合

ファンタジック フェアリー

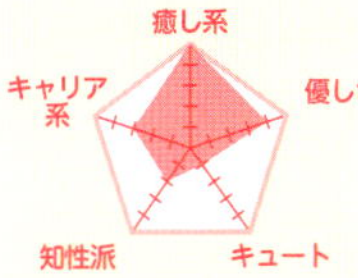

ふ

先頭字の「ふ」 **フジコ、フミ**など

フは、唇《くちびる》の摩擦《まさつ》音。すぼめられ弛緩《しかん》した唇でこすられた息は、ふわっとしたかたまりになって、口元に出され霧散《むさん》します。ふんわり浮かび、はかなく消える夢幻《ゆめまぼろし》のよう。現実感がなく、せつないほど魅力的で、富裕イメージにもつながります。

この名をもつ人は、周囲をとりこにします。人々からこの人には苦労をさせたくないと思わせ、貢《みつ》がせてしまう不思議な人。

へ が先頭にくる場合

割り切りの いい 行動派

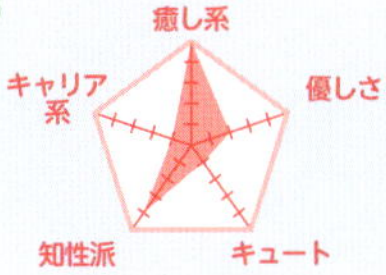

へ

先頭字の「へ」 **ヘイワ、ヘレン**など

ヘは、息が下向きに噴射《ふんしゃ》され、吹っ切れたような爽快《そうかい》感をともなう音。いやなことがあったとき「へっ」というと吹っ切れることがあるでしょう? あの感じです。

このため、ヘではじまる名前の人は、やんわりとしているのに、割り切りのいい人。ぐずぐずしたり、根回ししたり、嘘《うそ》や秘密は大嫌い。信頼され、グローバルに活躍する人になります。

ほ が先頭にくる場合

くつろぎを 与える 自由人

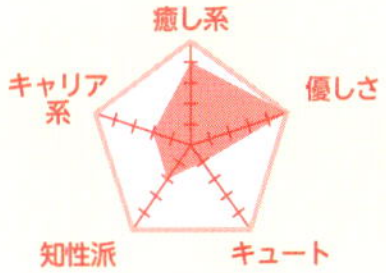

ほ

先頭字の「ほ」 **ホナミ、ホノカ**など

居心地のよい家庭でほっとくつろぐような、ホの音の印象どおりの名前です。どんな大舞台でも緊張せず、いつも温かい人。小さなときから、自分の好奇心をマイペースに追求し、独自の立場をつくり上げます。

止め字の「ほ」 **カホ、ナツホ、ミホ**など

温かなくつろぎを感じさせます。ちょっと実体のない感じも。ミステリアスな残り香を感じさせる美人ネームです。

ま

ま が先頭にくる場合

天真爛漫《てんしんらんまん》
スマイル
ガール

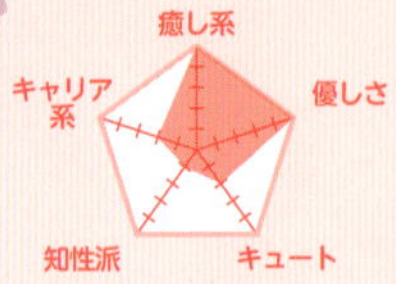

先頭字の「ま」 **マミ、マリナ**など

マは、甘くやわらかく満ち足りたMの印象が最も強い音です。満ち足りた、輝く笑顔のもち主で、天真爛漫。面倒見がよく、家族の役に立ちたがります。生活力があり、経済観念もしっかりしています。

止め字の「ま」 **エマ、ユマ**など

ふっくらと満ち足りた印象。大きな空間イメージや、宇宙全体を包みこむような幻想感ももちあわせています。

み

み が先頭にくる場合

フレッシュ
&
スイート

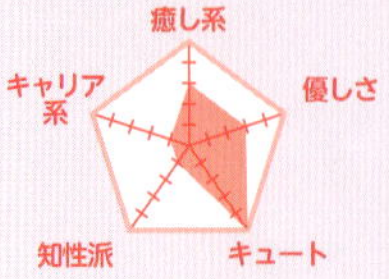

先頭字の「み」 **ミカ、ミサキ、ミナミ**など

ミの音は、果実のようにみずみずしく甘く、フレッシュ。フレッシュ&スイートな名前です。イキイキ・キラキラしていて、周囲が愛さずにはいられません。我《が》の強さゆえに、しっかり者で、良妻賢母タイプ。

止め字の「み」 **アミ、トモミ**など

みずみずしく愛らしい印象。最強のアイドルネームです。かわいがってもらいたい相手にだけ、名前を呼ばせる工夫を。

む

む が先頭にくる場合

思慮深く
信頼感の
ある人

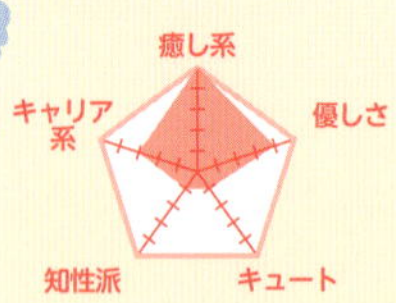

先頭字の「む」 **ムツキ、ムツコ**など

ムの音は、思慮深さを感じさせると同時に、黙って何かたくらんでいるような手ごわさがあります。思慮深く、手ごわい……。その印象のまま、何かプロの道を極《きわ》めていく人生、物静かな達人になるでしょう。

止め字の「む」 **エム、ライム**など

信頼感があります。語尾のムは、広げたものをすっと結んだ印象。まとめ上手、とりなし上手で、任せておけば安心です。

め

め が先頭にくる場合

上品な
成功者

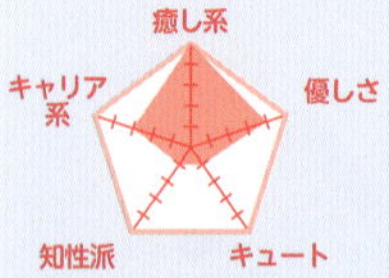

先頭字の「め」 **メイ、メグミ**など

メの音は、豊饒《ほうじゅん》＝恵み、上流のイメージ。貴族的で、あくせくするのが嫌い。おっとりしていますが、上昇志向があり、自分を高める努力をおこたりません。それをアピールする才覚もあり、品のよい成功者に。

止め字の「め」 **オトメ、ユメ**など

まさに乙女チック。おっとりしていますが、自分の生き方をつらぬくことで、夢を実現していきます。

も が先頭にくる場合

スイート
プリンセス

も

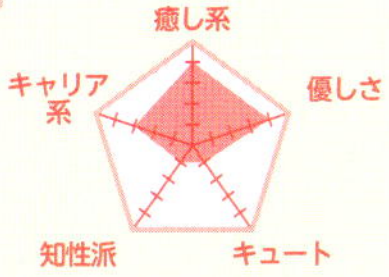

先頭字の「も」 モエ、モモコなど

モの音は、果実やお餅を頬張《ほおば》ったよう。このまったりした感じのままの名前です。人当たりがよく、おっとりしていますが、ねばり強さで勝ちぬく一面も。人を否定することばにも品がある「できた人」。

止め字の「も」 マリモ、モモなど

まったりして豊か。甘く愛らしい印象と、大きく堂々とした存在感がミックスされ、童話のお姫様のような幻想的な印象も。

や が先頭にくる場合

優しくて
清潔な
春の光

や

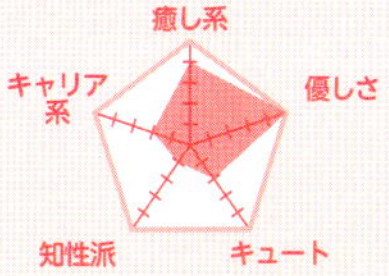

先頭字の「や」 ヤスハ、ヤヨイなど

ヤは、優しい開放感に満ちた音。障子越しの春の光のような、優しく清潔な開放感です。この名のもち主は、押しつけがましさは一切ありません。にもかかわらず、周囲がこの人の指示を仰ぎたがるでしょう。

止め字の「や」 アヤ、カヤなど

優しい開放感にあふれ、ウェルカムとむかえ入れるイメージ。アのあどけなさがきわだって強く、無邪気な童女の印象も。

ゆ が先頭にくる場合

はんなり
優美な
女らしさ

ゆ

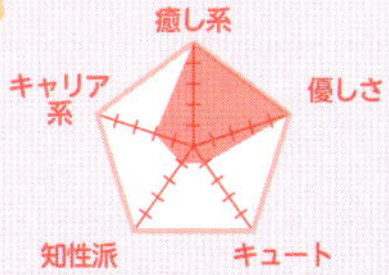

先頭字の「ゆ」 ユイ、ユウカ、ユリナなど

ユは、ゆらぎと許容のイメージをあわせもつ音。ユではじまる名前のもち主は、ゆらぎから生じる優美な華やかさと、許しの優しさにあふれています。男性の好感度抜群の名前。ゆっくりと大成する人です。

止め字の「ゆ」 アユ、マユなど

優美な女らしさにあふれています。ウのもつ、内に秘めて熟成する感じが強く働き、思いつめたような、いじらしい印象も。

よ が先頭にくる場合

懐《ふところ》の深さ、
妖艶《ようえん》さ

よ

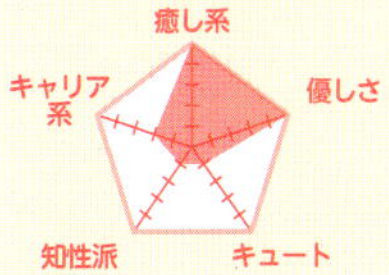

先頭字の「よ」 ヨウコ、ヨシミなど

容認の印象があるヨの音。「よーし」といわれると、しっかりと認められた感じがしますね。懐深く人を受け入れ、やわらかく包みこみます。妖艶なオトナの魅力も。

止め字の「よ」 サヨ、リヨなど

人を懐深く受け入れ、やわらかく包みこみ、「この人のもとへ帰りたい」と思わせます。昔から、女性の名の語尾に多いのもうなずけます。

ら

華やかなバラの戦士

ら が先頭にくる場合

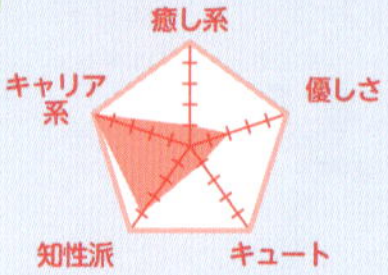

先頭字の「ら」 ライカ、ララなど

ラは、大輪の花のような華やかさと、作為的で合理的、クレバーさをもつ音。華やかな合理派です。感情に流されず、虎視眈々《こしたんたん》とチャンスをねらう野心家。賢く生きるための棘《とげ》をもつ、バラのような美戦士です。

止め字の「ら」 サクラ、レイラなど

ラストレビューのような華やかな印象。さばけた開放感があり、女っぽすぎず、宝塚の男役のようなりりしい華やかさです。

り

りりしさ、美しき理知

り が先頭にくる場合

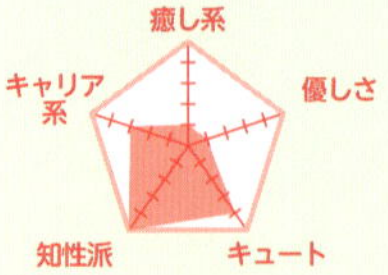

先頭字の「り」 リカ、リサ、リリアなど

リの口腔《こうくう》形は、細長い筒《つつ》の先に花開くユリの花のよう。花開くまでの努力や、思いの深さを感じさせます。また、ラ行音は作為的で合理的で、クレバー。理知にあふれ、美しいのに努力を続ける、りりしい人です。

止め字の「り」 カオリ、サユリなど

りりしさを感じさせます。特に語尾のリは、理知と努力の印象を強くします。社会に役立ちたいという意志も強い人です。

る

可憐な胸キュンガール

る が先頭にくる場合

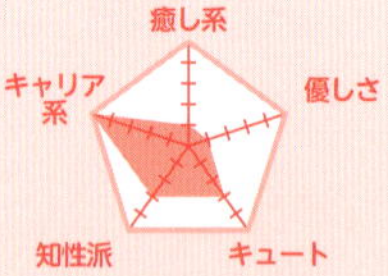

先頭字の「る」 ルナ、ルミナ、ルリなど

ルは、可憐《かれん》さとセクシーさをもち、力をしっかりとためる印象の音。可憐で、ちょっと思わせぶりな態度の胸キュンガールです。一方で、たゆまぬ努力で資格やキャリア、地位を手に入れる可憐な努力家です。

止め字の「る」 カオル、リルなど

華やかで力強い印象。幼いころから、努力して、多くの実りを手に入れます。自分に厳しい人です。

れ

洗練の極《きわ》み、高嶺《たかね》の花

れ が先頭にくる場合

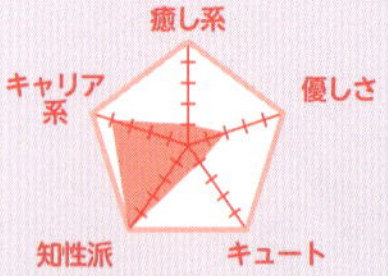

先頭字の「れ」 レイ、レイカ、レナなど

レの音には、遠くはるかな印象があります。レではじまる名前の人は、遠く憧《あこが》れの存在。憧れの麗人、高嶺の花なのです。さらに、ラ行音のもつクレバーな雰囲気に、エのもつエレガントさが重なり、洗練されたイメージがあります。

止め字の「れ」 スミレ、ミレなど

華やかで洗練された名前です。可憐で、すましたオシャレな印象も。

ろ

ろ が先頭にくる場合

夢見る本格派

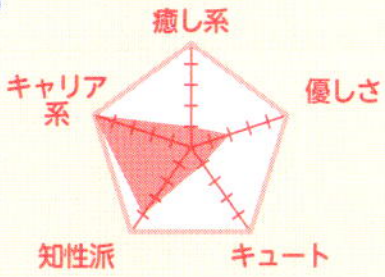

先頭字の「ろ」 ロッカ、ロミなど

ロの音は、心に秘めた大きな夢を感じさせます。また、中身の濃い、落ち着いた印象も。華麗さと落ち着きをあわせもち、いぶし銀の魅力をはなつ名前です。ロマンチストなのに、地に足のついた本格派に。

止め字の「ろ」 マヒロ、ミロなど

華やかさと落ち着きを感じさせます。中身のしっかりした、いぶし銀の魅力をはなつ人に。

わ

わ が先頭にくる場合

エスプリ満載、楽しい人！

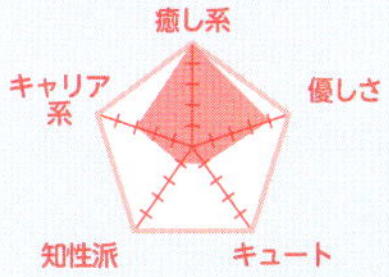

先頭字の「わ」 ワカナ、ワキなど

ワの音は、膨張《ぼうちょう》のイメージ。ワクワク感は、まさに膨張していく期待感ですね。些《さ》細《さい》なこともおもしろおかしく表現できる天才で、生まれつきのエンターテイナー。中字でも、同様の効果があります。

止め字の「わ」 サワ、ミワなど

ワクワクする楽しげな気分を残す人。悲惨なときでも飄々《ひょうひょう》と愉快そうに過ごせます。シャンソンの似合う素敵なオトナの女に。

ん

ん が中字にくる場合

朗らか、盛り上げ上手

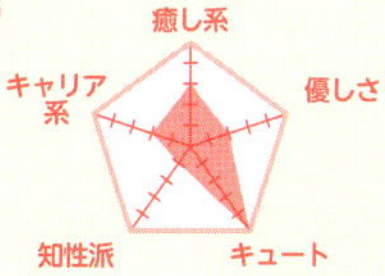

中字の「ん」 アンナ、レンカなど

ンは、スキップしたときのような弾《はず》む気持ちをつくり出す音。朗《ほが》らかで快活で、幼いころから、人の輪の真ん中で皆を明るくします。おしゃべり上手で盛り上げ上手、自虐的《じぎゃくてき》なくらいにユーモアもたっぷりです。

止め字の「ん」 カノン、リンなど

甘えん坊。語尾のンは舌を上あごにつける時間が長く、鼻声に。この密着感と甘え声を、周囲は放っておけません。

が行

が が先頭にくる場合

ゴージャス＆スイート

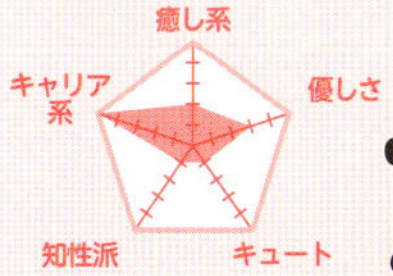

先頭字の「が」行 ギンコ、グミなど

迫力のあるガ行音。Gの名を呼ぶと、その人が偉大に感じられます。また、甘えん坊な感じも、ともないます。迫力と愛らしさで男たちをかしずかせる、不思議な魅力をはなつ人です。

止め字の「が」行 マギー、メグなど

ゴージャスでスイートな女性らしい印象。Gには、迫力と、甘さの両方がありますが、語末だと甘さのほうがきわだちます。

ざ行 が先頭にくる場合

上流、お嬢さん育ち

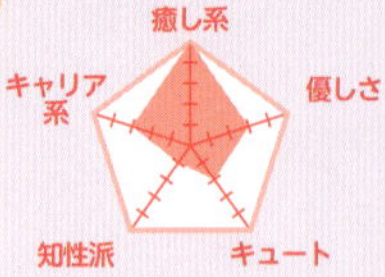

ざ行

先頭字の「ざ」行　**ジュリ、ジュンナ**など

ザ行のZ・J音には、何かを大切に育てた印象や、歴史の長さや財を成す印象があります。お金持ちの旧家で、大切に育てられたお嬢さまのイメージ。さばけた口をきいても、なぜか品を感じさせます。

止め字の「ざ」行　**カズ、シズ**など

大切に育てられたお嬢さまのイメージ。立ち居振る舞いに品があり、ワガママな発言をしても当然のように許されます。

だ行 が先頭にくる場合

豊かなくつろぎ

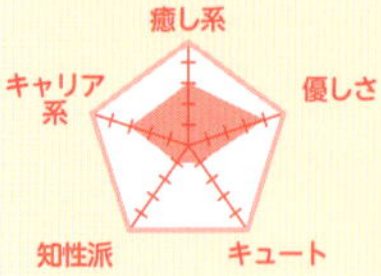

だ行

先頭字の「だ」行　**ダイアナ、ドレミ**など

ダ行をつくるD音は、豊潤《ほうじゅん》な水を思わせる豊かでなめらかな潤《うるお》いと、充分なくつろぎを感じさせます。ダ行ではじまる名前をもつ人は、深いくつろぎと、オトナの魅力にあふれています。

止め字の「だ」行　**カエデ、タヅ**など

堂々としていてセクシーな印象。早くから周囲に一目置かれ、それにふさわしい自分になろうと努力して、一流の女性に。

ば・ぱ行 が先頭にくる場合

魅力的なパワフルウーマン

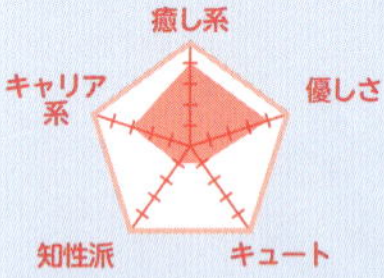

ば・ぱ行

先頭字の「ば・ぱ」行　**ベニオ、パリス**など

バ行をつくるB音と、パ行をつくるP音には、割り切りのよさと、強いパワー、人間的アピールが。バ・パ行ではじまる名前の人は、人間的魅力あふれるパワフルウーマンです。割り切りのよさで、ボス役に。

止め字の「ば・ぱ」行　**アオバ、フタバ**など

元気で割り切りのいい印象。歯に衣《きぬ》着せぬ物言いをしても、遺恨《いこん》を抱かせません。人間的魅力あふれるパワフルウーマンです。

赤ちゃんにぴったりの音は？

名前にふさわしい
音と名前のリスト

赤ちゃんの名前にふさわしい音と、
それぞれの音に漢字やかなを当てた表記の例を挙げました。
50音のもつ語感《ごかん》とあわせてイメージを広げたり、
候補の名前の表記を考えたりするのに役立ちます。

リストの見方

リストは50音順に並んでいます。

その音の語感の説明が載っているページです。

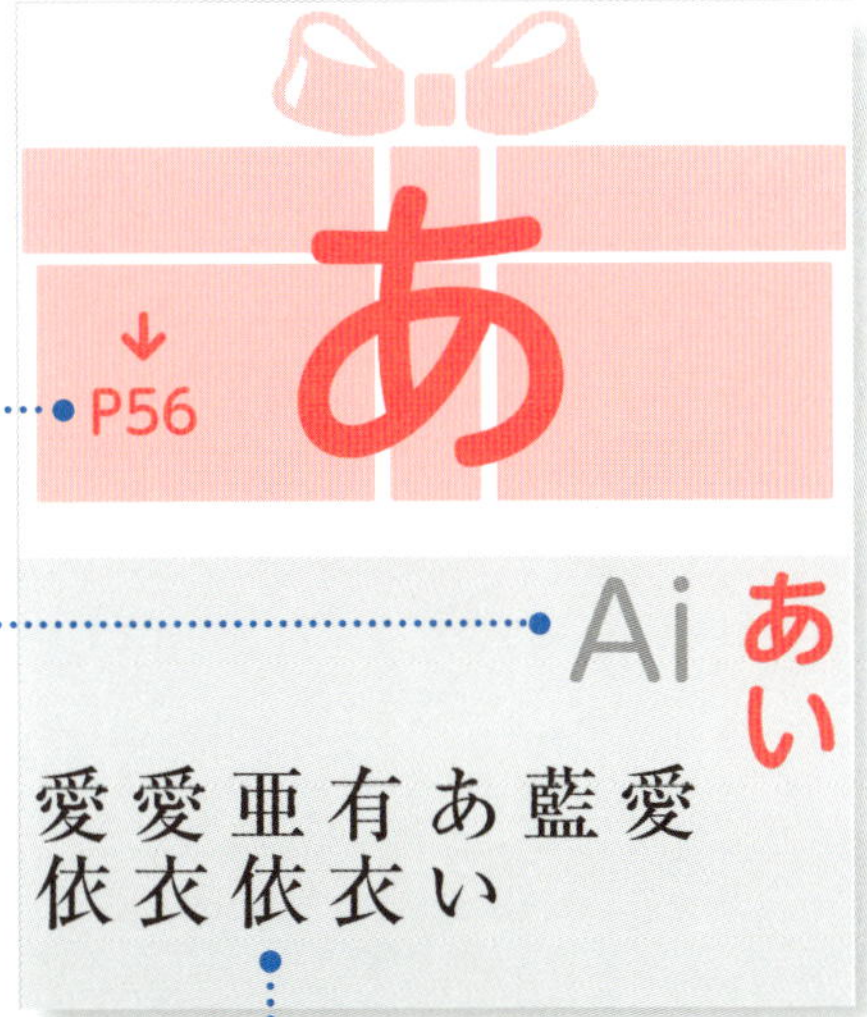

ローマ字表記

ヘボン式のローマ字表記（→P489）を掲載。

名前の例

音に漢字やかなを当てた表記の例です。

- **漢字の意味を知りたいとき**：文字資料（→P433）から漢字の読みで知りたい漢字の画数を調べてPART 4へ。
- **運勢を知りたいとき**：文字資料から漢字の画数を調べて、PART 5へ。

あ

↓P56

あい Ai
愛　藍　あい　有衣　亜依　愛衣　愛依

あいか Aika
娃花　愛佳　愛香　愛夏　藍華　藍嘉　亜唯香

あいこ Aiko
娃子　愛子　藍子　あい子　有衣子　亜依子　亜泉子

あいさ Aisa
娃咲　愛沙　愛咲　愛桜　藍紗　藍彩　あい紗

あいな Aina
愛那　愛菜　藍奈　藍菜　あい菜　亜衣名　阿伊奈

あいみ Aimi
愛心　愛実　愛海　愛望　藍美　藍海　亜伊美

あいら Aira
娃良　娃来　愛良　愛楽　愛羅　藍良　アイラ

あいり Airi
愛里　愛莉　愛梨　愛璃　藍里　あいり　亜依莉

あお Ao
青　碧　杏桜　亜緒　愛鳳　碧央　碧緒

あおい Aoi
葵　蒼　青唯　葵伊　碧生　あおい　亜緒衣

あおば Aoba
青葉　葵羽　葵波　蒼巴　碧芳　碧葉　あお葉

あおみ Aomi
青海　葵心　葵美　蒼海　碧未　碧泉　あお美

あかね Akane
茜　朱音　明音　紅音　茜峰　曙音　明佳音

あかり Akari
星　陽　朱莉　朱璃　明莉　茜里　杏花里

あき Aki
瑛　亜希　亜季　亜紀　亜樹　阿貴　亞葵

あきこ Akiko
明子　秋子　晃子　瑛子　暁子　晶子　亜紀子

あきな Akina
明奈　明菜　秋那　玲奈　晶奈　晶菜　陽菜

あきほ Akiho
明帆　明歩　明穂　秋穂　晃帆　暁歩　晶穂

あこ Ako
安子　朱琴　亜子　亜湖　亜瑚　愛心　愛湖

あさ Asa
麻　朝　亜沙　亜桜　杏彩　愛咲　愛紗

あさか Asaka
旦霞　麻花　麻佳　朝香　朝夏　あさ香　亜沙夏

あさこ Asako
旦子　麻子　朝子　朝湖　亜紗子　亜彩子　阿佐子

あさひ Asahi
旭　旦陽　麻妃　朝陽　あさひ　天咲媛　亜紗妃

あやな Ayana
礼奈 彩七 彩菜 絢那 綾奈 あやな 亜矢奈

あやね Ayane
文音 礼音 礼寧 采祢 彩音 絢音 綾峯

あやの Ayano
文乃 郁乃 紋埜 彩乃 彩野 絢乃 綾乃

あやみ Ayami
文美 礼実 郁実 理水 彩心 絢未 綾実

あやめ Ayame
菖 礼芽 郁芽 彩女 彩姫 綾愛 あやめ

あやり Ayari
文里 礼梨 郁莉 彩里 絢里 綾李 亜耶里

あゆ Ayu
鮎 有結 亜由 亜優 愛唯 愛結 愛優

あゆか Ayuka
歩花 歩果 歩歌 鮎夏 亜由香 愛結花 愛優香

あのん Anon
朱音 安遠 亜音 杏音 亜恩 愛音 あのん

あまね Amane
周 天音 天峰 雨音 海音 あまね 亜麻祢

あみ Ami
亜未 杏実 亜美 亜海 杏珠 愛海 愛美

あみこ Amiko
あみ子 安未子 杏実子 亜泉子 亜美子 愛光子 愛海子

あや Aya
礼 理 彩 綺 綾 亜矢 亜耶

あやか Ayaka
文佳 彩花 彩佳 彩香 絢香 絢夏 綾華

あやこ Ayako
文子 礼子 理子 彩子 絢子 綾子 亜矢子

あさみ Asami
旭未 旭実 麻美 麻深 朝美 あさ美 明咲実

あすか Asuka
飛鳥 あすか あす香 明日花 明日香 明日架 明日奏

あずさ Azusa
梓 杏紗 梓沙 あずさ 亜州佐 亜寿紗 愛子紗

あすな Asuna
亜砂 あすな あす菜 明日那 明日奈 明日菜 逢日愛

あすみ Asumi
亜清 明澄 あすみ 亜州美 明日未 明日実 明日美

あずみ Azumi
朱純 有澄 吾清 亜澄 明純 愛純 あずみ

あづき Azuki
亜月 杏月 亜槻 明月 逢月 愛月 亜津希

あつこ Atsuko
厚子 純子 淳子 敦子 温子 亜津子 愛都子

あゆこ Ayuko
歩子　鮎子　有結子　亜友子　亜由子　杏優子　愛有子

あゆな Ayuna
歩那　歩夏　鮎奈　鮎菜　亜弓那　亜佑名　愛友奈

あゆみ Ayumi
歩　亜弓　歩美　鮎美　あゆ実　亜宥美　愛結実

ありか Arika
有香　有華　在夏　有里佳　有李夏　亜梨花　愛里花

ありさ Arisa
可咲　有紗　有彩　あり沙　有里紗　亜里咲　愛理沙

ありす Arisu
有州　有珠　アリス　ありす　安里洲　亜李須　亜莉寿

あん An
安　行　杏　按　晏　あん　杏音

あんじゅ Anju
安寿　安珠　安樹　杏朱　杏寿　杏樹　晏珠

あんな Anna
安那　安奈　行南　杏那　杏奈　杏菜　晏奈

あんり Anri
安里　安梨　杏里　杏梨　杏璃　杏凜　晏莉

い
↓ P56

いお Io
衣央　伊麻　伊緒　衣穂　依保　泉央　唯緒

いおり Iori
庵　衣織　伊織　泉織　伊央莉　衣緒梨　祈乙璃

いく Iku
生　育　郁　伊久　伊玖　衣紅　維久

いくえ Ikue
生恵　育江　侑絵　育愛　郁栄　幾恵　伊来絵

いくこ Ikuko
生子　如子　育子　侑子　郁子　伊久子　衣紅子

いくみ Ikumi
生美　育実　育美　侑美　郁未　郁海　衣久美

いさこ Isako
いさ子　伊沙子　伊佐子　伊紗子　衣紗子　依早子　泉咲子

いすず Isuzu
伊鈴　泉鈴　いすず　五十鈴　五寿々　伊寿々　衣珠洲

いずみ Izumi
泉　出海　衣純　衣澄　和泉　泉水　泉美

いちか Ichika
一花　乙華　一楓　一歌　一千夏　いち香　唯千花

いつき Itsuki
樹　衣月　逸希　逸季　維月　樹輝　いつき

いつこ Itsuko
一子　乙湖　逸子　衣津子　衣紬子　伊都子　維津子

いつみ Itsumi
一美　乙海　伊摘　逸美　逸海　稜美　伊都美

いづみ Izumi
衣積 伊積 いづみ いづ美 衣津美 伊津海 依都美

いと Ito
糸 紘 いと 伊杜 伊兎 衣都 維都

いとは Itoha
糸巴 糸羽 弦波 絃羽 紘葉 伊都羽 依斗葉

いのり Inori
祈 一紀 一敬 祈里 祈璃 伊ノ莉 衣乃梨

いぶき Ibuki
生吹 伊吹 唯吹 いぶき 衣歩輝 伊舞妃 伊舞葵

いほこ Ihoko
いほ子 衣帆子 伊保子 衣穂子 伊穂子 依甫子 維保子

いよ Iyo
以世 衣与 伊与 伊予 衣代 唯代 唯世

いろは Iroha
紅葉 彩羽 彩芭 彩葉 いろは 一路羽 伊呂波

う

↓ P57

うしお Ushio
汐 潮 生潮 有汐 汐緒 雨汐 羽詩央

うた Uta
唄 唱 詩 歌 謡 うた 羽多

うたこ Utako
唄子 唱子 詠子 詩子 歌子 謡子 宇多子

うたほ Utaho
唱歩 詠帆 詠穂 詩歩 詩穂 歌帆 歌穂

うの Uno
うの 羽乃 有乃 宇乃 羽野 雨埜 海乃

うみ Umi
洋 海 湖 宇海 羽美 海未 海美

うらら Urara
麗 春陽 美麗 麗蘭 うらら 宇良々 羽良来

え

↓ P57

えいか Eika
英花 英華 栄佳 映夏 瑛加 詠香 瑛歌

えいこ Eiko
英子 映子 詠子 瑛子 叡子 恵以子 絵衣子

えいな Eina
英那 英菜 栄奈 瑛那 詠奈 瑛南 瑛渚

えいみ Eimi
英実 栄美 映美 瑛光 瑛海 詠美 笑以美

えこ Eko
依子 恵子 恵己 瑛子 絵子 絵湖 慧子

えつこ Etsuko
悦子 越子 えつ子 依津子 英都子 恵都子 詠津子

えな Ena
依奈　英菜　栄奈　映奈　恵那　絵名　瑛菜

えま Ema
英茉　依磨　笑真　恵麻　瑛茉　絵真　絵麻

えみ Emi
咲　笑　江美　映見　恵美　瑛実　絵美

えみか Emika
咲花　笑花　笑香　笑夏　英未佳　栄美歌　愛美花

えみこ Emiko
咲子　笑子　江美子　映見子　恵深子　詠美子　絵海子

えみな Emina
咲名　咲那　笑奈　映見那　恵美菜　絵実奈　瑛美奈

えみり Emiri
咲莉　笑里　笑弥里　恵美莉　瑛美里　絵美里　愛未梨

えみる Emiru
咲琉　咲瑠　笑留　笑瑠　えみる　恵美留　絵見瑠

えむ Emu
笑　依夢　栄眸　栄夢　恵陸　瑛夢　絵夢

えり Eri
衣里　枝利　英里　恵李　絵里　絵莉　愛理

えりい Eri
江利依　英李以　枝里衣　恵梨唯　絵里伊　絵梨衣　愛莉衣

えりか Erika
衿佳　えり香　江里加　恵里香　絵莉香　絵梨花　愛梨佳

えりこ Eriko
えり子　江里子　枝莉子　英理子　栄利子　恵理子　瑛梨子

えりさ Erisa
えり彩　衣里紗　江李紗　英里紗　恵李咲　絵梨沙　絵理佐

えりな Erina
えり那　江莉南　枝里奈　英李奈　恵里菜　絵梨那　愛利奈

ネーミングストーリー

嬉夏《きか》ちゃん

妊娠したときから「きかちゃん」だと確信

「きか」という音は上の子のときにひらめきましたが、男の子だったのでお蔵入りに。2人目を妊娠したときから、次は「きかちゃん」だと確信していました。兄の名前におめでたい漢字を入れたので、同様に「嬉」の字を選択。8月生まれなので、「この子が生まれて、家族全員嬉《うれ》しい夏になった」という気持ちもこめました。（泰子ママ）

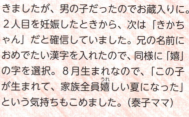

える Eru

える　依留　英瑠　栄琉　恵留　絵瑠　愛留

えれな Erena

えれ奈　英礼奈　英怜奈　栄玲那　恵伶菜　絵令名　絵玲奈

えれん Eren

衣怜　英漣　笑怜　恵蓮　笑蓮　絵恋　瑛漣

お

↓ P57

おうか Oka

央佳　旺夏　桜叶　桜花　桜香　凰華　櫻香

おと Oto

乙　音　おと　小兎　於杜　於都　緒十

おとか Otoka

乙香　乙夏　乙華　音佳　律佳　音歌　頌花

おとね Otone

乙祢　乙音　音祢　音寧　音禰　響音　おとね

おとは Otoha

乙羽　乙葉　音羽　音芭　音葉　おと葉　於十芭

おとめ Otome

乙女　乙芽　吟姫　音芽　音姫　於都芽　緒杜女

おりえ Orie

織衣　織恵　織愛　央里恵　於李恵　桜里絵　緒里枝

おりは Oriha

織羽　織芭　織波　小璃羽　央莉羽　桜里巴　緒莉羽

か

↓ P57

かいら Kaira

海来　恢来　櫂良　カイラ　花依良　香伊羅　夏衣楽

かえ Kae

花恵　果栄　佳恵　香絵　華衣　夏瑛　嘉江

かえら Kaera

楓良　還来　カエラ　可瑛楽　花衣楽　佳英良　華恵來

かお Kao

花於　花桜　花緒　果生　香緒　夏生　歌桜

かおり Kaori

香　花織　香里　郁莉　歌織　佳央里　夏緒莉

かおる Kaoru

芳　香　郁　薫　馨　香瑠　華於留

かおるこ Kaoruko

芳子　芳胡　香子　郁子　薫子　薫胡　馨子

かこ Kako

佳子　果子　香子　海虹　華子　夏湖　嘉子

かさね Kasane

佳実　歌実　かさ音　花沙音　香紗祢　華佐祢　夏砂音

かざね Kazane

和音　風祢　風音　風寧　かざね　かざ祢　かざ音

かず Kazu

寿　和　数　和州　佳寿　香洲　歌須

かずき Kazuki

一希 一葵 和希 和季 和紀 和貴 倭姫

かずこ Kazuko

一子 和子 紀子 倭子 葛子 加寿子 佳須子

かずさ Kazusa

一彩 寿紗 和佐 和紗 倭早 倭紗 香州沙

かずな Kazuna

一奈 万那 千菜 和奈 和菜 香砂 倭那

かずね Kazune

一袮 一音 万音 和音 和寧 倭音 佳須音

かずほ Kazuho

一帆 一歩 一穂 和帆 和穂 倭保 かず帆

かすみ Kasumi

霞 花清 佳澄 架純 香純 香澄 歌純

かずみ Kazumi

一三 一実 一海 花純 和美 和海 佳須美

かづき Kazuki

加槻 花月 佳月 香月 夏月 華月 花瑞希

かな Kana

加奈 花菜 佳那 香菜 華那 栞那 夏南

かなえ Kanae

叶絵 佳苗 香苗 夏苗 可奈絵 果南枝 香奈恵

かなこ Kanako

叶奈子 花菜子 佳那子 河奈子 佳菜子 香名子 歌南子

かなで Kanade

奏 花奏 佳奏 奏音 夏奏 歌奏 かなで

かなみ Kanami

花波 果南 香波 奏海 奏美 花奈美 夏那美

かなめ kaname

要 叶芽 叶愛 奏女 奏海 奏姫 かなめ

かなり Kanari

叶梨 果成 奏琳 華成 香名里 華那李 夏奈利

かの Kano

可埜 花乃 花野 佳乃 香乃 華乃 歌乃

かのこ Kanoko

鹿子 かの子 花乃子 伽之子 佳乃子 香乃子 夏埜子

かのん Kanon

可遠 花音 佳恩 香音 夏苑 椛音 歌音

かほ Kaho

花峰 花穂 佳歩 果保 香穂 夏帆 歌歩

かほり Kahori

可歩里 花保里 佳穂利 果穂莉 香保里 夏帆璃 歌歩莉

かや Kaya

加耶 花也 果也 佳耶 香矢 夏弥 嘉矢

かやこ Kayako

萱子 かや子 可也子 加哉子 伽耶子 香夜子 夏夜子

かやの Kayano

茅乃 かや乃 可弥乃 佳哉乃 香耶乃 華也乃 夏椰乃

かよ Kayo

加代 佳世 香葉 華与 夏夜 賀代 嘉代

かよこ Kayoko

加世子 佳代子 香世子 香代子 迦葉子 賀世子 嘉与子

かりな Karina

日莉南 可里奈 伽吏菜 花里菜 果李那 佳利奈 夏梨名

かりん Karin

可倫 花凜 果林 香琳 香凜 華鈴 歌鈴

かれん Karen

可憐 花怜 佳連 果恋 香蓮 華恋 歌恋

かんな Kanna

柑奈 栞那 莞奈 栞菜 寛奈 カンナ かん奈

き

↓
P58

きえ Kie

妃恵 希江 季枝 祈恵 紀恵 葵栄 貴瑛

きか Kika

妃花 希佳 季華 貴香 葵夏 嬉加 輝花

きき Kiki

きき 希々 祈希 葵紀 輝々 樹希 樹紀

きこ Kiko

希子 季子 紀子 姫己 貴子 稀子 喜子

きさ Kisa

希咲 姫早 貴佐 葵紗 綺沙 輝紗 徽咲

きさき Kisaki

希岬 季咲 紀咲 葵咲 輝咲 妃沙輝 祈早紀

きさら Kisara

季更 葵更 稀更 貴更 希沙良 紀早来 貴沙羅

きぬか Kinuka

衣佳 衣香 衣華 絹花 絹佳 絹香 絹嘉

きぬこ Kinuko

衣己 衣子 絹子 きぬ子 生縫子 希繡子 季繡子

きほ Kiho

希保 祈穂 季穂 紀甫 紀保 貴帆 輝歩

きみか Kimika

公佳 君香 淑加 希海夏 季実花 紀美果 樹美夏

きみこ Kimiko

公子 仁子 君子 希未子 貴実子 稀弥子 喜美子

きよ Kiyo

清 聖 静 希世 紀依 喜代 輝世

きょうか Kyoka

杏果 杏華 京香 恭夏 鏡香 響花 今日香

きょうこ Kyoko

匡子 杏子 京子 香子 梗子 響子 今日子

きょうの Kyono

杏乃 京乃 京野 香乃 恭乃 馨乃 響乃

Kiyoka きよか
清花 清香 聖夏 希世香 季陽花 紀代加 喜代夏

Kiyona きよな
清那 清菜 聖那 静奈 希代那 紀世南 輝代菜

Kiyomi きよみ
清海 清美 聖弥 聖美 潔実 紀世美 稀代美

Kira きら
希来 希良 紀來 貴楽 綺羅 輝良 樹来

Kirara きらら
晄空 煌来 輝星 きらら 希良羅 綺良々 綺羅々

Kirari きらり
晄里 晄璃 煌莉 煌梨 きらり 吉良利 希良里

Kiri きり
桐 希里 祈莉 姫李 貴利 綺里 輝莉

Kiriko きりこ
桐子 霧子 希利子 紀李子 葵莉子 貴璃子 輝莉子

く
↓ P58

Kuniko くにこ
州子 邦子 邑子 久仁子 久爾子 公仁子 紅丹子

Kumi くみ
久実 久美 公美 玖深 空美 紅実 徠美

Kumika くみか
久美加 久美香 公実佳 公美花 玖美嘉 空美夏 紅美果

Kumiko くみこ
綸子 久美子 公美子 玖未子 空見子 紅実子 駈美子

Kumina くみな
綸那 久未奈 久美菜 公実奈 玖美南 來未奈 紅美七

Kurumi くるみ
来海 來未 來美 胡桃 くるみ 久留美 紅瑠美

Kurea くれあ
来亜 来愛 呉愛 紅杏 紅亜 紅晶 久礼阿

Kurena くれな
来那 来南 呉奈 呉菜 紅七 紅奈 紅菜

Kureha くれは
来羽 呉葉 紅羽 紅杷 紅葉 くれ葉 久怜巴

け
↓ P58

Kei けい
佳 京 恵 渓 蛍 景 慶

Keika けいか
圭夏 京佳 桂香 渓花 蛍夏 景佳 慶香

Keiko けいこ
圭子 恵子 桂子 渓子 景子 慧子 慶子

Keito けいと
佳音 京乙 恵杜 恵橙 渓都 景乙 慶杜

Keina けいな
佳菜 京那 恵奈 啓菜 渓名 景南 慶菜

こ

↓ P58

こう Ko
光 好 幸 紅 香 虹 紘

こうこ Koko
光子 幸子 紅子 香子 紘子 晄子 皐子

こうみ Komi
小海 幸美 昂美 香美 虹美 洸美 香深

ここ Koko
ココ 小湖 胡子 湖子 琥子 瑚々 鼓子

ここな Kokona
心那 心菜 心渚 此愛 ここ那 琥々奈 瑚々南

ここね Kokone
心音 心祢 此寧 ここ音 小湖音 琥々音 瑚々音

ここの Kokono
心乃 心野 此乃 ここの ここ乃 香々乃 湖々乃

ここみ Kokomi
心実 心海 心美 心瞳 ここ実 湖々美 琥湖美

こころ Kokoro
心 心路 此蕗 こころ 小々鷺 小湖呂 来々蕗

こずえ Kozue
梶 梢 槙 こずえ 小須枝 木栖恵 湖寿恵

こと Koto
琴 詞 小杜 古都 胡琴 湖都 瑚十

ことか Kotoka
采花 詞果 琴夏 琴香 琴歌 こと香 古都華

ことな Kotona
言奈 琴那 琴奈 詞奈 古都奈 胡杜名 湖十奈

ことね Kotone
采音 采祢 琴音 詞音 こと音 こと寧 鼓乙音

ことは Kotoha
采羽 理葉 琴羽 琴葉 詞葉 小都葉 湖十巴

ことみ Kotomi
言美 采美 理深 琴海 琴美 小登美 古都美

こなつ Konatsu
小夏 来夏 香夏 湖夏 小奈津 小南都 胡奈津

こなみ Konami
小波 紅波 湖波 小奈美 小菜実 来南美 瑚名美

このか Konoka
好花 好香 喜佳 この華 小乃香 木ノ華 木乃花

このは Konoha
小葉 此芭 好芳 このは この葉 木の葉 湖乃波

このみ Konomi
此未 好美 このみ この実 木乃実 琥乃美 湖之美

こはく Kohaku
小珀 湖白 琥白 琥珀 小巴久 小波紅 湖羽久

こはる Koharu
小春 小陽 心春 心遙 來温 胡春 湖晴

こゆき Koyuki
小雪 木幸 心幸 心雪 湖雪 小有希 胡友紀

さ

↓ P59

さあや Saya
早綺 沙彩 咲綾 紗彩 彩綾 小亜弥 紗亜矢

さえ Sae
冴 早絵 沙英 咲枝 紗衣 彩映 彩恵

さえこ Saeko
冴子 小枝子 早依子 佐恵子 沙絵子 咲笑子 紗江子

さえり Saeri
冴利 冴里 冴莉 小枝里 早江利 咲英李 紗衣里

さお Sao
小緒 早緒 沙桜 沙緒 咲央 紗生 彩緒

さおり Saori
小織 早織 沙織 彩織 さおり 佐緒里 紗於里

さき Saki
咲 早紀 沙希 咲喜 紗季 桜姫 彩貴

さきこ Sakiko
岬子 咲子 早紀子 沙希子 佐貴子 咲季子 彩姫子

さきな Sakina
咲那 咲菜 小葵南 早希奈 沙妃夏 桜季奈 彩希那

さきほ Sakiho
咲帆 咲朋 咲穂 祥穂 早希帆 佐紀保 紗祈歩

さくみ Sakumi
咲実 咲美 朔実 朔美 桜美 咲久実 紗久美

さくら Sakura
桜 櫻 咲桜 朔桜 聖良 さくら 紗久來

さち Sachi
幸 倖 祥 早知 咲千 紗智 彩智

さちえ Sachie
幸依 幸絵 祥枝 祥瑛 早知枝 佐千絵 紗智恵

さちこ Sachiko
幸子 祐子 倖子 祥子 早知子 佐智子 紗茅子

さちな Sachina
幸那 幸奈 幸菜 祥南 佐千奈 沙知那 彩智名

さちほ Sachiho
幸歩 幸保 幸穂 祥帆 早千穂 佐智歩 彩知保

さつき Satsuki
五月 冴月 沙月 咲月 彩月 颯希 颯季

さと Sato
知 郷 智 慧 沙登 咲都 紗十

さとこ Satoko
里子 知子 理子 智子 聖子 聡子 紗都子

さとね Satone
里音 怜音 智音 聖音 聡音 咲都音 彩斗音

さや Saya
紗紗咲沙早清爽
椰矢耶也弥

さやか Sayaka
彩沙佐爽爽清清
也弥也夏香奏香
香加佳

さやの Sayano
彩紗咲沙早爽清
矢弥也弥椰乃乃
乃乃野乃乃

さほ Saho
彩紗咲沙佐早小
甫保帆穂歩穂帆

さほこ Sahoko
瑳紗咲佐沙早小
保芳歩葡帆穂保
子子子子子子子

さほり Sahori
紗咲砂沙沙佐早
甫穂帆保帆歩穂
利里里李里莉梨

さとみ Satomi
紗聡智理知里里
都美実美珠海美
美

さな Sana
彩桜紗咲采沙沙
菜愛奈椰那南奈

さなえ Sanae
彩紗咲沙咲早小
南名那奈苗苗苗
江依枝絵

Column

語尾母音のもつ印象

「ひろみ」と「ひろか」、「あやか」と「あやこ」。似ているけれど、少し印象が違います。この違いは語尾母音《ごびぼいん》（名前の最後の音の母音）が生み出すもの。名前の最後の音（止め字）の印象を、語尾母音別にまとめてみました。P56～68の各音の止め字の説明とあわせて、参考にしてください。

語尾母音が

ア段	あかさたな はまやらわ	→ いつでも自然体で無邪気。能力を発揮しやすい。
イ段	いきしちに ひみり	→ キュートで一途《いちず》。アグレッシブで意志が強い。
ウ段	うくすつぬ ふむゆる	→ 潜在《せんざい》能力と集中力、ナイーブな愛らしさがある。
エ段	えけせてね へめれ	→ 広さと遠さを感じさせ、洗練されていてエレガント。
オ段	おこそとの ほもよろ	→ おおらかな存在感、包容力とおさまりのよさがある。

さゆ Sayu

佐由 沙柚 采侑 咲悠 紗有 紗釉 彩優

さゆな Sayuna

さゆな さゆ菜 沙由那 咲友七 紗悠菜 紗結奈 彩優奈

さゆり Sayuri

小百合 早百合 佐友利 沙由梨 咲優里 紗友里 彩有里

さよ Sayo

小夜 早依 佐世 沙代 咲与 紗世 彩世

さよこ Sayoko

さよ子 小夜子 早代子 佐与子 沙代子 紗世子 瑳夜子

さより Sayori

紗依 小夜里 早代莉 沙代梨 佐世璃 紗夜里 彩世理

さら Sara

さら 沙良 沙羅 幸来 咲楽 紗羅 彩良

さり Sari

早莉 沙李 沙梨 咲莉 紗里 紗璃 彩莉

さりな Sarina

小梨奈 早理奈 沙莉那 咲李菜 紗里名 紗莉奈 彩理奈

さわ Sawa

早和 沙和 佐和 砂羽 咲羽 紗羽 紗倭

さわこ Sawako

さわ子 早倭子 沙和子 佐和子 佐環子 紗和子 彩羽子

し

↓ P59

しいか Shika

椎佳 椎香 椎華 詩花 詩香 詩歌 史伊夏

しいな Shina

紫名 椎那 椎奈 椎菜 詩那 詩菜 梓伊那

しいの Shino

椎乃 椎埜 詩乃 詩之 志伊乃 紫伊乃 詩衣乃

しえり Shieri

しえり 志瑛莉 枝恵璃 紫依里 紫英理 詩衣理 詩絵里

しお Shio

汐 史緒 志央 枝於 梓生 紫桜 詩緒

しおか Shioka

汐佳 汐香 汐夏 汐歌 潮花 史桜佳 詩緒香

しおね Shione

汐音 潮音 史緒音 志緒祢 梓生祢 紫於音 詩央峰

しおみ Shiomi

汐実 汐美 潮美 志生美 枝桜美 梓於実 詩緒未

しおり Shiori

栞 史織 汐里 志織 詩織 しおり 志緒里

しおん Shion

志穏 思音 栞苑 梓恩 紫苑 詞音 詩音

しき Shiki

四季 史輝 志樹 枝輝 梓希 紫貴 詩紀

しげみ Shigemi

成美 茂実 重美 滋見 滋美 繁実 しげ実

しずか Shizuka
閑　静　玄花　雫香　静香　静夏　志津香

しずく Shizuku
雫　滴　閑玖　静久　静紅　しずく　詩州紅

しずこ Shizuko
倭子　靖子　静子　志須子　梓州子　紫寿子　詩州子

しずな Shizuna
雫那　静那　静奈　静菜　しず那　志津奈　詩都菜

しずね Shizune
玄音　雫音　閑祢　静祢　静寧　志寿音　紫津音

しづ Shizu
史都　司鶴　志津　枝津　梓津　紫都　詩鶴

しづき Shizuki
史月　志月　紫月　詩月　しづき　志津紀　詩都季

しなこ Shinako
品子　史奈子　糸那子　志奈子　梓名子　紫菜子　詩奈子

しの Shino
しの　史乃　志乃　枝埜　梓乃　紫野　詩乃

しのぶ Shinobu
忍　偲　志寿　偲芙　詩布　しのぶ　志乃歩

しほ Shiho
史穂　志保　梓朋　紫帆　紫葡　詩歩　詩穂

しほこ Shihoko
史穂子　志帆子　志甫子　枝芳子　思穂子　紫帆子　詩歩子

しほり Shihori
しほり　史保里　志歩吏　志穂里　枝甫莉　紫穂理　詩帆梨

しま Shima
縞　志麻　志摩　枝真　紫万　詩真　詩麻

しまこ Shimako
嶋子　縞子　志真子　志麻子　紫磨子　詩万子　詩茉子

しゅうか Shuka
秀佳　秀香　宗花　柊加　柊花　秋華　萩花

しゅうこ Shuko
秀子　周子　宗子　洲子　柊子　修子　萩子

しゅり Shuri
守里　朱里　朱梨　珠李　殊莉　珠莉　珠理

しょうこ Shoko
昌子　尚子　祥子　笙子　晶子　翔子　彰子

しょうな Shona
尚奈　祥奈　笙那　翔名　翔南　晶菜　彰菜

す

↓ P59

すぐり Suguri
卓莉　卓梨　優里　優李　優理　優梨　すぐり

すず Suzu
紗　清　涼　鈴　すず　寿々　珠洲

すずか Suzuka
涼花 涼香 涼夏 鈴香 鈴歌 すず香 寿々香

すずこ Suzuko
紗子 鈴子 涼子 すず子 寿々子 寿珠子 珠洲子

すずな Suzuna
紗奈 涼名 清那 涼奈 清菜 鈴七 鈴奈

すずね Suzune
紗音 涼音 清音 涼嶺 鈴音 鈴祢 寿々音

すずの Suzuno
紗乃 涼乃 清埜 鈴乃 朱々乃 寿々乃 珠洲乃

すずは Suzuha
紗葉 清芭 清芳 涼波 涼葉 鈴波 寿々羽

すずよ Suzuyo
涼世 涼依 鈴代 鈴世 珠洲世 寿々代 寿珠世

すまこ Sumako
朱真子 寿真子 洲万子 素真子 素麻子 須摩子 須磨子

すみか Sumika
純佳 純華 清花 清香 澄香 澄夏 寿美佳

すみな Sumina
純那 純奈 澄名 澄菜 すみな 寿美那 須実奈

すみれ Sumire
菫 純怜 純麗 清玲 澄恋 すみれ 須美鈴

せ

↓ P59

せいあ Seia
世愛 青亜 星亜 清愛 晴杏 聖亜 静亜

せいか Seika
成華 青夏 星歌 清華 晴香 聖佳 誓花

せいこ Seiko
成子 星子 清子 晴子 聖子 誠子 世衣子

せいな Seina
世奈 成名 星七 星南 聖那 聖菜 静奈

せいら Seira
青良 青楽 星来 星羅 清良 晴羅 聖良

せつこ Setsuko
雪子 節子 摂子 世柘子 世都子 勢津子 瀬津子

せな Sena
世菜 星那 星奈 惺永 聖南 瀬奈 瀬菜

せり Seri
芹 世李 世莉 世梨 勢理 瀬里 瀬梨

せりか Serika
芹花 芹佳 芹香 世里香 世梨佳 瀬里加 瀬利香

せりな Serina
芹奈 芹菜 世理奈 星里奈 勢利奈 静里菜 瀬利名

せんり Senri
千里 千李 泉里 泉李 茜梨 泉璃 扇莉

たかよ Takayo
鳳世 敬代 貴世 貴代 香世 尚代 孝世

たき Taki
汰紀 多輝 多喜 多紀 多希 瀧 滝

たきこ Takiko
多葵子 多貴子 多記子 多紀子 多祈子 多希子 瀧子

たきほ Takiho
多樹歩 多葵穂 多貴保 多希穂 手祈保 瀧穂 滝歩

たくみ Takumi
多久美 啄美 卓美 拓美 卓弥 拓未 匠

たづ Tazu
汰津 多鶴 多都 多津 田鶴 手津 たづ

たつき Tatsuki
多津紀 たつき 樹紀 樹希 達輝 辰希 樹

たづこ Tazuko
多鶴湖 多鶴子 多都子 田津子 手鶴子 手津子 たづ子

た
↓ P60

たえ Tae
泰映 妙英 妙依 多恵 多枝 紗 妙

たえこ Taeko
妙瑛子 妙恵子 多恵子 多重子 多栄子 紗子 妙子

たお Tao
泰桜 多緒 手緒 手於 太鳳 大緒 道

たかこ Takako
多賀子 多香子 貴子 隆子 高子 香子 孝子

たかね Takane
多賀音 手椛音 嵩祢 敬音 貴音 高嶺 天音

たかほ Takaho
多香穂 尊穂 貴穂 貴帆 高帆 香穂 孝穂

たかみ Takami
多華実 多香美 嵩見 貴美 敬実 隆美 孝美

そ
↓ P60

そうこ Soko
総子 蒼子 創子 爽子 荘子 草子 奏子

そな Sona
蘇奈 颯菜 想奈 蒼名 素那 奏和 早奈

そのか Sonoka
素乃香 薗果 園華 園佳 苑歌 苑香 苑花

そのこ Sonoko
曽野子 染野子 宙乃子 そのこ 薗子 園子 苑子

そのみ Sonomi
楚乃美 想乃実 そのみ 薗未 園美 苑美 苑実

そよか Soyoka
想代歌 素世香 そよ楓 そよ香 颯夏 颯奏 颯佳

そら Sora
想楽 蒼空 想空 そら 昊 空 天

たつの Tatsuno
立乃 辰乃 達乃 樹乃 たつの 多津之 汰都乃

たつみ Tatsumi
立美 辰美 竜美 達美 達海 樹実 多津美

たまえ Tamae
玉衣 玉恵 圭絵 珠恵 球絵 瑞恵 多麻江

たまお Tamao
玉緒 圭央 玖緒 珠央 珠緒 瑞緒 多真央

たまき Tamaki
環 玉輝 珠希 珠姫 瑛紀 瑶季 碧希

たまな Tamana
圭那 珠七 珠奈 瑛名 瑶那 碧南 環菜

たまの Tamano
圭乃 珠乃 珠野 瑛埜 瑶乃 碧乃 たまの

たまみ Tamami
玉美 玲弥 珠美 珠海 瑞実 碧海 多満美

たみ Tami
民 黎 手美 多未 多実 多美 汰美

たみよ Tamiyo
民代 民世 彩世 黎世 多実与 多弥代 多美代

ち

P60

ちあき Chiaki
千明 千秋 千晃 千晶 茅晶 智明 千亜紀

ちい Chi
千以 千伊 千依 茅衣 知伊 智唯 稚衣

ちえ Chie
千永 千絵 千瑛 知英 智栄 智恵 智絵

ちえこ Chieko
千江子 千恵子 千絵子 知衣子 知栄子 智瑛子 稚恵子

ちえみ Chiemi
千笑 千江美 千枝美 千絵美 知映見 智栄美 智笑美

ちえり Chieri
千枝里 千絵里 千愛理 茅衣里 知恵利 智恵梨 智絵莉

ちか Chika
千花 千佳 千夏 知香 知華 智加 智香

ちかこ Chikako
誓子 千加子 千香子 知果子 知夏子 智花子 智歌子

ちぐさ Chigusa
千草 千種 茅草 知草 智草 ちぐさ ちぐ彩

ちこ Chiko
ちこ 千子 千湖 茅子 知子 智子 稚子

ちさ Chisa
千咲 千桜 千彩 知佐 知沙 智紗 稚左

ちさき Chisaki
千岬 知咲 茅咲 智咲 千紗季 知早紀 智佐紀

ちさこ Chisako
千佐子 千咲子 知沙子 知桜子 茅彩子 智咲子 智彩子

Chisato ちさと
千里 千郷 千智 千聖 知里 智里 千沙都

Chizu ちず
千寿 千珠 千須 茅州 知寿 知澄 智洲

Chise ちせ
千世 千勢 市瀬 知世 知星 智世 智瀬

Chizuru ちづる
千弦 千鶴 池鶴 知鶴 智鶴 千津留 知都留

Chitose ちとせ
千年 千歳 千杜世 千都世 千登勢 知都世 智十瀬

China ちな
千奈 千菜 千愛 知那 知奈 茅奈 稚南

Chinatsu ちなつ
千夏 知夏 智夏 千奈津 千南都 知名都 智奈都

Chinami ちなみ
千波 千南 千浪 知波 千奈美 知奈美 智那美

Chino ちの
ちの 千乃 茅乃 知乃 知野 智乃 稚乃

Chihana ちはな
千花 千英 知芳 知英 知華 智花 智華

Chiharu ちはる
千春 千晴 千陽 千遥 知春 茅春 ちはる

Chihiro ちひろ
千弘 千紘 千裕 千尋 市優 知宥 知尋

Chiho ちほ
千帆 千歩 千穂 知歩 茅保 智歩 智穂

Chiya ちや
千也 千弥 千夜 千耶 千椰 知弥 智耶

Chiyo ちよ
千与 千世 知世 知代 智世 智依 稚代

Chiyori ちより
千依 知由 千世里 知与梨 茅代理 智世莉 智代璃

つ

↓P60

Tsukasa つかさ
司 吏 典 司咲 つかさ 津加沙 都香紗

Tsukika つきか
月花 月香 月歌 槻華 津祈香 都希夏 都姫佳

Tsukiko つきこ
月子 槻子 つきこ 津希子 津季子 柘紀子 都貴子

Tsukina つきな
月那 月奈 月南 月椰 槻奈 槻菜 月輝奈

Tsukino つきの
月乃 月之 月野 槻乃 津貴乃 都希乃 鶴希乃

Tsukiho つきほ
月帆 月保 月穂 槻穂 つきほ 津生帆 都姫保

つぐみ Tsugumi
更未
亜実
亜美
柘実
継実
継美
つぐみ

つづみ Tsuzumi
鼓
津積
鼓珠
つづみ
つづ美
津々美
都津美

つばさ Tsubasa
翼
光翼
椿咲
椿紗
椿彩
翼沙
つばさ

つむぎ Tsumugi
紡
紬
津麦
紡芸
積希
つむぎ
津夢木

つゆか Tsuyuka
露花
露佳
露香
露夏
津由香
津悠歌
都有花

て

↓ P61

ていか Teika
汀夏
貞佳
貞香
庭果
庭華
庭歌
禎華

ていこ Teiko
汀子
汀胡
貞子
庭子
悌子
禎子
薙子

てつこ Tetsuko
哲子
鉄子
綴子
徹己
徹子
手都子
天鶴子

てるか Teruka
光香
映夏
瑛歌
照香
煌夏
輝佳
耀花

てるみ Terumi
光海
瑛美
照実
照美
煌美
輝海
耀未

てるよ Teruyo
珂代
晃世
瑛代
照代
皓世
輝与
耀代

てんか Tenka
天花
天華
典加
典佳
展花
展佳
槙香

てんな Tenna
天奈
天南
天菜
典奈
展那
槇那
槙奈

と

↓ P61

とうか Toka
冬香
灯花
東佳
桐花
桃香
桃華
瞳加

とうこ Toko
冬子
桐子
透子
陶子
塔子
橙子
瞳子

とき Toki
十輝
斗紀
斗樹
杜季
杜貴
都貴
登紀

ときこ Tokiko
時子
晨子
朱鷺子
利紀子
杜姫子
桃季子
登紀子

とくこ Tokuko
得子
徳子
説子
篤子
杜久子
都紅子
登久子

とこ Toko
常
とこ
十湖
斗鼓
杜心
杜瑚
都子

としえ Toshie
利江
寿瑛
季絵
俊絵
敏恵
淑恵
稔依

としこ Toshiko
寿子
季子
俊子
敏子
淑子
都史子
登志子

とみ Tomi
富
十美
斗美
杜実
登美
都美
澄未

とも Tomo
友　知　朋　智　朝　杜百　杜萌

ともえ Tomoe
巴　友永　友恵　知枝　朋絵　朋愛　智栄

ともか Tomoka
友香　知花　朋佳　朋夏　智香　智華　十萌佳

ともこ Tomoko
友子　知子　朋子　倫子　朝子　智子　冬萌子

ともな Tomona
友奈　朋奈　知菜　倫奈　朝奈　智南　杜百奈

ともね Tomone
友音　友寧　朋音　知禰　倫寧　朝音　智祢

ともみ Tomomi
友海　知美　朋美　倫心　倫美　智実　朝海

ともよ Tomoyo
友代　友世　知世　朋依　倫代　朝代　智世

とよこ Toyoko
富子　豊子　十誉子　杜葉子　都世子　登代子　富代子

とよみ Toyomi
晨実　豊海　豊美　十与美　杜世未　都代美　登代美

とわ Towa
十羽　十環　斗和　永和　兎羽　杜和　都和

とわこ Towako
十和子　十和湖　斗和子　永遠子　杜倭子　都巴子　登羽子

な
↓ P61

なえ Nae
苗　那枝　奈江　奈絵　南恵　椰衣　菜恵

なお Nao
尚　直　那央　奈桜　奈緒　直緒　菜緒

望実《のぞみ》ちゃん
娘の名前なのにいつも誤変換してしまう

宝塚歌劇が大好きで、娘の名前は、ご贔屓《ひいき》の男役スターの名前から音をもらい、ちがう漢字を当てました。ファン仲間とのやりとりも多いせいで、私のスマホで「のぞみ」を漢字変換すると、変換候補の１つめは必ずそのスターの名前の漢字に。娘についてメールするときに、ついそのまま直さずに送ってしまい、親や夫に注意されています……。

なおえ Naoe
尚江　尚枝　直依　直恵　奈央絵　南緒江　菜生恵

なおか Naoka
如佳　尚花　尚香　直加　直歌　奈央佳　奈緒夏

なおこ Naoko
如子　尚子　奈央子　奈緒子　南於子　渚於子　菜穂子

なおみ Naomi
尚水　直美　名於海　那生美　奈桜美　南央美　南緒未

なか Naka
那加　奈佳　奈夏　南花　夏香　梛香　菜華

なかこ Nakako
中子　仲子　陽子　名香子　奈華子　南夏子　菜花子

なぎさ Nagisa
汀　渚　凪沙　凪紗　渚砂　梛咲　なぎ沙

なこ Nako
七子　凪子　那子　奈子　南子　菜子　梛子

なごみ Nagomi
和心　和実　和海　七虹海　なごみ　なご美　南子美

なずな Nazuna
那沙　凪砂　南砂　なずな　なず菜　那寿奈　奈須菜

なち Nachi
名知　那千　那智　奈千　奈智　南茅　梛千

なつ Natsu
夏　なつ　七鶴　名都　那津　奈栢　菜都

なつえ Natsue
夏衣　夏恵　夏絵　なつ絵　奈津江　南都永　菜津栄

なつか Natsuka
夏花　夏香　夏樺　なつ香　奈津佳　奈津歌　愛栢花

なつき Natsuki
七槻　夏月　夏生　夏希　夏輝　菜月　奈津姫

なつこ Natsuko
夏子　七鶴子　名津子　奈栢子　南都子　菜津子　菜摘子

なつの Natsuno
夏乃　夏野　なつの　なつ野　那都乃　奈鶴乃　菜津乃

なつほ Natsuho
夏帆　夏歩　夏穂　那津穂　奈都保　南津帆　菜都穂

なつみ Natsumi
夏美　夏海　菜摘　なつ実　名津美　奈津美　南都海

なつめ Natsume
奈積　夏女　夏芽　夏萌　なつ芽　南津芽　菜摘女

なな Nana
七奈　七菜　那奈　奈々　波奈　菜々　菜名

ななえ Nanae
七愛　那苗　菜苗　奈々絵　南那恵　梛々恵　菜奈恵

ななお Nanao
七生　七央　七緒　那奈緒　奈々緒　南奈央　菜々生

ななか Nanaka
七夏　七楓　七南花　奈々花　奈名花　菜々香　菜奈佳

ななこ Nanako
七子 永奈子 奈々子 奈那子 奈愛子 夏奈子 菜々子

ななさ Nanasa
七沙 七咲 七紗 七彩 奈々沙 南那沙 菜奈彩

ななせ Nanase
七世 七星 七聖 七瀬 那奈世 奈々瀬 南々星

ななは Nanaha
七波 七葉 なな羽 名菜羽 奈々波 奈名杷 菜々葉

ななみ Nanami
七海 那南 夏波 奈々海 南夏海 菜々美 愛々未

なのか Nanoka
七花 七風 名楓 なの香 奈乃香 南野花 菜乃花

なのは Nanoha
七巴 七葉 なの葉 那乃波 奈の葉 南乃波 菜の花

なほ Naho
七穂 名穂 那帆 奈歩 奈穂 菜保 菜穂

なほこ Nahoko
七保子 七穂子 名保子 波帆子 奈保子 南穂子 菜歩子

なみ Nami
波 七海 名美 那見 奈美 南海 菜美

なみか Namika
波香 波夏 浪花 なみ佳 那美歌 奈未佳 南美佳

なみこ Namiko
波子 なみ子 名美子 那深子 奈実子 南海子 梛美子

なゆ Nayu
七由 七結 七優 那由 奈結 梛夕 菜友

なゆこ Nayuko
七夕子 七結子 那由子 奈有子 南優子 菜由子 愛宥子

なりみ Narimi
也美 功美 成海 斉美 哉未 鳴美 名莉美

なるみ Narumi
成弥 成美 為美 鳴美 響水 奈留美 南瑠美

に

↓ P61

にいな Nina
新那 新奈 新菜 にい奈 仁衣七 丹伊南 仁唯奈

にか Nika
二華 にか 仁佳 仁香 仁夏 弐花 新香

にこ Niko
にこ 仁子 丹子 仁胡 丹湖 日瑚 虹来

にじか Nijika
虹佳 虹架 虹香 虹歌 にじ夏 仁滋夏 丹慈花

にじほ Nijiho
虹帆 虹歩 虹保 虹峰 虹穂 にじ帆 仁慈保

にちか Nichika
日樺 にち香 二千夏 二千華 二千嘉 丹千花 仁知佳

にな Nina
二奈　仁那　仁奈　丹奈　仁菜　仁愛　爾菜

にほ Niho
仁帆　丹帆　仁保　仁穂　丹穂　新帆　新芳

にほこ Nihoko
二帆子　二穂子　仁甫子　仁歩子　丹保子　丹穂子　新穂子

ぬ
↓P62

ぬい Nui
縫　繍　ぬい　野伊　縫衣　縫唯　繍伊

ぬのか Nunoka
布花　布佳　布香　布夏　布華　ぬの香　奴乃華

ね
↓P62

ねお Neo
ねお　音央　祢於　祢緒　音緒　峰緒　寧緒

ねね Nene
ねね　音々　祢音　音寧　祢嶺　寧々　嶺々

ねねか Neneka
ねねか　ねね佳　ねね香　音々香　音祢佳　峰音佳　寧々花

の
↓P62

のあ Noa
のあ　乃亜　乃彩　乃愛　希空　紀愛　望愛

のえ Noe
乃重　乃瑛　乃絵　埜英　野依　野枝　野絵

のえる Noeru
ノエル　のえる　乃枝留　乃依琉　乃英瑠　野依琉　野絵留

のこ Noko
のこ　乃子　乃湖　乃鼓　埜子　野子　埜胡

のぞみ Nozomi
希　望　希心　希美　望海　望美　のぞ実

のどか Nodoka
和　閑　和叶　和花　和果　のどか　のど花

のの Nono
のの　希乃　希埜　望乃　埜乃　野乃　埜々

ののか Nonoka
のの歌　乃々花　乃々華　希乃香　希々歌　望乃花　野々花

ののこ Nonoko
のの子　乃野子　希乃子　希々子　希望子　望々子　野々子

ののは Nonoha
希羽　のの羽　希乃葉　希々葉　野乃羽　望乃波　埜々芭

のぶえ Nobue
伸江　伸栄　信絵　展枝　惟絵　頌恵　暢恵

のぶこ Nobuko
伸子　延子　信子　宣子　悦子　展子　敦子

のり Nori
紀　倫　規　乃李　乃莉　紀里　埜梨

はなか Hanaka
花香 花栞 英佳 英華 華加 はな花 巴名花

はなこ Hanako
花子 英子 華己 華子 巴奈子 羽南子 葉菜子

はなな Hanana
花南 花菜 芳那 英奈 華奈 葉七 羽名菜

はなの Hanano
芳乃 花埜 英乃 華乃 華野 椛乃 波奈乃

はのん Hanon
巴音 巴遠 羽温 波音 春暖 葉音 はのん

はる Haru
春 悠 晴 陽 遥 暖 羽瑠

はるか Haruka
永 遥 春香 陽佳 遥河 榛花 遼花

はるき Haruki
春姫 春樹 悠季 陽希 晴季 遥輝 暖紀

はつか Hatsuka
初花 初佳 初香 初夏 はつ香 羽都香 葉津花

はづき Hazuki
八槻 芳月 波月 華月 葉月 葉槻 芭津希

はつね Hatsune
初音 初寧 肇音 はつね はつ音 羽津祢 波都音

はつほ Hatsuho
初帆 初保 初穂 羽津保 波津甫 杷津歩 葉都穂

はつみ Hatsumi
初生 初光 初海 初美 葉摘 巴柘実 波津美

はな Hana
花 華 はな 羽菜 花菜 葉名 琶奈

はなえ Hanae
花笑 花恵 英絵 春苗 華栄 華絵 羽奈英

のりか Norika
典佳 法香 律花 紀花 紀香 憲佳 乃梨歌

のりこ Noriko
典子 法子 紀子 規子 理子 徳子 範子

のりほ Noriho
典歩 法穂 紀保 規穂 理帆 順歩 範穂

のりみ Norimi
典美 法美 紀実 理美 緑海 範未 埜莉美

のりよ Noriyo
典世 典夜 紀代 則代 記代 啓依 徳世

のん Non
暖 のん 乃音 乃恩 希音 希夢 埜夢

は

↓ P62

はすみ Hasumi
羽澄 芙美 芭純 葉澄 蓮実 蓮美 蓉美

はるこ Haruko
春子 悠子 温子 晴子 陽子 遥子 暖子

はるな Haruna
春菜 悠那 遥南 陽奈 陽菜 晴愛 榛名

はるね Harune
春音 悠音 晴祢 陽峯 暖音 榛音 遙嶺

はるひ Haruhi
春妃 春陽 悠日 晴日 陽妃 遥陽 波留陽

はるほ Haruho
明穂 春帆 春保 美帆 晴歩 遥穂 陽穂

はるみ Harumi
治美 美心 春美 春海 晴心 遥未 陽海

はんな Hanna
帆那 帆南 帆夏 絆那 絆奈 繁奈 はん奈

ひ

↓ P63

ひいな Hina
一菜 秀奈 柊那 柊菜 日伊南 妃以奈 陽衣菜

ひいろ Hiro
一蕗 日彩 妃采 秀芦 柊呂 陽彩 緋彩

ひおり Hiori
灯織 妃織 柊織 陽織 緋織 妃央梨 陽桜里

ひかり Hikari
光 耀 光梨 晄里 日夏莉 陽加里 緋佳里

ひかる Hikaru
光 晃 皓 輝 光琉 ひかる 妃佳留

ひさ Hisa
寿 尚 悠 妃沙 斐冴 陽紗 緋早

ひさえ Hisae
久絵 寿恵 尚枝 悠恵 比沙恵 日紗絵 陽紗永

ひさの Hisano
久乃 寿乃 尚乃 悠乃 喜乃 日紗乃 陽彩乃

ひづる Hizuru
日弦 妃鶴 陽鶴 緋鶴 ひづる 日都留 陽津留

ひでか Hideka
禾花 秀香 秀夏 英佳 英河 英華 栄佳

ひでこ Hideko
秀子 英子 栄子 彬子 日出子 比禰子 陽出子

ひでみ Hidemi
禾実 秀巳 秀美 英海 栄美 彬美 日出美

ひとみ Hitomi
眸 瞳 一実 仁美 倫美 瞳美 一十美

ひな Hina
穂 雛 日向 比奈 比菜 飛奈 陽南

ひなこ Hinako
雛子 比那子 日向子 日奈子 妃奈子 陽菜子 緋奈子

ひなた Hinata
日向　陽向　雛多　ひなた　日那多　日菜汰　陽南多

ひなな Hinana
妃七　雛那　雛奈　雛菜　ひなな　日向菜　陽菜々

ひなの Hinano
雛乃　ひなの　日向埜　日菜乃　妃奈乃　陽菜乃　緋名乃

ひなみ Hinami
陽波美　日向美　比奈実　日南美　妃奈美　陽菜美　緋奈実

ひびき Hibiki
響　音響　響希　響樹　ひびき　日比姫　妃琵来

ひふみ Hifumi
妃史　陽史　一二三　日歩美　比富美　妃芙未　陽芙美

ひまり Himari
日鞠　妃毬　ひまり　日茉莉　向日葵　妃茉里　陽麻里

ひみか Himika
ひみ香　日美香　灯実佳　妃美加　斐美香　陽海夏　緋泉歌

ひめ Hime
妃　姫　媛　日愛　妃愛　陽女　陽芽

ひめか Himeka
妃香　姫花　姫佳　姫歌　媛佳　媛香　日芽佳

ひめな Himena
妃奈　姫那　姫菜　媛那　比愛菜　斐女名　陽女奈

ひめの Himeno
妃乃　姫乃　姫之　姫埜　日愛乃　陽女乃　緋萌乃

ひより Hiyori
日和　日頼　陽依　ひより　ひよ里　日世梨　妃代里

ひろ Hiro
祐　紘　尋　裕　比呂　妃呂　陽路

ひろか Hiroka
弘香　洋花　紘香　裕佳　尋夏　寛花　妃呂華

ひろこ Hiroko
弘子　宏子　洋子　紘子　浩子　皓子　寛子

ひろな Hirona
央那　弘菜　宏奈　宙奈　紘南　裕奈　比呂那

ひろみ Hiromi
弘実　広海　宏美　拓未　洋見　洋海　寛美

ひわこ Hiwako
日和子　比和子　日輪子　比環子　妃倭子　陽和子　緋羽子

ふ

↓P63

ふうか Fuka
風花　風香　風夏　風薫　冨椛　楓花　楓香

ふうこ Fuko
風心　富子　楓子　布羽子　芙有子　扶雨子　風優子

ふうな Funa
風奈　風南　風菜　富奈　楓奈　芙宇菜　風有菜

ふき Fuki
蕗　ふき　布姫　扶希　芙季　風記　冨貴

ふきこ Fukiko
吹子 蕗子 ふき子 布希子 芙季子 風樹子 冨紀子

ふきの Fukino
吹乃 吹野 英乃 蕗乃 蕗埜 芙季野 富貴乃

ふくこ Fukuko
吹子 福子 ふく子 芙久子 芙紅子 風来子 富久子

ふさこ Fusako
房子 維子 総子 布沙子 芙紗子 風渚子 富佐子

ふじか Fujika
藤花 藤佳 藤香 藤夏 不二佳 不二香 富士香

ふじこ Fujiko
藤子 ふじ子 不二子 布滋子 扶慈子 芙爾子 富士子

ふたば Futaba
二芭 二葉 双葉 ふたば ふた葉 芙多葉 富多葉

ふづき Fuzuki
文月 芙月 歩月 風月 富月 楓月 ふづき

ふみ Fumi
文 史 郁 芙美 風海 冨水 富泉

ふみえ Fumie
文絵 史恵 郁依 芙水恵 風美枝 富美江 譜未絵

ふみか Fumika
文佳 文香 史華 郁佳 詞佳 芙深花 風美香

ふみこ Fumiko
文子 史子 郁子 二三子 芙泉子 風見子 冨美子

ふみな Fumina
文那 文奈 史奈 史渚 二三七 芙珠菜 富美名

ふみの Fumino
文乃 文野 史乃 史埜 郁乃 詞乃 ふみ乃

ふゆ Fuyu
冬 布由 布結 巫由 扶宥 歩唯 歩優

ふゆか Fuyuka
冬果 冬香 布由花 布優加 芙右香 風遊香 冨由椛

ふゆこ Fuyuko
冬子 二結子 布悠子 芙由子 芙柚子 歩由子 風侑子

ふゆな Fuyuna
冬那 冬奈 冬菜 布由那 芙由奈 風優菜 富悠那

ほ
↓ P63

ほこ Hoko
帆子 秀子 芳子 歩子 保子 葡子 穂子

ほしか Hoshika
星加 星花 星河 星華 ほし佳 帆志嘉 穂史佳

ほしな Hoshina
星七 星那 星奈 星南 帆子那 歩史奈 穂詩名

ほしの Hoshino
星乃 星野 穂篠 帆志埜 歩梓野 保志乃 穂志乃

ほずみ Hozumi
帆清 歩澄 保純 穂澄 穂積 帆州見 葡寿未

ほたる Hotaru
蛍 火垂 蛍瑠 穂足 ほたる 帆多留 保多留

ほなつ Honatsu
帆夏 芳夏 歩夏 穂夏 歩南都 保奈津 穂名津

ほなみ Honami
帆波 蒲波 穂波 帆那海 歩奈美 保名美 穂奈美

ほの Hono
ほの 帆乃 帆野 萠乃 葡埜 穂乃 穂埜

ほのか Honoka
歩花 穂花 穂夏 ほのか 帆乃風 穂の香 穂野花

ほのみ Honomi
帆美 穂美 ほの実 芳乃美 歩野美 保乃実 穂ノ美

ま
↓ P64

まあこ Mako
万亜子 真愛子 麻亜子 麻阿子 満阿子 摩亜子 磨吾子

まあさ Masa
茉麻 真麻 眞朝 麻朝 茉愛沙 麻亜紗 満亜沙

まあや Maya
万彩 万綾 真采 真彩 真亜椰 麻阿矢 摩亜弥

まい Mai
舞 万衣 茉以 真唯 麻衣 麻依 満衣

まいか Maika
苺香 舞花 舞風 舞夏 まいか 万衣華 麻以香

まいこ Maiko
舞子 まい子 万伊子 眞唯子 麻位子 満伊子 磨依子

まいさ Maisa
苺沙 苺咲 舞沙 舞咲 舞紗 茉伊沙 麻衣紗

まいな Maina
苺奈 舞那 舞奈 万衣奈 茉唯名 麻伊那 麻衣奈

ネーミングストーリー

裕里《ゆうり》ちゃん

ママの家族の止め字とパパの希望の音から

私の母と妹たちの娘は全員、「里」で終わる名前。妊娠中に女の子だとわかってから、「なに里（り）ちゃん？」と言われていました。パパは「勇気のある子に」と「勇里」を希望。女の子には勇ましすぎるので、「ゆうり」の音を活かして「自分の道を余裕をもって歩いてほしい」との願いから「裕」の字を当てました。（美徳ママ）

まえ Mae
万江 万重 万絵 真枝 真依 麻江 摩恵

まお Mao
万生 万緒 茉桜 真央 真生 真緒 麻央

まおり Maori
万織 茉織 真織 麻織 舞織 茉於莉 満央里

まき Maki
槙 万輝 真希 眞紀 真樹 麻季 舞姫

まきこ Makiko
牧子 槙子 万紀子 茉規子 真季子 真樹子 麻希子

まきほ Makiho
万季穂 万輝帆 茉紀穂 真紀穂 真姫宝 麻樹帆 磨紀歩

まこ Mako
茉子 茉湖 真子 眞胡 満子 摩子 磨子

まこと Makoto
真 惇 諒 万琴 真理 眞琴 万湖都

まさき Masaki
万咲 真岬 麻咲 雅紀 雅姫 優季 万沙希

まさこ Masako
匡子 昌子 理子 雅子 万砂子 真佐子 麻紗子

まさみ Masami
昌実 政美 真実 理美 雅美 優美 真沙美

まさよ Masayo
正代 昌世 雅世 優世 万佐代 真小夜 麻沙代

ましろ Mashiro
茉代 眞白 純白 真城 真皓 麻代 ましろ

ますみ Masumi
万純 茉純 益美 真澄 真須美 麻寿未 満寿美

まち Machi
万知 万智 茉知 眞千 真知 麻智 満智

まちか Machika
町花 町香 街夏 万知佳 真千花 真智佳 麻千夏

まちこ Machiko
町子 街子 万茅子 万智子 真千子 麻知子 満知子

まどか Madoka
円 圓 円佳 円香 円華 窓香 まどか

まな Mana
愛 万奈 茉奈 真名 真那 真菜 麻那

まなえ Manae
万苗 真苗 麻苗 愛永 愛笑 万奈江 真奈絵

まなか Manaka
愛加 愛花 愛佳 愛香 愛華 万那加 真奈香

まなみ Manami
真波 愛心 愛美 愛海 愛望 茉名美 麻菜美

まの Mano
万埜 真乃 真野 麻乃 満乃 舞乃 磨乃

まひろ Mahiro
万紘 万尋 茉央 茉優 真紘 真尋 まひろ

まほ Maho
万帆 万穂 真帆 真歩 真穂 麻帆 舞歩

まほか Mahoka
万帆夏 万穂佳 茉穂花 真歩佳 真保夏 麻穂日 磨帆香

まみ Mami
茉水 茉美 真心 真美 麻未 麻珠 摩弥

まみか Mamika
万実香 茉美華 真未花 真美佳 真海夏 麻実加 満弥夏

まみこ Mamiko
万美子 茉深子 真実子 真美子 麻弥子 満未子 満美子

まや Maya
茉弥 茉耶 真夜 真耶 麻也 麻耶 摩矢

まゆ Mayu
万優 茉由 真由 真結 真優 麻友 舞優

まゆか Mayuka
眉佳 繭花 茉悠佳 茉優花 真夕佳 真由香 麻由華

まゆこ Mayuko
繭子 万由子 万柚子 真友子 真悠子 真裕子 麻唯子

まゆみ Mayumi
眉美 真弓 麻弓 万由美 真有美 麻夕実 麻友美

まゆり Mayuri
繭李 万由梨 万優莉 茉百合 真百合 真悠里 麻有里

まよ Mayo
万世 茉代 真与 真夜 麻代 麻世 舞代

まり Mari
毬 万里 万璃 茉莉 真理 真梨 麻里

まりあ Maria
万里亜 まりあ 茉李愛 茉梨亜 真里愛 麻莉愛 麻璃亜

まりえ Marie
毬江 まり恵 万理恵 眞里枝 真理絵 麻利恵 満梨英

まりか Marika
毬花 鞠佳 万李佳 万里歌 茉莉香 真理加 麻李夏

まりこ Mariko
鞠子 万梨子 茉莉子 真利子 真理子 麻里子 満莉子

まりな Marina
鞠奈 万莉奈 茉莉菜 真里奈 真璃南 麻里名 麻梨那

まりの Marino
鞠乃 万李乃 万里野 まり乃 茉梨乃 真理乃 摩利乃

まりん Marin
万凛 真倫 真凛 麻琳 麻鈴 満鈴 まりん

み

↓ P64

みあ Mia
心愛 未有 未亜 弥安 美亜 美愛 海愛

みあい Miai
心愛 未藍 光愛 泉暖 美愛 深愛 美亜衣

みい Mi
心唯 未伊 未唯 実衣 実泉 美伊 美依

みいな Mina
美稲 みい奈 未唯奈 見維奈 弥以那 実依菜 美衣名

みう Miu
みう 心有 未宇 海羽 美羽 美雨 美海

みえ Mie
未絵 未瑛 実恵 美衣 美枝 海恵 海愛

みお Mio
澪 心桜 未緒 実緒 海央 美桜 美緒

みおな Miona
澪奈 水緒名 未央奈 未緒菜 実央那 美於奈 美桜奈

みおり Miori
弥織 実織 美織 澪利 未緒里 実生梨 美緒理

みおん Mion
心温 未音 弥恩 美音 海音 海遠 みおん

みか Mika
未佳 弥加 実果 美佳 美夏 珠華 深香

みかこ Mikako
未香子 未華子 光夏子 実可子 美花子 美歌子 珠佳子

みき Miki
未来 未樹 光希 実季 実輝 美姫 美貴

みきこ Mikiko
幹子 樹子 三樹子 未紀子 実姫子 美祈子 美葵子

みく Miku
未久 未来 見玖 実紅 美来 美紅 珠久

みこ Miko
心子 未胡 巫乎 美子 海心 珠子 深子

みこと Mikoto
命 美采 美琴 海琴 深琴 美古都 美虹渡

みさ Misa
未紗 光砂 実紗 海早 美佐 美沙 美彩

みさえ Misae
操恵 未沙恵 実佐絵 弥紗江 泉沙依 美彩絵 深沙江

みさお Misao
操 光沙緒 光彩生 実小緒 実沙緒 美佐緒 美紗桜

みさき Misaki
岬 心咲 光咲 実咲 美咲 実早季 美沙輝

みさこ Misako
操子 三沙子 未佐子 光冴子 美沙子 海砂子 美紗子

みさと Misato
水郷 未郷 海里 美里 美智 美聖 美聡

みずか Mizuka
泉香 泉華 瑞花 瑞香 瑞佳 みずか みず佳

みずき Mizuki
水葵 泉妃 瑞希 瑞季 瑞樹 みずき 水珠姫

みすず Misuzu
三鈴 水涼 未涼 未鈴 美涼 美鈴 美寿々

みのり Minori
水律 実里 実李 秋里 みのり 美乃莉 美埜利

みはな Mihana
未花 光華 実花 海華 美花 美英 みはな

みはね Mihane
未羽 未跳 海羽 美羽 望羽 美羽祢 海波音

みはる Miharu
三春 心暖 美春 美晴 美陽 美遥 深晴

みひろ Mihiro
心裕 未宙 海央 美紘 美尋 深尋 美比呂

みふゆ Mifuyu
未冬 珠冬 深冬 みふゆ 実布由 美芙柚 美芙結

みほ Miho
三穂 未歩 実保 実穂 海帆 美帆 美穂

みづき Mizuki
光月 実月 実槻 美月 美槻 深月 美津姫

みと Mito
三都 未杜 実杜 美兎 美杜 海都 美都

みどり Midori
緑 碧 翠 未鳥 みどり 実土里 美登利

みな Mina
三奈 未那 弥奈 実菜 美夏 美愛 望奈

みなこ Minako
三菜子 水奈子 実那子 弥南子 美名子 美菜子 深奈子

みなみ Minami
南 水美 美波 美南 南美 南海 みなみ

みねこ Mineko
峰子 峯子 嶺子 未音子 弥寧子 美祢子 深音子

みの Mino
心乃 未乃 弥乃 美乃 美野 珠乃 深埜

みずほ Mizuho
水帆 水穂 泉帆 瑞帆 瑞歩 瑞穂 美寿穂

みそら Misora
心昊 光空 美天 美空 美宙 海空 深空

みち Michi
迪 理 路 未知 美千 美智 深知

みちか Michika
倫花 道佳 路夏 三千花 未知佳 美千夏 美知歌

みちこ Michiko
通子 倫子 理子 道子 路子 光知子 美千子

みちよ Michiyo
通代 倫世 理代 道世 路代 みち代 美智代

みちる Michiru
迪琉 倫留 みちる 三千瑠 未知留 実知瑠 美智琉

みつき Mitsuki
水月 光希 充希 光槻 美月 深月 美都乙

みほこ Mihoko
三穂子 未歩子 実保子 海帆子 美帆子 美穂子 深甫子

みみ Mimi
三実 心美 未実 弥美 美々 美海 海望

みみか Mimika
心美佳 未美香 弥実花 実三花 美々佳 美々香 海美夏

みむ Mimu
水睦 未陸 未夢 海眸 美睦 美夢 満夢

みや Miya
未也 未耶 弥矢 実椰 美也 美弥 美埜

みやこ Miyako
京 洛 都 三弥子 実也子 美弥子 益也子

みゆ Miyu
心結 未優 弥悠 美由 珠唯 望結 澪夕

みゆう Miyu
心優 未由 未優 実悠 美友 美侑 美結

みゆき Miyuki
幸 美幸 美雪 深雪 見友希 美由紀 美優樹

みゆな Miyuna
みゆな 心悠奈 未有菜 実結菜 美友名 海由南 美裕奈

みよ Miyo
未世 実予 弥代 実代 美世 美夜 美葉

みらい Mirai
未来 未來 美礼 美莱 美蕾 みらい 未良唯

みり Miri
水里 未莉 実梨 美里 美李 美莉 海浬

みる Miru
未琉 未瑠 実留 弥琉 海瑠 美瑠 深琉

みれ Mire
みれ 心礼 未玲 実令 海玲 美麗 望令

名前エピソード

陽彩《ひいろ》ちゃん 女の子でも心のあたたかいヒーローに

「太陽のようにあたたかい心で、彩り豊かな人生を」との願いをこめた「ひいろ」。「女の子なのに、『ヒーロー』って男の子みたいね」と言われたことがありました。でも、ヒーローに男女は関係ありません。太陽のようにあたたかい心で、困っている人を助けられる人になってほしいと思います。

みれい Mirei
水玲 水鈴 実玲 美怜 美羚 美嶺 美麗

みわ Miwa
三和 心環 未羽 実羽 実倭 美和 美輪

みわこ Miwako
三環子 心羽子 未和子 光羽子 実和子 美和子 美環子

む

↓ P64

むつか Mutsuka
六花 六香 陸加 陸佳 睦果 睦華 むつか

むつき Mutsuki
六輝 夢月 睦月 睦希 睦姫 睦樹 夢津季

むつこ Mutsuko
六子 陸子 睦子 むつこ 六都子 夢津子 陸奥子

むつみ Mutsumi
睦 六実 睦未 睦実 睦美 夢都美 陸奥美

め

↓ P64

めい Mei
芽生 芽衣 明依 芽愛 姫衣 萌生 愛以

めいか Meika
名佳 芽加 芽華 明花 明夏 鳴歌 愛衣佳

めいこ Meiko
明子 芽子 盟子 芽生子 芽唯子 萌生子 愛依子

めいさ Meisa
芽沙 芽彩 明咲 明紗 鳴咲 メイサ 芽衣紗

めいな Meina
明那 明奈 芽菜 鳴奈 海衣奈 姫以名 愛位菜

めぐ Megu
恵 萌 愛 芽久 芽紅 萌来 愛玖

めぐみ Megumi
恵 萌 愛 恵実 恵美 萌美 徳美

めぐむ Megumu
恵 萌 徳 芽夢 恵睦 萌眸 萌夢

めの Meno
めの 芽乃 芽埜 海乃 恵乃 萌乃 愛乃

めり Meri
芽里 芽莉 芽梨 芽理 姫李 萌里 愛璃

めりさ Merisa
めり沙 芽里佐 芽莉沙 姫梨沙 萌里沙 萌梨佐 愛璃彩

める Meru
める 芽留 芽瑠 姫瑠 萌留 萌琉 愛琉

も

↓ P65

もあ Moa
モア 百亜 茂亜 萌亜 望亜 萌杏 望愛

もえ Moe
萌 百絵 萌枝 萌咲 望恵 萌絵 萌愛

もえか Moeka
萌花 萌佳 萌夏 萌華 百衣加 茂絵香 望永花

もえこ Moeko
萌子 百瑛子 茂栄子 茂恵子 望江子 望枝子 萌絵子

もえな Moena
萌那 萌奈 萌菜 茂依菜 茂絵奈 萌枝名 望恵菜

もえの Moeno
萌乃 萌野 もえ乃 百映埜 茂栄乃 望英乃 望枝乃

もえり Moeri
萌里 萌李 萌莉 もえ莉 茂絵里 萌恵梨 萌愛理

もか Moka
百花 百椛 茂香 萌香 望叶 望華 萌樺

もこ Moko
百湖 茂子 望子 望己 萌子 萌心 望恋

もとか Motoka
元香 元華 素花 素華 朔夏 基佳 もと佳

もとこ Motoko
心子 素子 朔子 基子 茂都子 萌杜子 望都子

もとな Motona
元奈 心那 心菜 素奈 素南 基那 規奈

もな Mona
百那 百奈 茂奈 茂菜 萌那 望南 萌菜

もね Mone
百祢 百音 桃音 萌音 望祢 望音 萌寧

もも Momo
李 桃 もも 百茂 百萌 萌々 萌茂

ももえ Momoe
百枝 百恵 桃枝 桃恵 桃絵 もも恵 萌々絵

ももか Momoka
百叶 李香 李夏 桃花 桃果 百々佳 萌々花

ももこ Momoko
百子 李子 桃子 もも子 百々子 百萌子 萌々子

ももせ Momose
百世 百瀬 李世 桃世 桃瀬 百望世 萌々瀬

ももな Momona
百菜 百愛 桃名 桃奈 百々梛 百望奈 萌々菜

ももね Momone
百嶺 李音 桃祢 桃寧 百茂祢 百萌音 萌々音

ももの Momono
百乃 百野 李乃 桃乃 桃野 もも乃 百萌乃

ももは Momoha
百羽 百波 百葉 桃映 桃葉 もも葉 望々巴

や

↓ P65

やえ Yae
八重 八笑 矢絵 弥江 弥絵 耶依 耶恵

やえか Yaeka
八依果 八重花 矢恵佳 弥江香 弥絵夏 耶江加 耶瑛佳

やすえ Yasue
安恵 泰江 恭恵 康枝 靖英 寧絵 穏栄

やすこ Yasuko
安子 泰子 恭子 祥子 康子 靖子 寧子

やすは Yasuha
恭羽 泰芭 泰葉 恭葉 康羽 靖芭 靖葉

やちほ Yachiho
八千帆 八千歩 八千穂 やち帆 弥知保 耶智歩 埜千穂

やちよ Yachiyo
八千代 八千夜 八智代 矢知代 弥智世 耶千夜 野知予

やひろ Yahiro
八宙 八洋 八裕 八尋 弥央 弥尋 耶比呂

やや Yaya
八耶 弥々 弥耶 耶々 哉々 哉也 椰也

ややか Yayaka
八野香 也弥加 矢也架 弥々花 耶々華 野耶香 椰々果

ややこ Yayako
八夜子 也哉子 弥哉子 耶々子 埜々子 椰也子 彌々子

やよい Yayoi
三月 弥生 弥宵 彌生 やよい 弥予依 耶夜伊

ゆ

P65

ゆあ Yua
由亜 柚有 唯杏 遊亜 結亜 優有 優亜

ゆい Yui
由 結 由唯 有依 柚乙 悠伊 優衣

ゆいか Yuika
唯花 結佳 結香 唯華 由依佳 有衣華 宥伊加

ゆいこ Yuiko
由子 唯子 結子 友衣子 由依子 柚衣子 結以子

ゆいな Yuina
唯那 唯奈 結菜 友維奈 由唯奈 悠伊名 結依菜

ゆう Yu
友 由 佑 悠 裕 優 柚宇

ゆうあ Yua
友愛 有亜 佑有 祐亜 悠愛 結亜 優亜

ゆうか Yuka
夕夏 有華 侑佳 悠花 悠香 結花 優香

ゆうき Yuki
夕貴 友季 有希 祐希 悠姫 裕紀 優季

ゆうこ Yuko
由子 侑子 悠子 結子 優子 木綿子 由布子

ゆうな Yuna
夕菜 友菜 柚那 祐奈 遊那 優奈 由布奈

ゆうひ Yuhi
夕陽 友陽 有妃 邑日 結禾 結妃 優妃

ゆうみ Yumi
夕美　侑海　祐光　悠水　悠未　裕実　優美

ゆうゆ Yuyu
友有　由結　柚悠　祐優　悠由　結友　優由

ゆうら Yura
友羅　由良　有羅　邑楽　悠良　結良　優来

ゆうり Yuri
夕璃　佑梨　宥理　悠莉　裕里　釉里　優里

ゆか Yuka
友香　由佳　有香　結花　裕夏　優加　優華

ゆかこ Yukako
夕夏子　友佳子　由花子　由香子　柚香子　愉佳子　優香子

ゆかり Yukari
紫　ゆかり　友佳梨　由歌利　有香李　柚香里　悠加莉

ゆき Yuki
幸　雪　友希　由紀　由貴　有季　優貴

ゆきえ Yukie
幸枝　幸恵　透江　透絵　雪絵　有希英　優紀恵

ゆきか Yukika
幸花　幸佳　透香　雪花　友季香　由樹香　優祈佳

ゆきこ Yukiko
幸子　享子　雪子　夕紀子　友樹子　由葵子　有希子

ゆきな Yukina
享奈　幸奈　幸菜　雪菜　由希那　柚季名　悠姫奈

ゆきね Yukine
幸祢　幸音　透音　雪音　雪嶺　夕輝音　由希音

ゆきの Yukino
幸乃　倖乃　透乃　雪乃　雪埜　有紀乃　優妃乃

ゆきほ Yukiho
幸帆　幸歩　幸穂　雪穂　順帆　由紀歩　悠希穂

ゆず Yuzu
柚　ゆず　由寿　柚子　悠寿　悠津　優鶴

ゆずか Yuzuka
柚花　柚香　ゆず香　夕鶴歌　友鶴香　柚子果　優寿花

ゆずき Yuzuki
柚妃　柚希　柚季　ゆず紀　由寿貴　柚子樹　悠瑞貴

ゆずな Yuzuna
柚奈　悠沙　優砂　ゆず菜　由須菜　柚子奈　遊子奈

ゆずは Yuzuha
柚芭　柚葉　ゆず葉　友鶴羽　由州葉　柚子葉　優須羽

ゆづき Yuzuki
夕月　弓月　夕槻　悠月　結月　優月　優鶴希

ゆな Yuna
由奈　有菜　柚那　唯名　悠南　結菜　結愛

ゆの Yuno
友乃　由乃　有乃　柚野　裕乃　釉乃　優埜

ゆのか Yunoka
ゆのか　友乃香　由埜花　有乃佳　柚ノ香　宥乃加　悠乃華

ゆま Yuma
友麻 由真 悠茉 唯磨 結真 結麻 優万

ゆみ Yumi
夕実 友美 由美 佑水 祐実 悠未 優心

ゆみか Yumika
弓佳 弓香 友美佳 由実花 侑実香 祐水加 唯未華

ゆみこ Yumiko
弓子 友海子 由美子 佑見子 悠美子 結水子 優美子

ゆめ Yume
夢 由芽 由萌 有芽 悠愛 結芽 結愛

ゆめか Yumeka
夢可 夢叶 夢香 ゆめか 友萌佳 由芽花 優芽加

ゆめこ Yumeko
夢子 夕海子 友愛子 由萌子 悠女子 結愛子 優芽子

ゆめの Yumeno
夢乃 夢埜 ゆめの 由芽乃 有萌乃 遊海乃 結愛乃

ゆゆ Yuyu
由々 悠由 結友 結由 夢結 優夕 優結

Column

呼び名も名前選びの材料に

呼び名も人間関係を左右する

名前と同じように、姓やニックネームも、呼んだり呼ばれたりするときに「周囲の暗黙の期待感」を生み、性格や人間関係を左右します。つまり、人は姓や名前、ニックネーム、「部長」「先生」などの肩書きを使って、自分のイメージを演出できるのです。

大リーグで活躍するイチロー選手が、姓抜きの登録名にしたのは大英断でした。「イチロー」は、せつないほどに一途《いちず》で、キラキラ輝く本格派のスター名だからです。

だれにどの名前を呼んでもらうのかは意外に大事。結婚で姓が変わり、仕事がしづらくなったという話も少なくありません。

親子の関係が呼び方で変わることもあります。「お姉ちゃん」ではなく名前で呼んだり、年齢に応じて呼び方を変えてみたりして、呼び名を上手に利用しましょう。

子ども時代はニックネームで

かわいい名前をつけたいけれど、将来、弁護士や博士になったら違和感があるかも……。そんな心配があるなら、名前は大人向きにして、幼いころは「あっちゃん」「ゆうくん」「みいちゃん」のように愛称で呼ぶのもいいでしょう。

呼び名の演出も、名前選びの材料に加えてみては？

ゆゆか Yuyuka
夕由佳　友結加　有友香　柚々香　悠有花　結由夏　優々夏

ゆゆな Yuyuna
夕優菜　友由那　有結菜　祐々南　唯由菜　悠結那　優由奈

ゆゆの Yuyuno
有友乃　祐々乃　唯由乃　悠友乃　裕々乃　結唯乃　優由乃

ゆら Yura
夕羅　友楽　由空　祐良　悠礼　悠楽　優楽

ゆり Yuri
由梨　百合　侑梨　侑理　柚里　悠里　優璃

ゆりあ Yuria
ゆりあ　友李阿　由利亜　百合在　有里愛　悠李亜　優梨亜

ゆりえ Yurie
夕梨恵　友里恵　友梨絵　由理絵　百合恵　侑利英　結里依

ゆりか Yurika
友里佳　由利華　百合花　百合香　有璃香　悠里香　優里香

ゆりこ Yuriko
ゆり子　夕璃子　友梨子　由里子　百合子　唯李子　悠里子

ゆりな Yurina
ゆり菜　友李菜　由梨奈　百合名　宥里菜　悠莉那　優里那

よ
↓P65

よう Yo
洋　葉　遥　陽　瑶　謡　燿

ようか Yoka
洋佳　葉花　遥香　陽夏　瑶華　謡香　燿加

ようこ Yoko
洋子　陽子　葉子　遥子　蓉子　瑶子　燿子

よしえ Yoshie
由依　好恵　芳枝　良恵　佳絵　美恵　喜恵

よしか Yoshika
由加　好香　芳花　芳華　佳歌　美嘉　善花

よしこ Yoshiko
由子　芦子　芳子　良子　佳子　美子　嘉子

よしの Yoshino
由乃　吉乃　好乃　芦乃　芳野　佳乃　美埜

よしみ Yoshimi
好　好美　芳実　良美　淑美　嘉美　嘉海

よりか Yorika
依佳　依香　順香　頼花　頼香　予里香　世梨香

よりこ Yoriko
依子　順子　頼子　与莉子　世李子　世璃子　依利子

ら
↓P66

らいか Raika
礼香　来佳　來華　萊夏　頼花　蕾香　蕾華

らいむ Raimu
礼夢　来夢　來眸　來睦　徠夢　蕾夢　らい夢

らな Rana
礼那 良奈 来南 楽菜 楽愛 頼奈 羅菜

らむ Ramu
ラム 良眸 良夢 來陸 楽夢 楽睦 蘭夢

らら Rara
来々 来空 良羅 楽々 愛楽 羅々 蘭々

らん Ran
嵐 覧 藍 蘭 ラン 楽安 蘭音

らんか Ranka
藍香 藍華 蘭花 蘭佳 愛ん加 らん香 らん歌

り

↓ P66

りあ Ria
李亜 里愛 莉杏 莉亞 梨阿 理愛 璃亜

りいさ Risa
リイサ りいさ 李依砂 里依紗 莉伊彩 梨依紗 理衣沙

りいな Rina
リイナ りい菜 李衣菜 里伊奈 梨衣名 理伊那 璃衣南

りえ Rie
李恵 利恵 里絵 莉枝 莉愛 理枝 梨英

りえこ Rieko
利恵子 李江子 里絵子 莉恵子 梨枝子 理瑛子 璃英子

りお Rio
里乙 莉生 莉緒 梨桜 理緒 凜央 璃音

りおな Riona
利央奈 里桜名 里緒奈 莉於那 理央名 梨生奈 梨生南

りおん Rion
里苑 里恩 莉音 浬音 梨遠 凜音 璃音

りか Rika
里花 里佳 李果 莉加 梨花 梨香 理香

りかこ Rikako
李花子 里佳子 利香子 莉夏子 理加子 梨香子 璃香子

りく Riku
陸 李紅 莉玖 梨久 理來 璃玖 凜空

りこ Riko
吏子 里子 李子 莉子 梨子 理子 璃子

りさ Risa
里咲 里彩 莉佐 莉沙 理早 梨沙 梨彩

りさこ Risako
里沙子 李咲子 里紗子 莉紗子 理佐子 梨紗子 理彩子

りせ Rise
利世 里瀬 李瀬 莉世 理勢 梨世 梨瀬

りつ Ritsu
律 栗 李津 里紬 梨津 理都 璃津

りつか Ritsuka
立花 立歌 律花 律香 律夏 里都香 梨津夏

りつこ Ritsuko
立子 律子 利津子 里柘子 李鶴子 梨都子 理都子

りと Rito
吏杜 李杜 里都 莉都 理都 理登 璃都

りな Rina
里奈 里菜 李愛 莉名 莉奈 理那 梨奈

りの Rino
李埜 里埜 莉乃 莉野 梨乃 理乃 璃乃

りのあ Rinoa
りのあ 莉乃愛 倫埜亜 理乃亜 梨乃阿 璃乃亜 凛乃愛

りのん Rinon
里音 莉暖 梨音 理恩 凛音 璃音 璃遠

りほ Riho
吏朋 里歩 里保 里穂 李穂 莉帆 理保

りほこ Rihoko
里帆子 利歩子 里葡子 里穂子 莉鳳子 理帆子 梨穂子

りま Rima
里満 李舞 莉真 理茉 理麻 梨麻 璃万

りみ Rimi
里実 利美 理未 梨実 理美 璃海 凛美

りょう Ryo
凌 椋 綾 諒 遼 瞭 りょう

りょうか Ryoka
亮佳 凌花 涼花 涼香 綾香 遼夏 諒華

りょうこ Ryoko
良子 亮子 涼子 椋子 綾子 諒子 瞭子

りよこ Riyoko
利与子 里代子 李代子 莉葉子 梨代子 理世子 凛世子

りら Rira
李楽 里羅 莉良 莉羅 理良 梨羅 璃空

りり Riri
李里 李璃 莉々 莉理 梨里 璃々 凛々

りりあ Riria
李利亜 里李亜 莉々亜 梨々愛 梨里阿 稟々愛 璃々愛

りりい Riri
李々唯 莉々唯 莉里依 梨里衣 凛々依 璃里伊 凛莉衣

りりか Ririka
李々夏 莉々香 莉理香 梨々花 凛々花 璃々華 凛里香

りりこ Ririko
りり子 李璃子 莉々子 梨李子 理利子 稟々子 璃々子

りりな Ririna
李利奈 莉々愛 莉李奈 梨々奈 理莉奈 凛々名 璃里南

りる Riru
りる 李留 里瑠 莉瑠 梨流 理琉 璃瑠

りん Rin
林 倫 琳 鈴 綸 凛 麟

りんか Rinka

倫香 琳佳 稟花 鈴夏 鈴歌 凜花 凛華

りんこ Rinko

倫子 琳子 稟子 鈴子 綸子 凜子 麟子

りんな Rinna

倫名 倫奈 梨那 琳愛 鈴菜 稟菜 凛那

りんね Rinne

林音 倫寧 琳音 鈴音 綸祢 凜音 凛嶺

りんの Rinno

倫乃 梨乃 鈴乃 鈴野 綸乃 凜乃 凛乃

る

↓ P66

るあ Rua

るあ 留亜 留愛 琉亜 琉愛 瑠亜 瑠空

るい Rui

類 るい 留衣 留唯 琉依 瑠伊 瑠衣

るいこ Ruiko

類子 ルイ子 留依子 琉伊子 琉葦子 瑠依子 瑠偉子

るか Ruka

月歌 流花 留香 琉花 琉夏 瑠加 瑠佳

るき Ruki

留希 琉季 琉紀 琉姫 瑠妃 瑠貴 瑠輝

るな Runa

月 留那 琉南 琉菜 瑠名 瑠那 瑠奈

るみ Rumi

ルミ 留美 琉水 琉美 琉海 瑠未 瑠美

るみか Rumika

るみ香 留美香 留望花 琉光夏 琉海香 瑠美佳 瑠深加

るみこ Rumiko

ルミ子 留美子 留見子 琉心子 琉海子 瑠実子 瑠美子

るみな Rumina

琉南 留水奈 留美名 琉海那 琉美夏 瑠未奈 瑠望奈

るり Ruri

留利 琉里 琉梨 琉理 瑠李 瑠莉 瑠璃

るりか Rurika

るり香 留李佳 留莉香 流梨香 琉利夏 瑠璃加 瑠璃花

るりこ Ruriko

ルリ子 流莉子 留理子 琉李子 琉璃子 瑠利子 瑠璃子

るるか Ruruka

るる花 留々香 琉々夏 琉々華 琉留香 瑠々華 瑠琉佳

るるな Ruruna

るる菜 留々菜 琉々南 琉留梛 瑠々奈 瑠々菜 瑠流那

れ

↓ P66

れあ Rea

礼亜 怜亜 玲空 玲愛 零空 嶺亜 麗安

れい Rei

礼 玲 鈴 黎 澪 嶺 麗

れいあ Reia
礼愛 玲亜 玲杏 鈴亜 黎阿 澪愛 麗亜

れいか Reika
礼佳 伶珂 怜香 玲華 黎夏 嶺花 麗華

れいこ Reiko
令子 礼子 玲子 澪胡 嶺子 麗子 れいこ

れいな Reina
伶奈 怜愛 玲那 黎奈 澪奈 麗名 麗那

れいら Reira
礼羅 伶楽 玲良 零來 黎来 澪良 麗良

れお Reo
令央 礼緒 玲央 玲桜 零於 嶺央 麗桜

れおな Reona
礼央奈 怜緒奈 玲於那 玲音名 零央奈 黎生那 麗央奈

れな Rena
令奈 礼菜 怜奈 玲名 恋菜 蓮那 麗奈

れね Rene
令音 礼音 玲祢 恋寧 蓮音 黎音 麗嶺

れの Reno
れの 怜乃 恋乃 蓮乃 零埜 麗乃 麗埜

れのん Renon
礼音 令穏 伶音 恋音 鈴音 嶺遠 れのん

れみ Remi
令美 礼美 怜心 玲美 恋海 澪未 麗美

れみな Remina
レミナ 令実奈 礼美名 怜美奈 玲三奈 澪未南 麗海奈

れもん Remon
礼文 礼門 令紋 玲文 漣紋 麗文 れもん

れんか Renka
怜歌 恋華 蓮花 蓮香 蓮夏 漣香 憐花

ネーミングストーリー

莉々《りり》ちゃん

莉那《りな》ちゃん

「り」で始まる中国でも通じる名前に

夫婦ともに「り」ではじまる会社に勤めていたこと、「り」の音が気に入ったことから、先頭字の「り」が最初に決まりました。妻が中国人なので、中国でも通じる名前にしようと考えて止め字を決定。花のようにかわいく、美しく育ってほしいという気持ちをこめて、「莉」と「那」の漢字を当てました。(泰士パパ)

じゅりな Jurina
朱里名 朱莉那 寿利奈 珠里奈 珠利愛 樹里名 樹理奈

じゅん Jun
旬 純 淳 絢 順 潤 諄

じゅんか Junka
純花 純夏 淳香 絢佳 絢歌 順香 潤花

じゅんこ Junko
旬子 純子 惇子 絢子 順子 諄子 潤子

じゅんな Junna
旬奈 純名 純菜 淳那 淳奈 絢名 絢奈

ば・ぱ行
↓P68

べにお Benio
紅央 紅生 紅於 紅桜 紅凰 紅緒 紅穂

べにか Benika
紅加 紅花 紅佳 紅果 紅香 紅夏 紅華

わかの Wakano
若野 雀乃 羽栞乃 和花野 和香乃 和歌乃 倭華乃

わかば Wakaba
若芭 若葉 和樺 わか葉 和栞巴 和夏葉 倭可波

わき Waki
羽輝 和希 和紀 和輝 倭姫 倭記 環妃

わきこ Wakiko
羽来子 羽貴子 和希子 和季子 和葵子 倭妃子 倭貴子

わこ Wako
八子 吾子 和子 和胡 倭子 環子 環己

ざ行
↓P68

じゅり Juri
朱里 朱璃 寿李 珠里 珠梨 樹里 樹莉

じゅりあ Juria
朱理有 寿莉亜 珠利安 珠李愛 珠璃愛 樹里亜 樹梨愛

れんじゅ Renju
怜樹 恋寿 恋珠 蓮珠 蓮樹 憐寿 憐珠

ろ
↓P67

ろか Roka
芦花 路佳 緑夏 蕗香 蕗華 露花 露香

ろみ Romi
呂実 芦美 路美 路海 蕗美 鷺未 鷺美

わ
↓P67

わか Waka
雀 羽華 和花 和香 和華 倭加 環佳

わかこ Wakako
若子 羽香子 和可子 和佳子 和香子 和歌子 倭花子

わかな Wakana
羽哉 和叶 和奏 若菜 和可奈 和花名 和香奈

ひびきから考える名前

音から名前を考える場合でも、止め字の音から考える、呼びたい愛称から考える、
女の子ならではの、かわいらしい音、優しいひびきから選ぶなど、さまざまな方法があります。

止め字の音から考える

先頭字の音に次いで、最後の音も名前の印象の決めてとなります。
呼び終わりの口の動きが余韻《よいん》となり、印象を強めるのです。
ここでは名前の最後の音に注目して、名前の例を紹介。
親子で、きょうだいで、止め字の音をそろえたいときにも役立ちます。

あ
こだわらず、開放感がある

いりあ　くれあ　こあ　ここあ　じゅりあ　せいあ　せりあ　とあ　のあ　まりあ　みあ　みりあ　めあ　ゆあ　ゆうあ　ゆりあ　りあ　りのあ　りりあ　るあ　れあ

い
キッパリと潔い正義の人

あい　あおい　こい　ぬい　まい　みらい　めい　やよい　ゆい　ゆうい　るい

う
ナイーブで大切にされる

まう　みう　りう

え
エレガントで知的な印象

あきえ　あさえ　あやえ　いくえ　いとえ　うたえ　おとえ　おりえ　かえ　かずえ　かなえ　きえ　きぬえ　きみえ　くにえ　くみえ　こずえ　ことえ　さえ　さちえ　さなえ　しずえ　すずえ　そのえ　たえ　たまえ　ちえ　ちづえ　としえ　ともえ　ななえ　のえ　のぶえ　のりえ　はつえ　はなえ　はるえ　ひさえ　ひとえ　ひろえ　ふさえ　ふみえ　まさえ　まりえ　みさえ　みちえ　もえ　ももえ　やえ　やすえ　ゆきえ　ゆりえ　よしえ　りえ　りりえ

お
母性と信頼感を感じる

あお　いお　うしお　かお　きお　しお　すなお　たまお　ちお　なお　ななお　ねお　ふみお　まお　みお　みおう　みさお　りお

か
強くて快活なアネゴ肌

あいか　あさか　あすか　あみか　あやか　あゆか　ありか　いちか　うみか　えいか　えみか　えりか　おうか　おとか　おりか　きか　きつか　きょうか　きりか　くみか　ことか　このか　さいか　さえか　さきか　さやか　しおか　しづか　しゅうか　じゅんか　すずか　すみか　せいか　せりか

そのか
そよか
たまか
ちか
つきか
てんか
ともか
なおか
なつか
ななか
なみか
にじか
にちか
のどか
ののか
のりか
はなか
はるか
ひめか
ふうか
ふゆか
べにか
ほのか
まいか
まどか
まなか
まゆか
まりか
みか
みずか
めいか
もえか
もか
もとか
ももか
ゆいか
ゆうか
ゆか
ゆきか
ゆずか
ゆみか
ゆめか
ようか
よりか
らんか
りか
りょうか
りりか
りんか
るか
るみか
るりか
れいか
わか

き

クールビューティな雰囲気

あき
あさき
あやき
いつき
いぶき
かずき
かつき
かづき
きき
こゆき
さき
さつき
しき
しづき
たき
たつき
たまき
ちあき
ちさき
つばき
なつき
にしき
はづき
はるき
ひびき
ふき
ふづき
ふぶき
まき
まさき
みき
みさき
みずき
みつき
みづき
みゆき
むつき
ゆうき
ゆき
ゆずき
ゆつき
ゆづき

く

いじらしくて愛される

あいく
いく
きく
こはく
さく
しずく
はるく
みく
めいく
りく

こ

愛らしくてやりくり上手

あいこ
あこ
あさこ
あみこ
あゆこ
いさこ
いずみこ
いちこ
うたこ
えいこ
えりこ
かおるこ
かこ
かなこ
かのこ
きこ
きょうこ
ここ
ことこ
さえこ
さきこ
さくらこ
さやこ
さよこ
しづこ
しほこ
じゅんこ
すずこ
すみれこ
せいこ
そのこ
たえこ
たまこ
ちかこ
ちこ
ちさこ
ちほこ
ちよこ
ちりこ
つきこ
とうこ
ひめこ
ふきこ
ふさこ
ふゆこ
べにこ
まあこ
まこ
まちこ
まみこ
まりこ
みどりこ
みやこ
みよこ
みわこ
めいこ
もこ
ももこ
ゆいこ
ゆずこ
ゆみこ
ゆめこ
ようこ
よりこ
らんこ
りかこ
りこ
りさこ
りょうこ
りよこ
りりこ
りんこ
るりこ
わかこ

さ

颯爽と先頭に立つ

あがさ
あさ
あずさ
ありさ
いりさ
えりさ
えるさ
かずさ
きさ
さやさ
さらさ
ちぐさ
ちさ
つかさ
つばさ
なぎさ
ななさ
ひさ
まあさ
まりさ
みいさ
みかさ
みさ
めいさ
ゆさ
ゆりさ
らいさ
りいさ
りさ
りりさ

せ

繊細な優しさのもち主

あやせ
おとせ
きせ
ちせ
ちとせ
ななせ
はつせ
ひとせ
みなせ
ももせ
りせ

ち

自分をアピールできる

こまち
さち
まち
みち

つ

抜群の集中力がある

あつ
えつ
こなつ
せつ
ちなつ
なつ
はつ
ほなつ
まなつ
みつ
りつ

と

しっかり者の良妻賢母

いと
えと
おと
かなと
けいと
こさと
こと
さと
ちこと
ちさと
まこと
みこと
みさと
みと
みなと
もと
りと

な

心地よい親密感がある

あいな
あきな
あすな
あずな
あやな
あゆな
ありな
あんな
いおな
えみな
えれな
かずな
かな
かりな
かんな
きずな
きよな
くみな
けいな
ここな
ことな
こはな
こひな
さえな
さきな
さちな
さな
さりな
しいな
しずな
じゅりな
じゅんな
すずな
せいな
せな
せりな
たまな
ちかな
ちな
ちはな
つきな
ともな

なずな なつな なな にいな にな はな はるな はんな ひな ひめな ふみな ふゆな まいな まきな まな みいな みおな みな みはな みゆな ももな やすな ゆいな ゆうな ゆきな ゆずな ゆな ゆみな ゆめな ゆりな よしな らな りいな りおな りな りりな りんな るな るりな るるな れいな れおな れな わかな

に
ハニカミ屋で愛らしい

くに こべに べに れに

ね
親しみのある印象

あかね あまね あやね おとね かさね かざね かずね ことね こはね ささね しおね しずね じゅね すずね そらね ちかね ともね なつね はつね はなね はるね ひとね まいね みおね みはね ももね ゆきね りおね

の
のどかでなつかしい印象

あおの あきの あつの あやの うたの かの かやの きくの きよの ここの ことの さちの すずの そらの ちの なつの にの のの はなの はるの ひさの ひなの ひめの ひろの ほしの まの まりの みその ももの ゆうの ゆめの よしの

は
潔く華やかな働き者

あきは あやは あゆは いろは おとは かずは くれは ここは ことは このは すずは つきは てるは ともは なつは ののは みつは もとは ももは やすは

ひ
情熱とドライさをもつ

あさひ なつひ はつひ はるひ ゆうひ

ほ
温かなくつろぎを感じる

あきほ あつほ あやほ いくほ いほ うたほ えつほ かずほ かほ きほ さきほ さちほ さほ しほ すずほ ちほ てるほ なつほ ななほ なほ のりほ はるほ まきほ まほ みきほ みずほ みつほ みほ むつほ やすほ ゆうほ ゆみほ りほ りりほ

ま
ふっくらと満ち足りた印象

えま しま たま ゆま りま れま

み
みずみずしく愛らしい

あさみ あすみ あずみ あみ あやみ あゆみ いづみ うみ えいみ おとみ かすみ かなみ くるみ ここみ こなみ このみ さゆみ しほみ そのみ たまみ ちなみ ちふみ つぐみ つぼみ なおみ なずみ ななみ なみ なるみ のぞみ はすみ はなみ ひとみ ひふみ ふみ ほずみ ほなみ まおみ まなみ まみ みなみ みみ めぐみ もえみ もなみ ゆきみ ゆみ りみ れみ ろみ

む
信頼感あるまとめ上手

あむ あゆむ ねむ ひろむ みむ めぐむ らいむ らむ りむ

め
おっとりして乙女チック

あやめ おとめ かなめ こゆめ ちゆめ なつめ ひめ ひろめ ゆめ

も
まったりした豊かな印象

あも いずも こもも すもも とも みも もも

や
優しい解放感にあふれる

あや かや さや まあや まや まりや みや ゆりや

ゆ
優美な女らしさがあふれる

あゆ あんじゅ あんゆ かじゅ さゆ せいじゅ ちふゆ なゆ まじゅ まゆ みじゅ みふゆ みゆ ゆうゆ

よ
やわらかく包みこむ懐深さ

あきよ あつよ いよ かずよ

かなよ　かよ　きみよ　さちよ　さよ　すみよ　そよ　たまよ　ちよ　てるよ　ともよ　のぶよ　はるよ　ふみよ　まさよ　まよ　みさよ　みちよ　みよ　むつよ　もとよ　ももよ　やすよ　やちよ　ゆきよ　りよ

ら

りりしい華やかさをもつ

あいら　うらら　かえら　きよら　きらら　くらら　こそら　さくら　さら　せいら　せら　そら　みそら　みら　ゆら　らいら　らら　りら　れいら

り

りりしく理知と努力の印象

あいり　あかり　あめり　あんり　いおり　えみり　えりい　かおり　かほり　きり　こまり　さおり　さゆり　さりい　しおり　しほり　じゅり　せり　ちえり　のり　ひおり　ひかり　ひじり　ひまり　ひより　ひらり　まおり　まゆり　まりい　みおり　みどり　みのり　みり　めあり　ゆうり　ゆかり　ゆり　ゆりい　りり　りりい　るり

る

華やかで力強いイメージ

あいる　あみる　いちる　いまる　えみる　える　かおる　こはる　しずる　すばる　ちづる　ちはる　てる　のえる　のはる　はる　ひかる　ほたる　まはる　みちる　みはる　りる　るる

れ

華やかで洗練された

しぐれ　すみれ　ほまれ　まれ　みれ　みれい　れい

ろ

華やかさと落ち着きがある

こころ　ちひろ　ひいろ　ひろ　ましろ　まはろ　まひろ　まほろ　みひろ　みろ

わ

ワクワクと楽しげな気分

さわ　ときわ　とわ　みわ　ゆうわ

ん

甘えん坊な印象

あれん　あん　いおん　えのん　えりん　えれん　えん　かのん　かりん　かれん　こりん　さらん　しおん　じゅあん　じゅのん　じゅん　すずらん　せいらん　のん　はのん　まのん　まりん　みおん　みらん　みりん　らん　りあん　りおん　りん　れのん　れん

が行

ゴージャスで甘い

こかげ　こなぎ　こはぎ　こむぎ　しずぎ　ちかげ　つむぎ　なぎ　みかげ　むぎ　もえぎ

ざ行

上流で品のあるお嬢さま

あず　いすず　かず　しず　ちず　みすず　ゆず

だ行

堂々としていてセクシー

かづ　しづ　ちづ

ば行

元気で割り切りのいい

あおば　ふたば　みつば　よつば　わかば

※「りい」の「い」のような止め字の長音は省略。「しょう」の「う」なども省略となり、「ょ」が止め字（→P50）。ただし、長音の最後の母音をはっきり発音する場合は、それぞれ該当の母音の止め字を参照（→P56～57）。

ネーミングストーリー

倫子《みちこ》ちゃん

止め字の「子」にこだわって

いまでは少数派なので、あえて止め字に「子」を使うというところにこだわりました。あとは画数が全体としてよい漢字を決めて、最後にどう読むか考えました。ともこ、りんこ、のりこ……といろいろな読み方ができる漢字ですが、「みっちゃん」が呼びやすいということで、「みちこ」になりました。（幸恵ママ）

3音・2音を1字に当てる

音は3音、2音でも、表記は漢字1字にして、
名前の見た目のバランスをすっきりさせることもできます。
漢字1字で名づける方法は、ここ数年人気が上昇。
音に当てる字を考えるときの候補に加えてみてください。

漢字1字名ベスト5

1位	葵	あおい　めい
2位	凜	りん
3位	花	はな
4位	凛	りん
	杏	あん　きょう

出典：明治安田生命ホームページ　2016年度データ

2音の名前

晨麻旭 あさ　耀煌陽晶暁瑛秋映光 あき　碧青 あお　藍愛娃和 あい

活郁侑育 いく　庵晏杏安 あん　綺綾絢理彩紋郁朱礼文 あや　諒朝

笑咲 えみ　湖洋海 うみ　謡歌頌詩詠唱唄吟 うた　絃純弦糸文 いと

草茅 かや　愛奏哉叶乎 かな　麗紀和知寿 かず　響律音吟己乙 おと

圭 けい　澄碧静聖陽清粋圭玉心 きよ　淑后仁公 きみ　絹衣 きぬ　萱

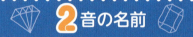

佳京恵啓渓景慶慧

こう　光好幸紅香虹皐煌

ここ　心此

こと　采紀

信殊琴詞

さえ　冴朗

さき　早幸岬咲祥埼福興

さく　作咲朔

さち　幸

祐侑祥禎福

さと　邑里知恵都智聖慧諭

さや　清爽鞘

しず　玄康靖

静寧穏

しの　忍要篠

しま　嶋縞

じゅん　旬純淳惇絢順詢潤

すず　紗涼

清鈴

すみ　究恭純淑清遥遙澄

せい　世青星清晴聖靖誓静

そよ　颯

そら　天空宙昊穹

たえ　才布糸妙紗

たま　玉圭玖珠瑛琥瑞瑶碧環

ちか　周知直恭真新睦誓慶

つき　月槻

つゆ　露

てる　央光明映晃晄

晴照輝燿耀

てん　天典展槙

とき　季怜祝信時睦

とも　丈与巴文友

叶共知宝朋倫智朝

とよ　富豊

なお　若尚直斉真眞梗菫

なぎ　凪梛

なな　七

なみ　汎波南洋浪漣

にじ　虹

のぶ　布伸更延信展惟敦遥暢

薫

のり　典紀倫詞遥稔徳緑遙

のん　暖

はつ　初逸

はな　花芳英華椛

雛穂 ひな　悠桐尚寿央久 ひさ　遙榛暖陽遥晴温華美春青花 はる

奎郁迪典史文 ふみ　楓富風 ふう　優寛裕紘洋広 ひろ　媛姫妃 ひめ

球 まり　愛 まな　槙蒔牧 まき　舞詣苺 まい　星 ほし　那冬 ふゆ　詞章記

紋門文 もん　桃李百 もも　萌 もえ　明芽 めい　樹幹 みき　澪 みお　鞠毬

由千乃 ゆき　優裕湧結悠祐柚邑佑有由右友夕 ゆう　結唯由 ゆい

燿曜謡遙瑶蓉陽遥葉羊 よう　夢 ゆめ　弓 ゆみ　柚 ゆず　雪倖恭幸如

倫厘林 りん　遼綾稜椋涼凌良 りょう　律立 りつ　陸 りく　蘭藍 らん　耀

蓮恋怜 れん　麗澪鈴玲伶礼令 れい　月 るな　類 るい　麟凜凛鈴琳梨

ネーミングストーリー

凜《りん》ちゃん　4D画像の顔を見て「りん」に決定

夫婦で候補を出しあいました。夫は、好きな女優の名前にしたいと譲らず……。ところがある日、検診時の４Ｄ画像を見せたところ、「イメージと違う！　『りん』にしよう！」とあっさり決定。「女性ならではのしなやかさと、たくましさをもった人間に」という思いをこめました。（香ママ）

3 音の名前

菖 あやめ　周 あまね　梓 あずさ　旭 あさひ　燈星明灯 あかり　茜 あかね　蒼葵青 あおい

楓 かえで　麗 うらら　樹 いつき　苺 いちご　泉 いずみ　庵 いおり　杏 あんず　歩 あゆむ　あゆみ

好 このみ　櫂槙梢 こずえ　心 こころ　絆 きずな　奏 かなで　霞 かすみ　馨郁香芳 かおる

純直 すなお　偲忍 しのぶ　雫 しずく　静惺 しずか　栞 しおり　櫻桜 さくら　琥 こはく　喜

紬紡 つむぎ　蕾 つぼみ　翼 つばさ　椿 つばき　鼓 つづみ　環珠 たまき　菫 すみれ　廉温素

遙遥悠永 はるか　温和 のどか　望希 のぞむ　のぞみ　和 なごむ　渚汀 なぎさ　巴 ともえ

響 ひびき　瞳眸 ひとみ　聖 ひじり　輝晄晃光 ひかる　耀燿曜光 ひかり　華 はんな　遼

汀 みぎわ　柑 みかん　檀 まゆみ　円 まどか　眞真純信実充 まこと　誉 ほまれ　蛍 ほたる

畿都洛京 みやこ　南 みなみ　湊港 みなと　緑碧翠 みどり　碩満庚 みちる　岬 みさき

嘉美好 よしみ　椛 もみじ　徳愛萌恵 めぐむ　萌恵恩仁 めぐみ　幸 みゆき　雅 みやび

呼びたい愛称から考える

「あっちゃんと呼びたい！」や
「のんちゃんと呼べる名前は？」と、
ふだんの呼び名からイメージを
ふくらませるパパやママもいます。
名前と同じように、呼び名も実はとても重要。
ふだんから呼ばれる名前は
性格や人間関係に影響します(→P107)。

あーちゃん
あかり
あさか
あさみ
あやか

あいあい
あいか
あいさ
あいな
あいり

あっきー
あき
あきな
あきは
ちあき

あっこ
あさこ
あつこ
あゆこ

あっちゃん
あかね
あきか
あきほ

あやや
あや
あやか
あやの
あやみ

あん
あんじゅ
あんな
あんり

いっちゃん
いおり
いずみ
いちか
いつき

えみりん
えみか
えみり
えみる

えりー
えりさ
えりな
ちえり

かな
かなえ
かなで
かなみ

かんちゃん
かなめ
かのり
かんな
みかん

きーちゃん
きい
きか
きこ
きほ

きょんきょん
きょうか
きょうこ

くーちゃん
くにこ
くみか
くみこ

ここ
ここな
ここね
ここみ

さーや
さあや
さやか
さやこ

さく
さくら
さくらこ

さっちー
さち
さちか
さちほ
さつき

さゆ
さゆき
さゆり

さりー
さおり
さりな

しーちゃん
しいな
しずか
しずな
しほ

じゅんじゅん
じゅんこ
じゅんな

すーちゃん
すずこ
すずな
すみか
すみれ

すず
すずか
すずの
みすず

せっちゃん
せつこ
せりか
せりな

ちー
ちあき
ちさと
ちなつ
ちひろ

ちか
ちかげ
ちかこ
ちかぜ
ちかり

ちこ
さちこ
ちえこ
まちこ

ちっち
ちえ
ちな
ちはる

ちゃこ
ちさこ
みさこ
りさこ

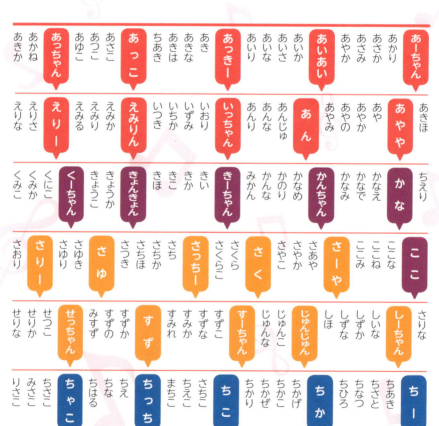

ともか
ともは
ともみ

なっちゃん
なつお
なつき
なつこ
なつみ

ななっぴ
なな
ななお
ななせ
ななみ

のっち
のどか
ののか
ののこ
まゆの

のんちゃん
かのん
のぞみ
まのん

はーちゃん
はつき
はづき
はなか

はる
こはる
はるか
はるひ
みはる

ひーちゃん
ひいろ
ひかり
ひとみ
ひなた
ひまり
ひめか

ひかりん
ひかる
ひさか

ふーちゃん
ふうこ
ふみ

まーこ
まあこ
まさこ
まゆこ

まーちゃん
まあさ
まな
まみ

まっきー
たまき
まき
まきの
まきほ

まりりん
まりか
まりこ
まりな

みきてぃ
なみき
みき
みきえ

みーたん
みいこ
みく
みな

みっちー
みちか
みちこ

みっちゃん
みづか
みつよ

めーちゃん
あやめ
めいこ
めいさ
めぐ

もこ
もえこ
もとこ
ももこ

やっちゃん
やすえ
やすか
やすこ

ゆう
ゆうか
ゆうな
ゆうり

ゆかにゃん
さゆか
ゆかこ
ゆかり

ゆっきー
ゆきな
ゆきの
ゆきみ

ゆず
ゆずか
ゆずき
ゆずな

ゆっこ
ゆうこ
ゆきこ
ゆみこ

ゆり
ゆりえ
ゆりか
ゆりな

ようちゃん
ようか
ようこ

よっしー
よしえ
よしか
よしの

らんらん
らん
らんこ

りーちゃん
りお
りの
りりか
りりこ

りっちゃん
りつか
りつこ
りな

りんりん
かりん
すずか
まりん
りんか

るーちゃん
るか
るな
るりか

れーちゃん
れいか
れいこ
れいら

れん
かれん
れんか

わか
わかこ
わかな
わかば

ネーミングストーリー

遥《はる》花《か》ちゃん　はるちゃんが生まれる春を心待ちに

出産予定日が３月初旬だったので、妊娠後期は真冬。春を待ちつつ、お腹の子を「はるちゃん」と呼んでいました。そのまま「はる」の音を使うことに決めましたが、苗字とのバランスを考えて漢字は「春」ではなく「遥」に。「遥かな場所に咲く花のように、美しく凛と育ってほしい」という思いをこめました。（剣輔パパ）

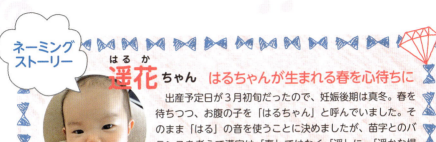

音を重ねてかわいらしく

「りこ」ちゃんと「りりこ」ちゃん。
同じ音を重ねるだけで、
雰囲気が変わりますよね。
「なな」「りり」のように音を重ねると、
リズミカルになって
音のもつ語感が弱められ、
かわいらしく愛らしい雰囲気の
名前になります。

きき
- きき　希々　貴姫

くく
- くくな　久紅奈　玖々那
- くくみ　久々美　紅久未
- くくる　紅来　玖くる

ここ
- ここ　湖々　琥子
- ここあ　心愛　琥々亜
- ここな　心菜　心渚
- ここね　心祢　鼓々音
- ここの　ここ野　鼓々乃
- ここは　心羽　ここ葉
- ここみ　心実　心美
- こころ　心　こころ

すず
- いすず　いす寿　五十鈴
- すず　鈴　寿々
- すずか　鈴加　すず花
- すずこ　紗子　涼子
- すずな　清那　寿珠菜
- すずね　紗音　鈴音
- すずの　鈴野　寿々乃
- すずは　寿々羽　珠洲葉
- すずほ　清帆　鈴穂
- みすず　美涼　美鈴

とと
- ととか　都々香　登々加
- ととこ　十斗子　音々子
- ととは　とと波　十都葉

なな
- かなな　哉那　禾菜々
- なな　那々　菜名
- ななえ　七恵　奈苗
- ななお　七緒　奈々生
- ななか　名菜果　菜々佳
- ななこ　七菜子　奈々子
- ななさ　七彩　なな咲
- ななせ　七勢　那々世
- ななね　七音　夏南音
- ななの　なな野　那奈乃
- ななは　七葉　夏名羽
- ななほ　七穂　凪々帆
- ななみ　奈々美　菜名美
- ななよ　七代　奈那世
- はなな　花那　華奈
- ひなな　雛菜　陽菜々
- まなな　茉菜々　真奈々

ねね
- ねね　音々　寧々
- ねねか　ねね香　祢音佳
- ねねこ　音寧子　寧々子

のの
- かのの　花乃々　佳野乃
- のの　希々　野乃
- ののあ　のの愛　希野亜
- ののか　野乃夏　野々花
- ののこ　希乃子　望々子
- ののは　希望羽　野々羽
- ののほ　のの穂　埜野帆

ののみ　希実　野々美
まのの　真乃々　麻野乃

みみ

みみ　未海　美々
みみい　三実衣　美々依
みみか　弥々佳　美深加
みみこ　美海子　深々子
みみな　未海那　望々奈
みみの　実々野　美海乃

もも

こもも　小桃　香萌々
もも　桃　萌々
ももあ　百杏　桃愛
ももえ　百恵　李絵
ももか　桃加　もも花
ももこ　桃子　もも子
ももせ　百瀬　萌々世
ももな　桃南　百々那
ももね　桃音　もも音
ももの　桃之　萌々乃
ももは　李羽　もも葉
ももみ　桃美　百々実
ももよ　百世　桃代

やや

やや　弥々　椰哉
ややか　やや加　耶々花
ややこ　八弥子　也哉子

ゆゆ

ゆゆ　悠友　優結
ゆゆか　友由佳　優々花
ゆゆこ　友結子　由々子
ゆゆな　友優菜　悠々菜
ゆゆは　ゆゆ葉　悠友羽
ゆゆほ　友優穂　優々帆

らら

うらら　麗　うらら
きらら　煌良　希楽々
くらら　久良々　紅らら
さらら　紗楽々　彩良々
らら　良々　楽羅
ららか　らら花　楽々花
ららこ　来空子　愛楽子

りり

りり　莉々　梨里
りりあ　李里亜　梨々杏
りりい　李里依　莉々衣
りりか　梨里華　凜々花
りりこ　理利子　璃莉子
りりさ　りり沙　里々咲
りりせ　理々瀬　梨里世
りりな　りり那　里々奈
りりの　莉里乃　璃々野
りりは　りり葉　梨里羽
りりほ　莉々保　理利穂
りりよ　理々代　梨里世

るる

るる　琉々　瑠々
るるか　るる花　琉々佳
るるこ　ルル子　瑠々子
るるな　留々那　瑠琉菜

ネーミングストーリー

奈《な》那《な》子《こ》ちゃん　のの子《こ》ちゃん

姉妹おそろいで音を重ねて

女の子なら昔ながらの「子」がつく3音の名前にすると決めていました。長女は「のんびりのびやかに」との願いをこめ、音もかわいく、見た目も丸くて女の子らしいひらがなを使って「のの子」に。次女も、「子」がつく3音で、音が続く名前にしようか迷っていたところ、長女が「ななこがいい」と一言。美しいという意味の「那」に、画数を考えて「奈」を組み合わせました。（智子ママ）

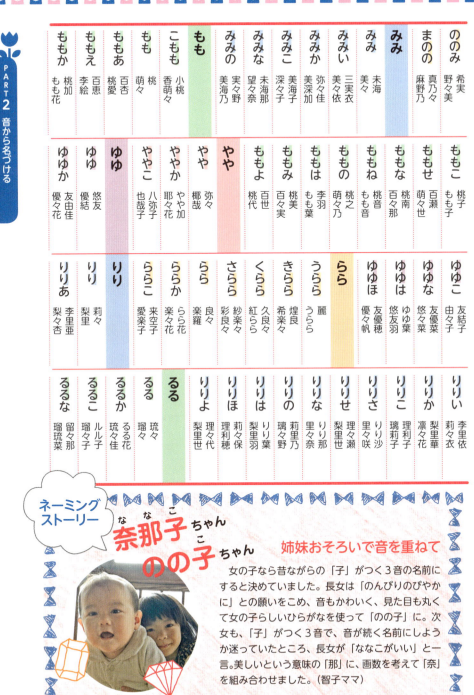

長音で優しくおおらかに

包みこむような優しさのある「まあ」、
ゆったりとしたやわらかさのある「ゆう」。
音を伸ばす「長音」を活かした名前は、
広がりがあり、おおらかな印象です。
伸ばす音の母音のもつ語感(→P81)が
強調され、母性的な優しさを感じさせます。

- えいか　英香　詠佳
- えいな　栄菜　瑛奈
- えいみ　映実　絵伊美
- えりい　恵里衣　絵理伊
- おうか　央佳　桜花
- かあい　佳愛　香亜衣
- きい　紀伊　貴衣
- きいな　希依奈　季衣那
- きょう　京　恭
- きょうこ　杏子　今日子
- くう　空　紅羽
- けい　恵　華衣
- けいこ　景子　慧子
- こうこ　紅子　香子
- さあや　沙彩　咲綾
- しい　紫伊　詩衣
- しいか　詩歌　志衣香
- しいな　椎那　椎菜
- しいは　椎葉　紫李羽
- しゅうか　柊香　萩花
- しゅうこ　祝子　柊子
- しょうこ　笑子　翔子
- せいあ　星愛　聖亜
- せいか　成香　清華
- せいこ　晴子　勢以子
- せいな　静奈　世衣那
- せいら　星羅　聖良
- ちい　千依　知衣
- とうか　桃華　橙香
- とうこ　冬子　桐子
- にいな　新菜　仁衣奈
- ひいな　秀奈　妃衣那
- ひいろ　妃采　陽彩
- ふうか　風花　風薫
- ふうこ　風子　楓子
- まあこ　真阿子　麻亜子
- まあさ　真朝　麻亜沙
- まあや　真綾　麻彩
- まりい　真理衣　麻里伊
- みい　実衣　美以
- みいな　未唯菜　美伊奈
- みおう　実央　美桜
- ゆう　優　結羽
- ゆうか　悠香　優花
- ゆうき　有紀　祐希
- ゆうこ　結子　由布子
- ゆうな　柚那　悠和
- ゆうひ　祐飛　優妃
- ゆうら　由楽　結良
- ゆうり　夕梨　侑里
- よう　遥　耀
- ようか　葉香　遥華
- ようこ　葉子　謡子
- りい　里伊　理衣
- りおう　李央　莉桜
- るう　琉宇　瑠生
- れい　礼　麗
- れいか　令花　玲夏
- れいな　玲奈　澪那
- れいら　礼羅　玲楽

PART 3

赤ちゃんへ託したい思いは

イメージや願いから

基礎知識

自由な思いを名前にこめて

漢字やひびきを工夫して イメージを具体的に

名前をつけるときに、最も考えつきやすいきっかけが「イメージ」でしょう。夫婦の共通の思い出の場所、赤ちゃんが生まれた季節などを自由にイメージして考えます。

あなたが思い描くイメージから名前の連想を広げていきましょう。

具体的には、まず好きなものや思い出に関することを思いつくだけ挙げてください。思いついたものを書き出してみると、イメージを整理しやすくなります。たとえば、夫婦で行った思い出の場所が海であれば、「海」から連想できる漢字やことばをきっかけにすればよいのです。

イメージは、名づけのヒントになりやすく、親の思いと結びつきやすい名前にもなります。赤ちゃんに対する思いが充分に伝わる名前をつけたいものです。

「名前にふさわしい漢字と名前のリスト」（→P225～347）から意味を調べて、どの漢字を選ぶか、なぜその漢字がよいのかをよく考え、愛情のこもった名前をつけましょう。

わが子への思いや 未来の願いを託して

イメージと並んで名づけのヒントになりやすいのが、「こんな人に育ってほしい」「こういう人生を歩んでほしい」という親から赤ちゃんへの「願い」です。

願いから名前を考えるときには、それに合う漢字やひびきをさがすとよいでしょう。将来歩んでほしい道や、尊敬する歴史上の人物、好きな作品の登場人物からもヒントが得られます。

イメージから考える名前

好きなもの、夫婦が出会った季節など、思いつくイメージを
いろいろ挙げてみてください。わが子にぴったりのイメージがきっと見つかります。

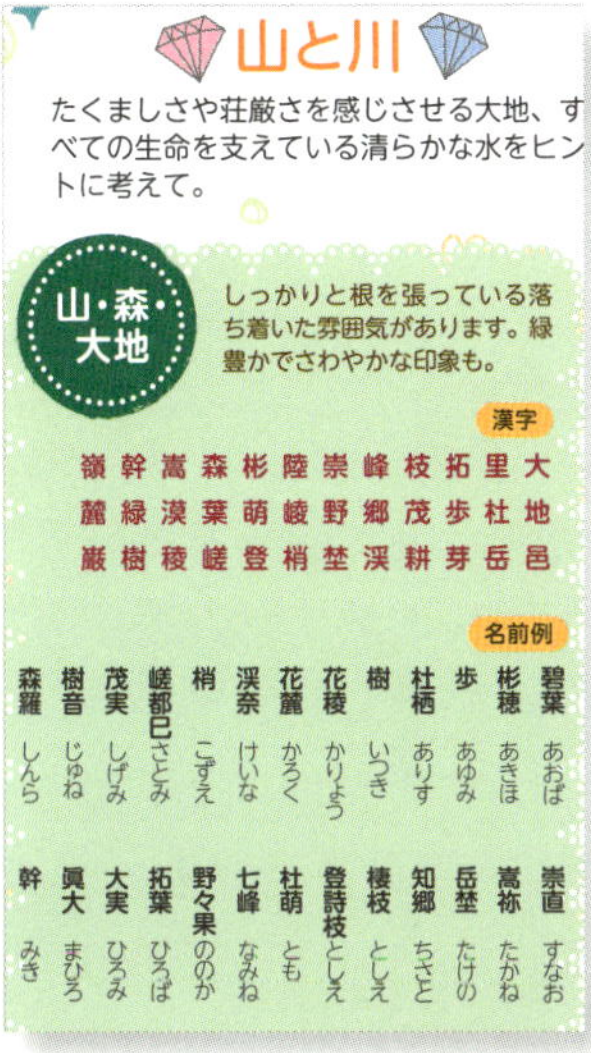
山と川
たくましさや荘厳さを感じさせる大地、すべての生命を支えている清らかな水をヒントに考えて。

山・森・大地
しっかりと根を張っている落ち着いた雰囲気があります。緑豊かでさわやかな印象も。

漢字
嶺 幹 嵩 森 彬 陸 崇 峰 枝 拓 里 大
麓 緑 漠 葉 萌 崚 野 郷 茂 歩 杜 地
巌 樹 稜 嵯 登 梢 埜 渓 耕 芽 岳 邑

名前例
碧葉 あおば
彬穂 あきほ
歩 あゆみ
杜栖 ありす
樹 いつき
花稜 かりょう
花麓 かろく
渓奈 けいな
梢 こずえ
嵯都巳 さとみ
茂実 しげみ
樹音 じゅね
森羅 しんら
崇直 すなお
嵩祢 たかね
岳埜 たけの
知郷 ちさと
棲枝 としえ
登詩枝 としえ
杜萌 とも
七峰 なみね
野々果 ののか
拓葉 ひろば
大実 ひろみ
眞大 まひろ
幹 みき

キーワードを見つける

イメージの基本となるキーワードです。思い浮かんだイメージに当てはまるものをさがしてみましょう。

イメージに合う漢字を調べる

基本となるイメージから連想される漢字の例です。「四季」と「暦」(→P130～161)では、その季節の自然や行事も紹介しています。

音や名前の読み方をチェックする

イメージから連想される名前と読み方の例です。あなたのイメージに合った名前を見つけてください。

生まれた日が
よく晴れた日だったから…
じてん

願いから考える名前

どんな子になってほしいか、思いつくだけ具体例やキーワードを挙げてみてください。その中で、
特に重視したい願いはどれかを考えましょう。きっと願いに合う名前と出会えるでしょう。

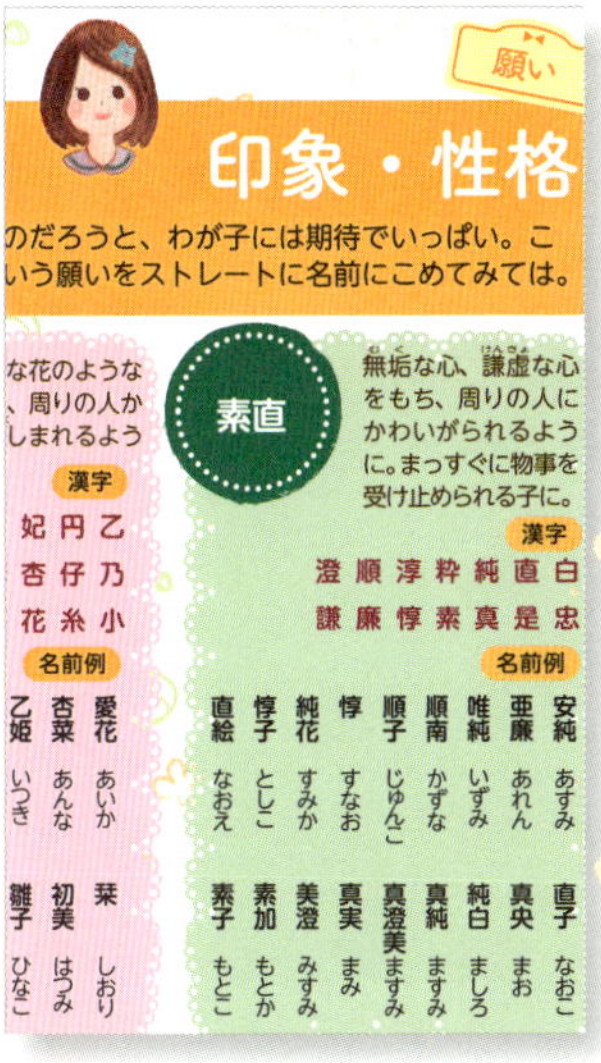
願い
印象・性格
のだろうと、わが子には期待でいっぱい。こ
いう願いをストレートに名前にこめてみては。

な花のような
、周りの人か
しまれるよう

漢字
妃 円 乙
杏 仔 乃
花 糸 小

名前例
愛花 あいか
杏菜 あんな
乙姫 いつき
栞 しおり
初美 はつみ
雛子 ひなこ

素直
無垢《むく》な心、謙虚《けんきょ》な心をもち、周りの人にかわいがられるように。まっすぐに物事を受け止められる子に。

漢字
澄 順 淳 粋 純 直 白
謙 廉 惇 素 真 是 忠

名前例
安純 あすみ
亜廉 あれん
唯純 いずみ
順南 かずな
順子 じゅんこ
惇 すなお
純花 すみか
惇子 としこ
直絵 なおえ
直子 なおこ
真央 まお
純白 ましろ
真純 ますみ
真澄美 ますみ
真実 まみ
美澄 みすみ
素加 もとか
素子 もとこ

キーワードを見つける

願いや思いついた項目に合うキーワードをさがしてみましょう。

キーワードから漢字を調べる

願いや項目から連想される漢字の例です。PART4の「名前にふさわしい漢字と名前のリスト」(→P225～347)で、漢字の詳細を確認するのもおすすめです。

音や名前の読み方をチェックする

願いや項目から連想される名前と読み方の例です。読み方を変えるなどして検討し、ぴったりの名前を見つけてください。

優しい子がいいな
小野小町
みたいな…

イメージ

四季

生まれた月や季節にちなんだ名前をつけるのは人気がある方法のひとつ。日本には四季折々、たくさんの美しいことばがあります。キーワードを眺めて想像をふくらませてみて。

生き物

- うぐいす
- 兎《うさぎ》
- 鯉《こい》
- 鯛《たい》
- 燕《つばめ》
- 蝶《ちょう》
- 雲雀《ひばり》
- 鱒《ます》
- 繭《まゆ》
- 雉《きじ》

樹木

- 梓《あずさ》
- 梶《かじ》
- 桂《かつら》
- 樺《かば》
- 桐《きり》
- 杉《すぎ》
- 榛《はしばみ》
- 檜《ひのき》
- 椋《むく》
- 柳《やなぎ》

春

暖かくなり雪が解け、植物が芽吹き明るく前向きなイメージの春。季節の行事や、色鮮やかな草花などから考えてみては。

春の季語

- 麗《うらら》か
- おぼろ月《づき》
- 風車
- しゃぼん玉
- 春 愁《しゅんしゅう》
- 春 眠《しゅんみん》
- 踏青《とうせい》
- 耕《たがやし》
- 種蒔《たねまき》
- 茶摘《ちゃつみ》
- 摘草《つみくさ》
- 野《の》遊《あそび》

春の名前

漢字

花 7	華 10	菫 11
芽 8	桜 10	晴 12
青 8	桃 10	陽 12
若 8	梅 10	蕗 16
咲 9	菜 11	蕾 16
春 9	萌 11	麗 19

名前例

陽菜	あきな
梓	あずさ
彩萌	あやめ
苺	いちご
伊予	いよ
初花	ういか
麗	うらら
燕	えん
桐葉	きりは
桂菜	けいな
初実	はつみ
春	はる
如春	はる
春花	はるか
陽花	はるか
春風	はるかぜ
春菜	はるな
陽菜	はるな
春音	はるね
春野	はるの

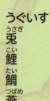

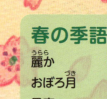

草花

あやめ
杏《あんず》
かすみ草
桜
シクラメン
すずらん
菫《すみれ》
タンポポ
土筆《つくし》
つつじ
椿《つばき》
なずな
藤《ふじ》
牡丹《ぼたん》
木蓮《もくれん》
やまぶき

果物・野菜

あさつき
いちご
伊予柑《いよかん》
木の芽《こめ》
菜の花
三つ葉
蓬《よもぎ》
山葵《わさび》

連想するもの

スタート
フレッシュ
出会いと別れ
ぽかぽかとした陽気
パステルカラー
彩り
初々しさ

小梅 こうめ
陽日 はるひ
小陽 こはる
春流 はるる
小桃 こもも
陽茉莉 ひまり
彩華 さいか
蒔季 まき
咲貴 さき
繭禾 まゆか
咲楽 さくら
美桜 みお
桜子 さくらこ
三葉 みつは
咲那 さな
美春 みはる
始季 しき
みもざ みもざ
鈴蘭 すずらん
芽衣 めい
菫礼 すみれ
萌 めぐみ
青子 せいこ
梅乃 めの
千春 ちはる
萌 もえ
千晴 ちはる
萌香 もえか
土筆 つくし
萌衣花 もえか
椿 つばき
桃愛 ももえ
桃子 とうこ
萌々花 ももか
藤李 とうり
結芽 ゆめ
菜央 なお
蕾珂 らいか
なずな なずな
蕗愛 ろまな
菜々佳 ななか
和歌子 わかこ
菜花 なばな
若菜 わかな

3月のイメージ

3/3桃の節句

雛《ひな》祭りや上巳《じょうし》の節句とも呼ばれます。女の子の健やかな成長を祈るお祭りです。ひな人形を飾り、ひし餅《もち》、白酒、桃の花などを供えて祝います。

名前例

名前	読み
桃花	とうか
春巳	はるみ
日奈	ひな
雛胡	ひなこ
雛乃	ひなの
巳紅	みく
桃子	ももこ

別名

弥生《やよい》、佳月《かげつ》、桜月《さくらづき》、夢見月《ゆめみづき》、早花咲月《さはなさづき》

星座

魚座
(2/19～3/20)
牡羊座
(3/21～4/19)

誕生石

アクアマリン
コーラル（珊瑚《さんご》）

3月のくらし

ひな人形
ひし餅
ぼた餅
卒業式
ホワイトデー
お彼岸《ひがん》
春場所
春日祭

名前例

名前	読み
温子	あつこ
桜佳	おうか
珊瑚	さんご
花見	はなみ
雛	ひな
雛子	ひなこ
真知	まち
真凜	まりん
未桜	みお
未芽	みめ
桃花	ももか
弥生	やよい
弥代唯	やよい
夢花	ゆめか
夢見	ゆめみ
佳禾	よしか

72候

草木萌動
そうもくめばえいずる

蟄虫啓戸
すごもりむしとをひらく

桃始笑
ももはじめてさく

24節気

啓蟄《けいちつ》
(3/6ごろ)

3月の自然

東風《こち》　麗《うらら》か
春光《しゅんこう》　春の野
春雷《しゅんらい》　春疾風《はるはやて》
水温《みずぬる》む　雪間

雪間

雪の晴れ間や、積もった雪のところどころ消えた所を指すことばです。雪解けがはじまり春の訪れを感じさせます。

桜始開
さくらはじめてひらく

雀始巣
すずめはじめてすくう

菜虫化蝶
なむしちょうとなる

春分《しゅんぶん》
(3/21ごろ)

4月のイメージ

花見

平安時代から続く行事で、風に舞う花びらや夜桜を愛《め》でる風流な慣習です。豊作《ほうさく》を祈願して、春の農作業の前に宴《うたげ》を催したのがはじまり。

名前例

彩花	あやか
桜華	おうか
桜	さくら
千花	ちか
舞華	まいか
実桜	みお
美花	みか

別名

卯月《うづき》、清和月《せいわづき》、麦秋《ばくしゅう》、夏端月《なつはづき》、夏半《かはん》

星座

牡羊座（3/21～4/19）
牡牛座（4/20～5/20）

誕生石

ダイヤモンド（金《こん》剛石《ごうせき》）

4月のくらし

花祭り
入学式
新学期
いちご狩り
潮干狩り
仏生会《ぶっしょうえ》
エイプリルフール

桜

和歌にも詠《よ》まれ、古くから日本人に愛されています。「しだれ桜」や「染井吉野《そめいよしの》」「八重桜《やえざくら》」などさまざまな品種があります。

名前例

明水	あきみ
麗	あきら
卯多	うた
卯月	うづき
卯都姫	うづき
卯美	うみ
香澄	かすみ
桜咲	さき
桜良	さくら
清恵	すみえ
清和	せいわ
染野	そめの
奈津葉	なつは
麦穂	むぎほ
初夏	もとか
羊華	ようか

72候

雷乃発声　かみなりすなわちこえをはっす
玄鳥至　つばめきたる
鴻雁北　こうがんかえる

24節気

清明《せいめい》（4/5ごろ）

4月の自然

曙《あけぼの》
菜種梅雨《なたねづゆ》
桜《さくら》前線《ぜんせん》
花冷《はなび》え
清明風《せいめいふう》
長閑《のどか》

山笑う

草花が芽吹きはじめて、明るく華やかになった春の山。のどかで生命力にあふれた自然の様子を表します。

春霞《はるがすみ》

春の大地から微細な水滴がたちのぼり白く曇る様子のことです。「霞」ということばには春の暖かさがあります。

霜止出苗
しもやみてなえいずる

葭始生
あしはじめてしょうず

虹始見
にじはじめてあらわる

穀雨《こくう》
(4/20ごろ)

5月のイメージ

5/5 端午《たんご》の節句

男の子の立身出世を願う行事です。鯉《こい》のぼりや五月人形を飾ってお祝いします。邪気《じゃき》を払うため、菖蒲《しょうぶ》湯《ゆ》に入ることもあります。

名前例

菖蒲	あやめ
五華	いつか
菖瑚	しょうこ
那蒲	なほ
柏祢	はくね
茉午	まひる
鯉沙	りさ

別名

皐月《さつき》、早苗月《さなえづき》、雨月《うげつ》、梅月《ばいげつ》、橘月《たちばなづき》

星座

牡牛座
(4/20〜5/20)
双子座
(5/21〜6/21)

誕生石

エメラルド（翠玉《すいぎょく》、緑玉《りょくぎょく》）
ヒスイ（翡翠《ひすい》）

名前例

菖芽	あやめ
五季	いつき
薫子	かおるこ
橘皐	きさ
五月	さつき
皐月	さつき
茶奈	さな
早苗	さなえ
瑳菜枝	さなえ
早葉	さよ
翡翠	ひすい
美柏	みかし
翠	みどり
美土里	みどり
明	めい
芽依	めい

菖蒲《しょうぶ》

葉には芳香があり、病気や厄《やく》を払う植物として古くから用いられてきました。読み方が「尚武」「勝負」と同じなので、勇ましさの象徴とされています。

72候

蚯蚓出
みみずいずる

蛙始鳴
かわずはじめてなく

牡丹華
ぼたんはなさく

24節気

立夏《りっか》
(5/5ごろ)

5月の自然

五月晴れ
翠雨《すいう》
余花《よか》
光風《こうふう》
凱風《がいふう》
青風《せいふう》

五月晴れ《さつきば》

もとは旧暦5月の梅雨《つゆ》の晴れ間のことをいいましたが、現在は5月のよく晴れた日の意味で使われています。

風薫る

青葉の香りを運ぶ5月のやわらかな風のこと。薫風《くんぷう》とも呼ばれます。

5月のくらし

子どもの日
柏餅
ちまき
母の日
ゴールデンウィーク
八十八夜
鯉のぼり
新茶
みどりの日

5/15葵祭《あおいまつり》

京都の三大祭のひとつ。古くは賀茂祭《かものまつり》と呼ばれましたが、冠《かんむり》や牛車《ぎっしゃ》などに葵を飾る風習が根づき、葵祭となりました。五穀豊穣《ごこくほうじょう》を祈るお祭りで、平安時代の王朝行列が再現されます。

名前例

葵	あおい
葵衣	あおい
己蔦	きちょう
咲葵	さき
蔦子	つたこ
豊代	ひろよ
稔里	みのり

紅花栄
べにばなさかう

蚕起食桑
かいこおきてくわをはむ

竹笋生
たけのこしょうず

小満《しょうまん》
(5/21ごろ)

夏

大地を潤《うるお》す恵みの雨と、梅雨《つゆ》明け後の照り輝く太陽に象徴されるように、慈《いつく》しみ深く、元気なイメージです。季節の行事や、太陽の光を浴びて輝くみずみずしい自然の姿から名前を考えてみては。

生き物

カブトムシ
蛍《ほたる》
鳶《とんび》
蝶《ちょう》
鮎《あゆ》
蝉《せみ》
鴎《かもめ》
鷺《さぎ》
鷹《たか》
蛇《へび》
金魚《きんぎょ》

夏の季語

青田《あおた》
炎昼《えんちゅう》
鹿《か》の子
納涼《すずみ》
盛夏《せいか》
月涼《つきすず》し
夏草
夏木立《なつこだち》
虹
白夜《はくや》
氷室《ひむろ》
短夜《みじかよ》
夕立
若葉

樹木

竹《たけ》
椰子《やし》
椎《しい》
楠《くすのき》
橘《たちばな》
篠《しの》
芭蕉《ばしょう》
榊《さかき》

夏の名前

漢字

漢字	画数
帆	6
麦	7
青	8
昊	8
海	9
砂	9
南	9
虹	9
夏	10
蛍	11
彩	11
渚	11
涼	11
葵	12
葉	12
碧	14
輝	15
繁	16

名前例

名前	読み
愛栖	あいす
彩夏	あやか
鮎美	あゆみ
杏	あん
夏帆	かほ
夏鈴	かりん
黄果	きか
輝夏	きか
希帆	きほ
蛍子	けいこ
夏央	なつお
夏希	なつき
夏子	なつこ
夏木	なつこ
奈津奈	なつな
奈都葉	なつは
夏海	なつみ
夏芽	なつめ
夏奈子	ななこ
奈夏	ななつ

草花

朝顔　牡丹《ぼたん》
杜若《かきつばた》　向日葵《ひまわり》
ジャスミン　マーガレット
百日紅《さるすべり》　松葉牡丹《まつばぼたん》
ダリア　百合《ゆり》
蓮《はす》　若竹《わかたけ》

果物・野菜

麦　夏みかん
杏《あんず》　バナナ
さくらんぼ　枇杷《びわ》
スイカ　桃
李《すもも》　きゅうり
パイナップル

連想するもの

海　かき氷
甲子園　うちわ
トロピカル　せんす
照りつける太陽

胡子　ここ
小夏　こなつ
小麦　こむぎ
砂輝　さき
渚希　さき
沙真　さま
燦　さん
椎奈　しいな
志津夏　しづか
潤　じゅん
翠華　すいか
涼奈　すずな
涼美　すずみ
盛夏　せいか
昊楽　そら
碧水　たまみ
ダリア　だりあ
千夏　ちなつ
照陽　てるひ
輝海　てるみ
那津　なつ
夏衣　なつえ
南海夏　なみか
波夏　なみな
虹架　にじか
陽季　はるき
陽葵　ひまり
向日葵　ひまわり
帆乃夏　ほのか
真夏　まなつ
茉莉花　まりか
麻琳　まりん
美砂　みさ
瑞樹　みずき
瑞葉　みずは
美青　みはる
美海　みみ
萌葉　もえは
由衣夏　ゆいか
百合　ゆり
李夏　りか
涼子　りょうこ
蓮　れん
若葉　わかば

6月のイメージ

梅雨《つゆ》

梅の実が熟すころに降る雨なので、こう呼ばれます。約1か月にわたって降り続く、稲を育てるための恵みの雨です。

名前例

雨祢	あまね
湖梅	こうめ
露音	つゆね
露理	つゆり
実雨	みう
優雨	ゆう
露加	ろか

別名

水無月《みなづき》、風待月《かぜまちづき》、鳴神月《なるかみづき》、涼暮月《すずくれづき》、松風月《まつかぜづき》

星座

双子座
(5/21～6/21)
蟹座
(6/22～7/22)

誕生石

パール（真珠《しんじゅ》）
ムーンストーン
(月長石《げっちょうせき》)

紫陽花《あじさい》

色が白や青、紫やピンクに変化するので、「七変化《しちへんげ》」とも呼ばれます。

名前例

葵	あおい
雨	あめ
季夏	きか
絢	じゅん
紫陽	しょう
涼鹿	すずか
梅雨	つゆ
鳴華	なるか
鳴海	なるみ
真珠	まじゅ
待風	まつか
水那	みな
水奈子	みなこ
水無月	みなづき
美露	みろ
六摘	むつみ

6月のくらし

衣がえ
(6/1)
夏越《なごし》の祓《はらえ》
(6/30)
ジューンブライド
父の日
青梅《あおうめ》
蛍狩り

72候

腐草為蛍	蟷螂生	麦秋至
ふそうほたるとなる	かまきりしょうず	むぎのときいたる

24節気

芒種《ぼうしゅ》
(6/6ごろ)

五月雨《さみだれ》

旧暦5月に降る雨。「梅雨」が季節を指すことが多いのに対し、「五月雨」は雨そのもののことをいいます。

6月の自然

送り梅雨	蛍《ほたる》
山《やま》背《せ》風《かぜ》	雨蛙《あまがえる》
黒《くろ》南《は》風《え》	夏の川

梅雨《つゆ》晴《ば》れ

もともとは梅雨明け直後の晴れの意味でしたが、梅雨の間に訪れる晴天の意味でも使われます。

菖蒲華
あやめはなさく

乃東枯
なつかれくさかるる

梅子黄
うめのみきばむ

夏至《げし》
(6/21ごろ)

7月のイメージ

7/7 七夕

年に一度、織姫《おりひめ》と彦星《ひこぼし》が天の川にかかる橋を渡って会える日です。二人の逢瀬《おうせ》を「星合《ほしあい》」や「星の恋」ともいいます。裁縫や書道の上達を願った5色の短冊や七夕飾りを笹《ささ》につるします。

名前例

天音	あまね
織羽	おるは
河埜	かや
星恋	せれん
天佳	てんか
七星	ななせ
美織	みおり

別名

文月《ふみづき》、蘭月《らんげつ》、七夕月《たなばたづき》、七夜月《ななよづき》、秋初月《あきそめづき》

星座

蟹座
(6/22～7/22)
獅子座
(7/23～8/22)

誕生石

ルビー（紅玉《こうぎょく》）

名前例

織姫	おりき
織女	おりめ
蘭恋	かれん
星河	せいか
奈奈子	ななこ
七世	ななせ
七葉	ななは
七海	ななみ
七夕	なゆ
奈侑子	なゆこ
文月	ふづき
文夏	ふみか
文夜	ふみよ
紅緒	べにお
蘭	らん
瑠美	るび

7月のくらし

海開き
夏休み
土用の丑《うし》の日
暑中見舞い
天神祭
帰省

72候

蓮始開
はすはじめてひらく

温風至
おんぷういたる

半夏生
はんげしょうず

24節気

小暑《しょうしょ》
(7/7ごろ)

7月の自然

半夏雨《はんげあめ》　銀河
白南風《しらはえ》　星映し
入道雲《にゅうどうぐも》　虹

祇園祭《ぎおんまつり》

京都の八坂神社《やさかじんじゃ》で1か月にわたって行われる代表的な夏祭り。32基の山鉾《やまぼこ》が巡行する「山鉾巡行《やまぼこじゅんこう》」が有名です。

海

すべてを包みこむような優しく力強いイメージをヒントにしてみては。

名前例

愛海　あみ
磯波　いそは
来海　くるみ
琴海　ことみ
砂羅　さら
珊瑚　さんご
千帆　ちほ
津加紗　つかさ
凪　なぎ
渚沙　なぎさ
夏海　なつみ
波花　なみか
望海　のぞみ
遥海　はるみ
洋佳　ひろか
広海　ひろみ
帆波　ほなみ
帆那海　ほなみ
万浬　まり
海音　みおん
岬　みさき
海津子　みつこ
湊　みなと
湊都　みなと
海々　みみ
侑海　ゆうみ
浬砂　りさ

土潤溽暑
つちうるおうてむしあつし

桐始結花
きりはじめてはなをむすぶ

鷹乃学習
たかすなわちがくしゅうす

大暑《たいしょ》
(7/23ごろ)

8月のイメージ

花火

夏の夜を鮮やかに彩る打ち上げ花火や、線香花火などの手持ち花火などがあります。

夏祭り

夏の風物詩。伝統芸能でもある阿波《あわ》おどり（徳島）や、七夕を祝うねぶた祭(青森)などが有名です。

名前例

- **燈** あかり
- **華夜子** かやこ
- **花夜** はなよ
- **祭** まつり
- **纏李** まつり
- **御園** みその
- **踊禾** ようか

浴衣《ゆかた》

色とりどりの浴衣は、夏祭りや花火大会などに着ると、夏の夜に風《ふ》情《ぜい》を添えてくれます。風通しもよいので、納涼にもぴったりです。

別名

葉月《はづき》、木染月《こぞめづき》、清月《せいげつ》、月見月《つきみづき》、桂月《けいげつ》、紅染月《べにぞめづき》

星座

獅子座
(7/23〜8/22)
乙女座
(8/23〜9/22)

誕生石

ペリドット（橄欖《かんらん》石《せき》）
サードオニクス

名前例

- **灯** あかり
- **桂夏** けいか
- **木染** こそめ
- **朔八** さくや
- **鈴風** すずか
- **盛夏** せいか
- **染埜** そめの
- **千夏** ちなつ
- **凪** なぎ
- **夏輝** なつき
- **葉月** はづき
- **葉津希** はづき
- **花美** はなび
- **紅夏** べにか
- **八重** やえ
- **葉子** ようこ

72候		
寒蝉鳴 ひぐらしなく	涼風至 すずかぜいたる	大雨時ノ行 たいうときどきにふる

24節気：立秋《りっしゅう》(8/7ごろ)

風鈴

窓辺や軒につるして、風によって生まれる音に涼しさを感じます。

8月の自然

雲の峰　夕凪《ゆうなぎ》
青嶺《あおね》　流星
慈雨《じう》　炎天

8月のくらし

八朔《はっさく》(8/1)　盆踊り
御盆《おぼん》　蟬《せみ》しぐれ
旅行　精霊《しょうりょう》流し

天地始粛
てんちはじめてさむし

綿柎開
わたのはなしべひらく

蒙霧升降
ふかききりまとう

処暑《しょしょ》
(8/23ごろ)

秋

実り豊かで食欲の湧く季節です。心地よい風や、やわらかい日ざしには、落ち着いた雰囲気も感じられます。季節の行事や山を色づかせる樹木などから、名前を考えてみては。

生き物

猪	雀
馬	とんぼ
雁《かり》	椋鳥《むくどり》
鹿	きりぎりす
鈴虫	こおろぎ

樹木

楓《かえで》	栃《とち》
樫《かし》	銀杏《いちょう》
金木犀《きんもくせい》	竹

秋の季語

赤とんぼ	桐一葉《きりひとは》
秋麗《あきうらら》	秋思《しゅうし》
稲刈《いねかり》	新涼《しんりょう》
色鳥《いろどり》	水澄《みずす》む
霧《きり》	夜長《よなが》

秋の名前

漢字

月 4	昴 9	豊 13
禾 5	桐 10	稔 13
里 7	菊 11	稲 14
実 8	涼 11	穂 15
紅 9	萩 12	錦 16
秋 9	楓 13	穣 18

名前例

茜	あかね
秋菜	あきな
朱葉	あきは
亜紀葉	あきは
秋穂	あきほ
秋良	あきら
逢月	あづき
安樹	あんじゅ
彩葉	いろは
楓	かえで
千秋	ちあき
千穂	ちほ
月子	つきこ
月乃	つきの
橙樹	とうじゅ
豊美	とよみ
七穂	ななほ
錦季	にしき
萩乃	はぎの
楓花	ふうか

草花

芦《あし》
茜《あかね》
荻《おぎ》
桔梗《ききょう》
菊《きく》
藤袴《ふじばかま》
撫子《なでしこ》
コスモス
蔦《つた》
萩《はぎ》
鬼灯《ほおずき》
蘭《らん》

果物・野菜

イチジク
芋《いも》
柿《かき》
カリン
栗《くり》
胡桃《くるみ》
ざくろ
梨《なし》
葡萄《ぶどう》
桃《もも》
きのこ
林檎《りんご》

連想するもの

スポーツの秋
芸術の秋
読書の秋
食欲の秋
センチメンタル
焼き芋

奏　かなで
鹿乃　かの
花梨　かりん
菊乃　きくの
菊花　きつか
桐葉　きりは
栗奈　くりな
来実　くるみ
胡桃　くるみ
紅秋　くれあ
紅葉　くれは
こすも　こすも
好葉　このは
木の実　このみ
里葉　さとは
里実　さとみ
爽子　さわこ
萩花　しゅうか
涼音　すずね
涼乃　すずの
涼世　すずよ
昴　すばる
楓子　ふうこ
紅　べに
穂奈美　ほなみ
穂乃夏　ほのか
万穂　まほ
万実　まみ
実来　みく
美栗　みくり
美秋　みしゅう
水澄　みすみ
美月　みつき
実稲　みと
実梨　みのり
稔里　みのり
穣里　みのり
椛　もみじ
夕華　ゆうか
里禾　りか
里椛　りか
梨子　りこ
栗香　りつか
涼子　りょうこ

9月のイメージ

9/9重陽《ちょうよう》の節句

五節句のひとつで、菊の節句、栗の節句、お九日《くんち》とも呼ばれます。長寿と無病《むびょう》息災《そくさい》を祈る節句で、菊花を観賞しながら菊酒《きくざけ》を飲んだり、栗ごはんを食べたりします。

名前例

亜栗	あぐり
菊乃	きくの
木寿絵	こずえ
千菊	ちあき
陽果	はるか
陽己	ようこ
栗	りつ

別名

長月《ながつき》、菊月《きくづき》、色取月《いろどりづき》、涼 秋《りょうしゅう》、梢《こずえ》の秋《あき》

星座

乙女座
(8/23〜9/22)
天秤座
(9/23〜10/23)

誕生石

サファイア（青玉《せいぎょく》）

虫の声

秋の季語でもあります。鈴虫やこおろぎ、松虫などが一斉に鳴く声を「虫時雨《むししぐれ》」といいます。

名前例

乙女	おとめ
菊菜	きくな
菊露	きくろ
九美	くみ
梢永	こずえ
咲彩	さあや
鈴音	すずね
菫	すみれ
月	つき
露奈	つゆな
長月	ながつき
名月	なつき
白露	はくろ
美月	みづき
夕月	ゆづき
涼	りょう

9月のくらし

味覚狩り
お彼岸《ひがん》
おはぎ
菊酒《きくざけ》
秋 社《しゅうしゃ》
流鏑馬《やぶさめ》

72候

鶺鴒鳴《せきれいなく》
草露白《くさつゆしろし》
禾乃登《こくものすなわちみのる》

24節気

白露《はくろ》
(9/8ごろ)

中秋《ちゅうしゅう》の名月《めいげつ》

十五夜《じゅうごや》とも呼ばれます。空気が澄んで、美しく見える満月（望月《もちづき》）を愛《め》でながら秋の収穫に感謝するお祭りです。月見団子や里芋、秋の七草などを楽しみます。

名前例

秋見	あきみ
智里	ちさと
月埜	つきの
月夜	つきよ
望美	のぞみ
満月	みつき
美十	みと

9月の自然

初涼《しょりょう》　葉風《はかぜ》
野分《のわき》　秋の長雨《ながあめ》
宵闇《よいやみ》　いわし雲

蟄虫坏戸
むしかくれてとをふさぐ

雷乃収声
かみなりすなわちこえをおさむ

玄鳥去
つばめさる

秋分《しゅうぶん》
(9/23ごろ)

10月のイメージ

紅葉狩り

山野に出かけ、赤や黄色に色づく葉の美しさを楽しむこと。もともとは宮廷ではじまった雅《みやび》やかな遊びです。銀杏《いちょう》や蔦漆《つたうるし》、みずきなどが代表的な木です。

名前例

色葉 いろは
黄樹 きき
紅羽 くれは
秋椛 しゅうか
蔦紅 つたこ
みず黄 みずき
紅葉 もみじ

別名

神無月《かんなづき》、小春《こはる》、時雨月《しぐれづき》、陽月《ようげつ》、亥冬《がいとう》

星座

天秤座
(9/23〜10/23)
蠍座
(10/24〜11/21)

誕生石

オパール（蛋白石《たんぱくせき》）
トルマリン（電気《でんき》石《せき》）

名前例

秋生 あきお
秋澄 あすみ
育 いく
緒来 おく
栞奈 かんな
寛和 かんな
秋桜 こすもす
小春 こはる
爽香 さやか
時雨 しぐれ
十湖 とうこ
奈月 なつき
玄禾 はるか
陽月 ひづき
羊架 ようか
陽英 よしえ

10月のくらし

衣がえ
(10/1)
えびす講
(10/20)
ハロウィーン
(10/31)
運動会
ぶどう狩り
栗拾い
体育の日

72候

水始涸
みずはじめてかる

鴻雁来
こうがんきたる

菊花開
きっかひらく

24節気

寒露《かんろ》
(10/8ごろ)

10月の自然

鱗雲《うろこぐも》　釣瓶落《つるべお》とし
天高《てんたか》し　風爽《かぜさや》か
秋澄《あきす》む　羊雲《ひつじぐも》

秋晴れ

秋のよく晴れた日のこと。空高く澄みわたっている秋の心地よさを表しています。

霎時施
こさめときどきふる

霜始降
しもはじめてふる

蟋蟀在戸
きりぎりすとにあり

霜降《そうこう》
(10/23ごろ)

11月のイメージ

11月のくらし

- 酉《とり》の市
- 十日夜《とおかんや》
- 千歳飴《ちとせあめ》
- 袴着《はかまぎ》
- 勤労感謝《きんろうかんしゃ》の日
- 文化の日

別名

霜月《しもつき》、神楽月《かぐらづき》、暢月《ちょうげつ》、露隠《つゆごもり》の葉月《はづき》、雪待月《ゆきまちづき》

星座

蠍座
(10/24～11/21)
射手座
(11/22～12/21)

誕生石

トパーズ（黄玉《おうぎょく》）

11/15 七五三

数え年で３歳と５歳の男児、３歳と７歳の女児が氏神《うじがみ》に参詣《さんけい》し、成長と加護《かご》を願うお祝いです。

霜柱《しもばしら》

冬に近づき、気温がぐっと下がった寒い日に、土中の水分が地面から染み出てできる細い氷の柱です。秋に小さな白い花を咲かせる同名の植物があります。

小春日和

晩秋なのに春のように暖かい日のこと。季節を忘れさせる束の間の暖かさへの喜びがこもっています。

名前例

神楽	かぐら
小春	こはる
小雪	こゆき
朔乃	さくの
朔葉	さくは
詩採	しとり
霜月	しもつき
霜芽	しもめ
千歳	ちとせ
照葉	てりは
錦輝	にしき
野舞	のぶ
暢衣	のぶえ
文	ふみ
雪花	ゆきか
雪美	ゆきみ

72候

楓蔦黄
もみじつたきばむ

山茶始開
つばきはじめてひらく

地始凍
ちはじめてこおる

24節気

立冬《りっとう》
(11/7ごろ)

11月の自然

時雨《しぐれ》　木《こ》枯《が》らし
初霜《はつしも》　水《みず》澄《す》む
氷《ひ》雨《さめ》　照《てり》葉《は》

朔風払葉
さくふうはをはらう

虹蔵不見
にじかくれてみえず

金盞香
きんせんかさく

小雪《しょうせつ》
(11/22ごろ)

冬

美しく雪が舞い、寒さの中で凛《りん》とした空気に身の引きしまる季節。澄みきった清らかなイメージがあります。季節の行事や、銀世界に映える草花などから名前を考えてみては。

樹木

梅《うめ》　松《まつ》
欅《けやき》　モミ
柊《ひいらぎ》　柳《やなぎ》

冬の季語

神楽《かぐら》　春隣《はるとなり》
寒昴《かんすばる》　冬晴《ふゆばれ》
垂《しず》り　冬北斗《ふゆほくと》
氷柱《つらら》　冬芽

生き物

兎《うさぎ》　鴻《こう》
狼《おおかみ》　鷺《さぎ》
鴨《かも》　鶴《つる》
白鳥　隼《はやぶさ》
鯨《くじら》　鷲《わし》

冬の名前

漢字

正 5　冬 5　白 5　氷 5　北 5　冴 7
柊 9　柚 9　朔 10　凌 10　深 11　雪 11
皓 12　聖 13　暖 13　銀 14　澄 15　凛 15

名前例

白清　あきよ
晶　あきら
泉純　いずみ
苺　いちご
神楽　かぐら
花凛　かりん
樺凛　かりん
希氷　きこ
綺冴　きさえ
白珂　きよか
銀雅　きよか
冬萌　ともえ
知実　ともみ
白亜　はくあ
白羽　はくば
暖生　はるき
柊　ひいらぎ
氷奈　ひな
風花　ふうか
冬柚　ふゆ
芙由　ふゆ
冬華　ふゆか

草花

カトレア
福寿草《ふくじゅそう》
山茶花《さざんか》
葉牡丹《はぼたん》
水仙《すいせん》
侘助《わびすけ》
寒椿《かんつばき》
蕾《つぼみ》

果物・野菜

蕪《かぶ》
橙《だいだい》
梨《なし》
蜜柑《みかん》
ねぎ
柚《ゆず》
白菜《はくさい》
酸橘《すだち》
大根《だいこん》
林檎《りんご》

連想するもの

こたつ
年末年始
鍋料理
雪景色
イルミネーション

聖見	きよみ
聖深	きよみ
小冬	こと
湖白	こはく
冴	さえ
冴英	さえ
冴織	さおり
朔水	さくみ
朔羅	さくら
紗雪	さゆき
冴良	さら
静雪	しずき
雫	しずく
しづる	しづる
柊華	しゅうか
白音	しろね
須乃宇	すのう
澄礼	すみれ
静羅	せいら
雪菜	せつな
冬愛	とあ
橙子	とうこ
冬芽	ふゆめ
北斗	ほくと
真澄	ますみ
茉皓	まひろ
真冬	まふゆ
舞雪	まゆき
美晶	みあき
蜜柑	みかん
美冴	みさえ
蜜香	みつか
美冬	みふゆ
美雪	みゆき
深雪	みゆき
雪	ゆき
雪花	ゆきか
雪深	ゆきみ
柚香	ゆずか
柚葉	ゆずは
柚芽	ゆめ
蕾斗	らいと
凌子	りょうこ
凛	りん

12月のイメージ

柊《ひいらぎ》

柊には白い花をつけるモクセイ科のものと、赤い実をつける西洋柊（ホーリー）があります。クリスマスの飾りには西洋柊が使われます。

クリスマス

キリストの降誕祭《こうたんさい》。クリスマスツリーを飾ったり、プレゼントを交換したりして祝います。

名前例

- 衣舞　いぶ
- 栗栖　くりす
- 小夜子　さよこ
- 聖奈　せいな
- 聖來　せいら
- 乃絵琉　のえる
- 聖　ひじり

別名

師走《しわす》、春待月《はるまちづき》、暮古月《くれこづき》、極月《ごくづき》、弟月《おとづき》

星座

射手座
(11/22～12/21)
山羊座
(12/22～1/19)

誕生石

ターコイズ（トルコ石）
ラピスラズリ（瑠《る》璃《り》）

名前例

- 晶花　あきか
- 聖美　きよみ
- 小春　こはる
- 鐘胡　しょうこ
- 師走　しわす
- 聖子　せいこ
- 聖夜　せいや
- 柊瑠　のえる
- 乃英瑠　のえる
- 乃絵留　のえる
- 春待　はるまち
- 穂極　ほのり
- 聖美　まさみ
- 柚季　ゆずき
- 瑠璃　るり
- 六花　ろっか

12月のくらし

- 柚子湯《ゆずゆ》
- 除夜《じょや》の鐘
- 餅《もち》つき
- 年越し
- 大掃除
- 鍋料理

六花《ろっか》

雪のことで、「りっか」と読むこともあります。結晶の六角形を花びらに見立てた名前です。雪はよく花にたとえられ、晴天の日に舞う雪のことを「風花《かざはな》」と呼びます。

72候

熊蟄穴	閉塞成冬	橘始黄
くまあなにこもる	そらさむくふゆとなる	たちばなはじめてきばむ

24節気

大雪《たいせつ》
(12/7ごろ)

12月の自然

山眠《やまねむ》る
朔風《さくふう》
北風《きたかぜ》
小雪《こゆき》
初雪《はつゆき》
樹氷《じゅひょう》

12/31大晦日《おおみそか》

大晦日は厄《やく》を落とし、心身を清める日です。「大つごもり」ともいいます。

名前例

明鐘	あかね
越子	えつこ
清楽	きよら
瑚末	こずえ
清珂	さやか
鐘子	しょうこ
末莉	まつり

麋角解
さわしかのつのおつる

乃東生
なつかれくさしょうず

鱖魚群
さけのうおむらがる

冬至《とうじ》
(12/22ごろ)

1月のイメージ

正月

特に元日から7日までの松の内までのことです。「正」という字には年のはじめの意味があるためです。新年とともにやってくる年神様《としがみさま》を迎えるため、門松《かどまつ》や鏡《かがみ》 餅《もち》などを用意します。

名前例

旦徠	あきら
初衣	うい
早新	さちか
松和	ときわ
七美	ななみ
正実	まさみ
元瑚	ゆきこ

1月のくらし

- 初詣《はつもうで》
- 新年会
- 初日の出
- おせち料理
- 年賀
- かるた
- 百人一首
- 鏡開き
- 人日《じんじつ》の節句(1/7)
- 成人式

別名

睦月《むつき》、初月《はつづき》、泰月《たいげつ》、新春《しんしゅん》、初春《はつはる》

星座

山羊座
(12/22〜1/19)
水瓶座
(1/20〜2/18)

誕生石

ガーネット（柘榴《ざくろ》石《いし》)

名前例

旭	あさひ
一子	いちこ
一菜	かずな
ざくろ	ざくろ
鈴菜	すずな
芹	せり
芹奈	せりな
なず菜	なずな
初笑	はつえ
初日	はつひ
初春	はる
風花	ふうか
睦月	むつき
睦	むつみ
睦美	むつみ
泰代	やすよ

72候

雪下出麦
ゆきわたりてむぎいずる

芹乃栄
せりすなわちさかう

水泉動
すいせんうごく

24節気

小寒《しょうかん》
(1/5ごろ)

1月の自然

初茜《はつあかね》　細雪《ささめゆき》
風花《かざはな》　初日影
氷柱《つらら》　霧氷《むひょう》

初詣《はつもうで》

新年にはじめて寺社にお参りすることです。氏神様《うじがみさま》の祭られている、またはその年の恵方《えほう》にある寺社に参り、一年の幸福を祈ります。

七草

芹《せり》、薺《なずな》、御形《ごぎょう》、繁縷《はこべら》、仏座《ほとけのざ》、菘《すずな》、蘿蔔《すずしろ》の７種の菜のことです。１月７日の人日の節句には、健康と長寿を願ってこれらを粥《かゆ》にした七草粥《ななくさがゆ》を食べます。

水沢腹堅
さわみずこおりつめる

款冬華
ふきのはなさく

雉始雊
きじはじめてなく

大寒《だいかん》
(1/20ごろ)

2月のイメージ

2/3ごろ　節分

季節の分け目という意味ですが、現在では立春の前日を指します。鬼を払う豆をまいたり、鰯《いわし》の頭と柊《ひいらぎ》の枝でつくる魔除《まよ》けを用意したりします。

名前例

阿豆沙	あずさ
恵帆	えほ
徠春	きはる
福來	さちこ
柊古	しゅうこ
節季	みずき
弥衣香	やいか

別名

如月《きさらぎ》、麗月《れいげつ》、梅見月《うめみづき》、仲春《ちゅうしゅん》、木芽月《このめづき》

星座

水瓶座
(1/20〜2/18)
魚座
(2/19〜3/20)

誕生石

アメジスト（紫水《むらさきすい》晶《しょう》）

稲荷社《いなりしゃ》

五穀豊穣《ごこくほうじょう》から諸願成就《しょがんじょうじゅ》まで、あらゆる願いに応じてくれる稲荷神《いなりのかみ》を祭った社のことです。狐《きつね》を神使《しんし》とするため、狛犬《こまいぬ》のかわりに狐が置かれています。

名前例

梅見	うめみ
二稀	かずき
希紗	きさ
季更	きさら
如月	きさらぎ
木芽	きのめ
四温	しおん
節子	せつこ
知世子	ちよこ
初音	はつね
二葉	ふたば
水綺	みずき
紫	ゆかり
如花	ゆきか
如彌	よしみ
麗香	れいか

2月のくらし

豆まき　恵方巻《えほうま》き
福豆　うるう年
バレンタインデー

72候

雞始乳
にわとりはじめてとやにつく

東風解凍
とうふうこおりをとく

黄鶯睍睆
うぐいすなく

24節気

立春《りっしゅん》
(2/4ごろ)

初午《はつうま》

２月の最初の午の日に行われる稲荷社の祭日のことです。伏見稲荷大社《ふしみいなりたいしゃ》の神様が伊奈利山《いなりやま》にはじめて降りてきたのが初午の日だったことに由来しています。

名前例

- 稲実　いなみ
- 祇禾　しいね
- 瀬伊奈　せいな
- 奈利子　なりこ
- 荷見　はすみ
- 社呂　やしろ
- 利伊奈　りいな

梅見《うめみ》

平安時代以前は「花」といえば梅のことでした。旧暦２月は別名「梅見月《うめみづき》」とも呼ばれるほど、代表的な行事です。早咲きの梅を探しに歩くことを「探梅《たんばい》」といいます。

初音《はつね》

鳥がはじめてその季節に鳴く声のことですが、春は、声の美しさから特に鶯《うぐいす》の声を指します。鶯は春告鳥《はるつげどり》とも呼ばれ、春の訪れを感じさせます。

２月の自然

霰《あられ》　寒明《かんあけ》
霜夜《しもよ》　三寒四温《さんかんしおん》
雪解け　春一番
ダイヤモンドダスト

霞始靆
かすみはじめてたなびく

土脈潤起
どみゃくうるおいおこる

魚上氷
うおこおりをいずる

雨水《うすい》
(2/19ごろ)

イメージ

自然

生命の源である雄大で美しい自然。そのエネルギーをいただくような気持ちで赤ちゃんにぴったりの名前を考えてみましょう。

山と川

たくましさや荘厳さを感じさせる大地、すべての生命を支えている清らかな水をヒントに考えて。

宝石・鉱物

宝石や鉱石など華やかに輝くイメージです。神秘性と未来への可能性を感じさせます。

漢字

銀 瑶 琳 琉 珊 玉
輝 瑳 琥 瑛 玲 圭
璃 瑠 瑚 貴 珀 玖
錫 翠 瑞 晶 珠 珂

名前例

- 晶水　あきみ
- 瑛璃　えり
- 貴宝　きほ
- 玉珂　きよか
- 琥珀　こはく
- 珊瑚　さんご
- 珠笑瑠　じゅえる
- 聖珂　せいか
- 大愛　だいあ
- 珠輝　たまき
- 陽翠　ひすい
- 真珠　まみ
- 真琳　まりん
- 美玖　みく
- 瑞貴　みずき
- 翠　みどり
- 美瑶　みよう
- 璃瑛　りえ
- 璃魅　りみ
- 瑠美衣　るびい
- 瑠璃　るり

山・森・大地

しっかりと根を張っている落ち着いた雰囲気があります。緑豊かでさわやかな印象も。

漢字

嶺 幹 嵩 森 彬 陸 崇 峰 枝 拓 里 大
麓 緑 漠 葉 萌 崚 野 郷 茂 歩 杜 地
巌 樹 稜 嵯 登 梢 埜 渓 耕 芽 岳 邑

名前例

- 碧葉　あおば
- 彬穂　あきほ
- 歩　あゆみ
- 杜栖　ありす
- 樹　いつき
- 花稜　かりょう
- 花麓　かろく
- 渓奈　けいな
- 梢　こずえ
- 嵯都巳　さとみ
- 茂実　しげみ
- 樹音　じゅね
- 森羅　しんら
- 崇直　すなお
- 嵩祢　たかね
- 岳埜　たけの
- 知郷　ちさと
- 棲枝　としえ
- 登詩枝　としえ
- 杜萌　とも
- 七峰　なみね
- 野々果　ののか
- 拓葉　ひろば
- 大実　ひろみ
- 眞大　まひろ
- 幹　みき
- 美郷　みさと
- 美地　みち
- 緑子　みどりこ
- 美森　みもり
- 陸奥子　むつこ
- 芽生　めい
- 紅葉　もみじ
- 百萌　もも
- 耶漠　やひろ
- 邑里　ゆうり
- 葉子　ようこ
- 巌乃　よしの
- 嶺菜　れいか

水

清らかでみずみずしく、潤《うるお》いのある雰囲気です。清流のように澄んだ心をもった子に。

漢字

水 洸 浩 透 流 雫 清 満 湧 溢 源 瑞
滝 混 漱 滴 潔 潤 澄 澪 濡 瀬 瀧 露

名前例

杏濡	あんじゅ
澄河	すみか
水輝	みずき
溢美	いつみ
澄礼	すみれ
瑞樹	みずき
和水	かずみ
漱琉	そうる
水瀬	みなせ
清水	きよみ
透子	とうこ
水都	みなと
雫	しずく
浩	ひろ
澪風	みふう
潤子	じゅんこ
澪	みお
湧	ゆう
澄絵	すみえ
澪那	みおな
琉水	るみ

海・川・湖

海や川はいのちの生まれる場所です。深い包容力と、清らかで涼しいイメージに。

漢字

汀 江 汐 凪 帆 沙 沢 波 河 岬 泉
海 砂 珊 津 洋 浬 航 浜 浪 舷 渚
港 湖 湘 湊 瑚 漣 潮 澄 櫂 瀬 瀧

名前例

和泉子	いずみこ
湘菜	しょうな
真凛	まりん
羽汐	うしお
瀬里那	せりな
実佳沙	みかさ
映湖	えいこ
瀧歩	たきほ
汀環	みぎわ
英海	えいみ
智波	ちなみ
海砂	みさ
恵漣	えれん
波音	なお
岬	みさき
櫂楽	かいら
渚沙	なぎさ
岬綺	みさき
紀帆	きほ
凪音	なぎね
湊姫	みなき
心渚	ここな
波奈	なみな
海凪	みなぎ
砂槻	さつき
鳴海	なるみ
港都	みなと
沙帆	さほ
帆澄	ほずみ
美浜	みはま
潮奈	しおな
帆由	ほゆ
泉麗	みれい
汐浬	しおり
磨澄	ますみ
羅凪	らな

空・天体

いつも私たちを見守ってくれている空。
その壮大さにさまざまな思いをはせて名づけてみては。

光・太陽

希望や未来への期待を思い起こさせてくれる、明るく前向きなイメージです。

名前例

名前	読み
陽	あかり
明里	あかり
明妃	あき
晃緒	あきお
旺	あきら
明見	あけみ
旭妃	あさひ
映以子	えいこ
燦仁	さに
燦	さん
千皓	ちひろ
皓日	てるひ
皓美	てるみ
耀民	てるみ
遥輝	はるき
晴日	はるひ
陽美	はるみ
光里	ひかり
晃	ひかる
日向	ひな
日奈子	ひなこ
陽奈子	ひなこ
日向	ひなた
向日織	ひまり
陽麻利	ひまり
陽萌	ひめ
日和	ひより
麻朝	まあさ
晟世	まさよ
未暉	みき
光恵	みつえ
光希	みつき
耀子	ようこ
瑠光	るみ

漢字

日 旦 旭 光 灯 旺 昊 昌
明 映 昭 晃 晄 閃 晟 晨
暁 景 晴 朝 陽 皓 照 暉
煌 輝 熙 燦 曙 曜 燿 耀

月の満ち欠け

月の満ち欠けの形には和名があります。生まれた日の月をヒントに、情緒あふれる名前をつけてみてはいかがでしょうか。

新月　しんげつ
朔　さく
三日月　みかづき
若月　わかづき
上弦の月　じょうげんのつき
弓張り月　ゆみはりづき
十三夜　じゅうさんや
小望月　こもちづき
待宵　まつよい
満月　まんげつ
望月　もちづき

十六夜　いざよい
立待月　たちまちづき
居待月　いまちづき
下弦の月　かげんのつき
下の弓張　したのゆみはり
二十六夜　にじゅうろくや

名前例

名前	読み
衣座夜	いざよ
小望	こもち
朔夜	さくや
望美	のぞみ
待月	まつき
満月	みつき
弓月	ゆづき
結弦	ゆづる
若奈	わかな

空・宇宙

どこまでも果てなく続く空は雄大で自由。未知なる宇宙は未来への夢を感じさせます。

名前例

名前	読み
空澄	あすみ
晏樹	あんじゅ
銀河	ぎんが
湖斗空	ことあ
朔楽	さくら
詩空	しずく
昴流	すばる
青霞	せいか
星羅	せいら
星蘭	せいらん
宙	そら
天音	そらね
千晶	ちあき
翼咲	つばさ
虹羽	ななは
虹香	にじか
望美	のぞみ
美羽空	みうあ
美空	みく
八雲	やくも
夕月	ゆづき
癒月	ゆづき
雷華	らいか
琉宇	るう

漢字

夕 月 天 斗 広 宇 穹 河 空 昇
青 宙 昊 恒 星 虹 昴 晏 朔 晦
彗 望 雲 晶 蒼 雷 銀 箕 霞 翼

生き物

地球上には、数えきれないほどの生き物がいます。
その個性的な姿をヒントにしてみては。

動物

伝説の動物は尊《とうと》さや勇ましさを、身近な動物は親しみやすさや愛嬌《あいきょう》を感じさせます。

漢字

鷹 鵬 鴻 龍 鳳 琥 凰 彪 寅 竜 兎 羊
麟 鶴 麒 駿 燕 獅 犀 羚 鳥 鹿 馬 辰

名前例

亜麒	あき
飛鳥	あすか
燕	えん
鹿澄	かすみ
鹿乃子	かのこ
麒麟	きりん
琥珀	こはく
瑳耶鹿	さやか
獅万	しま
大河	たいが
太凰	たお
鷹子	たかこ
辰乃	たつの
龍乃	たつの
子凰	ねお
ひばり	ひばり
日世	ひよ
馬奈美	まなみ
美鶴	みつる
美兎	みと
羊	よう
羅美	らび
里栖	りす
麟	りん
麟子	りんこ
羚	れい
羚華	れいか
怜央	れお

水辺の生き物

海や川、水辺にすむ生き物には、陸上の生き物とはまた違った個性や魅力があります。

漢字

貝 泳 海 蛍 亀 睦 漁
鮎 礁 蟹 鯛 藻 鷗 鱒

名前例

あさり	あさり
鮎子	あゆこ
鮎美	あゆみ
入華	いるか
衣和奈	いわな
泳美	えいみ
鷗奈	おうな
久里音	くりね
吾麻	ごま
佐代里	さより
珊瑚	さんご
礁子	しょうこ
辰子	たつこ
蛍	ほたる
蛍月	ほづき
真珠	まじゅ
真理萌	まりも
睦美	むつみ
藻奈美	もなみ
漁果	りょうか

天気・気象

晴れた日、雪の日、台風の日など、子どもの生まれたときの情景を切りとって名づけてみては。

天気

青空は明るくさわやかな、大地を潤《うるお》す雨は慈愛に満ちたイメージ。雪の白さは純真さを思わせます。

漢字

霞 雷 暉 晴 雫 晄 雨 白
霧 輝 照 陽 雲 雪 虹 空

晴れ

名前例

明李	あかり
陽絵	あきえ
晃葉	あきは
朝日	あさひ
希暉	きき
虹都	こと
燦	さん
照美	しょうみ
晴奈	せいな
照世	てるよ
虹羽	ななは
虹美	ななみ
陽	はる
晴妃	はるき
晴空	はるく
晄莉	ひかり
陽菜	ひな
日向子	ひなこ
美晴	みはる
陽花	ようか
璃空	りく

雪

名前例

白清	あきよ
銀世	かねよ
銀乃	かの
雪羅	きよら
小雪	こゆき
咲雪	さゆき
眞白	ましろ
舞雪	まゆき
深雪	みゆき
由希	ゆき
雪菜	ゆきな
雪里	ゆり

風

吹きぬける風はさわやかで心地よいイメージですが、ときに荒々しい印象もあります。

漢字

翼 颯 翔 涼 風 迅
瞬 撫 楓 渡 疾 凪
翻 舞 鈴 揺 隼 吹
鷗 薫 鳶 嵐 爽 飛

名前例

伊吹	いぶき
琥風	こかぜ
胡凪	こなぎ
颯姫	さつき
奏風	そうか
爽実	そうみ
そよ花	そよか
隼来	としき
迅美	としみ
凪佐	なぎさ
楓	ふう
風花	ふうか
風美奈	ふみな
舞香	まいか

雨・曇り

名前例

雨音	あまね
雨美花	あみか
雨凜	あめり
雨衣	うい
潤雨	うるう
絵霧	えむ
霧子	きりこ
雫花	しずか
静空	しずく
紫雨	しゅう
虹香	にじか
美雨	みう
八雲	やくも
夕立子	ゆりこ

イメージ

生まれたとき

誕生の瞬間や方角を名前に刻むのもおすすめです。十二支を使って日本古来の方角や時間を表すと古風で凜《りん》とした印象になります。

干支《えと》

生まれ年の干支からヒントをもらい、記念すべき年を印象づけてみてもいいのでは。

漢字

寅 竜 虎 辰 羊 未 卯 午 子
龍 猪 馬 酉 兎 亥 申 丑 巳

名前例

名前	読み
絢子	あやね
亥里	いさと
亥純	いずみ
卯美	うみ
瑛虎	えこ
幸未	こうみ
虎々南	ここな
小酉	ことり
虎南	こなん
志申	しのぶ
千丑	ちひろ
龍姫	たつき
辰乃	たつの
子寧	ねね
申恵	のぶえ
丑美	ひろみ
裕巳	ひろみ
馬禰	まね
午実	まみ
巳希	みき
美兎	みと
巳波	みなみ
酉	みのり
優卯	ゆう
羊子	ようこ
莉兎	りと

方角

方角は陰陽道《いんようどう》などとも関わりが深いため、神秘的な印象もある名前になります。

名前例

名前	読み
西実	あきみ
乾	いぬい
朔実	さくみ
西佳	せいか
辰巳	たつみ
北美子	たみこ
北東	たもと
知西	ちせ
東子	とうこ
南都子	なつこ
南々	なな
東	はじめ
東珂	はるか
真央	まお
真南	まな
美南西	みなせ
南	みなみ
朔花	もとか

時刻

朝焼けや夕焼け、真夜中の静けさなど、共通の情景が浮かびやすく、親しみやすい印象があります。

名前例

名前	読み
昼子	あきこ
曙	あけみ
暁実	あけみ
旭	あさひ
朝里	あさり
五夏	いつか
一菜	かずな
宵子	しょうこ
二穂	つぎほ
波十花	はとか
日暮	ひぐれ
満朝	まあさ
真午	まひる
真夜々	まやや
三咲	みさき
六槻	むつき
八恵	やえ
弥宵	やよい
夕	ゆう
夕貴	ゆうき
佑七	ゆうな
夕映	ゆえ

イメージ

好きな色

赤は情熱、青は知性など、色と人の印象は強く結びついています。お気に入りの色や、理想のイメージをヒントにしてみては。

青

クールで理知的なイメージです。海や空など、雄大な自然と関連の深い色でもあります。

漢字

藍 璃 瑠 碧 蒼 紺 青 空 水

名前例

藍音　あいね
蒼泉　あおい
蒼葉　あおば
稀藍　きら
青子　せいこ
青良　せいら
碧輝　たまき
青夏　はるか
蒼香　ひろか
藍　らん

赤

情熱的でエネルギッシュ。燃えるような力強さや大胆さを感じる名前になります。

漢字

緋 梅 紅 赤 丹
椛 桃 茜 朱

名前例

茜音　あかね
茜里　あかり
朱美　あけみ
紅美　くみ
紅愛　くれあ
紗朱　さあや
智椛　ちか
緋万里　ひまり
深紅　みく
椛　もみじ

紫

古くから高貴で優雅な色とされてきました。神秘的で、謎めいた印象もあります。

漢字

藤 紫 萩 萄 菖 菫 梗 桔

名前例

紫織　しおり
紫苑　しおん
菖湖　しょうこ
蘇芳　すおう
菫恋　すみれ
萄美　とうみ
萩乃　はぎの
藤香　ふじか
美藤　みつ
紫　ゆかり

色彩

カラフルで鮮やかな色彩を思わせる、情緒豊かな印象に。楽しげな雰囲気もあります。

漢字

鮮 絵 虹 采 色
燦 絢 彩 映 画

名前例

彩琉　あやる
彩織　いおり
色音　いろね
彩巴　いろは
虹色　こいろ
彩友　さゆ
虹羽　ななは
美色　みしき

黄・橙《だいだい》

楽しく、元気いっぱいなイメージです。太陽や秋の実りなど、生命力あふれる印象があります。

漢字

曙 橙 萱 琥 菜 黄 柿 珀 柑

名前例

- 愛黄 あいこ
- 柿音 かきね
- 萱湖 かやこ
- 柑菜 かんな
- 黄菜子 きなこ
- 琥珀 こはく
- 千曙 ちあき
- 橙琥 とうこ
- 山吹 やまぶき

白・黒

白や黒は意志が強く、ゆるぎないイメージ。キリリとした印象になります。

漢字

檀 潔 皓 透 白
黎 墨 黒 玖

名前例

- 白璃 あきり
- 白羅 きよら
- 玖々莉 くくり
- 墨瑛 すみえ
- 眞白 ましろ
- 檀未 まゆみ
- 透花 ゆきか
- 黎那 れいな

金・銀

金や銀は光輝くゴージャスさを感じさせます。おめでたい、特別感のある色です。

漢字

鏡 錦 銀 晄 金

名前例

- 金多 かなた
- 鏡香 きょうか
- 銀河 ぎんが
- 沙銀里 さぎり
- 錦 にしき
- 晄 ひかり

日本の伝統色

渋くて繊細《せんさい》な、日本の伝統色の名前からインスピレーションを得てみてはいかがでしょうか。

- 真緋 あけ
- 伽羅色 きゃらいろ
- 支子 くちなし
- 紅梅 こうばい
- 紫苑色 しおんいろ
- 千草色 ちぐさいろ
- 枇杷茶 びわちゃ
- 萌黄 もえぎ
- 桃染 ももぞめ
- 瑠璃色 るりいろ

名前例

- 真緋美 あけみ
- 伽羅 きゃら
- 紅梅 こうめ
- 紫苑 しおん
- 千草 ちぐさ
- 萌黄 もえぎ
- 瑠璃 るり

緑

穏《おだ》やかな癒《いや》しの雰囲気です。木々のやすらぎや若々しさを感じさせてくれます。

漢字

緑 翠 葉 皐 柳 草 芽 苗 竹

名前例

- 皐葉 たかよ
- 奈苗 ななえ
- 妃翠 ひすい
- 翠 みどり
- 緑 みどり
- 緑梨 みどり
- 美緑 みのり
- 芽生 めばえ

イメージ

文化や文学

古今東西さまざまな文化や文学には、名づけのヒントも満載。
お気に入りの作品や登場人物などに、わが子の未来を重ね合わせてみて。

俳句・漢詩・論語

教養の証《あかし》である漢詩文や、恋心を伝える和歌。先人たちの思いがこめられたことばをヒントに。

俳句

肌で感じた季節を、開放的かつユーモラスに表現する俳句から。遊び心のある子になるように。

名前例

梅香	うめか	梅が香にのつと日の出る山路かな　芭蕉
木立	こだち	木啄も庵はやぶらず夏木立　芭蕉
涼風	すずか	涼風の曲がりくねつて来たりけり　一茶
天河	てんか	荒海や佐渡によこたふ天の河　芭蕉
夏河	なつか	夏河を越すうれしさよ手に草履　蕪村
名月	なづき	名月をとつてくれろとなく子かな　一茶
菜の花	なのか	菜の花や月は東に日は西に　蕪村
ねむ	ねむ	象潟や雨に西施がねぶの花　芭蕉
八重	やえ	かさねとは八重撫子の名なるべし　曽良

＊曽良…芭蕉の弟子

漢詩

平安時代、漢詩は教養の象徴でした。知性や含蓄《がんちく》に富んだ賢い子になることを願って。

名前例

貴姫	きき	白居易「長恨歌」中の楊貴妃の名から
湘美	しょうみ	李白の「洞庭湖に遊ぶ」の一節から
静夜	せいや	李白「静夜思」から
千里	ちさと	杜牧の「江南の春」の一節から
陶子	とうこ	陶淵明から一字
春望	はるみ	杜甫「春望」から
然花	もえか	杜甫「絶句」から
雪江	ゆきえ	柳宗元「江雪」から
李子	りこ	李白から一字
李杜	りと	李白と杜甫から一字ずつ

論語

孔子《こうし》の教えを手本にし、親や師を敬い、人を思いやる気持ちが強い子に育つように。

名前例

天命	あめい	天命＝天から与えられた使命
君子	きみこ	君子＝立派な人
子夏	しか	孔子の弟子の名から
知温	ちはる	「温故知新」から
朋	とも	朋＝友人
矩子	のりこ	矩＝道理
陽花	ようか	篇名「陽貨第十七」から
庸子	ようこ	孔子の教え「中庸」から

礼	あや
仁愛	きみな
知佳	ともか
信世	のぶよ
徳郁	のりか
仁美	めぐみ
義美	よしみ
礼那	れな

百人一首

800年もの間、日本人に親しまれてきた百人一首。多彩な表現にインスピレーションを得て。

久方の光のどけき春の日に
しづ心なく花の散るらむ

名前例
しづ心 しづこ　春日 はるひ

いにしへの奈良の都の八重桜
けふ九重ににほひぬるかな

名前例
都桜 とお　奈桜 なお

小倉山峰のもみぢ葉心あらば
今ひとたびのみゆき待たなむ

名前例
美幸 みゆき　椛 もみじ

春過ぎて夏来にけらし白妙の
衣ほすてふ天の香具山

名前例
香具耶 かぐや　妙衣 たえ

君がため春の野に出でて若菜つむ
わが衣手に雪は降りつつ

名前例
菜摘 なつみ　若菜 わかな

ちはやぶる神代も聞かず竜田川
からくれなゐに水くくるとは

名前例
神代 かみよ　千早 ちはや

古典文学

洗練されたことばが織りなすさまざまな文学作品から、美しいことばを紡《つむ》ぐ女性になることを願って。

平安文学

絢爛豪華《けんらんごうか》な王朝文化のもとで花開いた文学をヒントに、艶《つや》やかで優雅な女性になるように。

名前例

名前	読み	由来
曙	あけみ	「枕草子」から
和泉	いずみ	「和泉式部日記」から
井筒	いづつ	「伊勢物語」から
香久弥	かぐや	「竹取物語」から
橘花	きうか	「伊勢物語」から
彰子	しょうこ	紫式部の仕えた中宮彰子の名から
月都	つきと	「竹取物語」から
定子	ていこ	清少納言の仕えた中宮定子の名から
羽衣	はごろも	「竹取物語」から

源氏物語

世界中で愛される最高峰の文学作品のように広く深く愛される子に。また、雅《みやび》な女性になるように願って。

名前例

名前	読み	由来
桐子	きりこ	光源氏の母桐壺の名から
玉葛	たまかずら	美女玉鬘(たまかずら)の名から
藤乃	ふじの	光源氏憧れの人藤壺の名から
葵	あおい	
明石	あかし	
光香	あきか	
梅枝	うめえ	
乙女	おとめ	
薫	かおる	
柏木	かしわぎ	
雲居	くもい	
紅梅	こうめ	
胡蝶	こちょう	
咲葵	さき	
椎名	しいな	
蓬生	しげみ	
紫芳	しほ	
常夏	つねか	
初音	はつね	
花里	はなさと	
蛍	ほたる	
真木	まき	
澪	みお	
美藤	みつ	
行幸	みゆき	
紫	むらさき	
若菜	わかな	

中世文学

「平家物語《へいけものがたり》」や「御伽草子《おとぎぞうし》」を参考に。たくましく生き、夢を与える人に。

名前例

名前	読み	由来
扇	おうぎ	平家物語「扇の的」から
かづき	かづき	御伽草子「鉢かづき姫」から
沙羅	さら	平家物語冒頭の一節から
静	しずか	源義経の妻の名
時子	ときこ	平清盛の妻の名
常盤	ときわ	源義経の母の名
徳子	とくこ	平清盛の娘の名
巴	ともえ	木曽義仲の妻の名
万寿姫	まじゅき	御伽草子「唐糸草子」の登場人物

近世文学

義理・人情に厚い人々の世話物《せわもの》や滑稽《こっけい》話が好まれていました。ユーモアがあり、情の深い人に。

名前例

名前	読み	由来
縁	えにし	春雨物語「二世の縁」から
絵蕪	えむ	与謝蕪村から一字
里見	さとみ	「南総里見八犬伝」から
茶埜	さや	小林一茶から一字
信乃	しの	「南総里見八犬伝」の登場人物から
蕉子	しょうこ	松尾芭蕉から一字
杉風	すぎか	芭蕉の弟子杉風(さんぷう)から
春水	はるみ	為永春水(ためながしゅんすい)から
ひさご	ひさご	松尾芭蕉らの俳諧集「ひさご」から
馬琴	まこと	滝沢馬琴から

神話・宗教

人類誕生の歴史とともに世界で語り継がれている神話。神秘的な魅力をもつ子になるように思いをこめて。

世界の神話

世界中の神話の女神から。広い世界を愛する美しい女性になるよう思いをこめて。

名前例

阿帝那 あてな 〔ギリシャ神話の知恵の女神から〕
愛芙露 あふろ 〔ギリシャ神話の美の女神アフロディテから〕
有瑠 ある 〔ギリシャ神話の月の女神アルテミスから〕
緯史珠 いしす 〔エジプトの救済の女神から〕
恵瑠夢 えるむ 〔アイヌ神話の女神から〕
凱亜 がいあ 〔ギリシャ神話の大地の神から〕
花蓮 かれん 〔北欧神話「カレワラ」から〕
瑳伽 さが 〔物語を表す北欧語「サーガ」から〕
朱里 しゅり 〔インドの幸運や美の女神シュリーから〕
瀬都奈 せとな 〔エスキモーの海の女神セドナから〕
星玲禰 せれね 〔ギリシャ神話の月の女神から〕
爾稀 にけ 〔ギリシャ神話の勝利の女神から〕
縫杜 ぬと 〔エジプトの天空の女神から〕
布礼 ふれい 〔ゲルマンの豊饒の女神フレイヤから〕
摩耶 まや 〔マヤ文明から〕
伶亜 れいあ 〔ギリシャ神話の女神から〕

日本の神話

日本古来の神々の名前や地名から。自然を愛し、和の心を尊《とうと》ぶ子に育つように願って。

名前例

葦那 あしな 〔葦原の中つ国（＝日本）から〕
阿礼 あれい 〔古事記の語り部稗田阿礼から〕
誘実 いざなみ 〔国生みの女神伊邪那美から〕
櫛名 くしな 〔須佐之男命の妻櫛名田比売から〕
佐久夜 さくや 〔富士山の神木花之佐久夜比売から〕
勢里 せり 〔須佐之男命の娘須勢里比売から〕
高天 たかま 〔天上の国高天原から〕
照女 てるめ 〔天照大御神から〕
八尋 やひろ 〔伊邪那岐と伊邪那美が結婚した御殿から〕

宗教

信仰に関することばから。人や自然を慈《いつく》しみ、皆から愛される人間になるように願いをこめて。

名前例

阿弥 あみ 〔阿弥陀如来から〕
晏樹 あんじゅ 〔天使を表すフランス語から〕
伊月 いつき 〔神に仕える人斎(いつき)から〕
伊舞 いぶ 〔旧約聖書創世記のイブから〕
瑛葉 えば 〔ラテン語でイブのこと〕
迦音 かのん 〔観音菩薩から〕
榊 さかき 〔神にささげる木のこと〕
祥子 しょうこ 〔吉祥天女から〕
埜亜 のあ 〔旧約聖書ノアの方舟の物語から〕
摩利 まり 〔摩利支天から〕
満里亜 まりあ 〔イエスの母マリアから〕
真瑠子 まるこ 〔福音書の著者マルコから〕
ミカ みか 〔大天使ミカエルから〕
みろく みろく 〔弥勒菩薩から〕
文殊 もんじゅ 〔文殊菩薩から〕
留加 るか 〔福音書の著者ルカから〕

近・現代文学

お気に入りの作家や大好きな作品のように、人々を魅了する人になることを願って名づけてみては。

有川浩《ありかわひろ》

名前例

- 麻子 あさこ
- 郁 いく
- さやか さやか
- 佐和 さわ
- 多紀 たき
- リカ りか

川端康成《かわばたやすなり》

名前例

- 薫 かおる
- 菊子 きくこ
- 駒子 こまこ
- 千恵子 ちえこ
- 苗子 なえこ
- 葉子 ようこ

夏目漱石《なつめそうせき》

名前例

- 鏡子 きょうこ
- 清子 きよこ
- こころ こころ
- 漱加 そうか
- 三千代 みちよ
- 美禰子 みねこ

伊坂幸太郎《いさかこうたろう》

名前例

- 泉水 いずみ
- 詩織 しおり
- 晴子 はるこ
- 比与子 ひよこ
- 満智子 まちこ
- 優子 ゆうこ

森鷗外《もりおうがい》

名前例

- 安寿 あんじゅ
- 恵利寿 えりす
- 鷗 かもめ
- 高瀬 たかせ
- 舞姫 まいき
- 茉莉 まり

山田詠美《やまだえいみ》

名前例

- 胡子 ここ
- 乃里子 のりこ
- 風佳 ふうか
- 真澄 ますみ
- 桃子 ももこ
- 友里 ゆり

三浦しをん《みうらしをん》

名前例

- 香具矢 かぐや
- 直紀 なおき
- 葉菜子 はなこ
- 真秀 まほろ
- みどり みどり
- 麗美 れみ

村上春樹《むらかみはるき》

名前例

- クレタ くれた
- すみれ すみれ
- 直子 なおこ
- ナツメグ なつめぐ
- 春樹 はるき
- 緑 みどり

宮沢賢治《みやざわけんじ》

名前例

- 銀河 ぎんが
- 賢美 さとみ
- 世露 せろ
- 杜志 とし
- ネリ ねり
- 風禾 ふうか

江國香織《えくにかおり》

名前例

- 麻子 あさこ
- 育子 いくこ
- 笑子 えみこ
- 紺 こん
- 詩史 しふみ
- 治子 はるこ

吉本ばなな《よしもとばなな》

名前例

- つぐみ つぐみ
- 寺子 てらこ
- 人魚 にんぎょ
- 陽菜 ひな
- みかげ みかげ
- 弥生 やよい

井上靖《いのうえやすし》

名前例

- あき子 あきこ
- 明日菜 あすな
- 郁子 いくこ
- 美那子 みなこ
- 靖恵 やすえ
- 蘭子 らんこ

児童文学

幼いころ、夢中になって読みふけった物語の主人公のようになるように思いをはせて。

名前例

有梨須	ありす	〔キャロル「不思議の国のアリス」〕
亜芦愛	あろあ	〔ウィーダ「フランダースの犬」〕
杏	あん	〔モンゴメリ「赤毛のアン」〕
瑛美	えいみ	〔オルコット「若草物語」のエイミーから〕
絵瑠麻	えるま	〔ガネット「エルマーのぼうけん」〕
緒瑞	おず	〔ボーム「オズの魔法使い」〕
可憐琉	かれる	〔作家カレル・チャペックの名から〕
玖楽々	くらら	〔スピリ「アルプスの少女ハイジ」〕
星楽	せいら	〔バーネット「小公女」〕
つう	つう	〔木下順二「夕鶴」〕
点子	てんこ	〔ケストナー「点子ちゃんとアントン」〕
未伊	みい	〔ヤンソン〈ムーミン〉のミーから〕
満ちる	みちる	〔メーテルリンク「青い鳥」〕
美夢楽	みむら	〔ヤンソン〈ムーミン〉のミーの姉の名から〕
芽理衣	めりい	〔トラヴァース「メリー・ポピンズ」〕
モモ	もも	〔エンデ「モモ」〕

作家の名前も手がかりに

知的で想像力豊かな人になることを願い、作家の名前から名づけてみては。

名前例

与謝野晶子《よさのあきこ》	**晶子**	あきこ
原阿佐緒《はらあさお》	**阿佐緒**	あさお
須賀敦子《すがあつこ》	**敦子**	あつこ
幸田《こうだ》文《あや》	**文**	あや
山田詠美《やまだえいみ》	**詠美**	えいみ
森《もり》絵都《えと》	**絵都**	えと
湯本香樹実《ゆもとかずみ》	**香樹実**	かずみ
岡本《おかもと》かの子《こ》	**かの子**	かのこ
梨木香歩《なしきかほ》	**香歩**	かほ
向田邦子《むこうだくにこ》	**邦子**	くにこ
氷室冴子《ひむろさえこ》	**冴子**	さえこ
長谷川時雨《はせがわしぐれ》	**時雨**	しぐれ
桐野夏生《きりのなつお》	**夏生**	なつお
山本文緒《やまもとふみお》	**文緒**	ふみお
金子《かねこ》みすゞ	**みすゞ**	みすず
窪美澄《くぼみすみ》	**美澄**	みすみ
辻村深月《つじむらみづき》	**深月**	みづき
折原《おりはら》みと	**みと**	みと
尾崎《おざき》翠《みどり》	**翠**	みどり
宮部《みやべ》みゆき	**みゆき**	みゆき

映画

お気に入りの映画の中でドラマチックに生きる、憧《あこが》れの登場人物の名前をヒントにしてみては。

スタジオジブリ作品

名前例

有絵 ありえ
亜恋 あれん
杏菜 あんな
海 うみ
絵星 えぼし
香具夜 かぐや
加弥 かや
樹希 きき
皐月 さつき
燦 さん
詩衣多 しいた
慈衣奈 じいな

雫 しずく
汐 しほ
紗奈 しゃな
園 その
千尋 ちひろ
梨香 なしか
菜穂子 なほこ
帆美里 ほみり
真仁 まに
美斗 みと
芽生 めい
凜 りん

ハリー・ポッターシリーズ

名前例

慈仁衣 じにい
蝶宇 ちょう
羽土真 ぱどま
浜依 はまい
莉理 りり
瑠宇奈 るうな

アメリ

名前例

亜芽里 あめり
慈衣奈 じいな
仁乃 にの
茉土礼 まどれ
夢蘭 むらん
麗文 れいもん

STAR WARS

名前例

亜美來 あみら
有瑠 ある
詩美 しみ
澄快 すかい
徠采 らいと
伶亜 れいあ

細田守の作品

名前例

楓 かえで
和子 かずこ
時駆 ときか
夏希 なつき
真琴 まこと
雪 ゆき

ディズニー作品

名前例

亜菜 あな
雨璃亜 あめりあ
有栖 ありす
衣世 いよ
絵瑠紗 えるさ
くらら くらら
来絵 くるえ
久連緒 くれお
咲里 さり
詩絵里 しえり
ていあ てぃあ
菜良 なら

芙蘭 ふらん
ヘレン へれん
真莉衣 まりい
茉莉花 まりか
稀 まれ
未衣子 みいこ
未希 みき
美仁 みに
芽理衣 めりい
雪姫 ゆき
璃路 りろ
瑠宇 るう

マンガ・アニメ・ゲーム

子どものころ憧れていたマンガやアニメ、ゲームの登場人物のように夢を与え続ける人になるようにと願って。

美少女戦士セーラームーン

名前例

- 亜美　あみ
- うさぎ　うさぎ
- 世都奈　せつな
- 真琴　まこと
- 美千留　みちる
- 美奈子　みなこ

ONE PIECE

名前例

- 玖衣菜　くいな
- 紅春　くれは
- 白帆　しらほ
- たしぎ　たしぎ
- 菜海　なみ
- 仁瑚　にこ

新世紀エヴァンゲリオン

名前例

- アスカ　あすか
- 舞矢　まいや
- 美里　みさと
- 唯　ゆい
- レイ　れい
- 玲子　れいこ

花より男子

名前例

- 桜子　さくらこ
- 土筆　つくし
- 椿　つばき
- 麻紀　まき
- 優紀　ゆうき
- 類　るい

名探偵コナン

名前例

- 藍　あい
- 歩美　あゆみ
- 澄子　すみこ
- 園子　そのこ
- 美和子　みわこ
- 蘭　らん

君に届け

名前例

- あやね　あやね
- 梅　うめ
- 胡桃　くるみ
- 爽子　さわこ
- 詩乃　しの
- 千鶴　ちづる

大乱闘スマッシュブラザーズ

名前例

- 知子　ちこ
- 茉莉　まり
- 桃姫　ももき
- 芳香　よしか
- 瑠依　るい
- 琉希奈　るきな

藤子不二雄の作品

名前例

- 静香　しずか
- 菫　すみれ
- 燕　つばめ
- 眞魅　まみ
- 美代　みよ
- 美子　よしこ

矢沢あいの作品

名前例

- 幸子　さちこ
- 奈々　なな
- 実果子　みかこ
- 翠　みどり
- 紫　ゆかり
- 麗良　れいら

ファイナルファンタジーシリーズ

名前例

- 衣里奈　いりな
- 絵有　えあり
- 瀬里栖　せりす
- ティナ　ていな
- 侑奈　ゆうな
- 由芙　ゆふ

種村有菜の作品

名前例

- 桜　さくら
- 千暁　ちさと
- ふぃん　ふぃん
- まろん　まろん
- 満月　みつき
- 都　みやこ

イメージ

趣味

あなたの好きなことや夫婦の共通の趣味をヒントに名前をつける手もあります。才能を発揮してほしい分野などもヒントにして。

アウトドア

ハイキングや釣り、園芸など、自然とふれ合う趣味から。活動的で自然を愛する人に育つよう願って。

漢字

嶺 園 登 野 渚 峻 峰 泉 歩 苑 帆 麓 莳 道 埜 菜 渓 峯 華 海 河 花

名前例

愛菜 あいな
天峰 あまね
歩美 あゆみ
歩夢 あゆむ
泉見 いずみ
河澄 かすみ
華愛 かな
渓夏 けいか
瑚莳 こまき
湘海 しょうみ
翔海 しょうみ
園香 そのか
苑実 そのみ
槻野 つきの
登子 とうこ
登詩 とし
渚 なぎさ
菜埜 なの
望海 のぞみ
埜莉子 のりこ
花華 はなか
歩結 ふゆ
帆奈海 ほなみ
莳乃 まきの
美苑 みその
道 みち
美峻 みちか
美渚 みな
峰祢 みねね
未麓 みろく
埜恵 やえ
流泉 るみ
嶺花 れいか

球技

スポーツが好きなはつらつとした子に。仲間と切磋琢磨《せっさたくま》できる子になるように思いをこめて。

漢字

蹴 撞 弾 球 珠 卓 投 羽 玉 籠 鞠 塁 毬 庭 送 技 走 打

名前例

玖呂須 くろす
小羽 こはね
小鞠 こまり
蹴佳 しゅうか
打一 だいち
塁菜 たかな
卓美 たくみ
玉禾 たまか
球喜 たまき
珠美 たまみ
庭架 ていか
投子 とうこ
翔羽 とわ
乃玖 のく
羽香 はねか
葉玲 ばれい
真籠 まかご
麻蹴 ましゅう
毬奈 まりな
三塁 みつる
來采 らいと
塁 るい

ダンス

リズムに乗って全身で表現をするダンスのように、表現力豊かな子になるように。

漢字

立 音 弾 跳 踊 踏 舞

名前例

維舞	いぶ	踏美	ふみ
黒栖	くろす	芙來	ふら
栖賓	すぴん	歩芙	ほっぷ
創瑠	そうる	舞美	まいみ
旦瑚	たんご	舞音	まおん
弾須	だんす	舞遊	まゆう
知亜	ちあ	美踊	みよ
月歩	つきほ	踊子	ようこ
波宇須	はうす	莉澄	りずむ

陸上競技

走る、跳ぶなど、体力の限界に挑戦する陸上競技から、チャレンジ精神旺盛《おうせい》な子どもになるように。

漢字

走 投 高 疾 速 陸 翔 跳 駆 槍 盤 瞬 競 躍

名前例

晏禾	あんか	走楽	そら
希跳	きはね	高翔	たか
競架	きょうか	跳花	ちょうか
駆美	くみ	翔環	とわ
瞬果	しゅんか	速奈	はやな
翔夏	しょうか	飛冴	ひさえ
翔子	しょうこ	飛奈	ひな
競梨	せり	真槍	まや
走菜	そうな	陸玖	りく

武道

心・技・体が鍛《きた》えられる武道を通し、丈夫な体と、研《と》ぎ澄まされた精神をそなえた子になるように。

漢字

刀 弓 手 矢 気 合 究 杖 空 武 柔 剣 拳 射 極 道 槍 薙 磨 鍛 護

名前例

合奈	あいな	磨究	ますみ
恵磨	えま	護莉	まもり
歌矢	かや	真矢	まや
気月	きづき	真弓	まゆみ
空宇	くう	道智	みち
心	こころ	美矢	みや
志気	しき	柔	やわら
薙	なぎ	由気	ゆき
磨秀	ましゅう	弓	ゆみ

インドア

映画や詩作、演劇など落ち着いた雰囲気の趣味にちなんで。文化的で情緒豊かな人になるように。

漢字

文 芸 吟 和 映 栞 陶 釉
詠 硯 詞 詩 綴 踊 舞 繍

名前例

- 繍華　あやか
- 詩子　うたこ
- 芸咲　きさ
- 吟瑚　ぎんこ
- 詩空　しずく
- 硯音　すずね
- 綴那　せつな
- 千詠　ちえ
- 智文　ちふみ
- 花映　はなえ
- 舞弥　まいや
- 珠詩　みうた
- 踊伽　ようか
- 陶栄　よしえ
- 釉輝　ゆうき
- 栞乙　りお
- 凛文　りふみ
- 和佳奈　わかな

音楽

音楽のイメージや楽器、音楽用語をヒントに。豊かな感性と表現力をもつ子になるように。

漢字

曲 伶 呂 吹 弦 拍 音 奏 律
玲 唄 絃 唱 笙 笛 琴 琶 琵
琳 楽 鼓 歌 調 謡 鍵 譜 響

名前例

- 愛音　あいね
- 絃祢　いとね
- 唄子　うたこ
- 恵琳　えりん
- 音葉　おとは
- 鍵乃　かぎの
- 奏江　かなえ
- 歌音　かのん
- 響歌　きょうか
- 琴嶺　ことね
- 瑳楽　さら
- 笙南　しょうな
- 唱美　しょうみ
- 調　しらべ
- 奏　そう
- 千弦　ちづる
- 音季　とき
- 巴亜譜　はあぷ
- 琶湖　はこ
- ぴあの　ぴあの
- 陽呂　ひろ
- 笛架　ふえか
- 舞鼓　まこ
- 曲智　まち
- 真響　まゆら
- 百音　ももね
- 優音　ゆのん
- 謡　よう
- 琳音　りおん
- 律　りつ
- 玲奈　れいな
- 伶乃　れの
- 伶美羽　れみは

絵画・彫刻

積み重ねた努力と豊かな想像力でつくられる絵画や彫刻。クリエイティブな才能をもつ子になるように。

漢字

巧 世 色 芸 作 画 刻 采 美 造
展 彩 彫 描 絵 創 筆 塑 磨 藝

名前例

- 彩羽 いろは
- 絵音 えのん
- 絵磨 えま
- 絵凛 えりん
- 藝絵 きえ
- 彩加 さいか
- 作楽 さくら
- 世絵 せかい
- 磨禰 まね 〔フランスの画家マネから〕
- 深水 みみ 〔美人画家伊東深水（しんすい）から〕
- 塑菜 そな
- 塑乃 その
- 巧美 たくみ
- 采里子 とりこ
- 展子 のぶこ
- 彫恵 ほりえ
- 美采 みさ
- 里作子 りさこ

着物

艶《つや》やかな色彩と技巧を凝《こ》らした文様や刺繍《ししゅう》のように、日本的な美しさや繊細さをもち合わせた女性に。

漢字

檀 裳 絹 麻 紋 唐 珠 宝 文
織 綾 緋 葵 菊 梅 扇 桜 衣
鶴 錦 綿 楓 紬 紡 袖 紗 花

名前例

- 桜楓 おうか 〔春の桜＋秋の楓の桜楓（おうふう）文様から〕
- 菊水 きくみ 〔菊の花＋流水の、長寿を表す菊水文様から〕
- 紗綾 さあや 〔卍を斜めに連ねた紗綾形（さやがた）文様から〕
- 早百合 さゆり 〔百合襲（赤＋朽葉色／夏）から〕
- 更紗 さらさ 〔エキゾチックな草花模様の木綿布のこと〕
- 椿菜 ちな 〔椿襲（蘇芳＋赤／冬）から〕
- 奈桜 なお 〔桜襲（白＋赤／春）から〕
- 七宝 ななほ 〔円を四方へ重ねる七宝（しっぽう）文様から〕
- 錦希 にしき 〔帯などに使う豪華な織物の錦織から〕
- 雪花 ゆきか 〔雪を花のように意匠化した雪花（せっか）文様から〕

ファッション

日々まとう服にこだわりをもつ人に。素朴でセンスのある雰囲気の名前になります。

漢字

繍 織 維 綿 結 麻 紗 衿 衣 布
纏 織 縫 綸 絹 絢 紬 紡 服 糸

名前例

- 亜衿 あえり
- 麻生 あさき
- 絢衣 あやい
- 衣織 いおり
- 衣彩 いさ
- 糸 いと
- 繍 いと
- 衣布 いぶ
- 織江 おりえ
- 生成 きなり
- 絹 きぬ
- 圭綸 けいと
- 紗玖來 さくら
- 更紗 さらさ
- 繍 しゅう
- 繊吏 せんり
- 紬 つむぎ
- 紡 つむぐ
- 布 ぬの
- 風吏瑠 ふりる
- 風礼愛 ふれあ
- 真麻 まあさ
- 纏衣 まとい
- 纏 まとう
- 茉綸 まりん
- 魅心 みしん
- 木綿 もめん
- 結維 ゆい
- 結糸 ゆいと
- 結 ゆう

イメージ

文字イメージから工夫する書き方

同じひびきでも、漢字ひとつでイメージが大きく変わります。
また、気に入った音に対してどうもしっくり来る漢字がないという場合は、
ひらがなやカタカナにしてみるという方法もあります。
文字のもつイメージにこだわって名前を考えてみましょう。

漢字づかいが新鮮な名前

人気の読みでも、ほかの人と違いを出したい、個性をもたせたいというときは、漢字づかいを工夫してみましょう。「音のひびき・読みから引ける漢字一覧」（P434～480）からつけたい音に当てはまる漢字を調べてみても。

名前例

逢 あい
秋 あき
麗 あきら
亜瑚 あこ
編 あみ
明奈 あんな
和 いずみ
羽未 うみ
咲莉 えみり
衿 えり
花織 かおり
叶芽 かなめ
果朋 かほ
雪美 きよみ
果 このみ
好実 このみ
心暖 こはる

青里 さおり
早 さき
紗月 さつき
眞 さな
紫都 しず
詩空 しずく
静湖 せいこ
桃子 とうこ
音羽 とわ
七重 ななえ
菜乃子 なのこ
波奈 はな
花重 はなえ
春水 はるな
風奏 ふうか
双羽 ふたば
真伊 まい

苺果 まいか
真崎 まさき
街 まち
茉里 まつり
窓禾 まどか
学未 まなみ
真波 まなみ
鞠 まり
生来 みく
実胡 みこ
心咲 みさ
岬 みさき
迪 みち
道瑠 みちる
美汎 みなみ
未埜 みの
明 めい

恩 めぐみ
芽久未 めぐみ
萌々子 ももこ
優木 ゆうき
柚那 ゆうな
千 ゆき
侑葵 ゆき
潔子 ゆきこ
葉子 ようこ
莉江 りこ
凜女 りこ
璃己 りこ
林佳 りんか
鈴香 れいか

画数の少ない名前

姓の画数が多い人は、画数の少ない名前がおすすめ。シンプルでわかりやすい名前にしたい人も参考にしてください。

漢字

由 冬 叶 可 友 天 仁 巴 円 千 小 子 己 弓 二 七 一
光 白 生 禾 央 文 水 心 月 万 夕 女 才 久 八 乃 乙

名前例

名前	読み
亜生	あき
文乃	あやの
一花	いちか
一子	いちこ
色八	いろは
乙女	おとめ
可央	かお
可奈	かな
叶女	かなめ
心未	ここみ
才花	さいか
才弓	さゆみ
糸乃	しの
千早	ちはや
天禾	てんか
巴	ともえ
七未	ななみ
仁心	ひとみ
二羽	ふたば
円	まどか
万夕	まゆ
水七	みずな
光千	みち
心月	みつき
心夕	みゆ
百乃	ももの
友叶	ゆうか
夕日	ゆうひ
由女	ゆめ
好禾	よしか
礼子	れいこ

画数の多い名前

姓の画数が少ない人には画数の多い名前が合います。重厚感のある名前をつけたい人にもおすすめ。

漢字

鶴 耀 響 蘭 雛 繭 優 燦 澪 薫 輪 璃 舞 穂 綸 遙 静 嘉
鷗 櫻 馨 麗 藍 織 翼 瞳 環 樹 緯 凜 魅 蝶 輝 綾 聡 緒

名前例

名前	読み
藍	あい
綾緯	あやい
晏樹	あんじゅ
歌嘉	うたか
織絵	おりえ
薫瑚	かおるこ
馨菜	けいな
櫻瑚	さくらこ
燦	さん
静嘉	しずか
鈴蘭	すずらん
環	たまき
翼紗	つばさ
瞳璃	とうり
瞳魅	ひとみ
雛野	ひなの
響樹	ひびき
舞寧	まいね
繭埜	まゆの
眞凜	まりん
澪	みお
美鶴	みつる
優菜	ゆうな
遊藍	ゆら
蘭湖	らんこ
蘭樹	らんじゅ
璃緒	りお
瑠璃	るり
麗華	れいか
露魅	ろみ
輪嘉	わか

ひらがなのみの名前

ひらがなのみの名前は、やわらかく、
かわいらしいイメージです。
みんなに覚えてもらいやすい名前でもあります。

名前例

あい
あおい
あかね
あかり
あさな
あみ
あゆ
あよん
ありす
あれん
あんじゅ
いおり
いちご
いつか
いつき
いづみ
いと
いのり
いぶき
いろは
うた
うてな
うらら
えりい
えりな
えん
かおり
かのり
かのん
かりん
きいな
きずな
きなこ
きらら
くしな
くらし
くらら
くるみ
くるり
くれは
こころ
こづみ
ことり
こなつ
このみ
こまり
さくら
さみ
さゆき
しおん
しずく
しづか
しの
しほり
じゅり
しより
すず
すずらん
すみれ
せと
せれな
そよか
たまき
ちあき
ちかげ
ちなみ
ちはる
ちひろ
つかさ
つむぎ
ともえ
なぎさ

ひらがなの音を
重ねる名前の例は
124ページを
見てね

なごみ
なずな
なつ
なつめ
ななせ
なるみ
ねがい
ねね
ねる
のどか
のの
ののか
のん
はづき
はな
はなの
はのり
ひかり

ひとみ
ひな
ひなな
ひなり
ひまり
ひまわり
ひより
ひらら
ひらり
ふう
ふみ
ほのか
まあや
まいる
ましろ
まどか
まなか
まなつ

まひろ
まりも
まりや
まりん
みいな
みう
みおな
みぎわ
みすず
みずほ
みちる
みつき
みつは
みつめ
みどり
みなみ
みのり
みひな

みも
みもざ
みやこ
みゆ
みらの
みりあ
みれい
めぐ
めぐむ
めみ
もえ
もか
もみじ
ももか
やよい
ゆかり
ゆず
ゆりあ

よしの
よつば
らら
りいな
りおん
りか
りくな
りこと
りじゅ
りょう
りりあ
りんか
るひか
れいな
れおな
れに
れもん
わかば

カタカナのみの名前

カタカナのみの名前は、かっこよく、おしゃれなイメージです。海外でも通じるようなひびきの名前をカタカナにするのもよいでしょう。

名前例

アリス
アン
アンナ
エマ
エミリ
エリイ
エリカ
エレナ
カエラ
カオリ
カレン
カンナ
ココ
サラ
セイラ
セシル
セレナ
ティナ

ナオミ
ニコラ
ノエル
ハピ
マリア
マリー
マリエ
メアリ
メグ
モニカ
リサ
リゼ
リナ
リリア
ルカ
ルミ
ルリ
レナ

ひらがなと漢字の名前

漢字とひらがなを交ぜた名前にする方法もあります。
こだわりのある、新鮮なイメージの名前になります。

名前例

あい羽《は》
あい理《り》
碧《あお》い
あか音《ね》
あき絵《え》
あき葉《は》
あく愛《あ》
あ子《こ》
あさ希《き》
あさ陽《ひ》
あず季《き》
あや香《か》
あや乃《の》
あゆ夢《む》
あり沙《さ》
あん那《な》
伊《い》お里《り》
いず水《み》

祈《いの》り
いぶ希《き》
いろ葉《は》
うた音《ね》
笑《え》み
えみ莉《り》
えり花《か》
おと羽《は》
薫《かお》る
佳《か》すみ
かず葵《き》
かず沙《さ》
かず葉《は》
かな子《こ》
奏《かな》で
かな海《み》
かの子《こ》
華《か》のん

かや乃《の》
かん奈《な》
きら梨《り》
くる実《み》
くれ葉《は》
ここ実《み》
こず恵《え》
こと絵《え》
こと実《み》
木《こ》の葉《は》
この実《み》
木《こ》の実《み》
さえ歌《か》
さお李《り》
さく楽《ら》
さくら子《こ》
ささ祢《ね》
さと実《み》

さな枝《え》
さや紗《さ》
さゆ李《き》
さら紗《さ》
さり依《い》
しい菜《な》
しお里《り》
詩《し》おり
静《しず》か
偲《し》づき
しの李《り》
すず果《か》
すず音《ね》
澄《す》みれ
せい夏《か》
その香《か》
その子《こ》
そよ花《か》

たま枝《え》
たま季《き》
ちか子《こ》
ちと世《せ》
智《ち》なつ
知《ち》はる
知《ち》ほり
つか沙《さ》
つぐ実《み》
つば沙《さ》
とも華《か》
なぎ紗《さ》
和《なご》み
なつ季《き》
菜《な》つみ
なつ芽《め》
なな絵《え》
菜《な》なみ

なみ希《き》
のぞ美《み》
望《のぞ》み
のの香《か》
野《の》の花《か》
はつ音《ね》
はな恵《え》
葉《は》なり
羽《は》のり
悠《はる》か
はる希《き》
はる世《よ》
ひか里《り》
光《ひか》り
ひと美《み》
ひな子《こ》
ひな乃《の》
響《ひび》き

陽《ひ》まり
日《ひ》より
陽《ひ》らら
ふた葉《ば》
穂《ほ》ずみ
ほの香《か》
帆《ほ》のか
穂《ほ》の実《み》
舞《ま》い
まお実《み》
まき帆《ほ》
まな美《み》
真《ま》ゆう
まゆ乃《の》
まり愛《あ》
まり絵《え》
美《み》おり
みき穂《ほ》

美《み》さき
実《み》さと
みず穂《ほ》
満《み》ちる
美《み》つき
みつ葉《は》
美《み》どり
みな実《み》
実《み》のり
みり愛《あ》
美《み》れい
めい香《か》
めい玖《く》
恵《めぐ》み
もも香《か》
ゆう花《か》
ゆう李《き》
ゆう子《こ》

ゆき奈《な》
ゆき乃《の》
ゆず季《き》
ゆず葉《は》
ゆに子《こ》
ゆり恵《え》
ゆり葉《は》
よう子《こ》
よつ葉《ば》
りな子《こ》
りょう巴《は》
りり華《か》
りり子《こ》
るり寧《ね》
れい愛《あ》
れみ奈《な》
わか奈《な》
わか葉《ば》

ネーミングストーリー

こと葉《は》ちゃん　言葉（ことのは）にちなんで

子どもは夫婦二人の大切な宝物なので、二人の「好きなもの」や「縁のあること」にちなんだ名前を考えました。夫婦ともに本や映画が好きだったので、「言葉（ことのは）」にちなんで「こと葉」としました。「ちゃんづけ」をしなくてもかわいいひびきの名前です。生まれてからずっと「こと」と呼んでいて、いまでは本人も自分のことをそう呼んでいます。（俊介パパ）

イメージ

イメージワードから選ぶ名前の音

名前の語感《ごかん》の分析は、100語以上のイメージワードを使って行います。
最近人気のある名前を分析し、よく出てくるワードを選出。
そのイメージが強い名前を載せました。
同じ名前の人を想像すると、なんとなく納得しませんか？
音と願いを組み合わせて考えてみてはいかがでしょうか。

素直

嘘《うそ》は苦手でいつも自然体、みんなから愛されます。

名前例

あいか
あすか
ありさ
かな
さあや
さくら

さや
さやか
さら
はな
ゆあ
ゆな

優しい

人の心を思いやれる、癒《いや》しとやすらぎの人。

名前例

あかね
あやめ
えりな
さえ
せな
なな
ななせ
ひなた

まな
みな
ゆうか
ゆうな
ゆきえ
ゆめ
ゆめか

元気

はつらつとしてキュート、どこでもいきいきと活躍しそう。

名前例

あすみ
あや
ここな
さとみ
さら
すみれ

なつみ
なるみ
まき
まりん
みく
みゆ

カワイイ

キュートでチャーミングな、マスコット的存在。

名前例

かなこ
かなみ
かのん
きょうか
きょうこ
ここな
こはる
なつき
なな
のりか
ひかる
ひなの
みく
みゆ
ゆい

温か

人を元気づけ大きな心で包みこむ、母性豊かな存在に。

名前例

かほ
ここな
ななこ
なほ
のあ
はるか
ひな
ひなの
ほのか
まこ
まほ
もえか
ももか

ほのぼの

温かい心で、しぜんに人の心を癒す人気者。

名前例

あおい
あずさ
あみ
あやの
あゆみ
かや
さほ
しほ
なぎさ
ななみ
はな
はるか
はるな
ひな
ひなた
ほなみ
まいか
まな
まりあ
まりか
みさ
もも
ゆま

積極的

あふれる行動力で華やかな人生を歩みそう。

名前例

あやか
あんな
じゅり
ちひろ
なるみ
ひろみ
ゆい
ゆみ
りな
るか
るな
れいな

快活

活発で朗《ほが》らか、いつも無理なく個性を発揮します。

名前例

あいり
ありさ
ありす
こはる
さくら
しおん
しずか
しの
しほ
ちはる
ふうか
ゆづき
ゆりか
ゆりな
りな

キリリ

りりしい姿と、知性あふれる凜《りん》とした姿は、みんなの憧《あこが》れの的。

名前例

いくみ
かおり
くるみ
けい
こころ
ことみ
こはる
こゆき
しょうこ
なつき
みき
みつき
りん

知的

高い能力とパワーで、どこにいても光る存在に。

名前例

いずみ
えみり
ことみ
さき
ひかり
ひとみ
まき
みお
みき
みさき
みずき
みつき
みゆき
りお

お茶《ちゃ》目《め》

愛嬌《あいきょう》と生命力で、将来労せずして出世しそう。

名前例

あい
たまき
ちあき
ちか
ちさと
ちなみ

ちひろ
ちほ
ちり
はな
ふじこ
まき

気さくな

明るくみんなを和ませる、友達の多い愛されキャラ。

名前例

あいり
あゆ
かな
かなこ
かほ
きょうか

きょうこ
ここな
さくら
しょうこ
すずか
ゆうか

ハキハキ

突き進むパワーと情熱で、カリスマ的なリーダーに。

名前例

かなこ
かのん
こはる
のりか
ひかり
ひかる
ひより
ひろみ
りな
るか
れいな
わか

おおらか

包容力とユーモアで、いつの間にか中心人物に。

名前例

あやの
かほ
きょうこ
ここな
しょうこ
なお
ななこ

のあ
はるか
ほまれ
まほ
ゆきの
よしの

充実した

豊かな愛情と人間性で、どこにいても支援されます。

名前例

ともか
なみ
のぞみ
ほまれ
まい
まなみ

みお
みく
みなみ
めい
ももか
ももこ

気品

上品さの中に情熱を秘めた、底力のあるお嬢様。

名前例

いずみ　えり　かのん　さや　さりな　さわこ　しょうこ　ひとみ　ひろみ　みさき　みずき　みつき　りか　りこ

繊細《せんさい》

個性とナイーブな感性で、
一目置かれる存在に。

名前例

あや　いずみ　さとみ　さゆみ　とあ　なつき　ひとみ　ひより　まゆ

みく　みゆき　ゆき　ゆきえ　ゆづき　ゆりえ　りあ　りおん

エレガント

優雅で凜《りん》とした身のこなしで、
憧《あこが》れの存在。

名前例

いおり　えりな　さや　じゅり　すみれ　はるな　ふじこ　まり

まりえ　ゆり　ゆりえ　りえ　りな　れいな　れな

清楚《せいそ》

清らかな美しさと品のよさで、
周囲からモテモテ。

名前例

あいり　ありす　さおり　さとみ　さゆり　しおり　しょうこ　すず

せいこ　せいら　せりな　みさき　りお　りさ　りみ

すっきり

潔い判断力と強さで、先頭に立つ人に。

名前例

かな
けい
こはる
さおり
さき
さくら
さつき
さやか
さゆり
さわ
すみれ
せいら
はづき
ひかり
みさき
みなみ

内に秘めた

着実に力をつけて、ためた力を開花させそう。

名前例

えみ
ことね
さとね
さとみ
なつみ
なるみ
みう
みく
みすず
みゆ
みゆう
ゆきの
ゆめ
ゆり
りの

キラキラ

宝石のように華やか、セレブな未来の予感も。

名前例

あかり
えりか
かな
かなみ
かりな
かれん
きら
くらら
じゅり
たまき
ちあき
なつこ
のりか
まりえ
りかこ
りこ
りりあ
るか
れいか

軽やか

風のように自由に、しなやかにスターになりそう。

名前例

きょうか
きら
こはる
さくら
さや
しおん
しゅうこ
ちなつ
ちはる
はな
ふうか
ゆづき
ゆりか
りん

イメージ

将来イメージから選ぶ名前の音

名前を聞くだけで思わず信頼してしまう、
名前を口にするだけでなんとなく気に入られてしまう……。
名前の音には不思議な力があります。脳科学の理論に基づき、
人生をうまく乗り切るパワーをもつ語感《ごかん》の名前を集めました。

癒《いや》し系

名前を呼ぶだけで、心が癒され、その場の雰囲気を和ませます。

名前例

あや
なお
なほ
のり
はな
ひな
ほのか
みゆ
ゆあ
ゆい
ゆうな
ゆな
ゆめ

マイペースに生きていける

マイペースでも皆からかわいがられ、温かく見守ってもらえるかも。

名前例

あん
いつき
いぶき
しょうこ
はづき
はな
はるか
ひかる
ふみ
まあさ
りょう

エレガントビューティー

優雅で気品のある女性らしさをもつ、美しい人に。

名前例

あや
えりか
さや
しほ
なみ
なみこ
まほ
みな
みなこ
ゆうか
ゆうり
ゆか
ゆな
ゆり
りえ

クールビューティー

知的でミステリアス、凜《りん》とした美しさにあふれています。

名前例

いおり
けい
さつき
さやか
さら
しおん
みさき
りか
りかこ
りさ
りさこ
れい

周りの人に恵まれる

そっと手助けしてくれる人が、しぜんと集まってくれそう。

名前例

さくら
とも
まな
まりあ
まりん
みお
みく
ももこ
りな
りん

わがままがかわいく聞こえる

ちょっとしたわがままでもついかなえてあげたくなります。

名前例

かのん
ここみ
こはる
ちなつ
ちほ
ななこ

ななみ
ひな
ひなた
ゆづき
りこ

目上にかわいがられて出世する 玉の輿《こし》に乗る

職場の上司や年長者から愛される出世名。将来、優雅な生活をおくりそう。

名前例

かな
かなこ
さと
さとみ
なお
なつこ
のりか
はるか
みほ
わか
わかこ
わかな

女子力がある

さりげなくおしゃれ、気づかいができて仕事もできる。憧《あこが》れの女性です。

名前例

かな
かなこ
かほ
さわ
さわこ
のりか
はるな
まき

まなみ
みき
みさこ
ゆうき
ゆき
わか
わかな

願い

印象・性格

いったいどんな子に育つのだろうと、わが子には期待でいっぱい。こんな子になってほしいという願いをストレートに名前にこめてみては。

かわいい

お姫様や小さな花のような可憐《かれん》な魅力で、周りの人から愛され、慈《いつく》しまれるよう願って。

漢字

乙 乃 小 円 仔 糸 妃 杏 花 初 李 苺 咲 栞 珠 桃 姫 恋 菜 雫 梨 毬 愛 鈴 蕾 鞠 雛

名前例

- 愛花　あいか
- 杏菜　あんな
- 乙姫　いつき
- 花恋　かれん
- 栞菜　かんな
- 姫桜　きお
- 小苺　こまい
- 小桃　こもも
- 小桜　さお
- 小蕾　さらい
- 栞　しおり
- 初美　はつみ
- 雛子　ひなこ
- 雛乃　ひなの
- 苺花　まいか
- 愛　まな
- 鞠愛　まりあ
- 桃花　ももか
- 李花　りか
- 李子　りこ

素直

無垢《むく》な心、謙虚《けんきょ》な心をもち、周りの人にかわいがられるように。まっすぐに物事を受け止められる子に。

漢字

白 忠 直 是 純 真 粋 素 淳 惇 順 廉 澄 謙

名前例

- 安純　あすみ
- 亜廉　あれん
- 唯純　いずみ
- 順南　かずな
- 順子　じゅんこ
- 惇　すなお
- 純花　すみか
- 惇子　としこ
- 直絵　なおえ
- 直子　なおこ
- 真央　まお
- 純白　ましろ
- 真純　ますみ
- 真澄美　ますみ
- 真実　まみ
- 美澄　みすみ
- 素加　もとか
- 素子　もとこ

聡明・賢い

頭の回転が速く、才能や真の知性を身につけ、人生を賢く切りひらいていけるように。

漢字

才 冴 秀 利 伶 学 卓 知 怜 俊 俐 悟 哲 能 敏 凌 逸 啓 理 達 智 聡 慧 叡 賢 優 顕 鏡

名前例

- 叡子　えいこ
- 慧菜　けいな
- 早智　さち
- 聡子　さとこ
- 聡美　さとみ
- 秀加　しゅうか
- 知英　ちえ
- 知恵　ちえ
- 知香　ちか
- 知慧　ちさと
- 知世　ちせ
- 知奈美　ちなみ
- 知優　ちひろ
- 知保　ちほ
- 知俐子　ちりこ
- 智海　ともみ
- 知代　ともよ
- 秀華　ひでか
- 秀美　ひでみ
- 万知　まち
- 深慧　みえ
- 深慧　みさと
- 優理　ゆり
- 俐佳　りか
- 理伶　りれい
- 怜郁　れいか

明るい・活発

いつも前向きで元気いっぱい。いるだけで周りを明るくさせる子になるように。

漢字

勢 陽 晴 康 晋 晃 活 希 丈
馳 楽 満 彩 朗 晄 悦 芽 元
輝 照 遊 喜 健 笑 起 明 快

名前例

名前	読み
晃	あき
晃子	あきこ
朗子	あきこ
晃奈	あきな
明生	あきみ
彩海	あみ
彩芽	あやめ
笑緒	えみお
快楽	かいら
喜恵	きえ
健美	たけみ
千勢	ちせ
陽海	はるみ
満喜	まき
満輝	みき
晄子	みつこ
芽育	めいく
芽吹	めぶき
康恵	やすえ
康希	やすき
遊由	ゆうゆ
遊芽	ゆめ

優しい

どんなときも人の気持ちや立場を思いやれる、心の温かい子に育つように。

漢字

寧 慈 温 宥 侑 良 円
諄 想 滋 祐 恢 佑 心
篤 暖 敦 恵 毘 和 仁
優 靖 寛 惇 保 長 凪

名前例

名前	読み
敦子	あつこ
愛宥	あゆ
亜佑花	あゆか
慈木	いつき
寛奈	かんな
仁凪	きみな
心愛	ここな
小暖	こはる
靖果	せいか
和海	なごみ
寧々	ねね
和花	のどか
暖	はる
温姫	はるき
恢南	ひろな
美侑	みゆ
宥子	ゆうこ
優美	ゆみ
慈美	よしみ
和奏	わかな

優雅・上品

優しく、情緒豊かで気品がある。周りの人から敬愛される女性になるよう願って。

漢字

徽 瑠 琳 貴 葵 淑 玲 佳 妃
優 綺 雅 敬 渥 紳 華 郁 芳
艶 綸 瑳 斐 絢 彬 珠 映 妙
麗 凜 爾 媛 瑛 眸 彩 香 旺

名前例

名前	読み
藍貴	あいき
妃花	きか
貴姫	きき
毅凜	きりん
敬子	けいこ
咲貴	さき
珠徽	たまき
淑映	としえ
妃香	ひめか
媛乃	ひめの
雅姫	まさき
京珠	みやび
立香	りっか
凜花	りんか
綸胡	りんこ
麗	れい
嶺華	れいか
麗華	れいか

美しい

大輪の花のような美しく輝く子になるように。内面も外面も磨かれた女性に。

漢字

璃 綾 蓉 華 彩 美 娃 英 芳 那 花 令

名前例

名前	読み
娃輝	あいき
彩珈	あやか
綾音	あやね
郁美	いくみ
英玲奈	えれな
花怜	かれん
綺羅々	きらら
鈴花	すずか
尚美	なおみ
花那	はな
英華	はなか
芙美香	ふみか
美佳	みか
美香	みか
美咲	みさき
美令	みれい
優華	ゆうか
夢花	ゆめか
蓉姫	ようき
芳乃	よしの
瑠璃	るり
玲美	れみ

願い

理想の人物像

将来しっかりした人間性を身につけて、理想的な、充実した人生を歩んでいけるようにと願いをこめて名前を考えてみましょう。

誠実に生きる

曲がったことはせず、堅実に、地道に嘘《うそ》のない人生を歩み、人から信頼される人に。

漢字

允 公 正 礼 匡 吏
孝 良 実 斉 忠 直
軌 信 則 律 亮 洵
真 倫 規 淳 惇 理
順 敦 博 堅 義 慎
誠 徳 範 諒 憲 整

名前例

- 敦己 あつみ
- 礼可 あやか
- 宇匡 うきょう
- 恵理名 えりな
- 花倫 かりん
- 洵那 じゅんな
- 知理子 ちりこ
- 倫香 のぶか
- 正美 まさみ
- 真理 まり
- 真吏沙 まりさ
- 真倫 まりん
- 有義子 ゆぎこ
- 義瑛 よしえ
- 理子 りこ
- 倫子 りんこ
- 礼子 れいこ
- 礼実那 れみな

自分の道を突き進む

信念を曲げず、信じる道をまっすぐ、着実に進んでいく意志の強い子になるように。

漢字

己 功
至 成
克 志
実 拓
迪 勇
進 開
勝 達
遂 徹

名前例

- 志希 しき
- 志乃 しの
- 志保 しほ
- 勝子 しょうこ
- 拓海 たくみ
- 徹子 てつこ
- 成世 なるせ
- 功実 なるみ
- 開 のぞみ
- 拓美 ひろみ
- 勝恵 まさえ
- 実来 みく
- 迪知 みち
- 迪子 みちこ
- 勇茉 ゆま
- 結実 ゆみ

スケールが大きい

些細《ささい》なことには動じず、おおらかでゆったりした人。何か大きなことを成し遂げるように。

漢字

久 大 万 天 永 広 世 弘 地
汎 伸 甫 河 空 海 宥 洋 紘
泰 展 悠 裕 遥 寛 遙 遼 環

名前例

- 環未 たまみ
- 千寛 ちひろ
- 永遠 とわ
- 遼河 はるか
- 遥名 はるな
- 展花 ひろか
- 寛子 ひろこ
- 展南 ひろな
- 広海 ひろみ
- 洋海 ひろみ
- 真大 まひろ
- 万悠 まゆう
- 海宥 みゆう
- 泰果 やすか
- 悠果 ゆうか
- 悠河 ゆうが
- 遥子 ようこ
- 遼子 りょうこ

リーダーシップがある

周囲の人から一目置かれるカリスマ性のある人。皆の中心に立って、人を導ける人になるように。

漢字

勲 魁 統 揮 宰 政 治 司
導 総 幹 尊 将 要 律 光

名前例

- 揮和 きわ
- 総杜 さと
- 司姫 しき
- 司保 しほ
- 尊奈 たかな
- 司 つかさ
- 宰 つかさ
- 治子 なおこ
- 統加 のりか
- 統美 のりみ
- 治希 はるき
- 治名 はるな
- 光瑠 ひかる
- 政世 まさよ
- 幹 みき
- 尊 みこと
- 導子 みちこ
- 律 りつ

幸せな人生をおくる

たくさんの幸せにあふれ、運に恵まれた人生がおくれるようにと願いをこめて。

漢字

嬉 福 喜 恵 栄 寿 七
慶 豊 富 倖 祐 佑 吉
穣 嘉 満 祥 悦 欣 成
鶴 徳 禄 賀 華 幸 安

名前例

- 安寿 あず
- 悦子 えつこ
- 嘉鶴 かず
- 喜華 きか
- 倖恵 さちえ
- 祥保 さちほ
- 寿利 じゅり
- 寿美代 すみよ
- 多恵 たえ
- 多嘉子 たかこ
- 慶子 のりこ
- 深喜 みき
- 美祥 みよし
- 恵 めぐみ
- 幸嘉 ゆきか
- 悦恵 よしえ
- 嘉美 よしみ
- 慶実 よしみ

友人に恵まれる

周囲から愛され、信頼される人になるように。一生つきあえる友とめぐりあうことを願って。

漢字

与 双 友 加 共 助 佑 協 朋 和
皆 信 奏 祐 渉 結 湊 睦 親 頼

名前例

- 愛佑 あゆ
- 亜佑加 あゆか
- 皆愛 かいあ
- 和音 かずね
- 奏 かなで
- 香菜与 かなよ
- 渉実 しょうみ
- 奏和 そな
- 多友 たゆ
- 親笑 ちかえ
- 友亜 ともあ
- 友恵 ともえ
- 朋佳 ともか
- 朋子 ともこ
- 信恵 のぶえ
- 信子 のぶこ
- 双巴 ふたば
- 湊 みなと
- 湊杜 みなと
- 皆与 みなよ
- 美朋子 みほこ
- 美友 みゆ
- 睦巳 むつみ
- 結愛 ゆあ
- 友葦加 ゆいか
- 結花 ゆうか
- 友那 ゆうな
- 友来音 ゆきね
- 佑海 ゆみ
- 結友 ゆゆ
- 友梨 ゆり
- 頼子 よりこ
- 渉留 わたる

おもしろい・ユーモアがある

周りの空気を和やかにする、ユーモアとサービス精神のある人になるように。

漢字

戯 楽 愉 朗 咲 明
諧 歓 喜 莞 笑 和

名前例

- 朗恵 あきえ
- 愛愉 あゆ
- 咲 えみ
- 笑加 えみか
- 諧良 かいら
- 莞菜 かんな
- 歓和 かんな
- 喜歌 きか
- 喜子 きこ
- 千笑 ちえみ
- 和 なごみ
- 真喜 まき
- 美楽 みらく
- 明沙 めいさ
- 愉依 ゆい
- 愉宇架 ゆうか
- 愉楽 ゆら
- 喜華 よしか

個性的

人に流されない独自のセンスをもった、才能あふれる人になるように願って。

漢字

魅 創 稀 逸 特 壱 有 一
顕 感 極 道 唯 個 我 才

名前例

- 顕子 あきこ
- 一花 いちか
- 逸禾 いつか
- 一稀 かずき
- 我奈 かな
- 感奈 かんな
- 稀恵 きえ
- 才恵 さえ
- 思唯 しゅい
- 創來 そうら
- 穂稀 ほまれ
- 稀 まれ
- 魅創良 みそら
- 道歩 みちほ
- 道瑠 みちる
- 唯惟 ゆい
- 有 ゆう
- 唯仁 ゆに

グローバルな活躍を

グローバルに世界中を飛びまわるパワフルな人に。自分の意見を堂々と表現している姿を想像して。

漢字

世 北 伊 印 亜 邦 英
周 法 活 南 飛 洋 晋
悠 渡 遥 翔 梛 緯 蘭

名前例

- 亜緯 あい
- 印南 あきな
- 周 あまね
- 亜蘭 あらん
- 伊飛乃 いとの
- 緯波 いなみ
- 伊世 いよ
- 英莉 えり
- 花南 かなん
- 邦実 くにみ
- 瑚法 このり
- 翔未 しょうみ
- 世奈 せな
- 世羅 せら
- 飛南 たかな
- 周英 ちかえ
- 千洋 ちひろ
- 渡海 とうみ
- 遥 はるか
- 悠海 はるみ
- 飛梛 ひな
- 北斗 ほくと
- 磨伊 まい
- 真印 まいん
- 真理亜 まりあ
- 南都 みなと
- 悠緯 ゆい
- 晋乃 ゆきの

願い

夢・希望

大きな夢を胸に抱き、人々にも希望を与えるような人になるようにと期待をこめて。

夢・未来

輝かしい夢や希望、前《ぜん》途《と》洋々《ようよう》たる未来の大きな可能性に期待をこめて名づけて。

漢字

黎 朝 徠 飛 拓 希 可
蕾 遥 開 将 歩 志 叶
翼 翔 暁 進 栄 来 未
瞭 夢 創 望 挑 昇 羽

名前例

- あさ希 あさき
- 明日来 あすき
- 叶栄 かなえ
- 叶夢 かのん
- 希和子 きわこ
- 来実 くるみ
- 希美 のぞみ
- 望見 のぞみ
- 拓実 ひろみ
- 大夢 ひろむ
- 未希 みき
- 未結菜 みゆな
- 未来 みらい
- 未蕾 みらい
- 夢女 ゆめ
- 夢叶 ゆめか
- 夢可 ゆめか
- 夢徠 ゆら

平和

世界中の人々がひとつに結びつき、皆が笑顔で穏《おだ》やかに暮らせる世界を願って。

漢字

衛 愛 悠 泰 和 祈 安 円
穏 鳩 結 絆 晏 協 合 平

名前例

- 安穏 あのん
- 晏樹 あんじゅ
- 晏那 あんな
- 祈 いのり
- 和愛 かずな
- 花穏 かのん
- 絆 きずな
- 協子 きょうこ
- 祈和 きわ
- 佐百合 さゆり
- 和 なごみ
- 鳩子 はとこ
- 悠 はるか
- 日和 ひより
- 円 まどか
- 美穏子 みおこ
- 愛実 めぐみ
- 安美 やすみ
- 泰世 やすよ
- 結愛 ゆあ
- 由絆永 ゆきえ
- 和果 わか

自由・平等

皆が自由で平等に生きられる理想の社会を実現してほしいという願いを託《たく》して。

漢字

平 伸 等
由 弥 遊
羽 真 遥
自 逸 寛
均 翔 翼

名前例

- 逸子 いつこ
- 逸見 いつみ
- 寛奈 かんな
- 志伸 しのぶ
- 翔子 しょうこ
- 翼 つばさ
- 津羽佐 つばさ
- 伸子 のぶこ
- 遥空 はるく
- 真大 まひろ
- 真由 まゆ
- 未翔 みしょう
- 美遥 みはる
- 由羽 ゆう
- 遊羽 ゆうわ
- 由起 ゆき
- 由希名 ゆきな
- 自花 よりか

願い

歴史上の人物

歴史上の偉大な人物にあやかるときは、名前をそのままとらずに漢字1字だけもらったり、ひびきだけ同じにするという方法もおすすめです。

古代～近世

激動の時代をたくましく生きぬいた女性たちのように、荒波を乗り越える力がある子になるように。

名前例

名前	読み	由来
濃姫	あつき	織田信長の妻お濃から
市夏	いちか	織田信長の妹お市から
乙女	おとめ	坂本竜馬の姉乙女から
和乃	かずの	将軍に降嫁した皇女和宮から
千登勢	ちとせ	京都の旅館寺田屋のおかみ登勢から
千代	ちよ	戦国武将山内一豊の妻千代から
篤子	とくこ	徳川家定の妻天璋院篤姫から
富子	とみこ	将軍足利義政の妻日野富子から
寧々	ねね	豊臣秀吉の妻ねねから
緋弥子	ひみこ	邪馬台国の女王卑弥呼から
福	ふく	徳川家光の乳母春日局の名から
政子	まさこ	源頼朝の妻北条政子から
舞津	まつ	前田利家の妻まつから
松子	まつこ	木戸孝允の妻幾松の本名から
理玖	りく	赤穂藩家老大石内蔵助の妻理玖から
りょう	りょう	坂本竜馬の妻りょうの名から

近・現代

平和を願った人、困難に立ち向かった人。信念をもって時代を切りひらけるように。

名前例

名前	読み	由来
梅子	うめこ	女子高等教育につくした津田梅子
英	えい	製糸技術の指導家和田英
貞子	さだこ	難民救助に尽力した緒方貞子
幸子	さちこ	戦中ユダヤ人にビザを発給した杉原千畝の妻
淳子	じゅんこ	エベレスト女性初登頂田部井淳子
須磨子	すまこ	最初の新劇女優松井須磨子
環	たまき	日本初の世界的ソプラノ歌手三浦環
天礼沙	てれさ	修道女マザー・テレサ
野枝	のえ	女性解放運動家伊藤野枝
花子	はなこ	多くの児童文学を翻訳した村岡花子
明	はる	社会運動家平塚らいてうの本名
房枝	ふさえ	婦人参政権獲得に奔走した市川房枝
碧蓮	へれん	社会福祉事業家ヘレン・ケラー
美喜	みき	戦後に混血孤児施設を創設した沢田美喜
貞	みさお	演劇の発展に貢献した女優川上貞奴
八重	やえ	女性教育に尽力した新島八重

有名人

将来活躍することを願って、憧《あこが》れのスポーツ選手や芸能人の名前から考えてみては。

名前例

愛　あい
〔福原《ふくはら》愛《あい》(卓球選手)〕

架純　かすみ
〔有村《ありむら》架純《かすみ》(女優)〕

希子　きこ
〔水原《みずはら》希子《きこ》(モデル)〕

景子　けいこ
〔北川《きたがわ》景子《けいこ》(女優)〕

沙織　さおり
〔木村《きむら》沙織《さおり》(バレーボール選手)〕

沙保里　さおり
〔吉田《よしだ》沙保里《さおり》(レスリング選手)〕

すず　すず
〔広瀬《ひろせ》すず(女優)〕

太鳳　たお
〔土屋《つちや》太鳳《たお》(女優)〕

翼　つばさ
〔本田《ほんだ》翼《つばさ》(女優)〕

奈穂美　なほみ
〔川澄《かわすみ》奈穂美《なほみ》(サッカー選手)〕

奈美恵　なみえ
〔安室《あむろ》奈美恵《なみえ》(歌手)〕

波瑠　はる
〔波瑠《はる》(女優)〕

陽菜　はるな
〔小嶋《こじま》陽菜《はるな》(タレント)〕

穂希　ほまれ
〔澤《さわ》穂希《ほまれ》(サッカー選手)〕

真央　まお
〔浅田《あさだ》真央《まお》(元フィギュアスケート選手)〕

美姫　みき
〔安藤《あんどう》美姫《みき》(元フィギュアスケート選手)〕

三久　みく
〔夏目《なつめ》三久《みく》(アナウンサー)〕

美玲　みれい
〔桐谷《きりたに》美玲《みれい》(女優)〕

結衣　ゆい
〔新垣《あらがき》結衣《ゆい》(女優)〕

羊　よう
〔吉田《よしだ》羊《よう》(女優)〕

世界の姫・美女

その美しさから歴史を動かしてきた世界の美女たち。
特別な存在になるように。

名前例

昭嘉　あきか　〔王昭君から〕

衣通　えと　〔本朝三美人の一人衣通姫から〕

恵理冴　えりざ　〔エリザベートから〕

緒土里　おどり　〔オードリー・ヘプバーンから〕

玖玲緒　くれお　〔クレオパトラから〕

慶李衣　けりい　〔グレース・ケリーから〕

香妃　こうひ　〔ウイグル族の美女香妃から〕

胡瑚　ここ　〔ココ・シャネルから〕

小町　こまち　〔小野小町から〕

紗吏　しゃり　〔シャーリー・テンプルから〕

西那　せいな　〔中国四大美人の一人西施から〕

千姫　ちひめ　〔豊臣秀頼の妻千姫から〕

巴　ともえ　〔巴御前から〕

経礼音　へれね　〔ヘレネから〕

真里亜　まりあ　〔マリア・テレジアから〕

茉莉衣　まりい　〔マリー・アントワネットから〕

麻里凛　まりりん　〔マリリン・モンローから〕

楊貴　ようき　〔楊貴妃から〕

璃多　りた　〔リタ・ヘイワースから〕

亮子　りょうこ　〔陸奥亮子から〕

願い

和の心を大切に

伝統文化や地名などから、和の心を大切にする思いをこめましょう。将来国際的に活躍することを見据え、日本らしく美しい名前をつける手も。

古風な名前

最近は、あえて古風で伝統的な名前をつける方法が人気。かわいらしくも美しいひびきの名前を考えてみては。

漢字

花　和　苑　京　奏　桜
梅　都　琴　雅　鶴

和のことばから

和の雰囲気を感じさせることばやひびきから考える名前は、雅で風流なイメージです。

名前例

飛鳥　あすか
弥　あまね
菖蒲　あやめ
伊織　いおり
和泉　いずみ
伊吹　いぶき
色羽　いろは
薫子　かおるこ
和葉　かずは
加世　かよ
桔梗　ききょう
菊乃　きくの
小梅　こうめ
琴音　ことね
古都里　ことり
小春　こはる

小雪　こゆき
桜子　さくらこ
小百合　さゆり
小夜　さよ
志乃　しの
菫　すみれ
千鶴　ちづる
手毬　てまり
撫子　なでしこ
七緒　ななお
寧々　ねね
和花　のどか
花重　はなえ
花里　はなり
春日　はるひ
雛乃　ひなの

京伽　ひろか
紅緒　べにお
牡丹　ぼたん
水月　みつき
美鶴　みつる
弥都　みと
美登里　みどり
京　みやこ
雅　みやび
弥生　やよい
紫　ゆかり
弓月　ゆづき
美乃　よしの
六花　りっか
和歌　わか
和奏　わかな

「子」がつく名前

昔ながらの名前でありながら、人気が再燃している「子」がつく名前。「胡」や「瑚」の字を使って工夫することも。

名前例

亜子　あこ
香乃子　かのこ
希子　きこ
きな子　きなこ
苑子　そのこ
菜子　なこ
奈奈子　ななこ
仁子　にこ
実依子　みいこ
萌子　もこ
紫子　ゆかりこ
依子　よりこ
理子　りこ
輪子　わこ

美しい日本語・座右の銘

名前に託《たく》された座右の銘は、赤ちゃんにとっても人生を励ましてくれる大切なことばになるでしょう。

実るほど頭《こうべ》の垂るる稲穂かな
名前例　**秋穂** あきほ　**実穂** みほ

深い川は静かに流れる
名前例　**静流** しずる　**深流** みりゅう

明日は明日の風が吹く
名前例　**明日風** あすか　**風日** ふうか

千里の道も一歩から
名前例　**千里** せんり　**里歩** りほ

一期《いちご》一会《いちえ》
意味：一度きりの出会いだと思って、誠意をつくすこと
名前例　**一会** いちえ　**一吾** いちご

百花繚乱《ひゃっかりょうらん》
意味：素晴らしい成果が一度にたくさん現れること
名前例　**百花** ももか　**遼花** りょうか

鏡花水月《きょうかすいげつ》
意味：感じることはできても、表現できない深い趣
名前例　**鏡花** きょうか　**水月** みつき

有言実行《ゆうげんじっこう》
意味：口に出したことは確実に実行すること
名前例　**実言** みこと　**有実** ゆみ

Column

座右の銘からつけられた有名人の名前

いま活躍している有名人の中にも、座右の銘から名づけられた人がいます。個性的な名前ですが、特別な思いがこめられていることがわかります。

桃李《とおり》…俳優の松坂桃李《まつざかとおり》さんの名前は、中国の故事「桃李不言下自成蹊《とうりいわざれどもしたおのずからみちをなす》」（桃や李《すもも》は何も言わないけれど、美しい花や実のもとに人が集まり、下には自然に道ができる。人格者にはその徳を慕《した》って人が自然に集まる、という意味）から名づけられました。

いまる（IMALU）…タレントの IMALU さんの本名「いまる」は、父である芸人の明石家さんまさんの座右の銘「生きてるだけで丸もうけ」から名づけられました。

笑福《えふ》…お笑いトリオ、森三中の大島美幸さんと放送作家の鈴木おさむさんの息子さんの「笑福」くんの名前は、「笑う門には福来る」から名づけられました。

故郷・日本の地名

はじめて赤ちゃんと出会った場所や、ご自身のルーツである場所など、思い入れのある土地の名前から。

日本の地名

古くからある地名を使えば、古風な印象に。土地のもつ歴史を感じさせる名前になります。

名前例

安芸　あき
飛鳥　あすか
安房　あわ
出雲　いずも
伊吹　いぶき
伊与　いよ
恵那　えな
緒汐　おしお
嵯野　さの
佐保　さほ
嵯幌　さほろ
朱鞠　しゅまり
鈴鹿　すずか
千歳　ちとせ
穂波　ほなみ
美瑛　みえ
美幌　みほろ
三輪　みわ
陸奥　むつ
吉野　よしの

故郷

のどかで優しい雰囲気があります。故郷を大切にする思いやりのある子になることを願って。

漢字

縁　街　恵　祖　国　邦　州　土
穏　惣　郷　荘　和　里　在　古
礎　曽　都　郡　美　町　邑　地

名前例

邦子　くにこ
郷心　さとこ
幸里　さり
汝都　なと
街子　まちこ
美里　みさと
美邑　みゆう
邑姫　ゆうき
里都　りと

日本の旧国名

9世紀ごろから明治時代までの日本国内の地方行政区分が旧国名です。

そのころ北海道は「蝦夷《えぞ》地《ち》」、沖縄県は「琉球国《りゅうきゅうこく》」と呼ばれていました。

芸術・芸能

人々の生活とともに発展し、洗練されてきた文化から。
日本人の誇りや気品、また繊細《せんさい》さをもつ人になることを願って。

芸事

茶道や華道など、古きよき日本の作法や心を大切にする人になるように。道を究《きわ》める一途《いちず》さも。

漢字

心 巧 伎 匠 芸 茶 美 華 扇
紗 紡 紋 紬 陶 絢 筆 絵 創
釉 絹 踊 綺 綾 綸 舞 磨 織

名前例

- 綾伎 あやき
- 綺美 あやみ
- 綺冴 きさえ
- 茶華 さか
- 茶伎香 さきか
- 茶良 さら
- 詩紋 しもん
- 千利 せんり
- 紬 つむぎ
- 華生 はなお
- 筆美 ふでみ
- 磨絢 まあや
- 舞 まい
- 舞心 まみ
- 釉 ゆう
- 釉香 ゆうか
- 踊花 ようか
- 綾華 りょうか
- 一会 いちえ [茶道の心「一期一会」から]
- 立華 りっか [華道の様式名]

歴史的建造物

木材のみで建てられた寺や城には、匠《たくみ》の技《わざ》が生きています。芯が通ったまじめな人になるように。

漢字

工 巧 伎
寺 匠 社
建 城 神
宮 堂 梁
塔 萱 築

名前例

- 伊築 いつき
- 花梁 かりょう
- 神菜 かんな
- 社菜 しゃか
- 匠奈 しょうな
- 堂祢 たかね
- 工美 たくみ
- 建瑠 たつる
- 塔華 とうか
- 実沙城 みさき
- 宮子 みやこ
- 結伎 ゆき
- 巧野 よしの
- 梨巧 りく

伝統芸能

歌《か》舞《ぶ》伎《き》や能《のう》、浄瑠璃《じょうるり》など庶民の文化から。小粋《こいき》で皆から親しまれる人になることを願って。

漢字

文 伎 花 松 和 浄 能
道 楽 鼓 歌 瑠 舞 謡

名前例

- 阿弥 あみ [能を完成させた世阿弥(ぜあみ)から]
- 出雲 いずも [浄瑠璃作家竹田出雲(たけだいずも)から]
- 阿久 おく [歌舞伎の創始者出雲阿国(おくに)から]
- 音羽 おとわ [歌舞伎役者尾上菊五郎一門の屋号音羽屋から]
- 文華 あやか
- 文璃 あやり
- 花能 かの
- 伎世 きよ
- 浄 きよら
- 鼓乃 このり
- 浄雅 じょうが
- 松鼓 しょうこ
- 楚楽 そら
- 能利江 のりえ
- 舞歌 まいか
- 舞伎 まき
- 美伎 みき
- 道瑠 みちる
- 謡香 ようか
- 能華 よしか
- 瑠歌 るか
- 瑠璃 るり

願い

グローバルな活躍を

国際社会で活躍しやすいようにとふえているのが、外国語、特に英語でも呼びやすい名前。海外の人にも、発音しやすく親しまれやすい名前をつけるヒントを参考にしてみては。

1 外国語の名前や意味から

外国語の名前や意味から名づける方法です。「Emma→恵麻《えま》」、「Marine→茉凜《まりん》」のように外国語の名前や単語をそのまま応用します。ただし、「雪」と書いて「スノー」と読ませるような無理な名づけは避けたいものです。

2 短い愛称にできる名前に

短い名前はそのまま覚えてもらえます。長い名前でも、後ろを略して「けい」「めぐ」などの短い愛称《あいしょう》に変えることもできます。

英語圏

世界の共通言語である英語からの名づけは人気があります。
世界中の人から親しみをこめて呼んでもらえるように。

単語		意味	名前例			
エレナ	[Elena]	人名	**恵令奈**	えれな	**絵怜那**	えれな
ケイト	[Kate]	人名	**圭都**	けいと	**慧采**	けいと
サラ	[Sara]	人名	**沙羅**	さら	**紗來**	さら
サン	[Sun]	太陽	**賛**	さん	**燦**	さん
ジュン	[June]	6月	**純**	じゅん	**潤**	じゅん
チアー	[Cheer]	元気	**知愛**	ちあ	**智亜**	ちあ
チェリー	[Cherry]	さくらんぼ	**知恵理**	ちえり	**智衿**	ちえり
マーチ	[March]	行進	**真亜智**	まあち	**麻亜知**	まあち
マリア	[Maria]	人名	**真理亜**	まりあ	**麻里愛**	まりあ
マリー	[Mary]	人名	**茉莉**	まり	**麻李衣**	まりい
メイ	[May]	5月	**芽生**	めい	**明衣**	めい
ラブリー	[Lovely]	愛らしい	**來歩李**	らぶり	**羅舞里**	らぶり
リサ	[Lisa]	人名	**李紗**	りさ	**梨沙**	りさ
リズム	[Rhythm]	リズム	**李純**	りずむ	**里澄**	りずむ
ルナ	[Luna]	月の女神	**琉南**	るな	**瑠奈**	るな

ハワイ

ひびきがかわいらしく、日本語ともよく似ているハワイ語からの名づけは最近大人気。美しくゆったりした楽園をイメージした名前をつけてみては。

単語		意味	名前例			
アネラ	[Anela]	天使	**亜祢羅**	あねら	**愛音來**	あねら
オハナ	[Ohana]	家族	**おはな**	おはな	**緒花**	おはな
ナル	[Nalu]	波	**那琉**	なる	**奈瑠**	なる
マウ	[Mau]	不変の	**茉宇**	まう	**舞**	まう
マオリ	[Maoli]	純粋の、本物の	**真央里**	まおり	**真織**	まおり
マカナ	[Makana]	プレゼント	**真香奈**	まかな	**麻叶**	まかな
マナ	[Mana]	奇跡的な力	**真菜**	まな	**愛**	まな
マハロ	[Mahalo]	ありがとう	**真波蕗**	まはろ	**麻羽呂**	まはろ
マリエ	[Malie]	穏やかな	**万理絵**	まりえ	**茉莉恵**	まりえ
マリコ	[Maliko]	発芽する	**真莉子**	まりこ	**鞠胡**	まりこ
ミリ	[Mili]	かわいがる	**美里**	みり	**美利**	みり
ラナ	[Lana]	静かな	**來奈**	らな	**羅南**	らな
リノ	[Lino]	輝く	**李乃**	りの	**莉埜**	りの
ルアナ	[Luana]	くつろいだ	**琉愛奈**	るあな	**瑠亜那**	るあな
レイ	[Lei]	花輪、最愛の人	**玲衣**	れい	**麗**	れい

Column

注意したい名前

「あおい」のように母音が続く名前や、「つ」「ひ」「りょう」は日本人以外には発音が難しいといわれます。また、一般的な名前でも、ローマ字で書くと違う意味になったり、外国語で思わぬ意味の単語になることもあるので、要チェックです。

発音が難しい名前の例

あいか　つたえ　ひいろ　りょうこ

注意したい意味になる名前の例

エリ　→不気味な（英語）
コト　→排泄《はいせつ》物（ドイツ語）
コン　→女性器（フランス語）
アイ　→わたし（英語）
マイ　→わたしの（英語）
マリコ→同性愛者（スペイン語）
ミホ　→男性器（スペイン語）
ユウ　→あなた（英語）

フランス

おしゃれなひびきのフランス語から、センスを感じさせる名前をつけてみては。

単語	意味	名前例	
アンジュ [Ange]	天使	**安樹**	あんじゅ
クララ [Clara]	人名	**くらら**	くらら
クロエ [Chloé]	人名	**玖蕗絵**	くろえ
シエル [Ciel]	天	**紫依琉**	しえる
テル [Terre]	地球	**耀**	てる
ノワ [Noix]	くるみ	**乃和**	のわ
マノン [Manon]	人名	**麻望**	まのん
ラルム [Larme]	涙	**來瑠夢**	らるむ
リアン [Lien]	絆	**理安**	りあん
リヨン [Lion]	ライオン	**李勇**	りよん

スペイン

世界で２番目に多くの人に話されているスペイン語。情熱的な国のイメージをこめて。

単語	意味	名前例	
アオラ [Ahora]	いま	**蒼良**	あおら
アモル [Amor]	愛	**愛萌留**	あもる
エネロ [Enero]	１月	**絵音呂**	えねろ
カリナ [Karina]	人名	**香莉奈**	かりな
ソル [Sol]	太陽	**想琉**	そる
ノエ [Noé]	人名	**乃絵**	のえ
モニカ [Mónica]	人名	**萌二加**	もにか
リオ [Río]	川	**李央**	りお
リサ [Risa]	笑い	**璃紗**	りさ
リンダ [Linda]	かわいい	**凜多**	りんだ

韓国

日本語と似たことばも多い韓国語。ほかの人とはひと味違う名前をつけたい人に。

単語	意味	名前例	
アヨン [아연]	人名	**あよん**	あよん
アラム [아람]	人名	**新夢**	あらむ
サラン [사랑]	愛	**紗蘭**	さらん
チョア [좋아]	好き	**知世亜**	ちよあ
テアン [태양]	太陽	**照安**	てあん
ノラン [노랑]	黄色	**乃嵐**	のらん
ハンナ [한나]	人名	**帆奈**	はんな
マウム [마음]	心	**舞夢**	まうむ
ミラ [미라]	人名	**美羅**	みら
ヨルム [여름]	夏	**依夢**	よるむ

中国

お隣の中国には共通の漢字もあり、願いもこめやすいです。美しいひびきの名前に。

単語	意味	名前例	
シィアン [香]	いい匂い	**志庵**	しあん
シンフー [幸福]	幸福	**晋芙**	しんふ
タオ [桃]	桃	**多央**	たお
チアン [强]	強い	**智晏**	ちあん
ハオ [好]	よい	**波緒**	はお
フゥレン [富人]	金持ち	**楓恋**	ふうれん
ホワ [花]	花	**帆輪**	ほわ
メイリー [美丽]	美しい	**芽衣里**	めいり
リー [俪]	人名	**利衣**	りい
リンユー [铃玉]	人名	**凜由**	りんゆ

インド

インドの公用語、ヒンディー語をヒントに、エキゾチックなイメージの名前にしてみては。

単語	意味	名前例	
イトル [इत्र]	香水	**紘瑠**	いとる
サラク [सड़क]	道	**佐楽**	さらく
ソーナー [सोना]	純金	**奏菜**	そな
チーニー [चीनी]	砂糖	**智仁**	ちに
ラール [लाल]	赤	**羅亜瑠**	らある

タヒチ

ハネムーンでも人気のタヒチ。かわいらしいひびきのことばがいっぱい。

単語	意味	名前例	
アレミティ [Aremiti]	波	**愛玲**	あれ
ティアレ [Tiare]	花	**ティアレ**	てぃあれ
ミティ [Miti]	海	**未知**	みち
ヒメネ [Himene]	歌う	**姫音**	ひめね
マハナ [Mahana]	太陽	**茉花**	まはな

世界の地名

思い出の海外の地名をヒントにおしゃれで異国情緒のある名前を考えてみては。

名前例

露子	あきこ
天俐	あめり
逸子	いつこ
恢路	かいろ
栞縫	かんぬ
玖蕗愛	くろあ
新加	しんか
早瑠	そうる
那伊流	ないる
那保里	なほり
葉乃衣	はのい
英耶	ひでか
紅須	べにす
上海	まさみ
港香	みなか
美羅乃	みらの
揚子	ようこ
羅音	らいん
莉緒	りお

ネーミングストーリー

咲莉《えみりー》ちゃん

英語と日本語2つの意味をこめて

「咲」は「咲《え》み＝笑み」で笑顔があふれる、という思いをこめて、「莉」は生まれ月の６月に咲く茉莉花《ジャスミン》から。「愛らしく清純で素直な」という茉莉花の花言葉にも惹《ひ》かれました。夫はオーストラリア人なので、「Emily」も意識しました。「Emily」は英名でも「穏《おだ》やかで優しい女の子」という、日本名と似た意味があります。そんな子に育つようにと願っています。（優子ママ）

願い

きょうだい・ふたごでつながりをもたせたい

きょうだいやふたごに、家族の絆を感じさせる名前をつけるのも根強い人気。名前につながりをもたせるためにはどのようにすればよいのでしょうか。呼んだときの語《ご》感《かん》をそろえる「音から」、共通の思いをこめる「イメージから」、名前を見たときの印象に関連をもたせる「漢字から」の３つの切り口を紹介します。
また、それぞれの方法にはコツやポイントがあります。名前例をヒントに、子どもたちにぴったりの名前を考えてみましょう。

音から

ひびきをそろえる

「ゆうか」と「ようか」のようにひびきをそろえたり、止め字の音をそろえる方法。違いが聞き取りづらくなりがちなので、先頭字の母音は変えたほうがベター。

止め字が「え」
- 秋絵 あきえ
- 菜恵 なえ
- 芳枝 よしえ

止め字が「か」
- 穂香 ほのか
- 安佳 やすか
- 悠果 ゆうか

止め字が「な」
- 愛奈 あいな
- 加菜 かな
- 麗那 れいな

止め字が「ほ」
- 和歩 かずほ
- 奈穂 なほ
- 美保 みほ

止め字が「み」
- 心実 ここみ
- 七美 ななみ
- 波 なみ

止め字が「り」
- 燈莉 あかり
- 麻里 まり
- 侑李 ゆうり

3音で中字が長音
- 英華 えいか
- 紗彩 さあや
- 萩花 しゅうか
- 未衣奈 みいな
- 玲子 れいこ
- 麗那 れいな
- 蒼太 そうた
- 徹 とおる
- 勇気 ゆうき

末字が長音
- 真優 まゆう
- 真利衣 まりい
- 美有 みゆう
- 由未依 ゆみい
- 建秀 けんしゅう
- 真周 ましゅう

2音で末字が長音
- 希衣 きい
- 玖宇 くう
- 須宇 すう
- 美伊 みい
- 優 ゆう
- 麗衣 れい
- 功 こう
- 翔 しょう

2音で末字が「い」
- 舞 まい
- 芽衣 めい
- 唯 ゆい
- 海 かい
- 類 るい

2音で末字が「ん」
- 杏 あん
- 蘭 らん
- 凛 りん
- 寛 かん
- 慎 しん

2音で末字が「ち」
- 幸 さち
- 那智 なち
- 真知 まち
- 道 みち

濁音
- 樹依 じゅい
- 純 じゅん
- 鈴 すず
- 紅 べに
- 凱 がい
- 暖 だん

拗音
- 愛紗 あいしゃ
- 京子 きょうこ
- 祥瑚 しょうこ
- 美秀 みしゅう
- 秀真 しゅうま
- 譲太郎 じょうたろう

4音
- 綾友 あやとも
- 桜子 さくらこ
- 鈴蘭 すずらん
- 星蘭 せいらん
- 忠智 ただとも
- 春彦 はるひこ

＊**青字**が男の子の名前、**ピンク**の字が女の子の名前です

同じイメージにする

イメージから

自然や色など、共通のイメージから考える方法。つながりをもたせながらも、全く違うひびきの名前にすることができるのもポイントです。

自然
- 海未 うみか
- 空良 そら
- 葉菜 はな
- 花香 はなか
- 光李 ひかり
- 陸玖 りく

海
- 汐音 しおね
- 智波 ちなみ
- 波奈 なみな
- 岬 みさき
- 湊 みなと

天気
- 美雨 みう
- 陽香 ようか
- 晴吾 せいご
- 風太 ふうた

宇宙
- 月奈 つきな
- 那紗 なさ
- 真宙 まひろ
- 星一 せいいち

花
- 秋桜 こすもす
- 咲來 さくら
- 向日葵 ひまわり
- 茉莉花 まりか

色
- 紫保 しほ
- 紅子 べにこ
- 碧麗 みれい
- 紫苑 しおん
- 勇青 ゆうせい

音楽
- 音羽 とわ
- 結音 ゆおん
- 和音 わおと
- 奏 かなで
- 弾 だん

和風
- 琴乃 ことの
- 小百合 さゆり
- 都 みやこ
- 大和 やまと

季節
- 秋穂 あきほ
- 小春 こはる
- 夏菜 なつな
- 美冬 みふゆ

数字
- 一華 いちか
- 二葉 ふたば
- 三瑠 みつる

対になるイメージにする

それぞれの子が独立した個性をもつよう、対になるイメージの名前をつける手もあります。

陸・海・空
- 愛海 まなみ
- 美空 みく
- 陸奈 りくな

右・左
- 左奈 さな
- 右希 ゆうき

一・百
- 一花 いちか
- 逸美 いつみ
- 一音 かずね
- 胡百 こもも
- 百華 ももか
- 百音 ももね

Column

きょうだい・ふたごでセットの名前

ひびきや意味がセットになる名前でつながりをもたせる方法も。
工夫して、ほかの人とはひと味違う名前を考えてみてはいかがでしょうか。

1. つなげると1つのことばに

きょうだいの名前をつなげて読むと熟語や文になる名前。

希美　のぞみ・香苗　かなえ→望み叶え／桜　さくら・朔　さく→桜咲く

気宇　きう・　壮大　そうた→気宇壮大／朝日　あさひ・昇　のぼる→朝日昇る

2. 熟語から1文字ずつ

きょうだいの名前に、熟語から漢字を1文字ずつちりばめます。

正美　まさみ・直人　なおと→正直／真　まこと・心　こころ→真心

悠　はるか・久志　ひさし→悠久／雪菜　ゆきな・美月　みつき・桃花　ももか→雪月花

漢字から

同じ漢字を入れる

気に入った共通の漢字を入れる方法。ただし、先頭字の読みが同じだと略称で呼んだときに紛らわしいので、同じ漢字でも違う読みにするなどの工夫をしましょう。部首をそろえても。

心
- 心海 ここみ
- 心 こころ
- 心一 しんいち

光
- 光 ひかり
- 光紀 みつき
- 光輝 こうき

花
- 花絵 はなえ
- 花成 はなり
- 美花 みか

希
- 希樹 きき
- 希美 のぞみ
- 希月 きづき

空
- 空良 そら
- 晴空 はるく
- 空我 くうが

美
- 加奈美 かなみ
- 美寛 みひろ
- 美佳 よしか

咲
- 咲奈 えみな
- 咲里 さり
- 真咲 まさき

海
- 海心 うみ
- 叶海 かなみ
- 海渡 かいと

紗
- 愛紗 あいしゃ
- 紗くら さくら
- 莉紗 りさ

真
- 真琴 まこと
- 由真 ゆま
- 橙真 とうま

莉
- 絵莉花 えりか
- 由莉 ゆり
- 莉理奈 りりな

彩
- 彩音 あやね
- 彩華 さいか
- 美彩 みさ

葵
- 葵 あおい
- 優葵 ゆうき
- 由葵 ゆき

晴
- 晴子 はるこ
- 美晴 みはる
- 一晴 いっせい

結
- 真結 まゆ
- 結衣 ゆい
- 結莉亜 ゆりあ

陽
- 陽向 ひなた
- 真陽 まひろ
- 陽華 ようか
- 太陽 たいよう

愛
- 愛実 あいみ
- 愛歌 まなか
- 万理愛 まりあ

夢
- 夢子 ゆめこ
- 斗夢 とむ
- 広夢 ひろむ

優
- 美優 みゆう
- 優菜 ゆうな
- 優季 ゆき

文字数をそろえる

文字数をそろえると、全体の雰囲気に統一感が出ます。姓の長さを加味して、長い姓には漢字1文字の名前、短い姓には漢字3文字の名前をつけてみてもよいでしょう。

漢字1文字
- 愛 あい
- 中 あたる
- 楓 かえで
- 慧 けい
- 巴 ともえ
- 華 はな
- 光 ひかり
- 鞠 まり
- 澪 みお
- 港 みなと
- 唯 ゆい
- 陸 りく

漢字3文字
- 亜季葉 あきは
- 恵利奈 えりな
- 加奈子 かなこ
- 香里奈 かりな
- 沙奈恵 さなえ
- 奈那子 ななこ
- 真唯香 まいか
- 真里菜 まりな
- 美紀恵 みきえ
- 由香子 ゆかこ
- 由紀子 ゆきこ
- 百合華 ゆりか

止め字を同じ漢字にする

同じ止め字を使う方法。「名前に使われる止め字」（P482～483）から好きな止め字を探して、さまざまなバリエーションを考えてみましょう。

止め字	名前	読み
乃	綾乃	あやの
	雪乃	ゆきの
	莉乃	りの
々	奈々	なな
	寧々	ねね
	魅々	みみ
央	那央	なお
	未央	みお
	礼央	れお
生	真生	まき
	麻生	あさき
	直生	なおき
衣	亜衣	あい
	芽里衣	めりい
	璃衣	りい
花	咲花	さきか
	羽花	はねか
	心花	みか
里	樹菜里	きなり
	美里	みり
	由里	ゆり
季	瑞季	みずき
	直季	なおき
	優季	ゆうき
波	香波	かなみ
	智波	ちなみ
	美波	みなみ
音	花音	かのん
	葉音	はおん
	美音	みのん
海	羽海	うみ
	愛海	まなみ
	直海	なおみ
香	季香	きか
	虹香	にじか
	実香	みか
夏	絵夏	えなつ
	菜夏	ななつ
	真夏	まなつ
華	七華	ななか
	美華	みか
	莉理華	りりか
菜	華菜	かな
	美菜	みな
	優菜	ゆうな
葉	彩葉	あやは
	琴葉	ことは
	由里葉	ゆりは
瑠	愛瑠	あいる
	芽瑠	める
	駆瑠	かける
澄	愛澄	あすみ
	香澄	かすみ
	実澄	みすみ
穂	和穂	かずほ
	香穂	かほ
	高穂	たかほ
織	伊織	いおり
	香織	かおり
	美織	みおり

名前エピソード

心春《こはる》ちゃん　実春《みはる》ちゃん

二人の名前を呼び間違えてばっかり……

いつも穏《おだ》やかでニコニコしていた夫のお父さんは「春」がつく名前。そこで娘たちも「春」のついた名前を受け継ぐことにしました。長女は「みんなの心に春を」という意味で「心春《こはる》」、次女は「春を実らせる」という意味で「実春《みはる》」に。しかし、二人とも「春」で終わる名前でひびきが似ているので、しょっちゅう呼び間違えてしまい、子どもから突っ込まれています。

ヒント

芸能人の子どもの名前から

芸能人の子どもの名前は、
センスのよさや個性を感じるものがたくさん。
クリエイティブな芸能人ならではの名づけをヒントにしてみては？

安藤美姫（元フィギュアスケート選手）
子の名前
ひまわり

IZAM（ミュージシャン）・**吉岡美穂**（タレント）
子の名前
桜深 おうみ
王詞 きこと
希海 きうな

市川海老蔵（歌舞伎役者）・**小林麻央**（タレント）
子の名前
麗禾 れいか
勸玄 かんげん

内山麿我（タレント）
子の名前
愛音來 あねら

エハラマサヒロ（タレント）
子の名前
美羽 みう
風羽 ふう
音羽 おとは

金子貴俊（俳優）
子の名前
颯良 そうら
茉里咲 まりさ

木村拓哉（タレント）・**工藤静香**（歌手）
子の名前
心美 ここみ
光希 みつき

庄司智春（タレント）・**藤本美貴**（タレント）
子の名前
虎之助 とらのすけ
羽沙 つばさ

杉浦太陽（俳優）・**辻希美**（タレント）
子の名前
希空 のあ
青空 せいあ
昊空 そら

白鵬（力士）
子の名前
愛美羽 あみう
眞羽人 まはと
美羽紗 みうしゃ

藤本敏史（タレント）・**木下優樹菜**（タレント）
子の名前
莉々菜 りりな
茉叶菜 まかな

松嶋尚美（タレント）
子の名前
空詩 らら

松本人志（タレント）
子の名前
てら

MIYAVI（ミュージシャン）
子の名前
愛理 らゔり
希理 じゅえり

本木雅弘（俳優）
子の名前
雅楽 うた
伽羅 きゃら
玄兎 げんと

＊青字が男の子の名前、ピンクの字が女の子の名前です

PART
4

使いたい文字にこだわって

漢字から名づける

基礎知識

赤ちゃんにぴったりの漢字と出合おう

2999字の漢字が使える

８万字以上あるといわれる漢字のうち、名前に使えるのは２９９９字です。

人名に使える漢字は、「戸籍法《こせきほう》」という法律によって「子の名には、常用平易な文字を用いなければならない」と決められています。「常用平易な文字」とは、常用漢字と人名用漢字のことです。

常用漢字とは、一般の人が日常生活をおくるために必要な漢字の目安として定められたものです。

一方、人名用漢字は、特に人の名前に用いるために定められたもの。２００４年に、この人名用漢字が全面的に見直されました。

２０１０年には常用漢字が改定され、２００字近く追加されたため、現在人名に使える漢字は２９９９字となりました。

パパ・ママ世代が生まれたころに比べ、名前に使える漢字の選択肢はずっと広がっています。漢字をいろいろ見比べて、赤ちゃんの名前の漢字選びを楽しんでください。

名前に向いている漢字から考えて

常用漢字は、もともと人名を想定して定められたものではありません。人名用漢字も、一般からの要望に加えて、社会での使用頻度《ひんど》も考慮《こうりょ》して選ばれたものです。

そのため、「死」「病」「貧」などのマイナスの印象が強い字や、「胃」「腰」「尿」などの、実用的でも名前には向かない漢字が含まれています（→Ｐ488）。また、難しい旧字もたくさん入っています。

名づけに使える３０００字近くの漢字のうち、実際に名前の候補になるのは、その半分程度でしょう。Ｐ225からの「漢字と名前のリスト」では、特に名前にふさわしい漢字について解説しています。ぜひ役立ててください。

名前には常用漢字と人名用漢字が使える

常用漢字 2136字
新聞や主な出版物をはじめとする、社会生活で使う漢字の目安。大部分は小・中学校で学習する。2010年に196字追加され、人名用漢字に5字移行した。

＋

人名用漢字 863字
特に人名に使用できる漢字として定められている漢字。2004年に大幅に見直され、その後の追加や2010年の常用漢字の改定を経て、現在の863字となった。

これらの漢字のほか、ひらがなとカタカナ、長音記号（ー）と繰り返し記号（々、ゝ、ゞ など）も使用できる。

名前に使える漢字

2999字

Check

使える漢字か☑《チェック》しよう

戸籍を管轄《かんかつ》する法務省のホームページでは、使いたい漢字が名前に使えるかどうかや、正しい字形を、確実にチェックすることができます。

1 法務省戸籍統一文字情報にアクセスし、「検索条件入力画面」へ

↓

2 「読み」に漢字の読みを入力し、「子の名に使える漢字」の人名用漢字、常用漢字にチェックを入れる

一般的な音《おん》読みや訓《くん》読みを入力するのがコツ

↓

検索

↓

3 使える漢字が表示される

画数や部首などでも検索できるが、画数は本書の画数の数え方と違う場合もあるので注意

ヒント

楽しみながら漢字をさがそう

視覚的なイメージにも注目して

漢字を見て、意味はよく知らないけれど、形がなんとなく好き、と思ったことはありませんか?

漢字は、事物をかたどった絵が図案化されて、意味をもつ文字となったものです。そのため、言語的な意味を表すほか、画像的なイメージを呼び起こしたり、想像力をかきたてたりすることがあるのです。

漢字は、「圭」「容」のような左右対称の字、「鷲」「鑑」のような画数が多く黒っぽい字など、表情もいろいろ。また、「来」「灯」と、旧字の「來」「燈」では、受ける印象がずいぶん違います。

漢字を選ぶときは、意味はもちろん、形や字面《じづら》にも注目して、楽しみながらさがしてください。

部首は漢字の意味の手がかりになる

「山」や「火」「目」などの事物の形がそのまま図案化されたものを除き、ほとんどの漢字は、いくつかの部分が組み合わさってできています。

いちばん多いのは、意味を表す部分と音を表す部分とを組み合わせたものです。意味を表す部分である「部首」からは、漢字のおおよその意味を推測することができます。

たとえば「紗」の部首は「糹(いとへん)」。糸や織物に関する漢字です。ほかにも「木(きへん)」なら植物にかかわる漢字、「氵(さんずい)」

主な部首の意味

部首	意味	漢字の例
日 ひへん	太陽。	晴　暉
木 きへん	木。植物。	樹　柘
王 おうへん	玉。宝石。	珠　琥
禾 のぎへん	稲。穀物。	秋　穂
衤 ころもへん	衣服。	裕　襟
糸 いとへん	糸。織物。	紗　織
言 ごんべん	ことば。	詩　謙
貝 かいへん	金。財産。	財　賑
阝 おおざと	国。地域。	都　郷
隹 ふるとり	鳥。	雅　雄
宀 うかんむり	家。屋根。	宙　実
艹 くさかんむり	草。植物。	英　葉
辶（辶）しんにょう	道。行く。進む。	達　遙

部首	意味	漢字の例
人 ひと 亻 にんべん	人。	佳　伶
心 こころ 忄 りっしんべん	心。精神の作用。	愛　恢
水 みず 氵 さんずい	水。流れ。	泉　汐
彡 さんづくり	模様。飾り。	彩　彰
注意したい部首		
犭 けものへん	犬。動物。	猿　狂
刂 りっとう	刃物。切る。	刑　別
灬 れんが	火。	無　焦
疒 やまいだれ	病気。	疲　痛
月 にくづき	体の部分。	腕　脂

＊つきへん（「服」など）と同じ形なので注意。

例

晴

意味を表す 日

音を表す 青

なら水に関連する漢字など、部首によって、漢字のだいたいの意味を推測できます。

音を表す部分も、チェックしましょう。

たとえば「苺（マイ・いちご）」は、植物を表す「艹（くさかんむり）」と「マイ」の音を表す「母」の組み合わせ。母親の乳房《ちぶさ》の形をした植物、という意味を表します。かわいいだけでなく、母親の温かさをイメージさせる字でもあるんですね。

まずは基本の読み方と意味をおさえて

漢字の読み方には、音《おん》読みと訓《くん》読み、名乗《なの》りがあります。

「葵夏《きか》」のように音読みを使うと、かっちりとした感じに、「葵《あおい》」のように訓読みを使うと、やわらかい感じになる傾向が。

漢字の意味をストレートに表したいときや優しい印象の名前にしたいときは、訓読みを活かしてみるのも手です。

漢字の音のみを利用する万葉仮名《まんようがな》風の当て字も、昔から使われている伝統的な方法です。

漢和辞典を味方につけて

名づけに大活躍するのが漢和辞典。発想が広がったり、思わぬ出会いに導かれたりすることも。最新の人名用漢字、常用漢字に対応した辞典を用意すると便利です。

漢字の読み方は3種類

音読み
中国語の読みをもとにした読み方。「花」では「カ」。

訓読み
中国から伝わった漢字に、同じ意味の日本語(やまとことば)を当てた読み方。「花」では「はな」。

名乗り
人名の場合に使われる読み方。本来の読みからかけ離れたものも多い。「花」では「はる」「みち」など。

例

花
カ……………音読み
はな…………訓読み
はる・みち…名乗り

重箱《ジュウばこ》読み・湯桶《ゆトウ》読み
2字以上の熟語で、音+訓で読む読み方を重箱読み、訓+音で読む読み方を湯桶読みという。「洵香《ジュンか》」は重箱読み、「春奈《はるナ》」は湯桶読み。

漢和辞典の使い方

＊用語や記号、情報の表示のしかたは、辞典ごとに多少違います。各辞典の凡例《はんれい》（辞典の最初にある使い方）にしたがってください。

9
【祐】
ネ 5
㊅
ユウ
たすける
10
【祐】
示 5

字解 形声。「たすける」意味を表す「右」に「示」を加えて、「神のたすけ」の意味を表す。

意味 ❶たすける。たすけ。❷天の与える幸福。

用例 【祐助】ユウジョ 天の助け。
【祐筆】ユウヒツ 文を書くこと。貴人に仕えて文書を書く役をした人。

名乗り さち・ち・ひろ・まさ・みち・ゆ・よし

総画数。辞典によって数え方が異なる場合がある。

部首と、部首を除いた画数。辞典によって分類が異なる場合も。

「人名用漢字」を表す印。常用漢字には㊐の印がある場合が多い。

音読みはカタカナ、訓読みはひらがなで示されている。

旧字や異体字。人名に使えるかどうかは別に確認が必要。

漢字の起源。漢字のなりたちがわかる。

漢字の意味。意味が複数ある場合も多い。

漢字を使った熟語の例。漢字のイメージがより具体的になる。

名前特有の読み方。「人名」「名前」などのように示す場合もある。

漢和辞典の3つのさくいん

音訓さくいん
漢字の音読みや訓読みからさがす。同じ読みの中は画数順に並んでいる。

部首さくいん
読めないが部首がわかるときに使う。部首の画数順に並んでいる。その部首のページを見て、部首を除いた画数からさがす。

総画さくいん
読み方も部首もわからないときに使う。見つからないときは、前後１～２画も見る。

最近人気の漢字は？

女の子の名前の漢字ベスト10

女の子の名前に使われる最近人気の漢字と、
その漢字を使った名前の例を紹介します。
可憐で愛らしいイメージや、
人との絆を感じさせる字が人気です。

		名前の例
1位	花	花《はな》／一《いち》花《か》 ←読みの例
2位	菜	陽《ひ》菜《な》／結《ゆい》菜《な》
3位	奈	杏《あん》奈《な》／優《ゆう》奈《な》
4位	美	美《み》桜《お》／美《み》月《つき》
5位	愛	結《ゆい》愛《な》／愛《あい》梨《り》
6位	結	結《ゆ》衣《い》／美《み》結《ゆ》
7位	莉	愛《あい》莉《り》／明《あか》莉《り》
8位	咲	咲《さく》良《ら》／美《み》咲《さき》
9位	乃	彩《あや》乃《の》／乃《の》愛《あ》
10位	子	莉《り》子《こ》／桃《もも》子《こ》

11位～20位の漢字は……

11位	心
12位	彩
13位	優
14位	希
15位	陽
16位	香
17位	音
18位	紗
19位	里
20位	華

出典：明治安田生命ホームページ　2016年データ参考

赤ちゃんに
ぴったりの
漢字を見つけよう

名前にふさわしい 漢字と名前のリスト

常用漢字・人名用漢字のうち、
赤ちゃんの名前にふさわしい漢字を860字選んで、
漢字の読み方と意味、名前の例を載せました。

リストの見方

リストは画数順に並んでいます。漢字の画数がはっきりしないときは、
「漢字一覧」（→P434～480）を利用してください。

名づけのヒント

名づけでの人気度や最近の使い方の傾向、読みの語感《ごかん》、気をつけたい熟語など、漢字を使った名づけのヒントになる情報です。読みの語感は、脳科学の理論に基づいて分析しました。

栄

エイ
さかえる
はえる
名 え　しげ
ひさ　ひで
ひろ　よし

旧 榮

もとの字は「榮」。かがり火の燃え盛る様子を表し、栄える、華やぐなどの意味になった。華やかな生涯を願って。

ヒント 「えい」の音は、飾らない優しさのある印象に。懐《ふところ》の深さを感じさせる「え」の音で万葉仮名風にも。

紗栄　さえ
栄歌　しげか
栄恵　ひさえ
栄実　ひでみ
栄祢　ひろね
瑞栄　みずえ
栄花　よしか
沙知栄　さちえ
真里栄　まりえ
美津栄　みづえ

主な読み方

音《おん》読み（カタカナ）と訓《くん》読み（ひらがな）、主な名《な》乗《の》り（名前特有の読み方。名のあとに示しています）が順に載っています。

漢字

同じ画数の中は、原則として、最初にある読みの50音順に並んでいます。旧字や異体字も名づけに使える場合は、左記の旧のあとにその字を示しています。

名前の例

漢字を使った名前と読み方の例です。

意味

漢字のなりたちや主な意味、漢字のもつイメージなどが載っています。

＊リストにない漢字について知りたいときは、漢和辞典を利用してください（漢和辞典の使い方→P223）。

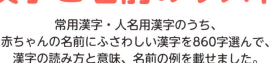

1画

一

イチ　イツ
ひと　ひとつ
名 か　かず　ただ　ひ　もと

ひとつ。また、はじめ、すべての意味もある。はじめての子、長女によく使う。何事も一番になるよう願って。
ヒント　「いち」「いつ(っ)」の音で、前向きな印象をプラス。リーダーを思わせる「かず」の音でも。

一咲	いさき
一花	いちか
一歌	いちか
一子	いちこ
一衣	かずえ
一沙	かずさ
一葉	かずは
一恵	ただえ
一海	ひとみ
一穂	もとほ

乙

オツ
名 いつ　お　おと　きのと　くに　と

十干《じっかん》の二番目。小さく愛らしいという意味ももち、乙姫《おとひめ》はこの用例。粋《いき》な感じもする字。
ヒント　「いつ」の読みは、まっすぐで力強い印象。「おと」と読むと、おおらかで癒《いや》しを感じる名前に。

乙	きのと
乙妃	いつき
乙海	いつみ
乙羽	おとは
乙葉	おとは
乙未	おとみ
乙女	おとめ
乙花	くにか
美乙	みと
莉乙	りお

2画

七

シチ　なな
なつ　なの
名 かず　な

七つ。「ラッキーセブン」ということばもあるように、幸せの象徴。幸福な人生をおくれるよう願いをこめて。
ヒント　多くの幸せに恵まれるイメージに、「なな」「な」の読みで、やわらかく人なつっこい印象を加えて。

七	なな
愛七	あいな
綾七	あやな
恵七	えな
七恵	かずえ
七紗	かずさ
七芭	かずは
慧七	けいな
心七	ここな
咲七	さな
七李	しちり
七虹	なこ
七緒	ななお
七夏	ななか
七輝	ななき
七子	ななこ
七星	ななせ
七葉	ななは
七帆	ななほ
七海	ななみ
七夢	ななむ
七女	ななめ
七世	ななよ
七胡	なのこ
花七	はな
陽七	ひなの
実七	みな
唯七	ゆいな
仁衣七	にいな
美七子	みなこ

十

ジュウ　ジッ
とお　と
名 かず　しげ　そ　とみ

数の十のほか、十分、完全、全部の意味もある。多くの才能をもち、なんでも見事にやり遂げる素敵な女性に。
ヒント　先頭字、止め字どちらでも使われる。「と」と読むと優しく頼りがいのある印象の名前に。

十実	かずみ
十葉	しげは
十里	じゅうり
十乃	その
十胡	とおこ
十夢	とむ
美十	みとみ
優十	ゆと
十和子	とわこ
夢十可	むとか

人

ジン　ニン
ひと
名 きよ　さね　たみ　と　むと　め

人が立っているのを横から見た形。人間、民、人柄などの意味を表す。優れた立派な人物になるよう願って。
ヒント　男の子定番の字だが、女の子らしい字と組み合わせて使っても。「きよ」の音は潔さと優しさが融合した印象。

彩人	あやめ
貴人	きさね
人凛	きより
胡人	こむと
人菜	じんな
人香	たみか
人美	ひとみ
真人	まと
由人	ゆめ
璃人	りと

二

ニ　ふた
ふたつ
名 かず　さ　つぐ　ふ

二つ。また、再び、並ぶなどの意味もある。二番目の子、次女によく使う。奥ゆかしく、素直に育つよう願って。
ヒント　「無二の親友」のように、何ものにもかえがたい子への思いをこめて。「に」の音は人なつっこいイメージ。

二紗	かずさ
二実	つぐみ
二胡	にこ
二那	にな
二葉	ふたば
美二	みさ
柚二	ゆに
二千華	にちか
一二三	ひふみ
不二子	ふじこ

乃

ダイ　ナイ
すなわち　の
名 のり　ゆき

ひらがなの「の」のもとになった字で、そのままの意味。止め字として人気がある。さらりと小粋《こいき》な女性に。
ヒント 人気の止め字。「の」の音で、優しくのどかな雰囲気の名前に。「のり」と読むとアイドル的なイメージに。

乃 ゆき
彩乃 あやの
郁乃 いくの
衣乃 いのり
歌乃 うたの
叶乃 かのり
橘乃 きつの
琴乃 ことの
咲乃 さきの
紗乃 さゆき

詩乃 しの
鈴乃 すずの
乃耶 だいや
乃琉 ないる
乃亜 のあ
乃愛 のあ
乃香 のりか
乃紗 のりさ
芭乃 はの
羽乃 はのり

春乃 はるの
尋乃 ひろの
柚乃 ゆの
夢乃 ゆめの
嘉乃 よしの
梨乃 りの
恵理乃 えりの
香乃子 かのこ
乃々花 ののか
未乃莉 みのり

八

ハチ　や
やっ　やっつ
よう
名 かず　は
わ　わかつ

八つ。また、八重桜、八千代のように数の多いことを表す。優しく、おおらかな女性に育つよう願って。
ヒント 末広がりの字形から、おめでたい印象に。「や」「は」「わ」の読みで万葉仮名風の使い方も。

八恵 かずえ
八華 はな
美八 みよう
八重 やえ
八代 やしろ
八都 わかつ
紗八架 さやか
八寿喜 はずき
八智代 やちよ
八香菜 わかな

3画

丸

ガン　まる
まるい
名 ま　まろ

丸い様子を表す。丸ごと、全部の意味も。船名や男性名の止め字に使われる。おおらかで包容力豊かな女性に。
ヒント 「ま」の読みで万葉仮名風に使うと新鮮。「ま」の読みは、やわらかく満ち足りたイメージになる。

衣丸 いまる
恵丸 えま
丸央 まお
丸心 まこ
丸奈 まな
丸鈴 まりん
丸稟 まりん
丸実 まるみ
優丸 ゆま
丸朗華 まろか

弓

キュウ　ゆみ
名 み　ゆ

弓、弓の形をしたものを意味する。弓なりに曲がる意味も。強さとしなやかさを兼ねそなえた人に育つように。
ヒント 柔軟性と強さをあわせもつ字。「ゆみ」の音は、人に夢を与え、充実した世界へといざなうイメージ。

亜弓 あゆみ
愛弓 あゆみ
麻弓 まゆ
真弓 まゆみ
弓絵 ゆみえ
弓子 ゆみこ
弓李 ゆみり
夢弓 ゆめみ
弓美子 ゆみこ
弓理花 ゆりか

久

キュウ　ク
ひさしい
名 つね　なが

永遠という意味を表す。人は永遠を求めるものなので、よく名前に使われる。変わらぬ美しさや輝きを願って。
ヒント 字の縁起のよいイメージに、「く」で気品とミステリアスさが、「ひさ」でカリスマ性が加わる。

愛久 あいく
久羽 くう
久実 くみ
咲久 さく
滴久 しずく
永久 とわ
久子 ながこ
久恵 ひさえ
久菜 ひさな
久音 ひさね

久埜 ひさの
美久 みつね
悠久 ゆうく
陸久 りく
凛久 りんく
安久里 あぐり
衣久美 いくみ
香久弥 かぐや
久仁子 くにこ
久美代 くみよ

久楽々 くらら
久璃子 くりこ
久琉美 くるみ
久瑠璃 くるり
久怜葉 くれは
沙久美 さくみ
紗久楽 さくら
実久莉 みくり
美久瑠 みくる
芽久実 めぐみ

己

コ　キ
おのれ
名 い　おと
な　み

自分のことを表す。十《じっ》干《かん》の六番目の意味も。自分を大切にし、長く幸福な人生を歩めるよう願いをこめて。
ヒント 読みが多く、女の子の止め字にも使いやすい字。「克己《こっき》」のように、強い心の持ち主になるよう祈って。

亜己 あい
愛己 あいみ
泉己 いずみ
己花 おとか
紗己 さき
己美 なみ
己友 みゆ
侑己 ゆうき
理己 りこ
夕己美 ゆきみ

才

サイ
名 さ た
たえ とし

重要な場所として「ある」というのがもとの意味で、生まれつきの能力を表す。豊かな才能が授かることを願って。

ヒント　さわやかなリーダーの印象の「さ」や、古風なしっかり者の印象の「たえ」の音などで使われる。

才彩	さあや
才香	さいか
才弥	さや
才恵	たえ
才子	たえこ
知才	ちさ
美才	みさ
才輝子	さきこ
才歌子	たかこ
梨才湖	りさこ

三

サン　み
みっつ
名 かず こ
さ ざ そ
そう

数の三。多くなる、集まるの意味を表す。日本では古来から縁起のよい数とされた。だれからも愛される女性に。

ヒント　颯爽《さっそう》としてさわやかな「さ」、満ち足りた印象の「み」などの読みを活かして、万葉仮名風に。

三沙	かずさ
三羅	さら
三奈	そうな
珠三	たまみ
三羽	みう
三葉	みつば
三夢	みむ
莉三	りこ
稜三	ろうざ
三知香	みちか

士

シ
名 あき お
こと さち
と のり

さむらい、役人、裁判官などの意味を表す。また、立派な人の意味も。事業家として成功しそうなイメージ。

ヒント　男の子の印象の強い字だが、包みこむような「お」や、はつらつとした「あき」の音で、女の子にも。

士菜	あきな
礼士	あやお
士緒	さちお
士織	しおり
士穂	しほ
士香	のりか
実士	みこと
李士	りと
士寿子	しずこ
美世士	みよし

之

シ　ゆく
これ この
の
名 ひさ ひで
ゆき よし

足跡の形からできた字で、行く、進むの意味を表す。積極的で、内に強さを秘めた人物をイメージさせる字。

ヒント　のどかで包みこむような「の」の音で女の子にも使われる。女性らしい字を組み合わせて。

晶之	あきの
詩之	しの
千之	ちゆき
楓之	ふうの
之奈	ゆきな
柚之	ゆの
香之里	かのり
那之華	なのか
野之花	ののか
美之里	みのり

子

シ ス こ
名 ず たか
ちか とし
ね

もとは王子の意味で、のち、子どもの意味に。十二支の最初の「ね」。長い歴史のある、女性の代表的な止め字。

ヒント　「こ」で終わる名前は、機敏《きびん》で愛らしい印象。「玉」や「水」など、組み合わせると違和感のある字に注意。

愛子	あいこ
亜子	あこ
朝子	あさこ
惟子	いとし
歌子	うたこ
香子	かおるこ
希子	きこ
栗子	くりこ
琴子	ことこ
櫻子	さくらこ
子季	しき
苑子	そのこ
子奈	たかな
子葉	ちかは
子歌	としか
寧子	ねね
華子	はなこ
舞子	まいね
真子	まこ
路子	みちか
萌子	もこ
桃子	ももこ
莉子	りこ
彩子沙	あずさ
香子乃	かずの
かの子	かのこ
早紀子	さきこ
菜々子	ななこ
未衣子	みいこ
柚子姫	ゆずき

巳

シ　み

蛇の形を表す字で、十二支の六番目の「み」に用いられる。名前としても「み」の読みが多い。情熱的な女性に。

ヒント　止め字のほか、万葉仮名風にも。「み」の音は、イキイキ、キラキラして、周囲から愛されるイメージ。

愛巳	あいみ
巳埜	しの
巳信	しのぶ
直巳	なおみ
巳貴	みき
巳紅	みく
悠巳	ゆうみ
瑠巳	るみ
巳緒奈	しおな
巳実香	みみか

女

ジョ　ニョ
ニョウ
おんな　め
名 こ たか
よし

女性がひざまずいている形。小さくか弱い意味も表し、止め字にも使う。しとやかで、神秘的な感じにもなる字。

ヒント　「め」と読むと、おっとりした夢見る少女のイメージに。愛らしくキュートな「こ」と読む字としても。

綾女	あやめ
桜女	さくらこ
女恵	たかえ
夏女	なつめ
弘女	ひろめ
萌女	もえこ
柚女	ゆめ
女美	よしみ
香奈女	かなめ
女亜莉	めあり

小

ショウ
ちいさい　こ
お
名 さ ささ

小さい、少し、若いなどの意味を表す。「小《さ》夜《よ》」のように語調を整える接頭語にも。かわいく愛らしい女性に。

ヒント　先頭字によく使われる。「こ」の音でさらにキュートな印象に。「さ」と読むとさわやかさが加わる。

小春	こはる
小陽	こはる
小町	こまち
小雪	こゆき
小芽	ささめ
小夜	さよ
佳小里	かおり
沙小莉	さおり
小夜佳	さやか
小百合	さゆり

丈

ジョウ　たけ
名 じょ　とも
ひろ　ます

「杖」のもとの字で、がっちりした、強いなどの意味を表す。長さの単位の意味も。健やかに明るく育つように。
ヒント 人間性豊かな「とも」、情熱的な「ひろ」の読みなどで使われる。女性らしい字と組み合わせて。

丈	たけ
丈禾	じょうか
丈那	じょな
丈実	たけみ
千丈	ちひろ
丈華	ともか
丈実	ともみ
丈花	ひろか
丈恵	ますえ
美丈	みひろ

夕

セキ　ゆう
名 ゆ

夕方の月の形からできた字。夕方、日暮れどきの意味を表す。日本的な、芯の強い女性をイメージさせる字。
ヒント 意味も字形も優雅な和の雰囲気。大人気の「ゆ」「ゆう」の音で、さらにゆったりとして優しい印象に。

亜夕	あゆ
沙夕	さゆ
夕那	せきな
奈夕	なゆ
芙夕	ふゆ
麻夕	まゆう
澪夕	みゆ
美夕	みゆう
萌夕	もゆ
夕愛	ゆあ
夕依	ゆい
夕夏	ゆうか
夕綺	ゆうき
夕子	ゆうこ
夕奈	ゆうな
夕陽	ゆうひ
夕美	ゆうび
夕莉	ゆうり
夕月	ゆづき
夕南	ゆな
夕真	ゆま
夕実	ゆみ
夕芽	ゆめ
夕楽	ゆら
穂夕里	ほゆり
真夕佳	まゆか
真夕李	まゆり
夕乃華	ゆのか
夕未佳	ゆみか
夕莉子	ゆりこ

大

ダイ　タイ
おお
おおきい
名 お　た
はる　ひろ

手足を広げて立つ姿を正面から見た形。大きい、優れた、豊かなどの意味。人を包みこむような優しい女性に。
ヒント 女の子には、落ち着きのある「ひろ」の音や、母性を感じさせる「お」、誇り高い「た」の音で。

大乃	おおの
大央	たお
珠大	たまお
大香	はるか
大実	はるみ
大恵	ひろえ
大海	ひろみ
真大	まお
美大	みお
魅大	みはる

千

セン　ち
名 かず　ゆき

数がたいへん多いことを表す。千金、千変、千秋《せんしゅう》、千歳《ちとせ》などはこの用法。長寿と幸福を願ってよく使われる字。
ヒント 字のもつ縁起のよさに、「ち」の音でパワフルさとキュートさを、「かず」の音で知性と重厚感を加えて。

千	ゆき
千沙	かずさ
千音	かずね
千埜	かずの
千帆	かずほ
胡千	こゆき
沙千	さゆき
千李	せんり
千明	ちあき
千笑	ちえみ
千織	ちおり
千景	ちかげ
千紗	ちさ
千里	ちさと
千菜	ちな
千夏	ちなつ
千早	ちはや
千春	ちはる
千尋	ちひろ
千穂	ちほ
千乃	ゆきの
千実	ゆきみ
一千花	いちか
千江利	ちえり
千香子	ちかこ
千鶴子	ちづこ
千奈実	ちなみ
真千子	まちこ
実千加	みちか
八千代	やちよ

土

ド　ト　つち
名 ただ　つつ
のり　はに
ひじ

土地の神をまつって盛った形で、つち、大地、ふるさとなどの意味を表す。大地に根ざしてしっかり生きるように。
ヒント 字のもつ広大なイメージに、堂々としてセクシーな「ど」の音で、一流の人に育つ印象を増して。

亜土	あど
絵土	えと
土筆	つくし
土箕	つつみ
土和	とわ
土香	のりか
土依	はにい
莉土	りと
土怜美	どれみ
真土花	まどか

万

マン　バン
よろず
名 かず　かつ
たか　つむ
ま

旧 萬

数の万、数が多い意味を表す。もとの字は「萬」。「マ」の読みでよく使われる。さまざまな能力の高い女性に。
ヒント 「ま」の音で万葉仮名風に。「ま」の音を使うと、心優しく満ち足りた雰囲気がプラスされる。

愛万	あたか
綾万	あつむ
有万	ありま
笑万	えま
万絵	かずえ
万南	かずな
万帆	かずほ
万李	かずり
万稀	かつき
万実	かつみ
志万	しま
万恵	たかえ
万沙	たかさ
万美	ばんび
万朝	まあさ
万桜	まお
万叶	まかな
万澄	ますみ
万智	まち
万菜	まな
万尋	まひろ
万穂	まほ
万葉	まよ
柚万	ゆま
里万	りま
志万子	しまこ
多万恵	たまえ
万紗子	まさこ
万由子	まゆこ
万莉奈	まりな

也

ヤ　なり
また
名　あり　ただ

水を入れる器《うつわ》の形からできた字。ひらがなの「や」はこの字から出た。意志の強い、毅然《きぜん》とした女性に。
ヒント　「や」の音は優しさと開放感にあふれる印象、「なり」の音は人なつっこさと理知が融合した印象になる。

也紗	ありしゃ
也栖	ありす
也奈	ありな
也夢	ありむ
華也	かなり
珂也	かや
季也	きなり
胡也	こなり
早也	さなり
紗也	さや
也慧	ただえ
也花	ただか
也巴	ただは
也美	なりみ
葉也	はなり
妃也	ひなり
麻也	まや
芽也	めあり
亜也乃	あやの
恵理也	えりや
香也乃	かやの
沙亜也	さあや
咲久也	さくや
紗也夏	さやか
知芭也	ちはや
茉愛也	まあや
茉莉也	まりや
美也子	みやこ
也奈子	やなこ
友里也	ゆりや

与

ヨ　あたえる
名　あと　くみ　すえ　とも　のぶ　よし
旧　與

もとの字は「與」。ともにする、仲間の意味を表す。親切で友達思いの、人から慕《した》われる人物をイメージさせる字。
ヒント　「よ」と読むと、懐《ふところ》深く、人を包みこむ印象、「くみ」と読むと、賢さとキュートさをあわせもつ印象に。

与栄	あたえ
香与	かよ
与香	くみか
輝与	てるよ
与実	ともみ
与絵	のぶえ
葉与	はあと
真与	まくみ
与乃	よしの
美与莉	みより

4画

允

イン
名　いただ　まこと　ちか　まさ　み　みつ　よし

もとは問いただすことを表す字で、そこから、まこと、許すの意味が生まれた。誠実で、おおらかな人に。
ヒント　いろいろな読みで先頭字、止め字どちらにも使われる。「みつ」と読むと甘く満ち足りた印象の名前に。

允	まこと
允予	いよ
允絵	ただえ
珠允	たまみ
允美	まさみ
実允	みちか
允華	みつか
允誉	みつよ
允乃	よしの
瑠允	るい

円

エン　まるい
名　つぶら　のぶ　まど　まどか　みつ
旧　圓

まるい、まろやかのほか、角がない、穏《おだ》やかの意味もある。人柄の温かい、皆に愛される人になるように。
ヒント　欠けたところのないという意味も。「まどか」の音で、満ち足りていて、重厚感あふれる名前に。

円	まどか
弧円	こまど
円羅	つぶら
円絵	のぶえ
円佳	まどか
円香	まどか
円美	まるみ
円希	みつき
円実	みつみ
円瑠	みつる

王

オウ
名　お　き　きみ　たか　み　わ　わか

王のシンボルであるまさかりの形からできた字。王のほか、栄える意味も。他人から尊敬される威厳のある人に。
ヒント　女の子らしい字と組み合わせて止め字にしても。「お」で終わると包容力のある母性を感じさせる名前に。

秋王	あきみ
王花	おうか
王雅	きみか
王羽	たかは
愛王	まなお
美王	みわ
璃王	りお
王菜	わかな
優王那	ゆきな
佑王未	ゆきみ

火

カ
ひ　ほ

燃えるほのおをかたどったもの。ほのお、明かり、光のほか、火事や激情の意味も。燃えるような人生を願って。
ヒント　「ひ」の音は、カリスマ性を感じさせる。軽やかな印象の「か」、くつろぎを感じさせる「ほ」の音でも。

旭火	あさひ
彩火	あやか
火那	かな
火漣	かれん
花火	はなび
夕火	ゆうひ
麗火	れいか
火奈子	ひなこ
火茉莉	ひまり
莉理火	りりか

元

ゲン　ガン
もと
名　あさ　ちか　はる　まさ　ゆき　よし

おおもと、はじめ、かしらなどの意味のほか、天や天地の気も表す。スケールの大きい、個性的な女性に。
ヒント　やわらかさと強さをあわせもつ「ゆき」や、豊かで包容力のある「もと」など、さまざまな読みで使って。

元美	あさみ
智元	ちはる
椰元	なゆき
元奈	はるな
元菜	まさな
美元	みちか
元華	もとか
元子	もとこ
元乃	ゆきの
元華	よしか

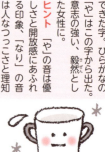

月

ゲツ　ガツ
つき
名 つぎ　づき

月の形からできた字。皐月《さつき》、葉月《はづき》など陰暦の月の名からとった名前も多い。神秘的なムードの女性に。

ヒント　止め字として使うときは、静かな闘志を感じさせる「つき」、潤《うるお》いと輝きのある「づき」どちらでも。

月	つき
篤月	あつき
杏月	あづき
偉月	いつき
香月	かつき
佳月	かづき
如月	きさらぎ
季月	きづき
胡月	こづき
小月	さつき
皐月	さつき
思月	しづき
月華	つきか
月子	つきこ
月菜	つきな
月乃	つきの
月美	つきみ
那月	なつき
葉月	はづき
風月	ふづき
穂月	ほづき
待月	まつき
美月	みつき
心月	みづき
光月	みづき
睦月	むつき
結月	ゆづき
優月	ゆづき
夏月姫	なつき
夕月香	ゆづか

五

カ　ゴ
いつつ
名 い　いず
かず　ゆき

五つ。また、中国の五行（天地を構成する五つの元素＝木、火、土、金、水）にもつながる神秘的な数。

ヒント　「い」や「いつ」と読むと、一途《いちず》でがんばり屋さんの印象に。月の異名「五月《さつき》」から名づけても。

五澄	いずみ
五華	いつか
五希	いつき
五輝	いつき
五乃	いつの
五瑠	いつる
五巴	かずは
五月	さつき
紗五	さゆき
燦五	さんご

公

コウ
おおやけ
名 きみ　きん
く　こ　さと
たか　ひろ

かたよらず、公平で正しいことの意味。いろいろな読み方で使われる。だれからも親しまれ、尊敬される人に。

ヒント　公平で開かれた印象の字。「きみ」の音は知的だがスイートな印象に、「く」の音は小悪魔的な印象になる。

公絵	きみえ
公華	きみか
公奈	きんな
公海	くみ
公華	さとか
公子	たかこ
公絵	ひろえ
公実子	くみこ
眞公都	まこと
美和公	みわこ

心

シン　こころ
名 きよ　こ
ここ　さね
なか　み
むね　もと

心臓の形からできた字で、中心、真ん中の意味もある。「ここ」と読ませて人気。心優しく、愛される女性に。

ヒント　ここ数年人気の高い字。「こ」の音は愛らしさを、「み」の音はフレッシュさを感じさせる。1字名にも。

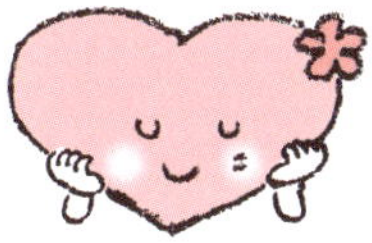

心	こころ
愛心	あいみ
亜心	あこ
梓心	あずみ
泉心	いずみ
奏心	かなみ
心絵	きよえ
心葉	きよは
心愛	ここあ
心菜	ここな
心葉	ここは
心美	ここみ
心遙	こはる
心璃	しんり
涼心	すずみ
夏心	なつみ
春心	はるみ
冬心	ふゆみ
穂心	ほのみ
真心	まさね
茉心	まなか
心緒	みお
心奈	みな
心優	みゆう
心玲	みれい
心実	むねみ
心花	もとか
結心	ゆみ
莉心	りこ
茉菜心	まなみ

仁

ジン　ニ
名 きみ　さと
と　ひと　み
めぐみ　よし

二人の間にある親しみがもとの意味。慈《いつく》しむ、恵むの意味も。思いやりのある、心優しい人に育つように。

ヒント　人なつっこい「に」、カリスマ的な「ひと」、甘いのに知的な「きみ」など、読み方でさまざまな表情に。

仁	めぐみ
愛仁	あきみ
絵仁	えと
仁加	きみか
仁実	さとみ
沙仁	さに
智仁	ちさと
仁希	にき
仁胡	にこ
仁咲	にさき
仁菜	にな
仁絵	ひとえ
仁那	ひとな
仁美	ひとみ
仁女	ひとめ
紅仁	べに
仁岬	みさき
魅仁	みと
実仁	みに
柚仁	ゆに
仁華	よしか
仁埜	よしの
仁実	よしみ
玲仁	れに
亜仁衣	あにい
久仁子	くにこ
仁伊奈	にいな
仁知香	にちか
仁歩子	にほこ
萌仁花	もにか

水

スイ　みず
名 お　な　み
みな　ゆ
ゆく

流れている水の形からできた字。水のほか、潤《うるお》う、平らなどの意味を表す。みずみずしくさわやかな名前になる。

ヒント　果実のようにみずみずしい「み」の音で。「水子《みずこ》」は、流産または堕胎《だたい》した胎児のことなので要注意。

晶水	あきな
涼水	すずみ
斐水	ひすい
水姫	みずき
水澄	みずみ
水萌	みなも
水蕾	みらい
水生	ゆき
水莉	ゆくり
瑠水	るみ

双

ソウ　ふた
名 そ　なみ
ふ

もとの字は「雙」で、並ぶ、二つの意味。一対のものを数えるのにも使う。だれとでも仲よくなれるように。
ヒント ふわっと不思議な魅力の「ふた」、親密感とキュートさのある「なみ」、優しくソフトな「そ」の音などで。

双珠 そうじゅ
双枇 そうび
双恵 なみえ
双香 なみか
双葉 ふたば
双美 ふみ
美双 みなみ
双乃子 そのこ
双埜実 そのみ
双与香 そよか

丹

タン　に
あか
名 あかし
あきら
まこと

赤褐色《せきかっしょく》の丹砂《たんさ》を掘る井戸を表し、赤い色を表す。不老不死の薬や、まごころの意味もある。温かい心をもつ子に。
ヒント はにかむような「に」の音を使うと、クリエイティブな才能を発揮する名前に。「牡丹《ぼたん》」から名づけても。

丹 あきら
丹菜 あかな
丹音 あかね
丹莉 あかり
丹瑚 たんご
丹海 たんみ
丹子 にこ
丹奈 にな
牡丹 ぼたん
丹都 まこと

天

テン　あま
あめ
名 あみ　かみ
そら　たか

空の意味のほか、天運など人の力の及ばないこともいう。小さなことにこだわらない、心の広い人になるように。
ヒント 神々しい雰囲気のある字。「あめ」の音は静かでしっとりした印象、「たか」の音は頂点を極《きわ》める印象。

天音 あまね
天奈 あみな
天琉 あみる
天李 あめり
天美 そらみ
天音 たかね
多天 たかみ
天華 てんか
天南 てんな
真天 まそら

斗

ト
名 け　ほし
ます

柄のついたひしゃくの形で、容量の単位、十升を表す。北の七星を北斗、南の六星を南斗という。
ヒント 男の子に人気の字だが、おおらかな包容力を感じさせる「と」の音をもつ、女の子にも使いやすい字。

絵斗 えと
緒斗 おと
斗緯 けい
斗愛 とあ
斗萌 とも
斗美 ますみ
美斗 みと
魅斗 みほし
望斗 もと
沙斗子 さとこ

日

ニチ　ジツ
か　ひ
名 あき　はる
ひる

太陽の形からできた字で、太陽、光の意味を表す。また、日にちの意味も。明るく、華やかな雰囲気をもつ女性に。
ヒント 「ひ」「か」の読みのほか、「今日」「明日」「日向《ひなた》」「向日葵《ひまわり》」など、熟語や植物名の読みを活かしても。

日南 あきな
日晴 あきは
逸日 いつか
音日 おとか
日瑚 かこ
春日 かすが
日那 かな
瑚日 こはる
日華 にちか
初日 はつひ

日子 はるこ
日妃 はるひ
日菜 ひな
日向 ひなた
日紀 ひのり
日芽 ひめ
茉日 まひる
友日 ゆうひ
陽日 ようか
明日香 あすか

明日菜 あすな
明日美 あすみ
今日子 きょうこ
日出子 ひでこ
日登美 ひとみ
日奈子 ひなこ
向日葵 ひまわり
日代里 ひより
実日子 みかこ
夕日子 ゆかこ

巴

ハ　ともえ
名 とも

うずまきの模様を表す。巴御前《ともえごぜん》は武勇に優れた美女として有名。美しさと強さを兼ねそなえた女性に。
ヒント 美人の印象の字に、「とも」の音で安心感が加わる。フットワーク軽く潔い印象の「は」の音でも。

碧巴 あおは
琴巴 ことは
巴江 ともえ
巴海 ともみ
巴月 はづき
巴菜 はな
巴琉 はる
美巴 みは
若巴 わかば
巴奈恵 はなえ

比

ヒ　くらべる
名 い　これ
たか　ちか
とも　なみ
ひさ

人が二人並んだ様子を表す字で、親しむ、並べる、比べるなどの意味を表す。だれからも愛される子に。
ヒント 情熱と冷静さを兼ねそなえたカリスマ性のある印象の「ひ」の読みで、万葉仮名風に使われる。

比乃 たかの
比華 ともか
比恵 ひさえ
比七 ひな
比呂 ひろ
美比 みちか
実比 みなみ
結比 ゆい
比奈子 ひなこ
美比呂 みひろ

木

ボク　モク
き
名 こ　しげ

枝のある木の形からできた字。ありのままの意味も。素朴《そぼく》で飾らない、自然を愛する女性をイメージさせる字。
ヒント 個性的な「き」、若々しくキュートな「こ」の音で。「木綿《ゆう》」は、こうぞの樹皮が原料の糸のこと。

木凛 きりん
木花 このは
咲木 さき
木梛 しげな
美木 みき
木綿 ゆう
優木 ゆうき
希木羅 ききら
木乃葉 このは
木の実 このみ

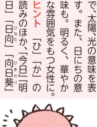

文

ブン モン
ふみ
名 あや いと とも のり み や

模様の形からできた字で、あや、模様、飾り、彩りなど、外見の美しさを表す。あでやかで美しい女性に。

ヒント ふっくらと温かい「ふみ」、あどけなくミステリアスで芸術の才を感じさせる「あや」などの音で。

文	ふみ
阿文	あもん
文惟	あやい
文友	あやとも
文菜	あやな
文音	あやね
文埜	あやの
文羽	あやは
文夢	あやむ
文女	あやめ
文莉	あやり
文詩	いとし
奏文	かなみ
慧文	けいと
小文	こいと
詩文	しもん
千文	ちふみ
文葉	ともは
文海	ともみ
文佳	のりか
文観	のりみ
文月	ふづき
文緒	ふみお
文夏	ふみか
文那	ふみな
文乃	ふみの
文夜	ふみよ
麻文	まふみ
文耶	みや
玲文	れもん

予

ヨ
名 たのし まさ やす

あらかじめ、かねての意味を表す。また、楽しむ、喜ぶの意味も。のびやかに育ち、楽しい人生をおくるように。

ヒント 懐《ふところ》の深さを感じさせる「よ」の音で万葉仮名風に。「やす」と読むと、優しくさわやかな印象が加わる。

予	たのし
衣予	いよ
紗予	さよ
涼予	すずよ
予輝	まさき
真予	まよ
予奈	やすな
予芳	やすは
莉予	りよ
沙智予	さちよ

友

ユウ とも
名 すけ ゆ

友達、仲間のほかに、親しく交わることも表す。「ゆ」という読みもよく使う。人なつっこく、愛らしい子に。

ヒント 「ゆ」「ゆう」は大人気の音。柔和《にゅうわ》で大器晩成《たいきばんせい》型の印象に。優しさと力強さをあわせもつ「とも」も人気。

亜友	あゆ
彩友	さゆ
詩友	しゆ
多友	たすけ
友恵	ともえ
友香	ともか
友子	ともこ
友葉	ともは
友美	ともみ
友世	ともよ
友璃	ともり
麻友	まゆ
実友	みとも
弥友	みゆう
友愛	ゆあ
友依	ゆい
友華	ゆうか
友凪	ゆうな
友梨	ゆうり
友羽	ゆうわ
友香	ゆか
友乃	ゆの
友真	ゆま
友里	ゆり
小友里	こゆり
菜友子	なゆこ
見友希	みゆき
友里愛	ゆりあ
友梨香	ゆりか
友莉子	ゆりこ

六

ロク む
むっつ むい
名 むつ

家の屋根と壁の形からできた字で、数の六を表す。六は易《えき》の陰《いん》を代表する数。神秘的な魅力のある女性に。

ヒント 数少ない「む」の読みをもつ字。陰暦十六日の夜を指す「十六夜《いざよい》」は、満月の十五夜より奥ゆかしい印象。

奏六	かなむ
六枝	むつえ
六輝	むつき
六子	むつこ
六美	むつみ
來六	らいむ
羅六	らむ
六花	ろっか
亜佑六	あゆむ
保絵六	ぽえむ

ネーミングストーリー

真希穂《まきほ》ちゃん

「穂」という文字から浮かぶ田園風景のイメージ

価値観が多様化する時代に「自分が正しいと思う道を希望をもって歩んでもらいたい（実らせてもらいたい）」という気持ちをこめてつけた名前。特に、「穂」という字は上の子にも使ってとても気に入っていたので、この字を使うことは決めていました。私のなかで「穂」という文字には、日本の豊かな田園風景のイメージがあり、子どもたちの名前を書くたびに優雅な気持ちになります。（友香ママ）

5画

以

イ
名 これ さね
しげ とも
もち ゆき

田畑を耕すのに使うすきの形がもとになる。用いる、率いるなどの意味を表す。まじめで責任感の強い人に。
ヒント 前向きのパワーのある「い」の音で使われる。「い」で終わる名前は人気。きっぱりした潔い印象。

彩以 あやい
季以 きもち
以葉 これは
以莉 しげり
以歌 ともか
乃以 のい
茉以 まさね
芽以 めい
以奈 ゆきな
亜以良 あいら

右

ウ ユウ
みぎ
名 あき これ
たか ゆ

右側のほか、助ける、尊《とうと》ぶなどの意味もある。左より上位とされることが多い。まじめな努力家にぴったりの字。
ヒント 女の子に大人気の「ゆ」「ゆう」の音をもつ字。優美で優しい印象に。使用例が少なく、個性的。

右実 あきみ
沙右 さゆ
右葉 たかは
麻右 まゆ
珠右 みう
美右 みこれ
右奈 ゆうな
莉右 りう
右以香 ういか
右羅々 うらら

永

エイ ながい
名 え と
とう な
のり はるか
ひら

流れる水の形からできた字で、長いこと、特に時間が長い意味を表す。生まれる子の、長く幸福な人生を祈って。
ヒント 広々とした印象の「え」の音で。「えい」の音は懐《ふところ》深くおおらかな印象。「永久《とわ》」の読みを活かしても。

永 はるか
永花 えいか
永魅 えみ
惺永 せな
永子 とうこ
永和 とわ
永香 のりか
永李 ひらり
愛永 まなえ
永奈子 ななこ

央

オウ
名 あきら お
ちか てる
なか ひさ
ひろ

真ん中のほか、広い、鮮やかなどの意味もある。「お」と読ませて止め字にも。いつも注目を集める華やいだ人に。
ヒント 「お」で終わると、信頼感と風格が加わる。穏《おだ》やかさと思いきりのよさを感じさせる「ひろ」の音でも。

央 あきら
央歌 おうか
央海 おうみ
央都 おと
希央 きお
沙央 さなか
太央 たお
珠央 たまお
茅央 ちひろ
央花 てるか

菜央 なお
仁央 におぉ
羽央 はお
央絵 ひさえ
央奈 ひろな
央魅 ひろみ
真央 まお
茉央 まなか
実央 みお
未央 みちか

莉央 りお
玲央 れお
愛央衣 あおい
衣央奈 いおな
依央里 いおり
香央李 かおり
紗央梨 さおり
詩央莉 しおり
陽央里 ひおり
美央吏 みおり

禾

カ いね
名 ひ ひで

イネの形からできた字。稲、穀物の意味を表す。子宝に恵まれ、物質的にも豊かな人生がおくれるよう願って。
ヒント 軽やかな印象の「か」の音や、情熱と冷静をあわせもつ「ひ」の音で使って。新鮮な印象になる。

綾禾 あやか
花禾 はなか
禾実 ひでみ
禾菜 ひな
瑞禾 みずか
萌禾 もえか
柚禾 ゆか
嘉禾 よしか
玲禾 れいか
優里禾 ゆりか

加

カ くわえる
名 ます また

「力」と「口」が合わさってできた字。加える、増すのほか、仲間に入る意味も表す。みんなに愛される女性に。
ヒント 「花」「香」などのかわりに使っても。「か」で終わると、アネゴ肌のかっこいい印象の女性になる。

愛加 あいか
彩加 あやか
加奈 かな
加波 かなみ
加凜 かりん
加蓮 かれん
君加 きみか
采加 さいか
爽加 さやか
静加 しずか

苑加 そのか
晴加 はるか
加華 ますか
加寿 ますず
加葉 ますは
加美 ますみ
加李 ますり
珠加 みか
素加 もとか
陽加 ようか

瑠加 るか
加緒梨 かおり
加代子 かよこ
沙奈加 さなか
穂乃加 ほのか
万那加 まなか
友加梨 ゆかり
梨里加 りりか
瑠璃加 るりか
怜美加 れみか

可

カ
名 あり　とき
よし　より

「口」と「丁」を組み合わせてできた字で、神が願いを聞き入れることを表す。大きな可能性を秘めた子に。

ヒント　「可憐《かれん》」「可愛い」のようにかわいらしいイメージも。人気の「か」の音は、快活で行動力のある印象。

彩可　あやか
可沙　ありさ
可菜　ありな
郁可　いくか
音可　おとか
可織　かおり
可菜　かな
可夜　かや
可凛　かりん
可怜　かれん
沙可　さより
澄可　すみか
可和　ときわ
朋可　ともか
楓可　ふうか
茉可　まより
瑞可　みずか
芽可　めあり
桃可　ももか
優可　ゆか
可乃　よしの
可美　よしみ
可子　よりこ
可里奈　かりな
智可子　ちかこ
奈々可　ななか
美可子　みかこ
瑠美可　るみか
輪可子　わかこ
和可菜　わかな

叶

キョウ
かなう
名 か　とも
やす

かなうという意味で、望みどおりになる、できるなどの意味を表す。大きな夢がかなうように願いをこめて。

ヒント　キュートで無邪気な「かな」の音で先頭字に。止め字の「か」として使うと、快活な印象になる。

叶　かなえ
叶夢　かなむ
叶祝　かのり
叶子　きょうこ
叶恵　ともえ
愛叶　まなか
百叶　ももか
叶絵　やすえ
夢叶　ゆめか
叶奈子　かなこ

玉

ギョク　たま
名 きよ　た

美しい石である玉を表し、美しい、優れたなどの意味がある。ゴージャスなイメージがあり、美しく輝く女性に。

ヒント　「たま」と読むと、美しさに加え、優しさとたくましさをあわせもつ人間味あふれる印象に。

玉絵　きよえ
玉実　きよみ
玉羅　きよら
玉衣　たまえ
玉緒　たまお
玉貴　たまき
玉音　たまね
玉葉　たまは
玉美　たまみ
玉美子　たみこ

玄

ゲン
名 くろ　しず
つね　とお
のり　はる
ひかる　ひろ

糸を束ねた形を表し、黒い糸の意味。奥深い、静か、優れているの意味も。物静かで、才気を内に秘めた女性に。

ヒント　「玄人《くろうと》」になることを願って。情熱と力強さの「ひろ」や、秘めたパワーの「しず」の音を活かして。

玄　ひかる
玄依　くろえ
玄枝　しずえ
玄輝　しずき
玄音　しずね
玄華　つねか
玄弥　とおみ
玄海　はるみ
真玄　まひろ
実玄　みのり

乎

コ
か　かな
や
名 お　より

神や人を呼ぶための鳴《なる》子板《こいた》の形で、呼ぶの意味。疑問や感嘆の気持ちを表すのに使う。友に恵まれるように。

ヒント　「か」「や」「こ」と、使いやすい読みの多い字。使用例が少ないので、ほかの子と差をつけたいときに。

乎愛　かな
乎春　こはる
彩乎　さや
紗乎　さより
華乎　はなこ
真乎　まや
美乎　みお
乎耶子　かやこ
冴乎加　さやか
茉由乎　まゆこ

功

コウ　ク
名 あつ　いさ
かつ　こと
なり　なる
のり

もとは農作業のことで、そこから仕事、いさお（＝手柄）の意味となった。事業家として成功が望めそう。

ヒント　女の子の使用例が少ないので新鮮。ミステリアスな魅力のある「く」の音で、万葉仮名風に使っても。

功奈　あつな
衣功　いく
功姫　いさき
功美　かつみ
功未　くみ
功里　ことり
功実　なるみ
羽功　はなり
美功　みのり
功楽羅　くらら

巧

コウ　たくみ
名 く　たえ
よし

たくみな技、たくみ、技が優れているなどの意味を表す。技芸に優れた人になることを願って。

ヒント　「こう」の音は機敏《きびん》かつ思慮深い印象。「たくみ」は、豊かな時間の蓄積と熟成した技を感じさせる音。

巧愛　こうあ
咲巧　さく
巧花　たえか
巧子　たえこ
巧巴　たくは
巧美　たくみ
巧夢　たくむ
実巧　みよし
巧絵　よしえ
巧埜　よしの

広

コウ　ひろい
名 お　たけ
ひろ

旧 廣

もとの字は「廣」。広く大きい家から、広い、大きい、広めるなどの意味になった。スケールの大きい女性に。

ヒント　「ひろ」と読むと、落ち着きとたくましさが加わる。「こう」の読みは知的で繊細《せんさい》な愛らしさを感じさせる。

広珠　こうじゅ
広美　こうみ
広佳　たけか
千広　ちひろ
広子　ひろこ
広海　ひろみ
広与　ひろよ
真広　まひろ
弥広　みお
美広　みひろ

弘

コウ　グ
名 お　ひ
ひろ　みつ

もとは強い弓を表し、そこから広い、広める、大きいの意味になった。意志の強い、心の広い人になるように。
ヒント 意味、読み、画数ともに「広」と共通点が多い。バランスや字面《じづら》によって、どちらを使うか決める手も。

- 弘絵　ひろえ
- 弘香　ひろか
- 弘湖　ひろこ
- 弘美　ひろみ
- 弘夢　ひろむ
- 弘女　ひろめ
- 茉弘　まひろ
- 弘希　みつき
- 沙奈弘　さなお
- 弘呂那　ひろな

左

サ　ひだり

左側のほか、助けるの意味も。右より下とされることもあるが、左大臣は右大臣より上。有能で進歩的な女性に。
ヒント 「さ」の音は、颯爽《さっそう》として人の上に立つ印象。字の意味とともに、人を支えつつ引っ張るリーダーに。

- 杏左　あずさ
- 季左　きさ
- 左希　さき
- 左実　さみ
- 左羅　さら
- 知左　ちさ
- 実左　みさ
- 璃左　りさ
- 左耶香　さやか
- 美左子　みさこ

司

シ
名 かず
つかさ　もと
もり

もとは祈りの儀礼を示す字で、そこから、つかさどるの意味となった。見極《きわ》めるの意味も。責任感が強い人に。
ヒント 「し」で始まる名前は、輝くスターの印象。「つかさ」の読みを利用して、中性的な名前にしても。

- 司音　かずね
- 司乃　しの
- 司穂　しほ
- 司真　しま
- 司沙　つかさ
- 美司　みもり
- 司佳　もとか
- 司子　もとこ
- 司緒里　しおり
- 杜司子　としこ

史

シ
名 あや　ちか
ひと　ふの
ふみ　み

もとは祭りの意味で、やがて祭りをする人やその記録を表すようになった。文才のある、内側から輝く女性に。
ヒント 「し」の音で華やかなスターの印象を、「ふみ」の音で、ふっくらと温かく豊かな印象をプラスして。

- 史　ふみ
- 史華　あやか
- 佳史　かふみ
- 小史　こふみ
- 史杏　しあん
- 史緒　しお
- 史織　しおり
- 史温　しおん
- 詩史　しふみ
- 史帆　しほ

- 史真　しま
- 史子　ちかこ
- 知史　ちふみ
- 奈史　なみ
- 史恵　ひとえ
- 史美　ひとみ
- 妃史　ひふみ
- 史衣　ふみい
- 史絵　ふみえ
- 史緒　ふみお

- 史華　ふみか
- 史季　ふみき
- 真史　まふの
- 茉史　まふみ
- 実史　みちか
- 史花　みはな
- 史歩　みほ
- 玲史　れみ
- 史依奈　しいな
- 史恵里　しえり

市

シ　いち
名 ち　なが
まち

市場を示す標識の形からできた字。市、売る、買うのほか、町、都市の意味にも使う。積極的で活動的な女性に。
ヒント 「いち」の音は未来につき進み、困難にも楽しく立ち向かう印象。躍動感があり愛らしい「ち」の音でも。

- 市絵　いちえ
- 市花　いちか
- 市子　いちこ
- 市瑠　いちる
- 瑚市　こなが
- 市乃　しの
- 茉市　まち
- 市胡　まちこ
- 実市　みいち
- 美市華　みちか

矢

シ　や
名 ただ　なお

矢の形からできた字。矢は神聖なもので、誓う、正しいなどの意味もある。まっすぐで、誠実な人に育つように。
ヒント 「や」の音で、止め字や万葉仮名風に。「や」で終わる名前は、優しい開放感にあふれる印象。

- 亜矢　あや
- 華矢　かや
- 矢真　しま
- 矢那　ただな
- 矢弥　なおみ
- 矢李　なおり
- 真矢　まや
- 弥矢　やや
- 早矢香　さやか
- 実矢子　みやこ

世

セイ　セ　よ
名 つぐ　とき
よし

木の枝から新芽が生える形を表し、一生、寿命、世の中などの意味に使う。若々しさと長寿の両方のイメージ。
ヒント 「せ」で終わると繊細《せんさい》で理知的な印象、「よ」で終わると懐《ふところ》深く人を受け入れ、やわらかく包む印象に。

- 秋世　あきよ
- 彩世　あやせ
- 衣世　いよ
- 奏世　かなよ
- 紗世　さよ
- 世來　せいら
- 世蘭　せいらん
- 世愛　せな
- 世李　せり
- 尚世　たかせ

- 珠世　たまよ
- 知世　ちせ
- 世実　つぐみ
- 世絵　ときえ
- 春世　はるよ
- 麻世　まよ
- 道世　みちよ
- 未世　みよ
- 世花　よしか
- 藍世　らんぜ

- 璃世　りせ
- 莉世　りよ
- 加世子　かよこ
- 詩世李　しより
- 世衣奈　せいな
- 世都子　せつこ
- 世采那　せとな
- 世莉香　せりか
- 世理奈　せりな
- 美世子　みよこ

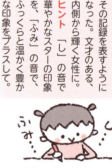

出

シュツ　スイ
でる　だす
名 いず

踏み出すときの足の形からできた字で、出発する、出る、行くの意味を表す。他人から抜きんでることを願って。
ヒント 「出雲《いずも》（現在の島根県）」「日《ひ》出《いづ》る国《くに》（日本のこと）」などのことばのように、和のイメージ漂う名前に。

出穂　いずほ
出泉　いずみ
出美　いずみ
出夢　いずむ
出雲　いずも
出瑠　いずる
出実　すいみ
香恵出　かえで
日出子　ひでこ
陽出美　ひでみ

生

セイ　ショウ
いきる
うまれる
おう　はえる
き
名 い　う　お
み

草が生えてきた形からできた字で、生まれる、育つ、生きるなどの意味を表す。すくすくと健康に育つように。
ヒント さまざまな読みで止め字に。「お」で落ち着きが、「き」で力強さが、「み」で愛らしさが加わる。

愛生　あいみ
碧生　あおい
亜生　あき
秋生　あきみ
朝生　あさき
和生　かずき
奏生　かなお
沙生　さお
生胡　しょうこ
栖生　すう

生來　せいら
夏生　なつき
楓生　ふう
紅生　べにお
真生　まお
生央　みお
魅生　みき
生来　みく
瑞生　みずき
巳生　みせい

生智　みち
愛生　めう
由生　ゆう
釉生　ゆうき
柚生　ゆずき
生縫子　きぬこ
紗那生　さなお
七海生　ななみ
真奈生　まなお
美奈生　みなお

正

セイ　ショウ
ただしい
まさ
名 おさ　さだ
なお　よし

城砦《じょうさい》に進撃することからまっすぐ、正しいなどの意味になった。好きな道をひたすら突き進むイメージ。
ヒント 満ち足りていてさわやかな「まさ」、透明な光のイメージの「せい」などの音で、先頭字として。

正予　さだよ
正奈　しょうな
正華　せいか
正羅　せいら
正美　なおみ
正江　まさえ
正姫　まさき
正奈　まさな
実正　みよし
莉正　りおさ

代

ダイ　タイ
かわる　よ
しろ
名 とし　のり
より

かわる、入れかわるの意味がもとで、時代、世代、人の一生などの意味も表す。いつまでも若々しい女性に。
ヒント 「よ」の読みで止め字や万葉仮名風に。「よ」で終わる名前は、懐《ふところ》深く人を受け入れる印象。

陽代　あきよ
癒代　いとし
唯代　いよ
哉代　かなよ
華代　かよ
絹代　きぬよ
沙代　さよ
詩代　しのり
純代　すみよ
珠代　たまよ

代恵　としえ
代華　のりか
花代　はなよ
春代　はるよ
郁代　ふみよ
帆代　ほのり
眞代　ましろ
麻代　まよ
実代　みしろ
未代　みのり

結代　ゆのり
代花　よりか
代乃　よりの
李代　りよ
千代奈　ちよな
千代美　ちよみ
奈々代　ななよ
美沙代　みさよ
美代花　みよか
八千代　やちよ

旦

タン
名 あき　あきら　あけ
あさ　かず
た

地平線の上に日が昇る形を表し、朝、夜明け、明日の意味。フレッシュなイメージで、未来の希望を感じさせる。
ヒント 「元旦」のイメージから、縁起のいい印象の字。明るく朗《ほが》らかな「あき」の読みを活かすと使いやすい。

旦　あきら
旦菜　あさな
旦葉　あきは
旦美　あけみ
旦陽　あさひ
旦紗　かずさ
旦恵　たえ
千旦　ちあき
満旦　まあさ
旦実子　たみこ

冬

トウ　ふゆ
名 かず　と
とし

一年の終わりの季節である冬の意味。冬は寒く厳しいが、清らかなイメージもある。透明感のある人に。
ヒント 「ふゆ」の音で、初雪のような繊細《せんさい》さをさらに加えて。「とう」の音は、実直で人から頼られる印象。

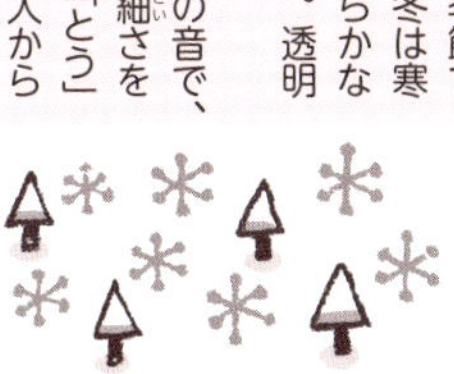

冬紗　かずさ
冬未　かずみ
綺冬　きふゆ
景冬　けいと
小冬　こふゆ
咲冬　さと
白冬　しらふゆ
千冬　ちふゆ
冬空　とあ
冬愛　とあ

冬子　とうこ
冬奈　とうな
冬魅　とうみ
冬佳　としか
冬帆　としほ
冬夢　とむ
冬羽　とわ
冬月　ふづき
冬華　ふゆか
冬雪　ふゆき

冬菜　ふゆな
冬楽　ふゆら
冬真　まふゆ
舞冬　まふゆ
湊冬　みなと
美冬　みふゆ
夢冬　むと
柚冬　ゆと
冬実香　とみか
冬萌子　ともこ

汀

テイ　なぎさ
みぎわ

川や海の近くの平らな土地を表し、みぎわ、なぎさの意味に使われる。ロマンチストでおおらかな女性に。
ヒント　「てい」と読むとねばりと前進を感じさせる。「なぎさ」「みぎわ」などの読みで、1字名としても。

汀	なぎさ
汀香	ていか
汀子	ていこ
汀奈	ていな
汀瑚	なぎこ
汀沙	なぎさ
汀渚	なぎさ
真汀	まな
汀和	みぎわ
汀輪	みぎわ

白

ハク　ビャク
しろ　しら
しろい
名 あき　きよ
し

白、白いのほか、清い、正しい、優れているなどの意味を表す。飾り気のない、清楚《せいそ》な女性にぴったりの字。
ヒント　「あき」「きよ」「しろ」など、明るく清らかな白をイメージした読みを活かして。

白清	あきよ
白美	きよみ
白莉	きより
胡白	こはく
白乃	しの
白音	しらね
白帆	しらほ
白雪	しらゆき
眞白	ましろ
美白	みしろ

布

フ　ぬの
名 しき　たえ
のぶ　よし

布のほか、敷く、広げる、連ねるなどの意味を表す。おしゃれなイメージもある。心が広く温かい女性にぴったり。
ヒント　温かくマイペースな「ぬ」の音を含む、数少ない字。生活感のない不思議な魅力の「ふ」の音で使っても。

詩布	しのぶ
布佳	たえか
布芽	ぬのめ
布彌	ふみ
布優	ふゆ
美布	みしき
由布	ゆふ
布花	よしか
布美香	ふみか
真布美	まふみ

未

ミ
名 いま　いや
ひつじ　ひで

枝のついた木の形からできた字。十二支のひつじの意味にも使う。無限の可能性をイメージさせる人気の字。
ヒント　「み」の音はみずみずしくてフレッシュな印象。イキイキして、周囲が愛さずにはいられない人に。

未	ひつじ
綾未	あやみ
未莉	いまり
花未	かいや
空未	くみ
菜未	なみ
未歌	ひでか
未菜	ひでな
未埜	ひでの
愛未	まなみ

未亜	みあ
未羽	みう
未栞	みかん
未紗	みさ
未里	みさと
未智	みち
未弦	みつる
未都	みと
弥未	みみ
未優	みゆう

未来	みらい
未莉	みり
結未	ゆいま
琉未	るいや
紗也未	さやみ
未伊子	みいこ
未衣菜	みいな
未映子	みえこ
未華子	みかこ
悠未花	ゆみか

民

ミン　たみ
名 た　ひと
み　もと

神に仕える人の意味から、たみ、人を表すようになった。気どりがなく、だれからも愛される子に育つよう願って。
ヒント　「たみ」の音はキュートさと、タフで充実した人間性とをあわせもつ。「み」の音で止め字として使っても。

愛民	あみん
珠民	たまみ
民依	たみい
民香	たみか
民子	たみこ
民世	たみよ
民実	ひとみ
民胡	もとこ
有民	ゆみ
民美華	たみか

由

ユ　ユウ
ユイ　よし
名 ただ　ゆき
より

～に基づく、理由、頼るなどの意味を表す。読み方も多く、人気がある字。奥深く、神秘的な感じの女性に。
ヒント　人を和ませののびのび進む「ゆい」、やわらぎと優しさがあふれる「ゆう」など、温かな印象の音で。

亜由	あゆ
沙由	さゆき
詩由	しより
由花	ただか
知由	ちより
陽由	ひより
芙由	ふゆ
真由	まゆ
美由	みゆ
由衣	ゆい

由華	ゆいか
由葉	ゆいは
由瑚	ゆうこ
由歩	ゆうほ
由璃	ゆうり
由実	ゆきみ
由奈	ゆな
由乃	ゆの
由布	ゆふ
由華	よしか

由埜	よしの
由子	よりこ
胡由葵	こゆき
紗由莉	さゆり
奈由佳	なゆか
真由佳	まゆか
由香里	ゆかり
由希奈	ゆきな
由美子	ゆみこ
由莉子	ゆりこ

立

リツ　リュウ
たつ
名 たか　たち
たて　たる
はる

「大」と「一」を組み合わせた字で、一定の場所に立つ人を表す。つくるの意味も。冷静沈着に行動できる人に。
ヒント　凛《りん》としたイメージの字。「たつ」の音でパワフルな行動力を、「りつ」の音でタフなりりしさを加えて。

立琥	たかこ
立己	たつき
立奈	たてな
立海	はるみ
穂立	ほたる
美立	みたち
魅立	みりゅう
立夏	りっか
立希	りつき
立子	りつこ

令

レイ
名 なり のり はる よし れ

もとは神のお告げのことで、命令、決まりなどの意味を表すが、美しいの意味も。気品のある美しさを願って。

ヒント 華やかで洗練された「れ」、きりっと理知的な「れい」の音で、エレガントなイメージがよりアップ。

令未　なりみ
令花　のりか
令佳　はるか
美令　みれい
令美　よしみ
令子　れいこ
令奈　れな
江令菜　えれな
世令奈　せれな
真令愛　まれあ

礼

レイ ライ
名 あき あや ひろ まさ みち よし れ

旧 禮

もとの字は「禮」で、甘酒の意味。酒を使った儀式から、礼儀、敬うの意味に使う。まじめで礼儀正しい人に。

ヒント 「れい」の音で美しさと知性の印象を、「あや」の音であどけなさとミステリアスなイメージをプラス。

礼那　あきな
礼葉　あやは
礼魅　あやみ
礼夢　あやむ
礼芽　あやめ
礼梨　あやり
純礼　すみれ
稚礼　ちあき
麻礼　まあや
礼菜　まさな

真礼　まひろ
眞礼　まれ
礼禾　みちか
礼埜　みちの
実礼　みよし
美礼　みらい
実礼　みれい
礼季　よしき
礼乃　よしの
礼華　らいか

礼霧　らいむ
礼亜　れあ
礼加　れいか
礼子　れいこ
礼南　れいな
礼來　れいら
礼奈　れな
礼乃　れの
礼美　れみ
礼央奈　れおな

6画

安

アン やすい
名 あ さだ やす

やすらかというのがもとの意味。静か、楽しい、満足するなどの意味がある。穏《おだ》やかで落ち着きのある女性に。

ヒント 温かい信頼感のある「あん」の音でよく使われる。自然体でのびやかな「あ」の音を活かしても。

安奈　あんな
安縫　あんぬ
安夕　あんゆ
安里　あんり
安絵　さだえ
詩安　しあん
安禾　やすか
安有香　あゆか
安理沙　ありさ
百合安　ゆりあ

伊

イ これ ただ
名 いさ よし

もとは神降ろしをする者を意味し、これ、かれなどの意味がある。イタリアの略にも使われるので、モダンなイメージも。

ヒント 「い」の音は周囲が応援したくなるキュートながんばり屋の印象。「衣」などのかわりに使っても新鮮。

愛伊　あい
伊織　いおり
伊子　いさこ
伊吹　いぶき
伊予　いよ
真伊　まい
美伊　みよし
亜於伊　あおい
伊織奈　いおな
伊紗美　いさみ

衣

イ ころも
名 え きぬ そ みそ

えりを合わせた衣の形からできた字で、衣の意味。止め字としても人気。ハイセンスでおしゃれな雰囲気の字。

ヒント 「い」で終わる名前はきっぱりとして潔い印象。物事の本質を見抜きそうなイメージの「え」の音でも。

亜衣　あい
葵衣　あおい
衣緒　いお
衣都　いと
衣梛　えな
衣里　えり
歌衣　かい
華衣　かえ
衣愛　きぬあ
衣絵　きぬえ

衣香　きぬか
衣沙　きぬさ
紗衣　さえ
樹衣　じゅい
衣那　そな
知衣　ちえ
那衣　なえ
埜衣　のい
纏衣　まとい
衣楽　みそら

芽衣　めい
萌衣　もえ
優衣　ゆい
瑠衣　るい
安衣來　あいら
衣緒梨　いおり
多香衣　たかえ
乃衣瑠　のえる
麻梨衣　まりい
柚衣香　ゆいか

宇

ウ
名 たか のき

家の軒《のき》の意味を表し、家、屋根などのほか、大きい、天、空などの意味もある。スケールの大きな人になるように。

ヒント 幻想的なイメージもある字。「う」の音は、独自の世界観で、クリエイティブな才能を発揮する印象に。

宇乃　うの
宇海　うみ
詩宇　しう
宇恵　たかえ
宇亜　のきあ
弥宇　みう
柚宇　ゆう
李宇　りう
宇天那　うてな
宇羅々　うらら

羽

ウ　は　はね
名 わ　わね

鳥の羽の形からできた字。翼の意味も表す。大空に自由に羽ばたくイメージがある。のびやかに育つように。
ヒント 止め字として人気。繊細《せんさい》で周りから大切にされる印象の「う」、どんなときも楽しそうな「わ」の音で。

蒼羽 あおば
絢羽 あやは
郁羽 いくは
色羽 いろは
羽生 うい
羽季 うき
音羽 おとは
叶羽 かなは
紅羽 くれは
琴羽 ことは

小羽 こはね
咲羽 さわ
沙羽 さわね
時羽 ときわ
朋羽 ともは
凪羽 なぎは
新羽 にいは
羽奈 はな
羽香 はねか
真羽 まう

美羽 みう
実羽 みわ
夢羽 むう
優羽 ゆう
友羽 ゆうわ
凜羽 りんわ
亜美羽 あみう
羽衣加 ういか
佐羽子 さわこ
美羽音 みはね

会

カイ　エ
あう
名 あい　かず
さだ　はる

もとの字は「會」で、蓋《ふた》つきの鍋の形。食料を集めることから、集める、会うの意味になった。社交的な女性に。
ヒント エレガントで懐《ふところ》の深い印象の「え」の音で、万葉仮名風に。「かず」や「はる」の名乗りを活かしても。

会架 あいか
会奈 えな
会美 えみ
会菜 かずな
会杷 さだは
知会 ちはる
埜会 のえ
会音 はるね
俐会 りえ
会実莉 えみり

伎

キ　ギ　わざ
名 くれ　し
たくみ

人が舞う姿から、わざ、俳優、芸者などの意味がある。芸能・芸術方面を目指すならぴったりの字。
ヒント 「き」の音で止め字に用いると使いやすい。「き」で終わる名前は、クールビューティーな女性の印象。

伎 たくみ
伎輝 きき
伎菜 きな
伎葉 くれは
紗伎 さき
伎恩 しおん
伎季 しき
珠伎 たまき
真伎 まき
美優伎 みゆき

気

キ　ケ
名 おき

旧 氣

もとの字は「氣」。空気や息、自然現象のほか、すべての生命力の源、心の働きも表す。神秘的なイメージもある字。
ヒント 人の目をひく個性派の印象の「き」の音で万葉仮名風に。使用例が少なく、新鮮。

亜気 あき
気枝 きえ
気未 きみ
苑気 そのき
真気 まき
愛気 まなき
美気 みき
柚気 ゆずき
瑠気 るき
気衣奈 けいな

吉

キチ　キツ
名 き　さち
とみ　よ
よし

祈りの言葉にまじないを組み合わせた字で、よい、めでたい、幸せなどの意味を表す。幸福な人生を祈って。
ヒント 「よし」の音は明るくさわやかな印象。「さち」と読むと、自由奔放《ほんぽう》でキュートな愛らしさがあふれる。

吉子 きこ
吉奈 きちな
吉恵 さちえ
吉生 さちお
吉絵 とみえ
美吉 みよし
吉栄 よしえ
吉希 よしき
吉乃 よしの
見吉子 みよこ

共

キョウ　とも
名 たか

ともに、一緒にのほか、つつしむ、うやうやしいの意味も。多くの友達に囲まれ、愛らしい子に育つように。
ヒント 「きょう」の音は、パワフルでありながら優しいイメージ。豊かな人間性をもつ「とも」の音でも。

共歌 きょうか
共瑚 きょうこ
共奈 たかな
共乃 たかの
共絵 ともえ
共佳 ともか
共子 ともこ
共音 ともね
共美 ともみ
共李 ともり

匡

キョウ
すくう
ただす
名 こう
たすく　ただ
まさ

物事を正すこと、正して明らかにすることのほか、助けるという意味も。まっすぐで正直な人に育つことを願って。
ヒント 母性愛とさわやかさをあわせもつ「まさ」、強さと優しさが共存する「きょう」の音で。

匡伽 きょうか
匡子 きょうこ
匡菜 きょうな
匡珠 こうじゅ
匡莉 こうり
匡実 ただみ
匡恵 まさえ
匡姫 まさき
匡菜 まさな
匡乃 まさの

旭

キョク
あさひ
名 あき　あさ
あきら
てる

朝日の昇る様子からできた字で、朝日を意味する。フレッシュなイメージとともに、神々しさも感じさせる。
ヒント キュートで明るく輝きのある「あき」、朝の光のように明るくまぶしい「あさ」の音を活かして。

旭 あさひ
旭音 あきね
旭楽 あきら
旭禾 あさか
旭子 あさこ
旭穂 あさほ
旭美 あさみ
旭世 あさよ
旭奈 てるな
満旭 まあさ

圭

ケイ　かど
たま
名 か　きよ
け　よし

もとは高い身分を証明する玉器《ぎょくき》の形からできた字で、玉を意味する。玉のように美しく成長することを願って。
ヒント　潔く、気品と知性を感じさせる「けい」の音で。優しさとたくましさのある「たま」の音を活かしても。

圭美　きよみ
圭夏　けいか
圭子　けいこ
圭澄　けいと
圭奈　けいな
圭緒　たまお
圭菜　たまな
圭花　よしか
美圭莉　みかり
結茉圭　ゆまか

伍

ゴ　くみ
名 あつむ
いつ　とも
ひとし

人が組になって交わることから、交わる、組、仲間の意味に使う。たくさんの友人に恵まれることを願って。
ヒント　男の子のイメージの字だが、「くみ」や、名乗りの「いつ」「とも」の音は、女の子にも使いやすい。

苺伍　いちご
伍花　いつか
伍姫　いつき
伍菜　いつな
伍実　いつみ
伍琉　いつる
伍奈　くみな
伍恵　ともえ
伍禾　ともか
伍未　ともみ

向

コウ　むく
名 ひさ

もとは神をむかえる窓を意味した。向かう、向くのほかに、進む、志すの意味もある。前向きに努力する人に。
ヒント　「日向」と書いて「ひな」「ひなた」と読むのが人気。「ひなた」は、とてもセクシーで温かみのある名前。

向子　こうこ
向幸　ひさ
向枝　ひさえ
向恵　ひさえ
向夜　ひさよ
日向子　ひなこ
日向汰　ひなた
日向乃　ひなの
日向美　ひなみ
向日葵　ひまわり

光

コウ　ひかる
ひかり
名 あき
さかえ　てる
ひろ　み
みつ

人の頭上の火を表し、そこから、光、輝くの意味になった。恵み、栄えの意味も。だれよりも輝く子になるように。
ヒント　「みつ」の音は甘く満ち足りた印象。「ひかり」「ひかる」の読みは、パワフルで熱い情熱を感じさせる。

光　ひかる
藍光　あいみ
光香　あきか
光穂　あきほ
朝光　あさみ
彩光　あやみ
歩光　あゆみ
恵光　えみ
瑚光　こあき
光雅　こうが

虹光　ここ
心光　ここみ
光瑛　さかえ
光禾　てるか
光美　てるみ
光李　ひかり
光衣　ひろえ
光南　ひろな
真光　まひろ
光紗　みさ

光恵　みつえ
光歌　みつか
光希　みつき
光葉　みつは
光瑠　みつる
光優　みゆう
佑光　ゆうみ
夢光　ゆめみ
瑠光　るみ
光沙子　みさこ

后

コウ
名 きみ　み

「人」と「口」を組み合わせた字で、天皇、天子の妻、きさきの意味を表す。高貴な雰囲気をもつ、凛《りん》とした女性に。
ヒント　「きみ」と読むと、人をドキリとさせる小悪魔ネームに。みずみずしく甘い印象の「み」の音でも。

后絵　きみえ
后菜　きみな
后芳　きみは
后葵　こうき
后紗　こうさ
后魅　こうみ
后子　みこ
美后　みみ
愛結后　あゆみ
后由祈　みゆき

好

コウ　このむ
すく
名 このみ
たか　み
よし　よしみ

「女」と「子」を組み合わせた字で、母親が子を抱く姿から、美しい、好ましいの意味に。愛される人に。
ヒント　「よし」の音は、やわらぎと清潔感のある印象。「よしみ」、「このみ」などの読みで1字名にも。

好希　こうき
好美　このみ
好瑚　たかこ
好奈　たかな
冬好　ふゆみ
好佑　みゆ
美好　みよし
好笑　よしえ
好子　よしこ
好実　よしみ

江

コウ　え
名 きみ　ただ
のぶ

大きな川の意味で、特に中国の長江《ちょうこう》を表す。物事にとらわれず、おおらかに生きる女性に。
ヒント　「え」と読む女の子の止め字の定番。「え」で終わると、知的なイメージで自立した賢い女性に。

彩江　あきみ
郁江　いくえ
江子　えこ
江都　えと
江那　えな
江音　えのん
江真　えま
江夢　えむ
江瑠　える
和江　かずえ

奏江　かなえ
江華　きみか
江帆　きみほ
江珠　こうじゅ
江未　こうみ
江芽　こうめ
紗江　さえ
静江　しずえ
詩江　しのぶ
江乃　ただの

江巳　のぶみ
萌江　もえ
莉江　りえ
江里香　えりか
江莉子　えりこ
実江利　みえり
美千江　みちえ
百々江　ももえ
有里江　ゆりえ
梨江子　りえこ

考

コウ
かんがえる
名 たか　ちか
とし　なか
なり　のり
よし

亡くなった父がもとの意味だが、考えるのほか、長生きするの意味もある。知的で、落ち着いた雰囲気の女性に。

ヒント「たか」の音は、艶《つや》と輝きのある格調高い印象。やんちゃで無邪気な印象の「ちか」の音を活かしても。

考子	こうこ
考英	たかえ
考生	たかき
考乎	ちかこ
考恵	としえ
考美	なりみ
考加	のりか
真考	まなか
実考	みちか
考恵	よしえ

行

コウ　ギョウ
アン　いく
ゆく
おこなう
名 き　のり
みち　ゆき

十字路の形を表す字で、そこから、行く、行うの意味になった。旅行の意味もある。まっすぐな人になるように。

ヒント「いく」の音はまっすぐ未来に向かってつき進むイメージ。「ゆき」と読むと芯の強さを秘めた印象に。

行奈	あんな
行美	いくみ
行世	いくよ
行香	のりか
真行	まき
行禾	みちか
行子	みちこ
行恵	ゆきえ
行奈	ゆきな
行巳	ゆきみ

亘

コウ　セン
わたる
名 とおる
のぶ

旧 亙

建物の周りの垣の形から、めぐる意味に用い、渡る、述べるなどの意味も表す。信念をもつ誠実な女性に。

ヒント「のぶ」の読みで先頭字にも止め字にも。「のぶ」の音は、甘えん坊で元気で人なつっこい印象。

亘	とおる
亘子	こうこ
志亘	しのぶ
亘莉	せんり
亘栄	のぶえ
亘香	のぶか
亘実	のぶみ
亘奈	わたな
亘海	わたみ
亘瑠	わたる

合

ゴウ　ガッ
カッ　あう
名 あい　かい
はる　り

器《うつわ》と蓋《ふた》が合う形からできた字で、ひとつになる、混じるなどの意味。夫婦になる意味も。出会いに恵まれそう。

ヒント「百合」と書いて「ゆり」と読むのがおすすめ。「ゆり」の音は、美しくたおやかで、エレガントな印象。

合花	あいか
合魅	あいみ
合奈	かいな
合季	はるき
仔百合	こゆり
彩百合	さゆり
百合絵	ゆりえ
百合香	ゆりか
百合子	ゆりこ
百合菜	ゆりな

在

ザイ　ある
名 あ　あき
あり　すみ
たみ　まき

神聖なものとして「ある」のがもとの意味。田舎の意味もあり、素《そ》朴《ぼく》で親しみをもたれる人のイメージ。
ヒント 存在の確かさを感じさせる字。「あり」「ある」の音を活かすと自然体で華やかな印象。「あ」の音でも。

在美	あきみ
在愛	ありあ
在桜	ありさ
在寿	ありす
在夢	あるむ
在絵	たみえ
在帆	まきほ
美在	みあ
魅在	みすみ
在里花	ありか

此

シ　かく
ここ　この
これ

これ、この、ここの意味に使われるが、もとは細かく小さいものという意味があった。かわいらしい女性に。
ヒント 生命力を感じさせる「し」の音のほか、小粋《こいき》で勝負強さのある「ここ」の音で使っても新鮮。

此愛	ここあ
此瞳	ここみ
此理	ここり
此羽	このは
此実	このみ
此季	しき
此乃	しの
此宝	しほ
此真	しま
此寿賀	しずか

糸

シ　いと
名 たえ　ため
より

もとの字は「絲」で、糸束を組み合わせた形。糸のほか、細長いものを意味する。可憐《かれん》な女性になるように。
ヒント 1字名「いと」とすると、格調高く品のある名前に。キラキラした生命力にあふれた「し」の音でも。

糸	いと
糸杏	しあん
糸音	しおん
糸茉	しま
糸優	しゆう
糸華	たえか
糸嘉	ためか
糸子	よりこ
糸江莉	しえり
糸於璃	しおり

至

シ　いたる
名 ちか　のり
みち　むね
ゆき　よし

矢が目標に届いた形から、至るの意味になった。極《きわ》める、最高の意味もある。つねにトップになれることを願って。
ヒント 物事を極めていくイメージ。イキイキとした生命力と透明感のある「し」の音で、万葉仮名風に使って。

至	いたる
至織	しおり
至苑	しおん
詩至	しのり
至宝	しほ
実至	みちか
至瑠	みちる
美至	みよし
至禾	むねか
至奈	ゆきな

次

ジ シ つぐ
つぎ
名 ちか なみ
ひで

つぎ、次ぐのほか、宿るの意味もある。また、二番目、第二位も表す。欲ばらず、足元の幸福を大切にする人に。

ヒント 「つぐ」と読むと、発想力で豊かさを手にする人に。「ちか」「なみ」「ひで」の名乗りを活かすと個性的。

次子 ちかこ
次恵 つぎえ
次菜 つぐな
次美 つぐみ
次代 ひでよ
美次 みちか
実次 みなみ
雪次 ゆきじ
次伊奈 しいな
次衣羅 しいら

朱

シュ
名 あか あけ
あけみ あや
じゅ す

赤い色の意味。鉱物から採った赤で色あせないので、生の色、不死の色と考えられた。太く長い人生を願って。

ヒント 華やかな気品が立ちのぼる「しゅ」、明るくタフな「あけ」、無邪気でミステリアスな「あや」などの音で。

朱 あけみ
朱音 あかね
朱莉 あかり
朱乃 あけの
朱澄 あすみ
朱暖 あのん
朱華 あやか
朱子 あやこ
朱寧 あやね
朱葉 あやは
朱魅 あやみ
有朱 ありす
杏朱 あんじゅ
襟朱 えりす
朱衣 じゅい
朱宇 しゅう
朱奈 じゅな
朱祢 じゅね
朱帆 じゅほ
朱里 しゅり
朱莉 じゅり
朱寿 すず
真朱 まあや
麻朱 まじゅ
美朱 みあけ
実朱 みじゅ
凛朱 りんす
朱吏亜 じゅりあ
朱里奈 じゅりな
朱美礼 すみれ

守

シュ ス
まもる もり
名 え かみ
さね ま

重要な建物を守ることをいい、守る、大切にするなどの意味を表す。家族や友人を大切にする人になるように。

ヒント エレガントで懐《ふところ》の深い「え」、いじらしくて可憐《かれん》な「す」などの音を活かすと、女の子にも使いやすい。

亜守 あもる
有守 ありす
守亜 しゅあ
守李 しゅり
守李 まもり
美守 みもり
守恵 もりえ
守華 もりか
守奈 もりな
守美 もりみ

舟

シュウ ふね
ふな
名 のり

ふねの形からできた字。小型のふねを表す。「船」よりも古風なイメージ。しっとりと落ち着いた女性に。

ヒント 洗練された美しさのある「しゅう」の音で使うほか、「ふね」「のり」の音で止め字にしても。

舟佳 しゅうか
舟夏 しゅうか
舟湖 しゅうこ
舟華 のりか
舟世 ふなよ
真舟 ましゅう
茉舟 まふね
未舟 みのり
美舟 みふね
海舟 みふね

州

シュウ す
名 くに

川の中州《なかす》の形からできた字で、陸地の意味を表す。周囲に流されることなく、自分をつらぬくイメージがある字。

ヒント 可憐《かれん》な少女のような「す」の音で。「くに」と読むと、小悪魔的にかわいらしく小粋《こいき》なイメージに。

州栄 くにえ
州香 くにか
州夏 くにか
州子 くにこ
州香 しゅうか
州寿 すず
州海 すみ
杏利州 ありす
千州子 ちずこ
美州々 みすず

充

ジュウ
あてる
名 あつ まこと み
みち みつ
みつる

太った人の形からできた字で、満ちる、満たすの意味。昔は肥満はプラスイメージだった。充実した人生を願って。

ヒント 充実感とピチピチとした生命力を感じさせる「みち」、満ち足りた印象の「みつ」の音が使いやすい。

充 まこと
充奈 あつな
充輝 みき
充瑠 みちる
充禾 みつか
充希 みつき
充琉 みつる
優充 ゆうみ
明日充 あすみ
充美花 みみか

旬

ジュン
シュン
名 ただ とき
ひら まさ

十日間の意味。また、物事の最も生きのいい時期のこともいう。みずみずしく元気あふれる子になるように。

ヒント 字のもつ新鮮な印象に、「じゅん」の音で、人なつっこくてセクシーな印象を加えて。

旬李 しゅり
旬果 しゅんか
旬花 じゅんか
旬己 じゅんこ
旬那 じゅんな
旬奈 ただな
旬栄 ときえ
旬乃 ときの
旬莉 ひらり
旬美 まさみ

如

ジョ ニョ
名 いく なお
もと ゆき
よし

神に祈る巫女《みこ》を表す字で、ごとし（＝似ている）、したがうなどの意味がある。奥ゆかしく神秘的な女性に。

ヒント 優しく芯の強い「ゆき」、清潔な癒《いや》しに満ちた「よし」の音で。「如月」は「きさらぎ」と読み、二月の異名。

如未 いくみ
如月 きさらぎ
如々 じょじょ
如季 なおき
如美 もとみ
如衣 ゆきえ
如奈 ゆきな
如華 よしか
如子 よしこ
如安奈 じょあんな

匠

ショウ
名 たくみ　なる

もとは曲げ物をする人をいい、たくみ、職人、芸能に優れた人などの意味。芸術的才能に恵まれるように。

ヒント 「しょう」の音は、ソフトで温かい光と夢を感じさせる。「なる」の音は、スイートで色っぽい印象。

匠華	しょうか
匠子	しょうこ
匠奈	しょうな
匠莉	しょうり
匠美	たくみ
匠海	たくみ
匠恵	なるえ
匠生	なるき
匠未	なるみ
珠匠	みしょう

庄

ショウ
名 まさ

もとは平らかな地の意味を表す字で、村里、田舎を表す。気どらずに、のびのびと育つことを願って。

ヒント 「しょう」の音は、やわらかく深い光を感じさせる。「まさ」の音を使うと、満ち足りてさわやかな印象に。

庄椰	しょうな
庄穂	しょうほ
庄未	しょうみ
庄瑠	しょうる
庄絵	まさえ
庄桜	まさお
庄季	まさき
庄奈	まさな
庄美	まさみ
美庄	みしょう

色

ショク　シキ
いろ
名 くさ　しな

もとは人が交わることを表し、彩る、容貌《ようぼう》、趣《おもむき》、愛情などの意味に使う。情けの深い、あでやかな女性に。

ヒント おしゃれな印象にもなる字。発想力や展開力を感じさせる「いろ」の音で、先頭字にも止め字にも。

色芳	いろは
色葉	いろは
色璃	いろり
虹色	こいろ
桜色	さくさ
色莉	しなり
音色	ねいろ
陽色	ひいろ
真色	ましな
美色	みしき

迅

ジン
名 とき　とし
はや

「卂」の部分は鳥のハヤブサの飛ぶ形で、そこから速い、激しいの意味になった。てきぱきとした有能な女性に。

ヒント 「とき」と読むとやる気と誠実さが共存する名前に。「とし」の音は確かな信頼感と知性を感じさせる。

迅枝	ときえ
迅瑛	ときえ
迅勢	ときせ
迅保	ときほ
迅架	としか
迅奈	としな
美迅	みとき
迅果	はやか
迅世	はやせ
迅美	はやみ

成

セイ　ジョウ
なる
名 あき　しげ
なり　ひで
みち　よし

でき上がる、完成するの意味を表す。また、実るという意味も。しっかりとした大人に成長することを願って。

ヒント 「なる」の音はみんなに愛される印象、「なり」は甘さとクールさが融合した印象。「せい」などの音でも。

成乃	あきの
成実	しげみ
成南	せいな
成羅	せいら
成瑠	なる
成海	なるみ
成子	ひでこ
成華	みちか
美成	みなり
成美	よしみ

汐

セキ　うしお
しお
名 せ　きよ

夕方のしおの満ち引きの意味。朝の満ち引きは「潮」。ロマンチックな印象があり、神秘的な感じもする字。

ヒント 夕方の海のように、幻想的なイメージの字。「しお」と読むと、イキイキとした生命力と新鮮さが加わる。

汐乃	きよの
汐璃	きより
汐禾	しおか
汐南	しおな
汐音	しおね
汐美	しおみ
汐里	しおり
汐衣	せい
汐夏	せな
海汐	みしお

先

セン　さき
名 ひろ　ゆき

もとは行くの意味で、そこから先、前、昔などの意味になった。ほかに先んじるような感性の鋭い女性に。

ヒント 「さき」の音を活かすと、シャープな輝きのある名前に。人気の「咲」のかわりに使うと新鮮味がある。

先稀	さき
先恵	さきえ
先夏	さきな
先埜	さきの
先奈	ひろな
先巳	ひろみ
麻先	まゆき
美先	みさき
先恵	ゆきえ
先実	ゆきみ

壮

ソウ
名 あき　お
たけ　まさ
もり

旧 壯

もとの字は「壯」。士の部分は戦士の意味で、そこから強い、盛んの意味となった。活力に満ちた行動的な人に。

ヒント 「壮健」のように、はつらつとした印象。女の子にはキュートで明るい印象の「あき」の音も使いやすい。

壮菜	あきな
壮芭	あきは
壮圃	あきほ
壮琉	あきる
壮子	そうこ
壮葉	たけは
智壮	ちあき
壮奈	まさな
美壮	みお
未壮	みもり

早

ソウ　サッ
はやい
名 さ　さき

時間・時刻が早いほかに、若い、朝などの意味もある。若々しくフレッシュな感じで、活発な子にぴったり。

ヒント 「さ」と読んで万葉仮名風に。「さ」の音はさわやかで颯爽《さっそう》とした印象で、スター性を感じさせる。

早	さき
早織	さおり
早玖	さく
早美	そうみ
早楽	そうら
実早	みさ
未早	みはや
理早	りさ
早良香	さらか
美早咲	みさき

多

タ　おおい
名 かず　とみ　な　なお　ま　さ

「夕」を二つ重ねて、多いの意味を表す。勝るの意味もある。組み合わせた字の意味を強めるのにも使える。

ヒント　しっかり者の印象の「た」の音で万葉仮名風に。「多聞天《たもんてん》」は、福をもたらす神、毘沙門天《びしゃもんてん》の別名。

- 宇多　うた
- 多実　かずみ
- 奏多　かなた
- 多栄　たえ
- 多美　なおみ
- 陽多　ひとみ
- 多恵　まさえ
- 多華来　たから
- 多未輝　なみき
- 日那多　ひなた

地

チ　ジ
名 くに　ただ

土、大地、場所のほか、ありのまま、生まれつきなどの意味もある。素直にのびのびと育つことを願って。

ヒント　字のもつ着実な印象に、「ち」の音で、パワーと愛らしさを兼ねそなえて成功するイメージをプラス。

- 心地　ここち
- 紗地　さち
- 地愛　ただな
- 地奈　ちな
- 地夏　ちなつ
- 地穂　ちほ
- 悠地　はるち
- 美地　みち
- 雪地　ゆきじ
- 真地瑠　まちる

竹

チク　たけ
名 たか

竹の葉が垂れている形を表す字で、竹の意味を表す。派手さはないが、しなやかな強さをイメージさせる字。

ヒント　字のもつすくすくとまっすぐ育つイメージに、「たけ」の音で、力強く確かな信頼感を加えて。

- 竹菜　たかな
- 竹乃　たかの
- 竹香　たけか
- 竹芭　たけは
- 竹葉　たけは
- 竹美　たけみ
- 竹彌　たけみ
- 竹埜　たけや
- 竹莉　たけり
- 竹瑠　たける

灯

トウ　ひ
名 あかり

旧 燈

もとの字は「燈」。ともしび、明かりの意味を表す。周囲を明るくするような、チャーミングな女性に。

ヒント　情熱と冷静さをあわせもつ「ひ」や、努力家の印象の「とう」の音で。「あかり」と読んで1字名にも。

- 灯　あかり
- 明灯　あきひ
- 灯子　とうこ
- 晴灯　はるひ
- 灯菜　ひな
- 灯芽　ひめ
- 灯依　ひより
- 結灯　ゆうひ
- 亜冴灯　あさひ
- 灯香里　ひかり

凪

なぎ
名 な

日本でつくられた字。「風」が「止」まることを表す。自然現象を表す字は人気がある。穏《おだ》やかな優しい人に。

ヒント　「なぎ」の音を活かすと、かわいがられて出世する人に。「な」の音でも。穏やかな海を連想させる字。

- 瀬凪　せな
- 智凪　ちな
- 凪子　なぎこ
- 凪沙　なぎさ
- 凪咲　なぎさ
- 南凪　なな
- 波凪　なみな
- 美凪　みなぎ
- 由凪　ゆな
- 優凪　ゆな

弐

ニ　ジ
名 すけ

数字の改変を防ぐために「二」のかわりに用いる。次女や二番目の子の意味で使われることもある。

ヒント　「に」の音で万葉仮名風に。人なつっこいのにはにかむ感じが何とも愛らしい印象の名前に。

- 弐稀　にき
- 弐胡　にこ
- 弐那　にな
- 美弐　みに
- 由弐　ゆに
- 瑠弐　るに
- 紗弐衣　さにい
- 弐伊奈　にいな
- 弐路子　にじこ
- 弐千華　にちか

Column 似ている漢字に注意して！①

漢字は、ちょっと形が違うだけでまったく意味が変わってしまうことも。
使いたい漢字の意味や形を正確に把握しておきましょう。

例

- 大[3]―丈[3]―太[4]―犬[4]
- 巳[3]―已[3]―己[3]
- 天[4]―夫[4]
- 右[5]―石[5]
- 永[5]―氷[5]
- 史[5]―央[5]
- 功[5]―巧[5]
- 未[5]―末[5]
- 広[5]―宏[7]
- 州[6]―洲[9]
- 杜[7]―社[7]
- 李[7]―季[8]

- 伶[7]―怜[8]
- 亨[7]―享[8]
- 宜[8]―宣[9]
- 昂[8]―昴[9]
- 拓[8]―柘[9]
- 弥[8]―祢[9]
- 昊[8]―晃[10]
- 茉[8]―栞[10]
- 郎[9]―朗[10]
- 祐[9]―裕[12]

年

ネン　とし
名 かず　ちか　と　とせ　ね

豊かな実りを願う人の形から、実りの意味となり、そこから「とし」の意味もできた。心身ともに豊かな人に。
ヒント 「とし」の音を活かすと、確かな信頼感に裏づけされた、将来性を感じさせる名前に。

- 年笑　かずえ
- 叶年　かなと
- 年絵　ちかえ
- 千年　ちとせ
- 年恵　としえ
- 年華　としか
- 年実　としみ
- 年瑠　ねる
- 実年　みちか
- 美紗年　みさと

帆

ハン　ほ

風を受けて舟を走らせる布や、その舟を意味する。海好きの人に人気。風をはらんで自由に生きるイメージ。
ヒント 女の子定番の止め字「ほ」でよく使われる。「ほ」で終わる名前は、温かなくつろぎを感じさせる。

- 晃帆　あきほ
- 郁帆　いくほ
- 一帆　かずほ
- 夏帆　かほ
- 季帆　きほ
- 倖帆　さちほ
- 紗帆　さほ
- 静帆　しずほ
- 詩帆　しほ
- 知帆　ちほ

- 帆菜　はんな
- 帆莉　はんり
- 帆春　ほはる
- 帆稀　ほまれ
- 真帆　まほ
- 麻帆　まほ
- 美帆　みはん
- 素帆　もとほ
- 果帆莉　かほり
- 茅帆里　ちほり

- 奈都帆　なつほ
- 七帆子　なほこ
- 帆奈美　ほなみ
- 帆の花　ほのか
- 帆乃実　ほのみ
- みず帆　みずほ
- 美奈帆　みなほ
- 美帆奈　みほな
- 梨帆子　りほこ
- 瑠璃帆　るりほ

汎

ハン　うかぶ　ひろい
名 なみ

もとは風に流れることで、浮く、漂《ただよ》うの意味から、広い、行き渡るの意味も表す。心が広く、自由に生きる女性に。
ヒント 「ひろ」の音は、周囲にくつろぎを感じさせる。「なみ」と読むと親密感とキュートさがある名前に。

- 華汎　かなみ
- 小汎　こなみ
- 千汎　ちなみ
- 汎夏　なみか
- 汎希　なみき
- 花汎　はなみ
- 汎菜　はんな
- 汎海　ひろみ
- 汎彌　ひろみ
- 真汎　まなみ

妃

ヒ
名 き　ひめ

天子の妻、きさきの意味を表す。皇族の女性や女神の尊称にも使われる。姫君のような高貴な美しさをもつ女性に。
ヒント 「ひ」と読むと、カリスマ性がさらに増す。「き」の音は自分をしっかりもつクールビューティーの印象。

- 晃妃　あきひ
- 温妃　あつき
- 彩妃　あやき
- 逸妃　いつき
- 乙妃　おとひ
- 一妃　かずき
- 妃衣　きい
- 妃華　きか
- 姫妃　きき
- 妃月　きづき

- 沙妃　さき
- 苑妃　そのき
- 珠妃　たまき
- 夏妃　なつき
- 陽妃　はるき
- 妃織　ひおり
- 妃菜　ひな
- 妃花　ひめか
- 妃香　ひめか
- 妃乃　ひめの

- 真妃　まき
- 美妃　みき
- 悠妃　ゆき
- 柚妃　ゆずき
- 瑠妃　るき
- 紗由妃　さゆき
- 千亜妃　ちあき
- 妃菜子　ひなこ
- 妃奈乃　ひなの
- 優妃絵　ゆきえ

百

ヒャク
名 お　と　も　もも

数の百を表し、すべて、多数の意味にも使う。百合と書いて「ゆり」と読む。「百恵」なら恵みの多い子の意味。
ヒント 「もも」の音は、温かい母性愛に満ちた印象に。甘く優しいイメージの「も」の音で万葉仮名風にも。

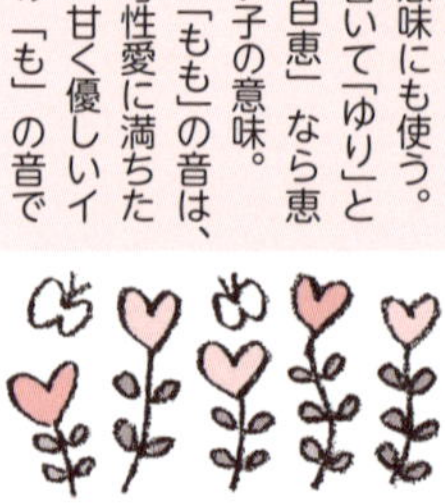

- 奏百　かなお
- 小百　こもも
- 咲百　さお
- 朔百　さくと
- 李百　すもも
- 百奈　もな
- 百音　もね
- 百萌　もも
- 百華　ももか
- 百愛　ももな

- 百莉　ももり
- 百合　ゆり
- 李百　りと
- 彩百合　あゆり
- 衣百莉　いおり
- 胡百合　こゆり
- 小百合　さゆり
- 咲百合　さゆり
- 百萌子　ともこ
- 真百合　まゆり

- 美百合　みゆり
- 百南美　もなみ
- 桃百花　ももか
- 百々葉　ももは
- 百合亜　ゆりあ
- 百合香　ゆりか
- 百合子　ゆりこ
- 百合菜　ゆりな
- 百合音　ゆりね
- 百合乃　ゆりの

名

メイ　ミョウ　な
名 あきら　かた　もり

子の成長を報告する儀式から、名、名づけるの意味に。ほまれの意味もある。社会で活躍する人になるように。
ヒント 「な」の音は、のびやかで心地よい親密さを感じさせる。「めい」の音は、穏《おだ》やかで包容力のある印象に。

- 名來　あきら
- 真名　まな
- 美名　みかた
- 名花　めいか
- 名魅　めいみ
- 名実　もりみ
- 玲名　れな
- 華名実　かなみ
- 名津美　なつみ
- 茉莉名　まりな

有

ユウ　ウ
ある
名 あり　すみ　とも　もち　ゆ　り

肉をもって神に供える形から、もつ、ある、保つなどの意味を表す。恵まれた豊かな人生をおくれるように。

ヒント 優しさにみちた「ゆう」の音のほか、ナチュラルさと華やかさをあわせもつ「あり」「ある」の音などで。

有結　あゆ
有沙　ありさ
有珠　ありす
有菜　ありな
有魅　ありみ
有海　うみ
有麗　うらら
紗有　さゆ
有南　すみな
有瑚　ともこ

真有　まう
茉有　ますみ
未有　みう
実有　みゆう
有架　もちか
有杏　ゆあ
有衣　ゆい
有子　ゆうこ
有那　ゆうな
有李　ゆうり

有羽　ゆうわ
有花　ゆか
有希　ゆき
有奈　ゆな
有乃　りの
亜有美　あゆみ
真有子　まゆこ
美有菜　みゆな
有季子　ゆきこ
有紀奈　ゆきな

吏

リ
名 おさ　さと　つかさ

もとは祭りをつかさどる人を意味し、そこから役人、治めるなどの意味に。平和で堅実な人生がおくれるように。

ヒント 人気の「り」の音で万葉仮名風に。「り」の音は、華やかで理知にあふれ、努力をいとわない印象。

吏　つかさ
吏李　さとり
真吏　まおさ
茉吏　まり
吏音　りお
吏紗　りさ
吏澄　りずむ
恵吏子　えりこ
吏々亜　りりあ
吏々香　りりか

7画

亜

ア
名 つぎ　つぐ
旧 亞

もとの字は「亞」。次ぐ、第二などの意味のほかに、アジア（亜細亜）の略にも使われる。昔なつかしいイメージ。

ヒント 「あ」で始まる名前は飾らずのびやかなイメージ。「あ」で終わると、未来への希望を感じさせる名前に。

亜依　あい
亜樹　あき
亜咲　あさき
亜音　あのん
亜美　あみ
衣亜　いつぐ
智亜　ちあ
亜歌　つぎか
亜葉　つぐは
亜実　つぐみ

夏亜　なつぐ
乃亜　のあ
茉亜　まつぎ
実亜　みあ
望亜　もあ
瑠亜　るあ
亜衣子　あいこ
亜季奈　あきな
亜沙美　あさみ
亜実菜　あみな

亜美瑠　あみる
亜矢羽　あやは
亜弥美　あやみ
亜也夢　あやむ
亜由子　あゆこ
紗亜弥　さあや
真亜弥　まあや
茉莉亜　まりあ
美利亜　みりあ
由利亜　ゆりあ

杏

アン　キョウ
あんず

木の枝に実をつけた形からできた字で、アンズを表す。実はおいしく、花も美しい。見かけも中身も豊かに。

ヒント 「あん」の音で素朴《そぼく》さと親密感、深い癒《いや》しをプラス。強さと優しさを兼ねそなえた「きょう」の音でも。

杏　あんず
杏澄　あずみ
杏未　あみ
杏夢　あむ
杏萌　あも
杏弥　あや
杏連　あれん
杏樹　あんじゅ
杏奈　あんな
杏音　あんね

杏由　あんゆ
杏璃　あんり
杏花　きょうか
杏子　きょうこ
杏菜　きょうな
詩杏　しあん
寿杏　じゅあん
如杏　じょあん
乃杏　のあ
蜜杏　みあ

美杏　みあん
唯杏　ゆあ
有杏　ゆあん
梨杏　りあ
莉杏　りあん
瑠杏　るあん
麗杏　れあ
杏花里　あかり
杏芽里　あめり
杏由実　あゆみ

壱

イチ
名 かず　さね　もろ

もとの字は「壹」で、もっぱらの意味。数字の改変を防ぐため「一」のかわりに使われる。一つの事に打ちこむ人に。

ヒント 「一」のかわりに使うと個性的。「いち」の音は難題にも楽しげに挑戦し、成功する印象。

蒼壱　あおい
壱花　いちか
壱夏　いちか
壱子　いちこ
壱希　いつき
壱奈　かずな
壱音　かずね
壱芭　かずは
真壱　まさね
壱美　もろみ

伽

カ　ガ　とぎ

サンスクリット語の音訳語として仏教用語に使われる字。「御伽《おとぎ》ばなし」というように、夢をもって育つように。

ヒント 「か」は人気の止め字。「花」や「香」のかわりに止め字に使うと新鮮。先頭字や中字でも。

伽奈 かな
琴伽 ことか
澄伽 すみか
朋伽 ともか
愛伽 まなか
美伽 みか
釉伽 ゆうが
結伽 ゆか
安悠伽 あゆか
伽吏菜 かりな

花

カ　はな
名 はる　みち　もと

草や木の花、また、花のように美しいこと、華やかなことをいう。一字でも、また止め字としても人気のある字。

ヒント 「か」の音でドライなアネゴ肌のイメージをプラス。「はな」と読むと、温かく周りの人を和ませる名前に。

花 はな
彩花 あやか
逸花 いつか
乙花 おとか
花音 かのん
花凛 かりん
花恋 かれん
小花 こはる
滴花 しずか
涼花 すずか

苑花 そのか
花恵 はなえ
花李 はなり
花子 はるこ
郁花 ふみか
穂花 ほのか
萌花 もえか
花瑚 もとこ
花葉 もとは
花未 もとみ

桃花 ももか
陽花 ようか
凛花 りんか
花哉子 かやこ
那由花 なゆか
野の花 ののか
茉莉花 まりか
美花莉 みかり
三千花 みちか
りり花 りりか

快

カイ　こころよい
名 はや　やす　よし

病気が治ることから、気持ちがいいの意味になった。速い、鋭いの意味もある。健康で賢い子になるように。

ヒント 字の気持ちよいイメージに、「かい」の音でりりしい知性派の、「よし」の音で清潔な癒《いや》しの印象をプラス。

快亜 かいあ
快奈 かいな
快李 かいり
快未 はやみ
実快 みよし
快恵 やすえ
快歌 やすか
快世 やすよ
快香 よしか
快乃 よしの

完

カン
名 さだ　なる　ひろ　まさ　また　みつ　ゆたか

廟《びょう》の中で行われる儀礼に関する字で、まっとうする、守る、保つの意味を表す。物事を立派に成し遂げる人に。

ヒント 「かん」の音は茶目《ちゃめ》っ気《け》と頼りがいを感じさせる。優しさとさわやかさをもつ「まさ」などの読みでも。

完 ゆたか
完奈 かんな
完絵 さだえ
完実 なるみ
完南 ひろな
完英 まさえ
完己 まさみ
美完 みかん
完希 みつき
完瑠 みつる

岐

キ
名 みち

山の分かれ道を表し、分かれる、分かれ道などを意味する。高いところの意味も。人の上に立つ人に。

ヒント 個性的で生命力にあふれた「き」の音で、止め字や万葉仮名風に使って。「みち」の音を活かしても新鮮。

逸岐 いつき
紗岐 さき
夏岐 なつき
実岐 みき
岐香 みちか
蜜岐 みつき
優岐 ゆき
亜岐菜 あきな
美咲岐 みさき
由岐子 ゆきこ

希

キ　のぞむ
名 のぞみ　まれ

もとは「まれ」を表し、やがて願う、望むの意味になった。「稀」の書きかえにも。希望に満ちた未来を願って。

ヒント 「き」で終わる名前は、わが道を進むイメージ。「のぞみ」と読むと、情が深く頼りがいのある人に育つ。

宇希 うき
和希 かずき
希依 きい
希恵 きえ
希子 きこ
絆希 きずき
希穂 きほ
希来 きら
早希 さき
咲希 さき

彩希 さき
詩希 しき
波希 なみき
希海 のぞみ
希望 のぞみ
希夢 のぞむ
陽希 はるき
穂希 ほまれ
真希 まき
希空 まれあ

希衣 まれい
美希 みき
瑞希 みずき
光希 みつき
湊希 みなき
佑希 ゆうき
柚希 ゆずき
亜希奈 あきな
美希歩 みきほ
実咲希 みさき

亨

キョウ　コウ　とおる　にる
名 あき　ちか　なお　みち

煮炊きに使う器《うつわ》の形からできた字で、煮る、とおる、祭る、奉るなどの意味を表す。順風満帆な人生を願って。

ヒント 「きょう」と読むと、強さと優しさをあわせもつ名前に。「享」と字形も読みも似ているので注意。

亨奈 あきな
亨未 あきみ
亨羅 あきら
亨香 きょうか
亨那 きょうな
亨栄 なおえ
亨実 なおみ
亨花 みちか
亨瑠 みちる
実亨 みなお

玖

キュウ
名 き く
たま ひさ

黒く光る玉のように美しい石のこと。また、「九」の代用にも使われる。きらりと輝く美しい女性になるように。

ヒント 字の輝く印象に、「く」の音でキュートさとミステリアスなイメージを加えて。「久」のかわりに使っても。

愛玖	あいく
依玖	いく
玖音	くおん
玖深	くみ
紗玖	さく
詞玖	しき
玖絵	たまえ
玖禾	たまか
珠玖	たまき
玖世	たまよ
玖恵	ひさえ
玖嘉	ひさか
真玖	まき
未玖	みく
実玖	みく
釉玖	ゆうき
李玖	りく
凛玖	りんく
瑠玖	るく
怜玖	れく
安玖里	あぐり
衣玖子	いくこ
玖仁子	くにこ
玖楽々	くらら
玖瑠美	くるみ
沙玖美	さくみ
咲玖良	さくら
美玖里	みくり
未玖瑠	みくる
未琉玖	みるく

芹

キン せり
名 き まさ
よし

植物のセリの意味を表す。セリは中国では祭事に使われ、日本では春の七草のひとつ。神秘的な力のある植物。

ヒント 「せり」の読みで使うことのできる唯一の字。清楚《せいそ》でキュートな、華やかさのある名前になる。

芹杏	せりあ
芹衣	せりい
芹奈	せりな
芹菜	せりな
芹葉	せりは
碧芹	たまき
芹美	まさみ
優芹	ゆき
芹花	よしか
美遊芹	みゆき

吟

ギン
名 あきら うた
おと こえ

詩や歌をうたうこと、また、詩などの趣《おもむき》を味わう意味を表す。文学や芸能方面で活躍できることを願って。

ヒント 「うた」の音は迷ったときに背中をおしてくれる、のびのびと元気な印象。「おと」「ぎん」の音を活かしても。

吟	うた
吟美	あきみ
吟楽	あきら
吟華	うたか
吟禾	おとか
吟芭	おとは
吟女	おとめ
吟歌	ぎんか
智吟	ちあき
美吟	みこえ

君

クン きみ
名 きん こ
すえ なお
よし

神事をつかさどる人の長から、君主、統治者の意味になった。立派な人の意味も。人から尊敬される人に。

ヒント 「きみ」の音は、無邪気で明るく、キュートな印象。人をドキリとさせる小悪魔的イメージに。

君恵	きみえ
君果	きみか
君子	きみこ
君世	きみよ
君奈	きんな
君未	すえみ
君美	なおみ
祐君	ゆうこ
悠君	ゆきみ
君加	よしか

芸

ゲイ
名 き ぎ
のり まさ
よし

旧 藝

もとの字は「藝」。草や木を植える意味から、わざ、技芸、学問などの意味になった。才能豊かに育つように。

ヒント 「き」の音で止め字にすると使いやすい。潔くわが道を進む印象の名前に。芸術的なセンスを願って。

晏芸	あき
逸芸	いつき
菜芸	なぎ
芸絵	のりえ
芸胡	のりこ
芸恵	まさえ
美芸	みき
芸乃	よしの
芸実	よしみ
安芸波	あげは

見

ケン みる
名 あき ちか
あきら
み

大きな目をもった人の形からできた字で、見る意味を表す。会う、悟るの意味も。物事を深く見通す賢い人に。

ヒント みずみずしく愛らしい印象の「み」の音で、止め字に使うことが多い。本質を見通す力をもつ人になるように。

見葉	あきは
見楽	あきら
亜見	あみ
映見	えみ
直見	なおみ
美見	みちか
見怜	みれい
瑠見	るみ
津玖見	つぐみ
見友希	みゆき

冴

ゴ こおる
さえる
名 さ さえ

寒さのために物が凍る意味から、冴える、鋭いなどの意味を表す。クールでスマートなイメージの字。

ヒント 「さえ」と読むと、柔和《にゅうわ》で品のよい、エレガントな印象の名前に。颯爽《さっそう》とした印象の「さ」の音でも。

冴	さえ
冴香	さえか
冴子	さえこ
冴巳	さえみ
冴璃	さえり
冴耶	さや
智冴	ちさ
真冴	まさえ
美冴	みさえ
実冴希	みさき

孝

コウ
名 あつ たか
なり のり
みち もと
ゆき よし

親によく仕える意味を表す。「孝」は、儒教《じゅきょう》では最も大切な徳目だった。親を大切にする優しい子に育つように。

ヒント 「たか」の音は、信頼感と気立てのよさが香り立つイメージ。女性らしい字を組み合わせて。

孝伎	あつき
孝実	あつみ
孝奈	たかな
孝子	なりこ
孝琉	みちる
実孝	みのり
箕孝	みゆき
孝江	もとえ
孝菜	ゆきな
孝絵	よしえ

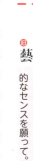

宏

コウ　ひろい
名 あつ　ひろ

もとは奥深い建物を表し、そこから、広い、大きいの意味ができた。スケール感がある字。心の広い人に。

ヒント 「ひろ」と読むと、たくましさと包容力のあるカリスマヒロインの印象がさらにプラスされる。

宏架	あつか
宏生	あつき
宏瑚	あつこ
宏奈	あつな
宏埜	あつの
宏未	あつみ
宏芽	あつめ
宏莉	あつり
宏華	こうか
宏雅	こうが
宏寿	こうじゅ
宏妃	こうひ
宏未	こうみ
小宏	こひろ
千宏	ちひろ
宏絵	ひろえ
宏華	ひろか
宏姫	ひろき
宏沙	ひろさ
宏那	ひろな
宏葉	ひろは
宏穂	ひろほ
宏美	ひろみ
宏夢	ひろむ
宏女	ひろめ
宏李	ひろり
真宏	まひろ
心宏	みひろ
八宏	やひろ
柚宏	ゆひろ

更

コウ　さら
ふける
名 つぐ　とお
のぶ

変える、改める、まっさらになどの意味を表す。古い物事にこだわらない、時代を切りひらく人に。

ヒント 「さら」と読むと、さわやかな風と華やかさのイメージがあり、スター性も感じさせる人に。

更	さら
稀更	きさら
輝更	きさら
更胡	こうこ
更咲	さらさ
更紗	さらさ
更李	さらり
更実	つぐみ
更未	とおみ
更華	のぶか

克

コク
名 いそし
かつ　かつみ
たえ　なり
よし

能力がある、成し遂げる、勝つなどの意味を表す。困難に負けず、運命を切りひらけるような人に。

ヒント 「かつ」の音は積極的で強い印象。「克己《こっき》」のとおり、自身に打ちかつ強い心のもち主になるように。

克絵	かつえ
克揮	かつき
克子	かつこ
克実	かつみ
克花	たえか
克胡	たえこ
克美	なりみ
美克	みよし
克乃	よしの
克穂	よしほ

佐

サ
名 すけ　よし

「左」に「イ」を加えた字で、助ける意味を表す。妻として夫を、秘書として上司をよく助けるイメージ。

ヒント 「さ」の音で、先頭字、止め字、中字としても使われる。「さ」の音は、颯爽《さっそう》としたスターの印象。

希佐	きさ
小佐	こよし
佐羽	さう
佐奈	さな
佐美	さみ
佐羅	さら
佐莉	さり
佐菜	すけな
智佐	ちさ
美佐	みよし
遊佐	ゆさ
佐愛	よしあ
佐絵	よしえ
佐花	よしか
佐生	よしき
莉佐	りさ
亜佐美	あさみ
佐英子	さえこ
佐緒李	さおり
佐希奈	さきな
佐玖來	さくら
佐知香	さちか
佐二衣	さにい
佐也佳	さやか
佐由吏	さゆり
佐世子	さよこ
佐和子	さわこ
真佐奈	まさな
実佐絵	みさえ
海佐希	みさき

沙

サ　シャ
すな
名 いさ　す

水辺の砂の意味を表すが、「砂」より粒の細かい砂である。ロマンチックなイメージで、海好きの人に人気。

ヒント 字のロマンチックなイメージに、「さ」の音で、憧《あこが》れを誘うスターのような印象をさらに増して。

愛沙	あいしゃ
亜沙	あすな
有沙	ありす
沙音	いさね
沙実	いさみ
沙綾	さあや
沙織	さおり
沙々	ささ
沙都	さと
沙奈	さな
沙穂	さほ
沙耶	さや
沙由	さゆ
沙羅	さら
沙那	しゃな
妃沙	ひさ
茉沙	まいさ
弥沙	やすな
梨沙	りさ
亜沙子	あさこ
希沙良	きさら
沙玖楽	さくら
沙千絵	さちえ
沙菜緒	さなお
沙仁衣	さにい
沙耶香	さやか
沙也子	さやこ
沙里香	さりか
真沙恵	まさえ
美沙希	みさき

作

サク　サ
つくる
名 あり　とも
なお　なり

あらゆるものをつくる意味から、事を起こす、営む、なすなどの意味に使われる。創造的な仕事につけるように。

ヒント 「さく」の音は、スマートで洗練された印象。さわやかな「さ」の音で万葉仮名風に使っても。

作沙	ありさ
作実	さくみ
作羅	さくら
智作	ちさ
作花	ともか
作美	なおみ
葉作	はなり
弥作	みさ
茅作希	ちさき
理作子	りさこ

志

シ こころざす こころざし
名 さね むね もと ゆき

心がある方向に向かうことを表し、志すの意味となる。夢や目標に向かって一生懸命努力できる子に。

ヒント キラキラした生命力にあふれた「し」の音で先頭字に。強い信念を抱いて志《こころざし》を果たす人に。

沙志	さゆき
志織	しおり
志音	しおん
志乃	しの
志帆	しほ
志麻	しま
志優	しゅう
真志	まさね
志美	むねみ
志子	もとこ

孜

シ つとめる
名 あつ しげ ます

子を戒め、努力させることを表す字で、努めるの意味に使う。たえまなく努力する子になるように。

ヒント 「し」と読むと自分をしっかりもっている個性派の印象。「あつ」の音を活かすと新鮮味のある名前に。

孜子	あつこ
孜実	あつみ
孜苑	しおん
孜葉	しげは
孜那	しな
孜埜	しの
孜保	しほ
孜歌	ますか
孜寿香	しずか
美代孜	みよし

秀

シュウ ひいでる
名 さかえ しげる すえ ひで ほ みつ よし

穀物の穂が垂れて花が咲いている形で、ひいでる、優れる、抜きんでるの意味に使う。優秀な子に育つように。

ヒント 「ひで」と読むと、重厚感あるパワーの持ち主に。「しゅう」と読むと、さわやかな風と光を感じさせる。

秀	しげる
秀栄	さかえ
秀加	しゅうか
秀奈	しゅうな
秀華	ひでか
秀葉	ひでは
茉秀	ますえ
真秀	まほ
秀季	みつき
秀実	よしみ

寿

ジュ ことぶき
名 かず す ず とし のぶ ひさ よし
旧 壽

もとの字は「壽」。人の長生きを祈ることから、命、久しい、祝うの意味に。長く幸福な人生をおくれるように。

ヒント 「ひさ」は高いカリスマ性を、「とし」は優しさと頼りがいを、「じゅ」は癒《いや》しと気品を感じさせる音。

安寿	あんじゅ
寿希	かずき
寿沙	かずさ
志寿	しのぶ
寿奈	じゅな
寿音	じゅね
寿穂	じゅほ
寿莉	じゅり
寿美	としみ
寿重	ひさえ

寿香	ひさか
寿子	ひさこ
寿未	ひさみ
麻寿	まじゅ
未寿	みよし
由寿	ゆず
明寿香	あすか
小寿恵	こずえ
史寿香	しずか
詩寿子	しずこ

寿里亜	じゅりあ
寿々果	すずか
寿々子	すずこ
寿々祢	すずね
寿々実	すずみ
寿美礼	すみれ
茉寿香	ますか
真寿未	ますみ
美寿香	みずか
美寿々	みすず

初

ショ うい そめる はじめ はつ
名 もと

「衣」+「刀」で、布を裁って衣をつくることから、はじめ、はじめての意味を表す。初々しく、愛らしい子に。

ヒント 「はつ」の音は、熱い情熱とエネルギーを感じさせる。安定感のある「もと」の読みを活かしても。

初香	ういか
初菜	ういな
初笑	はつえ
初子	はつこ
初音	はつね
初日	はつひ
初美	はつみ
初花	もとか
初奈	もとな
初実	もとみ

伸

シン のびる
名 ただ のぶ

人が身体を伸び縮みさせることを表す字で、伸びる、伸ばすの意味になった。のびのびと育つように。

ヒント 「のぶ」の音は、甘えん坊で元気な印象で、皆にかわいがられながら、出世していくイメージ。

志伸	しのぶ
詩伸	しのぶ
伸枝	ただえ
伸絵	のぶえ
伸花	のぶか
伸子	のぶこ
伸穂	のぶほ
伸未	のぶみ
実伸	みしん
美伸	みのぶ

吹

スイ ふく
名 かぜ ふ ふき ぶき

「欠」は大きく口を開けた人の形で、「吹」で、吹く、吹きかけるの意味。自由にのびやかに生きるイメージ。

ヒント ロマンチックな印象の「ふき」、どこまでも前向きな「ぶき」の音のほか、「ふ」の音で万葉仮名風に。

衣吹	いぶき
吹奈	すいな
吹夢	すいむ
陽吹	ひすい
吹宇	ふう
吹彌	ふみ
美吹	みかぜ
吹希子	ふきこ
吹由美	ふゆみ
真吹美	まふみ

宋

ソウ
名 おき　くに
すえ

中国の国名や王朝名、また、人名に用いられた字。宋時代は経済や文化が栄えた時代なので、あやかりたい人に。
ヒント 「そう」と読むと潔く颯爽《さっそう》としたイメージ、「くに」と読むと頼りがいのあるリーダーの印象に。

宋永　くにえ
宋絵　くにえ
宋香　くにか
宋華　くにか
宋奈　すえな
宋珠　そうじゅ
宋美　そうみ
宋來　そうら
実宋　みおき
宋乃胡　そのこ

汰

タ

もとは米を洗ってとぐことで、悪いものをより分ける意味を表す。選ばれた特別な子であることを願って。
ヒント 男の子に人気の字だが、着実に成功していくイメージの「た」の音で万葉仮名風に使うと女の子にも。

奏汰　かなた
汰恵　たえ
汰絵　たえ
汰桜　たお
汰美　たみ
汰香子　たかこ
汰嘉乃　たかの
汰真恵　たまえ
汰美衣　たみい
日菜汰　ひなた

町

チョウ
まち

もとは田の間を通るあぜ道、さかいの意味で、まち、市街地を表す。「小町」のように、粋《いき》な美人になるように。
ヒント 「まち」の音は、満ち足りていてチャーミング、周りの人を楽しくにぎやかな気分にさせる印象。

町　まち
小町　こまち
恋町　こまち
町絵　まちえ
町花　まちか
町子　まちこ
町奈　まちな
町音　まちね
町葉　まちは
町瑠　まちる

兎

ト　うさぎ
名 う

「兎」の俗字。「兎」はウサギの形からできた字で、ウサギの意味。月の別名でもある。ロマンチックでかわいい字。
ヒント 豊かな才能で周囲を魅了する「う」や、母性的な優しさとしっかり者の印象をあわせもつ「と」の音で。

衣兎　いと
兎埜　うの
兎美　うみ
緒兎　おと
兎萌　とも
麻兎　まう
珠兎　みう
夢兎　ゆと
莉兎　りと
兎羅々　うらら

那

ナ
名 とも　ふゆ
やす

「なんぞ」などの意味を表す。美しいという意味もあり、「な」の読みの止め字として特に人気が高い。
ヒント 人気の「な」の音で。「奈」「菜」より使用例が少ない。「な」は、やわらかくのびやかで親密感のある音。

音那　おとな
心那　ここな
小那　こふゆ
星那　せな
芹那　せりな
智那　ちな
那絵　ともえ
那羽　ともは
那李　ともり
那智　なち

那菜　なな
那優　なゆ
葉那　はな
那花　ふゆか
真那　まな
茉那　まふゆ
瑞那　みずな
実那　みふゆ
萌那　もえな
那奈　やすな

那葉　やすは
夕那　ゆな
璃那　りな
加那子　かなこ
花那多　かなた
華那里　かなり
那乃花　なのか
那由華　なゆか
日那子　ひなこ
美那子　みなこ

杜

ト　もり
名 あり

植物のヤマナシがもとの意味。神社などの、木の茂る「もり」の意味に使う。自然の豊かな恵みのイメージ。
ヒント 「と」の音を活かして。「と」で終わる名前は、大切な人を包みこんで守る、良妻賢母のイメージ。

杜沙　ありさ
杜巳　ありみ
美杜　みと
深杜　みと
実杜　みもり
柚杜　ゆと
梨杜　りと
杜希子　ときこ
杜茂香　ともか
杜萌美　ともみ

忍

ニン　しのぶ
名 おし　しの
たう

耐える、しのぶ、我慢するなどの意味を表す。芯の強い古風な女性のイメージもあり、名前に使われることも多い。
ヒント 「しのぶ」と読んで1字名にすると、ソフトな優しさと元気で世話好きな面を兼ねそなえた人に。

忍　しのぶ
羽忍　うたう
忍奈　おしな
忍乃　しの
忍羽　しのは
忍芙　しのぶ
忍未　しのみ
忍李　しのり
美忍　みしの
依忍　よしの

芭

ハ　バ

植物のバショウ(芭蕉)を表す。また、花という意味もある。花のように美しく、また風雅を解する粋《いき》な女性に。
ヒント 「は」の音で万葉仮名風に。「は」の音は、温かくて気風《きっぷ》がよく、潔い印象。「ば」の音を使うのも新鮮。

青芭　あおば
綺芭　あやは
彩芭　いろは
一芭　かずは
芭菜　はな
芭和　はわ
靖芭　やすは
若芭　わかば
木ノ芭　このは
芭奈子　はなこ

麦

バク　むぎ

穀物のムギを表す。小麦色、麦わら帽子など、夏のイメージもある。すくすくと健康的な子に育つように。

ヒント　「むぎ」の音で先頭字にも止め字にも。「むぎ」の音は、生命力と想像力を感じさせる名前に。

麦 むぎ
小麦 こむぎ
津麦 つむぎ
鶴麦 つむぎ
麦香 むぎか
麦夏 むぎか
麦子 むぎこ
麦菜 むぎな
麦穂 むぎほ
麦芽 むぎめ

扶

フ
名 もと

助ける、手を貸す、守るなどの意味を表す。扶桑《ふそう》とは日本の異名でもある。古風で上品なイメージの字。

ヒント　ふんわりと不思議な魅力をもつ「ふ」の音で万葉仮名風に。「もと」と読むと豊かで包容力のある人に。

恵扶 えふ
扶希 ふき
扶美 ふみ
扶華 もとか
扶子 もとこ
扶穂 もとほ
扶実 もとみ
扶宇華 ふうか
扶美香 ふみか
真扶実 まふみ

巫

フ　ブ　ム
かんなぎ
みこ
名 み

神様をまつる道具を両手にもつ形から、神に仕える女性を意味する。神秘的なイメージのある字。

ヒント　不思議な魅力を感じさせる「ふ」、パワフルな印象の「ぶ」の音で。「む」の音で止め字にしても。

笑巫 えみこ
巫美 ふみ
巫栄 みえ
巫琴 みこと
巫月 みづき
巫凪 みなぎ
巫早 みはや
由巫 ゆふ
小巫優 こふゆ
巫奈美 みなみ

芙

フ
名 はす

植物のハスを意味する。ハスは清らかで美しいものとされる。ハスの花のように清純な美しさを願って。

ヒント　「芙蓉《ふよう》（ハスの花の別名）」のように美人のイメージ。「ふ」の音で、ファンタジックな魅力をプラス。

芙季 はずき
芙奈 はすな
芙魅 はすみ
芙柚 ふゆ
芙優 ふゆう
芙蓉 ふよう
由芙 ゆふ
芙美風 ふみか
芙美子 ふみこ
芙由美 ふゆみ

甫

ホ　はじめ
名 とし　のり
ふ　まさ　み
もと　よし

田に苗を植えることを表し、はじめ、大きい、広いなどの意味がある。大きな可能性を秘めている印象の字。

ヒント　温かなくつろぎを感じさせる「ほ」の音で止め字や中字に。「穂」にかえて使っても新鮮。

奏甫 かなみ
知甫 ちほ
甫禾 としか
甫花 のりか
甫美 ふみ
甫奈 まさな
茉甫 まほ
実甫 みよし
甫歌 もとか
美寿甫 みずほ

芳

ホウ
かんばしい
名 か　かおる
は　はな
ふさ　ほ
よし

よい香りの花を意味する字で、かんばしい、香りがよいなどの意味を表す。女性的な魅力にあふれた字。

ヒント　「よし」の音でよく使われる。「よし」と読むと、朗《ほが》らかで、さわやかな癒《いや》しに満ちあふれた名前に。

芳織 かおり
芳菜 かな
志芳 しほ
芳恵 はなえ
芳紀 はのり
芳江 ふさえ
真芳 まほ
芳花 よしか
芳香 よしか
莉芳 りほ

Column　似ている漢字に注意して！②

いったん受理された出生届《しゅっしょうとどけ》は、そう簡単には訂正できません。届を出す前に、漢字に間違いがないか、もう一度よく確認しましょう。

例

峻10—崚11
紋10—絞12
菫11—董12
梛11—椰13
菅11—管14
幹13—軒10
煌13—惶12
瑞13—端14
竪14—堅12
綱14—網14
瑠14—璃15
徹15—撤15

諄15—諒15
幡15—播15
摩15—磨16
穏16—隠14
環17—還16
彌17—禰19
櫂18—擢17
麗19—麓19
耀20—燿18
響20—饗22
鑑23—艦21
麟24—鱗24

邦

ホウ
名 くに

境界の決められた領土、くにを意味する。わが国の、という意味にも使う。和のテイストが感じられる字。
ヒント 自立心を感じさせる「くに」の音でよく使われる。頼りがいのあるリーダーに。

邦江 くにえ
邦栄 くにえ
邦花 くにか
邦子 くにこ
邦海 くにみ
邦代 くによ
紗邦 さほ
邦奈 ほうな
真邦 まほ
美邦 みくに

妙

ミョウ
名 たえ ただ たゆ

このうえなく優れる、このうえなく美しい、このうえなく奥深いなどの意味を表す。神秘的な美しさをもつ人に。
ヒント 「たえ」の音は、古風で奥ゆかしく、信頼感を感じさせる。落ち着いたしっかりさんの印象。

歌妙 うたえ
妙映 たえ
妙華 たえか
妙子 たえこ
妙葉 たえは
妙美 たえみ
妙璃 たえり
妙海 ただみ
妙優 たゆ
妙未 たゆみ

邑

ユウ むら
名 くに さと すみ

もとは都の意味で、村、里の意味を表す。素朴《そぼく》でなつかしいイメージがある。素直で心優しい子になるように。
ヒント 人気の「ゆう」の音で使って。使用例が少ないので、「優」や「悠」などのかわりに使うと新鮮。

阿邑 あさと
邑歌 くにか
真邑 ますみ
麻邑 まゆう
美邑 みさと
邑子 ゆうこ
邑愛 ゆうな
邑楽 ゆうら
亜邑花 あゆか
実邑希 みゆき

佑

ユウ たすける
名 すけ ゆ

助け、助けるの意味を表す。天佑《てんゆう》（＝天の助け）、神佑《しんゆう》（＝神の助け）などのことばがある。幸運を願って。
ヒント 大人気の「ゆう」「ゆ」の音で使える字。「ゆ」は、優美な優しさにあふれる音。「祐」と似ているので注意。

愛佑 あゆ
晏佑 あんゆ
詩佑 しゆ
佑未 すけみ
芙佑 ふゆ
茉佑 まゆう
美佑 みゆう
佑愛 ゆあ
佑衣 ゆい
佑香 ゆうか

佑紀 ゆうき
佑子 ゆうこ
佑奈 ゆうな
佑陽 ゆうひ
佑美 ゆうみ
佑羽 ゆうわ
佑果 ゆか
佑月 ゆづき
佑菜 ゆな
佑芙 ゆふ

佑茉 ゆま
佑海 ゆみ
佑芽 ゆめ
沙佑吏 さゆり
志佑里 しゆり
奈佑美 なゆみ
万佑香 まゆか
萌佑瑠 もゆる
佑紀奈 ゆきな
佑仁子 ゆにこ

余

ヨ
あまる

あまる、残すの意味を表し、残り、余分、豊かの意味を表す。自分（予）という意味も。豊かな人生を願って。
ヒント 懐《ふところ》深く人を包みこむ、妖艶《ようえん》な大人の印象のある「よ」の音で。先頭字、止め字、中字どれにも使える。

衣余 いよ
華余 かよ
花余 はなよ
真余 まよ
美余 みよ
余菜 よな
香奈余 かなよ
沙余子 さよこ
奏余風 そよか
余吏子 よりこ

来

ライ きたる くる
名 き く こ な ゆき ら
旧 來

もとの字は「來」。麦の形からできた字。来るのほか、未来の意味も。止め字としても人気。希望をこめて。
ヒント 「らい」の音は、輝くような華やかさと知性を兼ねそなえた印象。「き」「く」「ら」の音で使っても。

来実 くるみ
紗来 さく
虹来 にこ
真来 まき
実来 みくる
美来 みゆき
未来 みらい
柚来 ゆら
来夢 らいむ
莉来 りな

里

リ さと
名 さとし のり

「田」＋「土」でできた字で、田の神を祭る場所を表す。村里、田舎の意味。止め字としてもよく使われる。
ヒント 理知的で華やかな「り」の音でよく使われる。さわやかさと思いやりを感じさせる「さと」の音でも。

愛里 あいり
亜里 あさと
天里 あめり
彩里 あやり
安里 あんり
祈里 いのり
叶里 かのり
琴里 ことり
里花 さとか
里子 さとこ

里美 さとみ
咲里 さり
汐里 しおり
樹里 じゅり
千里 ちさと
祭里 まつり
美里 みさと
優里 ゆうり
友里 ゆり
里夏 りか

里子 りこ
里沙 りさ
里乃 りの
里実 りみ
莉里 りり
杏花里 あかり
亜里沙 ありさ
衣緒里 いおり
乃里子 のりこ
麻里子 まりこ

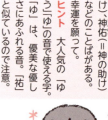

利

リ　きく
名 と　とし　のり　まさ　みち　よし　より

「禾(＝穀物)」＋「刀」で、穀物を刈り取ることから、利益の意味となった。鋭いの意味も。賢い子になるように。

ヒント　「利発」のように、頭のいい印象。理知的な「り」の音のほか、まじめで信頼感ある「とし」の音でも。

花利 かのり
利子 としこ
利南 まさな
澪利 みおり
利琉 みちる
利歌 よしか
利恵 よりえ
利菜 りな
芽亜利 めあり
祐利奈 ゆりな

李

リ　すもも
名 き　もも

「木」＋「子」で、樹木のスモモを表す。果実は桃に似るが酸味がある。語感も意味もかわいらしい字。

ヒント　りりしさと華やかさを感じさせる「り」の音のほか、温かな母性愛に満ちた「もも」の音を活かしても。

李 すもも
咲李 さき
世李 せり
李香 ももか
李菜 ももな
李枝 りえ
李華 りか
李子 りこ
李奈 りな
李々花 りりか

呂

リョ　ロ
名 おと　とも　なが　ふえ

銅のかたまりを並べた形で、鐘を表す。背骨の意味も。律呂《りつりょ》とは音階のこと。音楽の才能に恵まれるように。

ヒント　「ろ」の音で万葉仮名風に使って。「ろ」の音は、ロマンチストにして落ち着いた本格派の印象。

呂芽 おとめ
心呂 こころ
呂子 ともこ
呂礼 ながれ
陽呂 ひろ
呂花 ふえか
呂満 ろまん
茅妃呂 ちひろ
比呂子 ひろこ
美比呂 みひろ

良

リョウ　よい
名 お　なが　はる　ふみ　み　よし　ら

穀物の中からよいものを選ぶ道具の形で、よい、優れているなどの意味を表す。よい子に育つよう願って。

ヒント　透明感と清涼感にあふれる「りょう」の音のほか、しなやかな強さがある「ら」の読みで使っても。

陽良 あきら
衣良 いら
咲良 さくら
彩良 さら
星良 せいら
良子 ながこ
花良 はなみ
良恵 はるえ
良菜 はるな
良絵 ふみえ

実良 みお
良那 みな
魅良 みよし
悠良 ゆうら
優良 ゆら
良絵 よしえ
良華 よしか
良胡 よしこ
良巳 よしみ
良菜 らな

良芙 らぶ
良夢 らむ
良香 りょうか
良羽 りょうは
莉良 りら
麗良 れいら
亜音良 あねら
麗良々 うらら
稀良々 きらら
美良唯 みらい

励

レイ　はげむ
名 つとむ

励む、努める、励ます、勧めるなどの意味を表す。こつこつと努力して、道を究《きわ》めていくような人に。

ヒント　「れい」の音を活かすと、理知的でスマート、一途《いちず》で、凛《りん》とした生き方に憧《あこが》れをもたれる女性に育つ。

真励 まれい
実励 みれい
励亜 れいあ
励香 れいか
励子 れいこ
励那 れいな
励乃 れいの
励美 れいみ
励良 れいら
励美奈 れみな

伶

レイ
名 とし　れ

舞楽で神に奉仕した人をいい、楽師、俳優の意味を表す。また、賢いの意味もある。芸能に恵まれるように。

ヒント　洗練されたイメージの「れ」の音で。「れい」と読むと、華やかさと知性、気品のある名前に。

澄伶 すみれ
星伶 せれい
伶華 としか
伶美 としみ
見伶 みれい
伶亜 れいあ
伶子 れいこ
伶菜 れな
穂真伶 ほまれ
伶央奈 れおな

芦

ロ　あし
よし

「蘆」の俗字。水辺に生える草のアシ、ヨシを意味する。世界に広く分布する植物。目立たずとも芯の強い人に。

ヒント　華やかさと落ち着きをあわせもつ「ろ」の音で。清潔な癒《いや》しに満ちた「よし」の音も使いやすい。

芦菜 あしな
心芦 こころ
真芦 まろ
美芦 みろ
芦禾 よしか
芦葉 よしは
芦花 ろか
芦子 ろこ
芦美 ろみ
真芦愛 まろあ

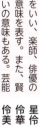

8画

阿

ア　おもねる
名 くま　ひさ

「くま」には、曲がり角の意味がある。「阿Q」のように、親しい人の名の上につけることも。お茶目《ちゃめ》な子に。

ヒント 「しなやか」の意味もある字。「あ」の音でのびやかさを加えて。「亜」や「愛」のかわりに使うと新鮮。

阿衣	あい
阿香	ひさか
阿世	ひさよ
美阿	みあ
悠阿	ゆあ
阿香莉	あかり
阿寿美	あずみ
阿里奈	ありな
衣梨阿	いりあ
茉莉阿	まりあ

依

イ　エ
名 よ　より

人がよりかかることから、よる、より添うの意味になった。助ける、慈《いつく》しむの意味も。優しい女性に。

ヒント 「い」「え」「よ」の読みで、万葉仮名風に使って。「より」と読むと、静かでゴージャスな印象に。

亜依	あい
依織	いおり
依音	いおん
茉依	まよ
芽依	めい
依子	よりこ
璃依	りえ
依音菜	いおな
由依夏	ゆいか
李依沙	りいさ

育

イク　そだつ
はぐくむ
名 なり　なる
やす

子どもが生まれる形からできた字で、生む、育てる、育つなどの意味がある。文字通り、すくすくと育つように。

ヒント 「いく」の音で、キュートさと果敢なチャレンジ精神をあわせもつイメージをプラスして。

愛育	あい
育恵	いくえ
育子	いくこ
育羽	いくは
育実	いくみ
育与	いくよ
育美	なるみ
陽育	ひなり
育花	やすか
育未	やすみ

雨

ウ　あま
あめ
名 さめ　ふる

空から雨が降る形で、雨、雨降りの意味を表す。しっとりとした感じ、また、ちょっと風流な感じもする字。

ヒント 「う」の音は、クリエイティブな能力を発揮する印象になる。「あま」と読むと素朴《そぼく》で優しい印象に。

雨音	あまね
雨吏	あめり
雨妙	うたえ
雨乃	うの
雨美	うみ
詩雨	しう
美雨	みう
珠雨	みう
夢雨	ゆう
雨手那	うてな

延

エン　のびる
名 え　とう
なが　のぶ

まっすぐ延びる道の意味から、延びる、延ばすなどの意味になった。素直にのびのび育つことを願って。

ヒント 「のぶ」の音は、やんちゃな甘えん坊のイメージ。知的な印象の「え」の音で止め字にしても。

延花	えんか
志延	しのぶ
延胡	とうこ
延江	ながえ
延花	のぶか
延子	のぶこ
美延	みのぶ
萌延	もえ
千延子	ちえこ
見延子	みえこ

英

エイ
名 あや　え
とし　はな
はなぶさ
ひで　ふき
よし

もとは美しい花のことで、そこから優れるの意味になった。多くの読みをもつ。才能豊かで美しい子に育つように。

ヒント 字のもつ優れた印象に、「えい」と読むと飾らない優しさが、「ひで」と読むと包容力と信頼感が加わる。

英羽	あやは
英夢	あやむ
英芽	あやめ
英禾	えいか
英巳	えいみ
英奈	えな
英真	えま
小英	こはな
紗英	さあや
沙英	さえ
知英	ちえ
英美	としみ
英夏	はな
英恵	はなえ
英華	はなか
英莉	はなり
英花	ひでか
英帆	ひでほ
英未	ひでみ
英代	ひでよ
英絵	ふきえ
雅英	まさえ
未英	みはな
英架	よしか
梨英	りえ
英未佳	えみか
英実梨	えみり
英里子	えりこ
咲英里	さえり
乃英瑠	のえる

苑

エン　オン
その
名 あや　しげ

草原の広がる園、牧場、庭園などの意味を表す。芸術の世界の意味も。のどかで牧歌的なイメージのある字。

ヒント 上質な癒《いや》しを感じさせる「その」の音を活かして。壮大な世界観を感じさせる「おん」の音でも。

苑佳	あやか
苑歌	あやか
苑音	あやね
栞苑	しおん
苑葉	しげは
苑花	そのか
苑季	そのき
苑子	そのこ
葉苑	はおん
美苑	みその

於

オ　おいて
名 うえ　おう
おうい

鳥を追うときの声を表した字で、感動詞の「ああ」に用いる。「〜において」の意味にも。感受性の鋭い子に。

ヒント　おおらかで居心地のよい「お」の音で、止め字にしても新鮮。周囲を包みこむ「おう」の音でも。

於　おうい
於澄　おと
太於　たお
羽於　はお
真於　まうえ
美於　みお
璃於　りお
亜於葉　あおば
香於莉　かおり
紗於里　さおり

旺

オウ
名 あき
あきら　お

精気が盛んになるのがもとの意味で、盛んなさまを表す。美しい光の意味もある。輝くように美しい女性に。

ヒント　包容力を感じさせる「おう」や「お」の音で使って。元気で明るい「あき」の音を活かしても。

旺　あきら
旺子　あきこ
旺奈　あきな
旺葉　あきは
旺穂　あきほ
奏旺　かなお
那旺　なお
真旺　まおう
未旺　みおう
志旺利　しおり

果

カ　はたす
はて
名 あきら
まさる

木に実がなる形で、木の実を表す。そこから、果たすの意味も生まれた。みずみずしいイメージの字。

ヒント　みずみずしい果実のイメージがあり、女の子によく使われる。「か」の音は、利発で軽やかなイメージ。

果　あきら
果南　かなん
果琳　かりん
果恋　かれん
春果　はるか
果菜　まさな
愛果　まなか
蜜果　みつか
桃果　ももか
萌々果　ももか

佳

カ
名 けい　よし

美しい玉を表す「圭」に「人」が合わさって、よい、美しいの意味になった。佳人《かじん》は美人のこと。身も心も美しく。

ヒント　まっすぐで快活な「か」、知的でりりしい「けい」、やわらぎと清潔な癒《いや》しに満ちた「よし」の音で。

彩佳　あやか
佳子　かこ
佳純　かすみ
佳奈　かな
佳音　かのん
佳世　かよ
佳凛　かりん
佳花　けいか
佳紗　けいしゃ
佳都　けいと

佳奈　けいな
佳來　けいら
涼佳　すずか
朋佳　ともか
羽佳　はねか
久佳　ひさか
瑞佳　みずか
優佳　ゆか
佳江　よしえ
佳禾　よしか

佳乃　よしの
佳未　よしみ
明佳音　あかね
佳菜子　かなこ
佳乃子　かのこ
奈々佳　ななか
万理佳　まりか
実佳菜　みかな
由美佳　ゆみか
瑠璃佳　るりか

河

カ　ガ　かわ

「可」は曲がるの意味で、曲がって流れる黄河《こうが》を表す。また、天の川の意味もある。壮大でロマンチックな感じ。

ヒント　字のもつスケールの大きい印象に、「か」の音で、軽やかさとクールさをプラスして。

河織　かおり
銀河　ぎんが
幸河　さちか
千河　ちか
晴河　はるか
悠河　ゆうか
優河　ゆうが
由河　ゆか
河奈子　かなこ
穂乃河　ほのか

芽

ガ　め
名 めい

植物の芽が、地面から出てくるところから、芽、芽ぐむなどの意味に。すくすく成長するように願って。

ヒント　人気の字。「め」の音は豊かで上品な印象。「めい」と読むと、あふれるかわいさで皆から愛される名前に。

芽　めい
彩芽　あやめ
羽芽　うめ
叶芽　かなめ
来芽　くるめ
夏芽　なつめ
妃芽　ひめ
尋芽　ひろめ
冬芽　ふゆめ
未芽　みめい

芽亜　めあ
芽有　めあり
芽衣　めい
芽香　めいか
芽美　めいみ
芽里　めいり
芽玖　めぐ
芽生　めばえ
芽弥　めみ
芽里　めり

芽瑠　める
優芽　ゆうが
結芽　ゆめ
亜芽梨　あめり
陽芽花　ひめか
芽生子　めいこ
芽莉沙　めりさ
芽瑠萌　めるも
柚芽子　ゆめこ
佑芽乃　ゆめの

学

ガク　まなぶ
名 あきら
さと　たか
のり　みち

もとの字は「學」。学ぶための建物の形に「子」が合わさって、学ぶの意味になった。知性に恵まれる子に。

ヒント　女の子には「さと」「のり」「みち」の音が使いやすい。「さと」の音には、聡明さと小粋《こいき》さがある。

学　みち
学恵　さとえ
学子　さとこ
学実　さとみ
学瑚　たかこ
智学　ちさと
学禾　のりか
学果　まなか
美学　みさと
学歌　みちか

季

キ
名 すえ とき とし ひで みのる

実った稲をもって豊作を祝う子どもの姿から、若い、すえの意味になった。時、季節の意味も。若々しい印象。
ヒント 「き」の音で人気の字。「き」の音は、他人の評価に左右されず自分をしっかりもつイメージ。

愛季 あすえ
逸季 いつき
宇季 うき
季絵 きえ
季夏 きか
季更 きさら
季晴 きはる
季穂 きほ
季和 きわ
颯季 さつき

咲季 さとし
四季 しき
季奈 すえな
季絵 ときえ
季瑚 ときこ
季輪 ときわ
季花 としか
芭季 はすえ
春季 はるき
季奈 ひでな

季乃 ひでの
季未 ひでみ
愛季 まなき
水季 みずき
実季 みとし
佑季 ゆうき
柚季 ゆずき
瑠季 るき
季梨香 きりか
奈都季 なつき

祈

キ いのる
旧 祈

神に祈り願うことを表し、祈る、求めるなどの意味になった。どこか神秘的な雰囲気を秘めた女性に。
ヒント 生命力にあふれ、個性的なイメージの「き」の音で、先頭字や止め字に使って。使用例が少なく新鮮。

一祈 いつき
祈莉 いのり
祈恵 きえ
祈織 きおり
祈花 きか
颯祈 さつき
碧祈 たまき
真祈 まき
美祈 みき
祈乙璃 きおり

宜

ギ
名 き すみ なり のぶ のり まさ やす よし

廟《びょう》の中に肉を供えて祖先を祭ることを表し、そこから、よろしいの意味になった。幸福な家庭を築けるように。
ヒント 情熱的な「のぶ」、りりしく気品がある「のり」、突出《とっしゅつ》した個性を感じさせる「き」の音などが使いやすい。

亜宜 あき
珠宜 たまき
宜美 なりみ
宜笑 のぶえ
宜嘉 のぶか
宜子 のりこ
宜未 まさみ
真宜 ますみ
宜歌 やすか
宜美 よしみ

穹

キュウ ク コウ あめ そら

もとはアーチ型(弓形)の穴の意で、そら、大空のこと。極《きわ》めるの意味も。大空のようにスケールの大きな人に。
ヒント キュートでミステリアスな「く」の音が使いやすい。人気の「そら」の音を活かしても。

穹 そら
穹莉 あめり
穹美 くみ
穹実 こうみ
咲穹 さく
穹音 そらね
実穹 みく
美穹 みそら
莉穹 りく
穹仁子 くにこ

享

キョウ
名 あき あきら たか みち ゆき

先祖を祭る建物の形で、祭る、受ける、もてなすなどの意味を表す。気配りができて人を喜ばせられる女性に。
ヒント 「きょう」の音は、快活で器《うつわ》が大きい印象。優しさと強さを内包する「ゆき」などの音を活かしても。

享菜 あきな
享香 きょうか
享瑚 きょうこ
享菜 きょうな
小享 こゆき
享乃 たかの
享禾 みちか
享瑠 みちる
美享 みゆき
享子 ゆきこ

京

キョウ ケイ
名 あつ ちか みやこ

アーチ型の門の形から、都の意味を表す。大きい、高いの意味も。古風だが洗練された感じの字。
ヒント 和の印象のある字。「きょう」の音で明るい強さと包容力を、「けい」の音でクールな知性を加えて。

京 みやこ
京恵 あつえ
京瑚 あつこ
京那 あつな
京乃 あつの
京芭 あつは
京未 あつみ
貴京 ききょう
京花 きょうか
京香 きょうか

京華 きょうか
京子 きょうこ
京奈 きょうな
京葉 きょうは
京莉 きょうり
京絵 けいえ
京佳 けいか
京夏 けいか
京紗 けいしゃ
京采 けいと

京奈 けいな
京羽 けいは
沙京 さちか
京恵 ちかえ
京胡 ちかこ
京椰 ちかな
真京 まちか
美京 みちか
京巴 みやは
京雅 みやび

協

キョウ
名 かのう やす

力を合わせて耕すことから、合わせる、ともにする、かなうの意味になった。だれとでも仲よくなれる子に。
ヒント 「きょう」と読むと、輝きがあり、人の中心で頼られる人に。優しくさわやかな「やす」の音でも。

協子 かのこ
協莉 かのり
協夏 きょうか
協子 きょうこ
協李 きょうり
協佳 やすか
協菜 やすな
協葉 やすは
協穂 やすほ
和協 わきょう

尭

ギョウ
たかい
名 あき　たか
のり

旧 堯

もとの字は「堯」。高い、豊かなどの意味を表す。中国古代の伝説的聖王の名でもある。人から尊敬されるように。

ヒント　元気で明るい「あき」の音で。信頼感と気立てのよさが香る「たか」の読みを活かしても。

尭華	あきか
尭紗	あきさ
尭祢	あきね
尭芽	あきめ
尭羅	あきら
宇尭	うたか
尭乃	たかの
知尭	ちあき
尭香	のりか
未尭	みのり

欣

キン
よろこぶ
名 やすし
よし

もとは笑い喜ぶことで、喜ぶ、楽しむなどの意味を表す。喜びの多い、幸福な人生をおくれることを願って。

ヒント　「喜」と意味も似ているので、「喜」のかわりに使っても。「よし」の音は清潔感がありさわやかな印象。

亜欣	あき
美欣	みよし
欣禾	やすか
優欣	ゆうき
欣笑	よしえ
欣嘉	よしか
欣姫	よしき
欣菜	よしな
欣芳	よしは
欣実	よしみ

空

クウ　そら
あく　から
名 あ　く
たか　ら

もとは穴の意味で、そこから、空く、から、そらの意味になった。小さなことにこだわらない、心の広い人に。

ヒント　「そら」の音は、華やかで理知的な印象に。「あ」「く」「ら」の音で止め字や万葉仮名風に使っても。

空美	くみ
蒼空	そら
空子	たかこ
乃空	のあ
遥空	はるく
美空	みそら
優空	ゆうあ
楽空	らら
璃空	りく
瑠空	るあ

弦

ゲン　つる
名 いと　お
ふさ

弓のつるの意味から、楽器の弦、さらに弓張り月のこともいう。ロマンチックで、芸術的才能に恵まれそうな字。

ヒント　音楽にかかわる字。使用例は少ないが、「いと」「つる」などの音も意味も名前にぴったり。

衣弦	いづる
弦音	いとね
小弦	こいと
志弦	しづる
千弦	ちづる
弦栄	ふさえ
美弦	みつる
弓弦	ゆづる
結弦	ゆづる
真弦子	まおこ

幸

コウ
さいわい
さち
しあわせ
みゆき
名 さき　とも
ゆき　よし

幸せの意味のほか、恵み、特に自然の恵みの意味も表す。子の幸福を祈って多く、よく使われる字。読み方も多く、

ヒント　定番の字。颯《さっ》爽《そう》としてキュートな「さち」、やわらかさと強さをあわせもつ「ゆき」の音などで。

幸	みゆき
亜幸	あこ
幸個	こうこ
幸海	こうみ
幸江	さきえ
幸帆	さきほ
幸智	さち
幸絵	さちえ
幸緒	さちお
幸歌	さちか
幸羽	さちは
幸穂	さちほ
紗幸	さゆき
幸来	さら
幸梨	さり
知幸	ちさき
千幸	ちゆき
幸海	ともみ
菜幸	なこ
茉幸	まさき
真幸	まゆき
深幸	みこ
実幸	みさき
幸花	ゆきか
幸路	ゆきじ
幸菜	ゆきな
幸実	ゆきみ
幸乃	よしの
幸巳	よしみ
幸來	よしら

庚

コウ　かのえ
名 か　みちる
みつる　やす

きねをもって脱穀する形から、きねでつく意味を表す。十干《じっかん》の第七位かのえの意味も。長寿と幸福を願って。

ヒント　「こう」や「やす」の読みが使いやすい。使用例が少なく、新鮮。「康」と間違われやすいので注意。

庚	みちる
庚紀	こうき
庚朱	こうじゅ
庚妃	こうひ
花庚	はなか
庚瑠	みつる
庚音	やすね
庚羽	やすは
庚保	やすほ
瑠庚	るか

昂

コウ　ゴウ
たかい
名 あき
あきら　たか
のぼる

意気が上がる、高いというのがもとの意味で、たかぶる、明らかなどの意味もある。感受性の豊かな子に。

ヒント　「昂然」のように勢いのある印象。「たか」や「あき」の音で。「昴」と似ているので要注意。

昂	あき
昂音	あきね
昂葉	あきは
昂莉	あきり
昂珠	こうじゅ
昂音	たかね
昂良	たから
千昂	ちあき
乃昂	のあき
美昂	みたか

昊

コウ　そら
名 あき
あきら　とお

空、天の意味を表す。特に春の空をいうこともある。空のように広い心をもった子に育つことを願って。

ヒント　スケールが大きいイメージ。「そら」と読むと、ソフトさと華やかさがあり、スターカ性を感じさせる。

昊	そら
昊桜	あきお
昊紗	あきさ
昊子	あきらこ
絵昊	えそら
昊楽	そら
昊心	そらみ
昊胡	とおこ
昊海	とおみ
美昊	みそら

国

コク　くに
名 とき

旧 國

もとの字は「國」で、武装した村を表し、くにの意味に使う。故郷の意味もある。内面の強い女性に。

ヒント 頼りがいのあるリーダーを思わせる「くに」の読みなどで。旧字の「國」と字形や画数で使い分けて。

- 娃国　あいこ
- 乙国　おとき
- 国栄　くにえ
- 国花　くにか
- 国子　くにこ
- 国世　くにせ
- 国美　くにみ
- 国香　ときか
- 国穂　ときほ
- 美国　みくに

采

サイ　とる
名 あや　いろ　うね　こと

木の実を手で採取することから、とる、さらに色、彩りの意味になった。華やかなイメージをもつ字。

ヒント 「采配」のイメージから、リーダーシップも感じさせる字。「あや」と読んで「彩」のかわりにしても。

- 采以　あやい
- 采花　あやか
- 采葉　いろは
- 采音　ことね
- 咲采　さあや
- 采香　さいか
- 采紀　さき
- 舞采　まうね
- 美采　みこと
- 莉采　りと

枝

シ　えだ
名 え　しげ　しな

「木」＋「支」で、木の枝の意味を表す。「え」の読みで、止め字として多く使われる。しなやかで強い感じ。

ヒント 懐《ふところ》の深い「え」の音は、止め字や万葉仮名風の定番。スター性があり、生命力あふれる「し」の音でも。

- 枝花　しげか
- 枝莉　しなり
- 枝帆　しほ
- 玉枝　たまえ
- 理枝　りえ
- 亜希枝　あきえ
- 沙奈枝　さなえ
- 乃枝瑠　のえる
- 三枝子　みえこ
- 萌々枝　ももえ

始

シ　はじめる
名 とも　はじめ　はる　もと

出生することをいい、はじめる、はじまる、おこりなどの意味になった。フロンティア精神にあふれる人に。

ヒント 女の子には「はる」「とも」の音が使いやすい。さわやかなスターのような「し」の音で万葉仮名風にも。

- 始音　しおん
- 始埜　しの
- 始帆　しほ
- 始真　しま
- 始萌　ともえ
- 始女　はじめ
- 美始　みはる
- 始花　もとか
- 始子　もとこ
- 始衣奈　しいな

治

ジ　チ　おさめる　なおる
名 さだ　す　はる　よし

水を治める儀礼を表す字で、そこから、治める、なおすの意味になった。整える、なおすの意味も。平穏な暮らしを願って。

ヒント 「はる」の音は生命力と躍動感のある印象。優しい癒《いや》しの「なお」やパワフルでキュートな「ち」の音でも。

- 有治　ありす
- 花治　かなお
- 治心　さだみ
- 治菜　ちな
- 千治　ちはる
- 治圃　ちほ
- 羽治　はなお
- 治香　はるか
- 治恵　よしえ
- 美治香　みちか

若

ジャク　ニャク　わかい　もしくは
名 なお　まさ　よし　わく

神に祈る女性の形を表し、神意に「したがう」の意味になった。もちろん若いの意味もある。元気で活発な子に。

ヒント 若葉のようにみずみずしいイメージ。「わか」は、夢と希望を与える太陽のような存在感のある音。

- 若巳　なおみ
- 妃若　ひなお
- 若奈　まさな
- 真若　まなお
- 美若　みよし
- 若佐　わかさ
- 若菜　わかな
- 若葉　わかば
- 若芽　わかめ
- 若李　わくり

実

ジツ　み　みのる
名 さね　なお　のり　まこと　みつ

旧 實

もとの字は「實」で、豊かな供え物を表し、満ちる、実るの意味となった。初々しさと誠実さとをあわせもつ字。

ヒント みずみずしく愛らしい印象の「み」の音で使える字。甘く満ち足りた印象の「みつ」の音でも。

- 実　まこと
- 愛実　あいみ
- 郁実　いくみ
- 歌実　かのり
- 季実　きさね
- 紅実　くみ
- 里実　さとみ
- 咲実　さなお
- 紗実　さみ
- 実末　なおみ

- 葉実　はのり
- 陽実　ひさね
- 茉実　まさみ
- 実海　みう
- 実果　みか
- 実柑　みかん
- 実里　みさと
- 実花　みつか
- 実季　みつき
- 実瑠　みつる

- 実波　みなみ
- 美実　みのり
- 莉実　りみ
- 香奈実　かなみ
- 木の実　このみ
- 穂乃実　ほのみ
- 実知夏　みちか
- みな実　みなみ
- 実乃里　みのり
- 実和子　みわこ

周

シュウ　まわり　めぐる
名 あまね　いたる　かね　ただ　ちか　なり　のり

あまねく行き渡る、めぐる、周りなどの意味。中国古代王朝の周は約800年続いた。スケール感のある字。

ヒント 「あまね」の音は、素朴《そぼく》さと母性的な優しさで深い癒《いや》しを感じさせる。「しゅう」の音を活かしても。

- 周　あまね
- 愛周　あかね
- 周瑠　いたる
- 胡周　このり
- 周歌　しゅうか
- 周胡　しゅうこ
- 周音　ただね
- 周栄　のりえ
- 巴周　はなり
- 美周　みちか

宗

シュウ　ソウ
名 かず　とき　とし　のり　ひろ　むね　もと

「宀」+「示」で、みたまやを表し、祖先、本家、宗教などの意味。尊《とうと》い意味もある。神秘的で高貴なイメージ。

ヒント 「しゅう」の音を活かすとさわやかな風と光を感じさせる名前に。「のり」「かず」などの音も使いやすい。

依宗	いのり
宗姫	かずき
宗羽	かずは
小宗	ことき
宗胡	しゅうこ
宗実	としみ
茉宗	まひろ
未宗	みのり
宗子	むねこ
宗花	もとか

尚

ショウ
名 さね　たか　なお　ひさ　まさ　ます　よし　より

「向」+「八」で、神の気配がすること。尊《とうと》ぶ、高い、久しいの意味を表す。気高く、立派な人になるように。

ヒント 「なお」と読むと、気さくでおっとりとした印象、「ひさ」と読むと、冷静さと情熱が共存した印象に。

尚	なお
愛尚	あいな
亜尚	あたか
圭尚	けいな
紗尚	さなお
尚佳	さねか
尚香	しょうか
尚未	しょうみ
尚莉	しょうり
尚瑠	しょうる
詩尚	しより
澄尚	すなお
尚恵	たかえ
尚胡	なおこ
尚葉	なおは
尚実	なおみ
尚夢	なおむ
奈尚	ななお
羽尚	はなお
尚絵	ひさえ
尚花	ひさか
尚乃	ひさの
尚梛	まさな
尚視	ますみ
美尚	みなお
雪尚	ゆきな
尚歌	よしか
尚海	よしみ
尚瑚	よりこ
明日尚	あすな

昇

ショウ
のぼる
名 かみ　のり

日が昇るときに使う字で、のぼる、上がるなどの意味を表す。これからどんどんよくなっていくイメージがある。

ヒント 将来の可能性を感じさせる字。深く優しい光の「しょう」、かわいさと華やかさのある「のり」の音で。

昇佳	しょうか
昇子	しょうこ
昇実	しょうみ
昇莉	しょうり
多昇	たかみ
知昇	ちかみ
昇夏	のりか
昇姫	のりき
羽昇	はのり
美昇	みのり

昌

ショウ
さかん
名 あき　あつ　さかえ　まさ　ます　よ　よし

「日」+「日」で、太陽の光を表し、明らか、盛んの意味を表す。植物のアヤメの意味も。明朗快活に育つように。

ヒント 満ち足りていてさわやかな印象の「まさ」、キュートで明るい「あき」の音を活かして。

昌	あき
昌菜	あきな
昌季	あつき
昌瑛	さかえ
千昌	ちあき
昌姫	まさき
昌芽	まさめ
昌美	ますみ
昌花	よしか
李昌	りよ

松

ショウ　まつ
名 ときわ　ます

植物のマツの意味を表す。マツは常緑樹で高く生長し、古来縁起のいいものとされてきた。健康で幸福な人生を願って。

ヒント 「まつ」の音には、この人なら大丈夫という安心感がある。深く優しい光のイメージの「しょう」の音でも。

松	ときわ
恵松	えま
松奈	しょうな
松美	ますみ
松都	まつ
松永	まつえ
松季	まつき
松子	まつこ
松梨	まつり
美松	みまつ

青

セイ　ショウ
あお
名 きよ　はる

もとの字は「靑」。「生」+「丹」で、青い意味になった。「青春」というように、フレッシュなイメージの字。

ヒント 空や海の広がりを感じさせる字。透明感のある「せい」、ソフトな光のような「しょう」の音を活かして。

青	せい
青於	あお
青空	あおぞら
青葉	あおば
青衣	きよえ
青名	しょうな
青湖	せいこ
青楽	せいら
玉青	たまお
青海	はるみ

斉

セイ
名 きよ　とき　とし　なお　なり
旧 齊

もとの字は「齊」で、等しい、整う、そろう、つつしむなどの意味を表す。古風で奥ゆかしい感じのする字。

ヒント 「せい」の音には、透明感がある。親しみにあふれる「なお」などの名乗りを活かしても。

斉伽	きよか
斉音	きよね
斉佳	せいか
斉那	せいな
斉羅	せいら
斉乃	ときの
斉姫	としき
斉莉	なおり
斉美	なりみ
真斉	まなお

卓

タク
すぐれる
名 たか　まこと

高いところにいる鳥をとらえることから、高い、勝るなどの意味になった。抜群の才能をもった子になるように。

ヒント 「たく」の音には緻密《ちみつ》さと気品が、「たか」の音には信頼感と気立てのよさが感じられる。

卓	まこと
亜卓	あたか
卓俐	すぐり
卓奈	たかな
卓埜	たかの
卓英	たくえ
卓乃	たくの
卓実	たくみ
卓美	たくみ
卓夢	たくむ

拓

タク

名 ひら　ひろ

未開の地を切りひらくことから、開く、広げるの意味を表す。フロンティア精神をもった、社会で活躍する人に。

ヒント　「ひろ」の音で使うと、たくましさとやすらぎのある名前に。信頼感と充実感のある「たく」の音でも。

拓海	たくみ
拓瑠	たくる
千拓	ちひろ
拓來	ひらら
拓莉	ひらり
拓夏	ひろか
拓奈	ひろな
拓実	ひろみ
拓夢	ひろむ
真拓	まひろ

知

チ　しる

名 あき　おき　かず　さと　ちか　とも　のり

「矢」+「口」で、神に祈る、誓うことから、知る、悟るの意味になった。知人、交友の意味も。知的な女性に。

ヒント　「とも」で温かいやすらぎを、「ち」でキュートさと生命力を、「さと」でさわやかさと聡明さを加えて。

知実	あきみ
知沙	かずさ
沙知	さち
知未	さとみ
知吏	さとり
偲知	しのり
知亜	ちあ
千知	ちあき
知衣	ちい
知恵	ちえ
知子	ちかこ
知芭	ちかは
知瑚	ちこ
知紗	ちさ
知奈	ちな
知早	ちはや
知遙	ちはる
知尋	ちひろ
知郁	ちふみ
知穂	ちほ
知花	ともか
知瑚	ともこ
知菜	ともな
知世	ともよ
那知	なち
知歌	のりか
未知	みおき
魅知	みさと
麻知香	まちか
美知瑠	みちる

宙

チュウ

名 おき　そら　ひろ　みち

広い、広いものの意味で、宇宙で果てしなく広がる空間を表す。小さなことにこだわらないスケール感のある人に。

ヒント　字のスケールの大きさに、「ひろ」の音で熱い息吹《いぶき》と風格を、「そら」で華やかさと鮮やかな印象をプラス。

宙	ひろ
宙未	おきみ
希宙	きそら
宇宙	そら
宙名	ひろな
真宙	まひろ
美宙	みそら
宙歌	みちか
未宙	みひろ
李宙	りひろ

忠

チュウ

名 あつ　すなお　ただ　なり　なる　のり

心をつくす、真心、まこと、正しい、つつしむなどの意味を表す。誠実で、思いやりの深い人に育つように。

ヒント　朗《ほが》らかさとおおらかさを内包《ないほう》した「あつ」、りりしさと気品、華やかさをもつ「のり」の音などで。

忠	すなお
忠笑	あつえ
忠紀	あつき
忠夢	あつむ
忠美	ただみ
忠巳	なるみ
忠花	のりか
忠穂	のりほ
羽忠	はなり
実忠	みのり

長

チョウ　ながい

名 たけ　つね　つかさ　ひさ　のぶ　ます　みち

長髪の人の形から、長い、丈の意味に、さらに、かしら、尊《とうと》ぶなどの意味になった。長く、幸福な人生を願って。

ヒント　情熱と冷静をあわせもつ「ひさ」、甘えん坊な印象の「のぶ」、温かさとクールさのある「ます」の音などで。

長	ひさ
詩長	しのぶ
長乃	たけの
長紗	つかさ
長香	つねか
長閑	のどか
長恵	ひさえ
長揮	ひさき
長美	ますみ
長瑠	みちる

直

チョク　ジキ　ただちに　なおる

名 すなお　ちか　なが　まさ

不正を正すことから、正す、直す、まっすぐなどの意味を表すようになった。素直でまっすぐな子に。

ヒント　「なお」の音で、素朴《そぼく》で優しく、人を癒《いや》す印象が増す。キュートで愛される「ちか」の音などでも。

直	すなお
愛直	あまさ
逸直	いちか
慧直	えな
歌直	かな
奏直	かなお
紗直	さなお
瀬直	せな
直乎	ちかこ
直莉	ちかり
智直	ちな
直央	なお
直花	なおか
直海	なおみ
直美	なおみ
直世	ながよ
菜直	ななお
直乃	なの
芭直	はなお
直妃	まさき
直魅	まさみ
直女	まさめ
真直	まな
美直	みちか
三直	みな
実直	みなお
莉直	りな
瑠直	るな
伶直	れな
直由美	なゆみ

迪

テキ　みち

名 ただ　ひら　ふみ

道、道を行くなどの意味を表す。また、教え導くという意味も。自分の信じる道を一直線に進む人にぴったり。

ヒント　生命力にあふれた「みち」や、ふっくらと温かい「ふみ」の音を活かして。「道」のかわりにも。

迪	みち
迪江	ただえ
迪莉	ひらり
迪歌	ふみか
真迪	まひら
茉迪	まふみ
迪花	みちか
迪子	みちこ
迪之	みちの
迪瑠	みちる

典

テン
名 おき
つかさ　つね
のり　ふみ
みち　もり
よし

台の上に書物を置く形から、文《ふみ》、書物の意味を表す。雅《みやび》やか、上品の意味も。文学少女にぴったりの字。
ヒント　「のり」の音で、りりしさとキュートさ、気品を加えて。独立独《どくりつどっ》歩《ぽ》の印象がある「てん」の読みでも。

典菜　おきな
典沙　つかさ
典雅　つねか
典瑚　てんこ
典子　のりこ
真典　まふみ
典香　みちか
実典　みのり
美典　みもり
典花　よしか

東

トウ　ひがし
名 あずま　き
こち　はじめ
はる　ひで
もと

方位の東を表す。中国の思想では、東は四季では春、色では青に配される。日の出る方角で、フレッシュな字。
ヒント　朗《ほが》らかな「はる」、格調高い「ひで」など、名乗りの多い字。「とう」の音はしっかり者のイメージ。

東麻　あずま
東子　とうこ
東芽　はじめ
東香　はるか
東陽　はるひ
東美　ひでみ
真東　まき
実東　みこち
東花　もとか
以東子　いとこ

杷

ハ　バ

穀物を集めたり、地面をならしたりする道具「さらい」の意味。果樹のビワ（枇杷）にも使う。穏《おだ》やかな女性に。
ヒント　軽快で温かく、あと腐《くさ》れがない印象の「は」の音で。止め字にすると、潔いイメージの名前に。

蒼杷　あおば
彩杷　あやは
乙杷　おとは
叶杷　かなは
紅杷　くれは
琴杷　ことは
早杷　さわ
杷菜　はな
伊呂杷　いろは
杷琉花　はるか

奈

ナ　いかん
名 なに　なん

神事に使われる果樹の意味を表す。いかん、なんぞの意味も。奈良の「奈」でもあり、止め字として人気が高い。
ヒント　「な」の音をもつ大人気の字。「な」の音は、温かい親密感を感じさせ、明るく面倒見のよいイメージ。

愛奈　あいな
彩奈　あやな
杏奈　あんな
音奈　おとな
歌奈　かなん
紗奈　さな
瀬奈　せな
知奈　ちな
奈央　なお
奈子　なこ

奈智　なち
奈々　なな
奈海　なみ
奈結　なゆ
奈弓　なゆみ
新奈　にいな
葉奈　はなん
真奈　まな
未奈　みなに
萌奈　もえな

優奈　ゆうな
瑠奈　るな
花奈美　かなみ
樹里奈　じゅりな
奈津子　なつこ
奈穂美　なほみ
奈美恵　なみえ
陽奈子　ひなこ
美奈子　みなこ
玲緒奈　れおな

波

ハ　なみ

波、波立つ、波打つなどの意味を表す。波のように伝わる意味も。海につながるロマンチックなイメージの字。
ヒント　気風《きっぷ》のよい人情家のイメージの「は」の音で。親しみやすくキュートな「なみ」の音で使っても。

花波　かなみ
知波　ちなみ
奈波　ななみ
波香　なみか
波名　はな
葉波　はなみ
波瑠　はる
舞波　まなみ
美波　みなみ
波留花　はるか

枇

ビ
名 ひ

果樹のビワ（枇杷）、また、弦楽器の琵琶《びわ》の意味にも使う。音楽、芸術、芸能方面の才能に恵まれることを願って。
ヒント　「ひ」の音には情熱と冷静さを兼ねそなえたカリスマ性がある。人間的魅力のあふれる「び」の音でも。

枇織　ひおり
枇咲　ひさ
枇粋　ひすい
枇奈　ひな
枇芽　ひめ
枇杷　びわ
瑠枇　るび
枇香里　ひかり
枇出子　ひでこ
枇菜子　ひなこ

弥

ビ　ミ　いや
いよいよ　や
名 ひさ　ます
み　みつ
やす

旧 彌

もとの字は「彌」。長寿、多幸を祈る儀礼を表し、久しい、行き渡るの意味になった。のびやかな成長を願って。
ヒント　優しく清潔感あふれる「や」の音で、止め字や万葉仮名風に。「み」の音を使うとフレッシュなイメージ。

亜弥　あや
咲弥　さや
弥絵　ひさえ
麻弥　ますみ
弥織　みおり
弥季　みつき
弥佳　やすか
弥生　やよい
愛弥紗　あやさ
美弥子　みやこ

苗

ビョウ　なえ
なわ
名 え　たね
なり　みつ

「艹」＋「田」で、田に植える苗の意味を表す。生えたばかりの植物の意味もある。初々しくて素朴《そぼく》なイメージ。
ヒント　「なえ」の音で、女の子の止め字として使われる。逆境に負けないしなやかな印象の名前になる。

佳苗　かなえ
早苗　さなえ
苗花　たねか
那苗　ななえ
苗美　なりみ
羽苗　はなえ
苗瑠　みつる
美苗　みなえ
阿季苗　あきえ
苗梨子　えりこ

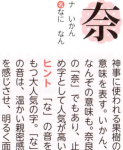

歩

ホ ブ フ
あゆむ
あるく
名 あゆみ
すすむ

旧 步

左右の足跡を連ねた形で、歩く、行くなどの意味を表す。前向きなイメージ。「あゆ」「ほ」の読みで使われる。
ヒント 「ほ」の音は、温かなくつろぎを感じさせる。「あゆ」の音は、自然体の強さと大胆さをあわせもつ印象に。

歩 あゆむ
明歩 あきほ
歩侑 あゆう
歩花 あゆか
歩佳 あゆか
歩南 あゆな
歩美 あゆみ
歩來 あゆら
歩莉 あゆり
郁歩 いくほ
果歩 かほ
季歩 きほ
紗歩 さほ
静歩 しずほ
志歩 しほ
歩夢 すすむ
知歩 ちほ
夏歩 なつほ
歩未 ふみ
歩波 ほなみ
真歩 まほ
瑞歩 みずほ
未歩 みほ
璃歩 りほ
瑠歩 るほ
加奈歩 かなほ
佳歩莉 かほり
菜歩美 なほみ
歩乃花 ほのか
美奈歩 みなほ

宝

ホウ たから
名 かね たか
とみ とも
ほ みち
よし

もとの字は「寶」。室内に供え物のある様子から、宝物の意味になった。高貴でありながら皆から敬われる人に。
ヒント 「たか」の音は、皆から信頼されるリーダーの印象。「ほ」の音は、温かなくつろぎを感じさせる。

愛宝 あかね
晶宝 あきほ
花宝 かほ
紗宝 さほ
宝來 たから
宝珂 とみか
宝美 ともみ
宝瑠 みちる
美宝 みよし
莉宝 りほ

朋

ホウ とも

もとの字は「朋」で、貝を二列に連ねた形から、友人、仲間の意味を表す。友達がたくさんできるように。
ヒント 友に恵まれるイメージ。優しさと力強さをあわせもつ「とも」の読みで、人間性豊かな愛される人に。

朋 とも
朋佳 ともか
朋夏 ともか
朋子 ともこ
朋菜 ともな
朋乃 ともの
朋芭 ともは
朋美 ともみ
朋女 ともめ
実朋 みとも

法

ホウ ハッ
ホッ
名 かず つね
のり

おきて、決まり、のっとる、方法などの意味を表す。フランスの略語としても使われ、おしゃれなイメージも。
ヒント 「のり」の音でよく使われる。りりしさと気品、キュートさを兼ねそなえた名前に。

法絵 かずえ
法紗 かずさ
法奈 かずな
奏法 かのり
法香 つねか
法迦 のりか
法子 のりこ
法未 のりみ
羽法 はのり
弥法 みのり

茅

ボウ かや
ち
名 あき

イネ科の植物のカヤを表す。昔ながらの茅ぶき屋根の民家のように、素朴《そぼく》でなつかしい感じの字。
ヒント パワーがあるのに愛らしさもある「ち」の音で。「かや」と読むと、知性と情をあわせもつ名前に。

茅未 あきみ
茅子 かやこ
茅乃 かやの
茅葉 かやは
茅枝 ちえ
茅歌 ちか
茅穂 ちほ
真茅 まち
茅唯子 ちいこ
茅百合 ちゆり

房

ボウ ふさ
名 お のぶ
は

建物の中を区切った部屋を表し、家、住まいの意味を表す。また、ふさの意味も。母性豊かな温かい女性に。
ヒント 「ふさ」の音はファンタジックな幻想とさわやかさがある。おおらかな包容力をもつ「お」の音でも。

陽房 あきは
哉房 かなお
志房 しのぶ
房花 のぶか
房江 ふさえ
房子 ふさこ
房代 ふさよ
真房 まお
紗那房 さなお
紫房利 しおり

苺

ボウ バイ
いちご
名 まい

果実のイチゴの意味を表す。イチゴの実のように、可憐《かれん》で甘く、少しだけ酸味がある。そんな子に育つように。
ヒント キュートで元気、満ち足りた印象のある「まい」の音は名前に使いやすい。春生まれの子にぴったり。

苺 いちご
苺花 いちか
苺子 いちこ
苺胡 いちご
苺美 いちみ
苺愛 まいあ
苺香 まいか
苺華 まいか
苺子 まいこ
苺來 まいら

牧

ボク まき

牛を放し飼いにすることを表し、牛飼い、養うなどの意味に使う。自然の中でのびやかに育つイメージがある。
ヒント 牧場のように、のんびりとしたイメージ。「まき」の音は充実感とパワフルな輝きにあふれる印象。

小牧 こまき
汰牧 たまき
牧季 まき
牧亜 まきあ
牧絵 まきえ
牧歌 まきか
牧子 まきこ
牧埜 まきの
牧代 まきよ
牧莉 まきり

茉

マツ
名 ま

マツリカ（茉莉花）はジャスミンの一種で、茶に入れると芳香を楽しめ、白い花も美しい。香るような女性に。
ヒント 「ま」の音で先頭字にも止め字にも。「ま」の音は、満ち足りた雰囲気で天真爛漫《てんしんらんまん》、笑顔あふれる印象。

絵茉 えま
志茉 しま
茉麻 まあさ
茉綾 まあや
茉子 まこ
茉希 まつき
茉胡 まつこ
茉芭 まつは
茉葉 まつば
茉莉 まつり

茉那 まな
茉波 まなみ
茉尋 まひろ
茉穂 まほ
茉美 まみ
茉耶 まや
茉由 まゆ
茉弓 まゆみ
茉世 まよ
柚茉 ゆま

小茉莉 こまり
多茉実 たまみ
陽茉莉 ひまり
穂茉里 ほまり
茉紗那 まさな
茉知子 まちこ
茉実果 まみか
茉悠佳 まゆか
茉莉花 まりか
茉利奈 まりな

岬

みさき
名 さき

もとは山と山の間を表し、山あいの意味。日本では海の岬の意味に使われる。ドラマチックなイメージの字。
ヒント 「さき」の音を活かすと、シャープな輝きのある名前に。「みさき」と読むと、潔く芯のある印象。

岬 みさき
亜岬 あさき
岬絵 さきえ
岬子 さきこ
岬葉 さきは
真岬 まさき
岬江 みさえ
岬夏 みさか
岬希 みさき
岬輝 みさき

明

メイ　ミョウ
あかり
あかるい
あきらか
名 てる　のり
はる　ひろ

もとは窓から差しこむ月の光を表し、あかり、明るい、明らかなどの意味になった。いつも朗《ほが》らかで明るい子に。
ヒント 「あき」は、明るくキュートな、「めい」は優しさと包容力のある印象の音。「明日《あす》」の読みを活かしても。

明 めい
明音 あかね
明莉 あかり
明葉 あきは
明穂 あきほ
明乎 あこ
叶明 かのり
小明 こはる
千明 ちあき
明季 てるき

明羽 てるは
明陽 てるひ
明花 はるか
明那 はるな
陽明 ひめ
明実 ひろみ
明輪 ひろわ
真明 まひろ
実明 みはる
明歌 めいか

明胡 めいこ
明紗 めいさ
明未 めいみ
明凛 めいりん
莉明 りあ
蕗明 ろあ
明日香 あすか
明日菜 あすな
明日美 あすみ
李明日 りあす

茂

モ　しげる
名 あり　し
しげみ　たか
とも　とよ
もち

草木が盛んに茂ることで、そこから、優れる、立派な、美しいの意味にも用いる。美しく健康に育つことを願って。
ヒント 「しげ」の音は、人情味があってパワフルな印象。人当たりがよく豊かな「も」の音で使っても新鮮。

茂夏 ありか
茂子 しげこ
茂音 たかね
茂花 ともか
茂葉 とよは
毬茂 まりも
茂美 もちみ
茂菜 もな
茂奈実 もなみ
茂々菜 ももな

夜

ヤ　よ　よる
名 やす

「大」＋「夕」で、人の脇の下から月が見える形。夜の意味を表す。どこか神秘的な雰囲気のある女性に。
ヒント 「よ」「や」の音を活かして。「よ」は懐《ふところ》深く包みこむ印象、「や」は親切で清潔感にあふれる印象。

亜夜 あや
歌夜 かよ
紗夜 さや
沙夜 さよ
真夜 まよ
彌夜 みや
夜歌 やすか
小夜子 さよこ
小夜梨 さより
千夜美 ちよみ

侑

ユウ
すすめる
たすける
名 いく　ゆ
ゆき

「人」＋「有」で、勧める、助けるなどの意味を表す。心の優しい、思いやりのある人になることを願って。
ヒント 大人気の「ゆう」の音で使える字。「ゆう」の音は、その場を和ませる優しさに満ちたイメージ。

愛侑 あいく
亜侑 あゆう
侑歩 いくほ
侑未 いくみ
侑萌 いくも
胡侑 こゆき
紗侑 さゆき
奈侑 なゆ
麻侑 まゆ
心侑 みゆう

未侑 みゆう
美侑 みゆう
芽侑 めいく
侑依 ゆい
侑花 ゆうか
侑希 ゆうき
侑実 ゆうみ
侑姫 ゆき
侑南 ゆきな
侑奈 ゆな

侑真 ゆま
侑海 ゆみ
侑梨 ゆり
瑠侑 るう
亜侑美 あゆみ
小侑李 こゆり
佐侑里 さゆり
菜侑実 なゆみ
茉侑李 まゆり
侑紀子 ゆきこ

來

ライ　きたる
くる
名 き　く　こ
な　ゆき　ら

「来」のもとの字。こちらへ来る意味や将来を表す。明日への期待をこめた名前に使われる、大人気の字。

ヒント 「来」と同じ意味、読みをもつ字。組み合わせる字や姓とのバランス、画数などでどちらか選んで。

愛來	あいら
陽來	あきら
亜來	あこ
綺來	きら
來音	くおん
來美	くみ
來海	くるみ
來芽	くるめ
來璃	くるり
桜來	さくら
沙來	さら
星來	せいら
奏來	そら
夏來	なつき
虹來	にこ
春來	はるき
三來	みくる
美來	みな
未來	みらい
來未	ゆきみ
來亜	らいあ
來花	らいか
來智	らいち
來夢	らいむ
來実	らみ
愛音來	あねら
宇來々	うらら
香絵來	かえら
季亜來	きあら
優亜來	ゆあら

林

リン　はやし
名 き　しげ
な　ふさ
もと　もり
よし

「木」＋「木」で林の意味。「はやし」は「生やし」で、物事、人が多く集まる場所の意味も。愛される人に。

ヒント キュートで華やか、スイートな「りん」の読みで。「き」の音で止め字にすると、個性の強い女性に。

明林	あきな
果林	かりん
林菜	しげな
林奈	ふさな
真林	まりん
瑞林	みずき
美林	みもり
林子	もとこ
林夏	よしか
林杜	りんと

怜

レイ　レン
あわれむ
さとい
名 とき　れ

神のお告げを聞いて悟ることで、賢い、さといの意味。慈《いつく》しむの意味も。賢く慈愛の深い聖母のような女性に。

ヒント 洗練された印象の「れ」の音で。「れい」の音で1字名にも。理知的なスマートさのある名前になる。

怜	れい
夏怜	かれん
華怜	かれん
澄怜	すみれ
怜和	ときわ
怜亜	れいあ
怜名	れいな
怜羅	れいら
穂真怜	ほまれ
怜音奈	れおな

和

ワ　オ
やわらぐ
なごむ
名 あい　かず
のどか　やす

戦争をやめて平和にすることを表し、やわらぐ、和むなどの意味になる。日本という意味も。和風で温和な女性に。

ヒント 定番の字。「わ」はワクワクするような楽しいイメージ、「かず」はタフなリーダーのイメージの音。

和	のどか
和珂	あいか
和巳	あいみ
和良	あいら
和泉	いずみ
和季	かずき
和紗	かずさ
和菜	かずな
和音	かずね
和乃	かずの
和葉	かずは
和穂	かずほ
和美	かずみ
和世	かずよ
佐和	さわ
和美	なごみ
和夢	なごむ
羽和	はわ
三和	みわ
和絵	やすえ
和季	やすき
和芽	やすめ
悠和	ゆうわ
里和	りお
和心	わこ
紗和子	さわこ
十和子	とわこ
美和子	みわこ
和歌子	わかこ
和歌奈	わかな

名前エピソード

紗雪《さゆき》ちゃん　「雪の結晶」は私のマーク

季節感を大事にしたいと思い、つけた「紗雪」という名前。娘はまだ自分の名前が読めないのですが、「雪の結晶」のマークがついたものが自分のものだよ、と教えると、お友達と同じ物を持っていても自分のものを間違えません。とても気に入っている名前なのですが、夏になると外遊びやプールなどで日焼けして真っ黒に。名前とはだいぶイメージがかけ離れてしまうことが少し困っていることかな～。

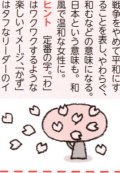

9画

娃

アイ

美しいという意味を表す。また、これ一字で、美人の意味もある。特に外見の美しさを願う場合にはぴったりの字。

ヒント 「あい」の音は、明るくはつらつとしていて自然体。人気の「愛」の字のかわりに使っても。

娃	あい
娃花	あいか
娃心	あいこ
娃紗	あいしゃ
娃菜	あいな
娃來	あいら
娃李	あいり
乃娃	のあ
美娃	みあ
結娃	ゆあ

按

アン
名 ただし

手でおさえてやすらかにすることを表し、おさえる、なでるの意味に使う。堅実な家庭を築ける女性に。

ヒント 「あん」の音には素朴《そぼく》さと親密感があり、深い癒《いや》しを感じさせる名前に。使用例が少ないので、新鮮。

按	あん
按珠	あんじゅ
按寿	あんず
按奈	あんな
按莉	あんり
詩按	しあん
樹按	じゅあん
按那	ただな
莉按	りあん
琉按	るあん

郁

イク
名 あや　か
かおる　くに
ふみ　ゆう

よく香る様子、よく茂る様子を表す。文化が栄える意味もある。才能と教養、美しさを兼ねそなえた女性に。

ヒント まっすぐ未来に向かって突き進むイメージの「いく」、優しく温かなイメージの「ふみ」の音で。

郁	かおる
郁華	あやか
郁芽	あやめ
郁絵	いくえ
郁実	いくみ
郁恵	くにえ
郁花	ふみか
茉郁	まふみ
心郁	みゆう
紗耶郁	さやか

映

エイ　うつる
はえる
名 あき
あきら　え
てる　みつ

日に照り映えた光に映し出されることを表し、映る、映えるなどの意味に使う。輝くように美しい女性に。

ヒント 「えい」の音は、心地よい癒《いや》しを感じさせる。エレガントで温かい印象の「え」の音で万葉仮名風にも。

映	あきら
映菜	あきな
映埜	あきの
映葉	あきは
映穂	あきほ
映海	あきみ
映華	えいか
映来	えいこ
映奈	えな
映見	えみ

映莉	えり
奏映	かなえ
彩映	さえ
妙映	たえ
映禾	てるか
映緋	てるひ
映帆	てるほ
友映	ともえ
乃映	のえ
美映	みえい

映花	みつか
映季	みつき
湊映	みなえ
萌映	もえ
桃映	ももは
弥映	やえ
利映	りえ
映海夏	えみか
映里佳	えりか
千映美	ちえみ

栄

エイ
さかえる
はえる
名 え　しげ
ひさ　ひで
ひろ　よし

旧 榮

もとの字は「榮」。かがり火の燃え盛る様子を表し、栄える、華やぐなどの意味になった。華やかな生涯を願って。

ヒント 「えい」の音は、飾らない優しさのある印象に。懐《ふところ》の深さを感じさせる「え」の音で万葉仮名風にも。

紗栄	さえ
栄歌	しげか
栄恵	ひさえ
栄実	ひでみ
栄祢	ひろね
瑞栄	みずえ
栄花	よしか
沙知栄	さちえ
真里栄	まりえ
美津栄	みづえ

音

オン　イン
おと　ね
名 お　と

音、音楽のほかに、ことば、訪れなどの意味がある。芸術、特に音楽、文学方面に才能を発揮する女性に。

ヒント 定番の止め字。やすらぎと温かさを感じさせる「ね」の音、彼方に広がるような「おん」の音などで。

明音	あかね
陽音	あきね
杏音	あのん
綾音	あやね
癒音	いおん
絵音	えと
恵音	えのん
音杜	おと
音歌	おとか
音羽	おとは

音実	おとみ
音芽	おとめ
和音	かずね
椛音	かのん
玖音	くおん
圭音	けいと
琴音	ことね
詞音	しおん
音々	ねね
舞音	まいね

真音	まいん
美音	みと
弥音	みのん
望音	もと
百音	もね
凛音	りお
怜音	れおん
依音那	いおな
実音華	みねか
優希音	ゆきね

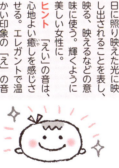

珂

カ
名 たま てる

昔の宝である玉の名、特に白めのうを表す。珂声《かせい》とは、玉のふれ合う音。潔白で可憐《かれん》なイメージの字。

ヒント クールでスピード感のある「か」の音で万葉仮名風に。「花」や「香」のかわりに使うと、個性が出る。

絢珂 あやか
珂奈 かな
珠珂 たまか
珂季 たまき
珂美 たまみ
千珂 ちか
珂実 てるみ
遙珂 はるか
実珂 みか
英美珂 えみか

迦

カ

サンスクリット語の仏教用語の音訳によく使われる字。お釈迦《しゃか》様の迦もそれである。神秘的で深遠なイメージ。

ヒント 「か」の音で、万葉仮名風に使って。正義感が強く、快活な印象になる。「お釈迦様」の印象も強い字。

迦衣 かい
迦那 かな
迦埜 かの
迦音 かのん
清迦 きよか
美迦 みか
夕迦 ゆか
礼迦 れいか
迦依子 かよこ
沙也迦 さやか

珈

カ

婦人の髪飾りのことを表す。日本では、コーヒーの当て字（珈琲）に使う。よい香りが漂《ただよ》ってきそうな字。

ヒント 「か」の音で使える字。「か」で終わる名前は、アネゴ肌を感じさせるカッコイイ女性のイメージ。

珈澄 かすみ
珈圃 かほ
柊珈 しゅうか
千珈 ちか
乃珈 のか
萌珈 もか
素珈 もとか
珈保里 かほり
野々珈 ののか
美珈莉 みかり

架

カ ケ かける
名 みつ よし

木を加えわたしてできた台、たなを表す。かける、かけわたすの意味も。人と人の架け橋になるような人に。

ヒント 人気の「か」の音で、「加」などのかわりに使うと新鮮。「か」の音は、まっすぐで快活な印象。

架子 かこ
架純 かすみ
架南 かな
架恋 かれん
架禾 みつか
架季 よしき
瑠架 るか
架乃子 かのこ
多架子 たかこ
由架梨 ゆかり

海

カイ うみ
名 あま うな み め

旧 海

海のほか、海のように広く大きいものを表す。スケール感とともにロマンチックな感覚があり、人気の高い字。

ヒント みずみずしいイメージの「み」の音で人気。「うみ」と読むと、内に深いものを秘めた印象の名前に。

愛海 あいみ
碧海 あおみ
海音 あまね
海礼 あまれ
郁海 いくみ
海美 うみ
海禾 うみか
海奈 うみな
海璃 うみり
海梨 かいり

奏海 かなみ
空海 くみ
澄海 すかい
爽海 そうみ
拓海 たくみ
千海 ちうな
夏海 なつみ
七海 ななみ
海咲 みさき
海波 みなみ

南海 みなみ
海羽 みはね
海早 みはや
美海 みみ
海來 みらい
海麗 みれい
海瑠 める
咲久海 さくみ
海奈都 みなと
瑠璃海 るりみ

恢

カイ
名 ひろ

広い、大きい、広めるなどの意味を表す。回復はもとは恢復と書いた。癒《いや》しにつながるイメージのある字。

ヒント りりしく知性的な「かい」の音、落ち着きと積極性をあわせもつ印象の「ひろ」の音で使って。

恢 ひろ
恢奈 かいな
恢弥 かいや
千恢 ちひろ
恢佳 ひろか
恢子 ひろこ
恢南 ひろな
恢美 ひろみ
真恢 まひろ
美恢 みひろ

皆

カイ みな
名 とも み みち

人々が並ぶさまから、皆、ともにの意味を表す。あまねく、広くの意味も。友達がたくさんできるように。

ヒント 「かい」と読むと知性的、行動的な印象、「みな」と読むとふっくらと親密感あふれる印象に。

絵皆 えみな
皆奈 かいな
奏皆 かなみ
皆実 ともみ
皆架 みちか
皆子 みなこ
皆都 みなと
皆美 みなみ
皆世 みなよ
瑠皆 るみな

活

カツ
名 いく

生き生きとした生命力を表し、生きる意味に使う。生気にあふれた、元気で活発な子になることを願って。

ヒント 「かつ」の音で積極性と強さを増して。「いく」と読むと、前につき進む強さをもつ名前に。

亜活 あいく
活恵 いくえ
活穂 いくほ
活海 いくみ
活夢 いくむ
活枝 かつえ
活子 かつこ
活乃 かつの
活依 かつよ
活來 かつら

柑

カン
名 みかん

果樹のミカン類の果実をつけるもの。柑橘《かんきつ》系はコロンの代表的な香り。みずみずしく健康的な感じのする字。

ヒント 字のフレッシュなイメージに、「かん」の音で、無邪気でキュートな魅力をプラスして。

柑 みかん
一柑 いちか
柑那 かんな
柑奈 かんな
柑埜 かんの
実柑 みかん
蜜柑 みかん
結柑 ゆか
夢柑 ゆか
凛柑 りんか

紀

キ
名 あき かず こと すみ とし のり もと よし

糸巻きに糸を巻き取ることから、おさめる意味になった。書き記すの意味もある。文学少女にぴったりの字。

ヒント 和のイメージもある字。「き」の音は、個性と生命力を感じさせる。「のり」は、気品が香り立つ印象の音。

紀來 あきら
紀莉 あきり
朝紀 あさき
依紀 いとし
紀紗 かずさ
紀衣 きい
紀夏 きか
紀子 きこ
紀乃 ことの
咲紀 さき
紀礼 すみれ
珠紀 たまき
紀絵 としえ
紀香 のりか
紀夜 のりよ
羽紀 はのり
雅紀 まさき
真紀 ますみ
巳紀 みこと
水紀 みずき
美紀 みのり
紀葉 もとは
萌紀 ももと
友紀 ゆき
紀奈 よしな
都紀奈 つきな
那都紀 なつき
美沙紀 みさき
美優紀 みゆき
有紀奈 ゆきな

祇

ギ シ ただ
名 き けさ のり まさ もと やす

もとは氏族を保護する神のことで、土地の神の意味。また、やすらかの意味もある。神秘的なイメージのある字。

ヒント 名乗りの多い字。使用例は少ないが、工夫しだいで個性的に。「し」「き」の音で万葉仮名風にも。

祇織 きおり
祇奈 けさな
沙祇 さき
祇乃 しの
祇華 のりか
祇絵 まさえ
魅祇 みき
祇胡 もとこ
祇恵 やすえ
万祇子 まきこ

衿

キン えり

着物のえり、えりもとの意味。えりは喉《のど》を覆《おお》うことから大事な場所も表す。大切な思いをこめて。

ヒント エレガントで奥行きがあり、高嶺《たかね》の花の印象の「えり」や、茶目《ちゃめ》っ気《け》と輝きのある「きん」の音で使って。

衿亜 えりあ
衿子 えりこ
衿紗 えりさ
衿菜 えりな
衿香 きんか
小衿 こえり
咲衿 さえり
智衿 ちえり
真衿 まえり
美衿 みえり

奎

ケイ
名 ふみ

「大」+「圭」で玉を表し、美称に使う。また、アンドロメダ座を指し、文章をつかさどる。才色兼備のイメージ。

ヒント 「けい」の音はりりしく知性的な印象。「圭」などのかわりにも。ふっくらと温かい「ふみ」の音でも。

奎 けい
奎子 けいこ
奎都 けいと
奎奈 けいな
千奎 ちふみ
奎絵 ふみえ
奎緒 ふみお
奎花 ふみか
奎那 ふみな
奎音 ふみね

建

ケン コン たてる
名 たけ たつ

「聿」+「廴」で、建てる、成し遂げるなどの意味を表す。大きなプロジェクトをやり遂げられそうな字。

ヒント 「たけ」「たつ」の音は、高みを目指すしっかり者の印象がある。着実に成功していく、誇り高き女性に。

建埜 こんの
建緒 たけお
建子 たけこ
建乃 たけの
建帆 たけほ
建海 たけみ
建依 たけよ
建夢 たつむ
建奈 たてな
美建 みたけ

研

ケン とぐ
名 あき かず きし きよ よし

磨く、研ぐの意味で、しあげる、物事を究《きわ》める意味にも使う。自分を磨き、道を究めるような人に。

ヒント 「あき」と読むと、キュートで明るく輝きのある名前に。「かず」や「きよ」の音を活かしても。

研菜 あきな
研葉 あきは
研穂 あきほ
研音 かずね
研乃 きしの
研羽 きよは
研実 きよみ
研梨 きより
研禾 よしか
研幾子 ときこ

胡

コ ゴ えびす なんぞ
名 ひさ

中国では、西方や北方の異民族を指した。二《に》胡《こ》は中国の楽器の名。エキゾチックな雰囲気の字。

ヒント 機敏《きびん》でキュートな印象の「こ」の読みで。ナッツの「くるみ」を指す「胡桃」の読みを活かしても。

彩胡 あやこ
胡桃 くるみ
胡子 ここ
胡春 こはる
仁胡 にこ
胡絵 ひさえ
胡花 ひさか
胡々愛 ここあ
茉利胡 まりこ
莉々胡 りりこ

恰

コウ　あたかも
名 きょう

ねんごろ、あたかも、ちょうどなどの意味を表す。格好は恰好とも書く。気配りのできる優しい人になるように。
ヒント 知性と繊細《せんさい》さをあわせもつ「こう」や、輝くような強さと優しさにあふれる「きょう」の音を活かして。

彩恰	あやこ
恰花	きょうか
恰菜	きょうな
恰乃	きょうの
恰李	きょうり
恰姫	こうき
恰珠	こうじゅ
恰美	こうみ
奈恰	なこ
真恰	まこ

厚

コウ　あつい
名 ひろ

もとは祖先を手厚く祭ることをいい、そこから、厚い、丁寧などの意味を表す。礼儀正しく、親切な人に。
ヒント 「あつ」の音は、朗《ほが》らかでおおらかな印象。「ひろ」の音は、やる気とたくましさに満ちたイメージ。

厚依	あつえ
厚姫	あつき
厚子	あつこ
厚美	あつみ
厚芽	あつめ
千厚	ちひろ
厚奈	ひろな
厚未	ひろみ
真厚	まひろ
美厚	みひろ

恒

コウ
名 ちか　つね
のぶ　ひさ

旧 恆

弓張り月の様子を表し、常、久しいなどの意味に使う。永遠を感じさせ、ロマンの香りのする字。
ヒント 小柄《こがら》で愛らしい「こう」、華があり優しい「つね」、冷静と情熱を兼ねそなえた「ひさ」の音などで。

恒亜	こうあ
恒那	こうな
詩恒	しのぶ
恒絵	ちかえ
恒子	つねこ
恒香	のぶか
恒永	ひさえ
恒歌	ひさか
恒弥	ひさみ
夢恒	ゆちか

皇

コウ　オウ
名 すべ
すめら

もとは輝くの意味で、天子、君主、王のことを表す。大きい、美しいの意味も。おごそかで神々しいイメージの字。
ヒント 字のもつ高貴な印象に、「こう」の音で機敏《きびん》さと思慮深さを、「おう」の音で包みこむような優しさを加えて。

皇花	おうか
皇美	おうみ
皇洸	こうこ
皇奈	こうな
皇晴	こはる
皇羅	すめら
園皇	そのこ
美皇	みすべ
優皇	ゆうこ
真美皇	まみこ

香

コウ　キョウ
か　かおる
名 かおり
かが　たか
よし

かんばしい香りで神に祈ることを表し、香り、かんばしいの意味。高雅なもののたとえにも使う。エレガントな字。
ヒント 女の子の止め字の定番。「か」で終わる名前は、ドライで快活な印象。知的で繊《せん》細《さい》な「こう」の音でも。

愛香	あいか
香里	かおり
香子	かおるこ
香利	かがり
香澄	かすみ
香波	かなみ
香凜	かりん
香恋	かれん
香胡	きょうこ
香紗	こうさ

香美	こうみ
香女	こうめ
静香	しずか
聖香	せいか
香絵	たかえ
乃香	のか
晴香	はるか
穂香	ほのか
実香	みよし
萌香	もえか

優香	ゆうか
陽香	ようか
香絵	よしえ
梨香	りか
琳香	りんか
香梨奈	かりな
多香子	たかこ
美香莉	みかり
百々香	ももか
由香里	ゆかり

紅

コウ　ク
べに
くれない
名 あか　いろ
くれ　もみ

桃の花のような白みのある赤色を表し、くれない、赤、べにの意味に使う。華やかでおしゃれな女性にぴったり。
ヒント 女性らしい印象の強い字。「く」と読むと、字のもつ赤い色のイメージにミステリアスな印象が加わる。

紅音	あかね
紅芭	いろは
紅美	くみ
紅亜	くれあ
紅羽	くれは
紅緒	べにお
紅華	べにか
未紅	みく
紅葉	もみじ
紅瑠美	くるみ

虹

コウ　にじ

雨上がりに空にかかる虹の意味を表す。虹は、昔は天にすむ竜だと考えられていた。メルヘンチックで美しい字。
ヒント 愛らしく知的で繊細《せんさい》なイメージの「こう」の音で。「にじ」と読むと、甘えん坊ながら出世できる印象。

亜虹	あこ
海虹	かこ
虹見	こうみ
七虹	ななこ
虹来	にこ
虹歌	にじか
虹子	にじこ
虹羽	にじは
美虹	みこ
麗虹	れいこ

洸

コウ
名 ひろ

水がゆれ動いて光る様子を表す。ほのか、かすかの意味もある。のどかで、うっとりするようなイメージの字。
ヒント 「こう」の音は機敏《きびん》さと思慮深さを兼ねそなえた印象、「ひろ」はたくましさとやすらぎを感じさせる。

洸樹	こうじゅ
洸愛	こうな
洸李	こうり
稚洸	ちひろ
洸依	ひろえ
洸華	ひろか
洸名	ひろな
洸乃	ひろの
真洸	まひろ
美洸	みひろ

砂

サ　シャ
すな
名 いさご

貝などがくだけてできた砂を表す。白く広がる砂浜をイメージさせるような、美しくエキゾチックな女性に。

ヒント　「さ」の音を活かして、「沙」や「紗」のかわりに使うと新鮮。颯爽《さっそう》としたリーダーの印象に。

砂　いさご
愛砂　あいしゃ
亜砂　あすな
圭砂　けいしゃ
砂名　さな
千砂　ちさ
美砂　みさ
弥砂　やすな
砂知栄　さちえ
満砂子　まさこ

哉

サイ　か
かな　や
名 えい　ちか
とし　なり

新しい戈《ほこ》をはらい清める儀礼を表し、はじめる、はじめの意味になった。初々しくフレッシュなイメージ。

ヒント　優しく開放感にあふれた「や」の音で、万葉仮名風に。「か」「かな」の音を活かしても。

哉華　えいか
哉美　かなみ
咲哉　さくや
哉子　としこ
哉未　なりみ
茉哉　まかな
真哉　まちか
愛哉菜　あやな
沙亜哉　さあや
美哉子　みかこ

珊

サン
名 さ　たま

装飾品に利用される珊《さん》瑚《ご》の意味を表す。珊瑚礁《しょう》を連想させる、夏や海の好きな人は使ってみたくなる字。

ヒント　「さん」の音と漢字から、さわやかなイメージに。「さ」の音だけを活かして万葉仮名風に使っても。

砂珊　さざん
珊奈　さな
珊水　さみ
珊瑚　さんご
珊夏　たまか
珊姫　たまき
珊南　たまな
珊海　たまみ
珊世　たまよ
美珊　みさ

咲

さく
名 えみ　さ
さき

もとは笑うの意味で、現在では花が開く、咲くの意味に使う。一字でも、組み合わせてもかわいらしい名前ができる。

ヒント　颯爽《さっそう》として先頭に立つ印象の「さ」のほか、「さき」や「えみ」の音で使って。「咲」は「笑」の古い字。

咲　えみ
咲　さき
愛咲　あさき
咲香　えみか
咲奈　えみな
咲莉　えみり
咲彩　さあや
紗咲　さえみ
咲紀　さき
咲絵　さきえ

咲奈　さきな
咲乃　さきの
咲葉　さきは
咲穂　さきほ
咲哉　さくや
咲良　さくら
智咲　ちえみ
千咲　ちさ
知咲　ちさき
真咲　まさき

美咲　みさき
莉咲　りさ
明咲美　あさみ
杏梨咲　ありさ
衣咲奈　いざな
咲紀子　さきこ
咲久美　さくみ
真里咲　まりさ
美香咲　みかさ
芽衣咲　めいさ

栢

シャ　つげ
名 つ

樹木のヤマグワを表す。樹木のツゲの意味もある。どちらも実用的な木。真の価値のわかる、堅実な女性に。

ヒント　「つ」の音で万葉仮名風に使うのがおすすめ。芯が強く、強い集中力を感じさせる名前に。

愛栢　あいしゃ
啓栢　けいしゃ
栢実　つぐみ
奈栢　なつ
実栢　みつ
莉栢　りつ
香栢子　かつこ
咲栢輝　さつき
菜栢子　なつこ
葉栢美　はつみ

洲

シュウ　す
名 ず　くに

「州」の俗字で、川の中のす、島、大陸の意味に使う。流れる川の中の小さな島は、忍耐強さをイメージさせる。

ヒント　「しゅう」の音は颯爽《さっそう》とした印象、「す」はスイートガールの印象。自立心を感じさせる「くに」の音でも。

明洲　あず
洲子　くにこ
洲香　しゅうか
洲寿　すず
未洲　みくに
美洲　みしゅう
亜洲香　あすか
亜洲菜　あすな
小珠洲　こすず
真洲美　ますみ

秋

シュウ　あき
名 あきら
とき　とし
みのる

もとは豊作を祈る儀礼を表し、実る意味、また儀礼の行われる秋の意味になった。しっとりした魅力のある人に。

ヒント　キュートで明るく輝きのある「あき」の音で。「しゅう」と読むと、明るく若々しく、聡明《そうめい》な印象に。

秋　あき
秋英　あきえ
秋緒　あきお
秋果　あきか
秋奈　あきな
秋音　あきね
秋乃　あきの
秋羽　あきは
秋穂　あきほ
秋生　あきみ

秋芽　あきめ
秋羅　あきら
乙秋　おとき
小秋　こあき
秋桜　こすもす
紗秋　さとき
秋香　しゅうか
秋那　しゅうな
秋歩　しゅうほ
知秋　ちあ

千秋　ちあき
秋帆　ときほ
秋和　ときわ
秋佳　としか
秋季　としき
秋未　としみ
乃秋　のあ
茉秋　ましゅう
実秋　みあ
秋莉　みのり

柊

シュウ
ひいらぎ
名 ひ

日本では、常緑樹のヒイラギを表す。西洋ヒイラギはクリスマスの装飾にも使われる。ロマンチックさもある字。
ヒント 「しゅう」の音は、俊敏《しゅんびん》さと落ち着きが共存する印象。「ひ」の音を活かすとカリスマ性をもつ名前に。

- **柊** ひいらぎ
- **柊花** しゅうか
- **柊香** しゅうか
- **柊子** しゅうこ
- **柊真** しゅま
- **柊莉** しゅり
- **柊木** ひいらぎ
- **柊那** ひな
- **柊万里** ひまり
- **柊芽乃** ひめの

重

ジュウ
チョウ　え
おもい
かさねる
名 あつ　しげ
のぶ　ふさ

袋に入れた荷物を表し、重いの意味になった。大切にするの意味もある。「え」の読みで、止め字にも使われる字。
ヒント エレガントな印象の「え」の音で万葉仮名風に。「え」で終わる名前は、教養のある自立した女性に。

- **重美** あつみ
- **希重** きえ
- **幸重** さちえ
- **重子** しげこ
- **知重** ちえ
- **重香** のぶか
- **重恵** ふさえ
- **多真重** たまえ
- **麻紀重** まきえ
- **八重歌** やえか

祝

シュク
シュウ
いわう
名 い　とき
のり　ほう
よし

旧 祝

「示」+「兄」で、神を祭ることを表し、祈る、祝うの意味になった。おめでたい意味とともに神聖な感じの字。
ヒント 使用例は少ないが、名前に使いやすい読みが多い。「のり」の音を活かすと、りりしく気品ある印象に。

- **祝菜** いわな
- **叶祝** かのり
- **祝奈** しゅうな
- **祝絵** ときえ
- **祝華** ほうか
- **実祝** みのり
- **結祝** ゆい
- **祝子** よしこ
- **祝美** よしみ
- **美祝菜** みいな

俊

シュン
名 たか　とし
よし

人が賢いこと、才知の優れていることを表す。さまざまな分野で抜きんでた才能を発揮する人になるように。
ヒント 信頼感にあふれ、カリスマ性が感じられる「とし」の音を活かして。「たか」「よし」の読みで使っても。

- **紗俊** さとし
- **俊莉** しゅんり
- **俊恵** たかえ
- **俊音** たかね
- **俊香** としか
- **俊実** としみ
- **俊世** としよ
- **美俊** みよし
- **俊花** よしか
- **俊芽** よしめ

春

シュン　はる
名 あずま
あつ　かす
かず　す
とき　は

四季の春の意味を表す。若い年ごろの意味もあり、「青春」はこの使い方。活力にあふれた人に育つよう願って。
ヒント 「はる」の音で、さらに温かく、明るく朗《ほが》らかな雰囲気に。「しゅん」は、爽快《そうかい》感と愛らしさがある印象。

- **春未** あずみ
- **春希** あつき
- **春南** あつな
- **有春** ありす
- **色春** いろは
- **春日** かすが
- **春紗** かずさ
- **春芭** かずは
- **心春** こはる
- **春花** しゅんか

- **春李** しゅんり
- **千春** ちはる
- **春袮** ときね
- **春和** ときわ
- **春奈** はな
- **春妃** はるき
- **春空** はるく
- **春音** はるね
- **春乃** はるの
- **春陽** はるひ

- **春穂** はるほ
- **春海** はるみ
- **春夢** はるむ
- **春女** はるめ
- **春代** はるよ
- **春流** はるる
- **美春** みはる
- **明春実** あすみ
- **胡々春** ここは
- **菜乃春** なのは

洵

ジュン
まこと
名 のぶ

まこと、まことにの意味を表す。涙が流れるという意味もある。心が澄んだ誠実な人になることを願って。
ヒント 使用例が少なく、新鮮味のある名前に。「じゅん」と読むと、人なつっこくてセクシーな印象。

- **洵** まこと
- **志洵** しのぶ
- **洵香** じゅんか
- **洵子** じゅんこ
- **洵奈** じゅんな
- **洵枝** のぶえ
- **洵花** のぶか
- **洵胡** のぶこ
- **洵美** のぶみ
- **洵采** まこと

昭

ショウ
名 あき
あきら　てる
はる

明らか、表す、輝くなどの意味を表す。よく治まるの意味もあり、昭和の年号に使われた。レトロな魅力の字。
ヒント 明るく輝く印象の「あき」の読みで。「しょう」と読むと、やわらかく温かい光のような印象に。

- **昭菜** あきな
- **昭穂** あきほ
- **昭羅** あきら
- **昭留** あきる
- **昭琉** しょうる
- **千昭** ちあき
- **昭菜** てるな
- **昭実** てるみ
- **昭嘉** はるか
- **美昭** みはる

信

シン
名 こと　し
ちか　とき
とし　のぶ
まこと　みち

「人」+「言」で、人との約束を表し、まこと、信じるの意味になった。すくすく伸びる意味も。誠実な女性に。
ヒント 意味のよい、昔から使われている字。まっすぐで前向きな「しん」、甘えん坊で元気な「のぶ」の音で。

- **信** まこと
- **信葉** ことは
- **信埜** しの
- **信理** しんり
- **信胡** ちかこ
- **智信** ちのぶ
- **信子** ときこ
- **信絵** としえ
- **信花** のぶか
- **実信** みちか

津

シン つ
名 すず づ

港、船着き場、渡し場などの意味を表す。また、潤《うるお》うという意味もある。身も心もみずみずしい女性に。

ヒント 芯が強くパワーを秘めた「つ」の読みで万葉仮名風に。「ず（づ）」と読むと、育ちのよい印象に。

花津 かず
津美 すみ
奈津 なつ
莉津 りつ
佳津奈 かずな
紫津香 しづか
多津南 たつみ
菜津那 なずな
奈津美 なつみ
羽津子 はつこ

神

シン ジン
かみ かん
こう
名 か かむ
きよ しの
み みわ

「申」はいなびかりで、天の神、かみを表す。たましいや精神、非凡なの意味も。人智を超越する才能をもつ人に。

ヒント 「かみ」の「か」や「み」の音を活かしても新鮮。「神楽」「神代」などの和語から名づけても。

神那 かんな
神縫 かんぬ
神乃 きよの
神羽 きよは
神葉 しのは
神莉 しのり
神南 じんな
神胡 みわこ
神菜美 かなみ
神奈利 かなり

星

セイ ショウ
ほし
名 とし

空に見える星の意味を表す。また、重要人物や、文字通りスターの意味にも使う。きらりと輝く女性に。

ヒント ロマンチックなイメージの字。透明な光のような「せい」の音でさわやかなスターになることを願って。

星衣 せい
星亜 せいあ
星来 せいら
星蘭 せいらん
星那 せな
星美 としみ
星華 ほしか
星見 ほしみ
南星 みなせ
南々星 ななせ

省

セイ ショウ
かえりみる
はぶく
名 あきら
かみ み
よし

もとは巡察することを表し、そこから、見る、省みるの意味になった。他人に振り回されず、自分に誠実な人に。

ヒント 「しょう」と読むとやわらかい光のようなイメージ。「せい」の音はひたむきで誠実な印象。

省 あきら
省子 しょうこ
省瑠 しょうる
省那 せいな
省羅 せいら
汰省 たかみ
省輪 みわ
省花 よしか
省希 よしき
麻省子 まみこ

政

セイ ショウ
まつりごと
名 かず きよ
つかさ なり
のぶ まさ

強制して正すことから、治める、政治の意味になった。正しくするという意味も。心のまっすぐな人に。

ヒント 満ち足りた印象とさわやかさをあわせもつ「まさ」の音や、純粋でひたむきな「せい」の音を活かして。

政栄 かずえ
政実 きよみ
政良 せいら
政紗 つかさ
政美 なりみ
政香 のぶか
政子 まさこ
政那 まさな
政乃 まさの
政美 まさみ

茜

セン あかね

アカネ、アカネグサの意味を表す。アカネグサの根から採れる染料は紫に近い赤で、素朴《そぼく》な感じがする色。

ヒント 1字名に使われることが多い。「あかね」の音は、気さくで穏《おだ》やかな、やわらかく愛に満ちた人の印象。

茜 あかね
茜菜 あかな
茜音 あかね
茜子 あかねこ
茜里 あかり
茜梨 あかり
茜華 せんか
茜奈 せんな
茜利 せんり
真茜 まあか

Column

組み合わせると決まった読み方をする漢字

2字以上まとまると特定の読みや意味になる漢字も、
名づけのいいヒント。「ひなた」と読みたい場合、「日向」のように
そのまま使うほか、「陽向《ひなた》」や、「日向菜《ひなな》」のように一部を借りるのもオススメです。

例

飛鳥 あすか
和泉 いずみ
桔梗 ききょう
胡桃 くるみ
時雨 しぐれ
七夕 たなばた
柘植 つげ
朱鷺 とき
撫子 なでしこ
長閑 のどか
日向 ひなた
雲雀 ひばり
日和 ひより
紅葉 もみじ
大和 やまと
百合 ゆり
紫陽花 あじさい
向日葵 ひまわり

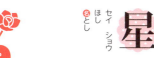

宣

セン
名 すみ　のぶ　のり　ひさ　ふさ　むら　よし

述べる、のたまうの意味を表す。また、明らかの意味にも使う。話し上手になるように願いをこめて。

ヒント　スイートだが情熱的な「のぶ」、りりしく気品のある「のり」、しなやかで甘い「すみ」の音などで。

宣俐　せんり
宣恵　のぶえ
宣花　のりか
宣香　ひさか
宣絵　ふさえ
真宣　ますみ
美宣　みすみ
実宣　みのり
魅宣　みむら
宣未　よしみ

泉

セン　いずみ
名 い　ずみ　み　みず　もと

がけの下から流れる水の形からできた字で、いずみ、湧《わ》き水の意味を表す。澄みきった美しいイメージの字。

ヒント　「いずみ」の音は、まっすぐで深く一途《いちず》なイメージ。「み」の音で止め字にすると、愛らしい印象に。

泉　いずみ
碧泉　あおい
愛泉　あずみ
亜泉　あみ
泉美　いずみ
泉澄　いずみ
泉玖　みく
泉妃　みずき
泉華　もとか
夕泉　ゆい

草

ソウ　くさ
名 かや　しげ

草のほか、最初、はじめるの意味もある。下書きやくずし字のことも表す。素朴《そぼく》でリラックスしたイメージ。

ヒント　草原のイメージに、「そう」の音でソフトな優しさを加えて、さらに人を癒《いや》す名前に。

草乃　かやの
草芽　かやめ
草子　しげこ
草埜　しげの
草來　そうら
草空　そら
千草　ちぐさ
若草　わかくさ
草乃子　そのこ
草代香　そよか

奏

ソウ
かなでる
名 かな　そ

物を両手で捧げて献上する形で、勧める、差し上げるの意味。また、音楽を演奏する意味もあり、人気のある字。

ヒント　「かな」の音は、キュートで無邪気、スイートな印象。「そ」の読みで万葉仮名風にも。1字名にも向く。

奏　かな
愛奏　あいか
一奏　いちか
歌奏　うたか
瑛奏　えいか
奏絵　かなえ
奏緒　かなお
奏子　かなこ
奏多　かなた
花奏　かなで

奏乃　かなの
奏美　かなみ
奏夢　かなむ
奏芽　かなめ
奏莉　かなり
奏瑠　かなる
奏音　かのん
奏綸　かりん
奏蓮　かれん
鈴奏　すずか

星奏　せいな
奏美　そうみ
奏來　そうら
奏和　そな
奏羅　そら
美奏　みかな
優奏　ゆかな
和奏　わかな
明日奏　あすか
奏奈汰　そなた

荘

ソウ　ショウ
名 これ　しげ　たか　まさ

旧 莊

もとの字は「莊」。おごそか、盛んの意味のほか、別宅の意味もある。他人から敬われる人になるように。

ヒント　「そう」の音でさわやかさをプラス。格調高い「たか」、満ち足りてさわやかな「まさ」の音でも。

荘花　しげか
荘胡　しょうこ
荘未　しょうみ
荘來　そうら
荘那　そな
荘音　たかね
荘帆　たかほ
荘海　たかみ
荘良　たから
荘美　まさみ

則

ソク
名 つね　とき　のり　みつ

法、おきて、手本、手本にするなどの意味。「のり」の読みでよく使われる。清く正しく美しく生きるように。

ヒント　「のり」の読みで先頭字にも止め字にも。「のり」の音は、気品があり、アイドル的な存在になる印象。

華則　かのり
則香　つねか
則恵　ときえ
則英　のりえ
則夏　のりか
則紗　のりさ
則代　のりよ
則花　みつか
則未　みつみ
実則　みのり

茶

チャ　サ

茶、茶の葉、茶道などの意味のほか、少女、おどけることの意味もある。お茶目《ちゃめ》で、皆から愛されることを望んで。

ヒント　お茶目な雰囲気をもつ字に、「さ」の音で、さわやかさと素敵な笑顔のイメージをプラスして。

亜茶　あさ
茶恵　さえ
茶織　さおり
茶希　さき
茶月　さつき
茶奈　さな
茶々　ちゃちゃ
茶南　ちゃな
美茶　みさ
真利茶　まりさ

貞

テイ
名 さだ　ただ　みさお

もとは鼎《かなえ》を使って神意を問うことで、占う、正しいなどの意味。貞《てい》女《じょ》とはみさおの堅い女性のこと。

ヒント　「さだ」の音は裏表なく一途《いちず》な印象。「てい」の音はまじめで芯があり、出世しそうな印象。

貞　みさお
貞絵　さだえ
貞香　さだか
貞乃　さだの
貞美　さだみ
貞代　ただよ
貞花　ていか
貞子　ていこ
貞恵　みさえ
貞緒　みさお

南

ナン ナ
みなみ
名 あけ なみ みな よし

方位の南を表す。暖かい方角なので、よく成長するイメージがある。すくすくと育つよう願って。

ヒント 「な」の音はのびやかで心地よい親密感がある。「みな」と読むと、優しくなでられるような印象に。

南 みなみ
南美 あけみ
南利 あけり
亜南 あみな
杏南 あんな
絵南 えな
花南 かな
香南 かなみ
心南 ここな
小南 こなみ

瀬南 せな
知南 ちなみ
奈南 なな
菜南 ななみ
新南 にいな
葉南 はな
陽南 ひなみ
帆南 ほなみ
真南 まなみ
未南 みあけ

南子 みなこ
南斗 みなと
南世 みなよ
萌南 もな
友南 ゆうな
南依 よしえ
南乃 よしの
瑠南 るな
果南子 かなこ
日南乃 ひなの

祢

ネ デイ
名 ない

旧 禰

「禰」の俗字。父の霊を祭るみたまやを意味する。神官のことを禰《ね》宜《ぎ》という。神秘的な意味をもつ字。

ヒント やすらぎと温かさを感じさせる「ね」の音で、万葉仮名風に使って。「弥」と字形が似ているので要注意。

明祢 あかね
恵祢 えね
涼祢 すずね
鈴祢 すずね
祢琉 ないる
祢々 ねね
羽祢 はない
美祢 みね
里祢 りね
瑠祢 るね

珀

ハク
名 すい たま

琥珀《こはく》は、地質時代の樹脂などが地中で固まってできた玉の一種。琥珀のように変わらない美しさを願って。

ヒント 「たま」と読むと、優しくタフで人間性豊かな印象に。リーダーの風格のある「はく」の音でも。

小珀 こはく
琥珀 こはく
珀奈 すいな
珀未 すいみ
珀夢 すいむ
珀香 たまか
珀輝 たまき
珀那 たまな
珀美 たまみ
珀世 たまよ

飛

ヒ とぶ
名 たか

鳥が飛ぶ形からできた字。飛ぶ、跳ね上がる、飛ぶように速いなどの意味を表す。元気で活発な子になるように。

ヒント カリスマ性を感じさせる「ひ」や、格調高い「たか」の音で。「飛鳥」の「あすか」の読みを活かしても。

飛鳥 あすか
飛瀬 たかせ
飛埜 たかの
陽飛 はるひ
飛奈 ひな
悠飛 ゆうひ
安沙飛 あさひ
飛花里 ひかり
飛南里 ひなり
飛真莉 ひまり

毘

ヒ ビ
名 たすける てる とも ひで まさ やす

助けるの意味。毘沙門《びしゃもん》天《てん》は仏法守護の四天王のひとつで、七福神にも入っている。慈愛の深い人に。

ヒント 情熱と冷静さをあわせもつ「ひ」の音が使いやすい。「茶《だ》毘《び》」は火葬のことなので注意して。

毘葉 てるは
毘子 ともこ
春毘 はるひ
毘美 ひでみ
毘那 ひな
毘巳 まさみ
毘花 やすか
友毘 ゆうひ
毘香利 ひかり
毘沙美 ひさみ

美

ビ
うつくしい
名 とみ はる み みつ よ よし よしみ

大きな羊から、美しい、うまい、よい、ほめるなどの意味になった。止め字にも使われる、今も昔も人気の字。

ヒント 「み」と読むとみずみずしくて甘く、周囲が愛さずにはいられない名前に。「はる」や「よし」の音でも。

美 よしみ
愛美 あみ
音美 おとみ
胡美 こはる
紗美 さみ
千美 ちはる
美空 はるく
美世 はるよ
冬美 ふゆみ
美愛 みあ

美卯 みう
美笠 みかさ
美苑 みその
美智 みち
美花 みつか
美都 みと
魅美 みとみ
美雅 みやび
美結 みゆう
美莉 みり

美麗 みれい
美歌 よしか
美乃 よしの
瑠美 るみ
美衣奈 みいな
美香那 みかな
美玖里 みくり
美津希 みつき
美登利 みどり
未美子 みよこ

品

ヒン しな
名 かず かつ し ただ のり ひ ひで

口を三つ合わせた形で、品物、たぐい、値打ち、人柄などの意味を表す。上品でよい人柄に育つよう願って。

ヒント 「ひ」「し」の音で万葉仮名風に用いると使いやすい。名乗りの「かず」の読みを活かしても。

品子 かずこ
品紗 かずさ
品希 かつき
品苑 しおん
品奈 しな
品美 ただみ
品香 のりか
品未 ひでみ
品万莉 ひまり
品美香 ひみか

風

フウ　フ
かぜ　かざ
名 か

天上の竜が起こす風のほかに、習わし、しきたり、上品な味わいなどの意味がある。品のよいさわやかな女性に。
ヒント　「ふう」の音で、温かくふんわりとした雰囲気をプラス。「か」の音だけを活かすと軽やかさが増す。

陽風 あきか
風織 かおり
風音 かざね
風花 かざはな
風帆 かざほ
風見 かざみ
静風 しずか
涼風 すずか
颯風 そよか
七風 ななか

花風 はなか
春風 はるか
風羽 ふう
風香 ふうか
風子 ふうこ
風菜 ふうな
風由 ふゆ
冬風 ふゆか
帆風 ほかぜ
魅風 みかぜ

美風 みふう
萌風 もえか
結風 ゆうか
陽風 ようか
風美香 ふみか
風悠美 ふゆみ
風礼愛 ふれあ
穂乃風 ほのか
優里風 ゆりか
瑠璃風 るりか

昴

ボウ　すばる
名 ほ

星座のすばるを表す。おうし座のプレアデス星団のことで、農耕の星とされた。ロマンチックなイメージの字。
ヒント　自由人を思わせる「ほ」の音が使いやすい。止め字に使うと、温かなくつろぎを感じさせる名前に。

昴 すばる
明昴 あきほ
香昴 かほ
紫昴 しほ
知昴 ちほ
奈昴 なほ
美昴 みほ
莉昴 りほ
花昴璃 かほり
由希昴 ゆきほ

保

ホ　たもつ
名 お　もち
もり　やす
より

赤ちゃんをおんぶする形から、守る、保つ、やすらかにするなどの意味を表す。母性豊かな優しい女性に。
ヒント　「ほ」の音は、温かくくつろげる印象。母性の優しさが増す「お」や、癒《いや》しに満ちた「やす」の音でも。

秋保 あきほ
華保 かお
紀保 きほ
志保 しほ
智保 ちほ
杜保 ともり
菜保 なほ
虹保 にじほ
保波 ほなみ
保稀 ほまれ

真保 まほ
茉保 まもり
瑞保 みずほ
実保 みもり
保花 もちか
保未 もりみ
保希 やすき
保羽 やすは
保美 やすみ
保華 よりか

莉保 りほ
衣保菜 いおな
香保里 かほり
沙保里 さほり
詞保美 しほみ
菜保子 なおこ
保多瑠 ほたる
保乃香 ほのか
真保美 まおみ
美奈保 みなほ

柾

まさ
名 ただ

日本でつくられた字。木の正目のこと。また、常緑樹のマサキを表す。正目のようにまっすぐな人に育つように。
ヒント　母性的な優しさとさわやかな強さをもつ「まさ」の音を活かして。「征」と間違えやすいので要注意。

愛柾 あまさ
柾江 ただえ
多柾 たまさ
柾生 まさき
柾菜 まさな
柾陽 まさひ
柾海 まさみ
柾女 まさめ
柾世 まさよ
柾梨 まさり

耶

ヤ　か

もと「邪」から分化した字。耶蘇《やそ》はキリストのこと。耶馬台国にも使われる。組み合わせ方でしゃれた名前に。
ヒント　優しく開放感にあふれる「や」の音で、止め字や万葉仮名風に。止め字の「や」は、無邪気な童女の印象。

亜耶 あや
彩耶 あやか
耶弥 かや
沙耶 さや
茉耶 まや
美耶 みや
耶乎 やこ
弥耶 やや
梨耶 りか
紗耶香 さやか

柚

ユウ　ゆず
名 ゆ

果樹のユズを表す。果実は酸っぱく、強い香りが料理の味を引き立てる。和風のイメージの字。
ヒント　「ゆう」「ゆ」の読みをもつ字。「ゆう」は、人を和ませる印象。思いやりと風格で慕《した》われる「ゆず」の音でも。

亜柚 あゆ
晏柚 あんゆ
沙柚 さゆ
茉柚 まゆう
心柚 みゆ
美柚 みゆ
柚空 ゆあ
柚衣 ゆい
柚愛 ゆうあ
柚歌 ゆうか

柚生 ゆうき
柚子 ゆうこ
柚那 ゆうな
柚実 ゆうみ
柚果 ゆずか
柚香 ゆずか
柚希 ゆずき
柚姫 ゆずき
柚羽 ゆずは
柚穂 ゆずほ

柚美 ゆずみ
柚琉 ゆずる
柚奈 ゆな
柚乃 ゆの
柚芙 ゆふ
柚真 ゆま
柚実 ゆみ
万柚子 まゆこ
萌柚瑠 もゆる
柚未絵 ゆみえ

祐

ユウ
たすける
名 さち　ち　ひろ　まさ　みち　ゆ　よし
旧 祐

神の助けを求めることを表し、助ける意味。祐筆《ゆうひつ》は秘書、書記のことで、仕事の面でも成功できそう。

ヒント　「柚」と同様、大人気の「ゆう」「ゆ」の読みで使える字。「ゆ」と読むと、ゆっくりと大成するイメージに。

祐実　よしみ
亜祐実　あゆみ
愛祐夢　あゆむ
千祐梨　ちゆり
奈祐花　なゆか
菜祐実　なゆみ
麻祐子　まちこ
祐佳里　ゆかり
祐仁子　ゆにこ
祐莉子　ゆりこ

祐瑠　みちる
美祐　みよし
祐衣　ゆい
祐花　ゆうか
祐飛　ゆうひ
祐莉　ゆうり
祐奈　ゆな
祐楽　ゆら
祐里　ゆり
祐珂　よしか

季祐　きひろ
祐恵　さちえ
祐緒　さちお
祐禾　さちか
祐菜　ひろな
祐南　まさな
祐吏　まさり
真祐　まひろ
茉祐　まゆ
祐禾　みちか

宥

ユウ
なだめる
ゆるす
名 ひろ　ゆ

祖先の霊に肉を供えて許しを請うことで、許す、なだめる、寛大などの意味を表す。スケール感のある字。

ヒント　人気の音「ゆう」「ゆ」で使える字。使用例が少なく新鮮。情熱的でドラマチックな「ひろ」の音でも。

胡宥　こひろ
詩宥　しゆう
知宥　ちひろ
宥芽　ひろめ
万宥　まひろ
美宥　みゆう
宥海　ゆうみ
宥由　ゆうゆ
宥理　ゆり
宥玖子　ゆくこ

洋

ヨウ
名 うみ　きよ　なみ　ひろ　み

大きな海、大きな波、また、広く大きい様子を表す。西洋の意味もある。心の広い、スケール感のある人に。

ヒント　「よう」の音はのびのびしていて安心感を与える。「ひろ」の音はやる気とたくましさに満ちた印象に。

洋珂　うみか
洋美　きよみ
奈洋　なみ
洋央　ひろお
洋夏　ひろか
洋埜　ひろの
洋彌　ひろみ
美洋　みなみ
洋歌　ようか
洋陽　ようひ

要

ヨウ　いる
かなめ
名 しの　とし　め　やす

腰骨の形から、かなめの意味になった。しめくくる、求めるなどの意味を表す。重要人物になれるように。

ヒント　「よう」の音は、おおらかで思いやりのある人に。「とし」「やす」などの名乗りの読みを活かしても。

要　かなめ
衣要　いとし
要夢　かなむ
要葉　しのは
要希　としき
要瑠　める
要菜　やすな
要実　やすみ
要愛　ようあ
要花　ようか

洛

ラク
名 みやこ　ら

もとは中国の洛水という川の名。また、中国古代の都、洛陽をいい、日本では京都を指す。歴史を感じさせる字。

ヒント　大輪のバラのように華やかな「ら」の音だけを活かして万葉仮名風に。「みやこ」の音で1字名にも。

洛　みやこ
綺洛　きら
咲洛　さくら
森洛　しんら
星洛　せいら
美洛　みら
由洛　ゆら
洛愛　らくあ
洛華　らくか
洛菜　らくな

俐

リ　さとい

賢い意味を表す。特に弁舌の巧みなことをいう。字の組み合わせ方で、気のきいた感じの名前になる。

ヒント　「り」の音は、りりしく理知的なイメージ。さわやかで温かく聡明《そうめい》な印象の「さと」の読みでも。

灯俐　あかり
里俐　さとり
乃俐　のり
光俐　ひかり
真俐　まり
優俐　ゆり
俐美　りみ
俐芽　りめ
芽俐沙　めりさ
俐々亜　りりあ

律

リツ　リチ
名 おと　たて　のり

決まり、定め、法律の意味を表す。また、音楽や詩の調子の意味もある。芸術的な才能を授かることを願って。

ヒント　「りつ」の音は華やかで知的、パワフルで艶《つや》のあるイメージ。美しいのに努力をいとわず出世する人に。

律　りつ
律音　おとね
律巴　おとは
律女　おとめ
律穂　たてほ
律恵　のりえ
美律　みのり
律花　りつか
律季　りつき
律子　りつこ

柳

リュウ
やなぎ
名 やな

樹木のヤナギを表す。柳腰は美人の細腰、柳眉は美人の細い眉のこと。しなやかな美人になるよう願って。

ヒント　「やな」の音は優しく清潔な開放感にあふれた印象。「りゅう」と読むと、躍動感のある力強い名前に。

柳　やなぎ
愛柳　あやな
歌柳　かやな
詩柳　しりゅう
美柳　みりゅう
柳花　やなか
柳美　やなみ
柳香　りゅうか
柳華　りゅうか
柳胡　りゅうこ

亮

リョウ　あきらか　すけ　まこと
名 あきら　かつ　ふさ　よし

明らかで、まこと、助けるなどの意味を表す。大宝令《たいほうりょう》では長官を補佐する官のこと。明るく誠実な人になるように。
ヒント　「りょう」は透明感と清涼感をもち、芸術的な雰囲気のある音。「あき」の音はキュートで明るく輝く印象。

亮	まこと
亮葉	あきは
亮穂	あきほ
亮未	かつみ
小亮	こあき
智亮	ちあき
亮英	ふさえ
亮花	よしか
亮歌	りょうか
亮子	りょうこ

玲

レイ
名 あき　あきら　たま　れ

玉のふれ合う音、玉のように光り輝く美しさを表す。「長恨歌《ちょうごんか》」の楊《よう》貴妃《きひ》登場では玲瓏《れいろう》という表現が使われた。
ヒント　エレガントで洗練された印象の「れ」、理知的で気品あるイメージの「れい」の音で。1字名にしても。

玲	れい
玲名	あきな
玲梛	あきな
玲帆	あきほ
玲未	あきみ
玲楽	あきら
純玲	すみれ
玲歌	たまか
玲輝	たまき
玲南	たまな
玲芭	たまは
知玲	ちあき
誉玲	ほまれ
真玲	まれい
美玲	みれい
玲愛	れあ
玲亜	れいあ
玲子	れいこ
玲奈	れいな
玲來	れいら
玲那	れな
玲仁	れに
玲祢	れね
玲音	れのん
玲実	れみ
絵玲奈	えれな
玖玲愛	くれあ
世玲奈	せれな
真玲亜	まれあ
玲央奈	れおな

10画

晏

アン　おそい　やすい
名 さだ　はる

やすらか、静かの意味を表す。鮮やか、美しいの意味もある。人をほっとさせる静かな美しさをそなえるように。
ヒント　信頼感に満ちた「あん」の音は素朴《そぼく》で親しみやすく、深い癒《いや》しを感じさせる。使用例が少なく新鮮。

晏寿	あんじゅ
晏奈	あんな
晏夕	あんゆ
晏莉	あんり
晏美	さだみ
晏香	はるか
晏菜	はるな
美晏	みはる
莉晏	りあん
瑠晏	るあん

益

エキ　ヤク
名 あり　のり　ます　み　よし

皿に水があふれる形がもとになっている字で、増すの意味を表す。役に立つこと、もうけの意味も。起業家に。
ヒント　「ます」と読むと、静かな情熱を内に秘めた印象に。「み」の音で止め字にすると、愛らしい印象に。

益歌	ありか
瑚益	このり
益華	のりか
益寿	ますず
真益	まみ
実益	みのり
益佳	よしか
益乃	よしの
千益子	ちえこ
美益子	みやこ

悦

エツ
名 のぶ　よし

神が乗り移ってうっとりしている心をいい、喜ぶ、楽しむという意味に使う。喜びの多い人生をおくるように。
ヒント　タフさを感じさせる「えつ」の音は一気に走り抜けるイメージ。さわやかで癒《いや》される「よし」の音でも。

悦禾	えつか
悦奈	えな
嘉悦	かえ
希悦	きえ
悦歌	のぶか
悦実	のぶみ
萌悦	もえ
悦花	よしか
悦葉	よしは
悦美	よしみ

桜

オウ　さくら
名 お　さ

旧 櫻

もとの字は「櫻」で、樹木のサクラの意味。花は可憐《かれん》で果実は美味。桜のように美しく育つように。
ヒント　1字名はもちろん、「お」「さ」の音で万葉仮名風に。「お」は母性、「さ」はスター性を感じさせる。

桜	さくら
愛桜	あいさ
梓桜	あずさ
有桜	ありさ
衣桜	いお
桜叶	おうか
桜美	おうみ
桜良	おうら
和桜	かずさ
紗桜	さお
桜愛	さくあ
桜奈	さくな
桜乃	さくの
桜実	さくみ
桜子	さくらこ
桜來	さら
桜梨	さり
千桜	ちさ
花桜	はなお
万桜	まお
実桜	みお
莉桜	りお
李桜	りさ
恵瑠桜	えるさ
桜都葉	おとは
香桜里	かおり
桜緒李	さおり
史桜里	しおり
陽桜里	ひおり
美桜莉	みおり

恩

オン
名 おき しだ のん めぐみ

恵み、慈《いつく》しみ、大切にする、かわいがるなどの意味を表す。慈しみの心をもつ優しい子に育つように。

ヒント 「めぐみ」の音で1字名に。壮大な世界観のある「おん」、自由で楽しそうな「のん」の音で止め字にも。

恩 めぐみ
亜恩 あのん
絵恩 えのん
華恩 かおん
志恩 しおん
恩羽 しだは
葉恩 はおん
真恩 まおき
美恩 みおん
凛恩 りおん

夏

カ ゲ なつ

冠を着けて舞う人の形からできた字。季節の夏を表す。夏は生命活動が最も活発な時期。元気な子に。

ヒント 「か」の音で、利発で快活な都会派の印象、「なつ」の音で、元気で明るい働き者の印象をプラスして。

娃夏 あいか
海夏 うみか
音夏 おとか
夏音 かのん
夏穂 かほ
夏夜 かよ
小夏 こなつ
清夏 せいか
千夏 ちなつ
夏生 なつお

夏歌 なつか
夏希 なつき
夏子 なつこ
夏菜 なつな
夏祢 なつね
夏乃 なつの
夏美 なつみ
夏夢 なつむ
波夏 なみか
晴夏 はるか

愛夏 まなか
真夏 まなつ
夕夏 ゆうか
由夏 ゆか
陽夏 ようか
夏衣良 かいら
夏那子 かなこ
帆乃夏 ほのか
理夏子 りかこ
瑠璃夏 るりか

華

カ ケ はな
名 は はる

美しく咲き乱れる花の形からできた字で、花、華やか、栄えるなどの意味になった。花のように美しい女性に。

ヒント 「はな」の音でほのぼのとしながらセクシーな印象を、「か」の音でまっすぐで快活な印象を加えて。

華 はな
彩華 あやか
乙華 おとは
華夏 かな
華則 かのり
華音 かのん
華帆 かほ
華蘭 からん
小華 こはる
雪華 せつか

知華 ちはる
紀華 のりか
華絵 はなえ
華歌 はなか
華子 はなこ
華美 はなみ
華那 はるな
郁華 ふみか
瑞華 みずか
美華 みはな

魅華 みはる
萌華 もえか
素華 もとか
百華 ももか
夢華 ゆめか
琉華 るか
麗華 れいか
華奈美 かなみ
梨華子 りかこ
瑠璃華 るりか

桧

カイ ひのき
名 ひ

旧 檜

もとの字は「檜」。樹木のヒノキの意味を表す。ヒノキはきめが細かく、耐久性のある建築材。芯の強い女性に。

ヒント 情熱と冷静をあわせもつ「ひ」の音で万葉仮名風に。りりしく知性的な「かい」の音を活かしても。

桧那 かいな
桧弥 かいや
桧良 かいら
桧菜 ひな
桧埜 ひの
桧史 ひふみ
桧女 ひめ
桧緒里 ひおり
桧奈汰 ひなた
桧陽里 ひより

莞

カン いぐさ
名 い

草の名であるイグサの意味を表す。むしろを織るのに使われる。にっこり笑う意味も。素朴《そぼく》で明るい子に。

ヒント 笑顔に満ちあふれたイメージの字。「かん」の読みで、人なつっこく甘い無邪気さで愛される名前に。

亜莞 あい
莞那 かんな
莞菜 かんな
莞乃 かんの
乃莞 のい
真莞 まい
美莞 みかん
瑠莞 るい
美莞南 みいな
友莞香 ゆいか

栞

カン しおり
名 か けん

「幵」+「木」で、木を削ってつくった道標《みちしるべ》を表す。本にはさむしおり、ガイドの意味もある。文学少女に。

ヒント 「しおり」と読んで清楚《せいそ》で可憐《かれん》なイメージを、「かん」と読んで皆から愛される無邪気さと知性を加えて。

栞 しおり
綺栞 あやか
歩栞 あゆか
栞南 かな
栞帆 かほ
栞奈 かんな
栞縫 かんぬ
栞乃 かんの
杏栞 きょうか
栞南 けんな

栞名 しいな
栞子 しおこ
栞菜 しおな
栞巴 しおは
栞実 しおみ
朋栞 ともか
花栞 はなか
晴栞 はるか
穂栞 ほのか
愛栞 まなか

美栞 みかん
未栞 みしお
萌栞 もえか
百栞 ももか
優栞 ゆうか
陽栞 ようか
凌栞 りょうか
伶栞 れいか
亜衣栞 あいか
栞央里 しおり

記

キ　しるす
名 とし　なり
のり　ふさ
ふみ　よし

順序よく整理して、書きとめる、記すの意味を表す。覚える、心に刻むの意味も。堅実な人生をおくるように。

ヒント 突出《とっしゅつ》した個性のある「き」の音で止め字や万葉仮名風に。りりしく気品のある「のり」の音でも。

逸記　いつき
碧記　たまき
記英　としえ
記美　なりみ
記歌　のりか
日記　ひふみ
記花　ふさか
記子　ふみこ
記香　よしか
深早記　みさき

姫

キ　ひめ
名 め

もとは男子を示す「彦」に対して女性一般を示す字だったが、現在では貴人の娘や女性の美称に使われる。

ヒント 美しい女性のイメージに、「ひめ」の音でセクシーさと温かみを、「き」の音でクールな個性をプラスして。

彩姫　あやき
逸姫　いつき
織姫　おりき
和姫　かずき
奏姫　かなめ
姫実　きみ
姫楽　きら
来姫　くるめ
静姫　しずき
春姫　はるき

姫芽　ひめ
姫花　ひめか
姫夏　ひめか
姫奈　ひめな
姫音　ひめね
姫乃　ひめの
姫李　ひめり
万姫　まき
美姫　みき
姫衣　めい

桃姫　ももき
悠姫　ゆうき
友姫　ゆき
由姫　ゆめ
瑠姫　るき
明日姫　あすき
姫李亜　きりあ
沙津姫　さつき
十姫乃　ときの
光姫子　みきこ

起

キ　おきる
名 おこし
かず　たつ
ゆき

起きる、立つ、はじめる、盛んになるなどの意味を表す。積極的、主体的に運命を切りひらいていく人に。

ヒント 前向きなイメージの字に、「き」の音で、生命力にあふれ、自分をしっかりもつ独《どく》立独歩《りつどっぽ》の印象をプラス。

亜起　あき
起詩　おこし
起紗　かずさ
起実　たつみ
珠起　たまき
万起　まき
望起　みき
悠起　ゆうき
真起子　まきこ
由起江　ゆきえ

桔

キツ
名 き

草のキキョウ（桔梗）を表す。秋の七草のひとつで、漢方薬の材料にもなる。清楚《せいそ》で芯の強い女性に。

ヒント 「きつ」の音を活かすと、自分をしっかりもった個性派の印象に。「き」の音で止め字にしても。

和桔　かずき
桔梗　ききょう
桔久　きく
桔乃　きつの
咲桔　さき
真桔　まき
瑞桔　みずき
桔代香　きよか
羽津桔　はづき
美奈桔　みなき

恭

キョウ
うやうやしい
名 すみ　たか
ちか　みつ
やす　ゆき
よし

神を拝むときの心を表す字で、つつしむ、うやうやしいなどの意味に使う。礼儀正しく奥ゆかしい女性に。

ヒント 輝くほどの強さと包容力のある「きょう」、清潔感のある「やす」、優しく強い「ゆき」などの読みで。

恭花　きょうか
恭子　きょうこ
恭伶　すみれ
恭江　たかえ
美恭　みちか
恭葉　みつば
恭葉　やすは
恭奈　ゆきな
恭実　ゆきみ
恭美　よしみ

恵

ケイ　エ
めぐむ
名 あや　さと
しげ　とし
めぐみ　やす
よし

旧 惠

もとの字は「惠」。恵む、慈《いつく》しむのほかに、賢い、素直、美しいなどの意味もある。優しく慈愛に満ちた女性に。

ヒント エレガントで懐《ふところ》深い「え」、潔く気品のある「けい」、力強い印象の「めぐ」などの読みで。1字名にも。

恵　めぐみ
恵葉　あやは
恵奈　えな
恵帆　えほ
恵麻　えま
恵夢　えむ
恵花　けいか
恵子　けいこ
恵紗　けいしゃ
恵都　けいと

彩恵　さえ
恵瑚　さとこ
恵未　しげみ
静恵　しずえ
恵架　としか
華恵　はなえ
春恵　はるえ
文恵　ふみえ
実恵　みよし
恵夢　めぐむ

恵瑠　めぐる
萌恵　もえ
恵乃　やすの
恵羽　やすは
雪恵　ゆきえ
恵実　よしみ
恵美奈　えみな
恵利香　えりか
香奈恵　かなえ
利恵子　りえこ

桂

ケイ　かつら
名 かつ　よし

樹木のカツラを表す。中国では常緑の香木を指すが、日本では別の木をいう。中国には月に生えるといわれる。

ヒント 潔くりりしい「けい」、やわらぎと清潔な癒《いや》しを感じさせる「よし」の音で、先頭字や止め字に。

桂　かつら
桂実　かつみ
桂子　けいこ
桂都　けいと
桂奈　けいな
桂羅　けいら
桂香　よしか
桂葉　よしは
桂美　よしみ
桂里奈　かりな

兼

ケン　かねる
名 かず　かた　かぬ　かね　とも

二本の稲を手にもつ形からできた字で、合わせる、兼ねるの意味を表す。たくさんの友人に恵まれるように。
ヒント　「とも」と読むと、優しさと力強さをあわせもつ名前に。チャレンジ精神を感じる「かず」の音でも。

亜兼　あかね
兼絵　かずえ
兼紗　かずさ
兼音　かたね
兼礼　かぬれ
兼穂　かねほ
兼恵　ともえ
兼花　ともか
兼葉　ともは
美兼　みかね

悟

ゴ　さとる
名 のり

悟る、はっきりわかる、迷いから覚めるなどの意味を表す。心にかかわる字で、哲学的、宗教的なイメージ。
ヒント　「さと」の音は、さわやかで温かい印象。「のり」と読むと、りりしさと気品、華やかさをもつ名前に。

亜悟　あさと
悟子　さとこ
悟実　さとみ
燦悟　さんご
智悟　ちさと
悟緒　のりお
悟香　のりか
葉悟　はのり
美悟　みさと
那悟美　なごみ

倖

コウ　こいねがう　さいわい
名 さち　ゆき

「幸」から分化した字で、幸いの意味を表す。特に、思いがけない幸いの意味も。幸運に恵まれることを願って。
ヒント　「幸」のかわりに使っても。強く優しい「ゆき」、愛らしさあふれる「さち」の音などを活かして。

小倖　こゆき
倖生　さちお
倖香　さちか
倖李　さちり
紗倖　さゆき
千倖　ちゆき
美倖　みさち
倖菜　ゆきな
倖帆　ゆきほ
倖実　ゆきみ

晃

コウ　あきらか
名 あき　きら　てる　ひかる　みつ

旧 晄

「日」＋「光」で、太陽の光が輝くこと。明らか、光る、輝くなどの意味を表す。日光のように明るく元気な子に。
ヒント　「あき」の音は、明るく温かい包容力のあるイメージ。「こう」と読むと、愛らしくキュートな印象に。

晃　ひかる
晃南　あきな
晃葉　あきは
晃帆　あきほ
晃來　きらら
晃亜　こうあ
晃紗　こうさ
千晃　ちあき
晃希　てるき
晃葉　みつは

晄

コウ　あきらか
名 あき　きら　てる　ひかる　みつ

「晃」の異体字。明らか、光る、輝くなどの意味を表す。太陽の光のように、まばゆい輝きをはなつように。
ヒント　「晃」と意味も読みも同じだが、使用例が少なく新鮮。情熱と知的な輝きに満ちた「ひかる」の音でも。

晄　ひかる
晄菜　あきな
晄李　あきり
晄楽　きらら
晄莉　きらり
晄寿　こうじゅ
晄羽　てるは
晄歌　みつか
晄季　みつき
晄瑠　みつる

浩

コウ　ひろい
名 はる　ひろ　ゆたか

もとは水の豊かな様子をいい、豊か、広い、大きい、多いなどの意味を表す。のびのびとおおらかに育つように。
ヒント　「ひろ」の音で先頭字や止め字に。くつろぎの中にタフさと積極性のある名前に。「はる」の音でも。

小浩　こはる
千浩　ちひろ
浩奈　はるな
浩流　はるる
浩恵　ひろえ
浩香　ひろか
浩美　ひろみ
真浩　まひろ
美浩　みひろ
浩花　ゆたか

紘

コウ
名 ひろ

弓を引きしぼって張る状態から、ひも、綱の意味を表す。広い、大きいの意味も。スケール感のある字。
ヒント　「ひろ」の音は落ち着いた中にも積極性を感じさせる。止め字に使うと、ロマンチストな本格派の印象。

知紘　ちひろ
紘依　ひろえ
紘夏　ひろか
紘奈　ひろな
紘海　ひろみ
紘美　ひろみ
紘女　ひろめ
真紘　まひろ
美紘　みひろ
耶紘　やひろ

航

コウ
名 かず　つら　わた　わたる

もとは舟で川を渡ることで、舟、渡るの意味になった。現在は空を渡ることもいう。グローバルなイメージの字。
ヒント　「こう」の音で、機敏《きびん》さと思慮深さが加わる。圧倒的な存在感のある「わた」の読みを活かしても。

航紗　かずさ
航菜　かずな
珂航　かつら
航愛　こうあ
航子　こうこ
航奈　こうな
美航　みかず
航絵　わたえ
航奈　わたな
航瑠　わたる

高

コウ　たかい
名 あき　あきら　うえ
たけ　ほど

高い意味を表す。高いものは、位置、丈、身分、年齢、人柄、評判などいろいろある。さまざまな願いをこめて。さ
ヒント 思いやりと信頼感で、リーダーの印象がある「たか」の音で。元気で明るい「あき」の音を活かしても。

高佳　あきか
高羽　あきは
高代　あきよ
高雅　こうが
高良　たから
高芳　たけは
高美　ほどみ
真高　まうえ
美高　みたけ
莉高　りこ

紗

サ　シャ
うすぎぬ
名 すず　たえ

薄絹《うすぎぬ》（薄くて目の粗い織物）のことを表す。エキゾチックなイメージがあり、しゃれた名前がつくれる字。
ヒント 字の美しくやわらかな織物のイメージに、「さ」の音で颯《さっ》爽《そう》と先頭に立つ憧《あこが》れの人の印象をプラスして。

和紗　かずさ
圭紗　けいしゃ
紗彩　さあや
紗愛　さえ
紗希　さき
紗知　さち
紗那　さな
紗帆　さほ
紗美　さみ
紗來　さら

更紗　さらさ
紗菜　しゃな
紗香　すずか
紗奈　すずな
紗恵　たえ
紗花　たえか
千紗　ちさ
茉紗　ますず
実紗　みさ
梨紗　りさ

あり紗　ありさ
亜里紗　ありさ
紗江子　さえこ
紗玖楽　さくら
紗仁衣　さにい
紗也香　さやか
さや紗　さやさ
知紗奈　ちさな
真紗那　まさな
美紗希　みさき

朔

サク
ついたち
名 きた　もと

月のついたちをいい、そこからすべてのはじめの意味に使う。方位の北の意味も。フレッシュなイメージの字。
ヒント 「さく」の音は抜群の集中力で確かな方向性を導き出す印象。安定感と強さを感じる「もと」の音でも。

朔葉　さくは
朔美　さくみ
朔弥　さくや
朔良　さくら
朔来　さくら
千朔　ちさ
真朔　まきた
美朔　みさ
朔子　もとこ
朔羽　もとは

索

サク
名 もと

縄をなう形からできた字で、縄、なうの意味を表す。探す、求めるの意味も。好きなことを突きつめていく人に。
ヒント 「さく」の音は、決断力とさばく力で困難を乗り越える印象。「もと」の音は、包容力とパワーの印象。

和索　かずさ
索葉　さくは
索美　さくみ
索耶　さくや
索來　さくら
索花　もとか
索子　もとこ
索実　もとみ
莉索　りさ
索徠子　さくらこ

時

ジ　とき
名 これ　ちか
はる　もち
ゆき　よし
より

時の意味だが、季節、時の流れ、時代、めぐり合わせ、機会など、多くの意味を含む。深遠なイメージもある字。
ヒント 「とき」の音は、信頼感があり格調高い。「ちか」「ゆき」などの名乗りの読みを活かしても。

時美　これみ
時瑚　ちかこ
時可　ときか
時和　ときわ
時奈　はるな
時実　はるみ
実時　みよし
時菜　もちな
時恵　ゆきえ
時子　よりこ

殊

シュ　こと
名 じゅ　よし

異なる、とりわけなどのほかに、特に優れている、大きいの意味もある。他に抜きんでることを願って。
ヒント 「しゅ」の音はソフトな風と光を感じさせる。「こと」と読むと、知的で信頼感のあついイメージに。

殊音　ことね
殊葉　ことは
殊美　ことみ
殊祢　じゅね
殊里　しゅり
殊莉　じゅり
真殊　まこと
殊恵　よしえ
殊子　よしこ
瑠殊　るうじゅ

珠

シュ
名 じゅ　す
たま　たまき
み

もとは美しい玉のことをいい、特に真珠を指す。美しいもののたとえにも使う。本物の輝きをもつように。
ヒント さわやかな風と光のような「しゅ」、なぜか品を感じさせる「じゅ」、人間性豊かな「たま」などの音で。

愛珠　あいみ
彩珠　あみ
紋珠　あやみ
有珠　ありす
杏珠　あんじゅ
郁珠　いくみ
海珠　うみ
笑珠　えみ
好珠　このみ
珠衣　じゅい

珠奈　しゅな
珠音　じゅね
珠帆　じゅほ
珠莉　しゅり
珠央　たまお
珠希　たまき
珠姫　たまき
珠芭　たまは
珠水　たまみ
悠珠　はるみ

真珠　まじゅ
茉珠　まみ
珠生　みお
珠佑　みゆ
萌珠　もえみ
麗珠　れいじゅ
亜珠奈　あすな
珠宇香　しゅうか
珠恵里　じゅえり
珠里奈　じゅりな

修

シュウ　シュ
おさめる
名 さね　のり　ひさ　まさ　もと　よし

修めるという意味を表す。特に、学問技芸を身につける意味で使われる。文芸、芸術の才を願って。
ヒント 「しゅう」と読むと、俊《しゅん》敏《びん》さと落ち着きが共生した印象で、深みのある的確な判断力を発揮する人に。

依修	いのり
修奈	しゅうな
修花	のりか
修恵	ひさえ
修菜	まさな
修実	まさみ
真修	ましゅう
美修	みさね
修依	もとえ
修禾	よしか

袖

シュウ　そで

衣服のそでを表す字で、そで、そで口の意味。領袖《りょうしゅう》とは統率者のこと。リーダーの才がある人に。
ヒント 「しゅう」の音で先頭字に。明るく若々しい聡明《そうめい》さがあり、夢を感じさせる人になる。

小袖	こそで
袖花	しゅうか
袖夏	しゅうか
袖胡	しゅうこ
袖妃	しゅうひ
袖蘭	しゅうらん
袖香	そでか
袖美	そでみ
真袖	ましゅう
美袖花	みそか

峻

シュン
けわしい
たかい
名 ちか　とし　みち　みね

もとは山が高く険《けわ》しいことで、そこから、高い、険しい、厳しいなどの意味に使う。他から抜きんでるイメージも。
ヒント 「たか」「ちか」「みち」など、使いやすい読みも多い。女の子らしい字と組み合わせて凜《りん》とした名前に。

貴峻	きみね
早峻	さちか
峻花	しゅんか
峻李	しゅんり
峻恵	ちかえ
峻菜	としな
万峻	まちか
美峻	みちか
峻子	みねこ
峻穂	みねほ

隼

シュン
ジュン
はやぶさ
名 とし　はや

鳥が速く飛ぶ形からできた字。鳥のハヤブサの意味を表す。勇猛で敏速なハヤブサのようにスピード感のある字。
ヒント 「じゅん」の音は高級感と人なつっこさをあわせもった印象に。「とし」「はや」の読みを活かしても。

隼歌	じゅんか
隼奈	じゅんな
千隼	ちはや
隼英	としえ
隼枝	としえ
隼実	としみ
隼夏	はやか
隼音	はやね
隼芽	はやめ
美隼	みはや

純

ジュン
名 あつ　あや　いと　すなお　すみ　とう　まこと　よし

混じり気のないこと、偽りのないこと、美しいなどの意味を表す。自然のままの飾らない美しさを願って。
ヒント 「じゅん」の音は、甘くやわらぎを感じさせる。スマートに生き抜く印象の「すみ」の音を活かしても。

純	じゅん
明純	あずみ
純季	あつき
純実	あつみ
純音	あやね
純乃	あやの
純羽	あやは
純巳	あやみ
惟純	いずみ
純詩	いとし
純那	いとな
架純	かすみ
歌純	かすみ
小純	こいと
純架	じゅんか
純奈	じゅんな
純帆	じゅんほ
純莉	じゅんり
純生	すなお
純香	すみか
純菜	すみな
純乃	すみの
純怜	すみれ
純美	とうみ
真純	まあや
純都	まこと
麻純	ますみ
美純	みすみ
純恵	よしえ
純璃	よしり

恕

ジョ　ショ
ゆるす
名 くに　しのぶ　のり　ひろ　みち　ゆき　よし

許す、思いやり、いつくしみ、などの意味を表す。孔子が最も大切とした。心の大きな人に育つように。
ヒント 「くに」の音で小粋《こいき》な印象、「ゆき」で優しくて芯の強い印象、「よし」の音で癒《いや》される印象をプラス。

依恕	いのり
恕香	くにか
恕安	じょあん
恕恵	のぶえ
恕香	のりか
恕奈	ひろな
恕未	ひろみ
恕花	みちか
恕那	ゆきな
恕実	よしみ

将

ショウ
名 のぶ　はた　まさ　もち　ゆき

旧 將

もとは神に肉を供えて祭る人を表し、将軍、率いるなどの意味に使う。将来の活躍を願って。
ヒント 「まさ」は満ち足りた印象と強さをもつ音。「しょう」の音は、ソフトで温かい光を感じさせる。

小将	こはた
将華	しょうか
将李	しょうり
多将	たまさ
将枝	のぶえ
将奈	まさな
将美	まさみ
将江	もちえ
将希	ゆき
将那	ゆきな

祥

ショウ
名 さか　さき　さち　ただ　なが　やす　よし

旧 祥

羊を供えて占い、よい結果を得ることで、幸い、めでたいしるしの意味に使う。縁起のいい字。
ヒント 「しょう」「さち」「よし」の音でよく使われる。「さち」と読むと、キュートな愛らしさがあふれた名前に。

祥那	さきな
祥羽	さちは
祥穂	さちほ
祥子	しょうこ
祥葉	ただは
祥胡	やすこ
祥巳	やすみ
祥栄	よしえ
祥嘉	よしか
祥乃	よしの

笑

ショウ
わらう　えむ
名 え　えみ

巫女《みこ》が舞い踊る形で、神を楽しませることから笑う意味に。花が咲く意味も。皆から愛される子になるように。
ヒント　「しょう」の音は深くソフトな光を、「えみ」の音は、心の広さと充実した明るさ、癒《いや》しを感じさせる。

笑子　えこ
笑美　えみ
笑香　えみか
笑李　えみり
花笑　かえ
笑胡　しょうこ
多笑　たえ
華笑　はなえ
愛笑　まなえ
笑弥里　えみり

晋

シン　すすむ
名 あき　くに
つき　ゆき

もとの字は「晉」。もとは矢を表したが、進む、進めるの意味に使う。積極的で活発な子になることを願って。
ヒント　明るくキュートな「あき」、自立心を感じさせる「くに」、やわらかさと強さをもつ「ゆき」などの音で。

晋恵　あきえ
晋埜　あきの
晋海　あきみ
晋枝　くにえ
晋花　くにか
晋夏　くにか
晋子　くにこ
紗晋　さつき
菜晋　なつき
晋奈　ゆきな

真

シン　ま
名 さだ　ちか
なお　まき
まこと　まさ
み

旧 眞

もとの字は「眞」。まこと、真実、本物などの意味を表す。真心を忘れない、誠実な人に育つことを願って。
ヒント　「ま」の音は満ち足りた雰囲気にあふれる印象。「しん」の音は、迷いなくまっすぐつき進むイメージ。

真　まこと
絵真　えま
真絵　さだえ
紗真　さなお
真歌　さなか
詩真　しま
真紅　しんく
真珠　しんじゅ
瑶真　たまき
真未　なおみ

真羽　まう
真瑛　まきえ
真南　まさな
真白　ましろ
茉真　まちか
真帆　まほ
真幌　まほろ
真夜　まや
真由　まゆ
美真　みしん

優真　ゆま
莉真　りみ
明日真　あすま
真亜桜　まあさ
真衣音　まいね
真沙実　まさみ
真知子　まちこ
真奈美　まなみ
真理菜　まりな
由真奈　ゆまな

眞

シン　ま
名 さだ　ちか
なお　まき
まこと　まさ
み

「真」の旧字。まこと、真実、本物、正しいなどの意味を表す。まじめに、ひたむきに、誠実に生きるように。
ヒント　「眞」とは読み、意味、画数ともに共通なので、字形の好みで選んで。「ま」の音で天真爛漫《てんしんらんまん》な印象に。

絵眞　えま
眞音　さだね
眞心　なおみ
眞桜　まお
眞帆　まきほ
眞絵　まさえ
眞奈　まな
眞弓　まゆみ
眞凛　まりん
美眞　みちか

粋

スイ　いき
名 きよ　ただ

旧 粹

もとの字は「粹」。混じりけがないという意味。野暮《やぼ》に対する「いき」の意味も。さっぱりしたセンスのよい女性に。
ヒント　「きよ」の音は、清潔で柔和《にゅうわ》な、品のあるリーダーを思わせる。「すい」の音は透明感を感じさせる。

粋江　きよえ
粋香　きよか
粋乃　きよの
粋葉　きよは
粋美　きよみ
粋里　きより
小粋　こいき
粋華　すいか
粋夢　すいむ
粋音　ただね

栖

セイ　すむ
名 す　すみ

木の上の鳥の巣を表し、巣、ねぐらの意味に使う。すむ、宿るの意味も。幸福な家庭が築けることを願って。
ヒント　「せい」の音は透明な光を思わせる。「すみ」と読むと人々をキュンとさせるかわいい印象に。

亜栖　あすみ
有栖　ありす
香栖　かすみ
栖礼　すみれ
栖奈　せいな
栖良　せいら
知栖　ちせ
玖蕗栖　くろす
菜々栖　ななせ
真栖美　ますみ

晟

セイ
あきらか
名 あき　てる
まさ

明らか、盛んの意味を表す。日光が満ち満ちていることを表す字で、周囲を明るく照らすような子になりそう。
ヒント　使用例が少ないので、新鮮な印象の名前に。すがすがしく神聖な「せい」や、「あき」「まさ」などの読みで。

晟央　あきお
晟梛　あきな
晟梨　あきり
晟夏　せいか
晟奈　せいな
晟羅　せいら
千晟　ちあき
晟子　てるこ
晟美　まさみ
晟世　まさよ

素

ソ ス
名 しろ すなお もと

糸の染め残った白い部分のことで、白、もとの意味になった。生まれつきの性質の意味も。素直な子に。

ヒント 「もと」と読むと、パワーあふれ、たのもしい人生に。包容力のある「そ」、フレッシュな「す」の音も。

有素 ありす
素直 すなお
茉素 ましろ
素絵 もとえ
素花 もとか
素子 もとこ
素菜 もとな
亜素那 あすな
素々夏 すずか
素奈多 そなた

泰

タイ
名 ひろ や やす ゆたか よし

やすらか、大きい、豊か、はなはだしいなどの意味。泰山《たいざん》は中国皇帝が天を祭る山。のびやかに育つように。

ヒント 「やす」の音は初夏の光のような清潔な癒《いや》しの印象。「ひろ」の音を使うと、熱い息吹と風格のある名前に。

泰 ゆたか
泰子 たいこ
知泰 ちひろ
泰乃 ひろの
泰海 ひろみ
真泰 まひろ
泰枝 やすえ
泰奈 やすな
泰羽 やすは
泰子 よしこ

啄

タク たたく ついばむ
名 とく

もとの字は「啄」。ついばむ、たたくなどの意味を表す。啄木《たくぼく》はキツツキのこと。文才に恵まれそうな感じ。

ヒント 「たく」の音は、人からの信頼があつく、パワフルで自立したイメージ。利発で機転のきく「とく」の音でも。

啄英 たくえ
啄南 たくな
啄音 たくね
啄文 たくみ
啄美 たくみ
啄子 とくこ
啄奈 とくな
啄眞 とくま
啄実 とくみ
啄莉 とくり

通

ツウ ツ かよう とおる
名 なお みち みつ ゆき

通る、行き渡る、通う、あまねくなどの意味を表す。通《つう》はあることに詳しいことをいう。順調な人生を願って。

ヒント 充実感と生命力にあふれる「みち」の音がよく使われる。「みつ」「ゆき」の読みを活かしても。

千通 ちづ
通実 なおみ
通栄 みちえ
通架 みちか
通代 みちよ
通瑠 みちる
通希 みつき
通子 みつこ
美通 みゆき
通音 ゆきね

哲

テツ
名 あき あきら さと のり よし

神に誓うときの心をいい、賢い、知る、明らかの意味になった。物事を深く考え、本質を見すえる人になるように。

ヒント 「てつ」の音は手堅く積み上げるイメージ。「さと」の音は聡明《そうめい》な、「あき」の音は明るく元気な印象。

哲英 あきえ
哲理 あきり
哲菜 さとな
哲羽 さとは
哲美 さとみ
哲子 てつこ
哲花 のりか
実哲 みさと
哲佳 よしか
哲葉 よしは

展

テン
名 のぶ ひろ

広げる、開く、のび広げるのほか、並べる、見る、調べるなどの意味を表す。のびのびと成長することを願って。

ヒント 甘え上手で秘めた情熱をもつ「のぶ」、熱い息吹と風格あふれる印象の「ひろ」の音を活かして。

志展 しのぶ
千展 ちひろ
展枝 のぶえ
展生 のぶき
展子 のぶこ
展花 ひろか
展菜 ひろな
展埜 ひろの
展海 ひろみ
真展 まひろ

桐

トウ きり
名 どう ひさ

樹木のキリを表す。木目が美しく、軽くてやわらかく、家具などの高級資材になる。心身ともしなやかな女性に。

ヒント 理知的な「きり」の音は、華やかで輝かしい印象。「とう」の音はまじめでコツコツ努力するイメージ。

桐亜 きりあ
桐恵 きりえ
桐花 きりか
桐子 きりこ
桐葉 きりは
沙桐 さぎり
桐胡 とうこ
桐恵 ひさえ
桐美 ひさみ
実桐 みどう

桃

トウ もも

果樹のモモを表す。モモは、古来から邪気をはらう力があるとされた。可憐《かれん》で神秘的なイメージの字。

ヒント 「もも」は、ふっくらとやわらかく温かな母性愛とともに、バイタリティあふれた印象もある音。

亜桃 あも
胡桃 くるみ
瑚桃 こもも
珠桃 すもも
桃愛 とあ
桃架 とうか
桃胡 とうこ
桃奈 とうな
桃末 とうみ
桃李 とうり

美桃 みと
桃愛 もあ
桃那 もな
桃音 もね
桃萌 もも
桃依 ももえ
桃香 ももか
桃華 ももか
桃嘉 ももか
桃季 ももき

桃子 ももこ
桃瀬 ももせ
桃菜 ももな
桃寧 ももね
桃乃 ももの
桃羽 ももは
桃実 ももみ
桃代 ももよ
桃奈美 もなみ
桃仁架 もにか

透

トウ　すく
名 ゆき

通る、通り抜ける、透く、透かす、透きとおるなどの意味を表す。ガラスのような美しい透明感のある字。

ヒント 「ゆき」の音は女の子にも使いやすい。止め字に使うと、思慮深さと意志の強さを感じさせる。

湖透	こゆき
沙透	さゆき
透華	とうか
透胡	とうこ
美透	みゆき
哉透	やすき
透花	ゆきか
透奈	ゆきな
透芭	ゆきは
透水	ゆきみ

能

ノウ
名 たか　とう　の　のり　ひさ　やす　よき　よし

よくする、できるのほか、力、才能、才能のある人の意味も表す。さまざまな才能に恵まれることを願って。

ヒント 包みこむように優しい「の」の音で万葉仮名風に。優しい光と清潔な風の印象の「よし」の音でも。

能実	たかみ
智能	ちよき
能子	とうこ
能花	のりか
能乃	ひさの
能葉	やすは
雪能	ゆきの
能美	よしみ
璃能	りの
華能子	かのこ

梅

バイ　うめ
名 め

旧 梅

もとの字は「梅」。果樹のウメの意味を表す。中国では代表的な観賞花で、香りも好まれる。可憐《かれん》な人に。

ヒント 「うめ」の音は、内に秘めた覚悟を感じさせる。夢見る少女のような印象の「め」の音でも。

綾梅	あやめ
梅香	うめか
梅子	うめこ
梅奈	うめな
梅乃	うめの
梅葉	うめは
小梅	こうめ
陽梅	ひめ
梅露	めろ
由梅	ゆめ

敏

ビン
名 さと　と　とし　はる　みぬ　ゆき　よし

旧 敏

もとの字は「敏」。祭事につとめ励むことをいい、つとめる、賢い、すばやいなどの意味。賢く、機敏《きびん》な子に。

ヒント 信頼感あふれる「とし」の音で。さわやかで聡明《そうめい》な「さと」、やわらぎを感じさせる「よし」でも。

恵敏	えと
敏奈	さとな
敏実	さとみ
敏英	としえ
敏禾	としか
敏季	みぬき
美敏	みはる
敏菜	ゆきな
優敏	ゆと
敏乃	よしの

圃

ホ　はたけ

「囗」+「甫」で、畑の意味を表す。また、大きい、広いなどの意味も。のびのびとおおらかに育つように。

ヒント 「ほ」の音で、先頭字、止め字、万葉仮名風に。「ほ」の音は温かくマイペースでくつろいだ雰囲気。

香圃	かほ
沙圃	さほ
圃波	ほなみ
真圃	まほ
美圃	みほ
梨圃	りほ
花圃里	かほり
早知圃	さちほ
志圃子	しほこ
圃乃佳	ほのか

峰

ホウ　みね
名 お　たか　ね　ほ

旧 峯

みね、山の頂、険《けわ》しく高い山などの意味を表す。また、物の高くなったところの意味も。神秘的な雰囲気の人に。

ヒント 「みね」の音には、充実感と親しみがある。「ほう」「ほ」と読んでくつろぎを感じさせる名前にしても。

花峰	かほ
小峰	こみね
静峰	しずね
峰穂	たかほ
朋峰	ともね
英峰	はなお
峰子	みねこ
美峰	みほう
萌峰	もね
佳峰子	かねこ

紡

ボウ　つむぐ
名 つむ　つむぎ

糸を紡ぐ、また、紡いだ糸の意味を表す。ファッションにかかわる字で、おしゃれな女の子に向く字。

ヒント 「つむぎ」と読んで1字名にすると、優しさとタフさをあわせもつ、人間性豊かな印象の名前に。

紡	つむぎ
亜紡	あつむ
紡重	つむえ
紡香	つむか
紡嬉	つむぎ
紡玖	つむぐ
紡奈	つむな
紡葉	つむは
紡陽	つむひ
菜紡	なつむ

紋

モン
名 あき　あや

もとは、綾織《あやおり》の模様をいい、紋様、家紋などの「もん」の意味を表す。美術的センスに恵まれることを願って。

ヒント 美しく創造性豊かなイメージの字に、「あや」の音で、さらに芸術的な才能を発揮するイメージを増して。

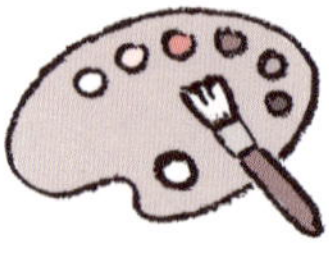

紋南	あきな
紋埜	あきの
紋葉	あきは
紋帆	あきほ
紋海	あきみ
愛紋	あもん
紋衣	あやい
紋香	あやか
紋生	あやき
紋子	あやこ
紋瀬	あやせ
紋菜	あやな
紋愛	あやな
紋乃	あやの
紋羽	あやは
紋心	あやみ
紋夢	あやむ
紋芽	あやめ
紋李	あやり
小紋	こあや
咲紋	さあや
彩紋	さもん
志紋	しもん
千紋	ちあき
麻紋	まあや
紋那	もな
萌紋	もも
紋香	もんか
莉紋	りも
伶紋	れもん

容

ヨウ
名 おさ なり ひろ まさ もり やす よ よし

廟《びょう》の中に現れた神の姿をいい、姿、形の意味を表す。包みこむ、許すの意味もある。心が広く、優しい女性に。
ヒント 「よう」の音で、やわらかく場を和ませる印象。「ひろ」の音で、熱い息吹《いぶき》と風格あふれるイメージに。

容	よう
容海	おさみ
羽容	はなり
容華	ひろか
容栄	まさえ
実容	みもり
美容	みよし
容子	やすこ
容花	ようか
花容子	かよこ

浬

リ かいり
ノット

海上の距離の単位「海里」を表す。また、ノットと読んで、船の速度の単位も表す。海好きは使ってみたい字。
ヒント 理知的で華やかな印象の「り」の音で、万葉仮名風に使って。「里」や「莉」のかわりに使っても新鮮。

浬	かいり
茉浬	まり
夕浬	ゆり
浬愛	りあ
浬夏	りか
浬子	りこ
浬帆	りほ
浬海	りみ
美浬花	みりか
浬々華	りりか

哩

リ マイル

語調を整えるのに使われる字。ヤード・ポンド法の距離の単位マイルも表す。組み合わせしだいで粋《いき》な感じに。
ヒント 人気の「り」の音で使える字。「り」の音は、思慮深く理知にあふれた印象。使用例が少なく新鮮。

明哩	あかり
安哩	あんり
哩瑠	まいる
茉哩	まり
実哩	みのり
美哩	みり
友哩	ゆり
哩南	りな
哩乃	りの
茉哩花	まりか

Column

左右対称の名前

バランスがとれて落ち着いた印象を与える左右対称の漢字。タテ割れ姓の人は、名に左右対称の字を入れると安定感が増します。止め字にだけ使うのもオススメです。

漢字の例

森 12	爽 11	真 10	亮 9	音 9	苗 8	斉 8	幸 8	果 8	克 7	亘 6	未 5	日 4	一 1
富 12	埜 11	泰 10	華 10	宣 9	茉 8	宙 8	昊 8	宜 8	来 7	早 6	由 5	文 4	二 2
寛 13	貴 12	菫 11	栞 10	春 9	來 8	典 8	実 8	京 8	巫 7	百 6	宇 6	央 5	円 4
嵩 13	喜 12	章 11	晃 10	南 9	林 8	東 8	尚 8	尭 8	里 7	亜 7	吉 6	市 5	元 4
豊 13	晶 12	菖 11	晋 10	美 9	栄 9	奈 8	青 8	空 8	英 8	杏 7	圭 6	出 5	天 4

名前の例

爽	さわ
菫	すみれ
円	まどか
昊美	あけみ
天音	あまね
亜美	あみ
文華	あやか
杏里	あんり
市果	いちか
華音	かのん
果林	かりん
栞奈	かんな
来英	きえ
京栞	きょうか
來未	くみ
幸南	さな
早苗	さなえ
青來	せいら
宇宙	そら
尚美	なおみ
埜英	のえ
春未	はるみ
寛美	ひろみ
真央	まお
茉里	まり
実日	みか
美空	みく
美森	みもり
未由	みゆ
由奈	ゆな
里埜	りの
早百合	さゆり
日出実	ひでみ
日南未	ひなみ
真奈美	まなみ
由日里	ゆかり

莉

リ

マツリカ（茉莉花）は香草の名で、ジャスミンの一種。白い花は香りが高く、茶にも入れる。癒《いや》しのイメージ。
ヒント「り」の音で使える人気の字。「り」の音を使った名前は、りりしくて理知的なイメージになる。

愛莉 あいり
叶莉 かのり
瀬莉 せり
茉莉 まり
実莉 みのり
悠莉 ゆうり
莉亜 りあ
莉緒 りお
莉佳 りか
莉玖 りく
莉子 りこ
莉沙 りさ
莉菜 りな
莉乃 りの
莉帆 りほ
莉美 りみ
莉々 りり
亜莉沙 ありさ
絵莉子 えりこ
沙莉衣 さりい
妃茉莉 ひまり
穂真莉 ほまり
茉莉衣 まりい
茉莉花 まりか
芽亜莉 めあり
由香莉 ゆかり
友莉菜 ゆりな
容莉江 よりえ
莉咲子 りさこ
莉々亜 りりあ

栗

リツ
くり

木にいがのある実がついている形で、くりを表す。実は食用で、材は強い。芯の強い中身の豊かな人に。
ヒント「りつ」の音で、華やかな知性と艶《つや》があるイメージをプラス。タフに、りりしく出世していく人に。

愛栗 あぐり
栗花 くりか
栗子 くりこ
栗菜 くりな
栗音 くりね
栗乃 くりの
実栗 みくり
栗果 りつか
栗紀 りつき
栗瑚 りつこ

留

リュウ　ル
とめる
名 たね　ひさ

田に水がたまることを表し、とまる、とどまるの意味に使う。星座のすばるの意味もある。音を活かしたい字。
ヒント「る」の音を活かして。「る」の音は、可憐《かれん》な一方、たゆまぬ努力で成功するイメージ。

恵留 える
留花 たねか
葉留 はる
留恵 ひさえ
満留 みちる
璃留 りる
留奈 るな
久留美 くるみ
奈留実 なるみ
留莉子 るりこ

流

リュウ　ル
ながれる
名 とも　はる

水や空気の流れのほか、広まる、さまよう、仲間などの意味も表す。自由気ままに生きていくイメージ。
ヒント 可憐《かれん》で思わせぶりな「る」の音で。先頭字、止め字、万葉仮名風のいずれにも使われる。

愛流 あいる
雫流 しずる
流水 ともみ
流歌 はるか
流子 りゅうこ
流空 るあ
流那 るな
久々流 くくる
奈流美 なるみ
羽流奈 はるな

凌

リョウ
しのぐ
名 しのぎ

しのぐことをいい、他人にまさる意味や、寒さなどに耐える意味に使う。氷の意味も。クールな感じの字。
ヒント「りょう」の音で、気品や賢さ、華やかさをプラス。さわやかさと優しさを感じさせる「しの」の音でも。

凌葉 しのは
凌舞 しのぶ
凌理 しのり
凌宇 りょう
凌花 りょうか
凌香 りょうか
凌子 りょうこ
凌瑚 りょうこ
凌沙 りょうさ
凌羽 りょうは

倫

リン
名 つぐ　つね
とし　とも
のり　ひと
みち　もと

仲間、たぐいの意味を表す。また、人の守るべき道、道理の意味もある。生まじめで友人から信頼される人に。
ヒント「りん」の音は、かわいらしさの中に自立した潔さのある印象。「のり」「とも」「みち」などの音でも。

花倫 かりん
倫美 つぐみ
倫華 つねか
倫子 としこ
倫世 ともよ
羽倫 はのり
倫未 ひとみ
倫香 みちか
倫花 もとか
倫音 りのん

恋

レン　こう
こい

もとの字は「戀」。人に心をひかれることをいい、恋い慕《した》う、恋愛の意味に使う。大いに愛し愛されるように。
ヒント ロマンチックでかわいらしい字。「れん」で終わる名前はうきうきした気分を残す。1字名にも。

亜恋 あれん
恵恋 えれん
椛恋 かこ
果恋 かれん
澄恋 すみれ
世恋 せれん
美恋 みこ
理恋 りこ
恋菜 れな
恋珠 れんじゅ

連

レン
つらなる
つれる
名 つぎ　まさ
やす　れ

連なる、連ねる、続くのほか、つれ、仲間などの意味を表す。友達がたくさんできることを願って。
ヒント 理知的でパワフルな「れん」の音は、華やかで遊び心を感じさせる。「れ」の音を活かして先頭字にも。

瑛連 えれん
花連 かれん
連奈 まさな
実連 みつぎ
連絵 やすえ
連菜 れな
連美 れみ
連華 れんか
連珠 れんじゅ
穂真連 ほまれ

朗

ロウ　ほがらか
名 あき　あきら　お　さえ　とき　ろ
旧 朗

もとの字は「朗」。明るい、明らか、朗《ほが》らかなどの意味を表す。明るくユーモアに富んだ子にぴったりの字。
ヒント　男の子によく使われるが、キュートな「あき」、華麗だが落ち着いた「ろ」の音で女の子にも。

朗奈　あきな
朗野　あきの
朗葉　あきは
朗都　おと
心朗　こころ
朗実　さえみ
朗子　ときこ
巳朗　みさえ
朗美　ろみ
妃朗子　ひろこ

浪

ロウ
名 なみ

水の音を写した字で、波、波立つのほか、さまよう、気ままなどの意味を表す。自由な人生をおくれるように。
ヒント　親しみやすさとキュートさがある「なみ」の音で。「ろう」と読むとたのもしい知的なリーダーの印象。

花浪　かなみ
沙浪　さなみ
奈浪　ななみ
浪香　なみか
浪那　なみな
波浪　はなみ
帆浪　ほなみ
真浪　まなみ
美浪　みなみ
浪紗　ろうざ

倭

ワ　やまと
名 かず　しず　ふさ　まさ　やす

したがう、つつしむの意味。また、中国では昔、日本のことを倭《わ》と呼んだので、やまとの意味に使う。
ヒント　「わ」の音で万葉仮名風に使って。「わ」の音には、わくわくするような楽しい雰囲気が感じられる。

倭　やまと
倭沙　かずさ
倭音　かずね
彩倭　さわ
倭香　しずか
倭琉　しずる
倭絵　ふさえ
倭美　まさみ
美倭　みわ
倭香　やすか

11画

庵

アン　いお　いおり

草ぶきの小さな家、いおりを表す。粗末だが風流な生活をおくるための家である。文才に恵まれることを願って。
ヒント　「あん」の音には、ずっとそばにいてほしくなる優しい安心感が。「いおり」の読みで1字名にしても。

庵　いおり
庵樹　あんじゅ
庵珠　あんず
庵奈　あんな
庵奈　いおな
庵音　いおん
詩庵　しあん
美庵　みあん
由庵　ゆあん
莉庵　りあん

惟

イ　おもう　これ　ただ
名 あり　のぶ　よし

鳥占いで神意を問うことをいい、思うの意味を表す。「ただ」「これ」などの意味も。物事を深く考える人に。
ヒント　「い」と読む漢字として新鮮。「い」の音は何事にも一生懸命な印象。「よし」と読むと、優しい印象に。

碧惟　あおい
惟菜　ありな
惟兎　いと
詩惟　しのぶ
芽惟　めい
惟花　よしか
惟麗　よしれ
瑠惟　るい
亜美惟　あみい
惟早子　いさこ

逸

イツ
名 とし　はつ　はや　まさ　やす
旧 逸

兎《うさぎ》が走って逃げることから、走る、逃げる、速いなどの意味になった。優れた才能に恵まれることを願って。
ヒント　「逸材」のように、抜きんでた能力とスターとなるイメージ。優しく寛大な印象の「はや」の読みでも。

逸禾　いつか
逸希　いつき
逸子　いつこ
逸乃　いつの
逸枝　としえ
逸美　はつみ
逸花　はやか
逸美　はやみ
逸音　まさね
逸佳　やすか

凰

オウ　おおとり
名 お

想像上の霊鳥の、鳳凰《ほうおう》の雌を表す。雄は「鳳」。幸運に恵まれた気高い王者のイメージ。あやかりたいもの。
ヒント　「おう」と読むと、周囲を包みこむようなおおらかな印象に。止め字の「お」として使っても新鮮。

凰奈　おうな
太凰　たお
夏凰　なお
仁凰　にお
羽凰　はお
眞凰　まお
実凰　みおう
莉凰　りお
志凰利　しおり
奈凰美　なおみ

貫

カン　つらぬく
名 やす

貝のお金をひとつに連ねることから、つらぬくの意味に。やり通す意味も。強い意志で物事を成し遂げる人に。
ヒント　一本筋が通っている印象の字。茶目《ちゃめ》っ気《け》と頼りがいのある「かん」の読みで使うことが多い。

歌貫　かつら
貫希　かんき
貫那　かんな
貫南　かんな
貫菜　かんな
貫祢　つらね
美貫　みかん
望貫　みかん
貫花　やすか
貫美　やすみ

菅

カン　ケン
すげ
名 すが

草のカヤの意味を表す。履物や縄、家の屋根の材料になる。日本では草のスゲを指す。素朴《そぼく》だが、芯の強い人に。

ヒント 「かん」の音は、茶目《ちゃめ》っ気《け》と頼りがいを同時に感じさせる。「すが」の音を活かすと、個性的な印象に。

花菅	かすが
菅名	かんな
菅那	かんな
菅江	すがえ
菅子	すがこ
菅菜	すがな
菅音	すがね
菅乃	すがの
菅実	すがみ
菅耶	すがや

基

キ　もと
もとい
名 のり

建物の四角い土台のことをいい、もと、土台、物事のはじめなどの意味になった。しっかり者のイメージ。

ヒント 物事のいしずえのイメージに、「き」の音で人に左右されない強さが、「もと」の音で包容力が加わる。

基	もと
沙基	さき
珠基	たまき
基花	のりか
瑞基	みずき
基伽	もとか
基子	もとこ
基葉	もとは
結基	ゆき
三基穂	みきほ

規

キ
名 ただ　ちか
なり　のり
み　もと

もとは円を描くコンパスを指し、決まり、手本、正す、いましめるの意味を表す。行いの正しい清廉《せいれん》な子に。

ヒント 「よりどころ」の意味もあり、信頼されるイメージ。「のり」の音は、気品とりりしさをあわせもつ印象。

規絵	きえ
静規	しずき
規英	ただえ
規佳	なりか
真規	まちか
規花	みか
美規	みのり
規子	もとこ
優規	ゆうき
亜規子	あきこ

埼

キ　さき

水中に突き出た陸地が変化に富むことをいい、さき（埼・崎）、岬の意味に使う。一字でも名前に使える字。

ヒント 「さき」の音には、洗練された都会的な印象がある。生命力あふれた個性豊かな「き」の音でも。

埼	さき
彩埼	あき
亜埼	あさき
埼帆	きほ
埼菜	さきな
埼帆	さきほ
悠埼	はるき
美埼	みさき
由埼	ゆき
紗埼里	さぎり

掬

キク　すくう

身をかがめて物を取ることで、すくう、すくい取るの意味になった。掬月ということばもあり、ロマンのある字。

ヒント 「きく」の音は、突出《とっしゅつ》した個性と守りの堅さを感じさせる。人の思いや痛みをすくい取れる人に。

亜掬	あき
掬香	きくか
掬菜	きくな
掬乃	きくの
掬美	きくみ
小掬	こぎく
掬心	すくみ
瑠掬	るき
掬実子	きみこ
沙掬名	さきな

菊

キク
名 あき　ひ

花のキク。中国から花と呼び名と字が同時に伝わった。美しく縁起のいい花で、菊花酒は厄《やく》をはらうといわれた。

ヒント 菊は、日本の代表的な花。清楚《せいそ》で古風な和のイメージに「きく」の音で、機転のよさをプラス。

菊奈	あきな
菊帆	あきほ
菊恵	きくえ
菊花	きくか
菊乃	きくの
小菊	こぎく
晴菊	はるひ
雛菊	ひなぎく
菊毬	ひまり
菊芽乃	ひめの

球

キュウ　たま
名 まり

丸いものをいう語で、たまの意味を表す。魂にも通じる。球技などのスポーツが好きな、さわやかな子に。

ヒント 自然と周りの注目を集める「きゅう」、人間性豊かな「たま」、満ち足りて愛らしい「まり」などの読みで。

球都	きゅうと
球江	たまえ
球輝	たまき
球羽	たまは
球帆	たまほ
球美	たまみ
球世	たまよ
陽球	ひまり
球歌	まりか
球菜	まりな

毬

キュウ　まり

毛糸などを巻いて固めたものをいい、まり、球を表す。蹴鞠《けまり》の意味もあり、雅《みやび》な感じもする字。

ヒント 和のイメージ、かわいらしいイメージの字。「まり」と読むと、まろやかな華やかさのある名前になる。

小毬	こまり
妃毬	ひまり
毬亜	まりあ
毬衣	まりい
毬絵	まりえ
毬緒	まりお
毬香	まりか
毬奈	まりな
毬萌	まりも
友毬	ゆうき

教

キョウ
おしえる
名 かず　こ
たか　なり
のり　みち
ゆき

子弟を年長者がむち打ち励ますことから、教えるの意味になった。文化や教育の分野で力を発揮する人に。

ヒント 「きょう」と読むと、輝く強さで頼られる存在に。「のり」の音にはりりしさと華やかさが感じられる。

教瑚	かずこ
教花	きょうか
教町	こまち
教葉	たかは
教末	なりみ
教香	のりか
教帆	のりほ
教華	みちか
美教	みのり
教英	ゆきえ

郷

キョウ　ゴウ
名あき　あきら　さと　のり

もとは宴会の様子を表した字で、田舎、ふるさとなどの意味を表す。素直で素朴《そぼく》な子に育つよう願って。
ヒント　「きょう」の音で強さとやわらかさが、「さと」の音でさわやかさとたのもしさが加わる。

郷奈　あきな
郷音　あきね
郷花　きょうか
郷子　きょうこ
郷葉　さとは
郷実　さとみ
郷莉　さとり
千郷　ちさと
郷歌　のりか
美郷　みさと

菫

キン　すみれ
名すみ

草のスミレを表す。スミレは野草の代表的なもので、紫紅色の花は愛らしい。だれからも親近感をもたれる子に。
ヒント　和や文学的なイメージもある字。「すみ」と読むと、ソフトさとスイートさをもちあわせた名前に。

菫　すみれ
愛菫　あすみ
歌菫　かすみ
小菫　こすみ
菫香　すみか
菫子　すみこ
菫奈　すみな
菫伶　すみれ
真菫　ますみ
美菫　みすみ

啓

ケイ
名さと　たか　のぶ　のり　はる　ひ　ひろ　よし

開く、明らかにする、教え導く、申し上げるなどの意味を表す。人を導く力をもつような賢い人になるように。
ヒント　知的で行動力のある印象の「けい」の音のほか、やすらぎとたくましさのある「ひろ」の音でも。

朝啓　あさひ
衣啓　いのり
啓奈　けいな
啓菜　さとな
啓栄　たかえ
千啓　ちひろ
啓代　のぶよ
啓禾　はるか
啓菜　ひろな
実啓　みよし

渓

ケイ

もとの字は「溪」。山間の谷、谷川の意味を表す。清らかな流れのイメージ。山歩きの好きな人に向く字。
ヒント　「渓流」のように、すがすがしい印象。多くは、知的でクールなイメージの「けい」の読みで使われる。

渓花　けいか
渓子　けいこ
渓紗　けいしゃ
渓都　けいと
渓登　けいと
渓奈　けいな
渓葉　けいは
渓美　けいみ
渓楽　けいら
亜渓美　あけみ

経

ケイ　キョウ　へる
名つね　のぶ　のり　ふ　ふる　へ

もとの字は「經」。織機の縦糸を表し、経る、営む、筋道、経典などの意味も。つねに自分を磨き続けるように。
ヒント　「きょう」と読むと、個性的な才能で輝く印象、「のぶ」と読むと、元気で甘え上手な人気者に。

経香　きょうか
経子　けいこ
経美　つねみ
経英　のぶえ
経代　のぶよ
経絵　のりえ
経花　のりか
経恋　へれん
美経　みふる
由経　ゆふ

蛍

ケイ　ほたる

もとの字は「螢」。虫のホタルを表す。夜間に光をはなち、幻想的な光景をつくる。ロマンチックなイメージ。
ヒント　夏の風物詩の蛍は、日本的な情緒のあふれる字。「けい」の音で潔い気品と知性をプラスして。

蛍　ほたる
蛍佳　けいか
蛍夏　けいか
蛍子　けいこ
蛍光　けいこ
蛍杜　けいと
蛍都　けいと
蛍梛　けいな
蛍徠　けいら
蛍瑠　ほたる

健

ケン　すこやか
名かつ　きよ　たけ　たつ　たる　とし　やす

「人」＋「建」で、健やか、強い、雄々しい、したたかなどの意味を表す。心身とも丈夫に育つように願って。
ヒント　「きよ」と読むと、しっかりした優しさと潔さを感じさせる。「やす」の音を活かすと、さわやかな印象に。

健巳　かつみ
健花　きよか
健良　きよら
健子　たけこ
健羽　たけは
健瑚　たつこ
健美　としみ
帆健　ほたる
健菜　やすな
健愛　やすな

絃

ゲン　いと
名お　つる　ふさ

糸、弦楽器に張った糸、また、その楽器、楽器を弾くことを表す。音楽的才能に恵まれることを願って。
ヒント　「いと」の音は格調高く品がある。面倒見のよい女性のイメージの「お」と読む字としても新鮮。

絃依　いとえ
絃輝　いとき
絃音　いとね
絃葉　いとは
絃都　おと
胡絃　こいと
絃歌　ふさか
美絃　みつる
梨絃　りお
七絃子　なおこ

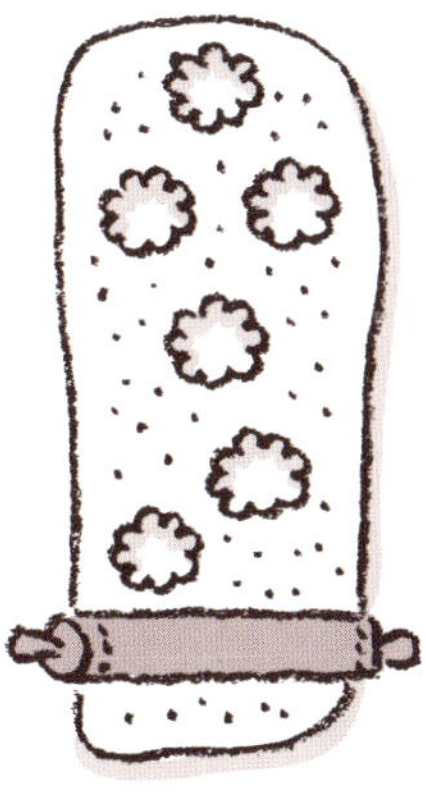

梧

ゴ　あおぎり
名 ひろ

樹木のアオギリを表す。樹皮は緑色で、材は家具や琴に使われる。支え柱の意味も。頼りにされるような子に。

ヒント たくましさとやすらぎの印象のある「ひろ」の読みで、先頭字にも止め字にも使われる。

梧恵	ひろえ
梧央	ひろお
梧花	ひろか
梧子	ひろこ
梧奈	ひろな
梧実	ひろみ
真梧	まひろ
美梧	みひろ
稟梧	りんご
奈梧美	なごみ

康

コウ
名 しず　しずか　みち　やす　よし

「庚」+「米」で、精米を表す。やすらか、丈夫、仲がよい、楽しむの意味も。友人に恵まれ健康に育つように。

ヒント 「やす」と読むとさわやかで優しい癒《いや》しのイメージ。「しず」と読むとパワーを秘めた印象が加わる。

康深	こうみ
康栄	しずえ
康伽	しずか
康音	しずね
康葉	しずは
康瑠	しずる
康絵	みちえ
康子	やすこ
康菜	やすな
康埜	よしの

梗

コウ　キョウ　やまにれ
名 なお

樹木のヤマニレを表す。とげのある木。また、桔梗は秋草のキキョウのこと。凛《りん》とした強さと美しさをもつ人に。

ヒント 正しい、かたいの意味もある字。「きょう」で輝く強さと優しさが、「なお」で親しみや温かさが加わる。

桔梗	ききょう
梗香	きょうか
梗子	きょうこ
梗那	きょうな
栖梗	すなお
梗央	なお
梗花	なおか
梗生	なおき
梗美	なおみ
美梗	みなお

皐

コウ
名 さ　たか

もとは白く輝くことで、沢、高いなどの意味を表す。陰暦《いんれき》五月の「さつき」は皐月とも書く。五月生まれに。

ヒント さわやかな印象の「さ」の音で万葉仮名風に。先頭に立って周囲の人を引っ張っていくリーダーに。

梓皐	あずさ
有皐	ありさ
皐莉	こうり
皐月	さつき
皐美	さみ
皐子	たかこ
千皐	ちさ
日皐	ひさ
璃皐	りさ
真亜皐	まあさ

紺

コン　カン

「糸」+「甘」で、青に赤みをはさみこんだ色、深みのある青、こん色を表す。和のイメージもある字。

ヒント 新鮮味のある字。「かん」の音が使いやすい。無邪気でキュート、だれからも愛される名前に。

愛紺	あいこ
紺奈	かんな
紺愛	こあ
紺菜	こんな
青紺	せいこ
紀紺	のりこ
茉紺	まこ
美紺	みかん
深紺	みこ
瑠璃紺	るりこ

梓

シ　あずさ
名 あず

樹木のアズサを表す。優れた建築材。出版することを上梓《じょうし》という。文化的な雰囲気のする字。

ヒント 「あず」と読むと、信頼感とミステリアスさが共存する。颯爽《さっそう》と個性を発揮する「し」の音で使っても。

梓	あずさ
梓紀	あずき
梓沙	あずさ
梓穂	あずほ
梓美	あずみ
梓織	しおり
梓季	しき
梓帆	しほ
梓伊菜	しいな
真梓呂	ましろ

彩

サイ　いろどる
名 あや　さ　たみ

彩り、輝き、彩る、美しい、あや(＝模様)があるなどの意味を表す。「あや」の読みでよく使われ、人気の高い字。

ヒント ミステリアスな雰囲気の「あや」の音には、無邪気な大胆さもある。「さ」の音で万葉仮名風に使っても。

彩心	あこ
彩惟	あやい
彩香	あやか
彩音	あやね
彩乃	あやの
彩葉	あやは
彩海	あやみ
彩夢	あやむ
彩女	あやめ
彩萌	あやも
彩芭	いろは
彩李	いろり
宇彩	うたみ
小彩	こいろ
彩歌	さいか
彩子	さいこ
彩織	さおり
彩穂	さほ
彩友	さゆ
彩衣	たみい
彩香	たみか
彩瑠	たみる
知彩	ちさ
陽彩	ひいろ
実彩	みさ
莉彩	りさ
有里彩	ありさ
彩恵子	さえこ
彩玖楽	さくら
真亜彩	まあさ

視

シ　みる
名 のり　み

一点に目をとめてじっと見る意味。いたわる、つかさどる、しめすなどの意味も。物事の本質を見すえる人に。

ヒント 愛される印象の「み」、りりしくキュートな「のり」の音などで。女の子らしい字と組み合わせて。

絵視	えみ
哉視	かなみ
咲視	さきみ
視真	しま
羽視	はのり
愛視	まなみ
視奈	みな
視莉	みり
優視	ゆみ
里視	りみ

菜

サイ
な

野菜、菜っ葉、おかずのほか、植物のアブラナの意味を表す。愛らしい印象の字で、止め字としても大人気。

ヒント 女の子定番の止め字。字の健康的な美しさに、「な」の音でのびやかで心地よい親密感がプラスされる。

愛菜	あいな
慧菜	えな
千菜	かずな
歌菜	かな
栞菜	かんな
圭菜	けいな
心菜	ここな
菜香	さいか
菜樹	さいじゅ
菜吏	さいり
静菜	しずな
涼菜	すずな
瀬菜	せな
知菜	ちな
友菜	ともな
菜央	なお
波菜	なな
葉菜	はな
陽菜	ひな
美菜	みさい
萌菜	もえな
茂菜	もな
結菜	ゆいな
瑠菜	るな
恵令菜	えれな
佳莉菜	かりな
なず菜	なずな
菜々美	ななみ
真菜実	まなみ
実菜世	みなよ

偲

シ　しのぶ

強い、賢いの意味を表す。「亻(人)」+「思」で、人を思う、しのぶの意味も。ロマンチックなイメージのする字。

ヒント 颯爽《さっそう》として個性的な「し」の音で使える字。「しの」と読むと、やわらかさと優しさをあわせもつ印象。

偲央	しお
偲織	しおり
偲音	しおん
偲月	しづき
偲乃	しの
偲紀	しのり
偲帆	しほ
偲由	しゆ
偲流久	しるく
瀬偲瑠	せしる

雫

しずく

「雨」+「下」で、雨が下に落ちることから、しずく水のしたたり、しずくの意味を表す。涼しげな印象のある字。

ヒント 雨だれのように、落ち着いたイメージの字。秘めた力を感じさせる「しず」の音は、静かな迫力がある。

雫	しずく
雫香	しずか
雫季	しずき
雫子	しずこ
雫奈	しずな
雫音	しずね
雫乃	しずの
雫保	しずほ
雫夜	しずよ
雫琉	しずる

雀

ジャク
すずめ
名 す　わか

鳥のスズメを表す。日本では最も身近で親しみ深い小鳥。「わか」の読みで名前に組みこむこともある。

ヒント 歌舞伎俳優や噺家《はなしか》の名前にも使われ、和のイメージも。「わか」の音には圧倒的な存在感とパワーがある。

有雀	ありす
孔雀	くじゃく
雀歌	すずか
雀音	すずね
雀美	すずみ
雲雀	ひばり
雀仔	わかこ
雀沙	わかさ
雀夏	わかな
雀羽	わかば

脩

シュウ
おさめる
名 なお　なが
のぶ　はる

ほし肉のことで、長いの意味もある。「修」と通じて、修める、飾るの意味にも使う。勉強熱心になるように。

ヒント 「しゅう」の音は、颯爽《さっそう》と物事を極《きわ》める印象。「はる」と読むと、朗《ほが》らかさと人間味あふれる名前に。

小脩	こはる
脩花	しゅうか
脩奈	しゅうな
素脩	すなお
脩花	なおか
脩美	なおみ
脩恋	ながれ
脩絵	のぶえ
脩佳	はるか
万脩	まなお

ネーミングストーリー

郁花《ふみか》ちゃん

お花のような産声にぴったりのかわいらしい名前

産声がお花のようにかわいい泣き声だったので、「花」という字をつけたいと思い、そこから名前を考えることに。文月《ふみづき》うまれだったので、「ふみか」がいいのではないか？　という案が出て、呼びかけてみると笑ったように見えたので、「ふみか」に決定！　かわいらしい印象の文字にしたかったので、「郁」の字をつかって「郁花」と名づけました。(麻由美ママ)

淑

シュク
名 きみ きよ すえ すみ とし ひで よ よし

人柄がよい、しとやか、美しいなどの意味を表す。淑女は上品な婦人のこと。落ち着いた品のいい女性に。

ヒント 「とし」と読むと、華やかで信頼感と知性ある印象、「よし」と読むと、清潔な癒《いや》しにあふれる印象に。

歌淑 かすみ
淑子 きみこ
淑未 きよみ
淑菜 すえな
淑花 としか
淑美 としみ
淑世 ひでよ
美淑 みよし
淑香 よしか
淑乃 よしの

淳

ジュン
あつい
名 あき きよ しゅん すなお とし まこと よし

もとは、こして清めることで、あつい、濃い、まこと、素直などの意味を表す。情が深く、誠実な人に。

ヒント 「じゅん」と読むと育ちがよく人なつっこい印象、「あつ」と読むと自然体でオープンなイメージに。

淳 じゅん
淳 まこと
淳奈 あきな
淳音 あきね
淳穂 あきほ
淳來 あきら
淳生 あつき
淳奈 あつな
淳芳 あつは
淳美 あつみ

衣淳 いとし
淳依 きよえ
淳椰 きよな
淳乃 きよの
淳羽 きよは
淳巳 きよみ
淳徠 きよら
紗淳 さとし
淳果 しゅんか
淳華 じゅんか

淳子 じゅんこ
淳菜 じゅんな
淳莉 じゅんり
淳緒 すなお
淳代 としよ
淳李 としり
実淳 みよし
淳江 よしえ
淳花 よしか
淳瑚 よしこ

惇

ジュン トン
あつい
名 すなお とし まこと よし

神に酒食を供えるときの気持ちを表し、あつい、まことなどの意味を表す。情のあつい、心優しい人に。

ヒント 「じゅん」と読むと高級感がありつつも愛される印象、「あつ」と読むと自然体でおおらかな印象に。

惇音 あつね
惇葉 あつは
惇実 あつみ
惇子 じゅんこ
惇奈 じゅんな
惇里 じゅんり
惇生 すなお
惇奈 としな
惇都 まこと
惇花 よしか

渚

ショ なぎさ
名 お さ

旧 渚

なぎさ、みぎわの意味を表す。ロマンチックなイメージで、ひびきも美しく、海好きには特に人気の字。

ヒント 「なぎさ」の音は、甘えん坊のいたずらっ子の印象。おおらかな「お」、さわやかな「さ」の音でも。

渚 なぎさ
奏渚 かなお
小渚 こなぎ
渚織 さおり
渚南 さな
渚仁 さに
渚帆 さほ
渚楽 さら
渚里 さり
知渚 ちさ

月渚 つきな
渚緒 なぎお
渚子 なぎこ
渚紗 なぎさ
渚音 なぎね
渚乃 なぎの
渚波 なぎは
渚帆 なぎほ
陽渚 ひさ
万渚 まお

心渚 みお
美渚 みお
実渚 みなぎ
璃渚 りお
梨渚 りさ
理渚 りさ
愛莉渚 ありさ
妃渚乃 ひさの
真渚美 まさみ
美奈渚 みなお

梢

ショウ
こずえ
名 すえ たか

木の幹や枝の先端をいい、こずえ、末、端の意味になる。可憐《かれん》な印象の字で、一字でもかわいい名前になる。

ヒント 「こずえ」と読むと奥深さと慈愛を感じさせる。深く優しい「しょう」、信頼感のある「たか」の音でも。

梢 こずえ
梢子 しょうこ
梢瑚 しょうこ
梢那 しょうな
梢美 すえみ
梢江 たかえ
梢奈 たかな
梢音 たかね
梢乃 たかの
梢葉 たかは

唱

ショウ
となえる
名 うた

歌、歌う、唱える、高く読み上げるなどの意味を表す。音楽、芸術方面の才能を授かるように願って。

ヒント 「しょう」の音は温かい光と夢を感じさせる印象。「うた」と読むと、元気でたのもしいイメージに。

唱 うた
唱絵 うたえ
唱歌 うたか
唱子 うたこ
唱羽 うたは
唱美 うたみ
小唱 こうた
唱花 しょうか
唱夏 しょうか
唱子 しょうこ

渉

ショウ
わたる
名 さだ たか ただ

旧 渉

「水」＋「歩」で、渡る意味を表す。広く見聞きする、かかわるの意味も。コミュニケーションが上手な子に。

ヒント たくましい印象の字。深くやわらかい光のような「しょう」のほか、「さだ」「たか」の読みを活かしても。

渉枝 さだえ
渉香 しょうか
渉子 しょうこ
渉奈 しょうな
渉乃 しょうの
渉絵 たかえ
渉穂 ただほ
渉世 わたせ
渉名 わたな
渉留 わたる

章

ショウ
名 あき あや き たか とし のり ふみ ゆき

美しい模様、明らか、しるし、手本などの意味を表す。詩文の一節の意味もある。頭の冴えた、美しい女性に。
ヒント 「あき」の音はクリアで明るい印象、「ふみ」の音はふっくらとして温かい印象がある。

章穂	あきほ
章緒	あやお
章李	しょうり
章巴	たかは
知章	ちあき
章恵	としえ
章佳	のりか
章菜	ふみな
真章	まき
章歌	ゆきか

紹

ショウ
名 あき つぎ

糸をつなぐことを表し、継ぐ、受け継ぐの意味を表す。引き合わせる意味もある。社交的な子になるように。
ヒント 縁に恵まれるイメージ。「あき」と読むと明るく輝く印象。「しょう」と読むとソフトな印象が加わる。

紹芭	あきは
紹穂	あきほ
紹夢	あきむ
紹羅	あきら
惟紹	いつぎ
胡紹	こあき
紹華	しょうか
紹子	しょうこ
知紹	ちあき
紹奈	つぎな

菖

ショウ
名 あや あやめ

草のショウブを表す。香気があるので、邪気をはらうものと信じられた。神秘的な力を感じさせる字。
ヒント 「あや」と読む字として新鮮。ミステリアスな中に、あどけなさと優しさを共存させた名前に。

菖	あやめ
菖香	あやか
菖姫	あやき
菖菜	あやな
菖葉	あやは
菖芽	あやめ
彩菖	さあや
菖子	しょうこ
菖蒲	しょうぶ
万菖	まあや

笙

ショウ

管楽器の笙《しょう》を表す。奈良時代に中国から伝わった。小さい、細いの意味も。笙の音色のような優美な女性に。
ヒント 字の高貴さに、ソフトで深い光のイメージの「しょう」の音で、新鮮なひらめきのある印象をプラス。

笙	しょう
笙歌	しょうか
笙子	しょうこ
笙那	しょうな
笙乃	しょうの
笙芭	しょうは
笙美	しょうみ
笙莉	しょうり
笙流	しょうる
美笙	みしょう

常

ジョウ つね とこ
名 とき ときわ のぶ ひさ

つね日ごろ、かつてのほか、おきての意味も表す。「とこ」には永遠不滅の意味も。変わらない幸福を願って。
ヒント 「つね」と読むと、華があって優しくあきらめない印象に。「ひさ」や「とき」の音を活かしても。

常歌	じょうか
常美	つねみ
常絵	ときえ
常穂	ときほ
常盤	ときわ
常夏	とこな
常香	のぶか
常恵	ひさえ
常花	ひさか
常海	ひさみ

深

シン ふかい
名 とお み

水中の物を探すことから、深いの意味になった。奥深い、優れるなどの意味もある。思慮深く、賢い女性に。
ヒント みずみずしくイキイキした印象の「み」の音で、先頭字にも止め字にも万葉仮名風にも使われる。

理深	さとみ
輝深	てるみ
深莉	とおり
深香	みか
深月	みつき
深奈	みな
美深	みみ
深埜	みや
深幸	みゆき
真深子	まみこ

進

シン すすむ
名 す のぶ みち ゆき

もとは進軍することで、進む、人にすすめるの意味を表す。よくなる、優れるの意味も。積極的な子に。
ヒント 「しん」の音で一途《いちず》に道をつらぬく印象、「ゆき」の音でやわらかさとパワーをあわせもつ印象をプラス。

進來	しんら
進美	すすみ
進花	のぶか
進帆	のぶほ
進代	のぶよ
真進	まゆき
進歌	みちか
進瑠	みちる
三進	みゆき
進英	ゆきえ

晨

シン あさ あした
名 あき とき とよ

日の出をむかえる儀礼を表し、朝、明日の意味に使う。フレッシュなイメージ。元気で活発な子になるように。
ヒント 「あさ」と読むと清潔な朝の光のようなさわやかさが、「あき」と読むと明るさとキュートさ、輝きが加わる。

晨	あした
晨菜	あきな
晨葉	あきは
晨歌	あさか
晨音	あさね
晨日	あさひ
乙晨	おとき
千晨	ちあき
晨華	とよか
晨美	とよみ

彗

スイ ケイ
名 え

もとは、ほうきの意味を表し、現在ではほうき星=彗星の意味に使われる。神秘的でロマンの香りのする字。
ヒント 「すい」の音はさわやかでソフト、透明な光を思わせる。エレガントな「え」の音で万葉仮名風にしても。

彗菜	えな
彗真	えま
彗莉	えり
希彗	きえ
彗華	けいか
彗奈	けいな
彩彗	さえ
妃彗	ひすい
彗美利	えみり
千彗莉	ちえり

清

セイ　ショウ　きよい
名 さや　すが　すみ　すず

水が澄む意味を人の性質にあてはめ、清い、清らか、明らかの意味に使う。物静かで清楚《せいそ》なイメージの字。
ヒント　「せい」の音で透きとおった光のイメージの、「きよ」の音で柔和《にゅうわ》で品のあるリーダーの印象の名前に。

愛清　あきよ
亜清　あすみ
花清　かすが
歌清　かすみ
清瑚　きよこ
清乃　きよの
清葉　きよは
清海　きよみ
清羅　きよら
胡清　こすず
小清　こすみ
清花　さやか
清瑚　さやこ
清音　さやね
清羽　さやは
清穂　さやほ
清美　さやみ
清李　さやり
清子　しょうこ
清未　しょうみ
清禾　すずか
清実　すずみ
清華　せいか
清子　せいこ
清南　せいな
清良　せいら
清藍　せいらん
真清　ますみ
深清　みすず
水清　みすみ

曽

ソウ　ソ　かつて　すなわち
名 つね　なり　ます

旧 曾

「曾」の異体字。こしき（米などを蒸す道具）の形からできた字で、重ねる、ふえるの意味を表す。
ヒント　おおらかな優しさのある「そ」の音で万葉仮名風に。たおやかな印象の「ます」の音などを使っても。

曽來　そうら
曽乃　その
曽楽　そら
曽花　つねか
曽未　なりみ
曽美　ますみ
曽霧　ますむ
曽奈多　そなた
曽由莉　そゆり
曽代子　そよこ

雪

セツ　ゆき
名 きよ　きよみ

空から雪が舞い落ちる形からできた字で、雪、雪が降るの意味を表す。すすぐ、清めるの意味も。清楚《せいそ》な女性に。
ヒント　純白の美と強さのイメージに。「ゆき」の音で優しさに秘めた強さを、「せつ」の音で気品と優しさを加えて。

雪　きよみ
亜雪　あゆき
雪花　きよか
雪葉　きよは
雪來　きよら
雪莉　きより
心雪　こゆき
紗雪　さゆき
詩雪　しゆき
白雪　しらゆき
雪歌　せつか
雪子　せつこ
雪那　せつな
雪李　せつり
知雪　ちゆき
奈雪　なゆき
華雪　はなゆき
舞雪　まゆき
美雪　みゆき
深雪　みゆき
雪輝　ゆき
雪映　ゆきえ
雪華　ゆきか
雪路　ゆきじ
雪乃　ゆきの
雪羽　ゆきは
雪穂　ゆきほ
雪美　ゆきみ
雪芽　ゆきめ
雪夜　ゆきよ

爽

ソウ　さわやか
名 あき　あきら　さ　さや　さやか

明らか、美しい、すがすがしいなどの意味を表す。まさにさわやかなイメージ。一字でも、組み合わせても。
ヒント　吹き抜ける風のイメージに、「そう」の音で透明な光の清涼感を、「さ」の音で颯《さっ》爽《そう》とした印象を足して。

爽　さや
爽來　あきら
爽姫　さき
爽奈　さな
爽香　さやか
爽音　さやね
爽楽　さら
爽美　そうみ
理爽　りさ
爽和子　さわこ

窓

ソウ　まど

もとは天窓をいい、窓の意味に使う。光や空気が入ってくるところで、新鮮で開放的なイメージ。社交的な子に。
ヒント　「そう」の音で透きとおるさわやかさが、「まど」の音で、満ち足りた重厚感がプラスされる。

心窓　こまど
窓美　そうみ
窓來　そうら
窓菜　そな
窓加　まどか
窓花　まどか
窓未　まどみ
窓莉　まどり
窓乃佳　そのか
美窓良　みそら

梛

ダ　ナ　なぎ

樹木の名だが、もとの木は不明。日本では樹木のナギをいう。ナギは神木とされ、神社の境内に植えられる。
ヒント　「な」と読む字として新鮮。温かく親密感のある印象に。「なぎ」と読むと、温かくてスイートな印象に。

可梛　かな
梛子　なぎこ
梛沙　なぎさ
梛美　なみ
日梛　ひな
麻梛　まな
柚梛　ゆな
李梛　りな
梛々子　ななこ
梛穂子　なほこ

琢

タク　みがく
名 あや　たか　たつ

旧 琢

もとの字は「琢」。玉を磨くことから、技や徳を磨く意味になった。夢に向かって努力する人になるように。
ヒント　「切《せっ》磋《さ》琢《たく》磨《ま》」のように、絶え間なく努力し続けるイメージ。「たく」の音で、タフで自立した女性に。

琢花　あやか
琢子　あやこ
琢愛　あやな
琢羽　あやは
琢芽　あやめ
紗琢　さあや
琢音　たかね
琢寧　たくね
琢美　たくみ
琢李　たつり

紬

チュウ つむぎ
名 つ

紬《つむぎ》、紬織を表す。紬は、くず繭《まゆ》を紡いだ糸で織った丈夫な絹織物。健康的な美しさを願って。
ヒント 「つむぎ」と読むと、優しくタフで、人間性豊かに。「つ」の音は、芯の強さと神秘的なパワーの印象。

紬 つむぎ
愛紬 あつむ
紬祈 つむぎ
紬倶 つむぐ
紬葉 つむは
紬優 つゆ
美紬 みつ
紬希奈 つきな
菜紬子 なつこ
光紬衣 みつえ

鳥

チョウ とり
名 と

鳥の形からできた字で、文字どおり鳥の意味。大空を飛ぶ鳥には自由なイメージがある。のびのびと育つように。
ヒント 風水では、鳥は人の縁をもたらすシンボル。頼りがいのある印象の「と」と読む字として新鮮。

飛鳥 あすか
杏鳥 あとり
惟鳥 いと
胡鳥 こと
沙鳥 さとり
千鳥 ちどり
鳥瑚 とりこ
鳥羽 とわ
鳥弥花 とみか
美鳥里 みどり

笛

テキ ふえ

中が空洞の竹製の楽器をいい、笛の意味に使う。音楽、芸能方面の才能に恵まれるよう願いをこめて。
ヒント 優雅な和のイメージの字。優しくはるかな印象の「ふえ」の音で、伝統や神話を感じさせる名前に。

笛吹 うすい
小笛 こぶえ
乃笛 のぶえ
笛花 ふえか
笛子 ふえこ
笛菜 ふえな
笛音 ふえね
笛李 ふえり
美笛 みふえ
笛悠美 ふゆみ

都

ト ツ みやこ
名 いち くに さと ひろ
旧 都

周囲に垣をめぐらした大きな集落をいい、都の意味になった。「すべて」の意味もある。洗練されたイメージの字。
ヒント 雅《みやび》やかな和のイメージに、「と」の音で、包みこむような優しさと頼りがいをあわせもつ印象を加えて。

都 みやこ
朝都 あさと
都花 いちか
伊都 いと
絵都 えと
桜都 おと
奏都 かなと
都絵 くにえ
圭都 けいと
都花 さとか

都里 さとり
都和 とわ
都奈 ひろな
愛都 まなつ
巳都 みくに
魅都 みさと
美都 みと
望都 もと
里都 りと
亜都季 あつき

衣都季 いつき
緒都芽 おとめ
佳都世 かつよ
胡都羽 ことは
小都美 ことみ
千紗都 ちさと
都美香 とみか
都百子 ともこ
奈都季 なつき
実子都 みこと

逗

トウ ズ とどまる
名 すみ

とどまる、とどめるの意味を表す。地名の逗子は「ずし」と読む。安定した生活が営めるよう願って。
ヒント 「すみ」と読むと、強さと甘さをあわせもつ名前に。育ちのよい印象の「ず」の音で万葉仮名風にも。

亜逗 あずみ
逗夏 すみか
逗怜 すみれ
逗海 とうみ
逗希 とき
由逗 ゆず
李逗 りと
歌逗沙 かずさ
逗桃香 ともか
那逗菜 なずな

陶

トウ
名 すえ よし

神への供え物を入れる焼き物の意味からすべての焼き物を表す。養う、うっとりするの意味も。技芸の才を願って。
ヒント 芸術的な印象の字。「とう」の音で自然体の大物感が、「よし」の音でやわらかさが加わる。

陶季 すえき
陶那 すえな
陶子 とうこ
陶吏 とうり
陶輝 とき
美陶 みよし
哉陶 やすえ
優陶 ゆと
陶花 よしか
陶音 よしね

萄

ドウ トウ

果樹のブドウを表す。ブドウは中央アジア原産で、葡萄、蒲萄と書く。豊かな恵みを得られるように。
ヒント 芳醇《ほうじゅん》さを感じさせる字。「とう」の音は格調高い印象。「どう」と読むとおおらかな大物の印象に。

萄子 とうこ
萄夢 どうむ
萄貴 とき
萄詩 とし
萄萌 ともえ
萄和 とわ
李萄 りと
小萄実 ことみ
萄萌香 ともか
実萄里 みどり

祷

トウ いのる まつる

「禱」の俗字。「禱」は、神に願いを告げて幸福を求める、いのる意味を表す。幸せな人生を祈って。
ヒント 二〇〇九年から使えるようになった字。「とう」の音を活かすと、優しくしっかりした大物の印象に。

祷 いのり
愛祷 あいの
祷葉 いのは
祷李 いのり
祷美 とうみ
舞祷 まいの
祷那 まつな
祷音 まつね
祷穂 まつほ
祷梨 まつり

捺

ナツ　ダツ
おす
名 とし　な

おす、手でおさえつけるの意味。「捺印」の「捺」。名前には「なつ」の音を活かして使われる。

ヒント　「なつ」と読むと、明るい働き者の印象に。「な」の音を活かして万葉仮名風に使っても新鮮。

- **捺恵** としえ
- **捺衣** なつい
- **捺生** なつお
- **捺希** なつき
- **捺子** なつこ
- **捺葉** なつは
- **捺美** なつみ
- **捺夢** なつむ
- **捺李** なつり
- **真捺** まな

絆

ハン　きずな
ほだし
名 き

馬をつなぐ綱をいい、きずな、つなぐなどの意味に使う。離れがたい思いのこともいう。友達に恵まれるように。

ヒント　スピード感があり、侮《あなど》れない感じのする「はん」、個性的な印象の「き」の音を活かすと使いやすい。

- **絆** きずな
- **愛絆** あき
- **夏絆** なつき
- **絆名** はんな
- **絆奈** はんな
- **真絆** まき
- **美絆** みき
- **友絆** ゆき
- **瑠絆** るき
- **未遊絆** みゆき

梶

ビ　かじ
名 こずえ
すえ　み

もとはこずえのことで、船の方向をとるかじの意味。和紙の原料になる樹木、カジノキの意味も。リーダーに。

ヒント　みずみずしく満ち足りた印象のある「み」の音で。「こずえ」と読むと、重厚で落ち着いた印象が増す。

- **梶** こずえ
- **愛梶** あいみ
- **梶葉** かじは
- **来梶** くるみ
- **梶笑** こずえ
- **南梶** なみ
- **茉梶** ますえ
- **梶夏** みか
- **梶帆** みほ
- **真奈梶** まなみ

彬

ヒン
名 あき
あきら　あや
ひで　もり
よし

「林」＋「彡」。木立が美しいことから、明らか、美しいなどの意味になる。自然を愛する人になるよう願って。

ヒント　先駆者のイメージの「あき」や、あどけなさとミステリアスな雰囲気が共存する「あや」の音で。

- **彬音** あきね
- **彬穂** あきほ
- **彬來** あきら
- **彬李** あきり
- **彬葉** あやは
- **彩彬** さあや
- **千彬** ちあき
- **彬乃** ひでの
- **麻彬** まもり
- **彬美** よしみ

冨

フ　フウ
とみ　とむ
名 さかえ
とよ　ひさ
よし

「富」の俗字。富む、財産、多い、豊か、盛んなどの意味がある。不自由なく暮らせるよう願いをこめて。

ヒント　「ふ」の音で万葉仮名風に。「とみ」「とよ」の音を使うと、まじめでしっかり者のイメージに。

- **恵冨** えふ
- **冨花** とみか
- **冨実** とよみ
- **冨栄** ひさえ
- **冨花** ふうか
- **冨胡** ふうこ
- **冨華** ふみか
- **冨恵** よしえ
- **冨悠花** ふゆか
- **美冨由** みふゆ

逢

ホウ　あう

不思議なものに出会うことをいい、会う、出会うの意味を表す。大きいの意味も。機会に恵まれるように。

ヒント　穏《おだ》やかなくつろぎを感じさせる「ほ」、明るく自然体ではつらつとした印象の「あ」の読みで万葉仮名風に。

- **逢花** あいか
- **逢紗** あいしゃ
- **逢菜** あいな
- **逢良** あいら
- **逢凛** あいりん
- **逢琉** あいる
- **逢月** あづき
- **逢珠** ほうじゅ
- **柚逢** ゆずほ
- **逢日菜** あすな

萌

ホウ　きざす
めぐむ
もえる
名 め　めぐみ
も　もえ
もゆ

旧 萠

草の芽の出はじめをいい、萌える、きざす、芽が出る、芽生えなどの意味に使われる。生命の息吹を感じさせる字。

ヒント　「もえ」と読むと豊かで母性的な優しさに、「めぐ」と読むと幸福感と生命力に満ちた印象の名前になる。

- **萌** めぐ
- **亜萌** あも
- **叶萌** かなめ
- **萌志** きざし
- **杜萌** ともえ
- **妃萌** ひめ
- **洋萌** ひろめ
- **魅萌** みもゆ
- **萌依** めい
- **萌実** めぐみ

- **萌里** めぐり
- **萌琉** めぐる
- **萌絵** もえ
- **萌果** もえか
- **萌菜** もえな
- **萌乃** もえの
- **萌葉** もえは
- **萌美** もえみ
- **萌夢** もえむ
- **萌歌** もか

- **萌瑚** もこ
- **萌奈** もな
- **萌音** もね
- **百萌** もも
- **桃萌** ももえ
- **萌瑠** もゆる
- **由萌** ゆめ
- **萌乃香** ほのか
- **萌里沙** めりさ
- **萌々華** ももか

眸

ボウ　ひとみ
名 む

目のひとみ、また、目の意味を表す。明眸《めいぼう》(澄んだ美しいひとみ。美人のこと)などのことばもある。

ヒント　「む」と読むと、信頼感と安心感あふれる印象。熱い情熱とあふれるパワーのある「ひとみ」の音でも。

- **眸** ひとみ
- **亜眸** あむ
- **奏眸** かなむ
- **花眸** はなむ
- **眸絵** ひとえ
- **仁眸** ひとみ
- **眸美** ひとみ
- **美眸** みむ
- **莉眸** りむ
- **眸通美** むつみ

望

ボウ　モウ
名 のぞむ　のぞみ　み
も　もち

望む、望み見る、待ち望む、願うなどの意味を表す。望月は満月のこと。多くの望みがかなうよう願って。
ヒント ほのぼのとした「も」、愛らしい「み」の音で。「のぞみ」と読むと、充実感と包容力あふれる名前に。

亜望	あみ
彩望	あやも
奏望	かなみ
来望	くるみ
心望	ここみ
沙望	さみ
園望	そのみ
拓望	たくみ
希望	のぞみ
望美	のぞみ
愛望	まなみ
望愛	みあ
望羽	みう
望恵	みえ
望月	みつき
望夜	みや
望結	みゆ
望里	みり
望恵	もえ
望花	もか
望華	もか
望歌	もちか
望那	もな
望音	もね
雪望	ゆきみ
優望	ゆみ
明日望	あすみ
衣澄望	いずも
望衣奈	みいな
望都子	もとこ

椛

もみじ　かば
名 か　はな

日本でつくられた字で、樹木のモミジを表す。また、カバ（樺）の略字にも使う。風雅なイメージがある字。
ヒント 「か」と読むと、利発で快活な印象。「はな」と読むと、陽だまりのような温かさのある名前に。

椛	もみじ
礼椛	あやか
椛織	かおり
椛澄	かすみ
椛音	かのん
乃椛	のか
椛奈	はな
椛歌	はなか
萌椛	もえか
万里椛	まりか

麻

マ　あさ
名 お　ぬさ

植物のアサを表す。皮の繊維《せんい》から採った糸で丈夫な布が織られる。素朴《そぼく》な美のイメージで、人気のある字。
ヒント 「あさ」の音はさわやかでフレッシュな印象。「ま」の音は、満ち足りた優しさと天真爛漫《てんしんらんまん》さを感じさせる。

麻華	あさか
麻季	あさき
麻胡	あさこ
麻羽	あさは
麻妃	あさひ
麻美	あさみ
麻莉	あさり
恵麻	えま
奏麻	かなお
季麻	きぬさ
万麻	まあさ
真麻	まあさ
麻惟	まい
麻揮	まき
麻知	まち
麻冬	まふゆ
麻穂	まほ
麻弥	まや
麻由	まゆ
麻夜	まよ
麻凛	まりん
美麻	みお
優麻	ゆま
李麻	りお
紗那麻	さなお
麻衣子	まいこ
麻沙美	まさみ
麻奈歌	まなか
麻理絵	まりえ
麻里華	まりか

野

ヤ　の
名 とお　なお
ぬ　ひろ
旧 埜

社《やしろ》のある林・田畑をいい、のちに野原、田舎、里などの意味になった。飾らず自然のまま育つように。
ヒント 素朴《そぼく》さ、素直さを感じさせる字。「や」の音で止め字に使うと、優しい開放感にあふれた印象に。

歌野	かや
環野	かんぬ
想野	その
野子	とおこ
野美	なおみ
実野	みひろ
莉野	りの
野々花	ののか
日菜野	ひなの
美野里	みのり

埜

ヤ　ショ　の
名 とお　ぬ
ひろ

「野」の旧字。「林」+「土」で、野、野原、田舎などの意味を表す。素朴《そぼく》で活発な子に育つことを願って。
ヒント ナチュラルな印象の字。「の」の音で温かさと優しさを、「ひろ」で落ち着きとたのもしさを加えて。

秋埜	あきの
希埜	きの
桧埜	ひの
埜美	ひろみ
心埜	みひろ
埜洋	やひろ
季埜葉	きぬは
埜々華	ののか
穂埜香	ほのか
莉埜巴	りのは

唯

ユイ　イ
名 ただ　ゆ

ただ、それだけの意味のほかに、「はい」と丁寧に返事をすることを表す。素直な子に育つよう願って。
ヒント 字の一途《いちず》なイメージに、「い」の音でキュートで憎めない印象、「ゆい」の音で場を和ませる印象を加えて。

絢唯	あやい
彩唯	あゆ
杏唯	あんゆ
唯玖	いく
希唯	きい
恋唯	こい
琴唯	ことい
紗唯	さゆ
唯帆	ただほ
唯心	ただみ
真唯	まい
珠唯	みゆ
唯愛	ゆあ
由唯	ゆい
唯花	ゆいか
唯葉	ゆいは
唯穂	ゆいほ
唯姫	ゆき
唯紗	ゆさ
唯菜	ゆな
唯茉	ゆま
唯愛	ゆめ
唯李	ゆり
琉唯	るい
唯央菜	いおな
奈唯花	なゆか
麻唯子	まゆこ
未唯奈	みいな
唯佳里	ゆかり
李唯奈	りいな

悠

ユウ
名 ちか　はる　はるか　ひさ　ゆ

みそぎによって落ち着いた心をいい、ゆったりしている様子を表す。はるか、遠いの意味も。のびやかな人生を。
ヒント 優しく思いやりにあふれた「ゆう」の読みで人気の字。フレッシュな息吹《いぶき》のような「はる」の音も人気。

悠　はるか
晏悠　あんゆ
惟悠　いちか
小悠　こはる
彩悠　さちか
偲悠　しゆ
知悠　ちはる
仁悠　にちか
悠香　はるか
悠陽　はるひ

悠瑠　はるる
悠音　ひさね
悠乃　ひさの
悠世　ひさよ
茉悠　まちか
未悠　みゆ
悠愛　ゆあ
悠杏　ゆあん
悠雅　ゆうが
悠姫　ゆうき

悠美　ゆうび
悠來　ゆうら
悠里　ゆうり
悠羽　ゆうわ
悠乃　ゆの
悠芽　ゆめ
沙悠梨　さゆり
奈悠香　なゆか
真悠子　まゆこ
悠香梨　ゆかり

庸

ヨウ
名 つね　のぶ　のり　もち　やす

用いる、雇う、常、普通、並などの意味を表す。中庸《ちゅうよう》はかたよらないこと。平凡でも幸福な人生を願って。
ヒント 思いやりにあふれた「よう」、りりしく華やかな「のり」、初夏の光のようにさわやかな「やす」の音で。

詩庸　しのぶ
志庸　しのり
庸穂　つねほ
庸花　のりか
芙庸　ふよう
美庸　みよう
庸絵　もちえ
庸菜　やすな
庸葉　やすは
庸亜　ようあ

莱

ライ　あかざ
名 しげる　ら

草のアカザを表す。アカザの若葉は食用、茎は強く杖などに使う。丈夫で健康な子に育つよう願いをこめて。
ヒント 「らい」の音はバイタリティと豪華さのある印象。華麗で小悪魔的な「ら」の音を活かしても。

莱　しげる
愛莱　あいら
咲莱　さら
星莱　せいら
美莱　みら
優莱　ゆうら
莱夏　らいか
莱夢　らいむ
梨莱　りら
陽莱里　ひらり

徠

ライ　くる
名 とめ

来るの意味のほかに、ねぎらう、いたわるなどの意味を表す。字形、音ともしゃれた感じ。心の優しい子に。
ヒント 華やかで輝きをはなつ「らい」のほか、キュートでミステリアスな「く」と読む字としても新鮮。

音徠　おとめ
徠実　くるみ
徠芽　くるめ
朔徠　さくら
早徠　さら
美徠　みく
魅徠　みくる
未徠　みらい
徠羅　らいら
徠霧　らむ

陸

リク
名 あつ　たか　みち　む　むつ

陸地のほかに、丘、道などの意味を表す。まっすぐ、きちんとしているの意味もある。心が広く、正直な人に。
ヒント 「りく」と読むと、シックな気品のある名前に。「むつ」と読むと豊かさと力を秘めた印象に。

陸　りく
陸生　あつき
亜陸　あむ
愛陸　あむ
陸羽　たかは
陸花　みちか
未陸　みむ
陸希　むつき
陸奈　りくな
莉陸　りむ

梨

リ　なし
名 りん

果樹のナシ。果実は甘美で花は可憐《かれん》、古来から愛された。芝居の世界を梨園《りえん》という。美しく育つように。
ヒント 字のみずみずしく甘いイメージに、「り」の音で、知性とりりしさを感じさせる努力家の印象をプラス。

愛梨　あいり
安梨　あんり
花梨　かりん
小梨　こなし
樹梨　じゅり
世梨　せり
梨果　なしか
茉梨　まりん
美梨　みりん
釉梨　ゆうり

悠梨　ゆうりん
梨杏　りあん
梨子　りこ
梨沙　りさ
梨世　りせ
梨乃　りの
梨香　りんか
梨玖　りんく
梨奈　りんな
梨帆　りんほ

衣梨奈　えりな
歌梨菜　かりな
葉乃梨　はのり
穂未梨　ほみり
真梨子　まりこ
友梨香　ゆりか
梨衣音　りいね
梨央奈　りおな
梨花子　りかこ
梨々華　りりか

笠

リュウ　かさ

頭にかぶるかさの意味を表す。かさは、雨や日光を避けるためにかぶるもの。心優しい、人のためにつくす人に。
ヒント 「かさ」の音で先頭字や止め字に。「かさ」のつく名前は、清潔感があってさわやかでなめらかな印象。

笠南　かさな
笠音　かさね
笠乃　かさの
笠葉　かさは
笠美　かさみ
都笠　つかさ
美笠　みかさ
笠花　りゅうか
笠瑚　りゅうこ
和笠　わかさ

理

リ　おさめる
ことわり
名 あや　おさ
さと　とし
のり　まさ
みち　よし

玉を磨いて筋目を現すことをいい、筋、きめ、磨く、おさめるの意味を表す。物事の道理の意味も。賢い子に。

ヒント　「り」の音でよく使われる。思慮深く理知的な印象に。「あや」と読むと優しく大胆な印象の名前に。

理奈　あやな
理乃　あやの
理葉　あやは
理未　あやみ
祈理　いのり
絵理　えり
哉理　かなり
理吏　さとり
佐理　さり
理禾　としか

葉理　はのり
理枝　まさえ
理姫　まさき
未理　みこと
美理　みさと
理花　みちか
理瑠　みちる
祐理　ゆうり
理花　よしか
理絵　りえ

莉理　りおさ
理子　りこ
理都　りと
麻理香　まりか
美登理　みどり
優理亜　ゆりあ
理衣咲　りいさ
理夏子　りかこ
理玖奈　りくな
理世子　りよこ

隆

リュウ
名 お　おき
しげ　たか
とき　なが
もり　ゆたか

高い、盛ん、豊か、大きい、尊《とうと》いなどの意味を表す。社会的に成功することを願うならぴったりの字。

ヒント　豊かで思いやりのある「たか」の音は頂点を極《きわ》める印象。落ち着きや信頼感を感じさせる「お」の音で。

隆羽　おきは
貴隆　きりゅう
隆葉　しげは
隆芭　たかは
隆絵　ときえ
隆芽　ながめ
万隆　まお
美隆　みもり
莉隆　りお
隆歌　りゅうか

琉

リュウ　ル

琉《る》璃《り》（＝瑠璃）は古代インドで珍重された宝玉。琉球は沖縄の別称である。南国のイメージのある字。

ヒント　女の子には「る」の音でよく使われる。華やかだが、たゆまぬ努力で多くの実りを手にするイメージ。

逢琉　あいる
絵琉　える
心琉　こころ
昴琉　すばる
奈琉　なる
波琉　はる
春琉　はるる
蛍琉　ほたる
実琉　みりゅう
恵琉　めぐる

琉華　りゅうか
莉琉　りる
琉愛　るあ
琉衣　るい
琉花　るか
琉希　るき
琉菜　るな
琉禰　るね
琉美　るみ
琉梨　るり

亜美琉　あみる
恵美琉　えみる
依琉沙　えるさ
世詞流　せしる
乃絵琉　のえる
羽琉歌　はるか
陽香琉　ひかる
未来琉　みくる
琉海佳　るみか
琉々花　るるか

菱

リョウ　ひし

水草のヒシを表す。池や沼に自生し、白い花をつけ、菱形《ひしがた》の実は食用にされる。花も実もある堅実な女性に。

ヒント　賢く気品のある印象の「りょう」と読める漢字。使用例が少なく、新鮮味がある。

菱乃　ひしの
菱夏　りょうか
菱歌　りょうか
菱子　りょうこ
菱湖　りょうこ
菱奈　りょうな
菱芭　りょうは
菱葉　りょうは
菱穂　りょうほ
菱芽花　ひめか

涼

リョウ
すずしい
名 あつ

旧 凉

涼しい、すがすがしいのほかに、物寂しい、悲しむなどの意味も。クールな雰囲気の女性にぴったりの字。

ヒント　「りょう」と読むと、さわやかさと明晰《めいせき》さを感じさせる名前に。高級感あふれる「すず」の音でも。

涼　りょう
涼禾　あつか
涼姫　あつき
涼菜　あつな
涼羽　あつは
涼深　あつみ
涼夢　あつむ
涼芽　あつめ
小涼　こすず
涼果　すずか

涼風　すずかぜ
涼心　すずこ
涼詩　すずし
涼凪　すずな
涼音　すずね
涼寧　すずね
涼乃　すずの
涼葉　すずは
涼穂　すずほ
涼水　すずみ

涼蘭　すずらん
美涼　みすず
実涼　みりょう
涼南　りな
涼茉　りま
涼佳　りょうか
涼香　りょうか
涼風　りょうか
涼子　りょうこ
涼埜　りょうの

羚

レイ
かもしか
名 れ

ウシ科の哺乳類《ほにゅうるい》であるカモシカを表す。カモシカには俊《しゅん》敏《びん》でしなやかなイメージがある。健康美人に。

ヒント　「れい」の音で、凜《りん》とした美しさと知性をプラス。洗練された印象の「れ」の音を活かしても。

亜羚　あれい
星羚　せれい
美羚　みれい
羚花　れいか
羚子　れいこ
羚奈　れいな
羚來　れいら
羚埜　れの
羚美　れみ
世羚奈　せれな

12画

渥

アク　あつい

水中に深くつけることから、ひたす、潤《うるお》う、厚い、恵み、美しいなどの意味がある。潤いのある美しさを願って。

ヒント　「あつ」の音で先頭字に。「あつ」の音は、朗《ほが》らかさとおおらかさを内包《ないほう》し、自然体でオープンな印象。

- **渥亜**　あくあ
- **渥花**　あつか
- **渥姫**　あつき
- **渥子**　あつこ
- **渥奈**　あつな
- **渥乃**　あつの
- **渥葉**　あつは
- **渥帆**　あつほ
- **渥美**　あつみ
- **渥夢**　あつむ

偉

イ　えらい

偉い、優れている、大きくて立派であるなどの意味を表す。周囲から尊敬を集めるような人になることを願って。

ヒント　前向きで一途《いちず》に努力を重ねる印象の「い」の音で。止め字にするときっぱりした潔さを感じさせる。

- **偉緒**　いお
- **偉久**　いく
- **偉誉**　いよ
- **愛偉**　めい
- **瑠偉**　るい
- **玲偉**　れい
- **亜偉來**　あいら
- **偉早子**　いさこ
- **真偉子**　まいこ
- **実偉奈**　みいな

椅

イ
名 あづさ　よし

樹木のイイギリのこと。桐に似た木で、琴などの材料。椅子、腰掛けの意味もある。癒《いや》しを与えるような人に。

ヒント　「い」の音で前向きのパワーをもつがんばり屋に。さわやかさを感じさせる「よし」の音を活かしても。

- **椅**　あづさ
- **椅美**　あづみ
- **椅恩**　いおん
- **椅楽**　いら
- **海椅**　かい
- **希椅**　きい
- **美椅**　みよし
- **友椅**　ゆい
- **椅李**　よしり
- **椅沙貴**　いさき

雲

ウン　くも
名 も　ゆく

雲。また、雲のように盛ん、高い、多い、遠い、優れている、美しいなどの意味を表す。のびのびと育つように。

ヒント　豊かな優しさと甘い愛らしさをあわせもつ「も」の音を活かすと使いやすい。先頭字にも止め字にも。

- **彩雲**　あやも
- **雲雀**　ひばり
- **美雲**　みくも
- **雲恵**　もえ
- **雲花**　もか
- **雲瑚**　もこ
- **雲奈**　もな
- **雲音**　もね
- **雲萌**　ゆくも
- **莉雲**　りくも

詠

エイ　よむ
名 うた　え　かぬ　かね　なが

声を長くのばして詩歌をうたうことをいう。また、詩歌をつくる意味もある。文芸の才能に恵まれるように。

ヒント　「えい」と読むと広い心で飾らない優しさがあふれる印象、「うた」と読んで1字名にしても。

- **詠子**　うたこ
- **詠華**　えいか
- **詠美**　えいみ
- **詠菜**　えな
- **詠莉**　かぬり
- **多詠**　たかね
- **珠詠**　たまえ
- **詠女**　ながめ
- **千詠里**　ちえり
- **梨詠子**　りえこ

瑛

エイ
名 あき　あきら　え　たま　てる

水晶のような透明な玉、美しい玉の光をいう。幻想的なイメージがある字で、字形もしゃれている。人気のある字。

ヒント　エレガントな「え」、飾らない優しさと癒《いや》しのある「えい」、明るくパワフルな「あき」の音などで。

- **瑛夏**　あきか
- **瑛乃**　あきの
- **瑛巴**　あきは
- **瑛胡**　あきらこ
- **瑛子**　えいこ
- **瑛心**　えいみ
- **瑛菜**　えな
- **瑛音**　えのん
- **瑛帆**　えほ
- **瑛真**　えま
- **瑛里**　えり
- **瑛恋**　えれん
- **歌瑛**　かえ
- **小瑛**　こてる
- **琴瑛**　ことえ
- **妙瑛**　たえ
- **瑛緒**　たまお
- **瑛歌**　たまか
- **瑛未**　たまみ
- **知瑛**　ちあき
- **千瑛**　ちえ
- **瑛芭**　てるは
- **瑛泉**　てるみ
- **華瑛**　はなえ
- **美瑛**　みえ
- **瑛美里**　えみり
- **瑛伶奈**　えれな
- **彩瑛子**　さえこ
- **樹里瑛**　じゅりえ
- **乃瑛瑠**　のえる

媛

エン　ひめ
名 よし

姫、優美な女性、美しい、たおやかなどの意味。「才媛《さいえん》」のように、容姿も知性も兼ねそなえるよう願って。

ヒント　「ひめ」の音はセクシーさと温かみをあわせもつ。「よし」の音は優しい光と清らかな風の印象。

- **媛**　ひめ
- **媛女**　ひめ
- **媛愛**　ひめぐ
- **媛音**　ひめね
- **媛埜**　ひめの
- **媛歌**　よしか
- **媛乃**　よしの
- **媛芳**　よしは
- **媛美**　よしみ
- **亜咲媛**　あさひ

温

オン　あたたかい
名 あつ　すなお　なが　のどか　はる　やす　よし
旧 溫

もとの字は「溫」。温かい、穏《おだ》やか、優しい、大切にするなどの意味がある。温和で優しい人になるように。
ヒント　ぬくもりのある字。フレッシュで躍動感のある「はる」、度量の深さを感じさせる「あつ」などの読みで。

温　すなお
温姫　あつき
温美　あつみ
小温　こなが
詩温　しおん
温花　のどか
温架　はるか
温音　やすね
温乃　よしの
莉温　りおん

賀

ガ
名 か　しげ　のり　ます　よし　より

ものを贈って祝うこと。喜ぶ、ねぎらうなどの意味を表す。年賀、慶賀などのことばのように、縁起のいい字。
ヒント　迫力と愛らしさをあわせもつ「が」、快活な「か」の音で。さわやかな癒《いや》しに満ちた「よし」の音でも。

海賀　うみか
賀羽　しげは
賀歌　のりか
賀未　ますみ
未賀　みより
結賀　ゆうか
賀乃　よしの
美羽賀　みうか
梨々賀　りりか
和賀菜　わかな

開

カイ　ひらく　あく
名 さく　はる　ひら

両手で門を開く意味から、開く、開ける、切りひらくなどの意味を表す。フロンティア精神あふれる子に。
ヒント　広い世界や未来を感じさせる字。「はる」の音で、朗《ほが》らかさと人間味あふれる温かさをプラス。

開菜　あきな
胡開　こはる
開羽　さくは
開來　さくら
知開　ちはる
開花　はるか
開希　はるき
開祢　はるね
開楽　ひらら
美開　みはる

絵

カイ　エ

もとの字は「繪」。もとは織物の模様をいい、絵、描く、彩る、模様などの意味になった。美術の才能を願って。
ヒント　芸術的な香りの字に、「え」の音で、観察眼があり、エレガントで懐《ふところ》が深い印象をプラスして。

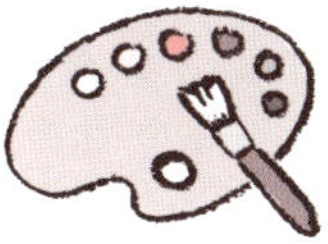

秋絵　あきえ
絵子　えこ
絵都　えと
絵那　えな
絵音　えのん
絵芙　えふ
絵帆　えほ
絵真　えま
絵未　えみ
絵里　えり

絵蓮　えれん
織絵　おりえ
絵來　かいら
琴絵　ことえ
早絵　さえ
友絵　ともえ
美絵　みえ
萌絵　もえ
璃絵　りえ
絵美奈　えみな

絵美里　えみり
絵梨香　えりか
絵李奈　えりな
絵玲菜　えれな
香奈絵　かなえ
季沙絵　きさえ
紗那絵　さなえ
智絵里　ちえり
実絵佳　みえか
也絵子　やえこ

覚

カク　おぼえる　さます
名 あき　あきら　さだ　さと　よし

もとの字は「覺」。悟る、目覚める、覚える、現れるなどの意味がある。頭の切れる子になるよう願って。
ヒント　確かな知性を感じさせる字。「さと」の音には聡明《そうめい》さと温かさが。「あき」の音は明るいリーダーの印象。

覚南　あきな
覚乃　あきの
覚帆　あきほ
覚枝　さだえ
覚英　さとえ
覚子　さとこ
道覚　ちあき
千覚　ちさと
覚禾　よしか
理覚　りさ

葛

カツ　くず　つづら
名 かず　かつら　かど　さち

つる草のクズを表す。茎の繊維《せんい》で布を織り、根からくず粉を採る。草木のつるの意味も。すくすくと育つように。
ヒント　利発で快活な印象の「かつ」、自ら切りひらいて財を成すイメージの「かず」の音が使いやすい。

葛　かつら
葛子　かずこ
葛沙　かずさ
葛江　かつえ
葛乃　かつの
葛美　かつみ
葛絵　さちえ
葛歌　さちか
葛穂　さちほ
美葛　みかど

雁

ガン　かり
名 か

鳥のカリ、ガンを表す。秋に日本に来て春に去る渡り鳥である。のびのびと育つよう願いをこめて。
ヒント　「かり」の音には、輝く宝石のようなエリート感と華やかさがある。正義感の強い「か」の音でも。

愛雁　あかり
雁奈　かりな
智雁　ちか
朋雁　ともか
飛雁　ひかり
未雁　みかり
夕雁　ゆかり
友雁　ゆかり
由雁　ゆかり
怜雁　れいか

幾

キ　いく
名 おき　ちか　のり　ふさ

きざし、かすか、近いなどのほか、いくら、いく～などの意味を表す。幾何は図形を研究する数学。
ヒント　生命力にあふれる「き」、未来へ突き進む「いく」、りりしさと華やかさをもつ「のり」の音などで。

亜幾　あき
幾保　いくほ
幾世　いくよ
早幾　さき
幾花　のりか
幾絵　ふさえ
麻幾　まちか
美幾　みおき
侑幾　ゆき
真幾子　まきこ

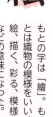

葵

キ　あおい
名 まもる

観賞用の草花のアオイ類の総称。夏、太陽に向かって花が回ることも知られる。華やかな和のイメージで大人気。
ヒント 「あおい」と読むと、天真爛漫《てんしんらんまん》に才能を発揮する印象。「き」と読むと、突出《とっしゅつ》した個性を感じさせる名前に。

葵 あおい
葵衣 あおい
葵羽 あおば
彩葵 あやき
宇葵 うき
葵衣 きい
葵絵 きえ
葵香 きか
葵希 きき
葵子 きこ

葵更 きさら
葵空 きそら
葵帆 きほ
葵來 きら
咲葵 さき
詩葵 しき
苑葵 そのき
夏葵 なつき
春葵 はるき
陽葵 ひまり

真葵 まき
葵莉 まもり
美葵 みき
優葵 ゆうき
瑠葵 るき
葵未子 きみこ
葵楽々 きらら
葵莉愛 きりあ
皐都葵 さつき
向日葵 ひまわり

揮

キ

手を振るう、振り回す、表す、まき散らす、指図するなどの意味を表す。リーダーになる人にぴったりの字。
ヒント 「発揮」のとおり、能力を十二分に活かす人に。「き」の音で、個性的で生命力あふれるスターに。

揮乃 きの
揮和 きわ
沙揮 さき
珠揮 たまき
優揮 まさき
瑞揮 みずき
由揮 ゆき
柚揮 ゆずき
揮与良 きよら
美悠揮 みゆき

喜

キ　よろこぶ
名 このむ　たのし　のぶ　はる　ひさ　ゆき　よし

太鼓を打って神を楽しませる意味から、喜ぶ、楽しむ、好むなどの意味になった。喜びの多い人生を願って。
ヒント 「き」の音には人に左右されずに自分をつらぬく印象がある。「よし」の音は、自然体でさわやかな印象。

宇喜 うき
喜咲 きさ
喜代 きよ
喜波 きわ
喜巴 このは
喜実 このみ
沙喜 さき
偲喜 しのぶ
喜詩 たのし
珠喜 たまき

喜歌 のぶか
喜巳 のぶみ
喜花 はるか
喜子 はるこ
喜美 はるみ
喜笑 ひさえ
光喜 みつき
実喜 みのぶ
未喜 みよし
有喜 ゆうき

喜奈 ゆきな
柚喜 ゆずき
喜恵 よしえ
喜乃 よしの
律喜 りつき
亜喜奈 あきな
喜久子 きくこ
美沙喜 みさき
心結喜 みゆき
由喜奈 ゆきな

喬

キョウ　たかい
名 ただ　のぶ　もと

目印の木を立てた城門をいい、高いの意味に使う。おごりたかぶるの意味も。セレブな女性にぴったりの字。
ヒント 優しくパワフルな「きょう」の音、温かくやる気いっぱいの「たか」の音などで使われる。

喬花 きょうか
喬子 きょうこ
喬保 たかほ
喬美 たかみ
喬魅 たかみ
喬恵 ただえ
喬枝 のぶえ
喬歌 のぶか
美喬 みのぶ
喬未 もとみ

稀

キ　ケ　まれ

もとは苗がまばらなことをいい、薄い、少ない、まれ、などの意味になった。個性がきらりと光る子に。
ヒント オンリーワンのイメージ。自分らしさを発揮する「き」、豊かなものがあふれ出すような「まれ」の音で。

朝稀 あさき
一稀 いつき
稀花 きか
稀輝 きき
稀子 きこ
稀月 きづき
稀陽 きはる
稀星 きほし
稀衣 けい
稀有 けう

咲稀 さき
夏稀 なつき
響稀 ひびき
帆稀 ほまれ
万稀 まき
稀愛 まれあ
稀以 まれい
稀香 まれか
稀乃 まれの
稀羽 まれは

未稀 みき
睦稀 むつき
唯稀 ゆいき
結稀 ゆうき
亜稀來 あきら
稀世莉 きより
稀里禾 きりか
沙友稀 さゆき
実優稀 みゆき
理沙稀 りさき

暁

ギョウ　あかつき
名 あき　あきら　あけ　さと　さとし　とき　とし
旧 曉

もとの字は「曉」。夜明け、明け方を表す。物の形が明らかになるので悟るという意味も。明るい将来を願って。
ヒント 「あき」の音は未来に駆けていく印象。「さと」の音はさわやかな印象。「あけ」「とし」の音でも。

暁栄 あきえ
暁菜 あきな
暁音 あきね
暁芭 あきは
暁美 あけび
暁吏 あけり
暁海 さとみ
知暁 ちあき
暁恵 ときえ
暁花 としか

貴

キ　たっとい　とうとい
名 あつ　あて　たか　たけ　よし

物がとうといという意味から、身分や地位が高い意味も表すようになった。気品のある賢い女性に。

ヒント 「き」の音は潔く自らの道を進み成功する印象、「たか」の音はやる気と思いやりのあるリーダーの印象。

貴己	あつき
貴魅	あつみ
貴芽	あつめ
貴音	あてね
綺貴	あやき
逸貴	いつき
音貴	おとき
貴依	きえ
貴更	きさら
貴羽	きはね
貴宝	きほ
貴里	きり
早貴	さき
貴依	たかえ
貴音	たかね
貴葉	たかは
貴穂	たかほ
貴世	たかよ
貴奈	たけな
貴乃	たけの
万貴	まき
瑞貴	みずき
夕貴	ゆき
柚貴	ゆずき
貴海	よしみ
貴瑠	よしる
貴美子	きみこ
貴代乃	きよの
美貴子	みきこ
由貴菜	ゆきな

琴

キン　こと
名 こ

弦楽器の「こと」を表す。琴は神聖な楽器で、材料も最高のものが使われた。音楽や和のイメージが豊かな字。

ヒント 「こと」の音は知性と信頼感を感じさせ、しっかり人生を歩んでいく印象。「こ」の音で止め字にしても。

彩琴	あやこ
琴江	ことえ
琴音	ことね
琴乃	ことの
琴美	ことみ
妙琴	たえこ
真琴	まこと
美琴	みこと
優琴	ゆうこ
莉琴	りこ

卿

ケイ　キョウ
名 あきら　きみ　のり

饗宴《きょうえん》に招かれる者をいい、君、大臣、高位の臣などの意味を表す。実社会で成功することを願って。

ヒント 「けい」と読むとドライなエリートの印象、「きょう」と読むと強さと優しさが加わる。

卿奈	あきな
卿江	きみえ
卿花	きみか
卿菜	きみな
卿華	きょうか
卿子	きょうこ
卿都	けいと
卿菜	けいな
卿來	けいら
卿美	のりみ

敬

ケイ　うやまう
名 たか　とし　のり　はや　ひろ　よし

敬う、つつしむ、かしこまる、うやうやしいなどの意味を表す。礼儀正しく、誠実な人になるよう願って。

ヒント 「けい」「たか」「のり」などの読みで使われる。「けい」と読むと、エレガントな都会派のイメージに。

敬華	けいか
敬采	けいと
敬奈	けいな
敬穂	たかほ
知敬	ちはや
千敬	ちひろ
敬美	としみ
敬子	のりこ
敬奈	ひろな
敬美	よしみ

景

ケイ
名 あき　あきら　かげ　ひろ

光の意味を表し、そこから、影、景色、ありさま、風情などの意味に使う。すがすがしい感じの女性に。

ヒント 「風景」のように穏《おだ》やかなイメージ。「けい」の音で気品と知性、「あき」の音で明るさと輝きが加わる。

景夜	あきよ
景羅	あきら
景花	けいか
景輝	けいき
景都	けいと
景那	けいな
木景	こかげ
千景	ちかげ
景乃	ひろの
美景	みかげ

結

ケツ　むすぶ　ゆう
名 かた　ゆ　ゆい

結ぶ、つなぎ合わせる、集まる、約束する、固めるなどの意味を表す。日本的なイメージもある、人気の字。

ヒント 人気の「ゆ」「ゆい」「ゆう」の音で使える字。「ゆい」は、おおらかで、のびのびと能力を発揮する印象。

結	ゆい
杏結	あんゆ
結音	かたね
結葉	かたは
彩結	さゆ
芙結	ふゆ
真結	まゆ
心結	みゆ
美結	みゆう
結愛	ゆあ
結花	ゆいか
結子	ゆいこ
結紗	ゆいさ
結奈	ゆいな
結乃	ゆいの
結帆	ゆいほ
結菜	ゆうな
結璃	ゆうり
結羽	ゆうわ
結香	ゆか
結葵	ゆき
結真	ゆま
結良	ゆら
結莉	ゆり
愛結花	あゆか
佐結梨	さゆり
知結未	ちゆみ
奈結美	なゆみ
万結美	まゆみ
結花子	ゆかこ

萱

ケン　かや　わすれぐさ
名 ただ　まさ

草のワスレグサのこと。食べれば憂いを忘れるという。また、屋根をふく草、カヤを指す。さっぱりした人に。

ヒント 「かや」の音は無邪気さと公平さで人を魅了する印象。豊潤《ほうじゅん》で深く満たされた印象の「まさ」の音でも。

萱奈	かな
萱音	かやね
萱乃	かやの
萱葉	かやは
萱帆	ただほ
萱心	まさこ
萱奈	まさな
萱埜	まさの
美萱	みか
萱穂梨	かほり

絢

ケン　あや
名 じゅん　はる

目がくらむほど美しい織物の模様、綾糸《あやいと》のことで、あや（＝模様）、美しいの意味に使う。字形も音も美しい字。
ヒント　字のたおやかさに、「あや」の音で優雅さと落ち着きを、「じゅん」の音でやわらぎとお茶目《ちゃめ》さをプラス。

絢衣 あやい
絢香 あやか
絢瑚 あやこ
絢祢 あやね
絢乃 あやの
絢羽 あやは
絢帆 あやほ
絢未 あやみ
絢夢 あやむ
絢里 あやり

杏絢 あんじゅ
小絢 こはる
彩絢 さあや
絢花 じゅんか
絢乎 じゅんこ
絢菜 じゅんな
絢魅 じゅんみ
絢李 じゅんり
千絢 ちはる
絢香 はるか

絢生 はるき
絢子 はるこ
絢名 はるな
絢埜 はるの
絢日 はるひ
絢美 はるみ
絢霧 はるむ
麻絢 まあや
美絢 みはる
莉絢 りあ

湖

コ　みずうみ
名 うみ　ひろし

湖、湖水の意味を表す。湖は、池や沼よりも大きく、水も澄んでいて、どことなく幻想的なイメージがある。
ヒント　「こ」の音で止め字にすると使いやすい。愛らしさで、周囲から頼りにされつつかわいがられる人に。

亜湖 あこ
湖禾 うみか
青湖 せいこ
透湖 とうこ
湖佳 ひろか
真湖 まこ
結湖 ゆうみ
美湖 よしこ
莉湖 りこ
湖乃美 このみ

琥

コ
名 く　こはく　たま

虎《とら》の文様のある玉、虎の形をした祭祀《さいし》用の玉《ぎょく》器《き》、また、琥珀《こはく》を表す。レトロなイメージの字。
ヒント　愛らしくキュートな「こ」、タフでおおらかな「たま」の音を活かして。「く」の音で止め字にしても。

香琥 かこ
琥実 くみ
琥子 ここ
琥珀 こはく
琥姫 たまき
琥葉 たまは
琥美 たまみ
美琥 みく
凛琥 りんこ
琥々菜 ここな

港

コウ　みなと
名 みな

川の水が分かれるところの意味から、みなとを表す。人の集まる場所の意味も。人を優しく癒《いや》す女性に。
ヒント　充実感と親密感のある「みな」の音で。「こう」の音を活かすと、知的で繊細《せんさい》な印象に。

港子 こうこ
港朱 こうじゅ
港美 こうみ
港夏 みなか
港凪 みなぎ
港瀬 みなせ
港都 みなと
港波 みなは
港南 みなみ
港萌 みなも

皓

コウ　しろい
名 あき　あきら　つぐ　てる　ひかる　ひろ

白い、光る、清い、明らかなどの意味を表す。皓歯《こうし》とは白い歯のことだが、美人の意味もある。美しい女性に。
ヒント　「ひろ」と読むと穏《おだ》やかだがたくましい印象、「あき」と読むと明るさとキュートさをあわせもつ印象。

皓枝 あきえ
皓奈 あきな
皓穂 あきほ
皓実 つぐみ
皓葉 てるは
皓琉 ひかる
皓夏 ひろか
皓未 ひろみ
美皓 みひろ
由皓 ゆひろ

紫

シ　むらさき
名 むら

色の名の紫を表す。ムラサキという草の染料で染めて出した色。昔は高貴な色とされていた。雅《みやび》な女性に。
ヒント　字のもつ優美で気品のあるイメージに、「し」の音で颯爽《さっそう》としたスターのような印象をさらに増して。

瑚紫 こむら
紫晏 しあん
紫苑 しおん
紫季 しき
紫乃 しの
紫帆 しほ
紫麻 しま
紫衣奈 しいな
紫絵里 しえり
紫於梨 しおり

詞

シ
名 こと　なり　のり　ふみ

神に祈ることばを表し、ことば、文章、いう、説くなどの意味に使う。文学的才能に恵まれるよう願って。
ヒント　文学的なイメージに、「し」の音できらきらした生命力を、「こと」の音で信頼感と知性をプラス。

詞音 ことね
詞葉 ことは
詞美 ことみ
詞織 しおり
詞穂 しほ
詞茉 しま
詞代 のりよ
羽詞 はなり
詞乃 ふみの
留詞愛 るしあ

滋

ジ
名 あさ　しく　しげ　ふさ　ます

ふえる、増すの意味から、草木が茂る、潤《うるお》す、養うなどの意味になった。おいしい味の意味もある。優しい人に。
ヒント　「しげ」と読むと、人情味があり、パワフルな印象、「じ」と読むと、育ちがよく品のよい印象になる。

滋乃 あさの
滋陽 あさひ
滋実 あさみ
滋香 しげか
滋葉 しげは
滋絵 ふさえ
真滋 ましく
滋美 ますみ
幸滋 ゆきじ
富滋代 ふじよ

萩

シュウ はぎ

草のカワラヨモギを表す。日本では、秋の七草のひとつ、ハギのことをいう。風流なイメージのある字。

ヒント 「しゅう」の音は俊敏《しゅんびん》さと落ち着きをあわせもつ。「はぎ」の音は笑顔がステキながんばり屋の印象。

萩 はぎ
小萩 こはぎ
萩禾 しゅうか
萩那 しゅうな
萩絵 はぎえ
萩花 はぎか
萩乃 はぎの
萩弥 はぎや
実萩 みしゅう
美萩 みはぎ

竣

シュン おえる
名 たか

神聖な儀礼の場が完成することを表し、終わる、仕事をなし終えるの意味に使う。まじめでねばり強い人に。

ヒント 何事かを成し遂げるイメージ。しっかり者の印象がある「たか」の音で、リーダーシップを感じさせる。

竣李 しゅり
竣果 しゅんか
竣奈 しゅんな
竣子 たかこ
竣音 たかね
竣羽 たかは
竣歩 たかほ
竣実 たかみ
竣夢 たかむ
美竣 みたか

閏

ジュン うるう
名 うる

「うるう」の意味。うるうとは、日数や月数を普通より多くすること。閏年《うるうどし》生まれの子にぴったりの字。

ヒント 「じゅん」の音はチャーミングな印象。内に秘めた才覚を感じさせる「うる」の音を使っても個性的。

安閏 あんじゅ
閏奈 うるな
閏葉 うるは
閏杏 じゅあん
閏音 じゅね
閏花 じゅんか
閏那 じゅんな
閏音 じゅんね
閏乃 じゅんの
想閏 そうる

順

ジュン
名 あや かず なお のり まさ やす ゆき より

もとは神意にしたがうことで、そこからしたがう、素直、正しい、愛するなどの意味になった。愛情深い女性に。

ヒント 育ちがよく人なつっこい「じゅん」、重厚感と信頼感のある「のり」、優しくタフな「ゆき」の音などで。

順芽 あやめ
順沙 かずさ
順心 じゅんこ
順菜 じゅんな
順美 なおみ
順可 のりか
順絵 まさえ
順埜 やすの
順未 ゆきみ
順江 よりえ

勝

ショウ かつ まさる

勝つ、まさる、優れる、盛んのほか、耐える、ことごとくの意味もある。人生の勝利者になれるよう願いをこめて。

ヒント 「かつ」と読むと強いリーダーシップの印象が増す。「まさ」の音は、満足感とさわやかさを感じさせる。

愛勝 あまさ
勝栄 かつえ
勝生 かつき
勝帆 かつほ
勝実 かつみ
勝代 かつよ
勝來 かつら
勝瑚 しょうこ
多勝 たまさ
勝那 まさな

晶

ショウ
名 あき あきら てる まさ

星の光を三つ組み合わせた形で、明らか、輝くの意味になった。水晶の意味もある。クールな輝きをもつ女性に。

ヒント 「あき」の読みで時代を切りひらく先駆者の印象が、「しょう」の読みでいつまでも新鮮な印象が加わる。

晶 あきら
晶瑛 あきえ
晶生 あきお
晶陽 あきひ
晶琉 あきる
晶果 しょうか
晶美 しょうみ
千晶 ちあき
晶穂 てるほ
晶吏 まさり

湘

ショウ

中国にある湘水《しょうすい》という川のこと。日本では、湘南のきらめくビーチ、海、夕日のイメージ。

ヒント 「しょう」の音には、やわらかく優しい光に満ちあふれた印象がある。使用例が少なく、新鮮。

湘果 しょうか
湘歌 しょうか
湘子 しょうこ
湘虹 しょうこ
湘波 しょうな
湘夏 しょうな
湘帆 しょうほ
湘莉 しょうり
湘音 しょおん
美湘 みしょう

翔

ショウ かける とぶ
名 か と

鳥が羽を広げてゆっくり飛ぶことで、飛ぶ、翔ける、めぐる、さまようなどの意味に使う。のびのびと育つように。

ヒント 深い優しさと新鮮な英知をあわせもつ「しょう」の音のほか、「か」や「と」の音で万葉仮名風にしても。

翔恵 かえ
翔音 かのん
翔代 かよ
翔夏 しょうか
翔子 しょうこ
美翔 みと
萌翔 もえか
由翔 ゆうか
陽翔里 ひかり
三千翔 みちか

森

シン　もり
名 しげ

木を三つ組み合わせた形で、森、茂るの意味になる。静か、おごそかの意味も。生命の源《みなもと》のイメージのある字。
ヒント 「もり」の音で豊潤《ほうじゅん》なイメージが加わる。人情味がありパワフルな「しげ」の音を活かしても。

森那 しげな
森美 しげみ
森珠 しんじゅ
森羅 しんら
美森 みしげ
三森 みもり
芽森 めもり
森奈 もりな
森音 もりね
森葉 もりは

尋

ジン
たずねる
名 ちか　つね
のり　ひろ
みつ

左と右を上下に組み合わせた形で、尋ねる、探るなどの意味。水深を表す単位「ひろ」の意味もある。
ヒント 広がりを感じさせる字。穏《おだ》やかさとたくましさをあわせもつ印象の「ひろ」の音が使いやすい。

胡尋 このり
尋奈 じんな
千尋 ちひろ
芭尋 はつね
尋花 ひろか
尋菜 ひろな
尋美 ひろみ
茉尋 まひろ
美尋 みちか
尋季 みつき

須

ス　シュ
名 もち
もとむ

「頁」＋「彡」で、ひげ、あごひげを表す。待つ、用いる、願うなどの意味もある。有望な将来を願って。
ヒント 「必須」のようになくてはならないもののイメージ。「す」の音で可憐《かれん》な雰囲気で望むものを手に入れる人に。

須利 しゅり
須寿 すず
須万 すま
須美 すみ
須菜 もちな
須実 もとみ
明須華 あすか
阿須奈 あすな
亜梨須 ありす
美須瑞 みすず

晴

セイ　はれる
名 てる　なり
はる

「日」＋「青」で、晴れる、晴れなどの意味を表す。晴れ渡る空のように、のびのびとした明るい子に育つように。
ヒント 「はる」の音で、華やかさと活気がある印象を増して。透明なしずくを思わせる「せい」の音でも。

色晴 いろは
叶晴 かなは
希晴 きはる
紅晴 くれは
心晴 ここは
瑚晴 こなり
小晴 こはる
晴愛 せいあ
晴夏 せいか
晴瑚 せいこ

晴奈 せいな
晴羅 せいら
晴恋 せれん
千晴 ちはる
晴日 てるひ
晴実 てるみ
凪晴 なぎは
晴未 なりみ
晴月 はづき
晴笑 はるえ

晴香 はるか
晴生 はるき
晴空 はるく
晴子 はるこ
晴音 はるね
晴乃 はるの
晴陽 はるひ
晴海 はるみ
晴花 はれか
美晴 みはる

惺

セイ　さとい
名 あきら
しずか

さとい、悟るのほか、静かの意味を表す。「星」は澄み切った星を表す。物静かで聡明《そうめい》な人になるように。
ヒント 「せい」の音はすがすがしさと透明感、「さと」の音はさわやかさと思いやりのある印象。

惺 あきら
惺美 さとみ
惺李 さとり
惺花 しずか
惺華 せいか
惺奈 せいな
惺良 せいら
惺蘭 せいらん
惺永 せな
理惺 りせ

善

ゼン　よい
名 さ　たる
よし

神の意思にかなうことを表し、善い、正しいの意味。うまく、たくみに、仲よくするの意味も。善良な人に。
ヒント 「よし」と読むとさわやかで癒《いや》される風のよう。スター性を感じさせる「さ」の音で使っても。

愛善 あたる
和善 かずさ
善希 さき
弥善 みよし
善笑 よしえ
善花 よしか
善乃 よしの
善穂 よしほ
善美 よしみ
美善希 みさき

然

ゼン　ネン
名 しか　つれ
なり　のり

犬の肉を火で焼く意味から、もえる意味を表す。そのとおりだと是認する意味も。飾らず自然に生きるように。
ヒント 「なり」の音は、甘い笑顔でクールな発言をする印象。「のり」と読むと、りりしく気品のある印象に。

然葉 つれは
菜然 なつれ
然羽 なりは
然美 なりみ
然夢 ねむ
然瑠 ねる
然恵 のりえ
然歌 のりか
実然 みつれ
萌然 もね

創

ソウ　つくる
名 はじむ

もとは槍による傷のことだが、はじめる、はじめてつくるの意味を表すようになった。創造的な才能を願って。
ヒント 潔く、颯爽《さっそう》とした「そう」の「そ」の音だけを活かしても。優しくソフトなイメージが加わる。

創子 そうこ
創朱 そうじゅ
創奈 そうな
創瑠 そうる
創乃 その
創來 そら
創芽 はじめ
創芽菜 そめな
創代香 そよか
美創奈 みそな

湊

ソウ　みなと
名 みな

水上の人の集まるところを表し、みなと、船着き場、集まるなどの意味を表す。友達がたくさんできるように。
ヒント 「みな」は、満ち足りていて親密感のある印象。清涼感があり、パワーを秘めた印象の「そう」の音で使っても。

湊　みなと
湊花　そうか
湊楽　そうら
湊留　そうる
湊愛　みな
湊絵　みなえ
湊瑚　みなこ
湊都　みなと
湊海　みなみ
瑠湊　るみな

尊

ソン　たっとい　とうとい
名 たか

もとの字は「尊」。酒樽の意味から、たっとぶ、とうとい、敬うなどの意味になった。尊敬される人に。
ヒント 日本《やまと》武《たけるの》尊《みこと》のように、英雄のイメージのある字。思いやりとやる気をあわせもった「たか」の音で。

愛尊　あたか
尊良　そら
尊音　たかえ
尊子　たかこ
尊那　たかな
尊乃　たかの
尊芳　たかは
尊穂　たかほ
尊美　たかみ
尊夢　たかむ

巽

ソン　たつみ
名 ゆく　よし

神前で二人並んで舞う形で、供える意味。南東の方角「たつみ」、敬う、つつしむの意味も。神秘的な印象の字。
ヒント 風水で巽《たつみ》（南東）は人の縁をつかさどる方角。「よし」の音は清潔な癒《いや》しを感じさせる。

巽子　たつこ
巽実　たつみ
巽霧　たつむ
巽莉　ゆくり
巽枝　よしえ
巽華　よしか
巽菜　よしな
巽乃　よしの
巽羽　よしは
巽海　よしみ

達

タツ
名 さと　しげ　ただ　と　とお　のぶ　ひろ　みち

通る、つらぬく、至るの意味。また、悟る、物事に通じる意味も。「達人」はこの用法。卓越した人になれるように。
ヒント 何事かを成し遂げるイメージに、「たつ」の音で理知と意志の強さをプラス。「ひろ」などの音でも。

達海　さとみ
達奈　しげな
達絵　ただえ
達伎　たつき
達帆　たつほ
達弥　とおみ
達歌　のぶか
達乃　ひろの
達花　みちか
美達　みひろ

智

チ　さとい
名 あきら　さと　じ　とし　とも　のり　もと

神に祈り誓うことをいい、知恵、知識、知恵のある人などの意味を表す。賢い子になるよう願いをこめて。
ヒント 優しさと力強さをあわせもつ「とも」、さわやかで包容力のある「さと」、躍動感のある「ち」の音などで。

智　あきら
衣智　いとし
智子　さとこ
智心　さとみ
智愛　ちあ
智衣　ちえ
智歌　ちか
智瑚　ちこ
千智　ちさと
智菜　ちな

智帆　ちほ
智禾　としか
智絵　ともえ
智花　ともか
智胡　ともこ
智乃　ともの
智美　ともみ
智絵　のりえ
智歌　のりか
未智　みち

智枝　もとえ
智葉　もとは
雪智　ゆきじ
理智　りち
智恵子　ちえこ
智絵梨　ちえり
智紗子　ちさこ
真智花　まちか
真智瑠　まちる
実智琉　みちる

朝

チョウ　あさ
名 あした　かた　さ　つと　とき　とも　のり

草の間に日が出ている形を表し、朝の意味になった。政治を行うところの意味も。フレッシュなイメージの字。
ヒント 温かい癒《いや》しの力に満ちた「あさ」の音のほか、優しさと力強さを兼ねそなえた「とも」の音でも新鮮。

朝咲　あさ
朝桜　あさお
朝花　あさか
朝葵　あさき
朝子　あさこ
朝日　あさひ
朝陽　あさひ
朝帆　あさほ
朝美　あさみ
朝乃　かたの

咲朝　さあさ
朝依　さえ
爽朝　さやさ
知朝　ちあさ
朝瑚　ちょうこ
朝恵　ときえ
朝和　ときわ
朝香　ともか
朝葉　ともは
朝実　ともみ

朝海　ともみ
朝世　ともよ
朝歌　のりか
麻朝　まあさ
光朝　みつと
美朝　みのり
明朝　めいさ
莉朝　りさ
今朝子　けさこ
真朝子　まさこ

椎

ツイ　しい
名 し

つち（＝物を打つ道具）、打つ、背骨の意味のほか、樹木のシイを表す。シイの実は食用。のびのびと育つように。
ヒント 「しい」の音は、透明感のあるイメージ。スター性のある「し」の音を活かして先頭字にしても。

椎歌　しいか
椎南　しいな
椎菜　しいな
椎音　しいね
椎乃　しいの
椎葉　しいは
椎帆　しいほ
椎良　しいら
椎帆　しほ
椎澄子　しずこ

渡

ト　わたる
名 ただ

渡る、渡す、過ぎるなどの意味を表す。川や海のほか、世間を渡る意味も。上手に世渡りできることを願って。
ヒント　自由なイメージもある字。「と」の音で万葉仮名風に。しっかりとした包容力がプラスされる。

絵渡 えと
小渡 こわた
渡希 ただき
渡萌 とも
実渡 みと
莉渡 りと
渡葉 わたは
知渡世 ちとせ
渡美加 とみか
日渡美 ひとみ

塔

トウ

もとはサンスクリット語のことばの音訳で、仏塔を指すが、高くそびえる建物のこともいう。気品のある人に。
ヒント　塔のように、気高くすらっとした美しさを感じさせる字。「とう」の音は、コツコツ努力する人の印象。

塔愛 とあ
塔華 とうか
塔子 とうこ
塔光 とうこ
塔海 とうみ
塔美 とみ
塔代 とよ
塔萌絵 ともえ
塔和子 とわこ
妃塔美 ひとみ

統

トウ　すべる
名 すみ　つね
のり　むね
もと

統率する、ひとつにまとめる、治めるなどの意味を表す。大筋、つながりの意味も。リーダーシップのある人に。
ヒント　「とう」の音には格調の高さとバイタリティの、「のり」の音にはりりしさと気品、華やかさの印象が。

明統 あすみ
歌統 かすみ
統禾 すみか
統帆 つねほ
統子 とうこ
統花 のりか
統虹 のりこ
真統 ますみ
実統 みのり
統海 もとみ

登

トウ　ト
のぼる
名 たか　とみ
とも　のり
み

登る、高いところに上がる、高い地位につくのほか、なる、実るの意味もある。尊敬される人になるように。
ヒント　頼りがいがあっておおらかな印象の「と」の音で、先頭字にも止め字にも万葉仮名風にも。

衣登 いと
圭登 けいと
登乃 たかの
登子 ともこ
登巴 とわ
登未 のりみ
登央 みお
千沙登 ちさと
登実子 とみこ
日登美 ひとみ

董

トウ
名 なお　のぶ
まこと　まさ
よし

正す、見張るなどのほかに、骨董《こっとう》のように、希少な古道具の意味もある。古風で誠実な女性にぴったりの字。
ヒント　高級感のある字。「とう」の音は力強い大物の印象。「よし」の音は、清潔感と朗《ほが》らかさを感じさせる。

董 まこと
董子 なおこ
董子 とうこ
董未 なおみ
董希 のぶき
董美 まさみ
美董 みと
董乃 よしの
小董美 ことみ
沙董子 さとこ

道

ドウ　トウ
みち
名 じ　ち
つね　ね
のり

邪霊をはらい清めたところをいい、道の意味に使う。人が進むべき道、芸などの意味も。ひとつの道を究《きわ》める人に。
ヒント　力強く人生を歩むイメージ。「みち」の音は、充実感と、ぴちぴちとした生命力があふれる印象。

道歩 ちほ
道花 つねか
道架 のりか
春道 はるね
道絵 みちえ
道桜 みちお
道歌 みちか
道瑠 みちる
幸道 ゆきじ
友里道 ゆりね

敦

トン　あつい
名 あつ　つる
とし　のぶ

神に供える酒食を盛る器《うつわ》を表し、人情にあつい、尊《とうと》ぶ、まことなどの意味を表す。誠実で心優しい人に。
ヒント　「あつ」の音には、自然で素朴《そぼく》な心地よい開放感がある。「のぶ」の音は、甘えん坊で元気な印象。

敦葵 あつき
敦那 あつな
敦菜 あつな
敦乃 あつの
敦実 あつみ
詩敦 しのぶ
敦音 つるね
敦笑 としえ
敦子 のぶこ
美敦 みつる

琵

ハ

弦楽器の琵琶《びわ》を表す。インド、西域から中国を経て伝えられたものである。シルクロードのロマンが香る字。
ヒント　音楽や和のイメージに、オープンで人情味のあふれる「は」の音で、潔さや華やかさを加えて。

明琵 あきは
絢琵 あやは
咲琵 さきは
涼琵 すずは
友琵 ともは
琵奈 はな
琵瑠 はる
優琵 ゆうは
柚琵 ゆずは
璃々琵 りりは

博

ハク　バク
名 はか　ひろ

広い、行き渡っている、広く通じているなどの意味を表す。広い視野で物事を見通せる人になるように。
ヒント　「ひろ」の音で、先頭字にも止め字にも使われる。落ち着きの中にたくましさと情熱をもつ印象に。

知博	ちひろ
博菜	はかな
博英	ひろえ
博花	ひろか
博希	ひろき
博乃	ひろの
博夢	ひろむ
博女	ひろめ
博代	ひろよ
真博	まひろ

斐

ヒ
名 あきら　あや　なが　よし

あや（＝模様）のある美しさのことで、美しい、明らか、なびくなどの意味を表す。才色兼備の女性に。
ヒント　「ひ」と読むと、パワフルでドライな印象が、「あや」と読むと、あどけなさと大胆さが加わる。

斐	あきら
斐乃	あやの
斐巴	あやは
沙斐	さあや
斐梨	ながり
斐翠	ひすい
斐奈	ひな
斐史	ひふみ
斐女	ひめ
斐花	よしか

琵

ビ
名 ひ

弦楽器の琵琶《びわ》のこと。ペルシャ、アラビア起源で奈良時代に伝わった。音楽的才能のあるエキゾチックな女性に。
ヒント　「ひ」と読む字として新鮮。「ひ」の音は、情熱と冷静さを兼ねそなえた、カリスマのイメージ。

朝琵	あさひ
琵奈	ひな
琵毬	ひまり
琵色	ひろ
優琵	ゆうひ
琵桜李	ひおり
琵奈希	ひなき
琵弥子	ひみこ
琵芽歌	ひめか
琵來々	ひらら

富

フ　フウ　とむ　とみ
名 さかえ　とよ　ひさ　よし
旧 冨

富む、財産、豊か、満ち足りる、多いなどの意味を表す。物心ともに恵まれ、安楽に暮らせることを願って。
ヒント　温かくふんわりとした雰囲気の「ふう」「ふ」、優しくて力強い「とみ」の音などを使って。

富瑛	さかえ
富花	とみか
富江	とよえ
富絵	ひさえ
富歌	ふうか
富希	ふき
由富	ゆふ
富禾	よしか
知富有	ちふゆ
富士乃	ふじの

葡

ブ
名 ほ

果樹のブドウ（葡萄）を表す。古くから伝来し、葡萄酒も珍重された。異国情緒もある。実り豊かなイメージ。
ヒント　豊潤《ほうじゅん》な甘さを感じさせる。温かくくつろいだ印象の「ほ」の音で。好奇心旺盛《おうせい》でマイペースな人に。

秋葡	あきほ
輝葡	きほ
早葡	さほ
詩葡	しほ
葡乃	ほの
美葡	みほ
野葡子	のぶこ
葡南美	ほなみ
葡乃香	ほのか
麻紀葡	まきほ

満

マン　みちる　みたす
名 あり　ま　ます　まろ　みつ

もとの字は「滿」。水が満ちあふれることをいい、満ちる、足りるなどの意味になる。満ち足りた人生を願って。
ヒント　「みつ」の音でりりしく気品のある印象を、「ま」の音で満ち足りていて優しい印象をプラス。

笑満	えま
満泉	ますみ
満莉	まり
満美	まろみ
満瑠	みちる
満花	みつか
満貴	みつき
満帆	みつほ
芽満	めあり
満貴子	まきこ

ネーミングストーリー

一花《いちか》ちゃん　百花《ももか》ちゃん

それぞれの花を咲かせてほしいと願って

双子なので、ある程度つながりがあって「花」の付く名前がいいなあと考えていたのですが、なかなかしっくりくるものが見つからず。ある日、名づけ事典の「花」のページを眺めていると、「一花・百花」という名前が並んでいて、これだ！と思い、決定。ただ一つの大きな花を咲かせるもよし、たくさんの花を咲かせるもよし、どちらも素敵なことなんだよ、という思いをこめて名づけました。（久美子ママ）

萬

マン　バン
よろず
名 かず　かつ
たか　つむ
ま

もとの字は「萬」で、その常用漢字が「万」。数の万、数の多いことを表す。何事にも秀でることを願って。
ヒント　「万」と意味も読みも同じなので、字形や画数で選ぶとよい。天真爛漫《てんしんらんまん》な印象の「ま」の音でも。

- 萬紗　かずさ
- 萬希　かつき
- 萬恵　たかえ
- 菜萬　なつむ
- 萬愛　まな
- 萬穂　まほ
- 萬美　まみ
- 萬利　まり
- 萬希穂　まきほ
- 萬悠花　まゆか

裕

ユウ
名 ひろ　まさ
みち　やす
ゆ　ゆたか

衣服がゆったりしていることから、豊か、ゆったりなどの意味に使うようになった。物心両面の豊かさを望んで。
ヒント　「ゆう」の音で人を和ませる印象、「ひろ」の音でくつろぎの中に積極性やたくましさをもつ印象に。

- 裕珂　ひろか
- 裕紗　ひろさ
- 裕海　ひろみ
- 裕吏　ひろり
- 裕菜　まさな
- 裕未　まさみ
- 茉裕　まゆ
- 裕子　みちこ
- 裕瑠　みちる
- 未裕　みひろ

- 美裕　みゆ
- 裕恵　やすえ
- 裕奈　やすな
- 裕愛　ゆあ
- 裕花　ゆうか
- 裕紀　ゆうき
- 裕陽　ゆうひ
- 裕穂　ゆうほ
- 裕凛　ゆうりん
- 裕華　ゆたか

- 裕菜　ゆな
- 裕乃　ゆの
- 裕芙　ゆふ
- 裕真　ゆま
- 裕芽　ゆめ
- 裕來　ゆら
- 亜裕奈　あゆな
- 沙裕里　さゆり
- 知裕梨　ちゆり
- 菜裕香　なゆか

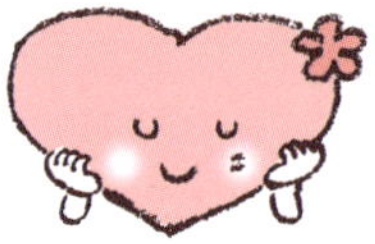

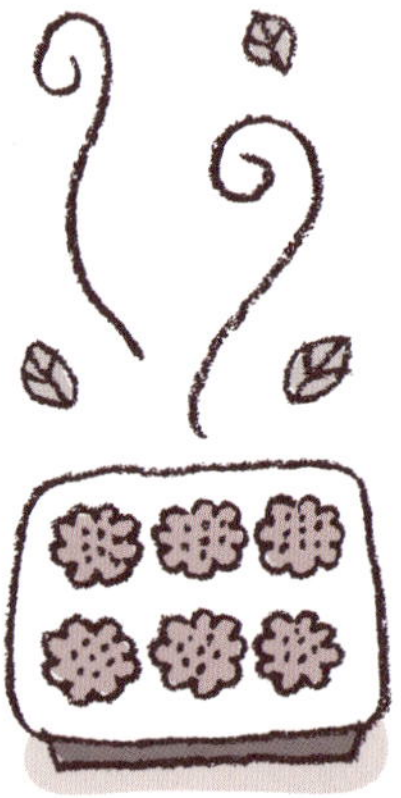

湧

ユウ　ヨウ
わく
名 いさむ
わか

桶形の井戸から水がわき出ることから、わく、あふれるの意味に使う。あふれるような才能に恵まれるように。
ヒント　クリエイティブな印象の字。「ゆう」の音は思慮深く繊細《せんさい》な印象。「わか」の音で夢と希望に満ちた印象に。

- 湧　ゆう
- 湧美　いさみ
- 知湧　ちゆう
- 実湧　みゆう
- 湧香　ゆうか
- 湧奈　ゆうな
- 湧由　ゆうゆ
- 湧禾　ようか
- 湧菜　わかな
- 湧芭　わかば

遊

ユウ　ウ
名 ゆ

気ままに行動することをいい、遊ぶ、楽しむ、旅する、などの意味を表す。友人の意味も。のびのび育つように。
ヒント　豊かな人生や視野の広さのイメージもある字。「ゆ」の音で思慮深さや優しさが加わる。

- 茉遊　まゆ
- 遊亜　ゆうあ
- 遊花　ゆうか
- 遊由　ゆうゆ
- 遊李　ゆうり
- 遊季　ゆき
- 遊奈　ゆな
- 千遊梨　ちゆり
- 未遊姫　みゆき
- 遊美子　ゆみこ

釉

ユウ
うわぐすり
名 つや　てる

焼き物のうわぐすりを表す。素焼きの陶磁器の表面に塗って艶《つや》を出す薬。つや、光の意味も。技芸に優れた子に。
ヒント　素朴《そぼく》な美しさを感じさせる字。人気の「ゆう」と読む字として新鮮。人の心を優しく和ませる名前に。

- 釉輝　つやき
- 釉羽　てるは
- 釉未　てるみ
- 茉釉　まゆう
- 美釉　みゆう
- 釉榎　ゆうか
- 釉貴　ゆうき
- 釉名　ゆうな
- 釉美　ゆうみ
- 釉月　ゆづき

葉

ヨウ　は
名 くに　すえ
のぶ　ば
ふさ　よ

草の葉、木の葉のほか、薄いものを数えることばにも使う。フレッシュで可憐《かれん》なイメージのある字。
ヒント　「よう」と読むと温かくくつろいだ雰囲気が、「は」と読むと気風《きっぷ》のよい人情家のイメージが加わる。

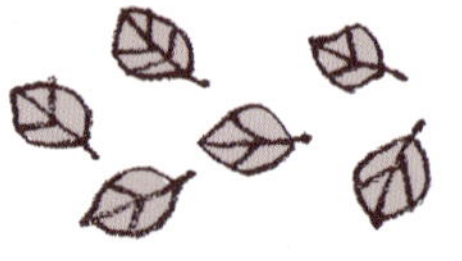

- 蒼葉　あおば
- 綾葉　あやは
- 彩葉　いろは
- 乙葉　おとは
- 奏葉　かなよ
- 歌葉　かよ
- 葉乎　くにこ
- 朔葉　さくは
- 詩葉　しのぶ
- 葉生　のぶき

- 葉月　はづき
- 葉摘　はつみ
- 葉成　はなり
- 葉絵　ふさえ
- 双葉　ふたば
- 万葉　ますえ
- 麻葉　まよ
- 魅葉　みくに
- 美葉　みよう
- 紅葉　もみじ

- 哉葉　やすえ
- 葉花　ようか
- 葉子　ようこ
- 四葉　よつば
- 梨葉　りよ
- 若葉　わかば
- 愛結葉　あゆは
- 絵美葉　えみは
- 葉菜子　はなこ
- 莉乃葉　りのは

陽

ヨウ
名 あき　お　おき　きよ　たか　なか　はる　ひ

日、太陽、日なたのほか、暖かい、明るい、南などを表す。陰《かげ》に対する陽の意味も。積極的でイキイキした子に。

ヒント　朗《ほが》らかで温かい「はる」の音のほか、明るさと強さをあわせもつ「ひ」、ロマンチックな「よう」の音でも。

陽栄　あきえ
陽奈　あきな
陽葉　あきは
陽帆　あきほ
朝陽　あさひ
陽巳　きよみ
心陽　こはる
陽実　たかみ
千陽　ちあき
知陽　ちひろ

菜陽　なおき
陽絵　はるえ
陽姫　はるき
陽菜　はるな
陽音　はるね
春陽　はるひ
陽美　はるみ
陽愛　ひな
陽向　ひなた
陽芽　ひめ

真陽　まなか
美陽　みはる
夕陽　ゆうひ
陽花　ようか
陽子　ようこ
里陽　りよう
紗那陽　さなお
陽桜里　ひおり
陽歌莉　ひかり
陽菜子　ひなこ

揚

ヨウ　あげる
名 あき　あきら　たか　のぶ

高く揚げる、高く揚がる、盛んになるのほか、明らかにするの意味もある。向上心の旺盛《おうせい》な子に育つように。

ヒント　「揚子江《ようすこう》」から雄大なイメージも。「よう」の音でおおらかさを、「あき」の音で明るい印象をプラス。

揚奈　あきな
揚葉　あきは
揚帆　あきほ
揚海　あきみ
揚羽　あげは
志揚　しよう
揚生　たかき
知揚　ちあき
揚未　のぶみ
揚子　ようこ

遥

ヨウ　はるか
名 すみ　とお　のぶ　のり　はる　みち

旧 遙

もとの字は「遙」。ゆらゆら歩くことをいい、さまよう意味に使う。はるか、遠いの意味もある。

ヒント　「はる」の読みで、生命力とワクワク感を、「よう」の読みで悠々とした優しさを加えて。1字名にも。

遥　はるか
愛遥　あすみ
歌遥　かのり
希遥　きはる
小遥　こはる
志遥　しのり
千遥　ちはる
遥海　とおみ
遥吏　とおり
菜遥　なすみ

遥禾　のぶか
遥音　はのん
遥絵　はるえ
遥風　はるか
遥歌　はるか
遥姫　はるき
遥空　はるく
遥菜　はるな
遥乃　はるの
遥陽　はるひ

遥世　はるよ
遥琉　はるる
真遥　ますみ
遥花　みちか
遥瑠　みちる
三遥　みのり
美遥　みはる
実遥　みよ
遥華　ようか
遥子　ようこ

椋

リョウ　むくのき
名 くら

樹木のムクノキを表す。実は食用になり、材は堅く車輪などに使われる。社会のために役立つ人になるように。

ヒント　「りょう」の音は透明感のある気品を、「くら」の音は奥行きを感じさせる。「涼」と間違わないよう注意。

椋　りょう
緒椋　おぐら
椋菜　くらな
椋楽　くらら
沙椋　さくら
実椋　みくら
椋香　りょうか
椋華　りょうか
椋子　りょうこ
椋葉　りょうは

琳

リン
名 たま

美しい玉の名。また、玉がふれ合って鳴る音を表す。玉のように美しく輝く女性になることを願って。

ヒント　高貴さを感じさせる字。華やかな印象の「りん」の音で、さらにキラキラと輝く透明感をプラス。

愛琳　あいりん
香琳　かりん
瑚琳　こりん
琳絵　たまえ
琳未　たまみ
真琳　まりん
琳花　りんか
琳空　りんく
琳子　りんこ
琳音　りんね

禄

ロク
名 きち　とし　とみ　よし

旧 祿

もとの字は「祿」。幸い、よいの意味を表す。また、給与、利益、財産の意味も。特に金運に恵まれるよう願って。

ヒント　「とし」と読むと、確かな信頼感と知性を、「よし」と読むと、やわらかい光を感じさせる名前に。

禄乃　きちの
禄花　としか
禄実　としみ
禄禾　とみか
美禄　みよし
未禄　みろく
禄恵　よしえ
禄花　よしか
禄乃　よしの
禄穂　よしほ

13画

愛

アイ めでる
名 あ え な のり まな めぐ めぐむ よし より ら

去ろうとして後ろに残る心をいい、慈《いつく》しむの意味。好き、大切にする、惜しむなどの意味も。大人気の漢字。
ヒント 明るく親しみを感じさせる「あい」、生命力のある「めぐ」、充実感に満ちた「まな」などの音で。

愛 あい
愛玖 あいく
愛紗 あいしゃ
愛心 あいみ
愛來 あいら
愛梨 あいり
愛瑠 あいる
愛夢 あむ
愛結 あゆ
愛菜 えな

愛理 えり
叶愛 かのり
心愛 ここあ
聖愛 せいら
愛未 なみ
乃愛 のあ
愛葉 のりは
陽愛 ひより
愛菜 まな
愛香 まなか

愛美 まなみ
未愛 みよし
愛実 めぐみ
愛琉 めぐる
由愛 ゆあ
愛姫 よしき
愛乎 よりこ
莉愛 りあ
愛美花 えみか
万里愛 まりあ

葦

イ あし よし

水草のアシ、ヨシを表す。「人間は考える葦である」ということばも知られる。素朴《そぼく》に強く生きるように。
ヒント 「よし」の音は、清潔な癒《いや》しに満ちた印象。一途《いちず》ながんばり屋さんを思わせる「い」の音でも。

亜葦 あい
葦菜 あしな
葦玖 いく
葦依 いよ
芽葦 めい
結葦 ゆい
葦加 よしか
葦乃 よしの
瑠葦 るい
美葦南 みいな

意

イ
名 おお おき おさ のり むね もと

神意を推し量ることがもとの意味で、心中の思い、心のはたらきを表す。意志の意味も。思いを遂げるように。
ヒント 「い」の音はキュートで憎めないいたずらっ子の印象。止め字に使うときっぱりした潔さを感じさせる。

意帆 いほ
意菜 おきな
意歌 のりか
真意 まおさ
意歌 むねか
意未 もとみ
優意 ゆい
梨意 りお
茉里意 まりい
莉意奈 りいな

園

エン その
名 え
旧 薗

庭園、庭のほか、野菜、果樹、花などの畑の意味を表す。草花が咲き乱れる、美しいイメージがある字。
ヒント さわやかで温かい印象の「その」の音で。「えん」の「え」の音を活かして、万葉仮名風に使っても。

園菜 えな
園夢 えむ
園恵 そのえ
園香 そのか
園希 そのき
園子 そのこ
園芭 そのは
園未 そのみ
美園 みその
知園美 ちえみ

遠

エン オン とおい

遠くへ行くという意味から、距離や時間がへだたる、遠いの意味を表す。奥深いの意味も。人間性豊かな人に。
ヒント 「おん」の音を使うと、彼方に広がる印象がさらに増す。「永遠《とわ》」などのことばから名づけても。

癒遠 いおん
久遠 くおん
詩遠 しおん
遠愛 とあ
遠子 とおこ
永遠 とわ
音遠 ねおん
羽遠 はおん
梨遠 りおん
永遠子 とわこ

雅

ガ
名 ただ のり まさ みやび もと

もとはカラスのことで、雅《みやび》やか、風流な様子を表す。文字どおり気品のある女性にぴったりの字。
ヒント 「まさ」の読みには、優しさとさわやかさがある。包容力とやわらぎを感じさせる「みやび」の音でも。

雅 みやび
愛雅 あいみ
衣雅 いのり
栄雅 えいか
桜雅 おうが
華雅 かのり
光雅 こうが
雅依 ただえ
雅歌 のりか
風雅 ふうが

雅緒 まさお
雅姫 まさき
雅音 まさね
雅葉 まさは
雅帆 まさほ
雅美 まさみ
雅夢 まさむ
雅女 まさめ
美雅 みのり
雅佳 みやか

雅湖 みやこ
雅埜 みやの
雅羽 みやは
雅妃 みやび
雅子 もとこ
雅菜 もとな
雅芽 もとめ
優雅 ゆうが
來雅 らいが
雅由子 まゆこ

楽

ガク　ラク
たのしい
名 ささ　もと
よし　ら

旧 樂

もとの字は「樂」。手鈴の形で、音楽の意味。のちに、楽しい、たやすいの意味に。楽しさいっぱいの人生を。
ヒント 理知にあふれ、強く華やかな印象の「ら」の音で、止め字や万葉仮名風にすると使いやすい。

娃楽　あいら
楽音　ささね
咲楽　さら
奏楽　そうら
美楽　みよし
楽美　もとみ
侑楽　ゆら
楽夏　らくな
喜代楽　きよら
玖楽々　くらら

寛

カン
名 お　ちか
とみ　とも
のり　ひろ
もと　よし

旧 寬

廟《びょう》の中で巫女《みこ》が祈る形からできた字で、ゆるやか、ゆったり、広いの意味を表す。のびのびと育つように。
ヒント 「ひろ」の音でやる気とたくましさを増して。茶目《ちゃめ》っ気《け》と頼りがいをあわせもつ「かん」の音でも。

寛那　かんな
寛絵　ちかえ
千寛　ちひろ
寛花　とみか
寛実　ともみ
寛瑛　ひろえ
美寛　みのり
実寛　みよし
寛子　もとこ
莉寛　りお

幹

カン　みき
名 えだ　き
つね　とも
まさ　み
もと

木の幹のほか、物事の大事な部分の意味がある。強い、優れているの意味も。グループの中心になるような人に。
ヒント 茶目《ちゃめ》っ気《け》と頼りがいのある「かん」、前向きでイキイキした印象の「みき」の音などで使って。

亜幹　あき
幹菜　かんな
小幹　こえだ
心幹　ここみ
幹美　つねみ
幹音　まさね
美幹　みかん
幹帆　みきほ
幹花　もとか
未遊幹　みゆき

暉

キ　かがやく
名 あき
あきら

日の光のことをいい、輝く、光る、照るなどの意味を表す。日光のように明るく輝かしい将来を願って。
ヒント 「き」の音は独立独歩《どくりつどっぽ》の冒険者の印象。「あき」の音は、キュートで明るさと輝きを感じさせる。

暉南　あきな
暉來　あきら
暉帆　きほ
紗暉　さき
珠暉　たまき
波暉　なみき
真暉　まき
未暉　みき
悠暉　ゆうき
美咲暉　みさき

義

ギ
名 あき　しげ
たけ　ちか
とも　のり
みち　よし

正しい、よい、道にかなっているのほか、わけ、意味、仮のなどの意味を表す。行いの正しい人になるように。
ヒント 「よし」の音には朗《ほが》らかでさわやかな癒《いや》しの印象がある。「とも」「のり」「みち」などの音を活かしても。

義乃　あきの
義葉　しげは
義子　ちかこ
義江　ともえ
義絵　のりえ
弥義　みたけ
義花　みちか
義美　よしみ
早義梨　さぎり
奈義沙　なぎさ

鳩

キュウ
あつめる
はと
名 く　やす

鳥のハトを表す。また、集める、集まる、やすんずるの意味も。ハトは平和のシンボル。優しく穏《おだ》やかな女性に。
ヒント 「はと」の音は包容力を感じさせる。「やす」と読むと清潔な癒《いや》しに満ちた名前に。「く」の音でも。

衣鳩　いく
鳩都　きゅうと
小鳩　こばと
鳩子　はとこ
未鳩　みく
美鳩　みはと
鳩江　やすえ
鳩禾　やすか
鳩和　やすな
梨鳩　りく

継

ケイ　つぐ
名 つね　ひで

もとの字は「繼」。糸に糸を加える形で、つなぐ、継ぐ、受け継ぐの意味を表す。友達がたくさんできるように。
ヒント 潔い気品と、ドライな知性をあわせもった「けい」、豊かな発想力を感じさせる「つぐ」の音などで。

継花　けいか
継紗　けいしゃ
継登　けいと
継奈　けいな
継葉　つぐは
継帆　つぐほ
継弓　つぐみ
継実　つねみ
継禾　ひでか
継代　ひでよ

詣

ケイ
もうでる
名 まい　ゆき

天から神霊が降りる形で、至るの意味に使う。寺社に詣でる、学問などが進む意味もある。探究心の強い子に。
ヒント 「けい」の音はりりしく知的な印象。「ゆき」の音は奥ゆかしく上品ながら、芯の強さも感じさせる。

詣子　けいこ
詣登　けいと
詣奈　けいな
知詣　ちゆき
詣花　まいか
詣沙　まいさ
詣未　まいみ
美詣　みゆき
詣奈　ゆきな
詣乃　ゆきの

絹

ケン　きぬ
名 まさ

蚕《かいこ》の繭《まゆ》から採った糸、それで織った布の意味。絹は美しく高価で、ゴージャスなイメージがある。
ヒント 「きぬ」の音は、なめらかさと照りを感じさせる、真珠のような上品なイメージ。

絹江　きぬえ
絹佳　きぬか
絹子　きぬこ
絹葉　きぬは
絹帆　きぬほ
絹代　きぬよ
絹李　きぬり
真絹　まきぬ
絹希　まさき
絹美　まさみ

源

ゲン
みなもと
名 もと よし

水の流れ出るもと、源泉の意味から、物事のはじまるもと、根本の意味になった。源氏の姓でもある。

ヒント 典雅なイメージに「よし」の音でやわらぎと清らかさ、「もと」の音で安定感と生きる強さをプラス。

源羽 みなは
美源 みよし
源衣 もとい
源香 もとか
源葉 もとは
源穂 もとほ
源花 よしか
源子 よしこ
源乃 よしの
源未 よしみ

鼓

コ つづみ

打楽器の鼓《つづみ》、太鼓を表す。また、鼓を打つ、打つ、ふるい立たせる意味もある。情熱的な女性に。

ヒント 成熟した成功者の風格がある「つづみ」の音で1字名に。「こ」の音を使うと、若々しく機敏《きびん》な印象。

鼓 つづみ
愛鼓 あいこ
鼓音 こおと
鼓登 こと
鼓夏 こなつ
鼓春 こはる
鼓町 こまち
莉鼓 りこ
鼓々美 ここみ
真由鼓 まゆこ

瑚

ゴ コ

珊瑚《さんご》の意味を表す。サンゴ虫の骨格が集積したもので、装飾品になる。南の海、島のイメージ。活動的な女性に。

ヒント 「こ」の音で先頭字、止め字、万葉仮名風に。「こ」の音は、小柄で愛らしくやりくり上手な印象。

亜瑚 あこ
季瑚 きこ
瑚海 こうみ
瑚子 ここ
瑚波 こなみ
瑚桃 こもも
珊瑚 さんご
南瑚 みなこ
瑚々奈 ここな
瑚乃香 このか

幌

コウ ほろ
名 あき あきら

雨や日光を防ぐ車のほろ、とばりなどの意味を表す。北海道の地名でも見られる字。心が広く、献身的な人に。

ヒント 「ほろ」の音はなつかしさと愛しさを感じさせる。元気はつらつで明るいイメージの「あき」の音でも。

幌桜 あきお
幌加 あきか
幌奈 あきな
幌乃 あきの
幌海 あきみ
季幌 きほろ
幌雅 こうが
幌美 こうみ
麻幌 まほろ
美幌 みほろ

滉

コウ
名 あき あきら ひろ

水が深く広い様子、水がきらめき動く様子を表す。水以外に使われることも。明るく健康であることを願って。

ヒント 明るく元気なイメージの「あき」、たくましさとやすらぎを感じさせる「ひろ」などの音で。

滉 あきら
滉菜 あきな
滉葉 あきは
滉帆 あきほ
滉李 あきり
滉未 こうみ
知滉 ちあき
滉花 ひろか
滉美 ひろみ
真滉 まひろ

煌

コウ
かがやく
きらめく
名 あき あきら てる

火の輝くことをいい、輝く、きらめくの意味に使う。盛ん、明らかの意味もある。神々しく、華麗な印象の字。

ヒント 「きら」の音で輝く宝石のイメージがさらに増す。鮮やかに未来を切りひらく印象の「あき」の音でも。

煌南 あきな
煌乃 あきの
愛煌 あきら
煌星 きらほ
煌羅 きらら
煌梨 きらり
煌珠 こうみ
煌依 てるえ
煌子 てるこ
煌葉 てるは

嗣

シ つぐ
名 さね つぎ ひで

位を継ぐ、あとを継ぐ、あと継ぎ、世継ぎなどの意味を表す。将来子宝に恵まれるように願いをこめて。

ヒント 颯爽《さっそう》と活躍する印象の「し」の音で万葉仮名風に。豊かな発想力を感じさせる「つぐ」の音を使っても。

依嗣 いつぐ
嗣織 しおり
嗣乃 しの
嗣宝 しほ
嗣美 つぐみ
嗣李 つぐり
嗣月 つづき
嗣花 ひでか
真嗣 まさね
嗣永梨 しえり

詩

シ
名 うた

心にあることをことばにしたもの。詩や歌のほか、漢詩を指すこともある。詩情の感じられる名前をつくれる字。

ヒント 「し」の音は、颯爽《さっそう》としていて個性的な印象。「うた」の音は、ほのぼのと明るい自然体を感じさせる。

詩 うた
詩歌 うたか
詩子 うたこ
詩音 うたね
詩穂 うたほ
詩安 しあん
詩華 しいか
詩衿 しえり
詩央 しお
詩織 しおり

詩音 しおん
詩姫 しき
詩澄 しず
詩月 しづき
詩摘 しづみ
詩弦 しづる
詩波 しなみ
詩乃 しの
詩伸 しのぶ
詩紀 しのり

詩帆 しほ
詩麻 しま
詩紋 しもん
美詩 みうた
詩衣奈 しいな
詩桜里 しおり
詩乃葉 しのは
詩帆里 しほり
詩葉李 しより
美詩緒 みしお

資

シ
名 ただ　とし　もと　やす　よし　より

財貨、もとで、生まれつきの性質や才能の意味を表す。また、助けるの意味もある。才能豊かで親切な人に。

ヒント 「し」の音のほか頼りがいのある「もと」、清潔で優しい「やす」、知的好奇心あふれる「よし」の音も。

資輝	しき
資夕	しゆう
資花	ただか
資美	としみ
資花	もとか
資生	やすき
資恵	よしえ
資央	よりお
資衣菜	しいな
資英里	しえり

慈

ジ　いつくしむ
名 しげ　ちか　なり　やす　よし

子を養う心をいい、慈《いつく》しむ、かわいがるの意味になった。情け、あわれみの意味も。愛情深い女性に。

ヒント 「しげ」の音は人情味がありパワフル。「ちか」と読むと、やんちゃで無邪気な印象に。

慈	ちか
慈香	しげか
慈姫	しげき
慈子	ちかこ
慈未	なりみ
万慈	まちか
美慈	みちか
慈子	やすこ
慈美	よしみ
富慈心	ふじこ

蒔

ジ　まく
名 まき

苗などを植えかえることを表し、植える、種をまくの意味になった。蒔絵《まきえ》は華麗な装飾品で、豪華な印象も。

ヒント 「まき」と読むと、充実感があり、パワフルな輝きを感じさせる名前に。使用例が少ないので新鮮味がある。

胡蒔	こまき
多蒔	たまき
蒔希	まき
蒔貴	まき
蒔愛	まきあ
蒔香	まきか
蒔世	まきせ
蒔乃	まきの
蒔穂	まきほ
仁蒔穂	にじほ

準

ジュン
名 とし　のり

水平を測る器《うつわ》をいい、平らな意味になった。目安、手本、よりどころにする意味も。手本になるような人に。

ヒント 「じゅん」の音は、高級感と人なつっこさをあわせもつ。「のり」の音はかわいくてキレイな印象。

準愛	じゅんあ
準子	じゅんこ
準奈	じゅんな
準莉	じゅんり
準瑚	としこ
準栄	のりえ
準花	のりか
準代	のりよ
羽準	はのり
実準	みのり

詢

ジュン
名 はかる　まこと

神々にはかることから、はかる、相談するの意味。また、まこと、等しいの意味もある。誠実な人になるように。

ヒント 「じゅん」の音は、人なつっこくてセクシーな印象。やすらぎとパワーを感じさせる「まこと」の音でも。

詢	まこと
杏詢	あんじゅ
詢音	じゅね
詢穂	じゅほ
詢磨	じゅま
詢楽	じゅら
詢花	じゅんか
詢子	じゅんこ
詢奈	じゅんな
蘭詢	らんじゅ

照

ショウ　てる
名 あき　あきら　あり　とし　のぶ　みつ

四方を照らすことをいい、照る、照らす、照らし合わせるなどの意味を表す。周囲に元気を与える明るい女性に。

ヒント 優しく温かい光を感じさせる「しょう」、艶《つや》があり、上質で成熟した世界観をもつ「てる」の音で。

照奈	あきな
詩照	しのぶ
照菜	しょうな
千照	ちあき
照葉	てるは
照与	としよ
照花	みつか
照季	みつき
芽照	めあり
照希代	あきよ

美徳《みのり》さん　四字熟語のような名前!?

私の結婚前の名前は「神戸美徳」。神戸大学出身なのですが、大学生の頃、留学生に私のフルネームを神戸大の熟語だと思われていました。結婚後、姓が変わると、ある有名女優さんとよく似た字面《じづら》に。文字だけを見られると「えっ」と期待されることが多く、少しいたたまれない気持ちになります。何かとエピソードに事欠かない名前ですが、気に入っています。

頌

ショウ つぐ

名 うた おと のぶ よし

祖先の徳をほめたたえることをいい、ほめる、たたえるなどの意味に使う。ゆとりの意味も。文才を願って。

ヒント ソフトな光を感じさせる「しょう」の音は、華を秘めたイメージも。使用例が少ないので、個性的。

頌花 うたか
頌葉 おとは
頌芽 おとめ
詩頌 しのぶ
頌子 しょうこ
頌吏 しょうり
頌海 つぐみ
頌佳 のぶか
美頌 みよし
頌歌 よしか

慎

シン つつしむ

名 ちか のり まこと みつ よし

旧 愼

もとの字は「愼」。つつしむ、控えめにする、注意深くするなどの意味。まことの意味も。つつしみ深く誠実な人に。

ヒント 無邪気な自然体の強さを感じる「ちか」、満ち足りた印象の「みつ」、さわやかで公平な「よし」の音などで。

慎 ちか
慎子 しんこ
慎來 しんら
慎葉 のりは
万慎 まちか
未慎 みしん
美慎 みちか
慎花 みつか
慎英 よしえ
慎乃 よしの

新

シン あたらしい あらた にい

名 ちか よし わか

木を新しく切り出すことで、新しい、新しくする、はじめてなどの意味を表す。初々しくフレッシュな女性に。

ヒント 「にい」と読むとキュートで一途《いちず》な印象。やんちゃで小粋《こいき》な「ちか」、圧倒的な存在感の「わか」の音でも。

沙新 さにい
新子 しんこ
新湖 ちかこ
新奈 にいな
新葉 にいは
美新 みちか
新埜 よしの
新紗 わかさ
新菜 わかな
新羽 わかば

瑞

ズイ みず

名 ず たま

めでたい玉を表し、めでたいしるしの意味。「みず」と読んでみずみずしいの意味も。フレッシュな印象。

ヒント 「みず」の音には充実感、重厚感がある。「たま」の音は、優しさとたくましさを兼ねそなえたイメージ。

瑞季 たまき
魅瑞 みずい
瑞夏 みずか
瑞希 みずき
瑞穂 みずほ
瑞世 みずよ
杏瑞咲 あずさ
亜瑞実 あずみ
香瑞美 かずみ
由瑞香 ゆずか

嵩

スウ かさ

名 たか たけ

「山」+「高い」で、高い、かさむの意味を表す。また、中国の名山、嵩《すう》山《ざん》のこと。グループの中心になる人に。

ヒント 「たか」の音には、艶《つや》と輝きがある。頂点を極《きわ》める印象。「高」と間違われやすいので要注意。

嵩羽 すうは
嵩子 たかこ
嵩那 たかな
嵩祢 たかね
嵩甫 たかほ
嵩美 たかみ
嵩良 たから
嵩未 たけみ
未嵩 みかさ
美嵩 みかさ

数

スウ ス かず かぞえる

名 のり ひら や

もとの字は「數」。もとは責めるの意味で、数、数えるの意味になった。運命、筋道などの意味も。神秘的な字。

ヒント 高級感の中に愛らしさを感じさせる「かず」の音で。「一」や「和」に比べ新鮮。「す」の音でも。

愛数 あや
数沙 かずさ
数葉 かずは
数穂 かずほ
数美 かずみ
数菜 すうな
数莉 ひらり
美数 みのり
未数 みや
数美那 すみな

勢

セイ いきおい

名 せ なり

勢い、活動する力の意味を表す。また、ありさま、成り行きの意味も。活発で元気のいい子になるように。

ヒント 「せい」の音は、さわやかで透明な光を思わせる。気品のある知性派を思わせる「せ」の音でも。

伊勢 いせ
勢香 せいか
勢子 せいこ
勢菜 せいな
勢來 せいら
知勢 ちせ
羽勢 はなり
利勢 りせ
勢理奈 せりな
千登勢 ちとせ

聖

セイ

名 あき あきら きよ さと たから とし ひじり まさ

神の声を聞くことのできる人をいい、聖人、知恵に優れた人を表す。賢い、清らかの意味も。賢く清廉《せいれん》な人に。

ヒント すがすがしく透明感あふれる「せい」の音のほか、多くの人に頼られる印象の「きよ」の音を活かしても。

聖菜 あきな
聖絵 きよえ
聖花 きよか
聖葉 きよは
聖未 きよみ
聖來 きよら
聖瑚 さとこ
聖美 さとみ
聖李 さとり
聖愛 せいあ

聖華 せいか
聖子 せいこ
聖南 せいな
聖空 せいら
聖蘭 せいらん
聖奈 せな
聖莉 せり
聖恋 せれん
聖羅 たから
茅聖 ちあき

千聖 ちさと
聖恵 としえ
聖伽 としか
聖生 まさき
聖那 まさな
美聖 みさと
莉聖 りせ
聖志留 せしる
聖李亜 せりあ
聖理奈 せりな

誠

セイ　まこと
名 あき　すみ　とも　まさ　み　もと　よし

神に誓うときの心をいい、まこと、真心、まことにするなどの意味を表す。嘘《うそ》のない誠実な人になるように。

ヒント 「せい」の音は、透明感があり、神聖なイメージ。「まさ」と読むと、さわやかさと優しさのある名前に。

誠	まこと
誠子	あきこ
愛誠	あすみ
誠夏	せいか
誠菜	せいな
誠葉	ともは
誠実	まさみ
愛誠	まなみ
誠禾	もとか
誠乃	よしの

靖

セイ　やすい
名 しず　のぶ　やす

儀礼の場を清めることで、やすらかにする、静かの意味に使う。落ち着いた平安な人生をおくることを願って。

ヒント 清らかな癒《いや》しに満ちた「やす」、秘めたパワーを感じる「しず」、甘えん坊で元気な「のぶ」の音で。

靖空	しずく
靖李	しずり
靖瑠	しずる
靖來	せいら
靖花	のぶか
靖子	やすこ
靖和	やすな
靖葉	やすは
靖実	やすみ
靖代	やすよ

節

セツ　セチ
ふし
名 たか　とき　とも　のり　みさ　みね

旧 節

区切り、音楽の調子、時、気候の変わり目、祝日など、幅広い意味をもつ字。礼儀正しく品格のある人に。

ヒント 「せつ」の音には、洗練された強い美しさがある。「のり」「みさ」など、名乗りの読みを活かしても。

湖節	こみね
節華	せつか
節音	たかね
節穂	たかほ
節絵	ときえ
節季	ともき
節香	のりか
節栄	みさえ
節緒	みさお
実節	みのり

楚

ソ　いばら
名 うばら　たか

樹木のニンジンボクやイバラの意味を表す。中国古代の国の名にも。「楚々《そそ》とした」は、美しく清らかな様子。

ヒント 優しさと癒《いや》しを感じさせる「そ」の音で。やる気と思いやり、信頼感のある「たか」の音でも。

楚奈	そな
楚來	そら
楚蘭	そらん
楚胡	たかこ
楚奈	たかな
楚音	たかね
楚穂	たかほ
楚実	たかみ
楚乃香	そのか
美楚野	みその

蒼

ソウ　あおい
名 しげる　ひろ

草の青い色をいい、青、青いの意味に使う。また、青く茂る様子を表す。草が茂るようにすくすく育つことを願って。

ヒント 潔く颯爽《さっそう》とした印象のある「そう」の音や、おおらかで人に愛される「あお」の音などで。

蒼	あおい
蒼生	あおい
蒼依	あおい
蒼瑚	あおこ
蒼乃	あおの
蒼波	あおば
蒼葉	あおば
蒼海	あおみ
蒼李	あおり
蒼月	あつき
蒼芭	しげは
蒼華	そうか
蒼子	そうこ
蒼菜	そうな
蒼弥	そうび
蒼未	そうみ
蒼奈	そな
蒼埜	その
蒼來	そら
知蒼	ちひろ
乃蒼	のあ
蒼絵	ひろえ
蒼花	ひろか
蒼希	ひろき
蒼那	ひろな
蒼美	ひろみ
蒼夢	ひろむ
茉蒼	まひろ
美蒼	みひろ
莉蒼	りあ

想

ソウ　ソ
おもう

思う、思いめぐらす、推し量る、思いやる、思い、イメージなどの意味を表す。想像力豊かで思いやりのある子に。

ヒント ファンタスティックなイメージに、「そ」の音で、ソフトにすべてを包みこむイメージをプラス。

想愛	そあ
想美	そうび
想楽	そうら
想菜	そな
想良	そら
想奈多	そなた
想乃花	そのか
想乃美	そのみ
想代香	そよか
美想乃	みその

滝

たき
名 よし

旧 瀧

もとの字は「瀧」。雨が降る様子や、急流、滝の意味を表す。すがすがしいイメージのある字。

ヒント きりっとしていて潔く、輝きのある「たき」の音で、やる気と思いやりを兼ねそなえたリーダーに。

羽滝	うたき
滝恵	たきえ
滝乃	たきの
滝代	たきよ
滝李	たきり
美滝	みよし
滝花	よしか
滝乎	よしこ
滝埜	よしの
滝巴	よしは

暖

ダン　ノン
あたたかい
名 あつ　はる　やす

暖かい、暖める、暖まるのほか、愛情が深い、また経済状態がいい意味にも。愛情にも金銭にも恵まれるように。

ヒント 「はる」の音は、男女ともに人気の音。「のん」の音で止め字にすると、楽しげで甘え上手な印象に。

暖花	あつか
愛暖	あのん
歌暖	かのん
千暖	ちはる
暖子	はるこ
暖美	はるみ
万暖	まのん
心暖	みはる
暖野	やすの
結暖	ゆのん

稚

チ
名 のり わか
わく

まだ生長していない稲の意味から、幼い、若い、遅いなどの意味を表す。わが子の豊かな将来性を願って。
ヒント 躍動感と愛らしさのある「ち」の音を活かして。「ち」で終わると、自分をアピールできる人に。

稚栄 ちえ
稚沙 ちさ
稚菜 ちな
稚穂 ちほ
奈稚 なのり
美稚 みち
稚子 わかこ
稚愛 わかな
稚葉 わかば
稚美 わくみ

椿

チン つばき
名 ち

チャンという樹木。日本では「春」の「木」からツバキを表す。美しい花とともに実から油を採ることも知られる。
ヒント 「つばき」と読むと、あでやかな印象の名前に。イキイキと機敏《きびん》な印象の「ち」の音を活かしても。

椿 つばき
椿明 ちあき
椿瑛 ちえ
椿花 ちか
椿奈 ちな
椿乃 ちの
椿宝 ちほ
椿希 つばき
美椿 みち
万椿花 まちか

禎

テイ
名 さだ さち
ただ つぐ
とも よし

旧 禎

めでたいしるし、幸いの意味を表す。また、正しい、よいなどの意味もある。幸福な人生を願って。
ヒント 裏表がなく一途《いちず》な「さだ」、さわやかな癒《いや》しに満ちた「よし」の音で。「さち」「とも」の音でも。

禎絵 さだえ
禎子 さだこ
禎海 さだみ
禎禾 さちか
禎女 ただめ
禎未 つぐみ
禎菜 ていな
禎美 ともみ
禎夏 よしか
禎留美 てるみ

楠

ナン ダン
くすのき
名 くす な

クスノキ科の常緑高木の総称。南方産。くすのきは堅くしっかりした材。木肌の細かい文様や独特の香りが特徴。
ヒント 「なん」と読むと、心地よい親密感があり快活なイメージが加わる。「な」の音のみを活かしても新鮮。

愛楠 あいな
亜楠 あくす
杏楠 あんな
織楠 おりな
楠葉 くすは
心楠 ここな
新楠 にいな
真楠 まな
美楠 みくす
夕楠 ゆうな

稔

ネン みのる
名 とし なり
なる のり
ゆたか

穀物が実る意味を表す。積もる、年の意味もある。物心ともに豊かな生活をおくれるよう願いをこめて。
ヒント 「のり」の音はかわいくてキレイな印象。「とし」の音は確かな信頼感と充実した知性を感じさせる。

稔 みのり
奏稔 かのり
稔恵 としえ
稔夏 なりか
稔実 なるみ
稔絵 のりえ
稔花 のりか
葉稔 はのり
稔里 みのり
稔歌 ゆたか

稟

ヒン リン
うける
名 り

穀物倉に穀物があることをいい、受ける、授かるの意味。生まれながらの性格の意味も。幸運を授かるように。
ヒント 「りん」と読むと、澄んだ透明な印象で、自立した潔さが感じられる。「り」の音を活かしても。

愛稟 あいりん
絵稟 えりん
花稟 かりん
茉稟 まりん
稟聖 りせ
稟菜 りな
稟果 りんか
稟子 りんこ
稟音 りんね
稟々子 りりこ

楓

フウ かえで
名 か

オカツラという樹木。日本ではカエデを指す。秋には鮮やかな赤や黄色に紅葉する。カエデのように美しく。
ヒント 「かえで」の音を活かすほか、親しみやすい「ふう」、軽やかな「か」の音が使いやすい。

楓 かえで
綾楓 あやか
乙楓 おとか
楓音 かのん
楓耶 かや
苑楓 そのか
智楓 ちか
友楓 ともか
乃楓 のか
花楓 はなか

晴楓 はるか
楓花 ふうか
楓歌 ふうか
楓子 ふうこ
楓奈 ふうな
楓莉 ふうり
楓和 ふうわ
紅楓 べにか
穂楓 ほのか
瑞楓 みずか

美楓 みふう
萌楓 もえか
夕楓 ゆうか
由楓 ゆふ
楓七子 かなこ
紗那楓 さなか
菜々楓 ななか
奈由楓 なゆか
野々楓 ののか
友里楓 ゆりか

福

フク
名 さき さち
とし とみ
ね もと よ
よし

旧 福

神に酒樽を供え、幸福を祈ることをいい、幸い、天の助けの意味に使う。多くの幸運に恵まれることを願って。
ヒント 幸福に満ちあふれた人生を歩むことを祈って。「ふく」と読むと、豊かなものを内にもつ印象の名前に。

福音 さきね
福華 さちか
珠福 たまよ
福実 としみ
福子 とみこ
福与 ふくよ
実福 みさき
心福 みふく
深福 みもと
福花 よしか

豊

ホウ　ゆたか
名 て　と　とよ　ひろ　ぶん　みのる　よし

もとの字は「豐」。たかつきに多くの供物を盛る形から、豊か、多いの意味になった。物心ともに豊かな人生を。

ヒント 大胆にして繊《せん》細《さい》なイメージの「とよ」の音は、現実を理解しながら夢を描く、豊かな精神力をもつ印象。

豊香	とよか
豊心	とよこ
豊海	とよみ
南豊	なゆた
豊英	ひろえ
麻豊	まほ
豊莉	みのり
豊乃	よしの
里豊	りほ
彩豊美	さとみ

夢

ム　ゆめ

夢、夢を見るなどの意味を表す。また、はかないこと、幻の意味も。ロマンチックで、豊かな将来を感じさせる字。

ヒント 「ゆめ」の音でやわらかく甘い印象がさらに増す。思慮深く信頼感あふれた「む」の音を活かしても。

愛夢	あいむ
亜夢	あむ
彩夢	あやむ
阿夢	あゆ
歩夢	あゆむ
叶夢	かなむ
七夢	ななむ
奈夢	なゆ
大夢	ひろむ
茉夢	まゆ
美夢	みむ
望夢	みむ
心夢	みゆ
夢月	むつき
恵夢	めぐむ
夢瑠	める
夢麻	ゆま
夢佳	ゆめか
夢子	ゆめこ
夢奈	ゆめな
夢乃	ゆめの
夢葉	ゆめは
夢穂	ゆめほ
夢実	ゆめみ
夢結	ゆゆ
礼夢	らいむ
來夢	らむ
明日夢	あすむ
紗夢生	さゆき
莉愛夢	りあむ

睦

ボク　むつむ
名 ちか　とき　とも　のぶ　まこと　む　よし

親しく和やかな目で人を見ることをいい、仲よくする、親しむの意味。うやうやしい、手厚いの意味も。

ヒント 「むつ」の音は秘めた力を感じさせる。「む」の音で止め字に使うと、信頼感があり安心なイメージに。

睦	むつみ
愛睦	あむ
歩睦	あゆむ
詩睦	しのぶ
睦和	ときわ
睦葉	ともは
美睦	みちか
睦季	むつき
睦花	よしか
莉睦	りむ

盟

メイ　ちかう

神に供えるいけにえの血をすすり合ってあかしを立てることで、ちかう、約束の意味を表す。信頼される人に。

ヒント 大人気の「めい」の音で使うと新鮮。「めい」の音は、穏《おだ》やかでやわらかく、優しさと包容力がある印象。

盟瑚	ちかこ
仁盟	にちか
妃盟	ひめ
真盟	まちか
盟花	めいか
盟子	めいこ
盟紗	めいさ
盟実	めいみ
盟莉	めいり
由盟	ゆめ

椰

ヤ　やし

樹木のヤシを表す。南国を象徴する木で、実はさまざまに利用される。トロピカルなイメージ。健康美人に。

ヒント 春の光のような清潔感にあふれた「や」の音には、明るく親切な印象も。止め字や万葉仮名風に。

阿椰	あや
朔椰	さくや
咲椰	さや
紗椰	さや
真椰	まや
海椰	みや
椰子	やこ
椰々	やや
香椰野	かやの
彩亜椰	さあや

楢

ユウ　なら
名 しゅ　しゅう　ゆ

樹木のナラを表す。どんぐりのなる木で、材は家具や建材に、樹皮は染料に使用される。なつかしいイメージ。

ヒント 思いやりと優しさに満ちた「ゆう」の音を活かして。使用例が少ないので、新鮮な印象に。

楢花	しゅうか
楢李	しゅり
楢葉	ならは
真楢	まゆう
美楢	みゆう
楢香	ゆうか
楢季	ゆうき
楢夕	ゆうゆ
楢楽	ゆうら
千楢里	ちゆり

誉

ヨ　ほまれ

もとの字は「譽」。みんなでほめることをいい、ほめる、たたえる、ほまれなどの意味になる。称賛される人に。

ヒント オトナの魅力を感じさせる「よ」の音で万葉仮名風に。止め字に使うと、懐《ふところ》深く人を受け入れる人に。

誉	ほまれ
衣誉	いよ
歌誉	かよ
輝誉	きよ
幸誉	さちよ
沙誉	さよ
誉奈	ほまな
万誉	まよ
希誉華	きよか
八千誉	やちよ

楊

ヨウ　やなぎ
名 やす

樹木のヤナギの仲間を表す。ヤナギを楊《よう》柳《りゅう》ともいい、悪霊をはらう力があるともいわれた。神秘的なイメージ。

ヒント 「よう」と読むと、おおらかで思いやりあふれる印象に。「やす」の音は清潔な癒《いや》しを感じさせる。

楊	やなぎ
美楊	みよう
楊恵	やすえ
楊奈	やすな
楊乃	やすの
楊葉	やすは
楊羽	やなは
楊花	ようか
楊子	ようこ
楊虹	ようこ

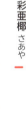

蓉

ヨウ
名 はす よ

芙蓉《ふよう》は観賞用の樹木で、美人の代名詞。また、ハスの意味も。「芙蓉の顔《かんばせ》」とは、美しい顔のこと。
ヒント 「よう」の音はおおらかな印象。「はす」と読むと、すばやさとはかなさを感じさせる幻想的な名前に。

歌蓉	かよ
紗蓉	さよ
蓉南	はすな
蓉音	はすね
花蓉	はなよ
芙蓉	ふよう
美蓉	みよう
蓉子	ようこ
蓉奈	ような
李蓉	りよ

瑶

ヨウ たま

もとの字は「瑤」。玉、美しい玉をいい、玉のように美しい様子も表す。音も字形も優美で、女の子にぴったり。
ヒント 「よう」の音で親近感とロマンチックな印象をプラス。「たま」の音は優しく豊かな人間性を感じさせる。

瑶	よう
鈴瑶	すずよ
瑶花	たまか
瑶貴	たまき
瑶音	たまね
瑶美	たまみ
美瑶	みよう
紗瑶里	さより
日瑶里	ひより
未瑶李	みより

稜

リョウ かど
名 いず いつ たか ろう

かどのあるもののことをいい、かど、すみの意味に使う。権勢、威光などの意味もある。毅然《きぜん》とした女性に。
ヒント 気品にあふれる「りょう」の音で、賢く華やかな印象に。「陵」や「凌」と間違われやすいので注意。

稜泉	いずみ
稜瑠	いずる
稜歌	いつか
稜季	いつき
稜未	いつみ
稜子	たかこ
稜花	りょうか
稜菜	りょうな
稜芭	りょうは
稜空	ろうら

鈴

レイ リン
すず

鈴の意味を表し、鈴の鳴る音の形容にも使う。呼び鈴、ベルの意味もある。美声を授かるよう願って。
ヒント 「すず」の音は甘え上手で出世する印象。視野が広く冷静な「れい」、透明感のある「りん」の音でも。

愛鈴	あいりん
華鈴	かりん
鈴花	すずか
鈴子	すずこ
鈴奈	すずね
鈴美	すずみ
鈴蘭	すずらん
茉鈴	まりん
美鈴	みすず
未鈴	みれい

零

レイ

雨が静かに降ることをいい、落ちる、ごくわずか、ゼロの意味にも使う。ゼロから人生を切りひらけるように。
ヒント 理知的なスマートさが印象的な「れい」の音で、人々の尊敬を集める人に。「澪」と間違えないように。

星零	せれい
未零	みれい
零亜	れいあ
零禾	れいか
零子	れいこ
零菜	れいな
零良	れいら
零央	れお
零乃	れの
零美	れみ

廉

レン
名 おさ きよ すが すなお やす ゆき

潔い、欲やけがれがないのほかに、見極《みきわ》めるの意味もある。欲ばらない意味にも使われる。清潔感のある字。
ヒント 几帳面《きちょうめん》さと根性をあわせもった「れん」の音で。止め字にすると、華やかで、遊び心を感じさせる。

亜廉	あれん
英廉	えれん
花廉	かすが
廉南	きよな
廉緒	すなお
廉子	やすこ
廉梛	やすな
廉未	ゆきみ
李廉	りおさ
廉珠	れんじゅ

蓮

レン はす

水草のハスの実のことを表す。ハスは極楽浄土に咲く花で、楚々《そそ》とした美しいことのたとえにもなる。
ヒント 「れん」の音で1字名にするのが大人気。「れん」の音は、格調高く、理知的でパワフルなイメージ。

蓮	れん
愛蓮	あれん
英蓮	えれん
花蓮	かれん
歌蓮	かれん
紗蓮	しゃれん
水蓮	すいれん
純蓮	すみれ
世蓮	せれん
蓮花	はすか
蓮奈	はすな
蓮音	はすね
蓮埜	はすの
蓮澄	はすみ
誉蓮	ほまれ
真蓮	まれ
美蓮	みれ
蓮恩	れおん
蓮南	れな
蓮仁	れに
蓮音	れね
蓮乃	れの
蓮水	れみ
蓮夏	れんか
蓮華	れんげ
蓮珠	れんじゅ
蓮野	れんの
蕗蓮	ろれん
玖蓮亜	くれあ
蓮美葉	れみは

路

ロ じ
名 のり みち ゆく

神が天からくだる道を表し、道の意味に使う。筋道、大切な地位、旅などの意味もある。着実に人生を歩むように。
ヒント 華やかだが落ち着いた印象の「ろ」の音で。「みち」の音は、充実感と生命力をあわせもつ印象。

心路	こころ
小路	こゆく
路禾	のりか
陽路	ひろ
路花	みちか
路瑠	みちる
幸路	ゆきじ
路歌	ろか
路愛	ろまな
以路芭	いろは

14画

斡

アツ

めぐる、回るの意味を表す。また、つかさどるの意味もある。運命を感じさせる字。多くの幸運を願って。

ヒント　「あつ」の音は何事も受け入れるおおらかさから、人からしぜんと慕《した》われるたのもしさを感じさせる。

斡希　あつき
斡子　あつこ
斡奈　あつな
斡音　あつね
斡乃　あつの
斡葉　あつは
斡美　あつみ
斡代　あつよ
斡瑠　あつる
実斡　みあ

維

イ
名 しげ　すみ　ただ　つな　ふき　ふさ　まさ　ゆき

綱、筋、つなぐ、結ぶなどの意味。次の語を強める「これ」の意味もあり、「維新」はこの用法。友情にあつい子に。

ヒント　目標に向かって懸命にがんばる印象の「い」の音で。名乗りも多く、先頭字にも止め字にも使いやすい。

架維　かすみ
維葉　しげは
維祢　ただね
維莉　つなり
維美　まさみ
毬維　まりい
芽維　めぶき
維乃　ゆきの
瑠維　るい
美維奈　みいな

榎

カ　えのき
名 え

樹木のエノキを表す。初夏に薄い黄色の花を咲かせ、材は器具や薪《たきぎ》に使う。のびのびと育つよう願って。

ヒント　正義感が強く、かっこいい「か」の音や、上品さと包容力を感じさせる「え」の音で万葉仮名風に。

榎音　えのん
榎奈　かな
紗榎　さえ
和榎　のどか
紀榎　のりか
洋榎　ひろえ
由榎　ゆうか
里榎　りえ
萌々榎　ももか
友美榎　ゆみえ

嘉

カ　よい
名 ひろ　よし　よしみ

豊作を祈る農耕儀礼をいい、よい、よいとしてほめる意味を表す。めでたい、喜ぶの意味も。喜びの多い人生を。

ヒント　「か」の読みが使いやすい。行動力がありクールな印象。温かさと癒《いや》しを感じさせる「よし」の音でも。

嘉　よしみ
愛嘉　あいか
知嘉　ちひろ
嘉恵　ひろえ
桃嘉　ももか
嘉乃　よしの
留嘉　るか
麗嘉　れいか
嘉央莉　かおり
嘉七子　かなこ

歌

カ　うた

神に祈る声の調子をいい、歌う、歌の意味に使う。和歌を指すこともある。音楽や文学の好きな子になるように。

ヒント　「か」の音はクールに人を引っ張るイメージ。「うた」の音は自然体のまま大舞台で活躍する印象。

歌華　うたか
歌子　うたこ
歌乃　うたの
歌織　かおり
歌音　かのん
歌穂　かほ
月歌　つきか
晴歌　はるか
萌歌　もえか
菜々歌　ななか

樺

カ　かば
名 から　かんば

樹木のカバ、カンバを表す。樹皮の白いものが白樺で、さわやかな高原や湖のほとりのイメージがある。

ヒント　万葉仮名風に「か」の音を使うと、スピード感のある快活な行動派の印象の名前に。

樺純　かすみ
樺菜　かな
樺音　かのん
樺里　からり
樺恋　かれん
花樺　はなか
百樺　ももか
結樺　ゆいか
令樺　れいか
莉々樺　りりか

旗

キ　はた
名 たか

四角の形の軍旗をいい、旗の意味を表す。特に大将の立てる旗を指すこともある。人々を統率するような人に。

ヒント　生命力にあふれ、個性的な「き」の音で。「たか」の音を使うと、思いやりの深いリーダーの印象に。

亜旗　あき
旗衣　きい
旗紀　きのり
紗旗　さき
詩旗　しき
旗絵　はたえ
真旗　まき
美旗　みたか
悠旗　ゆうき
由旗奈　ゆきな

箕

キ　み

穀物を入れてごみをふるい分ける農具の箕《み》のこと。また、星の箕宿《みぼし》を表す。本物を見極《みきわ》められる人に。

ヒント　強い生命力と、豊かな個性を感じさせる「き」、みずみずしく愛らしい印象の「み」の音で。

絢箕　あやみ
箕乃　きの
七箕　ななみ
箕来　みく
箕礼　みれい
箕和　みわ
萌箕　もえみ
怜箕　れみ
香奈箕　かなみ
箕々花　みみか

綺

キ　あや
名 はた

綾絹、あや（＝模様）、光、美しい、きらびやかなどの意味を表す。綺麗、綺羅星などのことばもある。美しい字。
ヒント 強い個性と生命力を感じさせる「き」の音で。「あや」の音を使うとあどけなくミステリアスなイメージ。

綺　あや
綺夏　あやか
綺夢　あやむ
宇綺　うき
彩綺　さき
茉綺　まはた
美綺　みき
由綺　ゆき
瑠綺　るき
綺良々　きらら

銀

ギン
名 かね　しろがね

金属の銀のことを表す。また、銀色、銀のように白くて美しいものの意味も。高貴でしっとりとした美人に。
ヒント 「ぎん」の音は茶目《ちゃめ》っ気《け》と凄みを同時に感じさせる。「かね」の音は愛嬌《あいきょう》たっぷりながんばり屋の印象。

愛銀　あかね
彩銀　あやか
銀杏　いちょう
銀羽　かねは
銀実　かねみ
銀花　ぎんか
銀河　ぎんが
真銀　ましろ
萌銀　もえか
璃銀　りか

駆

ク　かける
旧 駈

もとの字は「驅」。駆る、駆り立てる、速く走る、追う、追い払うなどの意味がある。アスリートにぴったり。
ヒント 「く」の音は意志の強さと繊細《せんさい》さをあわせもつミステリアスな印象。小悪魔的な魅力で愛される人に。

駆菜　かな
駆音　かのん
駆仁　くに
咲駆　さく
美駆　みく
莉駆　りく
凛駆　りんく
駆楽々　くらら
駆留里　くるり
駆礼亜　くれあ

瑳

サ　みがく
名 てる　よし

玉色の鮮やかな美しさをいい、鮮やか、磨くの意味に使う。愛らしく笑う様子の意味も。玉のように美しい子に。
ヒント 人の先頭に立ち、颯爽《さっそう》とスター性を発揮する「さ」の音で。「てる」の音は上質な艶《つや》を感じさせる。

瑳彩　さあや
瑳笑　さえ
瑳桜　さお
瑳希　てるき
瑳葉　てるは
弥瑳　みさ
瑳絵　よしえ
瑳利奈　さりな
真亜瑳　まあさ
莉衣瑳　りいさ

榊

さかき
名 さ

日本でつくられた字で、神の宿る木とされるサカキを表す。神事に用いる木の総称でもある。神秘的なイメージ。
ヒント 万葉仮名風に「さ」の音を活かして、字のもつ神秘的な雰囲気に、リーダー性とさわやかさをプラス。

榊　さかき
愛榊　あいさ
榊希　さかき
榊姫　さかき
榊貴　さかき
榊輝　さかき
榊奈　さな
知榊　ちさ
美榊　みさか
悠榊　ゆさ

颯

サツ
名 そう　はや

風の吹く音を表す。はやて、疾風の意味も。颯爽《さっそう》ということばのように、きりっとして、周囲から憧《あこが》れられる人に。
ヒント 「そう」の音は透きとおる光のようなさわやかなイメージ。「さつ」の音は静かな闘志を感じさせる。

愛颯　あいさ
有颯　ありさ
和颯　かずさ
希颯　きさ
颯絵　さえ
颯玖　さく
颯希　さつき
颯貴　さつき
颯祢　さつね
颯保　さほ
颯來　さら
颯和　さわ
颯菜　そうな
颯美　そうみ
颯楽　そうら
颯瑠　そうる
颯音　そね
颯野　その
颯陽　そよ
知颯　ちはや
颯華　はやか
颯芽　はやめ
颯李　はやり
美颯　みはや
遊颯　ゆさ
莉颯　りさ
颯希子　さきこ
颯乃花　そのか
颯世歌　そよか
茉莉颯　まりさ

爾

ジ　ニ
なんじ　のみ
名 しか　ちか　みつる

もとは美しいという意味。漢文では、なんじ、のみ、しかりなどの意味に使われる。格調高くおごそかな印象の字。
ヒント 「ちか」の音は、無邪気でみんなに愛されるイメージ。人なつっこい印象の「に」の音で万葉仮名風に。

爾　みつる
爾子　ちかこ
爾乎　にこ
美爾　みちか
爾流　みつる
夜爾　よしか
玲爾　れに
爾衣奈　にいな
万爾子　まちこ
哉爾代　やちよ

種

シュ　たね
名 おさ　かず　くさ　しげ　ふさ　み

もとはおくてのイネの意味で、たねを表す。物事のもと、種類、仲間などの意味も。人の輪をつくるような人に。
ヒント　「しゅ」の読みで使うと新鮮。さわやかな風と光のような印象に。「くさ」や「み」の名乗りも使いやすい。

歌種　うたね
瑚種　こたね
種音　しゅね
種莉　しゅり
種花　たねか
種穂　たねほ
千種　ちぐさ
菜種　なたね
美種　みたね
種宇奈　しゅうな

緒

ショ　チョ
お
名 つぐ

旧 緖

結びとめた糸の端をいい、物事のはじまり、糸口の意味。情緒など心の状態の意味も。しっとりとした優しい人に。
ヒント　「お」の音で止め字や万葉仮名風に。「お」の音は、なつかしい故郷のようにしみじみと愛される印象。

伊緒　いお
緒都　おと
叶緒　かなお
妃緒　きお
彩緒　さお
澄緒　すみお
玉緒　たまお
珠緒　たまお
緒実　つぐみ
緒夢　つぐむ

緒李　つぐり
奈緒　なお
七緒　ななお
仁緒　にお
寧緒　ねお
花緒　はなお
紅緒　べにお
美緒　みお
莉緒　りお
亜緒衣　あおい

惟緒奈　いおな
緒里絵　おりえ
花緒留　かおる
沙奈緒　さなお
志緒莉　しおり
知緒里　ちおり
菜緒実　なおみ
妃緒李　ひおり
真里緒　まりお
里緒奈　りおな

彰

ショウ
名 あき　あきら　あや　ただ　てる

「章」＋「彡」。模様や飾りをいい、明らかにする、世間に知らせるの意味に使う。ジャーナリストにぴったり。
ヒント　明るく未来を切りひらく印象の「あき」、ソフトで深い光を感じさせる「しょう」の音で。1字名にも。

彰　あや
彰恵　あきえ
彰楓　あきか
彰奈　あきな
彰帆　あきほ
彰芽　あやめ
彰子　しょうこ
彰菜　ただな
知彰　ちあき
彰美　てるみ

榛

シン
はしばみ　はんのき
名 はる

樹木のハシバミをいう。茂るの意味もある。日本では、樹木のハリ、ハンノキを表す。果実を染料に使った。
ヒント　朗《ほが》らかさと人間味あふれる温かさをあわせもつ「はる」の音を活かすと使いやすい。

小榛　こはる
榛來　しんら
知榛　ちはる
榛花　はるか
榛子　はるこ
榛名　はるな
榛陽　はるひ
榛実　はるみ
榛世　はるよ
美榛　みしん

翠

スイ
かわせみ　みどり
名 あきら

鳥のカワセミをいう。羽の色が美しく、水辺にすみ、魚を捕る鳥。色のみどりの意味も。字形が美しく人気の字。
ヒント　充実感と重量感、華やかさを感じさせる「みどり」の音で1字名に。「すい」の音は透明感を感じさせる。

翠　みどり
翠菜　あきな
紫翠　しすい
翠菜　すいな
翠蓮　すいれん
千翠　ちあき
妃翠　ひすい
陽翠　ひすい
翠莉　みどり
翠子　みどりこ

誓

セイ　ちかう
名 ちか

神に誓うの意味から、誓う、誓いの意味を表す。つつしむの意味にも使う。つつしみ深く誠実な人になるように。
ヒント　朝露のようにすがすがしく神聖な印象の「せい」、無邪気でキュートなイメージの「ちか」の音を使って。

沙誓　さちか
誓花　せいか
誓瑚　せいこ
誓良　せいら
誓蘭　せいらん
誓音　せね
誓子　ちかこ
美誓　みちか
誓志留　せしる
誓里菜　せりな

静

セイ　ジョウ
しず　しずか
名 きよ　ちか　つぐ　ひで　やす　よし

旧 靜

静か、やすらか、静まる、静めるなどの意味を表す。正しい、清いの意味もある。しとやかな女性に。
ヒント　「しず」の音はもの静かだが迫力とパワーを感じさせる。優しいしっかり者の印象の「きよ」の音でも。

静　しずか
依静　いつぐ
静乃　きよの
静空　しずく
静李　しずり
静心　ちかこ
千静　ちせ
静葉　ひでは
美静　みしず
静香　やすか

碩

セキ
名 おお　ひろ　みち　みちる　ゆたか

大きい、優れている、立派だなどの意味。偉大な学者を碩学《せきがく》という。人から尊敬される人になるように。
ヒント　一途《いちず》でりりしい印象の「みちる」の音で1字名に。「ひろ」の音は情熱的でやる気に満ちあふれた印象。

碩　みちる
碩禾　おおか
碩英　ひろえ
碩奈　ひろな
碩海　ひろみ
真碩　まひろ
碩花　みちか
碩子　みちこ
美碩　みひろ
碩華　ゆたか

14画
綺　銀　駆　瑳　榊　颯　爾　種　緒　彰　榛　翠　誓　静　碩

総

ソウ
名 おさ　さ　のぶ　ふさ　みち

ひとまとめにする、集める、しめくくる、すべてなどの意味を表す。優れたリーダーに適した字。
ヒント　「そう」の音はのびやかさと秘めたパワーを感じさせる。「さ」の音はさわやかなスターの印象に。

和総　かずさ
総輝　さき
総來　そうら
総流　そうる
総禾　のぶか
総栄　ふさえ
羽総　はおさ
総子　みちこ
莉総　りさ
万総子　まさこ

聡

ソウ　さとい
名 あき　あきら　さ　と　とし　とみ　のぶ

もとの字は「聰」。神の声をよく理解することをいい、さとい、賢いの意味になる。聡明《そうめい》な女性になるように。
ヒント　「さと」の音で、洗練された聡明さと小《こ》粋《いき》さがさらに増す。「さ」の音を活かして万葉仮名風に使っても。

聡世　さよ
聡來　そうら
知聡　ちあき
千聡　ちさと
聡子　としこ
聡英　とみえ
聡実　のぶみ
実聡　みさと
利聡　りさ
亜李聡　ありさ

漱

ソウ　くちすすぐ
名 すすぐ　そそぐ

口をすすぐ、洗うなどの意味。漱石枕流《そうせきちんりゅう》とは、負け惜しみの強いたとえで、夏目漱石の名もこのことばによる。
ヒント　万葉仮名風に「そ」と読むと使いやすい。優しい包容力で人を癒《いや》す印象の名前に。

漱愛　そあ
漱花　そうか
漱胡　そうこ
漱海　そうみ
漱羅　そうら
漱琉　そうる
漱奈　そな
漱乃　その
漱良　そら
漱世花　そよか

暢

チョウ　のばす
名 かど　なが　のぶ　まさ　みつ　みつる　よう

のびる、のびやか、やわらぐの意味を表す。行き渡る、広げるの意味もある。のびのびと育つことを願って。
ヒント　やんちゃで甘え上手な人気者の「のぶ」、おおらかで思いやりのある「よう」の音がよく使われる。

暢莉　かどり
詩暢　しのぶ
暢愛　ながえ
暢花　のぶか
暢未　のぶみ
暢瑛　まさえ
暢季　みつき
暢代　みつよ
美暢　みのぶ
暢子　ようこ

蔦

チョウ　つた

植物のツタをいう。ツタは、寄生性のつる草で、山野に自生し、秋に美しく紅葉する。強い生命力を願って。
ヒント　「つた」の音は、たゆまぬ向上心で豊かさを手にするイメージ。ビジネスの才覚を感じさせる名前に。

蔦香　ちょうか
蔦奈　ちょうな
蔦映　つたえ
蔦絵　つたえ
蔦子　つたこ
蔦乃　つたの
蔦実　つたみ
愛蔦子　あつこ
実蔦季　みつき
莉蔦花　りつか

綴

テイ　テツ　つづる　とじる
名 せつ

つづる、つなぎ合わせる、つくろう、とじるのほか、文章を作るという意味もある。文才に恵まれるように。
ヒント　「てい」の音はねばり強いがんばり屋さんのイメージ。「てつ」の音は手堅く積み上げていくイメージ。

沙綴　さと
綴花　せつか
綴帆　つづほ
綴李　つづり
綴愛　ていあ
綴香　ていか
綴南　ていな
綴子　てつこ
美綴　みつ
理綴　りつ

槙

テン　まき
名 こずえ　しん
旧 槇

こずえ、木の頂の意味。日本では庭木に植えられるマキの木を表す。優れた木の意味も。すくすくと育つように。
ヒント　「まき」の音には充実感とパワフルな輝きがある。奥深さと慈愛を感じさせる「こずえ」の音でも。

槙　こずえ
小槙　こまき
槙羅　しんら
珠槙　たまき
槙亜　まきあ
槙江　まきえ
槙花　まきか
槙葉　まきは
槙代　まきよ
実槙　みまき

摘

テキ　つむ
名 つみ

花の実を摘み取ることを表し、摘む、選び取るの意味。また、あばくの意味も。真実、真の価値を見極《みきわ》められる人に。
ヒント　艶《つや》と愛らしさを感じさせる「つみ」の音で止め字に。万葉仮名風に「つ」と読むと芯の強い印象に。

愛摘　あつみ
逸摘　いつみ
香摘　かつみ
摘穂　つむほ
菜摘　なつみ
葉摘　はつみ
霧摘　むつみ
律摘　りつみ
花摘美　かつみ
実摘子　みつこ

嶋

トウ　しま

「島」の異体字。渡り鳥が休む海中の山を表し、島の意味になった。人に癒《いや》しを与えるような優しい人に。
ヒント　「しま」の音は快活さと優しさをあわせもつイメージ。まじめで几帳面《きちょうめん》な「とう」の音を活かしても。

嶋　しま
絵嶋　えと
嶋舞　しま
嶋花　しまか
嶋乎　しまこ
嶋子　とうこ
嶋実　とみ
真嶋　ましま
早嶋美　さとみ
嶋希子　ときこ

徳

トク
名 え　かつ　さと　とみ　のり　めぐむ　やす　よし
旧 德

人としての正しい行いを表し、正しい、よい、恵みの意味を表す。人の正道を歩む、立派な人になるように。
ヒント　「のり」と読むと、気品とりりしさ、華やかさが、「とく」と読むと、利発でちゃっかりした印象が加わる。

亜徳　あさと
徳菜　えな
徳栄　かつえ
徳子　とくこ
徳架　とみか
徳花　のりか
徳美　めぐみ
徳夢　めぐむ
徳絵　やすえ
徳乃　よしの

寧

ネイ
名 さだ　しず　ね　やす

廟《びょう》の中で神に供え物をする形からできた字で、やすらか、穏《おだ》やかな様子を表す。慈愛の深い優しい人に。
ヒント　やすらぎと温かさを感じさせる「ね」の音のほか、優しく温かい癒《いや》しに満ちた「やす」の音などで。

天寧　あまね
絢寧　あやね
歩寧　あゆね
糸寧　いとね
和寧　かずね
琴寧　ことね
寧枝　さだえ
寧香　しずか
寧季　しずき
寧玖　しずく

寧心　しずこ
寧葉　しずは
寧陽　しずひ
寧世　しずよ
寧瑠　しずる
澄寧　すみね
寧緒　ねお
寧音　ねおん
寧々　ねね
寧夢　ねむ

春寧　はるね
舞寧　まいね
瑞寧　みずね
百寧　ももね
寧江　やすえ
寧架　やすか
寧子　やすこ
寧琶　やすは
梨寧　りね
亜花寧　あかね

緋

ヒ　あか
名 あけ

赤色、明るく燃えるような赤を表す。赤色の絹の意味もある。情熱的で、周囲の注目を集めるような女性に。
ヒント　「あか」の音で開放的な印象の名前に。情熱と冷静さをあわせもつ「ひ」の音で、万葉仮名風に使っても。

蒼緋　あおい
緋梨　あかり
緋乃　あけの
緋菜　ひな
緋依　ひより
緋紹　ひろ
緋沙子　ひさこ
緋奈乃　ひなの
緋麻里　ひまり
緋芽乃　ひめの

碧

ヘキ　あお　みどり
名 きよ　たま

青い玉に似た石を表し、あお、みどり、あおみどりの意味。碧玉《へきぎょく》は石英《せきえい》のこと。エキゾチックなイメージ。
ヒント　「あお」の音はおおらかで愛される印象。充実感と重量感、華やかさを感じさせる「みどり」の音でも。

碧　みどり
碧衣　あおい
碧葉　あおば
碧美　きよみ
碧羅　きよら
碧花　たまか
碧生　たまき
碧希　たまき
碧海　たまみ
碧子　みどりこ

輔

ホ　たすける
名 すけ　ふ

車輪を補強する添え木の意味から、助ける、助けの意味に使う。補佐役、友人の意味も。友達に恵まれるように。
ヒント　男の子の止め字の定番だが、マイペースで温かなくつろぎのイメージの「ほ」の音で女の子にも。

明輔　あきほ
佳輔　かほ
輔奈　すけな
輔由　ふゆ
輔波　ほなみ
輔稀　ほまれ
実輔　みほ
友輔　ゆうほ
可輔莉　かほり
輔美絵　ふみえ

Column
動きや流れのある名前

漢字の見た目も、名前のイメージをつくる要素です。はらいなどの曲線や斜めの画が目立つ字は、俊敏《しゅんびん》さやすがすがしさ、ソフトでおおらかな印象を感じさせます。

漢字の例

穂[15] 楓[13] 愛[13] 窓[11] 凌[10] 秋[9] 侑[8] 波[8] 妙[7] 希[7] 成[6] 衣[6] 史[5] 友[4] 天[4] 心[4] 久[3] 乃[2]

優[17] 綴[14] 稔[13] 悠[11] 爽[11] 祐[9] 來[8] 夜[8] 英[8] 沙[7] 汐[6] 伎[6] 代[5] 以[5] 文[4] 水[4] 夕[3] 万[3]

名前の例

楓　かえで
稔　みのり
秋穂　あきほ
文乃　あやの
希衣　きえ
沙夜　さや
爽波　さわ
妙英　たえ
悠希　はるき
窓楓　まどか
愛心　まなみ
万夕　まゆ
心綴　みつ
悠以　ゆい
優心　ゆうこ
友來　ゆき
夕水　ゆみ
侑來　ゆら

蓬

ホウ よもぎ
名 しげ ほ

草のヨモギを表す。ヨモギでつくる矢には邪気をはらう力があるといわれる。神秘的な力が感じられる字。
ヒント 人情味があり、パワフルな印象の「しげ」の音で。温かなくつろぎを感じさせる「ほ」の音でも。

蓬 しげ
夏蓬 かほ
蓬香 しげか
蓬乃 しげの
蓬世 しげよ
知蓬 ちほ
春蓬 はるほ
実蓬 みほ
結蓬 ゆいほ
理蓬 りほ

鳳

ホウ おおとり
名 たか ほ

想像上の鳥の鳳凰《ほうおう》の雄を表す。めでたい鳥として尊《とうと》ばれた。雌は「凰」。神秘的なイメージがある字。
ヒント 「ほう」の音で、優しさと、自由でのびのびしたイメージに。「ほ」の音で止め字にしても。

花鳳 かほ
香鳳 かほ
輝鳳 きほう
沙鳳 さほ
太鳳 たお
鳳奈 たかな
鳳音 たかね
鳳羽 たかは
万鳳 まほ
莉鳳 りほ

蜜

ミツ

みつ、はちみつを表す。栄養価が高く、食用、薬用に用いられる。だれとでも仲よくなれる子に。
ヒント はちみつのように甘いイメージの字に、「みつ」のパワフルで満ち足りた印象をプラスして。

七蜜 ななみ
晴蜜 はるみ
蜜柑 みかん
蜜花 みつか
蜜紀 みつき
蜜胡 みつこ
蜜乃 みつの
蜜葉 みつば
蜜瑠 みつる
友蜜 ゆうみ

遥

ヨウ はるか
名 すみ とお
のぶ のり
はる みち

「遥」の旧字。そぞろ歩きをすることをいい、さまよう意味を表す。はるか、遠いの意味も。スケール感のある字。
ヒント 「はる」の音は健やかな生命力を感じさせる。「よう」の音はおおらかで思いやりのある印象。

惟遥 いのり
心遥 こはる
詩遥 しのぶ
千遥 ちはる
遥海 とおみ
遥空 はるく
真遥 ますみ
遥花 みちか
美遥 みはる
遥華 ようか

綾

リョウ あや

菱形《ひしがた》の模様を織り出した絹をいい、綾絹《あやぎぬ》、あやの意味に使う。字形、音、意味ともに美しく、人気のある字。
ヒント 「あや」の音は、あどけなくミステリアスな印象。クリエイティブな才能が漂《ただよ》う「りょう」の音でも。

綾 あや
綾未 あみ
綾萌 あも
綾耶 あや
綾以 あやい
綾花 あやか
綾姫 あやき
綾星 あやせ
綾菜 あやな
綾音 あやね

綾乃 あやの
綾葉 あやは
綾帆 あやほ
綾実 あやみ
綾夢 あやむ
綾愛 あやめ
綾莉 あやり
沙綾 さあや
紗綾 さあや
詩綾 しりょう

乃綾 のあ
真綾 まあや
美綾 みあや
莉綾 りあ
綾香 りょうか
綾瑚 りょうこ
綾巴 りょうは
綾紀子 あきこ
世綾來 せあら
李綾夢 りあむ

緑

リョク ロク
みどり
名 つか つな
のり
旧 綠

黄と青の中間の色の緑色をいう。緑は植物、自然を象徴する色でもある。森の木々のようにのびのびと育つように。
ヒント 「みどり」の音は充実感と重量感、華やかさを感じさせる。「のり」の音はりりしさと気品ある印象。

緑 みどり
依緑 いつか
緑紗 つかさ
緑枝 のりえ
緑香 のりか
緑夏 のりか
緑葡 のりほ
葉緑 はつな
緑子 みどりこ
実緑 みのり

綸

リン いと
名 お くみ

糸、釣り糸、組みひもの意味を表す。治めるの意味も。綸子《りんず》は光沢のある絹織物。字形、音ともに人気のある字。
ヒント 「りん」の音は、華やかさと透明感がある、愛らしい印象。「凛」や「凜」のかわりに使っても。

綸 りん
伽綸 かりん
綸花 くみか
菜綸 なお
麻綸 まりん
美綸 みお
柚綸 ゆりん
綸音 りのん
綸花 りんか
綸奈 りんな

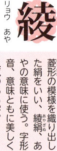

瑠

ル

瑠璃《るり》は玉の名で、紺青色の美しい宝石を表す。また、ガラスの古称でもある。神秘的な魅力のある女性に。

ヒント 字のもつ透明感に、「る」の音で、もくもくと努力して、多くの実りを手に入れる可能性をプラスして。

愛瑠 あいる
天瑠 あまる
香瑠 かおる
奏瑠 かなる
心瑠 こころ
創瑠 そうる
菜瑠 なる
芭瑠 はる
春瑠 はるる
道瑠 みちる

海瑠 みる
芽瑠 める
瑠亜 るあ
瑠椅 るい
瑠花 るか
瑠季 るき
瑠奈 るな
瑠音 るね
瑠美 るみ
瑠璃 るり

瑠々 るる
羽瑠花 うるか
絵美瑠 えみる
久瑠実 くるみ
奈瑠子 なるこ
乃絵瑠 のえる
瑠美衣 るびい
瑠水奈 るみな
瑠璃香 るりか
瑠璃子 るりこ

漣

レン　さざなみ
名 なみ

さざなみ、波立つ、また、涙の流れる様子を表す。透明感のある美しいイメージで、人気の出そうな字。

ヒント 「れん」の音は格調高く、理知的でパワフルな印象。「なみ」の音は信頼感と愛らしさのある名前に。

漣 れん
映漣 えれん
香漣 かれん
歌漣 かれん
漣花 なみか
漣音 なみね
帆漣 ほなみ
真漣 まなみ
壬漣 みなみ
漣李 れんり

15画

嬉

キ　うれしい
名 よし

楽しむ、喜ぶ、うれしいのほか、遊ぶ、たわむれる、美しいの意味もある。よく遊び、のびやかに育つように。

ヒント 喜びに満ちた字に「き」の音で突出《とっしゅつ》した個性をプラス。「よし」と読めば優しさと清潔感あふれる印象。

亜嬉 あき
嬉恵 きえ
嬉子 きこ
嬉実 きみ
彩嬉 さき
万嬉 まき
瑞嬉 みずき
嬉花 よしか
琉嬉 るき
十嬉子 ときこ

槻

キ　つき
名 けや

樹木のケヤキの一種。材は弓をつくるのに適している。日本ではツキと読む。きりっとした女性になるように。

ヒント 「つき」の音は、緻密《ちみつ》で隙のない知性を感じさせる。潔くわが道を突き進む「き」の音を止め字にしても。

槻菜 きな
槻季 けやき
咲槻 さき
槻子 つきこ
槻音 つきね
菜槻 なつき
真槻 まつき
美槻 みつき
夢槻 むつき
結槻 ゆづき

輝

キ　かがやく
名 あきら　てる　ひかる

輝く、光る、光などの意味を表す。輝かしい、名が上がるの意味もある。キラキラと輝く将来を願って。

ヒント 「き」は、思いをつらぬいて成功するイメージの音。「てる」と読むと、匠《たくみ》の世界でじっくり技を磨く印象。

輝 あきら
輝楽 あきら
彩輝 あやき
宇輝 うき
和輝 かずき
輝衣 きい
輝絵 きえ
輝咲 きさ
輝更 きさら
輝埜 きの

輝帆 きほ
冴輝 さき
雫輝 しずき
珠輝 たまき
輝華 てるか
輝乃 てるの
輝芭 てるは
輝美 てるみ
陽輝 はるき
輝李 ひかり

輝琉 ひかる
真輝 まき
心輝 みき
美輝 みき
夕輝 ゆうき
明日輝 あすき
輝來々 きらら
輝里愛 きりあ
早輝菜 さきな
知亜輝 ちあき

駈

ク　かける

「駆」の俗字。駆ける、駆り立てる、追うなどの意味がある。活発で、運動好きな子になるように。

ヒント スピード感のある字に、「く」の音がもつ、抜群のバランス感覚と気品あふれる印象をプラスして。

希駈 きく
駈海 くみ
紗駈 さく
未駈 みく
莉駈 りく
凛駈 りんく
駈仁子 くにこ
駈瑠実 くるみ
駈留莉 くるり
志留駈 しるく

駒

ク　こま

小さな馬、若い元気な馬の意味を表す。また、若者、子どもの意味も。元気で活発な子になるよう願って。

ヒント　ミステリアスな魅力のある「く」の音で。「こま」の音を活かすと愛らしさと賢さを感じさせる名前に。

伊駒	いく
輝駒	きく
駒子	こまこ
駒知	こまち
駒音	こまね
駒由	こまゆ
駒莉	こまり
美駒	みく
駒留美	くるみ
咲駒乃	さくの

慶

ケイ
名 ちか　のり　みち　やす　よし

もとは裁判による勝訴を表し、喜び、賜物《たまもの》、幸い、縁起がいいなどの意味がある。多くの喜びと幸せを願って。

ヒント　「けい」の音は、りりしくエレガントなイメージ。「よし」の音は、清潔でやわらかい光のような印象。

慶	けい
慶香	けいか
慶奈	けいな
慶恵	ちかえ
慶可	のりか
弥慶	みちか
慶世	みちよ
美慶	みよし
慶子	やすこ
慶帆	よしほ

憬

ケイ

さとる、はっきりとわかるの意味を表す。遠く行くさまの意味もある。夢を忘れず広い視野をもつ人に。

ヒント　2010年の改定で常用漢字に加わった字。使用例が少なく新鮮。「けい」の音は知的でりりしいイメージ。

憬	けい
華憬	かけい
憬花	けいか
憬子	けいこ
憬紗	けいしゃ
憬都	けいと
憬菜	けいな
憬乃	けいの
憬葉	けいは
憬來	けいら

慧

ケイ　エ　さとい
名 あきら　さと　とし　よし

さとい、賢いなどの意味を表す。知恵《ちえ》は智慧とも書く。仏教の悟りの意味もある。賢い子になるよう願って。

ヒント　気品があり知的な「けい」、さわやかさと頼りがいのある「さと」の音で。「え」の音で万葉仮名風にも。

慧	あきら
依慧	いとし
慧菜	えな
慧瑠	える
慧都	けいと
采慧	ことえ
慧吏	さとり
涼慧	すずえ
千慧	ちさと
慧奈	よしな

潔

ケツ　いさぎよい
名 きよ　ゆき　よし

水を使ってはらい清めることをいい、清らか、潔い、けがれがないなどの意味を表す。身も心も清潔な女性に。

ヒント　「きよ」の音は清潔で柔和《にゅうわ》な品のあるリーダーのイメージ。「ゆき」の音で優しさと潔さのある名前に。

潔音	きよね
潔芭	きよは
潔泉	きよみ
潔良	きよら
潔莉	きより
紗潔	さきよ
千潔	ちゆき
美潔	みよし
潔奈	ゆきな
潔花	よしか

諏

シュ
名 す

もとは神意を問うことをいい、はかる、問う、相談するなどの意味になった。友達に恵まれることを願って。

ヒント　フレッシュで愛らしい印象の「す」の音で、万葉仮名風に。「しゅ」の音を使うと個性的な名前に。

有諏	ありす
杏諏	あんず
諏奈	しゅな
諏莉	しゅり
諏未	すみ
亜諏奈	あすな
亜莉諏	ありす
諏々菜	すずな
諏三玲	すみれ
真諏美	ますみ

潤

ジュン　うるおう
名 さかえ　ます　みつ

水がしみて広がる状態をいい、潤《うるお》すの意味になった。艶《つや》やか、艶の意味もある。物心ともに豊かな人生を願って。

ヒント　人なつっこくてセクシーな「じゅん」の音で。「うる」の音は内に秘めた才覚を感じさせる。

潤	じゅん
潤音	うるね
潤葉	うるは
潤心	うるみ
潤栄	さかえ
潤奈	じゅんな
潤莉	じゅんり
潤美	ますみ
潤波	みつは
潤穂	みつほ

諄

ジュン
名 あつ　さね　しげ　とも　のぶ　ふさ　まこと

供物を供えて神に祈るときの心をいい、ねんごろ、心があついの意味に使う。助けるの意味も。優しい人に。

ヒント　「じゅん」の音は、人なつっこいチャーミングな印象。「あつ」の音で、温かく包容力がある名前に。

諄心	あつこ
諄海	あつみ
諄乃	しげの
諄菜	じゅんな
諄花	ともか
諄祈	ともき
諄絵	のぶえ
諄子	ふさこ
諄都	まこと
真諄	まさね

樟

ショウ　くすのき
名 くす

樹木のクス、クスノキの意味に使う。幹に香気があり、樟脳《しょうのう》の原料になる。他人の役に立つような人に。

ヒント　「しょう」の音は、ソフトで深い光を感じさせる。人気の「翔」のかわりに使えば、新鮮な印象に。

樟奈	くすな
樟乃	くすの
樟葉	くすは
樟穂	くすほ
樟香	しょうか
樟子	しょうこ
樟南	しょうな
樟美	しょうみ
樟莉	しょうり
実樟	みしょう

憧

ショウ　ドウ
あこがれる

心が動いて定まらないという意味から、あこがれる、慕《した》うの意味を表す。いつまでも夢を忘れない人に。

ヒント　「あこ」の音を活かしても。気さくで朗《ほが》らかな印象に。「しょう」の音は、ソフトで温かい光のイメージ。

憧 あこ
憧夢 あむ
憧子 しょうこ
憧美 しょうみ
冬憧 とあ
乃憧 のあ
未憧 みあ
莉憧 りあ
真憧子 まあこ
美利憧 みりあ

穂

スイ　ほ
名 お　ひで
ひな　みのる

旧 穗

穀物の茎の実のつく部分、穂先などの意味を表す。止め字としても人気で、実り豊かなイメージ。

ヒント　「ほ」の音は、どんなときも緊張せず、マイペースで温かい印象。最近は先頭字や中字でも使われる。

秋穂 あきほ
郁穂 いくほ
恵穂 えみの
和穂 かずほ
歌穂 かほ
希穂 きほ
志穂 しほ
涼穂 すずほ
菜穂 なほ
穂架 ひでか

穂乃 ひなの
穂積 ほづみ
穂波 ほなみ
穂香 ほのか
穂紀 ほのり
穂希 ほまれ
万穂 まほ
瑞穂 みずほ
穂舞 みのぶ
穂里 みのり

靖穂 やすほ
雪穂 ゆきほ
莉穂 りほ
衣穂里 いおり
花穂里 かおり
詩穂子 しほこ
奈穂子 なおこ
菜穂美 なほみ
穂乃香 ほのか
穂乃実 ほのみ

澄

チョウ　すむ
名 きよ　すみ
と

澄む、澄ませる、清い、透きとおっているなどの意味を表す。水にも心にも使う。透明感のあるさわやかな人に。

ヒント　清らかな心をもつイメージに、「すみ」の音の、やわらかさと甘さのある、キュートな印象をプラスして。

有澄 あすみ
架澄 かすみ
澄芭 きよは
澄香 すみか
澄奈 すみな
澄葉 すみよ
澄礼 すみれ
澄萌 とも
真澄 ますみ
心澄 みすみ

蝶

チョウ

昆虫のチョウをいう。チョウは、青虫、毛虫から色彩の美しい成虫になる。美しく成長することを願って。

ヒント　美しく可憐《かれん》に飛び回るイメージ。元気で闊達《かったつ》な、高い自己アピール力を持つ「ちょう」の音を使って。

希蝶 きちょう
蝶花 ちょうか
蝶子 ちょうこ
蝶良 ちょうら
蝶和 ちょうわ
蝶胡 ちよこ
蝶小 ちょこ
蝶美 ちよみ
蝶莉 ちより
美蝶 みちょう

潮

チョウ　しお
うしお

しお、うしおを表し、特に朝の満ち引きをいう。夕方の満ち引きは「汐」。時、時勢の意味も。未来を思って。

ヒント　夜明けの光のようなはじまりの印象の「うしお」の音で1字名も。「しお」の音は清潔で颯爽《さっそう》とした印象。

潮 うしお
潮香 しおか
潮子 しおこ
潮奈 しおな
潮音 しおね
潮乃 しおの
潮美 しおみ
潮梨 しおり
真潮 ましお
美潮 みしお

Column

すっきり、きぜんとした名前

横画や縦画などの直線が多い字は、自立した印象や、清楚《せいそ》で凜《りん》とした印象をかもしだします。強くまっすぐ生きていくよう、願いをこめて。

漢字の例

藍18 瞳17 輔14 嵩13 暉13 晴12 詞12 喜12 理11 彗11 記10 音9 昌8 里7 圭6 由5 叶5 王4

臨18 曜18 蕾16 聖13 瑞13 博12 閏12 皓12 皐11 冨11 高10 重9 直8 旺8 早6 匡6 世5 可5

名前の例

瞳 ひとみ
臨 りん
藍由 あゆ
可音 かのん
暉早 きさ
匡子 きょうこ
皐暉 さき
晴音 はのん
皓重 ひろえ
博叶 ひろか
冨可 ふうか
昌世 まさよ
瑞喜 みずき
王蕾 みらい
里旺 りお
理音 りのん
喜里可 きりか
由記子 ゆきこ

調

チョウ　しらべる　ととのえる
名 しげ　つき　つぎ　つぐ　なり　のり　みつぐ

もとは言葉を行きわたらせることで、ととのう、しらべるという意味を表す。音楽を奏でる、音色の意味も。

ヒント　情感豊かなイメージもある字。「つぐ」の音は、発想力豊かなイメージ。「しらべ」などの読みで1字名にも。

愛調	あつき
叶調	かのり
調葉	しげは
調子	つきこ
調音	つきね
調美	つぐみ
調未	なりみ
羽調	はなり
帆調	ほのり
実調	みつき

徹

テツ
名 あきら　とおる　みち　ゆき

通る、通す、突き通すのほか、達する、明らかなどの意味がある。困難に負けずやり抜く、意志が強い人に。

ヒント　着実に物事を手堅く積み上げる印象の「てつ」の音のほか、「みち」や「ゆき」の音も使いやすい。

徹奈	あきな
徹楽	あきら
紗徹	さゆき
千徹	ちあき
徹花	てつか
徹子	てつこ
徹瑠	とおる
徹栄	みちえ
徹佳	みちか
徹乃	ゆきの

範

ハン
名 のり

のり、手本、決まり、型などの意味を表す。また、区切り、境の意味もある。人の手本になるような人に。

ヒント　規範を守るきっちりした人のイメージ。「のり」の音で、りりしさと気品あふれる印象をプラス。

衣範	いのり
叶範	かのり
詩範	しのり
範愛	のりあ
範枝	のりえ
範花	のりか
範子	のりこ
葉範	はのり
範奈	はんな
実範	みのり

播

ハ　バン　まく
名 かし　ひろ

まく、種をまくの意味を表す。うつる、動く、広く及ぼすなどの意味もある。コツコツと努力する人に。

ヒント　気風《きっぷ》のよい人情家で、華のある「は」、情熱的でたくましい「ひろ」の音を活かして。

明播	あきは
播葉	かしは
奏播	かなは
来播	くれは
播奈	はな
播花	ひろか
播夢	ひろむ
康播	やすは
菜津播	なつは
莉々播	りりは

幡

ハン　のぼり
はた

ひらひらと動くきれを表し、旗、のぼりをいう。ひるがえす、ひるがえるの意味も。リーダーにふさわしい字。

ヒント　「はん」の音は、すばやく動き、跳ねるような侮《あなど》れないイメージ。「はた」の音を活かしても。

紅幡	くれは
幡花	はたか
幡乃	はたの
幡美	はたみ
幡奈	はな
幡波	はなみ
幡瑠	はる
幡菜	はんな
小幡音	こはね
実幡音	みはね

撫

ブ　なでる
名 ただ　もち　やす　よし　より

なでる、慰める、慈《いつく》しむ、かわいがるなどの意味を表す。優しく愛情深い女性になることを願って。

ヒント　「大和撫子《やまとなでしこ》」のように清楚《せいそ》で美しいイメージ。「よし」の音でやわらぎと清潔感あふれる印象の名前に。

詩撫	しより
撫絵	ただえ
撫子	なでしこ
実撫	みよし
萌撫	ももち
撫葉	やすは
撫花	よしか
撫乃	よしの
衣撫希	いぶき
撫々美	ななみ

舞

ブ　まう
まい
名 ま

舞う、舞、踊るなどの意味を表す。心を弾《はず》ませるの意味も。字形も音も美しく、女の子に人気のある字。

ヒント　「まい」と読むと充実感にあふれたイメージ、「ま」と読むと、面倒見がよく天《てん》真爛漫《しんらんまん》な印象に。

舞	まい
衣舞	いぶ
笑舞	えま
小舞	こまい
偲舞	しのぶ
詩舞	しま
舞佳	まいか
舞子	まいこ
舞紗	まいさ
舞奈	まいな
舞音	まいね
舞乃	まいの
舞美	まいみ
舞也	まいや
舞羽	まう
舞惟	まうい
舞央	まお
舞姫	まき
舞仔	まこ
舞白	ましろ
舞那	まな
舞埜	まの
舞紘	まひろ
舞歩	まほ
舞美	まみ
佑舞	ゆま
莉舞	りま
陽舞莉	ひまり
舞知子	まちこ
舞菜香	まなか

編

ヘン　あむ
名 あみ　つら　よし

文字を書いた竹のふだを並べて糸でとじたもの。組み合わせる、まとめる意味を表す。文学的な香りのする字。

ヒント　名前の使用例が少なく、新鮮。「あみ」と読むと、自然体で前向き、イキイキしたイメージが加わる。

編美	あみ
編花	あみか
編那	あみな
編音	あみね
編帆	あみほ
編莉	あみり
編瑠	あみる
小編	こあみ
編架	よしか
編子	よしこ

摩

マ
名 きよ　なず

両手をすり合わせることをいい、こする、磨く、なでるの意味を表す。近づくの意味も。神秘的な感じのする字。
ヒント 「ま」の音で万葉仮名風にすると使いやすい。満ち足りた雰囲気の、天真爛漫《てんしんらんまん》な印象の女性に。

恵摩	えま
摩李	きより
摩奈	なずな
摩那	まな
摩佑	まゆ
摩哩	まり
摩鈴	まりん
由摩	ゆま
摩莉亜	まりあ
摩李乃	まりの

魅

ミ

もとはたたりをなす物の怪《け》を表し、魅入る、まどわす、心をひきつけるなどの意味を表す。魅力的な女性に。
ヒント 「み」の音を万葉仮名風に使って。みずみずしい愛らしさで、魅力あふれるイメージの名前に。

茉魅	まみ
魅亜	みあ
魅花	みか
魅玖	みく
魅咲	みさき
魅知	みち
魅々	みみ
魅羅	みら
瑠魅	るみ
魅衣奈	みいな

遼

リョウ
はるか
名 とお

はるか、遠い、めぐるなどの意味を表す。中国の王朝名でもある。歴史のロマンが感じられる、スケール感のある字。
ヒント 人気の「はる」の音は、朗《ほが》らかで人間味にあふれ元気な印象。「りょう」の音は、パワフルで頼れる印象。

希遼	きはる
胡遼	こはる
千遼	ちはる
遼海	とおみ
遼香	はるか
実遼	みはる
遼佳	りょうか
遼河	りょうが
遼子	りょうこ
遼菜	りょうな

璃

リ
名 あき

瑠璃《るり》は玉の名で、青色の宝石である。玻璃《はり》は今のガラスのことをいう。宝石のように美しい女性に。
ヒント 人気の「り」の音は、りりしく理知にあふれ、華やかさを感じさせる。「莉」などのかわりに使っても。

愛璃	あいり
朱璃	あかり
璃奈	あきな
璃妃	あきひ
璃保	あきほ
杏璃	あんり
祈璃	いのり
恵璃	えり
小璃	こあき
琴璃	ことり
咲璃	さり
汐璃	しおり
千璃	ちあき
茉璃	まり
碧璃	みどり
美璃	みり
璃子	りこ
璃紗	りさ
璃美	りみ
璃葉	りよ
瑠璃	るり
亜璃沙	ありさ
希璃恵	きりえ
知恵璃	ちえり
優璃香	ゆりか
璃香子	りかこ
璃奈子	りなこ
璃埜葉	りのは
瑠璃子	るりこ
瑠璃那	るりな

諒

リョウ
まこと
名 あき　あさ　まさ　みち

まこと、信じる、偽りのない人の意味を表す。明らかにする、思いやるの意味もある。誠実で思いやりのある人に。
ヒント 「りょう」の音は賢く華やかで気品と頼りがいのある印象。「あき」「まさ」などの読みも使いやすい。

諒南	あきな
諒音	あきね
諒帆	あきほ
諒乃	あさの
諒陽	あさひ
麻諒	まあさ
諒恵	まさえ
諒実	まさみ
諒羽	みちは
諒子	りょうこ

凛

リン
名 り

「凜」の俗字。厳しい寒さ、心が引きしまる様子。毅然《きぜん》としてりりしい感じの名前になる。人気のある字。
ヒント 「りん」の音で、透明感と甘くかわいらしい印象がプラスされる。「り」の音だけを活かしても。

凛	りん
愛凛	あいりん
雨凛	あめり
咲凛	えみり
恵凛	えりん
香凛	かりん
友凛	ともり
真凛	まりん
澪凛	みおり
明凛	めいりん
萌凛	もえり
悠凛	ゆりん
凛央	りお
凛澄	りずむ
凛花	りんか
凛空	りんく
凛子	りんこ
凛世	りんぜ
凛都	りんと
凛那	りんな
凛音	りんね
凛乃	りんの
凛葉	りんは
凛夢	りんむ
杏凛咲	ありさ
華凛奈	かりな
紗凛衣	さりい
陽茉凛	ひまり
凛々花	りりか
凛々瑚	りりこ

凜

リン
旧 凜

寒さが厳しい様子、心が引きしまる様子を表す。「凜《りん》とする」などと使う。字形、音とも美しく人気の字。
ヒント 「凛」の正字で、こちらの字も男女ともに人気がある。字形の違いで、どちらの字を選ぶか検討して。

花凜	かりん
茉凜	まりん
由凜	ゆりん
凜桜	りお
凜未	りみ
凜華	りんか
凜胡	りんこ
凜愛	りんな
凜寧	りんね
李凜子	りりこ

輪

リン　わ
名 もと

車の矢が放射状に並ぶ様子で、わ、丸いものを表す。まわるの意味も。大輪の花のように美しい女性に。

ヒント 「日輪《にちりん》」のように華やかな印象もある字。透明感のある「りん」、ワクワク感のある「わ」の音で。

- 華輪　かりん
- 采輪　とわ
- 茉輪　まりん
- 実輪　みわ
- 輪恵　もとえ
- 輪花　りんか
- 輪音　りんね
- 輪子　わこ
- 紗輪子　さわこ
- 輪歌奈　わかな

黎

レイ　くろ
名 たみ

多い、もろもろ、黒、黒いなどの意味を表す。黎明《れいめい》とは夜明けの意味。希望に満ちた未来を願って。

ヒント 「れい」の音は、理知的でスマート、一《いち》途《ず》で凜《りん》としたイメージ。「たみ」の音を活かしても。

- 黎　れい
- 黎絵　くろえ
- 黎依　たみい
- 黎世　たみよ
- 望黎　みれい
- 黎香　れいか
- 黎子　れいこ
- 黎奈　れいな
- 黎美　れいみ
- 黎央奈　れおな

Column

表示しやすい漢字、表示しにくい漢字

漢字にも JIS 規格がある

2004年に実施された人名用漢字の改定により、現代の名づけでは多くの旧字も使うことができます(→ P486〜487)。しかし、日常生活では注意が必要です。

パソコン、スマホなどの電子機器での漢字の扱いは、JIS 規格で定められています。JIS 漢字は第1水準から第4水準に分かれていて、常用漢字をはじめ、日常よく使われる字は第1水準に含まれます。

一方、人名用漢字には第2水準以下の漢字も含まれています。2点しんにょう(⻍)や、旧字体のしめすへん(⺭)などを使った字は、画面に正確な字形が表示されないこともあります。

表示のしやすさも考えて

最近の電子機器では、人名に使えるほとんどの漢字が表示しやすくなりました。しかし、学校や病院などでは、最新の IT 環境が整っていないこともあります。名前の漢字が正確に表示されない可能性があるのです。

名前に旧字や難しい漢字を使いたいときは、さまざまな環境で複数の電子機器に入力してみるなど、表示されやすいかどうかを確認してから決めましょう。

表示しにくい漢字の例

禰 19	薰 17	鞘 16	漣 14	榊 14	琢 12	葛 12	萊 11	梅 11	迦 9
鷗 22	繡 18	徽 17	樋 15	蔣 14	楢 13	曾 12	逸 12	逢 11	祇 9

16画

緯

イ
名 つかね

織物の横糸を表す。縦糸は「経」。地球の東西の方向を表す。予言書の意味もあり、神秘的なイメージの字。

ヒント 「い」の音は一途《いちず》ながんばり屋の印象。止め字にすれば、きっぱりとした潔さを感じさせる。

彩緯	あやい
緯玖	いく
緯夜	いよ
希緯	きい
緯音	つかね
麻緯	まい
芽緯	めい
瑠緯	るい
咲緯花	さいか
美緯南	みいな

叡

エイ
あきらか
さとい
名 え　ただ
とし　まさ
よし

奥深く見える顔をいい、奥深い様子、賢い、明らかなどの意味を表す。物事の本質を見通す、思慮深い子に。

ヒント 「えい」の音は広い心を感じさせ、飾らない優しさのイメージ。「え」の音でエレガントで知的な印象に。

叡華	えいか
叡魅	えいみ
叡奈	えな
希叡	きえ
叡実	さとみ
叡祢	ただね
知叡	ちさと
叡花	としか
叡泉	まさみ
叡子	よしこ

燕

エン　つばめ
名 てる　なり
なる　やす
よし

鳥のツバメの意味。渡り鳥で、大切にされる益鳥《えきちょう》。くつろぐ、楽しむ意味のほか、女性の美しい様子も表す。

ヒント 艶《つや》があり、上質な印象の「てる」の音が使いやすい。清潔でさわやかな「やす」の音を活かしても。

燕	えん
燕楓	てるか
燕子	てるこ
燕羽	てるは
燕美	なるみ
羽燕	はなり
美燕	みよし
燕歌	やすか
燕那	やすな
燕江	よしえ

薗

エン　その
名 え

「園」の異体字。草花、果樹、野菜などの畑、また庭園の意味を表す。字形、音とも美しい字。

ヒント 「その」の音は優しい包容力を感じさせる。「え」の音だけを活かしても。自立した賢い印象に。

奏薗	かなえ
偲薗	しえん
薗香	そのか
薗希	そのき
薗子	そのこ
薗美	そのみ
美薗	みその
百薗	ももえ
亜季薗	あきえ
詩薗李	しえり

穏

オン
おだやか
名 しず　とし
やす

穏《おだ》やか、やすらか、静かで落ち着いている様子などの意味を表す。おっとりとした優しい人になるように。

ヒント 宇宙のような壮大な世界観を感じさせる「おん」の音を使って。人気の「音」のかわりに使っても。

衣穏	いおん
紫穏	しおん
穏花	しずか
穏音	しずね
穏歌	としか
穏子	やすこ
穏菜	やすな
由穏	ゆおん
莉穏	りおん
美穏子	みおこ

橘

キツ
たちばな
名 き

樹木の名で、ミカンに似た果実をつける。文学作品に多く描かれる。日本では「たちばな」と読み、ミカン類の総称。

ヒント 「き」「きつ」の音を活かして、生命力にあふれ、人目をひく突出《とっしゅつ》した個性を感じさせる名前に。

橘花	きっか
橘子	きっこ
橘奈	きつな
橘帆	きほ
紗橘	さき
真橘	まき
雅橘	まさき
美橘	みき
橘莉禾	きりか
友橘保	ゆきほ

錦

キン　にしき
名 かね

にしき、綾織を表す。5色の糸で美しい模様を織り出した織物。美しいの意味も。ゴージャスなイメージの字。

ヒント 美しく立派なイメージに、「かね」の音でねばり強いがんばり屋の印象をプラス。「にしき」の音でも。

彩錦	あかね
錦音	かね
錦子	かねこ
錦葉	かねは
錦美	かねみ
千錦	ちかね
錦希	にしき
錦輝	にしき
錦奈	にしな
美錦	みしき

憩

ケイ　いこい
いこう
名 やす

「息」に音を表す「舌」（活）を合わせた字で、活力を回復するためにいこう、休むという意味を表す。

ヒント 「けい」の音で、潔く気品にあふれるイメージをプラス。「いこい」の音で1字名にしても新鮮。

憩	いこい
愛憩	あいこ
憩子	けいこ
憩紗	けいしゃ
憩都	けいと
憩奈	けいな
憩羽	けいは
舞憩	まいこ
美憩	みいこ
憩葉	やすは

薫

クン　かおる
名 か　しげ　にお　のぶ　ひで　まさ　ゆき

旧 薰

香草をいい、よい香りがする、香りの意味を表す。人をよいほうに導く意味もある。さわやかな女性に。

ヒント 「かおる」の音で、洗練された知性と華やかさを兼ねそなえた印象が増す。「か」の音を活かしても。

薫	かおる
愛薫	あいか
薫里	かおり
薫子	かおるこ
薫音	かのん
薫恋	かれん
小薫	こゆき
紗薫	さゆき
汐薫	しおか
薫花	しげか

詩薫	しのぶ
千薫	ちか
知薫	ちゆき
薫於	にお
和薫	のどか
薫恵	のぶえ
花薫	はなか
薫紗	ひでさ
薫美	ひでみ
楓薫	ふうか

薫南	まさな
薫利	まさり
美薫	みゆき
萌薫	もえか
桃薫	ももか
薫路	ゆきじ
薫乃	ゆきの
柚薫	ゆずか
芳薫	よしか
莉薫	りか

憲

ケン
名 あき　あきら　かず　さだ　とし　のり

刑罰で事を正す法、おきてを表し、手本、模範、賢いの意味もある。まじめで行いの正しい人になるように。

ヒント りりしさと気品、華やかさをもつ「のり」の音が使いやすい。「あき」の音で明るく輝きのある名前に。

憲奈	あきな
憲紗	かずさ
憲音	かずね
憲代	さだよ
知憲	ちあき
憲永	としえ
憲花	のりか
憲子	のりこ
羽憲	はのり
深憲	みのり

賢

ケン　かしこい
名 かた　さと　たか　とし　のり　やす　よし

賢い、勝る、優れているのほかに、賢人として尊敬する意味を表す。周囲から尊《とうと》ばれる、真の知恵をもつ人に。

ヒント さわやかで頼りがいのある「さと」、やる気と思いやりの「たか」、知性と信頼感の「とし」の音で。

賢理	さとり
賢子	たかこ
賢美	たかみ
知賢	ちさと
賢英	としえ
賢恵	のりえ
未賢	みかた
美賢	みさと
賢花	やすか
賢乃	よしの

興

コウ　キョウ　おこる
名 き　さかり　さき　とも　ふさ

台をかつぎ上げることから、おこす、はじまる、盛んになる、喜ぶ、楽しむの意味を表す。喜びの多い人生を願って。

ヒント 万葉仮名風に「き」の音を使って。生命力にあふれ、突出《とっしゅつ》した個性で成功の道を進むイメージ。

逸興	いつき
興帆	きほ
興花	きょうか
興子	きょうこ
興莉	さかり
興恵	さきえ
興花	ともか
興歌	ふさか
実興	みさき
瑠興	るき

縞

コウ　しま

絹、白絹、白いの意味を表す。また、「しま」と読み、縞模様の意味で使う。将来を楽しみにしてつけたい字。

ヒント 「しま」の音はソフトな快活さと優しさがある印象。「こう」の音は知的で繊細《せんさい》な愛らしさを感じさせる。

瑛縞	えいこ
縞菜	こうな
縞美	こうみ
縞真	しま
縞子	しまこ
縞乃	しまの
縞代	しまよ
真縞	ましま
美縞	みしま
莉縞	りこ

樹

ジュ
名 いつき　き　しげ　たつ　たつき　な　みき　むら

木、立ち木、さらに植物の総称にも使う。植えるのほか、打ち立てるの意味も表す。森のイメージで人気のある字。

ヒント 「き」の音は、独立独歩《どくりつどっぽ》の冒険者のイメージの名前に。「じゅ」の音は、深い癒《いや》しと気品を感じさせる。

樹	いつき
杏樹	あんじゅ
樹絵	きえ
樹咲	きさき
樹更	きさら
沙樹	さな
樹葉	しげは
樹晏	じゅあん
樹衣	じゅい
樹菜	じゅな

樹祢	じゅね
樹音	じゅのん
樹帆	じゅほ
樹里	じゅり
樹子	たつこ
樹瑠	たつる
珠樹	たまき
夏樹	なつき
奈樹	なみき
歩樹	ほむら

樹穂	みきほ
瑞樹	みずき
美樹	みむら
萌樹	もえぎ
柚樹	ゆずき
蘭樹	らんじゅ
咲由樹	さゆき
樹恵瑠	じゅえる
都樹奈	つきな
美紗樹	みさき

鞘

ショウ　さや

さや（刀などの刀身の部分を収めておくための筒）のこと。包みこむような優しさ、温かさのある女性に。

ヒント 「さや」の音はソフトさとやわらぎの、「しょう」の音は、温かい光と夢、自由を感じさせる。

鞘衣	さやえ
鞘花	さやか
鞘香	さやか
鞘紗	さやさ
鞘祢	さやね
鞘乃	さやの
鞘巴	さやは
鞘美	さやみ
鞘菜	しょうな
美鞘	みさや

親

シン　おや
したしい
名 ちか　なる
み　もと
よし　より

親、身内の意味から、親しい、親しむの意味になった。自らの意味もある。多くの人から親しまれる優しい子に。

ヒント 「ちか」の音はやんちゃさいっぱいの無邪気な印象。「み」の音を活かせばみずみずしく愛らしい名前に。

娃親 あいみ
親美 なるみ
真親 まちか
愛親 まなみ
美親 みちか
親未 もとみ
親花 よしか
親乃 よしの
親胡 よりこ
安悠親 あゆみ

整

セイ
ととのえる
名 なり　のぶ
まさ　よし

不ぞろいのものをそろえることをいい、整える、正すの意味を表す。折り目正しい品格のある人になるように。

ヒント 母性的な優しさとたおやかさをもつ「まさ」、清潔な癒《いや》しとやわらかい光の印象の「よし」の音で。

整子 せいこ
整那 せいな
整蘭 せいらん
整未 なりみ
整花 のぶか
整絵 まさえ
整乃 まさの
美整 みよし
整夏 よしか
整奈 よしな

醒

セイ　さます
名 せ

酒の酔いがさめることをいい、覚める、目覚めるの意味を表す。また、悟るの意味もある。聡明な女性に。

ヒント 「せい」の音は、すがすがしい朝露のような印象。「せ」の音だけを使って、止め字にしても。

醒愛 せいあ
醒花 せいか
醒子 せいこ
醒菜 せいな
醒良 せいら
醒藍 せいらん
醒奈 せな
醒梨 せり
知醒 ちせ
莉醒 りせ

錫

セキ　シャク
すず
名 ます　やす

金属の錫《すず》を表す。僧のもつ錫《しゃく》杖《じょう》は、邪気をはらうという。神秘的な力が感じられる字。

ヒント 美しく、上品なイメージの字。「すず」の音でスイートなさわやかさと高級感あふれる印象をプラス。

小錫 こすず
錫風 すずか
錫菜 すずな
錫祢 すずね
錫芭 すずは
錫未 すずみ
錫莉 すずり
錫弥 ますみ
美錫 みすず
錫花 やすか

操

ソウ　みさお
あやつる
名 あや　さお
もち

もつ、握る、操る意味のほかに、固く守る、心身をけがれなく保つ意味もある。清楚《せいそ》、かつ意志の強い女性に。

ヒント あどけなく、ミステリアスな「あや」の音を活かして。「みさお」の読みで1字名にも。

操香 あやか
操乃 あやの
操芭 あやは
操芽 あやめ
操李 さおり
操恵 みさえ
操緒 みさお
操花 みさか
操貴 みさき
操菜 もちな

薙

テイ　なぐ
名 な

草をなぐ、刈るのほか、髪の毛をそる、除くの意味も。草薙《くさなぎ》の剣は三種の神器のひとつ。神秘的なイメージも。

ヒント 万葉仮名風に「な」と読むと心地よい親密感がある。「てい」の音はねばりと前進を感じさせる。

絢薙 あやな
禾薙 かな
薙子 ていこ
薙南 ていな
薙永 なぎえ
薙沙 なぎさ
薙葉 なぎは
薙波 ななみ
帆薙 はんな
夕薙 ゆうな

鮎

デン　あゆ
なまず

淡水魚のナマズをいう。日本では、淡水魚のアユを表す。アユのもつ夏のさわやかなイメージで人気がある。

ヒント 自然体で大胆さのある「あゆ」の音は、芸術系の才能を発揮しやすいイメージ。熟考している印象も。

鮎由 あゆ
鮎佳 あゆか
鮎子 あゆこ
鮎奈 あゆな
鮎音 あゆね
鮎葉 あゆは
鮎美 あゆみ
鮎夢 あゆむ
鮎里 あゆり
鮎利 あゆり

橙

トウ
だいだい
名 と

樹木のダイダイをいう。ミカンの一種で、実は食用、薬用として使われる。「代々」に通じる、縁起のいい字。

ヒント 「とう」の音はまじめで信頼感のある印象。止め字にして「と」と読めば優等生で面倒見のよい印象。

絵橙 えと
奏橙 かなと
慧橙 けいと
橙愛 とあ
橙子 とうこ
橙名 とうな
橙愛 とうな
美橙 みと
莉橙 りと
橙美恵 とみえ

燈

トウ　ひ
ともしび
名 あかり

「灯」の旧字。ともしび、明かり、火をともす道具の意味を表す。周囲を明るく照らすような人に。

ヒント 字面《じづら》や組み合わせる字とのバランスで「灯」と使い分けて。「とう」の音は、努力家で信頼感のある印象。

燈 あかり
燈里 あかり
燈子 とうこ
燈美 とうみ
燈奈 ひな
燈芽 ひめ
夕燈 ゆうひ
燈菜子 ひなこ
燈奈乃 ひなの
燈女花 ひめか

篤

トク
名 あつ　しげ　すみ

手厚い、情愛が深いことを表し、素朴《そぼく》で誠実なイメージの字。親切で優しく、人から慕《した》われる人に。
ヒント 自然体で、おおらかな包容力を感じさせる「あつ」、スマートで甘い印象のある「すみ」の音で。

愛篤	あすみ
篤絵	あつえ
篤花	あつか
篤季	あつき
篤子	あつこ
篤美	あつみ
花篤	かすみ
篤羽	しげは
篤礼	すみれ
真篤	ますみ

繁

ハン
名 えだ　しげ　とし
旧 繁

草木が茂る、多くなる、盛んになる、忙しいなどの意味を表す。子孫繁栄や商売繁盛につながる字。
ヒント 「しげ」の音は人情味があり、パワフルな印象。「とし」の音で、信頼感と知性を感じさせる名前に。

乎繁	こえだ
繁夏	しげか
繁乃	しげの
繁葉	しげは
繁帆	しげほ
繁美	しげみ
繁代	しげよ
繁花	としか
繁瑚	としこ
繁奈	はんな

縫

ホウ　ぬう
名 ぬい　ほ

「逢」は両方から出合う意味で、「縫」は糸でぬい合わせるという意味。とりつくろう、縫い目の意味も。
ヒント いじらしいイメージもある字。「ぬい」の音を使うと奥ゆかしく品のよい印象に。「ほ」の音を活かしても。

天縫	あまぬ
杏縫	あんぬ
夏縫	かほ
絹縫	きぬ
空縫	そらぬ
縫衣	ぬい
羽縫	はぬい
芳縫	よしぬ
莉縫	りほ
里衣縫	りいぬ

磨

マ　みがく
名 きよ

磨く、研ぐ、こする、すり減るなどの意味を表す。物事に励む意味もある。努力を惜しまぬ人になるよう願って。
ヒント 万葉仮名風に「ま」の音を使って。満ち足りた雰囲気があり、天真爛漫《てんしんらんまん》な印象の名前に。

磨未	きよみ
志磨	しま
磨衣	まい
磨輝	まき
磨奈	まな
磨也	まや
磨瑠	まる
須磨子	すまこ
多磨美	たまみ
磨美子	まみこ

諭

ユ　さとす
名 さと　つぐ

人の誤りをことばで注意して直すことで、さとす、いさめる、教え導くなどの意味。人を導く力と勇気のある人に。
ヒント 「さと」の音はさわやかさと頼りがいのあるイメージ。思慮深さを感じさせる「ゆ」の音を活かしても。

愛諭	あさと
諭子	さとこ
諭未	さとみ
諭奈	つぐな
諭実	つぐみ
真諭	まゆ
美諭	みさと
諭真	ゆま
諭理	ゆり
諭実子	ゆみこ

謡

ヨウ　うたい
うたう
名 うた
旧 謠

もとの字は「謠」。神に祈ることばをいい、うた、うたうの意味になる。芸能の才に恵まれるよう願って。
ヒント 明るく自然体で、のびのび元気な印象の「うた」、おおらかで思いやりのある「よう」の音を使って。

謡	うた
謡恵	うたえ
謡歌	うたか
謡乃	うたの
佳謡	かよ
美謡	みよう
謡花	ようか
謡子	ようこ
花謡子	かよこ
希謡恵	きよえ

頼

ライ　たのむ
たよる
名 のり　よ
よし　より
旧 賴

功績があり財貨もあることから、たのもしい、頼む、頼るの意味になった。幸いの意味も。信頼される人に。
ヒント 「より」の音は暗く艶《つや》やかなイメージ。「らい」の音は輝くような華やかさと知性を感じさせる。

沙頼	さより
知頼	ちより
頼絵	のりえ
春頼	はるよ
美頼	みらい
頼英	よしえ
頼花	よりか
頼子	よりこ
頼夢	らいむ
頼良	らいら

蕾

ライ　つぼみ

つぼみの意味を表す。前途有望だが、まだ成長途上の年ごろのたとえにもなる。語感がかわいらしく、人気の字。
ヒント 未来への希望を感じさせる字に、凛《りん》とした華やかさのある「らい」の音で、天真《てんしん》爛漫《らんまん》さと賢さをプラス。

蕾	つぼみ
彩蕾	さら
蕾美	つぼみ
未蕾	みらい
蕾香	らいか
蕾奈	らいな
蕾良	らいら
蕾楽	らいら
蕾音	らいん
蕾々	らら

燎

リョウ

「尞」はかがり火、庭で燃やす火を表し、そこから、めぐる、はるか、遠いの意味に。周囲を明るく照らす人に。
ヒント 気品があり、賢く華やかな印象の「りょう」の音で。情熱や愛らしさを感じさせる。「遼」のかわりにも。

燎	りょう
花燎	かりょう
魅燎	みりょう
燎央	りょう
燎可	りょうか
燎姫	りょうき
燎子	りょうこ
燎菜	りょうな
燎乃	りょうの
燎芭	りょうは

澪

レイ　みお

みお（＝水脈。川や海の船の航路）のこと。澪標《みおつくし》は、水路を知らせる目印の杭。人が集まる魅力のある人に。
ヒント　「みお」の音で、周囲に活力を与え、信頼感のある印象に。「れい」は、スマートで高潔な人間性をもつ。

澪	みお
彩澪	あやみ
希澪	きれい
澄澪	すみお
澪羽	みう
澪禾	みおか
澪子	みおこ
澪奈	みおな
澪乃	みおの
澪葉	みおは
澪里	みおり
澪莉	みおり
澪音	みおん
澪月	みづき
澪晴	みはる
澪優	みゆう
澪莱	みら
美澪	みれい
瑠澪	るみ
澪亜	れいあ
澪花	れいか
澪瑚	れいこ
澪南	れいな
澪美	れいみ
澪良	れいら
絵澪奈	えれな
世澪奈	せれな
澪玖瑠	みくる
澪奈緒	みなお
澪世子	みよこ

蕗

ロ　ふき

草のフキをいう。山野に自生し、茎と花茎は食用。ふきのとうは春のはじめのシンボル。ほのぼのとした字。
ヒント　華やかさと落ち着きをあわせもった「ろ」の音で。「ふき」と読むと熱い情熱と強いパワーが漂《ただよ》う名前に。

心蕗	こころ
春蕗	はろ
蕗瑚	ふきこ
蕗菜	ふきな
蕗奈	ろな
蕗愛	ろまな
蕗美	ろみ
妃蕗美	ひろみ
茉穂蕗	まほろ
万蕗香	まろか

17画

曖

アイ　かける

日がかげって薄暗いことをいい、暗い、ほの暗い、かげるの意味に使う。曖昧《あいまい》の曖。のほほんとした子に。
ヒント　「愛」と同じ「あい」の音をもつ。「あい」の音を活かすと、自然体で明るく、はつらつとした印象に。

曖香	あいか
曖心	あいこ
曖沙	あいさ
曖奈	あいな
曖音	あいね
曖実	あいみ
曖瑠	あいる
知曖	ちあ
未曖	みあ
李曖	りあ

霞

カ　かすみ

かすみ（＝細かい水滴で空がぼやける現象）、朝焼け、夕焼けの意味。はるか遠くの意味も。幻想的なイメージの字。
ヒント　利発で快活な印象の「か」の音で。知的でカリスマ性のある「かすみ」の音で1字名にも。

霞純	かすみ
霞奈	かな
霞音	かのん
霞凜	かりん
乃霞	のか
和霞	のどか
風霞	ふうか
美霞	みか
夕霞	ゆうか
望々霞	ももか

環

カン　たま
たまき　わ

再生を願う儀礼に使う玉（＝たまき）の意味を表す。輪やめぐるという意味もある。穏《おだ》やかで心の広い人に。
ヒント　人間性豊かな「たまき」、茶目《ちゃめ》っ気《け》と頼りがいのある「かん」、ワクワク感あふれる「わ」の音で。

環	たまき
愛環	あいか
彩環	あやか
音環	おとわ
環奈	かんな
喜環	きわ
沙環	さわ
環絵	たまえ
環緒	たまお
環希	たまき
環未	たまみ
環予	たまよ
知環	ちか
千環	ちわ
七環	ななか
乃環	のわ
花環	はなか
穂環	ほのか
実環	みかん
美環	みわ
悠環	ゆうわ
凛環	りんか
麗環	れいか
環子	わこ
環月	わづき
紗環子	さわこ
都環子	とわこ
真奈環	まなか
三環子	みわこ
環華奈	わかな

鞠

キク　まり
名　つぐ　ます
みつ

鹿革からつくったまりをいい、まり、蹴鞠《けまり》、かがむの意味。調べる、育てるの意味も。雅《みやび》なイメージの字。
ヒント　まろやかな華やかさと凜《りん》とした雰囲気の「まり」、機転のよさと守りの堅さを感じる「きく」の音で。

鞠奈	きくな
鞠巴	きくは
小鞠	こまり
鞠美	つぐみ
陽鞠	ひまり
鞠江	ますえ
鞠佳	まりか
鞠沙	まりさ
鞠希	みつき
美鞠	みまり

檎

キン　ゴ

林檎《りんご》は、果実は美味、「医者いらず」というほど栄養価も高い。リンゴの色や形から、かわいい印象が強い字。

ヒント　ゴージャスで愛らしい印象のある「ご」の音で、止め字に。中字に使うと個性的。

亜檎　あき
一檎　いちご
苺檎　いちご
紗檎　さき
燦檎　さんご
林檎　りんご
鈴檎　りんご
凛檎　りんご
奈檎美　なごみ
実優檎　みゆき

謙

ケン
名 あき　かた　かね　しず　のり　よし

へりくだる、人にゆずる、控えめにする意味を表す。満ち足りる、快いの意味も。静かに、賢く人生を歩む人に。

ヒント　「あき」と読めば未来を切りひらく、輝きのある印象。「のり」の音はりりしさと気品、華やかさの印象。

謙江　あきえ
謙菜　あきな
謙羽　あきは
謙歩　しずほ
謙莉　しずり
多謙　たかね
謙花　のりか
実謙　みかた
美謙　みのり
謙華　よしか

燦

サン　きらめく
名 あき　きよ　よし

明るく輝くことをいい、輝く、きらめく、明らか、鮮やかなどの意味を表す。ゴージャスなイメージのある字。

ヒント　潔さと優しさを感じさせる「きよ」、キュートで明るい「あき」、清潔な癒《いや》しに満ちた「よし」の音で。

燦　さん
燦映　あきえ
燦奈　あきな
愛燦　あきら
燦良　きよら
燦羅　きらら
燦李　きらり
燦美　さんび
燦栄　よしえ
燦華　よしか

曙

ショ　あけぼの
名 あき　あきら　あけ

空が明るくなりはじめる時刻、あけぼの、明けるの意味を表す。夜明けの光のように希望をもたらす子に。

ヒント　夜明けのほのぼのしたイメージに、「あき」の音であと腐《くさ》れのない潔さと一途《いちず》さをプラスして。

曙恵　あきえ
曙菜　あきな
曙音　あきね
曙葉　あきは
曙陽　あきひ
曙來　あきら
曙里　あきり
曙乃　あけの
曙美　あけみ
千曙　ちあき

篠

ショウ　しの
名 ささ

矢をつくるのに用いる細い竹のしの竹、ササを表す。しっとりとした和風のイメージ。「しの」の読みで人気。

ヒント　「しょう」の音は、ソフトで深い光の印象。「しの」の音は、さわやかさと、優しさを感じさせる。

篠　しの
篠音　ささね
沙篠　さしの
篠香　しのか
篠葉　しのは
篠舞　しのぶ
篠里　しのり
篠子　しょうこ
篠美　しょうみ
与篠　よしの

檀

ダン　まゆみ
名 せん　まゆ

樹木の名で、車の材料になった。また日本では、弓、こけしの材料になる樹木のマユミを表す。

ヒント　母性愛と満ち足りた幸福感を感じさせる「まゆみ」の音で、1字名に。「まゆ」の音だけを使っても。

檀　まゆみ
瑚檀　こまゆ
檀李　せんり
檀宇　まゆう
檀花　まゆか
檀奈　まゆな
檀乃　まゆの
檀美　まゆみ
檀來　まゆら
檀李　まゆり

瞳

トウ　ドウ　ひとみ
名 あきら　め

澄んだひとみの意味から、無心に見つめる様子の意味も表すようになった。ひとみも心も美しい女性になるように。

ヒント　熱い情熱とあふれるパワーを感じさせる「ひとみ」の音で1字名に。「め」の音で止め字にしても。

瞳　ひとみ
瞳楽　あきら
彩瞳　あやめ
来瞳　くるめ
心瞳　ここみ
瞳子　とうこ
瞳慧　ひとえ
瞳美　ひとみ
妃瞳　ひめ
夢瞳　ゆめ

彌

ビ　ミ　いや　いよいよ　や
名 ひろ　ます　みつ　やす

「弥」のもとの字。久しい、遠い、大きい、行き渡るなどの意味を表す。スケール感のある字。

ヒント　みずみずしく、愛らしい印象の「み」、親切で清潔感にあふれた「や」の音で、止め字や万葉仮名風に。

愛彌　あいみ
紗彌　さみ
天彌　そらみ
彌紗　みさ
彌希　みつき
美彌　みひろ
彌羽　やすは
彌生　やよい
悠彌　ゆみ
明日彌　あすみ

優

ユウ やさしい すぐれる
名 かつ ひろ まさ ゆ ゆたか

優しい、上品、優れる、手厚い、ゆったりの意味のほか、「女優」のように、役者の意味もある。大人気の字。

ヒント 定番の「ゆう」の音は思慮深く繊細《せんさい》でロマンチックなイメージ。おおらかで優しい「まさ」の音などでも。

優	ゆう
亜優	あゆう
晏優	あんゆ
優未	かつみ
優楽	かつら
彩優	さゆ
優梨	すぐり
千優	ちひろ
優埜	ひろの
芙優	ふゆ
優紀	まさき
優菜	まさな
優芭	まさは
真優	まひろ
萬優	まゆ
美優	みゆう
耶優	やひろ
優愛	ゆあ
優花	ゆうか
優輝	ゆうき
優南	ゆうな
優來	ゆうら
優李	ゆうり
優歌	ゆたか
優奈	ゆな
優真	ゆま
小優里	さゆり
知優希	ちゆき
奈優実	なゆみ
優樹菜	ゆきな

輿

ヨ こし
名 お

乗り物の「こし」を表し、のせる、かつぐなどの意味にも使う。大地、地球の意味もある。大心が広く、優しい人に。

ヒント やわらかく包みこむような「よ」、面倒見がよく、しっかりした印象の「お」の音が使いやすい。

晄輿	あきよ
香輿	かよ
紗輿	さよ
珠輿	たまよ
万輿	まお
輿菜	よな
李輿	りよ
貴輿乃	きよの
沙奈輿	さなお
美輿子	みよこ

翼

ヨク つばさ
名 たすく

左右に張り出した翼のほか、助ける意味も表す。大空を自由に飛ぶイメージ。のびのびと育つように願って。

ヒント 開放的な力強さと、さわやかなスター性を感じる「つばさ」の音で1字名に。「よ」の音だけを使っても。

翼	つばさ
暉翼	きよ
紗翼	さよ
翼玖	たすく
千翼	ちよ
翼咲	つばさ
翼女	つばめ
真翼	まよ
陽翼利	ひより
美奈翼	みなよ

瞭

リョウ あきらか
名 あき あきら

明らか、ひとみが明るく澄んでいる意味。また、はるか彼方の意味も。目を輝かせて未来を夢見るような子に。

ヒント 「あき」の音は、明るく輝きを感じさせる。「りょう」の音で、透明感と清涼感のあふれる名前に。

瞭希	あき
瞭歌	あきか
瞭菜	あきな
瞭乃	あきの
瞭見	あきみ
瞭來	あきら
知瞭	ちあき
瞭花	りょうか
瞭子	りょうこ
瞭芭	りょうは

嶺

レイ みね
名 ね

みね、山の頂のほか、山なみ、山道、坂などの意味を表す。そびえる山々のように毅然《きぜん》とした女性に。

ヒント 理知的でスマートな印象の「れい」、やすらぎと温かさを感じさせる「ね」の音で。「みね」の音でも。

娃嶺	あいね
央嶺	おね
湖嶺	こみね
美嶺	みね
嶺花	みねか
嶺子	みねこ
凛嶺	りんね
嶺香	れいか
嶺南	れいな
友里嶺	ゆりね

18画

襟

キン えり

衣服のえり、首の周りの意味を表す。胸のうち、心、思いの意味もある。友達がたくさんいる、気さくな子に。

ヒント 「えり」の音で先頭字にも止め字にも。「えり」の音は、奥行きと華やかさがあり、エレガントな印象に。

亜襟	あえり
襟架	えりか
襟子	えりこ
襟紗	えりさ
襟名	えりな
襟芭	えりは
華襟	かえり
紗襟	さえり
知襟	ちえり
萌襟	もえり

観

カン
名 あき まろ み みる

あたりを見まわすことを表し、よく見るの意味。ものの見方、考え方の意味も。物事の本質を見抜く人に。

ヒント 名乗りの「み」が使いやすい。止め字にすると、みずみずしくて愛らしく、フレッシュな印象の名前に。

観恵	あきえ
観佳	あきか
観奈	かんな
観縫	かんぬ
真観	まみ
観禾	まろか
観玲	みれい
雪観	ゆきみ
歌菜観	かなみ
観菜子	みなこ

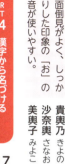

顕

ケン
名 あき　あきら　たか　てる
旧 顯

神霊の現れることをいい、明らか、明らかにする、いちじるしいの意味を表す。きわだつ女性に。

ヒント 「あき」の音を活かすと、キュートで明るく、輝きのある名前になり、新たな未来を切りひらく人に。

顕栄	あきえ
顕子	あきこ
顕奈	あきな
顕乃	あきの
顕帆	あきほ
顕未	あきみ
顕音	たかね
千顕	ちあき
顕葉	てるは
顕美	てるみ

繭

ケン　まゆ

蚕《かいこ》が糸をはき出して身をおおう、まゆの意味を表す。蚕のまゆは生《き》糸《いと》の原料になる。人を包みこむような女性に。

ヒント 和の手仕事のイメージに、「まゆ」の音で、満ち足りた充実感と優しさにあふれる印象をプラス。

繭	まゆ
繭花	まゆか
繭子	まゆこ
繭音	まゆね
繭乃	まゆの
繭美	まゆみ
繭霧	まゆむ
繭由	まゆゆ
繭來	まゆら
繭莉	まゆり

繍

シュウ
名 あや　ぬい

織物に細かい模様を入れることをいい、刺繍《ししゅう》、縫い取りした布を表す。字形、音、意味、ともに美しい字。

ヒント 「あや」の音はあどけなくミステリアス。大胆さももちあわせているので、芸術系の才能を発揮しやすい人に。

繍香	あやか
繍音	あやね
繍乃	あやの
繍羽	あやは
繍芽	あやめ
繍耶	あやや
繍璃	あやり
季繍	きぬい
咲繍	さあや
繍奈	しゅうな

瞬

シュン　またたく

またたく、まばたくの意味から、極《きわ》めて短い時間を表す。行動的な人やアスリートに向いている字。

ヒント 「しゅん」の音には、フレッシュな風のような気持ちよさと、やわらかく弾《はず》むような愛らしさがある。

瞬	しゅん
瞬理	しゅり
瞬加	しゅんか
瞬可	しゅんか
瞬子	しゅんこ
瞬名	しゅんな
瞬奈	しゅんな
瞬音	しゅんね
瞬莉	しゅんり
瞬羽果	しゅうか

織

ショク　シキ　おる
名 おり　はとり　り

布を織る、はた織り、綾絹、織物の意味のほかに、組み立てるの意味も。手仕事の風合いや温かみを感じさせる字。

ヒント 「おり」で終わる名前は、包容力と知性を感じさせ、物事の本質を見抜く、鋭い洞察力のある人に。

織	はとり
朱織	あかり
伊織	いおり
祈織	いおり
絵織	えり
織衣	おりえ
織華	おりか
織沙	おりざ
織葉	おるは
香織	かおり
叶織	かのり
沙織	さおり
詩織	しおり
珠織	たまお
知織	ちおり
奈織	なおり
仁織	にしき
織璃	はとり
妃織	ひおり
茉織	まおり
美織	みおり
巳織	みしき
由織	ゆり
織奈	りな
織乃	りの
恵織花	えりか
香織子	かおるこ
真織絵	まりえ
織依紗	りいさ
里織奈	りおな

雛

スウ　ひな

ひな、ひよこのほか、幼児の意味も表す。雛《ひな》人形の意味も。かわいらしいだけでなく、将来性を感じさせる字。

ヒント ふっくらとした印象の「ひな」の音で、謎めいた魅力とやわらかい存在感をプラスして。

雛	ひな
雛菜	ひな
雛生	ひなお
雛希	ひなき
雛子	ひなこ
雛汰	ひなた
雛乃	ひなの
雛美	ひなみ
雛世	ひなよ
雛梨	ひなり

藤

トウ　ふじ
名 かつら　つ　ひさ

つる草の名で、フジを表す。薄紫色の花が房になって垂れる。カズラ類の総称。控えめな美しさを感じさせる字。

ヒント 落ち着いた和のイメージ。「ふじ」の音は、幻想的でほのかな気品が漂う印象。独特の存在感をもつ人に。

藤	ふじ
藤來	かつら
藤絵	ひさえ
藤歌	ひさか
藤花	ふじか
藤子	ふじこ
藤奈	ふじな
藤乃	ふじの
藤魅	ふじみ
美藤	みつ

櫂

トウ　かい
名 こずえ　たく

船をこぐ道具で、かい、さおをいう。また、船自体のこともいう。しっかりと人生のかじ取りができるように。

ヒント 「こずえ」と読んで1字名にすると、重厚感のある、落ち着きを感じさせる名前に。

櫂	こずえ
櫂愛	かいあ
櫂采	かいと
櫂奈	かいな
櫂來	かいら
櫂莉	かいり
櫂実	たくみ
櫂海	たくみ
櫂世	たくよ
櫂子	とうこ

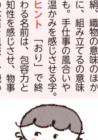

曜

ヨウ　かがやく
名 あき　あきら　てる　ひかり

一週間のそれぞれの日を表す語のほか、輝き、光、明らかなどの意味を表す。特に日の光をいう。明るい子に。
ヒント 「よう」の音は、やわらかく素朴《そぼく》で場を和ませる。元気でキュートな「あき」の読みで使うと新鮮。

曜	よう
曜絵	あきえ
曜菜	あきな
曜葉	あきは
曜帆	あきほ
曜江	てるえ
曜美	てるみ
曜莉	ひかり
曜花	ようか
曜子	ようこ

燿

ヨウ　かがやく
名 あき　あきら　てる　ひかり

「曜」のもとの字。輝く、光、明らかなどの意味。ふつう日光を曜、火の光を燿・耀で表す。あでやかな女性に。
ヒント 明るく輝きのある「あき」、おおらかで思いやりのある「よう」の音で。「曜」や「櫂」と間違えないよう注意。

燿	ひかり
燿未	あきみ
千燿	ちあき
燿花	てるか
燿葉	てるは
燿海	てるみ
燿美	てるみ
美燿	みよう
燿子	ようこ
香燿子	かよこ

臨

リン　のぞむ
名 み

上からのぞきこんで見る、のぞむの意味。おさめる、目の前にする、その時になる、の意味も。視野の広い人に。
ヒント 華やかで輝きをはなつ印象の「りん」の音で。はつらつとしてみずみずしい「み」の音も使いやすい。

愛臨	あいり
海臨	かりん
灯臨	ともり
臨美	のぞみ
臨夢	のぞむ
真臨	まりん
友臨	ゆうみ
臨歌	りんか
臨子	りんこ
臨奈	りんな

藍

ラン　あい

青色の染料をつくるのに使われる草のアイを表す。藍色の意味も。字形、音がかわいく、古風な感じもあり、人気。
ヒント 「あい」と読むと、元気で明るくはつらつとした名前に。1字名にも。「らん」の読みを活かしても。

藍	あい
藍華	あいか
藍空	あいく
藍沙	あいさ
藍紗	あいしゃ
藍奈	あいな
藍枇	あいび
藍美	あいみ
藍夢	あいむ
藍良	あいら
愛藍	あいらん
藍璃	あいり
藍瑠	あいる
藍月	あつき
藍結	あゆ
香藍	からん
姫藍	きらん
洸藍	こうらん
紗藍	さら
星藍	せいらん
風藍	ふうらん
心藍	みあ
弥藍	みらん
友藍	ゆうらん
由藍	ゆらん
藍菜	らな
藍瑚	らんこ
藍寿	らんじゅ
藍世	らんぜ
莉藍	りあ

類

ルイ　たぐい
名 とも　なお　なし　よし
旧 類

たぐい、似たものの集まり、仲間、似る、似ているなどの意味を表す。たくさんの友達に恵まれるように。
ヒント 「るい」の音は、理知的で小粋《こいき》な印象。可憐《かれん》な努力家のイメージの「る」の音で万葉仮名風にも。

類	るい
恵類	える
栖類	すなお
類花	ともか
類美	ともみ
類実	なおみ
類絵	よしえ
類亜	るあ
類名	るいな
類利香	るりか

19画

艶

エン　あでやか　つや
名 おお　もろ　よし

もとの字は「豔」。つや、あでやか、なまめかしい、艶《つや》っぽく美しいなどの意味を表す。魅力たっぷりの女性に。
ヒント 艶やかで、美しい印象の字。「つや」の音で、あでやかさにミステリアスな雰囲気をプラスして。

艶花	えんか
艶河	おおが
艶子	つやこ
艶音	つやね
美艶	みよし
艶実	もろみ
艶香	よしか
艶胡	よしこ
艶奈	よしな
艶乃	よしの

麒

キ
名 あきら

麒麟《きりん》は中国の伝説上の動物。古代には、鳳凰《ほうおう》、亀、竜とともにめでたい動物とされた。縁起のいい字。
ヒント 突出《とっしゅつ》した個性を感じさせる「き」の音で。画数の少ない字と組み合わせて。

阿麒	あき
麒奈	あきな
麒恵	きえ
麒那	きな
早麒	さき
詩麒	しき
万麒	まき
弥麒	みき
麒美子	きみこ
由麒子	ゆきこ

鏡

キョウ　かがみ
名 あき　あきら　かね　とし　み

鏡、レンズ、眼鏡のほか、手本、手本にするなどの意味を表す。心が澄んでいて、真実を見通す力のある人に。
ヒント 「きょう」の音を使うと、目をひく個性派の印象。「明鏡《めいきょう》止水《しすい》」のように、澄んだ静かな心をもつ人に。

彩鏡　あかね
鏡奈　あきな
鏡花　きょうか
鏡子　きょうこ
珠鏡　たまみ
鏡恵　としえ
鏡花　としか
鏡香　みか
鏡空　みく
瑠鏡　るみ

識

シキ
名 さと　つね　のり

しるし、しるすの意味から、知る、見分ける、知識、知り合いの意味になった。教養豊かな人になるように。
ヒント 字の知的なイメージに、「さと」の読みでさわやかさと温かさをプラス。字形の似た「織」と区別して。

識花　さとか
識未　さとみ
識音　しおん
識奈　しきな
識陽　しきひ
識子　つねこ
仁識　にしき
葉識　はのり
美識　みしき
実識　みのり

瀬

せ
旧 瀨

浅瀬、川などの浅いところや急流をいう。時、折、立場の意味も。川の流れのごとく順調に人生をおくるように。
ヒント 水のように流れるイメージのある字。万葉仮名風に「せ」の音で、繊細《せんさい》な気配りができる知的な印象に。

琴瀬　ことせ
瀬奈　せな
知瀬　ちせ
七瀬　ななせ
水瀬　みなせ
里瀬　りせ
瀬亜良　せあら
瀬伊花　せいか
瀬莉那　せりな
茉利瀬　まりせ

瀧

たき
名 よし　ろう

「滝」のもとの字。雨の降る様子や、滝の意味を表す。潤《うるお》すの意味もある。エネルギッシュな女性に。
ヒント 「たき」の音はきりっとして潔く、輝きをはなつ格調高い印象。「よし」と読むとやわらかい印象に。

瀧　たき
瀧季　たき
瀧子　たきこ
瀧奈　たきな
瀧乃　たきの
瀧葉　たきは
瀧恵　よしえ
瀧花　よしか
瀧美　よしみ
瀧良　ろうら

禰

ネ　デイ
名 ない

父の霊を祭るみたまやを表す。神主・宮司に次ぐ神官を禰宜《ねぎ》という。神秘的なイメージの字。「祢」は俗字。
ヒント 親密感のある「ね」の音が使いやすい。「ね」で終わる名前は、やすらぎと温かさを感じさせる。

絢禰　あやね
歌禰　かない
琴禰　ことね
咲禰　さきね
鈴禰　すずね
禰々　ねね
禰瑠　ねる
舞禰　まいね
琳禰　りんね
佳禰子　かねこ

譜

フ
名 つぐ

物事を順序だてて書きならべたものの意味。記す、楽譜の意味もある。音楽好きな人にも向く字。
ヒント 「ふ」の音で、ふわりとした不思議な魅力を加えて。「つぐ」と読むと、豊かな発想力のある印象の名前に。

愛譜　あいふ
恵譜　えふ
譜葉　つぐは
譜美　つぐみ
譜世　つぐよ
春譜　はるふ
譜未　ふみ
譜由　ふゆ
優譜　ゆふ
譜羽禾　ふうか

霧

ム　きり

自然現象の霧、また霧のようなもののたとえにも使う。美しくミステリアスなイメージを感じさせる字。
ヒント 「む」の音で、物静かで信頼できる印象を、「きり」の音でエリート感と華やかさをプラスして。

愛霧　あむ
霧花　きりか
霧子　きりこ
霧葉　きりは
沙霧　さぎり
未霧　みむ
美霧　みむ
來霧　らいむ
璃霧　りむ
霧津実　むつみ

羅

ラ
名 つら

網、網にかけてとるの意味。また、並べるの意味のほか、薄絹、綾絹の意味も表す。おしゃれな女性にぴったりの字。
ヒント 颯爽《さっそう》としていて華やかでクレバーな雰囲気の「ら」の音で。「羅馬」はイタリアのローマのこと。

愛羅　あいら
佳羅　かつら
雅羅　がら
伽羅　きゃら
紗羅　さら
聖羅　せいら
由羅　ゆら
來羅　らいら
希羅々　きらら
玖羅々　くらら

蘭

ラン
名 か

香草のランを表す。また、秋の七草のフジバカマの意味もある。香るような美しさを感じさせる字。
ヒント 「らん」の音は、美しく可憐《かれん》で華やかな一方、大胆で鮮やかな行動をとる一面も。利発で快活な「か」の読みでも。

蘭　らん
亜蘭　あらん
星蘭　せいら
美蘭　みか
蘭夢　らむ
蘭香　らんか
蘭子　らんこ
蘭世　らんぜ
蘭々　らんらん
怜蘭　れいら

麗

レイ
うるわしい
名 あきら　うらら　かず　つぐ　よし　より　れ

並んだ鹿の角の形で、うるわしい、美しい、鮮やかなどの意味を表す。並ぶ意味もある。華やかで美しい女性に。

ヒント 「れい」と読むと、華やかさと知性が加わり、より美しい名前に。「れ」の音を活かして万葉仮名風にも。

麗	うらら
麗來	あきら
天麗	あまれ
依麗	いつぐ
麗紗	かずさ
麗芭	かずは
綺麗	きらら
紗麗	さより
詩麗	しより
澄麗	すみれ
麗帆	つぐほ
羽麗	はれい
誉麗	ほまれ
真麗	まれい
美麗	みれい
麗恵	よしえ
麗姫	よしき
麗歌	よりか
麗愛	れいあ
麗華	れいか
麗子	れいこ
麗葉	れいは
麗良	れいら
麗緒	れお
麗音	れおん
麗愛	れな
麗寧	れね
麗乃	れの
恵麗奈	えれな
世麗奈	せれな

麓

ロク　ふもと
名 ろ

山のふもと、すそ野をいう。大きな林の意味もある。多くのいのちを育む山すその自然のように、心豊かな人に。

ヒント 「ろく」の音は長い歴史や秘密を感じさせ、ミステリアスな印象。落ち着いた「ろ」の音を活かしても。

麓	ろく
心麓	こころ
音麓	ねろ
日麓	ひろ
美麓	みろく
麓亜	ろあ
麓花	ろくか
麓奈	ろくな
麓夏	ろな
真麓可	まろか

20画

響

キョウ
ひびく
名 おと　なり
旧 響

向かい合って共鳴する音を表したことから、ひびく、ひびき、音などの意味に。打てばひびくような利発な子に。

ヒント 「きょう」と読むと、いつも人の中心にいる印象。包容力と頼りがいを感じさせる「おと」の音でも。

響	ひびき
亜響	あき
響維	おとい
響瑛	おとえ
響歌	おとか
響乃	おとの
響巴	おとは
響羽	おとは
響芽	おとめ
響世	おとよ
佳響	かきょう
季響	ききょう
希響	きなり
響花	きょうか
響華	きょうか
響己	きょうこ
響交	きょうこ
響菜	きょうな
響埜	きょうの
響美	きょうみ
紗響	さなり
響光	なりみ
羽響	はなり
陽響	ひなり
響佳	ひびか
響希	ひびき
響空	ひびく
響音	ひびね
美響	みなり
由響	ゆき

馨

ケイ　キョウ
かおる
かぐわしい
名 か　かおり　きよ　よし

もとは黍酒《きびざけ》の香りをいい、香り、香るの意味。よい影響や評判の意味もある。人をひきつける魅力ある人に。

ヒント りりしい知性と華やかさのある「かおる」「かおり」の音で1字名に。「けい」や「きょう」の読みでも。

馨	かおる
馨子	かおるこ
馨子	きょうこ
馨葉	きよは
馨都	けいと
馨菜	けいな
美馨	みか
結馨	ゆうか
馨花	よしか
亜馨莉	あかり

耀

ヨウ
かがやく
名 あき　あきら　てる　ひかり

「燿」と同じ字。輝く、照る、光などの意味。明らかの意味も。輝くように美しく、朗《ほが》らかな女性になるように。

ヒント 「あきら」「ひかり」の音で1字名にも。「よう」の音で、おおらかで思いやりのある印象の名前に。

耀奈	あきな
耀葉	あきは
耀帆	あきほ
知耀	ちあき
耀貴	てるき
耀美	てるみ
耀李	ひかり
美耀	みよう
耀子	ようこ
紗耀里	さより

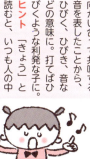

21画

櫻

オウ　さくら
名 お　さ

「桜」のもとの字。樹木のユスラウメをいうが、日本ではサクラを表す。サクラは日本を象徴する花で、字も人気。
ヒント 「さくら」の音で1字名はもちろん、おおらかで包容力のある「お」の音で止め字にしても使いやすい。

櫻	さくら
櫻美	おうみ
香櫻	かお
櫻菜	さくな
櫻子	さくらこ
詩櫻	しお
奈櫻	なお
美櫻	みお
莉櫻	りさ
陽櫻里	ひおり

鶴

カク　つる
名 ず　たず
つ

鳥のツルを表す。古来鳴き声の気高さで人気があり、長寿のシンボルでもある。長く幸福な人生をおくるように。
ヒント 「つる」の音で飄々《ひょうひょう》と信じた道を進む人に。上品な印象の「ず」、芯の強さを感じさせる「つ」の音でも。

亜鶴	あず
鶴子	たずこ
千鶴	ちづる
妃鶴	ひづる
由鶴	ゆづる
莉鶴	りつ
阿鶴美	あずみ
世鶴子	せつこ
千鶴子	ちづこ
美鶴輝	みつき

22画

露

ロ　ロウ
つゆ
名 あきら

つゆのほか、あらわす、あらわれるの意味に使う。また潤《うるお》す、恵むの意味もある。心優しい人になるように。
ヒント 可憐《かれん》さと落ち着きをあわせもった、ロマンチストな印象の「ろ」の音を、止め字や万葉仮名風に使って。

露菜	あきな
花露	かろ
心露	こころ
露香	つゆか
露穂	つゆほ
陽露	ひろ
露來	ろうら
露名	ろな
露満	ろまん
露美	ろみ

鷗

オウ　かもめ

海鳥のカモメを表す。カモメは、海、港を象徴する鳥で、鳥好きでなくても、海が好きなら使ってみたくなる字。
ヒント 「おう」の読みで包みこむようなおおらかさと気品を感じさせて。「鴎」は名づけに使えないので注意。

鷗	かもめ
鷗香	おうか
鷗美	おうみ
那鷗	なお
真鷗	まお
海鷗	みおう
凛鷗	りお
彩鷗莉	さおり
志鷗里	しおり
妃鷗梨	ひおり

23画

讃

サン
たたえる
名 あき　さ

ほめる、たたえるの意味を表す。助けるという意味もある。人から賞讃されることを成すよう願って。
ヒント 女の子には、キュートで明るい「あき」の音が使いやすい。「さ」の音を活かして万葉仮名風にしても。

讃絵	あきえ
讃花	あきか
讃子	あきこ
讃菜	あきな
讃羽	あきは
讃帆	あきほ
讃未	あきみ
讃夢	あきむ
讃來	さら
讃那	さんな

鑑

カン
かんがみる
名 あき
あきら
しげ　のり
み　みる

「監」はもと鏡のこと、見るの意味から手本、見極《みきわ》めるの意味になった。物事の本質を見極められる人に。
ヒント 「あき」の音で、知的で明るくのびやかな印象をプラス。みずみずしい印象の「み」の音で使っても。

鑑音	あきね
鑑來	あきら
叶鑑	かのり
鑑葉	しげは
鑑世	しげよ
鑑恵	のりえ
鑑子	のりこ
羽鑑	はのり
鑑花	みか
実鑑	みのり

24画

麟

リン
名 り

伝説上の動物の麒麟《きりん》を表す。吉兆として現れる霊獣。麒麟児は才知の優れた子のこと。あやかれるように。

ヒント キラキラとした透明感と甘く愛らしい印象の「りん」の音で。「り」の読みだけを活かしても。

麟	りん
華麟	かりん
希麟	きりん
茉麟	まりん
悠麟	ゆうりん
麟菜	りな
梨麟	りり
麟花	りんか
麟玖	りんく
麟世	りんせ

鷺

ロ
さぎ

水鳥のサギ、シラサギを表す。真っ白い色が尊《とうと》ばれ、雪客《せっかく》などの異名もある。可憐《かれん》な印象の字。

ヒント 透きとおるような白さを感じさせる字。可憐さと落ち着きをあわせもつ「ろ」の音で万葉仮名風に。

宇鷺	うさぎ
花鷺	かろ
鷺音	さぎね
鷺華	ろか
鷺子	ろこ
鷺美	ろみ
知比鷺	ちひろ
朱鷺子	ときこ
陽鷺子	ひろこ
鷺未菜	ろみな

Column

字源より語のイメージを大切に

字源《じげん》=漢字の意味とは限らない

漢字の由来、もともとの意味を「字源」といいます。

「負」の字源は、「財宝を背にする人」です。しかし「負美子」「負佑」などの名前は一般的ではありません。「負債」「負傷」「負ける」といった語のイメージが強いためでしょう。漢字のもともとの意味が薄れてしまったのです。

一方、字源よりプラスの意味に変化したため、名前によく使われるようになった字もあります。

「優」は喪に服した人が悲しむ姿をかたどった字ですが、転じて「やさしい」とか「すぐれる」という意味を表すようになり、男女を問わず人気の字になりました。

現代の名づけでは語のイメージを重視して

名前にはできるだけ字源のいい字を使いたいもの。でも、「字源のいい字=名前にふさわしい字」とは限りません。字源にとらわれすぎず、漢字を使った用語の意味やイメージを思い浮かべながら、楽しく漢字を選びましょう。

漢字が名前向きかどうかは、歴史・文化や慣習による地域差や個人の感覚の差が大きく、いちがいにはいえません。しかし、子ども本人や社会に抵抗のない名前にすることは、忘れず心がけたいものです。

漢字の例

正　他国へ進軍して攻撃する ← 正しい

美　成熟した大きい羊 ← 美しい・よい

益　鉢《はち》から水があふれる様子 ← ふえる

魅　物《もの》の怪《け》 ← 人の心をひきつける

若　巫女《みこ》が祈る姿 ← 若い

不　花のめしべをかたどったもの ← ～ではない（否定）

漢字1字の名前・漢字3字の名前

読み方によって、
凛《りん》とした印象にもかわいらしい印象にもなる
漢字1字の名前は、
昔も今も大人気。
漢字3字の名前は、
華やかで可憐《かれん》な雰囲気になります。

漢字1字の名前

2画

- 七 なな
- 乃 ゆき

3画

- 与 くみ
- 才 たえ
- 夕 ゆう
- 千 ゆき
- 弓 ゆみ

4画

- 天 あめ　てん
- 文 あや　ふみ
- 公 きみ
- 心 こころ
- 月 つき　るな
- 友 とも　ゆう
- 巴 とも　ともえ
- 日 はる
- 允 まこと
- 円 まどか
- 水 みな
- 仁 めぐみ

5画

- 旦 あきら
- 史 あや　ふみ
- 出 いずる
- 乎 かな　かなえ
- 叶 かな
- 布 しき　たえ　ぬの
- 玄 しず　ひかる
- 玉 たま
- 司 つかさ
- 矢 なお
- 汀 なぎさ　みぎわ
- 央 ひろ
- 広 ひろ
- 冬 ふゆ
- 市 まち
- 由 ゆう
- 立 りつ
- 令 れい
- 礼 れい　あや

6画

- 灯 あかり
- 朱 あき　あけみ
- 旭 あさひ
- 安 あん
- 糸 いと
- 衣 きぬ
- 圭 けい
- 早 さき
- 汐 しお
- 伎 たくみ
- 吏 つかさ
- 凪 なぎ
- 光 ひかり　ひかる
- 妃 ひめ
- 充 みつる　まこと
- 百 もも
- 有 ゆう
- 如 ゆき
- 羊 よう
- 好 よしみ

7画

- 杏 あん　あんず
- 初 うい　はつ
- 吟 うた
- 言 こと
- 冴 さえ

里　さと
更　さら
忍　しのぶ
李　すもも　もも
妙　たえ
希　のぞみ　まれ
伸　のぶ
花　はな　はる
寿　ひさ
麦　むぎ
佑　ゆう
邑　ゆう
良　りょう
伶　れい

8画

青　あお　せい
明　あき　めい
周　あまね　めぐる
雨　あめ
采　あや
歩　あゆみ　あゆむ
育　いく
苺　いちご　まい
弦　いと
祈　いのり
協　かのう
茅　かや
佳　けい
果　このみ
幸　さち　みゆき　ゆき
直　すなお　ちか　なお
苑　その　あや
空　そら
昊　そら
宙　そら　ひろ
季　とき　みのる
知　とも
朋　とも
尚　なお　ひさ
和　なごみ　のどか　やまと
波　なみ
典　のり
英　はな　あや
東　はる
治　はる
牧　まき
松　まつ　ときわ
学　まな　さと　のり　みち
岬　みさき
迪　みち
実　みのり
京　みやこ　けい
芽　めい
侑　ゆう
來　ゆき
依　より
林　りん
怜　れい

9画

娃　あい
茜　あかね
星　あかり　ほし
秋　あき　みのり
映　あき　あきら
郁　あや　いく　かおる　ふみ
按　あん
活　いく
泉　いずみ
海　うみ
咲　えみ　さき
衿　えり
音　おと
香　かおり　かおる
風　かぜ　ふう
奏　かな　かなで
哉　かな
要　かなめ
柊　しゅう
洵　じゅん　まこと
昴　すばる
恒　ちか
紀　のり
祝　のり
春　はる
栄　ひさ
洋　ひろ　よう
奎　ふみ　けい
紅　べに
柑　みかん
皆　みな
南　みなみ
洛　みやこ
祐　ゆう
柚　ゆう　ゆず
美　よしみ
律　りつ
玲　れい

10画

晋　あき
紋　あや
晏　あん
梅　うめ
笑　えみ
桧　かい
桂　かつら　けい
桐　きり
恋　こい　れん
朔　さく　もと

漢字1字の名前

桜 さくら
倖 さち ゆき
祥 さち
栞 しおり
純 じゅん すみ
紗 すず たえ
素 すなお
珠 たま たまき
紡 つむぎ
夏 なつ
華 はな はんな
時 はる とき
留 ひさ
姫 ひめ
晄 ひかる
紘 ひろ
哩 まいる
真 まこと

通 みち
恵 めぐみ けい
恩 めぐみ
桃 もも
透 ゆき
倫 りん

11画

梓 あずさ
彩 あや
菖 あやめ
庵 いおり
絃 いと
唱 うた
絆 きずな
渓 けい
梢 こずえ
埼 さき
皐 さつき

爽 さや さやか
康 しずか
雫 しずく
偲 しのぶ
涼 すず りょう
菫 すみれ
紬 つむぎ
渚 なぎさ
望 のぞみ
悠 はるか ゆう
眸 ひとみ
蛍 ほたる
毬 まり
都 みやこ
萌 めぐ めぐみ もえ
椛 もみじ はな
唯 ゆい
雪 ゆき きよみ

陸 りく
梨 りん
羚 れい

12画

葵 あおい
晶 あき あきら
瑛 あき あきら
椅 あづさ
絢 あや じゅん
詠 うた
湖 うみ
萱 かや
景 けい あき
琴 こと
喜 このむ
琥 こはく
惺 しずか あきら
翔 しょう

朝 とも あさ あした
温 のどか すなお
陽 はる
晴 はる
遥 はるか
媛 ひめ
尋 ひろ
詞 ふみ こと
稀 まれ
道 みち
湊 みなと
港 みなと
結 ゆい ゆう
湧 ゆう わく
紫 ゆかり
葉 よう
琳 りん

13画

愛 あい かな まな めぐみ
蒼 あお あおい
暉 あき あきら
詩 うた
楓 かえで ふう
絹 きぬ
福 さち
聖 さと さくら
鈴 すず りん
慎 ちか
鼓 つづみ
椿 つばき
暖 はる のん
寛 ひろ
誉 ほまれ
蒔 まき
幹 みき
路 みち

雅 みやび
睦 むつみ
夢 ゆめ ねね
瑶 よう
稟 りん
零 れい

14画

碧 あお あおい みどり
綾 あや
綺 あや
歌 うた
槙 こずえ まき
榊 さかき
静 しずか
滴 しずく
颯 そよ
誓 ちか
綴 つづり つづる

暢 のぶ
榛 はる
遙 はるか
翠 みどり
緑 みどり
嘉 よしみ
綸 りん いと
瑠 るう

15画

璃 あき
編 あみ
慶 けい
慧 けい
憬 けい
潤 じゅん
澄 すみ
遼 はるか
穂 ひな

舞 まい
縁 ゆかり
潔 ゆき
凜 りん
凛 りん
輪 りん
黎 れい

16画

燈 あかり
鮎 あゆ
憩 いこい
樹 いつき
謡 うた
燕 えん
薫 かおり かおる
鞘 さや
穏 しず
縞 しま

錫 すず
醒 せい
蕾 つぼみ
薙 なぎ
錦 にしき
澪 みお れい

17画

霞 かすみ
燦 さん あき
環 たまき
翼 つばさ
瞳 ひとみ
檀 まゆみ
鞠 まり
優 ゆう
嶺 れい

18画

藍 あい らん

繍 あや ぬい
藤 かつら ふじ
櫂 こずえ
織 はとり
曜 ひかり よう
雛 ひな
繭 まゆ
類 るい

19画

麗 うらら れい

艶 えん
蘭 らん

20画

耀 あき ひかり ひかる
馨 かおり かおる
響 ひびき

21画

櫻 さくら

24画

麟 りん

漢字 3字の名前

亜衣玖　あいく
明日香　あすか
愛栖奈　あすな
亜美奈　あみな
亜芽梨　あめり
安莉沙　ありさ
衣知花　いちか
恵美里　えみり
恵莉衣　えりい
絵梨花　えりか
愛里奈　えりな
歌衣來　かいら
佳保里　かおり
香津季　かづき
華奈生　かなお

花那紗　かなさ
香里奈　かりな
希良々　きらら
玖美子　くみこ
胡采里　ことり
沙奈果　さなか
沙耶香　さやか
小百合　さゆり
紗里名　さりな
志緒歌　しおか
詩央里　しおり
志結花　しゆか
澄美礼　すみれ
瀬李花　せりか
知咲季　ちさき
千由葵　ちゆき
菜桜子　なおこ
夏津希　なつき

奈津帆　なつほ
那都美　なつみ
菜々羽　ななは
奈々美　ななみ
奈由美　なゆみ
菜瑠美　なるみ
野々花　ののか
杷琉香　はるか
陽向子　ひなこ
陽菜乃　ひなの
陽茉吏　ひまり
向日葵　ひまわり
陽世李　ひより
芙弥依　ふみえ
帆奈美　ほなみ
穂乃香　ほのか
穂乃実　ほのみ
茉衣歌　まいか

麻衣子　まいこ
真姫帆　まきほ
茉名実　まなみ
万柚子　まゆこ
真百合　まゆり
眞理子　まりこ
満理奈　まりな
海羽禾　みうか
三日紗　みかさ
美玖琉　みくる
美沙季　みさき
美都紀　みつき
未奈実　みなみ
実乃里　みのり
心芙優　みふゆ
未々子　みみこ
美弥佳　みやか
美由紀　みゆき

心結奈　みゆな
魅里愛　みりあ
実和子　みわこ
萌絵莉　もえり
萌々花　ももか
八重花　やえか
由希南　ゆきな
優貴乃　ゆきの
柚芽乃　ゆめの
友梨恵　ゆりえ

百合香　ゆりか
由里菜　ゆりな
莉央奈　りおな
理紗子　りさこ
里世音　りせね
莉乃芭　りのは
梨々花　りりか
瑠美衣　るびい
瑠美奈　るみな
和可奈　わかな

PART 5

姓名の画数をもとにして

開運
から名づける

基礎知識

姓名判断で運気を高める名前を贈ろう

何を手がかりに考える？

STEP 1 「五運」を知る

まずは、「五運《ごうん》」と呼ばれる画数の組み合わせを知りましょう。これらを吉数に整えれば運勢のよい名前になります。

候補はいくつかあるから、いちばん運勢のよい名前にしよう

STEP 2 「陰陽五行説」を知る

「五運」にこだわるだけでも充分ですが、さらに念入りに吉名をつけたい場合は、陰陽五行説《ごぎょうせつ》の観点からも名前の画数を整えてみましょう。

完璧！
五運も陰陽も五行のバランスも……

画数と組み合わせで幸運度がアップ

赤ちゃんが一生つきあっていく名前。せっかくなら運気を高める名前を贈りたいと考える人もいます。

姓名判断では、画数《かくすう》・陰陽《いんよう》・字《じ》義《ぎ》・読み（音韻《おんいん》）など、さまざまな要素の吉凶《きっきょう》を見ます。なかでも重要視されているのが画数です。

姓名を構成する画数そのものに吉凶があり、さらにそれをうまく組み合わせることで、子どもがもって生まれた運気を改善したり、これからの幸福な人生のガイドラインづくりをしたりできるとされています。

姓名判断に基づく名づけのポイントは、欲張らないこと。大吉数ばかり並べた大げさな姓名より、凶の要素の少ない組み立てのほうが、幸福な人生をおくることが多いようです。

運を上げるなら個性的より普通の名前

最近では、子どもに珍名・奇名に類するような名づけをする傾向が強まっているようです。

個性を求める親心は理解できますが、奇なるものは凶に通じるといわれるように、画数やひびきがどれほどいいものでも、珍名・奇名は決して吉名とはなりません。姓名判断でも、古来「最良の名前は普通の名前の中にこそある」とされているのです。

名づけの際は、次のような名前はできるだけ避けましょう。

× 難しい名前
× 悪印象の名前
× 不自然な名前
× かたよった名前
× 性別逆転の名前

珍名・奇名は、ほとんどが親の自己満足の産物。思いこみや一時の気まぐれ、流行に流された名づけをして、あとで子どもに悲しい思いをさせないよう、充分に気をつけてください。

ラッキーネームがすぐ見つかる!

本書では、自分の姓に合った運のよい名前の画数がすぐに見つかる「姓の画数でわかる　名前の吉数リスト」を用意しています。日本の姓の多様さは世界一ですが、本書は全国に5000世帯以上ある姓をほぼカバーしました。8割以上の方に使っていただけます。

まずはリストを使って、赤ちゃんにぴったりのラッキーネームを見つけてみてください。

＊P382～432の「姓の画数でわかる　名前の吉数リスト」に自分の姓の画数が載っていない場合は、P366～367の「自分で一から名づけるときの手順」を読んでください。

名づけのすすめ方

ラッキーネームの基本「五運」は吉数で組み立てる

姓名判断の基本「五運」を知ろう

姓名の運気を表す五つの要素を「五運《ごうん》」と呼びます。

姓名を構成するすべての文字の画数の合計が総格、姓の部分の合計が天格、名の部分の合計が地格、姓の最後の1字と名の最初の1字の合計が人格、総格から人格を引いた画数が外格です（霊数を使わない場合）。それぞれ、人生のある時期や対人関係などの運をつかさどっています。

候補名をフルネームで書いて、五運を計算してみましょう。「姓名字数別　五運早見表」（→P359）を参考にしてください。

画数は現在使われている新字体で計算

画数の数え方には諸説ありますが、本書では今日《こんにち》一般的に使われている新字体を基本にします。

文字は生き物であり、時代とともに変化する存在。現代に生きているわたしたちは、自分自身が普段実際に使っている字体を用いるのが自然だと考えます。

五運はできるだけ吉数を使って

名づけでは、できるだけ五運の数全部を吉数で構成するようにします。ただし、天格（＝姓の総画数）は凶数でも問題ありません。

五運はいずれも人生に大きく関わる要素ですが、音や文字を優先すると、すべてを吉数にするのは難しいかもしれません。その場合は、総格と人格を優先します。数の吉凶《きっきょう》は、「画数別の運勢」（→P368〜379）を見てください。

数にはさまざまな側面があり、長い人生では、凶数がよい働きを見せるケースもあります。しかし、生涯《しょうがい》を通じて見ると、やはり悪影響のほうが強くなるものです。

赤ちゃんの名前は、できるだけ吉数で組み立てましょう。

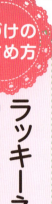

姓名判断の基本「五運」

姓名を構成するさまざまな文字。
その画数の組み合わせが生み出す5つの画数が「五運」です。
五運のそれぞれが表す運気や特徴をおさえておきましょう。

前 9画
田 5画
桃 10画
花 7画

天格14画
人格15画
地格17画
外格16画
総格31画

天格

姓の総画数。家系の運気を表す。最晩年の運気に影響を与えるが、基本的に吉凶には無関係。別名は「祖《そ》運《うん》」。

外格

恋愛・結婚を含めた対人関係や職業運を示すほか、人格の補佐的な働きをすることも。生涯を通じて影響力をもつ。

人格

姓の最後の文字と、名の最初の文字との合計画数。青年～中年期の運勢を示し、本人の性格や行動が最も強く表れる。

総格

姓名の総画数。
主として中年期以降の運勢を示すが、生涯を通じてもっとも影響力の大きな数。
別名は「後年運」。

地格

名の総画数。
その人の核となる部分や、幼児～青年期の運勢・性向を示す。
別名は「前運」。

それぞれに大切な意味がありますが、
特に大事なのが「総格」と「人格」です。

＊２字姓＋２字名以外の五運の計算の仕方は、P358～359を参照してください。

姓名字数別の「五運」の数え方

五運《ごうん》の計算は2字姓2字名が基本。それ以外の人もそれに準じますが、いくつか留意点があります。

1字姓や1字名の場合

1字姓や1字名の場合は「霊数」と呼ばれる補助数を用いて算出します。たとえば石神心《いしがみこころ》さんや林美帆子《はやしみほこ》さんの五運は、例A・Bのように計算します。霊数は仮の数なので、総格には含めません。

霊数は原則として1を補います。ただ、10歳くらいまでの子どもは、霊数なしで計算したほうが実態に即した鑑定結果が出ることもあります。このため、幼少年期の運勢を特に気にする場合は、霊数を補っても霊数なしでも吉数になるように組み立ててもよいでしょう。成人したあとの運勢は、霊数1を補って見たほうが正確です。

なお、1字姓で1字名だと、外格が2で固定してしまいます。2は不安定な数なので（→P369）、避けたほうが無難《ぶなん》でしょう。

3字姓や3字名の場合

3字姓や3字名では、姓の最初の2字と名の最後の2字をまとめて考えます（例C）。人格や外格の計算で迷うかもしれませんが、人格はつねに姓の最後の文字と名の最初の文字の画数の合計です。

外格は、霊数を用いる場合（姓または名が1字のとき）は総格−《マイナス》人格＋1、それ以外の場合は総格−《マイナス》人格です。

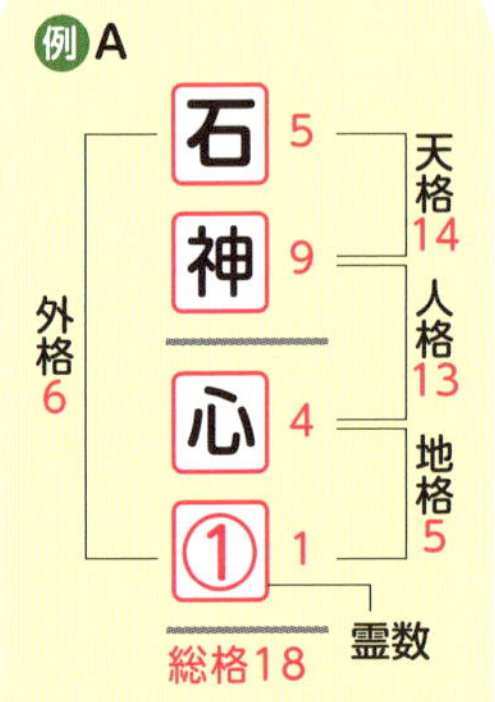

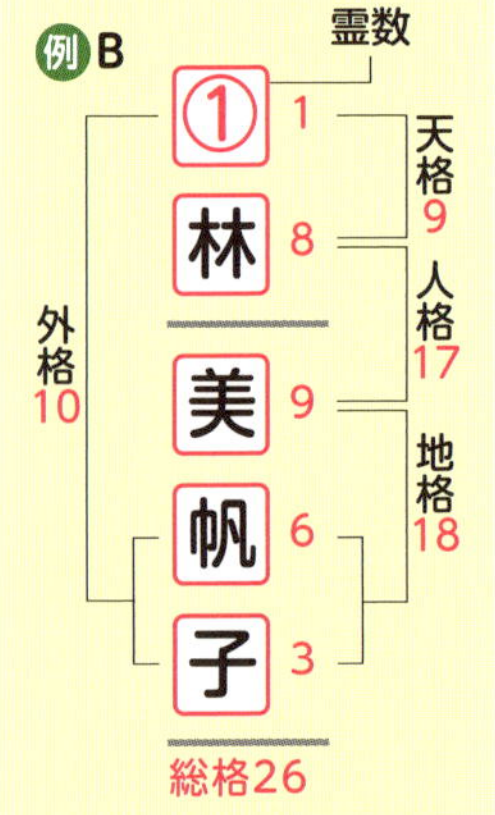

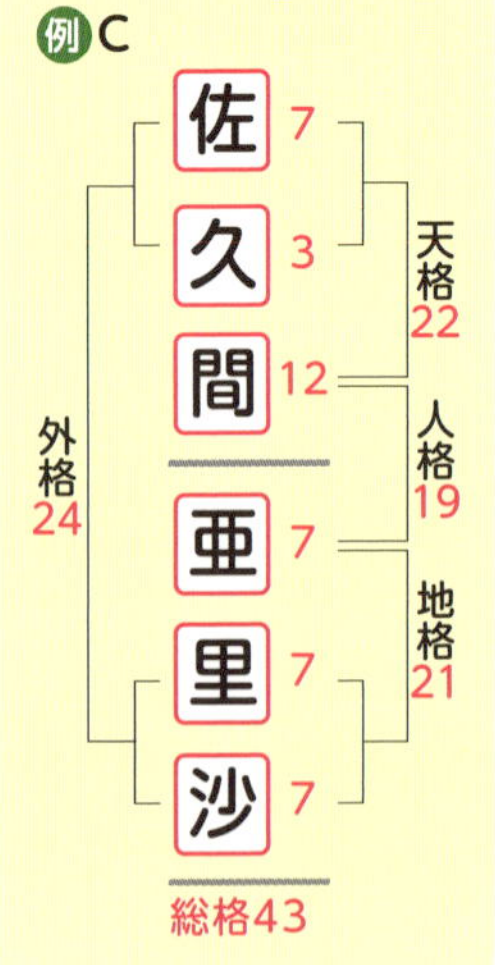

姓名字数別　五運早見表

姓が1字／名が1字

① A ― B ①
霊数

天格①＋A　人格A＋B
地格B＋①　外格①＋①
総格A＋B

姓が1字／名が2字

① A ― B C

天格①＋A　人格A＋B
地格B＋C　外格①＋C
総格A＋B＋C

姓が1字／名が3字

① A ― B C D

天格①＋A　人格A＋B
地格B＋C＋D
外格①＋（C＋D）
総格A＋B＋C＋D

姓が2字／名が1字

A B ― C ①

天格A＋B　人格B＋C
地格C＋①　外格A＋①
総格A＋B＋C

姓が2字／名が2字

A B ― C D

天格A＋B　人格B＋C
地格C＋D　外格A＋D
総格A＋B＋C＋D

姓が2字／名が3字

A B ― C D E

天格A＋B　人格B＋C
地格C＋D＋E
外格A＋（D＋E）
総格A＋B＋C＋D＋E

姓が3字／名が1字

A B C ― D ①

天格A＋B＋C　人格C＋D
地格D＋①　外格（A＋B）＋①
総格A＋B＋C＋D

姓が3字／名が2字

A B C ― D E

天格A＋B＋C　人格C＋D
地格D＋E　外格（A＋B）＋E
総格A＋B＋C＋D＋E

姓が3字／名が3字

A B C ― D E F

天格A＋B＋C　人格C＋D
地格D＋E＋F
外格（A＋B）＋（E＋F）
総格A＋B＋C＋D＋E＋F

姓または名が４字以上（霊数を用いる場合を除く）

天格…姓の総画数　人格…姓の最後の文字の画数＋名の最初の文字の画数
地格…名の総画数　外格…総格ー《マイナス》人格　総格…すべての文字の合計画数

陰陽五行説

画数だけじゃない！陰陽五行説でさらに幸運に

東洋の占いの基礎は中国の陰陽五行説

陰陽説《いんようせつ》、五行説《ごぎょうせつ》と呼ばれる二大思想が生まれたのは古代の中国。はるか数千年前のことです。陰陽説と五行説は歴史の流れの中で統合され、陰陽五行説が成立しました。完成度の高いこの思想は、後世にひじょうに大きな影響を与えたのです。

東洋の占いには、ほぼすべてこの思想が根底にあります。姓名判断も、基本的にこの陰陽五行説に基づいています。

陰陽説

陰陽説は、あらゆるものは単独で存在するのではなく、陰と陽のような、相反する２つの要素（天地・吉凶《きっきょう》・男女・精神と肉体など）によって成立すると説く。陰が極《きわ》まれば陽が生じ、陽が極まれば陰がきざし、それぞれが盛衰を繰り返すとされる。

五行説

五行説は、万物《ばんぶつ》が「木・火・土・金・水」の５つの要素によって成り立っているとする考え方。それらの消長、結合、循環によって、すべての現象を説明する。

陰陽説

奇数と偶数の配分で心身の健康を保つ

姓名判断で「陰陽」と呼ばれるのは、姓名を構成する文字の奇数（陽）と偶数（陰）の配分のこと。

ほかの構成要素に問題がなくても、陰陽がかたよっていたり、気の流れを止める配置だったりすると、バランスがくずれ、心身の健康に影響するとされます。

名づけはできるだけ「安全良格」となる配分を心がけましょう。良格にできなくても「凶格」である、単《たん》一《いっ》・分裂《ぶんれつ》・双挟《そうきょう》・中折《なかおれ》にならないように注意しましょう。「分裂」以外は、姓名の切れ目は関係なく判断します。

なお、P381～432「姓の画数でわかる名前の吉数リスト」は、1～2字姓、1～2字名を基準にしています。姓や名が3字以上の場合は、左

陰陽の安全良格と凶格の例

［奇数の画数の文字（陽）＝○　偶数の画数の文字（陰）＝●］

陰陽の安全良格

中央で対称にならず、陰陽が適度に混合した形が安全良格です。

姓名の合計が2字

○●　●○

姓名の合計が3字

○○●　○●●
●○○　●●○

姓名の合計が4字

○●○●　●○●○
○○●○　●●○●
○●○○　●○●●

姓名の合計が5字

○●○●●　●○●○○
○●○○●　●○●●○
○●●○●　●○○●○
○●●○○　●○○●●
○○●○●　●●○●○
○○●●○　●●○○●

＊姓名の合計が6字以上の場合もこれに準じます。

陰陽の凶格

単一《たんいつ》…文字が全部奇数か偶数

例　○○　●●●　○○○○

＊同一の陰、または陽が4字以上続く組み立ても避けましょう。

分裂…姓と名で陰陽が二分される（計4字以上の姓名の場合）

例（姓／名）
○○／●●
●●●／○○
○○○／●●●

双挟《そうきょう》…最初と最後の陰陽が同じで、ほかの陰陽をはさむ形（計4字以上の姓名の場合）

例
●○○●　○●●○
●○○○●　○●●●○
●○○○○●　○●●●●○

中折《なかおれ》…双挟以外で上下が対称の形（計5字以上の姓名の場合）

例
●●○●●　○○●○○
●○●○●　○●○●○
●●○○●●　○○●●○○
●○●●○●　○●○○●○

記の「陰陽の安全良格と凶格の例」を参考にして陰陽もチェックしてください。

陰陽の見方

姓名を構成する漢字そのものの画数を見ます。五運《ごうん》の数は関係ありません。

安全良格の例

高 10 ●
橋 16 ●
弓 3 ○
絵 12 ●
総格41

凶格の例（中折）

小 3 ○
椋 12 ●
梨 11 ○
衣 6 ●
咲 9 ○
総格41

吉凶なしの例

安 6 ●
藤 18 ●
ク 2 ●
ミ 3 ○
総格29

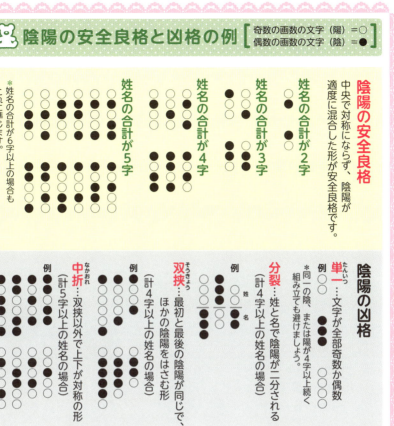

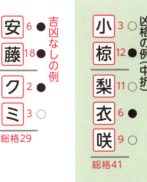

五行説

五つの要素の関わりで運勢が決まる

木《もく》・火《か》・土《ど》・金《ごん》・水《すい》の五行《ごぎょう》には相関関係があり、相手を活かす組み合わせを「相生《そうしょう》」、損なう組み合わせを「相剋《そうこく》」と呼びます。

相生…木→火→土→金→水（→木）

相剋…木→土→水→火→金（→木）

比和《ひわ》…木と木、火と火など同じ気が重なること。吉凶《きっきょう》いずれもその度合いが増す。

五運（→P357）もそれぞれが五行に分類され、相互の関係が運気に大きな影響を与えるとされています。

天格・人格・地格の五行に注目

姓名判断では、五運のうち、天格・人格・地格の五行の関係を「三才《さんざい》」として特に重要視します。

五行とその関係

数の五行

木…1・2
火…3・4
土…5・6
金…7・8
水…9・0

＊2ケタ以上の場合は一の位の数で見る。

例　15＝土　163＝火

→…相生《そうしょう》関係

木生火 …木を燃料として火が燃える
火生土 …火が燃えて土（灰）が残る
土生金 …土中から金属や鉱物が出る
金生水 …金属の表面に水滴が生じる
水生木 …水によって植物が生育する

→…相剋《そうこく》関係

木剋土 …木の根が土を損なう
土剋水 …土が水をせき止める
水剋火 …水をかけて火を消す
火剋金 …火は熱で金属を溶かす
金剋木 …金属の刃物で木を切る

比和《ひわ》 木と木、火と火のように、同じ気の組み合わせが比和。吉凶《きっきょう》にかかわらず増幅する作用がある。姓名判断では、比和は中吉と考える。

五運は、画数によって木・火・土・金・水の五行のいずれかに分類されます（数の五行）。このうちの天格・人格・地格の五行の組み合わせが「三才」です。三才には、総格や外格は関係ありません。

三才は、相性のよい組み合わせなら幸運を増幅してくれますが、相性が悪い組み合わせだと、運気の流れを止め、不運な状態を長びかせてしまいます。

特に吉凶の度合いが大きい三才を下の表にまとめました。表にない場合は「吉凶なし」で、特に問題はありません。

例A

西 6
森 12
文 4
音 9

天格18（金）
人格16（土）
地格13（火）
外格15
総格31

左の例Aでは、天格が金、人格が土、地格が火となっていて、三才は「金－土－火」の大吉格です。例Bでは、天格が木、人格が土、地格が木となっていて、三才は「木－土－木」の凶格です。

なお、三才は大きな影響力をもつ要素ですが、五運よりも優先すべきではありません。三才を吉格にすることにこだわって、五運を損なわないでください。まずは、五運が凶格にならないよう、吉数で組み立てることが先決です。三才は、そのうえでの補助的な役割と考えます。

例B

霊数
① 1
梶 11
友 4
花 7

天格12（木）
人格15（土）
地格11（木）
外格8
総格22

三才早見表（天格・人格・地格）

大吉格

木-木-土／木-火-土／木-水-金
火-木-土／火-木-火／火-土-金
土-火-木／土-金-水／金-土-火
金-水-木／水-木-火／水-木-土
水-金-土

吉格

木-木-水／木-火-木／木-火-火
火-火-木／火-土-火／火-土-土
土-土-火／土-金-土／土-金-金
金-金-土／金-水-金／金-水-水
水-木-木／水-木-水／水-水-金

凶格

木-土-木／木-土-水／火-金-火
火-金-水／土-火-水／土-水-火
土-水-土／土-水-水／金-木-金
金-木-水／金-火-金／金-火-水
金-土-水／金-水-火／水-火-水
水-水-土

同格を避けて災いから身を守る

「同格《どうかく》」とは、姓名を構成する文字の画数や五運《ごうん》に同じ数字が出ることです。

同格をもつ人は、事故や災難に遭《あ》ったり、人間関係で失敗したりしやすくなるとされています。

同格と似た働きをする「天地衝突《てんちしょうとつ》」とあわせて、名づけでは避けるようにしましょう。

同格・天地衝突の例

天地同格

天格（姓）と地格（名）の画数が同じ。

例A

文字	画数
河	8
西	6
愛	13
①（霊数）	1

天格14　人格19　地格14　外格9　総格27

例B

文字	画数
赤	7
松	8
末	5
桜	10

天格15　人格13　地格15　外格17　総格30

横同格

人格と外格の画数か、地格と外格の画数、または人格・地格・外格の画数がすべて同じ。

例A　人格と外格が同じ

文字	画数
川	3
崎	11
花	7
穂	15

天格14　人格18　地格22　外格18　総格36

例B　地格と外格が同じ

文字	画数
杉	7
之	3
内	4
珠	10
栄	9

天格14　人格14　地格19　外格19　総格33

天地衝突

姓と名の最初の文字の画数が同じ。霊数は入れないで考える。

例A

文字	画数
①（霊数）	1
桂	10
夏	10
音	9

天格11　人格20　地格19　外格10　総格29

例B

文字	画数
小	3
笠	11
原	10
万	3
梨	11
那	7

天格24　人格13　地格21　外格32　総格45

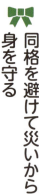

姓名判断の Q&A

Q 気に入った名前の運勢がよくなければ、変えたほうがいい？

A 変えることをおすすめします

結論から言うと、どんなに気に入った名前でも、運勢が悪いとわかったら変えることをおすすめします。

凶名であることを知らなかったり、姓名判断をまったく信じなかったりするのならともかく、凶名と知りながら名づけてしまうのは後悔のもとです。

こだわりのある部分と、画数や字義などをすり合わせて、バランスのよい名づけをしてあげてください。

Q 同じ名前なのに本によって吉凶が違うのはなぜですか？

A 占法の流派による違いです

名前を使う占法には多くの流派や種類があります。主流は明治時代に確立された画数を用いた方法ですが、多くの占者や研究者が、独自の工夫や改良を重ねるうち、互いに矛盾が生まれ、現在では、すべての流派で吉名となる名前は存在しなくなっています。

本書は主要流派のノウハウを用いて、占いの精度を高めています。どうぞ安心してご利用ください。

Q 戸籍上は「齋藤」ですが、普段使うのは「斎藤」です。どちらで考えるべきですか？

A よく使う名前を優先します

微妙な問題です。いずれにも影響力があるので、できれば両方とも吉名となるようにしたいところですね。

あえてどちらかを選ぶなら、よく使う名前を優先しましょう。

ただし、ご質問のようなケースであれば、普段使う名の表記を戸籍と同じ「齋藤」で統一されることをおすすめします。運気の揺らぎが減って、より安定感が増すでしょう。

Q 結婚後姓が変わってしまうことは考慮すべきですか？

A 今はそこまで考えなくても

将来、どのような姓になるかは予想がつかないこと。また、将来、法律が改正されて、夫婦別姓になる可能性もあります。ですから、考える必要はないといってよいでしょう。

ちなみに、結婚して姓が変わったあとも、旧姓の影響がある程度残るとされます。私たちにできることは、現時点でできるだけよい名前になるよう、きちんと整えてあげることです。

自分で一《いち》から名づけるときの手順

「姓の画数でわかる名前の吉数リスト」に自分の姓が載っていない人や、しっかり納得して自分で運のよい名づけをしたい人は、次の手順にしたがってみてください。ここでは、「福地」さん夫妻を例にとって説明します。

1 姓の画数を確認する

姓名判断による名づけは、まず、姓の画数の確認からスタート。「福」は13画、「地」は6画なので、天格（＝姓の画数の合計）は19画です。

2 五運を吉数にする①

福地さんの天格は19画なので、P368〜379「画数別の運勢」をもとに、20画以上で になっている数をチェック。23－19＝4、というように、総格がよくなる地格の数を出します。

2　4　5　10　12　13　14　16　18　19　20　22　26　28　29　33　38

ここから半吉数・凶数（ ＝2・4・10・12・14・19・20・22・26・28・34）を削除すると、この時点の地格の候補は次の7個です。

5　13　16　18　29　33　38

3 五運を吉数にする②

2で残った地格の候補と、福地さんの天格・19画との組み合わせでできる総格は次のとおり。

24　32　35　37　48　52　57

P368〜379「画数別の運勢」で画数の特徴を見ながら、総格の画数候補を決めます。やはり最も影響が大きいのは総格。たとえば、のびのびと個性を発揮してほしいなら37画、リーダーとして活躍してほしいなら32・48画など、画数の特徴から候補を絞ります。

4 五運を吉数にする③

福地さんは個性を大切にしたいと考え、総画数を37画に決定。よって地格は18画になります。この地格を2つに分けて書き出しましょう。

1＋17　2＋16　3＋15　4＋14　5＋13
6＋12　7＋11　8＋10　9＋9　10＋8
11＋7　12＋6　13＋5　14＋4　15＋3
16＋2　17＋1　18＋①霊数

5 五運を吉数にする④

4で書き出した数字をもとに、人格と外格とが吉数になる組み合わせを出します。これらの数字を次々に地格の部分に当てはめていきましょう。

●2＋16の場合

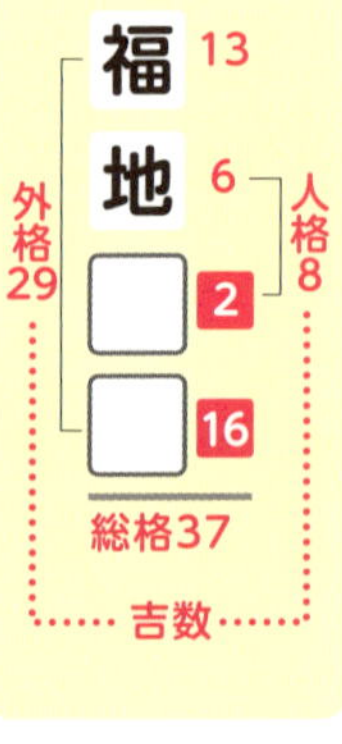

2字以上で外格・人格ともに吉数になる組み合わせは次の4通り。

2＋16（人格8・外格29）
7＋11（人格13・外格24）
10＋8（人格16・外格21）
15＋3（人格21・外格16）

3字名にするには、最後の数を2つに分けます。

6 陰陽を整える

P361の「陰陽《いんよう》の安全良格と凶格の例」を見て文字の陰陽を整えます。凶格でなければ、無理して安全良格に変えなくても問題はありません。

「福地」は奇数○＋偶数●の組み合わせ。2字名の場合は「陰陽の安全良格」の「姓名の合計が4字」のところを見てください。名が○○・○●なら安全良格、●●は吉凶《きっきょう》なし。●○は「双挟《そうきょう》」で凶格になります。

5の4つの候補では、

7＋11、15＋3 → ○●○○で安全良格
2＋16、10＋8 → ○●●●で吉凶なし

となり、どれも大丈夫です。3字名の場合も同様にチェックしましょう。

7 三才を整える

P362の「五行《ごぎょう》とその関係」やP363「三才《さんざい》早見表」を見て、三才を整えます。これも凶格でなければよしとします。

「福地」は19画で、五行は水。5の候補のうち7＋11だと、三才は「水－火－金」になります。

ほかの候補も2＋16…「「水－金－金」、10＋8…「水－土－金」、15＋3…「水－木－金」で、いずれもP363の早見表には載っていない「吉凶なし」です。どれも特に問題はありませんが、五行相互の相性で見ると、相生《そうしょう》と比和《ひわ》で成立する2＋16の「水－金－金」が最も良好だといえます。

8 同格や天地衝突を確認

P364を参照して、同格《どうかく》や天地衝突《てんちしょうとつ》が含まれないか確認。5の4つの候補は下記となります。いずれにも、同格や天地衝突はありませんので、すべて命名の候補にすることができます。

これで名前の画数候補のリストアップが完了です。

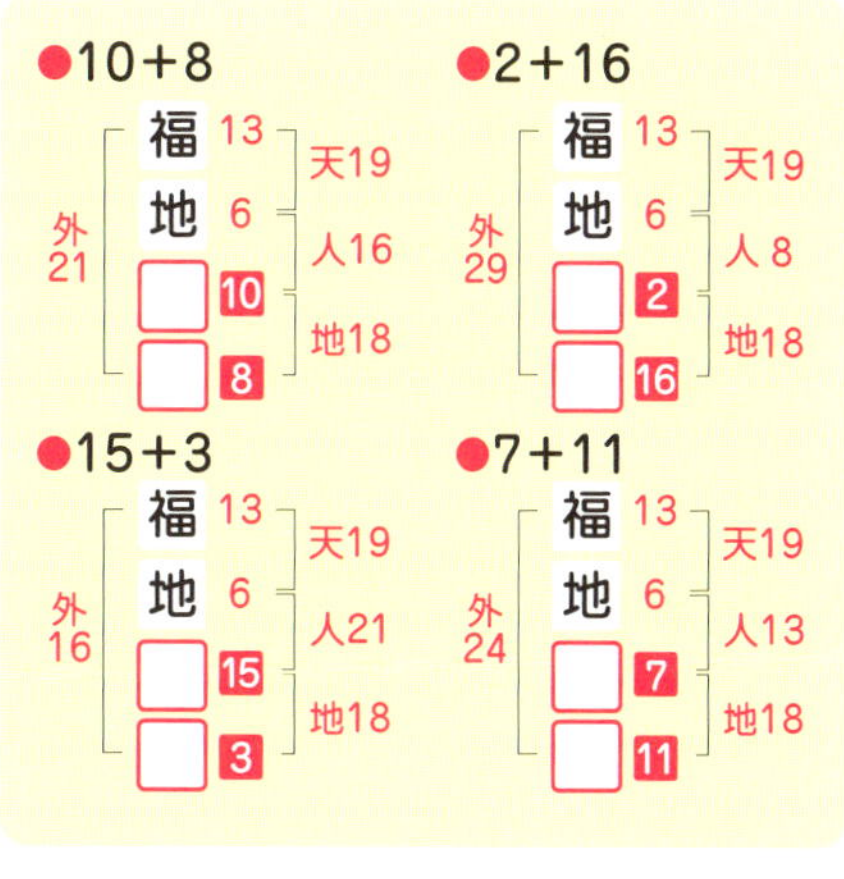

9 文字や音を整える

最後に、漢字や音を決めます。無理のある名前になっていないかよく注意しながら検討しましょう。福地さん夫妻は、植物にちなんだ名前にしたいと思っていたため、PART2やPART4を見て試行錯誤した結果、「李都(7＋11)」か「莉奈(10＋8)」にしようと決めました。

いろいろと悩むのも、名づけの醍醐味《だいごみ》のひとつ。愛情をこめて素敵な名前をプレゼントしましょう。

画数別の運勢

画数にはそれぞれ個性があります。
P356 ～ 359の説明にしたがって候補の名前の五運《ごうん》の数を出したら、
その画数がどのような特徴をもっているかを確かめておきましょう。
天格以外の総格、人格、地格、外格の４か所を見て判断してください。

マークの見方

 …… 超幸運数。運気が強すぎることも。

 …… 大吉数。安定した運気をもたらす安心・安全な数。

 …… 吉数。に準じる運気のバランスのよい数。

 …… 半吉数。吉凶《きっきょう》両面の作用がある数。

 …… 凶数。名づけではできるだけ避けたい数。

五運の意味

総格 生涯《しょうがい》、特に50代以降の運勢や幸福感をつかさどる。特に重要。

人格 中心的な性格や才能、20～50代の運勢をつかさどる。特に重要。

地格 幼児期の性格や基本的な個性、20代までの運勢をつかさどる。

外格 恋愛・結婚運を含めた対人関係や職業適性をつかさどる。

16 生まれながらのラッキースター

判定は… 

総格　生まれながらの幸運児。ピンチをチャンスに変える才能がある。

人格　親切で愛情豊か。反面、自分の価値観を押しつけて迷惑がられることも。

地格　人を喜ばせることに喜びを見いだすタイプ。自分の価値観を重視。

外格　適職は社会に貢献《こうけん》する仕事。恋愛でも献身的な面を見せる。

1 すべてのはじまり。最大ラッキー数！

判定は…

総格 自分のもつ運命以上の幸運に恵まれる大吉数。

1画の総格の説明は、企業や組織の名称、芸名・ペンネームなどの参考として掲載しています。

地格 明るく生命力に満ちているが、わがままで周囲が振りまわされるかも。

10歳ごろまでは霊数の影響が少ないので、加算せずに見ています。

2 別れや対立、矛盾の多い人生

判定は…

総格 気力に乏《とぼ》しく、流されるまま、人にしたがって生きることが多い。

人格 精神的に不安定。気力に乏しそうでいて、内面は激しい。

地格 幼少時に病気がちだと、心身の発育が不充分になる場合も……。

外格 依存心が強く、人から悪い影響を受けやすい。裏方的な仕事が合う。

3 ポジティブで明るく楽しい毎日

判定は…

総格 明るくて包容力があり、周囲の人から慕《した》われる癒《いや》し系。

人格 素直で機転のきく人気者。早くから頭《とう》角《かく》を現すが、あせりは禁物。

地格 明るく積極的。ちょっと軽めで早熟な面もあるが、しだいに落ち着く。

外格 親しみやすいキャラで周囲から愛される。どんな仕事でもＯＫ。

4 不安と不満を抱えた打ち解け下手の魂《たましい》

判定は…

総格 一難《いちなん》去ってまた一難。努力が実らず骨折り損になることも多い。

人格 内面に矛盾や悩みを抱えがちで、なかなか打ち解けられない。

地格 落ち着きのない難しいキャラ。つい、その場しのぎの言い訳をしがち。

外格 人と距離を置くタイプ。手に職をつけると吉。恋愛は苦手。

5 手広く活躍するパワフルガール

判定は…

総格 バイタリティと、ここいちばんの集中力で、大きな成功をつかみとる。

人格 好奇心旺盛《おうせい》で、いつでもどこでもエネルギッシュに活動できる。

地格 感情表現が素直で、周囲からかわいがられるが、束縛《そくばく》されるのは嫌い。

外格 熱しやすく冷めやすい。職を変えたり、副業で成功したりする人も。

6 信頼する人とともに生きる幸せ

判定は…

総格 恵まれた天分があり、幸福な人生を過ごせる。

人格 独善的になることもあるが、生来《せいらい》のおおらかさに救われる。

地格 手のかからない子どもで、どこか大人びた雰囲気がある。

外格 人を助ける仕事が天職。境遇の似た人と恋愛することが多い。

10 打率は低くても当たれば大きい

判定は…

総格 吉凶《きっきょう》とも極端《きょくたん》に走りやすく、波乱に富んだ人生になりがち。

人格 喜びより苦しみに目が行くタイプ。失敗から立ち直るのに時間がかかる。

地格 自分に対しても素直でなく、一般家庭では幸薄く孤独運をもつことが多い。

外格 特殊な世界（スポーツや宗教など）で一流をねらえる一匹狼キャラ。

11 堅調な運気と努力で充実の人生

判定は…

総格 大ブレークはないが、日々の努力と強運で、着実にステップアップ。

人格 温厚な人柄と堅実な努力で、安定した幸せをつかむ。

地格 派手さはないが、堅実に一歩ずつ進む長女気質。

外格 家や会社を、大黒柱となって盛り立てる役割。恋愛はオクテの傾向。

7 クールなモテキャラは敵も多い

判定は…

総格 とても強い運気だが、人と衝突《しょうとつ》して消《しょう》耗《もう》する恐れもある。

人格 実力派だが、何かと争いがち。強情さや強い個性をおさえて吉。

地格 ちやほやされやすく、わがままな部分が目立つ。事故やケガに注意。

外格 特に異性にモテるタイプ。職業は何かのスペシャリストが最適。

8 根性で難関を突破するタフネス

判定は…

総格 強い意志と実行力で、困難もバネにして目的を達成していく。

人格 かなりの自信家で、強い意欲をもち、積極的に行動する。

地格 少女時代はけっこう従順。体の成長とともに精神も発達していく。

外格 マッチョ好きで、本人も体育会系。弱い男性には目もくれない。

9 報われにくいデリケートな頭脳派

判定は…

総格 労多くして益の少ない損な役回りになりがち。

人格 繊細《せんさい》さや頭のよさが仇《あだ》になり、逆に不本意な結果になることが多い。

地格 病弱になりやすく、家族との縁も薄いので、周囲の注意が必要。

外格 周囲から誤解されて、能力に見合った報酬《ほうしゅう》を得られないことも。

15 人の和の中で公私ともに大満足

判定は…

総格 エネルギーに富み、幸運に幸運を重ねるような、安定感のある運気。

人格 人の和を重視し、周囲と協調しながら成功するタイプ。

地格 負けず嫌いで正義感の強い子。幼いころから人望がある。

外格 適応力が高く、どんな環境でも頭角《とうかく》を現す。家庭運もよい。

16 生まれながらのラッキースター

判定は…

総格 生まれながらの幸運児。ピンチをチャンスに変える才能がある。

人格 親切で愛情豊か。反面、自分の価値観を押しつけて迷惑がられることも。

地格 人を喜ばせることに喜びを見いだすタイプ。自分の価値観を重視。

外格 適職は社会に貢献《こうけん》する仕事。恋愛でも献身的な面を見せる。

17 モテキャラはトラブルメーカー

判定は…

総格 自分に自信があり、強い意志で目的を達成していくタイプ。

人格 能力が高い分プライドも高く、人と衝突することが少なくない。

地格 容姿《ようし》に恵まれることが多いが、わがままな面も……。事故や病気に注意。

外格 とにかくモテる。自分を見失わないよう、打ちこめるものを探したい。

12 見た目はいいが中身がともなわず

判定は…

総格 外見ばかり飾り立て、内容がともなわない。経済面も実情は火の車。

人格 怠《なま》けぐせがあり、ないものねだりをするので、いつも欲求不満。

地格 見栄《みえ》っ張りで、地道な努力が嫌い。つい楽なほうに流れてしまう。

外格 口先だけで誠意がなく、配偶者や家族を含め、人間関係が浅くなりがち。

13 才能&センスのラブリーキャラ

判定は…

総格 みんなに愛され、楽しく、活気に満ちた人生をおくる。晩年運も大吉。

人格 明るく開放的な性格。何事にも器用だが、飽きっぽいのが玉にキズ。

地格 子どものころから明るく利発な人気者。文科系に優れた才能を見せる。

外格 クリエイティブな仕事や接客業がおすすめ。若いうちは恋愛も派手。

14 不安の中で自分に厳しく生きる

判定は…

総格 運気の波が激しく、何事も急変しやすい。労多く益の少ない人生の暗示。

人格 精神的に不安定で、自分で自分を責め、孤独感にさいなまれがち。

地格 口数が少なく、恵まれた才能を活かせない。内にこもるタイプ。

外格 家族や配偶者と縁が薄い。公務員など、堅い職業がおすすめ。

18 トップを目指して まっしぐら！

判定は…

総格 停滞を嫌い、行動力とバイタリティで着実に階段を上っていく。

人格 負けず嫌いで、ライバルがいると実力以上の力が出る。

地格 感情の表出が素直なので、わがままなわりに意外と嫌われない。

外格 好きになったら積極的に行動する。仕事に熱中したら恋愛は二の次。

19 ツキには縁遠い 孤高の才女

判定は…

総格 人物は優秀なのに世に受け入れられず、なかなか幸せになれない。

人格 才能があるだけにプライドが高く、周囲から孤立しがち。

地格 インドア派の優等生のイメージ。家族との縁が薄いことが多い。

外格 医療や福祉、法律関係の仕事に適性あり。晩婚になるケースが多い。

20 気まぐれな ジェットコースター

判定は…

総格 苦労して積み上げたものを、一瞬で失ってしまう暗示がある。

人格 心中が穏《おだ》やかでなく、周囲の人たちを疑ったり争ったりすることも多い。

地格 元気なときと沈んだときの反応が両《りょう》極端《きょくたん》。気まぐれな印象の子ども。

外格 恋愛は優柔不断。ないものねだりをして、チャンスを逃しがち。

21 大活躍の 一流キャリアウーマン

判定は…

総格 恵まれた才能をもち、周囲からの信頼を得て、前途洋々《ぜんとようよう》の人生。

人格 強い意志と優れた手腕で、自分の目標を実現していく。

地格 大人びた子どもで、かなり生意気。勉強もスポーツも男子顔負け。

外格 運気盛んで、さまざまな世界で活躍できる。結婚には向かないかも。

22 気力不足で 尻すぼみになりがち

判定は…

総格 何事も最初は順調だが、途中で挫折《ざせつ》したり、発展が滞《とどこお》る暗示。

人格 ロマンチストで夢見がち。依存心が強く、持続力に欠ける。

地格 悪い影響を受けやすく、調子がいいわりに、実行がともなわない怠《なま》け者。

外格 責任を背負うのは苦手。恋愛も相手に流されてしまうことが多い。

23 強すぎるほどの上昇運で大成功

判定は…

総格 一代で大業をなすほど強い運気をもつが、晩年の落ちこみが心配。

人格 敢闘《かんとう》精神に満ち、何事にも前向きに取り組んで、目的を達成する。

地格 明るくはきはきした子。好きなことに集中力をもって取り組む。

外格 個性や才能を活かして成功する。並みの男性では対抗できない。

24 才知と財運を兼ねそなえた努力家

判定は…

総格 努力を重ねて幸せを積み上げ、ゆとりのある毎日をおくる暗示。

人格 穏《おだ》やかで勤勉。人と協調しながら実力をたくわえていくタイプ。

地格 利発で、一《いち》を聞いて十《じゅう》を知るタイプ。ただし、運動神経はいまひとつ。

外格 職人気質で専門職や研究職が天職。家庭運もよいが、恋愛はオクテ。

25 個性の強さが諸刃《もろは》の剣《つるぎ》の実力派

判定は…

総格 本来大きな成功を収める運気。人との和を築ければ安定する。

人格 高い能力をもつ自信家だが、時としてトラブルメーカーとなる。

地格 幼いころから主張がはっきりしている。まっすぐすぎて誤解されやすい。

外格 束縛《そくばく》を嫌い、自由奔放《ほんぽう》さを求める傾向。自分をおさえることも必要。

26 波乱含みの人生 職業選択がカギ

判定は…

総格 才能に恵まれる反面、運気が乱高下《らんこうげ》する波乱運。自制心がカギ。

人格 精神面を重視する義の人だが、しばしばそのために苦しむことも。

地格 幼少時は素直でおとなしい子ども。思春期に大きく変わるタイプ。

外格 公務員など地道な方法で社会に貢献《こうけん》すれば吉。家庭運はいまひとつ。

27 星に向かって歩き続ける求道《ぐどう》者

判定は…

総格 基本的に幸運度は高いものの、強引すぎて孤立しないよう注意。

人格 根は善人でも、自信過剰《かじょう》と歯に衣《きぬ》着せぬ発言で敵をつくりがち。

地格 一本筋が通っている反面、協調性に乏《とぼ》しく、親兄弟と争うことも。

外格 知識や能力を活かすスペシャリストが適職。人の好き嫌いが激しい。

28 笑顔をつくっても心の中は修羅場《しゅらば》

判定は…

総格 物質的に潤《うるお》っても、人とのつながりに欠け、精神的には貧しい。

人格 強引な言動が目立ち、しばしば非難や中傷で苦しむ。

地格 幼いころから誤解されがちで、悩みを抱えながら育つことが多い。

外格 仕事運・金運は上々だが、家庭運が弱く、離婚や別居の可能性も。

29 優れた知恵と決断力をもつ事業家

判定は…

総格 大きな成功運をもつが、手を広げすぎると足をすくわれることも。

人格 勢いがあり、高い能力と開拓《かいたく》者精神をもつ。

地格 若くして頭角《とうかく》を現す文武両道の切れ者。幼いころから生意気。

外格 仕事はオールマイティだが、恋愛や結婚には運がない。

30 天国から地獄までの振り子人生

判定は…

総格 運気の変動が激しく、よいときと悪いときの落差がひじょうに大きい。

人格 ノっているときは天下無敵、ツキのないときは大ヘタレ。

地格 喜《き》怒《ど》哀楽《あいらく》に乏《とぼ》しく、つかみどころがない反面、妙に愛嬌《あいきょう》のある子。

外格 勝負勘《かん》が鋭い分、ギャンブルで失敗しそう。異性を見る目はない。

31 スーパーガールの充実した人生

判定は…

総格 人の和の中で優れた能力を発揮し、順調な人生を歩む。

人格 能力が高いだけでなく、優しい心配りもできるので、人望が集まる。

地格 健全な肉体に健全な精神を宿す子ども。大人びていて安心感がある。

外格 仕事運、家庭運ともに安定した運気。主婦としても幸せになれる。

32 運も味方にするラッキーガール

判定は…

総格 多少の波はあるが、幸運に恵まれ、苦労知らずで成功できる。

人格 優れた能力と高い親和性で、どこにいても中心となる人物。

地格 周囲から愛され、引き立ててもらえる幸運児だが、わがままな面も。

外格 運も味方につけて成功するタイプ。協力者がいればさらに発展。

33 男まさりの高い能力と上昇志向

判定は…

総格 大きな成功運があるが、突っ張るばかりでなく、柔軟性も身につけたい。

人格 勇気と度胸は天下一品だが、忍耐力や持続力に欠けるところも。

地格 一本筋の通った優等生。親や教師に反抗することも。

外格 個性や才能を活かすのがベスト。恋愛や家庭には恵まれないことが多い。

34 縁の下の力持ちだが挫《ざ》折《せつ》しがち

判定は…

総格 自分から望んで沈んでいくタイプ。努力が水の泡になることも多い。

人格 いつもはおとなしいのに、突然不機嫌になるなど、気まぐれなタイプ。

地格 意外に強気な部分もあるが、不安定で内に閉じこもりがち。

外格 仕事に打ちこむ気力がなく、家庭に入ってもなんとなくだらだらしてしまう。

37 高い能力と細やかさをもつ才女

判定は…

総格 強い信念と抜群の集中力をもち、堅実に成功の階段を上っていく。

人格 1つのことに集中するため、ほかのことがおろそかになりがち。

地格 早くから自分なりの価値観をもつ子。一芸に秀でることも多い。

外格 技術や知識を究《きわ》めるスペシャリストがおすすめ。家庭運は弱い。

38 学問や文芸で豊かな才能を発揮

判定は…

総格 高望みをせず、自分の分に合った幸せをつかむタイプ。

人格 弱気だがまじめな努力家。豊富な知識と優れたセンスをもつ。

地格 素直で手のかからない子。時として内にこもることも。

外格 精神面の豊かさを活かしたい。逆境に弱いが、家庭に入れば大吉。

35 文化芸術を楽しむ穏《おだ》やかな幸せ

判定は…

総格 学問や文芸の成功運が高い才人。高望みは失敗のもと。

人格 温厚篤実《おんこうとくじつ》で欲のない人。人と争ったり競ったりするのは苦手。

地格 おとなしくて目立たない子。けっこう泣き虫かも。

外格 クリエイティブな自由業がおすすめ。結婚生活は安定する。

36 義理堅くて損な役回りの人情家

判定は…

総格 実力も人望もあるが、気がつくと損な役回りを背負っているタイプ。

人格 細かいことによく気がつく苦労人。頼まれたら断れない。

地格 弟や妹の面倒をよく見る長女気質。手のかからない子。

外格 教師や看護師など、社会に貢献《こうけん》する仕事が天職。家族を大切にする。

Column

女の子には強すぎる数？

姓名判断には、女の子に社会的な成功運が強すぎる吉数を使うと、結婚運や家族の運気に悪影響が出るとする考え方があります。パワフルで魅力的な女性の多い現代、こうした考え方はそぐわなくなっていますし、本書でも重視しません。

しかし、女の子には結婚と家庭がいちばんの幸せだ、と考える場合は、総格と人格には次の画数を避けましょう。

女の子に要注意の画数 21・23・29・33・39 画

39 強力な成功運で大きく飛躍する

判定は… 

総格 実力にも運にも恵まれ、つねに場の中心で活躍する成功者の人生。

人格 快活でポジティブなリーダータイプ。自信過剰《かじょう》で失敗することも。

地格 幼いころはおとなしいが、めきめきと実力を発揮する、末が楽しみな子。

外格 社会に貢献《こうけん》する仕事が天職。家庭的には恵まれないことも多い。

40 成功と失敗、裏と表、波乱含みの人生

判定は… 

総格 運気のわりに成功者が多いが、波乱含みでなかなか長続きしない。

人格 決断力のあるリーダーだが、しばしば独りよがりになる。

地格 裏表があり、調子のよいときとおとなしいときの差が極端《きょくたん》なタイプ。

外格 恋愛は自分本位。異性を見る目がなく、結婚運もいまいち。

41 オールマイティなセレブの幸福

判定は… 

総格 社会的にも家庭的にも、長く安定した運気が続く。

人格 実力者で、周囲から信頼されるが、大物になると傲慢《ごうまん》な面も。

地格 明るくて、勉強もスポーツもできるクラスのリーダータイプ。

外格 プライドは高いが、公私ともに信頼できるパートナーとなる。

42 なんでもできるが大物にはなれず

判定は… 

総格 器用さが災いして、才能があっても大成しないことが多い。

人格 よく気がついて人当たりもよいが、決断力に欠け、チャンスを逃しがち。

地格 利発で器用な反面、何事にも消極的な態度が目立つのんびり屋。

外格 成功するには周囲のサポートが不可欠。結婚生活は安定感あり。

43 強情と弱気の間をゆれ動く才女

判定は… 

総格 成功運はあるが、経済観念の欠如《けつじょ》や異性問題でいざこざがありそう。

人格 勝てば傲慢、負ければいじける両極端。人との和がカギ。

地格 外ではおとなしいが、家ではわがままな内弁慶《うちべんけい》タイプ。

外格 モテ運があるがトラブルになりやすい。クリエイティブな仕事が吉。

44 多くを望まなければ安定できる

判定は… 

総格 幸運度は低いが、高望みしなければそれなりに安定した人生。

人格 温和で地味なタイプと、奇人変人タイプに分かれる。

地格 つかみどころのない子。ひとりで遊んでいることが多い。

外格 公務員などが適職だが、経済的に安定すると婚期を逃しがち。

45 順風満帆《じゅんぷうまんぱん》で人生を旅する自信家

判定は…

総格 実力があり、着実に実績を積み上げて成功するタイプ。

人格 能力に恵まれタフなキャラだが、自信家すぎると孤立する。

地格 根拠のない自信に満ちた行動派で、見ていてハラハラすることも。

外格 環境の変化にもうまく適応し、結婚後も仕事と家庭を両立できる。

46 デリケートな神経をもつ一発屋

判定は…

総格 吉凶《きっきょう》とも極端に走る傾向あり。最終的には凶に転ぶ可能性が高い。

人格 普段は地味だが、ひじょうに繊細《せんさい》な面と大胆すぎる面が同居する。

地格 おとなしくて手がかからない子だが、どこか意外な面をもっている。

外格 教師や医者など、人に奉仕する仕事が適職。けっこうつくすタイプ。

47 地道な努力が実って夢をかなえる

判定は…

総格 まじめな努力家で、人と対立することなく、大きな成功を手にする。

人格 目立たないが、たゆまぬ努力と人の和で希望を実現する。

地格 よく遊び、よく笑い、よく寝てよく食べる健康優良児。

外格 組織に入るより、独立独歩《どくりつどっぽ》がベター。信頼感のあるタイプ。

48 包容力の豊かなお母さんキャラ

判定は…

総格 人から信頼され、またそれに充分こたえる能力と気質をもつ。

人格 勝ち気な面もあるが、懐《ふところ》が深く、周囲に信頼感を与える。

地格 子どものころから、穏《おだ》やかで人を包みこむ癒《いや》しオーラがある。

外格 人と接する仕事が得意で、良妻賢母として家庭をしっかり支える。

49 悩み苦しむ欲のない完全主義者

判定は…

総格 善人だが、運気が前ぶれなく変動し、その波に翻弄《ほんろう》されがちな人生。

人格 迷いが多く、世界の不幸をひとりで背負いこむイメージがある。

地格 いろいろな事情で親の愛情を実感できず、疎外感を抱きがちな子。

外格 仕事も恋愛も受け身になりがち。宗教にのめりこむこともある。

50 ここ一番で勝ちきれない勝負師

判定は…

- **総格** 実力はあるのに、勝負どころに弱くて、結局負け越してしまうことが多い。
- **人格** 好調時はいいが、負けが続くと周囲まで暗くするほど落ちこんでしまう。
- **地格** 子どもらしくかわいいキャラ。思春期に転換期がある。
- **外格** 家族との縁は薄く、恋人がかわるたびに運気が下がっていきがち。

51 運気の波を乗りこなせれば安泰

判定は…

- **総格** 人生で何度か襲ってくる荒波を、うまくかわせるかどうかがカギ。
- **人格** 地味キャラだが、天災や詐欺《さぎ》に遭《あ》うなど、運命に翻弄《ほんろう》されがち。
- **地格** 子どものころのわがままさを引っ張ると、失敗につながるので注意。
- **外格** 自力で人生を切りひらくより、人との和を保ちながら地道に進むべき。

52 夢を実現していくロマンチスト

判定は…

- **総格** 強い意志と実行力で、困難に打ち勝って成功を手にする。
- **人格** 積極的でポジティブ。エネルギーにあふれたタイプ。
- **地格** おとなしく物静かな子が多い。思春期から急にたくましくなる。
- **外格** トップでもサポート役でも有能な人。ただし、恋愛問題には優柔不断。

53 大失敗はないが成功もそこそこ

判定は…

- **総格** はじめよければ尻すぼみだが、最初が悪ければ終わりは盛運になる。
- **人格** よくも悪くも平均的な印象。本人もバランス感覚を重視する。
- **地格** 一歩離れたスタンスで、大人びた物言いをする子。
- **外格** クリエイティブな仕事が適職。根はまじめだが、異性関係は派手なほう。

54 先見《せんけん》の明《めい》が裏目に出がちな才人

判定は…

- **総格** 多彩な才能をもちながら、それをなかなか活かせないことが多い。
- **人格** 頭はいいが、周囲との折り合いが悪く、人間関係で悩みがち。
- **地格** ひとり遊びや読書が好きな子ども。物思いにふけることもある。
- **外格** 相手の気持ちを先読みして悪くとってしまう。信頼することが大切。

55 知恵はあるのにツキに恵まれぬ賢者

判定は…

- **総格** 抜群の頭のよさが人生のプラスにならず、失意の人生をおくりがち。
- **人格** 口八丁《くちはっちょう》手《て》八丁《はっちょう》の才人だが、移り気で優柔不断なうえ、かなり短気。
- **地格** 神経質な子。気に入らないことがあると、口もきかなくなる。
- **外格** 知性を活かせる職場がおすすめ。恋愛は高望みで失敗しがち。

56 理想は高いが行動がともなわない

判定は…

総格 意志が弱く、中途で挫折《ざせつ》したり、やむをえず方針変更させられたりしがち。

人格 親切で面倒見のよい人。反面、正義感が強く、それを押しつける傾向あり。

地格 友達思いの優しい子。堅苦しい委員長タイプになることも。

外格 教職や医療関係がおすすめ。恋愛では独占欲が強い。

57 トップでもサポート役でもOK

判定は…

総格 知勇に優れ、自分に厳しい。つねに指導的な役割を果たす人格者。

人格 周囲に信頼され、逆境さえもバネにして目的を達成する。

地格 大物の風格を漂《ただよ》わせる子。大人に一目置かせることもしばしば。

外格 特技や知識を使う仕事が天職。モテるが、相手を選り好みしがち。

58 苦労して成功をつかむ大器晩成《たいきばんせい》型

判定は…

総格 若いうちは不安定だが、しだいに運気が上昇し、努力が実を結ぶ。

人格 優柔不断な性格から、経験や年齢によってしだいに深みを増していく。

地格 親しみやすいお調子者だが、気が弱く、目立たないタイプ。

外格 恋愛や結婚も、同じ経験を共有するうちに、安定感を増していく。

59 自分自身を愛せない内向きキャラ

判定は…

総格 何事にも消極的で逃げ腰になりがち。なかなか運気が好転しない。

人格 中途半端で迷いの多い小心者。そんな自分のことが大嫌い。

地格 弱気な子だが、家の中ではけっこうわがままな内弁慶《うちべんけい》。

外格 医療や福祉の技術を身につければ安定する。恋愛は受け身専門。

60 ツキが消えたら努力まで水の泡

判定は…

総格 努力や苦労を重ねても、それが実を結ばないことが多い。

人格 自分の境遇に不平不満が多く、それを人にぶつけがち。

地格 ちょっと斜《しゃ》に構えた感じの子。言うことも批評家的。

外格 機《き》を見るに敏《びん》で、投機に才能を見せる。異性にだまされやすい面も。

column　特定の職業に適した画数

将来ついてほしい具体的な職業がある場合は、それに適した画数を用いてみましょう。外格もしくは人格に組みこむのがいちばん強力ですが、それ以外の部分でも一定の効果があります。

商売・貿易関連

11　13　15　18
23　31　32　33
37　41　45　48

歌手・タレント

7　13　17　23
24　27　31　32
37　42　43　47

スポーツ選手

5　8　10　15
18　20　30　33
37　40　45　48

家業を継ぐ

5　6　11　15
16　21　23　29
31　32　41　45

学者・研究者

9　12　19　22
25　28　35　36
37　38　42　47

経営者

5　11　15　16
18　31　32　33
39　41　45　48

公務員・官僚

4　14　21　24
25　26　33　34
36　39　41　44　47

教育関連

6　7　16
17　36　41
46

(幸せな結婚生活)

3　5　11　13
15　24　31　35
37　38　41　45

法律・警察関連

10　11　21
30　31　41

小説家・芸術家

13　22　24
35　37　38

医療関連

6　16　31
32　36　39

ラッキーネームを見つけよう

姓の画数でわかる 名前の吉数リスト

姓名判断の理論やしくみがわからなくても、
自分の姓の画数を調べて２つのリストを使えば、
かんたんにラッキーネームを見つけることができます。

リストの見方とラッキーネームの見つけ方

リストは姓の画数順に並んでいます。
姓の画数は、巻末の「漢字一覧」（→P434〜480）、
漢字一覧に載っていないときには漢和辞典で確認してください。

1 姓の画数でわかる（P382〜432）名前の吉数リスト から、自分の姓のリストをさがす

姓の例
代表的な姓の例を示しています。画数が合っていれば自分の姓が載っていなくてもOK。

姓の画数
3字姓の場合は、（1字目+2字目）+3字目の画数になっています（3字姓の人のための早見表→P432）。

2 吉数（姓に合う名の画数）を調べる

姓に合う名の画数
この画数で名前を考えます。色文字は特にバランスのいいもの。3字名の場合は1字目+（2字目+3字目）の画数。3字姓や3字名は陰陽のバランスにも注意して（→P360〜361）。

名前の例
特におすすめの名前の例が載っています。

3 吉数に合わせて名前を考える

吉数をもとに、好みの音や漢字で名づけます。
PART4の「名前にふさわしい漢字と名前のリスト」（→P225〜347）から画数に合う漢字をさがしたり、巻末の「漢字一覧」（→P434〜480）で、音の読みから漢字をさがしたりします。

ラッキーネームを見つけよう

姓の画数でわかる名前の吉数リスト

姓の画数ごとに、
吉数（姓に合う名の画数）を
並べています。
色文字は特にバランスの
いい画数です。

リストの見方と
ラッキーネームの見つけ方
→P381

2＋4

姓の画数と例
八木　二木　など

姓に合う名の画数

1字名：7　17

2・3字名：
3＋(14)　4＋(13)　9＋(16)　11＋(22)　12＋(13)　14＋(3)　14＋(15)　19＋(16)　20＋(13)
4＋(3)　9＋(6)　**9＋(23)**　12＋(3)　12＋(19)　14＋(9)　17＋(14)　20＋(3)
4＋(11)　9＋(14)　11＋(6)　**12＋(11)**　13＋(19)　14＋(11)　19＋(6)　20＋(5)

名前例
心々《ここ》 4(3)　巴萌《ともえ》 4(11)　日夏子《ひなこ》 4(13)　美羽《みう》 9(6)　星歌《せいか》 9(14)　思保里《しほり》 9(16)　美奈穂《みなほ》 9(23)　菜帆《なほ》 11(6)
梨緒奈《りおな》 11(22)　絢子《あやこ》 12(3)　絵麻《えま》 12(11)　絵夢《えむ》 12(13)　智恵美《ちえみ》 12(19)　楓樹子《ふきこ》 13(19)　寧々《ねね》 14(3)　瑠美《るみ》 14(9)
綾菜《あやな》 14(11)　歌穂《かほ》 14(15)　鞠緒《まりお》 17(14)　霧江《きりえ》 19(6)　蘭樹《らんじゅ》 19(16)　耀子《ようこ》 20(3)　響生《ひびき》 20(5)　耀莉子《よりこ》 20(13)

2＋5

姓の画数と例
八田　八代　など

姓に合う名の画数

1字名：なし

2・3字名：
3＋(5)　6＋(19)　10＋(6)　11＋(5)　12＋(19)　16＋(16)　19＋(5)　**24＋(14)**
3＋(13)　8＋(3)　**10＋(14)**　11＋(21)　13＋(5)　18＋(6)　**20＋(4)**
3＋(21)　8＋(16)　10＋(22)　12＋(6)　16＋(15)　18＋(27)　20＋(21)

名前例
みれい 3(5)　千聖《ちさと》 3(13)　三園《みその》 3(13)　夕鶴《ゆづる》 3(21)　有実菜《ゆみな》 6(19)　奈々《なな》 8(3)　和佳奈《わかな》 8(16)　夏妃《なつき》 10(6)
珠緒《たまお》 10(14)　真綾《まあや》 10(14)　紗理菜《さりな》 10(22)　梨央《りお》 11(5)　麻理恵《まりえ》 11(21)　陽向《ひなた》 12(6)　瑛美莉《えみり》 12(19)　夢加《ゆめか》 13(5)
磨貴子《まきこ》 16(15)　樹玖香《きくか》 16(16)　藍名《あいな》 18(6)　顕徽恵《あきえ》 18(27)　麗生《れいみ》 19(5)　耀水《あきみ》 20(4)　懸緒里《かおり》 20(21)　麟歌《りんか》 24(14)

2＋7

姓の画数と例
二村　人見　二見　など

姓に合う名の画数

1字名：4　14

2・3字名：
1＋(15)　**6＋(9)**　9＋(6)　10＋(22)　18＋(6)
1＋(23)　8＋(15)　**10＋(5)**　16＋(22)　22＋(16)
4＋(3)　8＋(16)　10＋(14)　18＋(5)

名前例
円《まどか》 4　綺《あや》 14　滴《しずく》 14　碧《みどり》 14　一澄《かすみ》 1(15)　一愛恵《ひなえ》 1(23)　月子《つきこ》 4(3)　まよ 4(3)
百香《ももか》 6(9)　有紀《ゆき》 6(9)　帆乃花《ほのか》 6(9)　実摩《みま》 8(15)　明日菜《あすな》 8(15)　実於奈《みおな》 8(16)　奏衣《かなえ》 9(6)　真央《まお》 10(5)
真冬《まふゆ》 10(5)　桃可《ももか》 10(5)　珠緒《たまお》 10(14)　真悠理《まゆり》 10(22)　樹理菜《じゅりな》 16(22)　繭未《まゆみ》 18(5)　織江《おりえ》 18(6)　讃樹《さき》 22(16)

2+10

姓の画数と例

二宮　八島　など

姓に合う名の画数

1字名：なし

2・3字名：
1+4　6+19　8+3　8+13　11+6　14+3　14+15　22+11　23+22
1+5　7+4　8+5　8+15　13+16　14+9　14+19　22+13
3+22　7+14　8+9　8+21　13+22　14+11　19+4　22+23

名前例

乙水《いつみ》 1+4　しほ 1+5　千穂里《ちほり》 3+22　早羅《さら》 6+19　那友《なゆ》 7+4　佑歌《ゆうか》 7+14　苑子《そのこ》 8+3　弥生《やよい》 8+5
雨音《あまね》 8+9　実鈴《みすず》 8+13　奈穂《なほ》 8+15　果南絵《かなえ》 8+21　萌名《もな》 11+6　瑞樹《みずき》 13+16　愛讃《あいさ》 13+22　綾子《あやこ》 14+3
静音《しずね》 14+9　綾由名《あゆな》 14+11　瑠璃《るり》 14+15　綺麗《きらら》 14+19　霧巴《きりは》 19+4　鷗椛《おうか》 22+11　讃帆里《さほり》 22+13　讃輝佳《あきか》 22+23

3+3

姓の画数と例

山口　山下　小川　丸山　小山　川口　川上　など

姓に合う名の画数

1字名：なし

2・3字名：
2+21　5+2　10+5　12+5　13+10　14+21　15+10　20+15　21+20
4+13　5+10　10+13　12+21　13+12　15+2　15+14　21+4
4+21　5+12　10+15　13+2　13+20　15+8　18+13　21+12

名前例

乃衣璃《のえり》 2+21　心愛《ここあ》 4+13　友梨恵《ゆりえ》 4+21　史乃《しの》 5+2　なつ美《なつみ》 5+10　可南子《かなこ》 5+12　紗世《さよ》 10+5　桜楽《さくら》 10+13
真凜《まりん》 10+15　晴代《はるよ》 12+5　智鶴《ちづる》 12+21　詩乃《しの》 13+2　愛華《あいか》 13+10　鈴葉《すずは》 13+12　詩保理《しほり》 13+20　嘉南絵《かなえ》 14+21
璃乃《りの》 15+2　舞歩《まほ》 15+8　穂夏《ほのか》 15+10　舞由美《まゆみ》 15+14　織夢《おりむ》 18+13　響輝《ひびき》 20+15　櫻心《さくらこ》 21+4　露葉《つゆは》 21+12

3+4

姓の画数と例

山内　山中　土井　三木　大木　大内　大井　など

姓に合う名の画数

1字名：なし

2・3字名：
1+5　4+4　7+18　11+5　12+4　13+18　17+14　21+3
1+10　4+12　9+2　11+13　12+20　13+28　17+15　21+20
1+15　4+20　9+15　11+21　13+5　14+4　20+4

名前例

一永《かずえ》 1+5　一華《いちか》 1+10　乙澄《いずみ》 1+15　文月《ふづき》 4+4　友湖《ともこ》 4+12　双葉《ふたば》 4+12　巴奈絵《はなえ》 4+20　志織《しおり》 7+18
海十《みと》 9+2　美穂《みほ》 9+15　菜生《なお》 11+5　彩楽《さら》 11+13　麻理恵《まりえ》 11+21　葉月《はづき》 12+4　絵理香《えりか》 12+20　詩可《うたか》 13+5
詩保美《しほみ》 13+18　愛意凛《あいり》 13+28　瑠水《るみ》 14+4　鞠歌《まりか》 17+14　優穂《ゆうほ》 17+15　耀巴《あきは》 20+4　櫻子《さくらこ》 21+3　露祐梨《つゆり》 21+20

3+5

姓の画数と例

山本　山田　上田　大石　小田　川田　土田　など

姓に合う名の画数

1字名：なし

2・3字名：
1+4　8+15　11+2　11+12　12+3　13+10　19+4　24+5
2+15　10+3　11+4　11+14　13+4　13+12　20+3
6+15　10+13　11+10　11+22　13+8　16+15　20+13

名前例

レイナ《れいな》 1+4　乃璃《のり》 2+15　早穂《さほ》 6+15　明穂《あきほ》 8+15　夏己《なつき》 10+3　莉子《りこ》 10+3　真鈴《まりん》 10+13　紗恵子《さえこ》 10+13
萌乃《もえの》 11+2　菜月《なつき》 11+4　蛍夏《けいか》 11+10　唯葉《ゆいは》 11+12　彩歌《あやか》 11+14　悠理菜《ゆりな》 11+22　葉子《ようこ》 12+3　愛友《あゆ》 13+4
詩歩《しほ》 13+8　聖夏《きよか》 13+10　愛結《あゆ》 13+12　鮎輝《あゆき》 16+15　鏡水《あきみ》 19+4　響子《きょうこ》 20+3　護愛《もりな》 20+13　鷺生《さぎお》 24+5

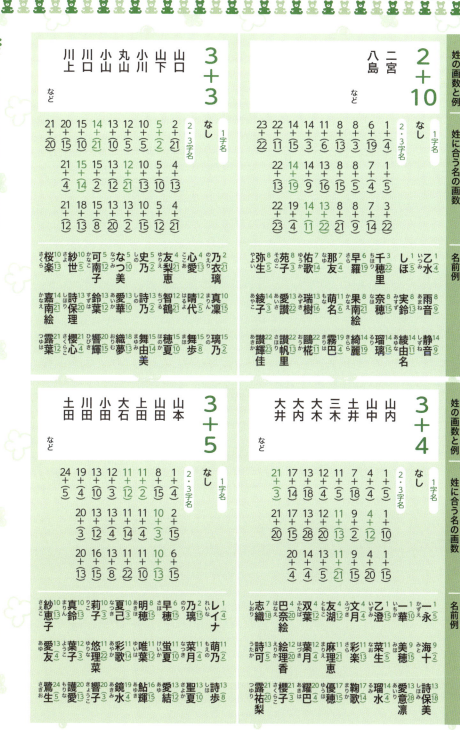

3＋6

姓の画数と例

大西　小池　小西　三宅　三好　大竹　川合　など

姓に合う名の画数

1字名：なし

2・3字名：
1＋5　2＋14　7＋8　10＋5　11＋13　19＋4　23＋15
1＋15　2＋22　9＋14　10＋22　11＋21　19＋5
1＋28　5＋2　9＋15　11＋4　17＋21　19＋13

名前例

一禾《いちか》 1＋5　しず 1＋5　一魅《ひとみ》 1＋15　一路穂《ひろほ》 1＋28　七緒《ななお》 2＋14　七南聖《ななせ》 2＋22　由乃《ゆの》 5＋2　杏奈《あんな》 7＋8
志歩《しほ》 7＋8　佑奈《ゆうな》 7＋8　美緒《みお》 9＋14　香澄《かすみ》 9＋15　真由《まゆ》 10＋5　華穂里《かほり》 10＋22　彩月《さつき》 11＋4　菜月《なつき》 11＋4
萌々華《ももか》 11＋13　菜美瑛《なみえ》 11＋21　優鶴《ゆづる》 17＋21　優樹世《ゆきよ》 17＋21　麗水《れみ》 19＋4　蘭禾《らんか》 19＋5　瀬里名《せりな》 19＋13　鑑穂《あきほ》 23＋15

3＋7

姓の画数と例

川村　大谷　小沢　上村　大沢　大村　小谷　など

姓に合う名の画数

1字名：なし

2・3字名：
1＋2　1＋14　8＋5　9＋4　9＋20　11＋2　11＋14　17＋8
1＋4　4＋3　8＋13　9＋12　10＋5　11＋10　11＋18　18＋5
1＋12　6＋5　8＋15　9＋14　10＋21　11＋12　17＋4　22＋15

名前例

レナ《れな》 1＋2　一巴《かずは》 1＋4　乙絵《おとえ》 1＋12　一歌《いちか》 1＋14　文子《ふみこ》 4＋3　光世《みつよ》 6＋5　朋未《ともみ》 8＋5　波留子《はるこ》 8＋13
明日菜《あすな》 8＋15　美月《みつき》 9＋4　美琴《みこと》 9＋12　風歌《ふうか》 9＋14　保菜美《ほなみ》 9＋20　真白《ましろ》 10＋5　紗緒里《さおり》 10＋21　梨乃《りの》 11＋2
雪恵《ゆきえ》 11＋10　麻朝《まあさ》 11＋12　麻綾《まあや》 11＋14　彩織《さおり》 11＋18　優月《ゆづき》 17＋4　環奈《かんな》 17＋8　襟可《えりか》 18＋5　讃穂《あきほ》 22＋15

3＋8

姓の画数と例

山岸　山岡　大坪　大沼　土居　小沼　三枝　など

姓に合う名の画数

1字名：なし

2・3字名：
5＋13　10＋8　15＋26　21＋3
9＋12　13＋5　16＋5　23＋14
9＋15　15＋3　16＋8

名前例

広愛《ひろな》 5＋13　由実加《ゆみか》 5＋13　紅満《くみ》 9＋12　春陽《はるひ》 9＋12　香澄《かすみ》 9＋15　美潮《みしお》 9＋15　美穂《みほ》 9＋15　海奈希《みなき》 9＋15
栞奈《かんな》 10＋8　紗英《さえ》 10＋8　園禾《そのか》 13＋5　愛生《まなみ》 13＋5　舞子《まいこ》 15＋3　凜子《りんこ》 15＋3　摩優美《まゆみ》 15＋26　鮎生《あゆみ》 16＋5
澪央《みお》 16＋5　操生《みさお》 16＋5　鮎実《あゆみ》 16＋8　懐実《なつみ》 16＋8　諭可子《ゆかこ》 16＋8　櫻子《さくらこ》 21＋3　露巳《ろみ》 21＋3　鑑玖里《あぐり》 23＋14

3＋9

姓の画数と例

久保　土屋　小泉　大城　小柳　川畑　大津　など

姓に合う名の画数

1字名：なし

2・3字名：
2＋3　4＋21　8＋13　9＋8　12＋5　15＋8　15＋18　23＋10　24＋21
2＋4　7＋18　9＋2　9＋12　14＋15　15＋10　22＋13　23＋12
2＋15　8＋3　9＋4　9＋14　14＋21　15＋14　23＋2　23＋22

名前例

七子《ななこ》 2＋3　いのり 2＋3　二月《きさら》 2＋4　りお 2＋4　花織《かおり》 7＋18　尚子《なおこ》 8＋3　明日美《あすみ》 8＋13　柚乃《ゆの》 9＋2
泉水《いずみ》 9＋4　美空《みく》 9＋8　美晴《みはる》 9＋12　香菜子《かなこ》 9＋14　智世《ちせ》 12＋5　歌凜《かりん》 14＋15　瑠璃江《るりえ》 14＋21　穂果《ほのか》 15＋8
璃紗《りさ》 15＋10　舞歌《まいか》 15＋14　穂南美《ほなみ》 15＋18　讃愛《あきえ》 22＋13　鑑乃《あきの》 23＋2　鱒沙子《まさこ》 23＋10　鑑絵《あきえ》 23＋12　麟緒那《りおな》 24＋21

3+10

姓の画数と例

三浦　小島　大島　上原　川島　小倉　小原　など

姓に合う名の画数

1字名：なし

2・3字名：
1+4　6+26　8+10　11+21　13+12　19+5　21+14　23+22
5+3　7+4　11+5　13+3　13+22　19+13　23+2
6+2　7+28　11+13　13+5　15+3　19+20　23+12

名前例

乙巴《おとは》 1+4　糸乃《しの》 6+2　帆鶴未《ほづみ》 6+26　芳水《よしみ》 7+4　那南瀬《ななせ》 7+28　果純《かすみ》 8+10　菊代《きくよ》 11+5　梨加《りか》 11+5
雪路《ゆきじ》 11+13　彩里名《さりな》 11+13　彩緒里《さおり》 11+21　愛己《まなき》 13+3　詩央《しお》 13+5　雅絵《まさえ》 13+12　稚穂里《ちほり》 13+22　駒子《こまこ》 15+3
凜子《りんこ》 15+3　麗加《れいか》 19+5　霧里衣《きりえ》 19+13　瀬里愛《せりあ》 19+20　櫻歌《おうか》 21+14　鱒乃《ますの》 23+2　鑑己美《あきみ》 23+12　顯己瀬《あきせ》 23+22

3+11

姓の画数と例

山崎　小野　大野　上野　川崎　川野　大崎　など

姓に合う名の画数

1字名：なし

2・3字名：
2+13　5+10　5+26　7+4　7+18　12+3　13+8　21+4　22+3
4+13　5+18　6+5　7+10　10+5　13+2　13+12　21+10
5+2　5+20　6+15　7+14　10+21　13+4　18+5　21+12

名前例

七楓《ななか》 2+13　友愛《ゆうな》 4+13　令乃《あやの》 5+2　加純《かすみ》 5+10　史織《しおり》 5+18　由紀菜《ゆきな》 5+20　由梨穂《ゆりほ》 5+26　伊代《いよ》 6+5
光輪《みわ》 6+15　亜友《あゆ》 7+4　杏莉《あんり》 7+10　沙綺《さき》 7+14　亜花梨《あかり》 7+18　桃代《ももよ》 10+5　真輝衣《まきえ》 10+21　景子《けいこ》 12+3
想乃《その》 13+2　詩友《しゆ》 13+4　想奈《そな》 13+8　夢葉《ゆめは》 13+12　雛央《ひなお》 18+5　鶴水《つるみ》 21+4　露恋《ろれん》 21+10　櫻久美《さくみ》 21+12

3+12

姓の画数と例

大塚　千葉　大森　大場　小森　小椋　川越　など

姓に合う名の画数

1字名：なし

2・3字名：
1+2　4+4　5+3　9+8　11+13　13+5　17+15　19+18　23+10
1+15　4+12　5+13　9+15　12+12　13+10　17+20　21+3
1+22　4+28　6+12　11+5　13+3　13+20　19+13　21+12

名前例

のり 1+2　一穂《かずほ》 1+15　一咲愛《ひさえ》 1+22　友月《ゆづき》 4+4　心結《みゆ》 4+12　水南瀬《みなせ》 4+28　未久《みく》 5+3　広愛《ひろな》 5+13
多香子《たかこ》 6+12　香苗《かなえ》 9+8　美智子《みちこ》 9+15　悠可《ゆうか》 11+5　理央奈《りおな》 11+13　智絵《ともえ》 12+12　靖子《やすこ》 13+3　雅世《まさよ》 13+5
鈴華《すずか》 13+10　夢都美《むつみ》 13+20　優里奈《ゆりな》 17+15　嶺美梛《れみな》 17+20　艶珠子《えみこ》 19+13　瀬津南《せつな》 19+18　露子《つゆこ》 21+3　鱒恵《ますえ》 23+10

3+13

姓の画数と例

大滝　山路　小滝　小路　など

姓に合う名の画数

1字名：なし

2・3字名：
2+15　5+2　5+18　10+3　11+2　11+12　19+2　19+22
2+21　5+8　5+20　10+5　11+4　11+14　19+10　20+5
4+3　5+12　5+26　10+15　11+10　18+3　19+12

名前例

二嬉《にき》 2+15　七鶴《なつ》 2+21　文女《ふみな》 4+3　まゆ 4+3　冬乃《ふゆの》 5+2　礼七《れな》 5+2　由稀《ゆき》 5+12　可織《かおり》 5+18
永美梨《えみり》 5+20　未優紀《みゆき》 5+26　夏女《なつめ》 10+3　倫代《ともよ》 10+5　紗里奈《さりな》 10+15　萌乃《もえの》 11+2　望月《みつき》 11+4　雪華《ゆきか》 11+10
理絵《りえ》 11+12　菜緒《なお》 11+14　藍子《あいこ》 18+3　羅七《らな》 19+2　麗華《れいか》 19+10　霧絵《きりえ》 19+12　霧穂里《きほり》 19+22　耀加《ようか》 20+5

3＋14

姓の画数と例

川端　小嶋　小関　大熊　大嶋　大関　川嶋　など

姓に合う名の画数

1字名

なし

2・3字名

1＋(5)　2＋(14)　7＋(8)　10＋(14)　15＋(3)　19＋(5)　23＋(8)
1＋(15)　4＋(2)　9＋(15)　11＋(5)　17＋(4)　21＋(10)　23＋(18)
1＋(20)　4＋(14)　9＋(26)　11＋(13)　17＋(18)　21＋(20)

名前例

しほ 1(5)　一嬉《かずき》 1(15)　一冨美《ひふみ》 1(20)　乃梨子《のりこ》 2(14)　月乃《つきの》 4(2)　はこ 4(2)　文緒《ふみお》 4(14)　芹奈《せりな》 7(8)
海奈希《みなき》 9(15)　美都穂《みつほ》 9(26)　恵瑠《える》 10(14)　梨加《りか》 11(5)　唯愛《ゆな》 11(13)　萊夢《らいむ》 11(13)　理央奈《りおな》 11(13)　駒子《こまこ》 15(3)
澄子《すみこ》 15(3)　環予《たまよ》 17(4)　鞠観《まりみ》 17(18)　譜未《ふみ》 19(5)　櫻莉《さり》 21(10)　露結実《つゆみ》 21(20)　鑑奈《あきな》 23(8)　顯騎《あき》 23(18)

3＋15

姓の画数と例

三輪　大槻　小幡　など

姓に合う名の画数

1字名

なし

2・3字名

1＋(4)　1＋(20)　2＋(13)　9＋(2)　9＋(14)　14＋(15)　20＋(3)
1＋(12)　1＋(22)　6＋(5)　9＋(4)　10＋(3)　16＋(5)　24＋(5)
1＋(14)　2＋(5)　8＋(5)　9＋(12)　10＋(13)　17＋(4)　24＋(15)

名前例

レイコ《れいこ》 1(4)　一絵《かずえ》 1(12)　一樺《いちか》 1(14)　乙美菜《おみな》 1(20)　一理菜《かりな》 1(22)　りりか 2(5)　二誉《かずよ》 2(13)　七都乃《なつの》 2(13)
帆禾《ほのか》 6(5)　奈央《なお》 8(5)　咲乃《さくの》 9(2)　海友《みゆ》 9(4)　香琳《かりん》 9(12)　紀歌《のりか》 9(14)　晃子《あきこ》 10(3)　紗也《さや》 10(3)
桜楽《さくら》 10(13)　真意《まい》 10(13)　歌穂《かほ》 14(15)　操生《みさお》 16(5)　優水《ゆみ》 17(4)　馨子《かおるこ》 20(3)　鷺加《ろか》 24(5)　麟穂《りほ》 24(15)

3＋16

姓の画数と例

大橋　小澤　三橋　大澤　土橋　小橋　など

姓に合う名の画数

1字名

なし

2・3字名

1＋(5)　9＋(4)　15＋(3)　21＋(8)
2＋(4)　13＋(3)　17＋(21)　21＋(18)
5＋(13)　13＋(5)　19＋(14)　23＋(15)

名前例

一禾《いちか》 1(5)　いお 2(4)　こころ 2(4)　可鈴《かりん》 5(13)　未聖《みさと》 5(13)　由実加《ゆみか》 5(13)　美友《みゆ》 9(4)　柚月《ゆづき》 9(4)
楓子《ふうこ》 13(3)　夢女《ゆめ》 13(3)　詩可《うたか》 13(5)　鈴代《すずよ》 13(5)　睦生《むつみ》 13(5)　慧子《けいこ》 15(3)　舞夕《まゆ》 15(3)　諒子《りょうこ》 15(3)
凜子《りんこ》 15(3)　優樹世《ゆきよ》 17(21)　麗歌《れいか》 19(14)　櫻奈《おうな》 21(8)　露佳《ろか》 21(8)　露祐美《つゆみ》 21(18)　鱒穂《ますほ》 23(15)　鑑州香《あすか》 23(15)

3＋18

姓の画数と例

工藤　大藤　など

姓に合う名の画数

1字名

なし

2・3字名

5＋(3)　6＋(18)　13＋(3)　14＋(2)　21＋(3)
5＋(13)　11＋(5)　13＋(4)　19＋(5)　23＋(14)
6＋(2)　11＋(13)　13＋(5)　19＋(12)

名前例

冬弓《ふゆみ》 5(3)　由女《ゆめ》 5(3)　永夢《えいむ》 5(13)　未由季《みゆき》 5(13)　朱乃《あけの》 6(2)　光乃《みつの》 6(2)　伊織《いおり》 6(18)　安遊帆《あゆほ》 6(18)
多津美《たつみ》 6(18)　清未《きよみ》 11(5)　菜央《なお》 11(5)　清楽《せいら》 11(13)　愛弓《あゆみ》 13(3)　詢子《じゅんこ》 13(3)　楓子《ふうこ》 13(3)　鈴心《すずこ》 13(4)
愛生《まなみ》 13(5)　綾乃《あやの》 14(2)　嘉乃《よしの》 14(2)　瑠七《るな》 14(2)　瀬央《せお》 19(5)　麗葉《れいは》 19(12)　鶴夕《つゆ》 21(3)　鑑裕乃《あゆの》 23(14)

3+19

姓の画数と例

川瀬 など

姓に合う名の画数

1字名

なし

2・3字名

2+(5) 4+(21) 5+(10) 5+(20) 13+(2) 13+(22) 19+(4)

2+(13) 5+(2) 5+(12) 10+(13) 13+(4) 14+(2) 22+(3)

2+(15) 5+(8) 5+(18) 12+(5) 13+(12) 14+(21) 22+(13)

名前例

ひとみ 2 (5)
乃愛《のあ》 2 (13)
二三恵《ふみえ》 2 (13)
十輪《とわ》 2 (15)
日登美《ひとみ》 4 (21)
水沙緒《みさお》 4 (21)
可七《かな》 5 (2)
史苑《しおん》 5 (8)

由姫《ゆき》 5 (10)
由真《ゆま》 5 (10)
加葉《かよ》 5 (12)
未彩希《みさき》 5 (18)
永美梨《えみり》 5 (20)
夏鈴《かりん》 10 (13)
紫由《しゆ》 12 (5)
夢乃《ゆめの》 13 (2)

園巴《そのは》 13 (4)
詩瑛《うたえ》 13 (12)
詩穂里《しほり》 13 (22)
聡十《さと》 14 (2)
綺理恵《きりえ》 14 (21)
霧月《むつき》 19 (4)
讃己《あき》 22 (3)
讃愛《あきな》 22 (13)

4

姓の画数と例

今 中 など

姓に合う名の画数

1字名

なし

2・3字名

1+(2) 2+(15) 7+(6) 9+(16) 11+(10) 13+(22) 17+(14) 20+(5)

1+(10) 3+(14) 7+(14) 11+(2) 11+(22) 14+(7) 19+(6) 21+(12)

1+(12) 3+(22) 9+(2) 11+(6) 12+(17) 14+(15) 19+(16)

名前例

レイ《れい》 1 (2)
一紗《かずさ》 1 (10)
乙葵《いつき》 1 (12)
乃凛《のりん》 2 (15)
千嘉《ちか》 3 (14)
小艶子《さえこ》 3 (22)
佐妃《さき》 7 (6)
里緒《りお》 7 (14)

郁乃《いくの》 9 (2)
香乃《かの》 9 (2)
南津希《なつき》 9 (16)
梨乃《りの》 11 (2)
麻有《まゆ》 11 (6)
渚紗《なぎさ》 11 (10)
埜絵留《のえる》 11 (22)
貴玖恵《きくえ》 12 (17)

愛遊華《あゆか》 13 (22)
瑠李《るり》 14 (7)
颯穂《さほ》 14 (15)
碧璃《みどり》 14 (15)
霞菜子《かなこ》 17 (14)
瀬吏《せり》 19 (6)
麗以菜《れいな》 19 (16)
耀世《あきよ》 20 (5)

4+3

姓の画数と例

中山 井上 中川 木下 片山 内山 井口 など

姓に合う名の画数

1字名

10 14 22

2・3字名

2+(4) 5+(3) 8+(17) 12+(4) 13+(3) 14+(17) 18+(13) 20+(25) 22+(19)

2+(9) 5+(11) 10+(1) 12+(12) 13+(19) 14+(27) 18+(14) 21+(3)

2+(14) 5+(19) 10+(14) 12+(20) 14+(4) 15+(3) 20+(4) 22+(2)

名前例

颯《そよ》 14
鷗《かもめ》 22
アリス《ありす》 2 (4)
八重《やえ》 2 (9)
七央海《なおみ》 2 (14)
冬子《とうこ》 5 (3)
加奈子《かなこ》 5 (11)
未樹子《みきこ》 5 (19)

奈緒子《なおこ》 8 (17)
真亜沙《まあさ》 10 (14)
朝日《あさひ》 12 (4)
朝陽《あさひ》 12 (12)
絵梨香《えりか》 12 (20)
夢女《ゆめ》 13 (3)
意純美《いずみ》 13 (19)
歌月《かづき》 14 (4)

翠嶺《すいれい》 14 (17)
瑠璃絵《るりえ》 14 (27)
憧子《とうこ》 15 (3)
襟愛《えりあ》 18 (13)
雛菜子《ひなこ》 18 (14)
耀心《てるみ》 20 (4)
露巳《ろみ》 21 (3)
讃都季《さつき》 22 (19)

4+4

姓の画数と例

今井 中井 井手 木戸 井戸 元木 日比 など

姓に合う名の画数

1字名

17

2・3字名

1+(2) 2+(13) 9+(14) 12+(1) 12+(11) 13+(2) 14+(9) 17+(14) 21+(12)

1+(12) 3+(14) 11+(2) 12+(3) 12+(13) 14+(3) 14+(11) 20+(3)

2+(3) 7+(14) 11+(12) 12+(9) 12+(21) 14+(7) 14+(17) 20+(13)

名前例

瞳《ひとみ》 17
しん 1 (2)
一瑛《かずえ》 1 (12)
いのり 2 (3)
二三恵《ふみえ》 2 (13)
志緒《しお》 7 (14)
柚嘉《ゆか》 9 (14)
彩乃《あやの》 11 (2)

萌絵《もえ》 11 (12)
葵乙《あおい》 12 (1)
裕子《ゆうこ》 12 (3)
智咲《ちさ》 12 (9)
絵理《えり》 12 (11)
紫帆里《しほり》 12 (13)
結鶴《ゆづる》 12 (21)
暖乃《はるの》 13 (2)

誓子《せいこ》 14 (3)
綺花《あやか》 14 (7)
颯香《そうか》 14 (9)
緋菜《ひな》 14 (11)
歌奈美《かなみ》 14 (17)
響女《おとめ》 20 (3)
響楓《きょうか》 20 (13)
顧葉《みよ》 21 (12)

4＋5

姓の画数と例

太田　内田　中田　戸田　中本　井出　今田　など

姓に合う名の画数

1字名：6　12

2・3字名：
2＋(4)　3＋(12)　6＋(1)　10＋(14)　12＋(3)　18＋(20)　20＋(12)
2＋(14)　3＋(13)　8＋(7)　10＋(28)　12＋(12)　20＋(3)　20＋(28)
2＋(27)　3＋(21)　10＋(13)　11＋(21)　12＋(20)　20＋(4)　24＋(14)

名前例

光《ひかり》 6　葵《あおい》 12　アリス《ありす》 2(4)　こころ 2(4)　七歌《ななか》 2(14)　八詩緒《やしお》 2(27)　千尋《ちひろ》 3(12)　小鈴《こすず》 3(13)

万梨紗《まりさ》 3(21)　衣乙《いお》 6(1)　和沙《かずさ》 8(7)　紗暉《さき》 10(13)　恭歌《きょうか》 10(14)　莉鶴希《りつき》 10(28)　麻利裳《まりも》 11(21)　瑛子《えいこ》 12(3)

琴絵《ことえ》 12(12)　葉瑞希《はづき》 12(20)　雛奈絵《ひなえ》 18(20)　鐘子《しょうこ》 20(3)　耀水《あきみ》 20(4)　響稀《ひびき》 20(12)　耀優梨《あゆり》 20(28)　鷺綾《さあや》 24(14)

4＋6

姓の画数と例

中西　丹羽　今西　日向　中江　引地　日吉　など

姓に合う名の画数

1字名：5　15　23

2・3字名：
2＋(1)　2＋(13)　7＋(4)　9＋(14)　10＋(13)　11＋(4)　12＋(11)　18＋(3)　23＋(14)
2＋(3)　5＋(2)　9＋(4)　10＋(3)　10＋(19)　11＋(20)　12＋(13)　18＋(7)
2＋(11)　5＋(20)　9＋(12)　10＋(11)　10＋(21)　12＋(9)　12＋(17)　19＋(4)

名前例

司《つかさ》 5　舞《まい》 15　りく 2(1)　七夕《ななせ》 2(3)　七菜《なな》 2(11)　乃瑚《のこ》 2(13)　市乃《いちの》 5(2)　那月《なつき》 7(4)

南斗《みなと》 9(4)　美結《みゆ》 9(12)　桃子《ももこ》 10(3)　桔梗《ききょう》 10(11)　紗楽《さら》 10(13)　恵梨奈《えりな》 10(19)　栞緒里《しおり》 10(21)　麻友《まゆ》 11(4)

菜都美《なつみ》 11(20)　朝香《あさか》 12(9)　椎菜《しいな》 12(11)　詠夢《えいむ》 12(13)　裕梨衣《ゆりえ》 12(17)　雛子《ひなこ》 18(3)　織花《おりか》 18(7)　瀬月《せづき》 19(4)

4＋7

姓の画数と例

中村　木村　今村　中尾　水谷　中谷　中沢　など

姓に合う名の画数

1字名：14

2・3字名：
6＋(12)　11＋(7)　17＋(7)
10＋(11)　14＋(4)　22＋(2)
10＋(14)　16＋(2)　24＋(13)

名前例

綴《つづり》 14　遙《はるか》 14　緑《みどり》 14　光瑛《みつえ》 6(12)　百葉《ももは》 6(12)　夏奈子《かなこ》 10(11)　真知子《まちこ》 10(11)　紘歌《ひろか》 10(14)

真綾《まあや》 10(14)　彩那《あやな》 11(7)　清花《きよか》 11(7)　理沙《りさ》 11(7)　渚友子《なゆこ》 11(7)　綺水《きみ》 14(4)　鳴月《なつき》 14(4)　樹十《きと》 16(2)

澪乃《みおの》 16(2)　翼沙《つばさ》 17(7)　優希《ゆき》 17(7)　嶺花《れいか》 17(7)　讃乃《あきの》 22(2)　鷗乃《かもの》 22(2)　麟愛《りあ》 24(13)　鷺夢《ろむ》 24(13)

4＋8

姓の画数と例

片岡　中林　五味　中岡　丹治　中居　今枝　など

姓に合う名の画数

1字名：なし

2・3字名：
3＋(2)　8＋(17)　9＋(12)　10＋(7)　10＋(19)　15＋(20)　16＋(9)　23＋(12)　24＋(11)
3＋(14)　8＋(25)　10＋(1)　10＋(11)　13＋(4)　16＋(1)　16＋(13)　24＋(1)
5＋(20)　9＋(2)　10＋(3)　10＋(13)　15＋(14)　16＋(7)　16＋(17)　24＋(9)

名前例

るい 3(2)　千種《ちぐさ》 3(14)　未菜美《みなみ》 5(20)　茉莉花《まりか》 8(17)　歩優実《あゆみ》 8(25)　美乃《みの》 9(2)　美貴《みき》 9(12)　純乙《すみお》 10(1)

容子《ようこ》 10(3)　姫花《ひめか》 10(7)　夏菜《かな》 10(11)　華鈴《かりん》 10(13)　真樹子《まきこ》 10(19)　園巴《そのは》 13(4)　澄々菜《すずな》 15(14)　舞結実《まゆみ》 15(20)

樹乙《いつき》 16(1)　樹里《じゅり》 16(7)　澪南《みおな》 16(9)　磨里恵《まりえ》 16(17)　鑑己美《あきみ》 23(12)　鷺乙《さき》 24(1)　鷺音《さぎね》 24(9)　麟彩《りさ》 24(11)

姓の画数と例 4+9

内海　今泉　仁科　中垣　中畑　今津　中屋　など

姓に合う名の画数

1字名
なし

2・3字名
2+3　7+9　9+9　12+20　14+11　16+2　20+19　24+1
6+2　7+25　12+4　14+2　14+21　20+4　22+13　24+11
7+1　8+27　12+12　14+4　15+9　20+12　23+12　24+21

名前例

七夕《ななせ》 2(3)　安七《あんな》 6(2)　亜一《あい》 7(1)　杏香《きょうか》 7(9)　里南《りな》 7(9)　佐緒理《さおり》 7(25)　侑樹菜《ゆきな》 8(27)　奏美《かなみ》 9(9)

結水《ゆみ》 12(4)　景登《けいと》 12(12)　葉瑞希《はずき》 12(20)　綾乃《あやの》 14(2)　鳴月《なつき》 14(4)　誌麻《しま》 14(11)　歌緒里《かおり》 14(21)　舞海《まみ》 15(9)

樹乃《きの》 16(2)　響水《おとみ》 20(4)　護葉《もりは》 20(12)　譲里葉《ゆずりは》 20(19)　讃友美《さゆみ》 22(13)　鱒寸美《ますみ》 23(12)　麟乙《りお》 24(1)　鷺騎子《さきこ》 24(21)

姓の画数と例 4+10

中島　中原　日高　片桐　木原　中根　井原　など

姓に合う名の画数

1字名
7

2・3字名
3+20　6+9　7+4　8+9　11+4　13+12　14+7　14+19　22+11
5+12　6+17　7+14　8+13　11+20　14+1　14+9　19+4
6+1　6+19　8+3　8+17　13+2　14+3　14+11　22+3

名前例

希《のぞみ》 7　千菜津《ちなつ》 3(20)　未琴《みこと》 5(12)　汐乙《しお》 6(1)　光南《みな》 6(9)　安衣菜《あいな》 6(17)　羽蘭《うらん》 6(19)　那月《なつき》 7(4)

希良里《きらり》 7(14)　怜子《れいこ》 8(3)　空美《くみ》 8(9)　茉椰《まや》 8(13)　幸霞《ゆきか》 8(17)　望月《みつき》 11(4)　麻結実《まゆみ》 11(20)　照乃《てるの》 13(2)

詩貴《しき》 13(12)　静乙《しずき》 14(1)　緑子《みどりこ》 14(3)　瑠李《るり》 14(7)　聡美《さとみ》 14(9)　綺彩《きさ》 14(11)　歌梨奈《かりな》 14(19)　瀬戸《せと》 19(4)

姓の画数と例 4+11

中野　水野　天野　今野　日野　内野　丹野　など

姓に合う名の画数

1字名
2　6　10

2・3字名
2+1　5+3　6+2　10+7　12+4　14+2　14+19　20+12　24+9
2+14　5+11　6+12　10+14　12+12　14+4　18+14　20+17
2+21　5+27　7+11　10+27　13+11　14+9　18+19　22+11

名前例

旭《あさひ》 6　りく 2(1)　七樺《ななか》 2(14)　八須美《はすみ》 2(21)　未夕《みゆ》 5(3)　加奈子《かなこ》 5(11)　由樹菜《ゆきな》 5(27)　汐七《しおな》 6(2)

伊久美《いくみ》 6(12)　里梛《りな》 7(11)　珠希《たまき》 10(7)　真由美《まゆみ》 10(14)　遊月《ゆづき》 12(4)　結葵《ゆき》 12(12)　鈴鹿《すずか》 13(11)　静乃《しずの》 14(2)

綾水《あやみ》 14(4)　綾香《あやか》 14(9)　綺麗《きらら》 14(19)　雛嘉《ひなか》 18(14)　藍羅《あいら》 18(19)　耀葉《てるは》 20(12)　鷗菜《かもな》 22(11)　鷺美《ろみ》 24(9)

姓の画数と例 4+12

手塚　中塚　戸塚　中森　中道　水越　犬塚　など

姓に合う名の画数

1字名
なし

2・3字名
1+4　3+20　6+7　6+19　11+4　12+3　12+13　20+9　21+4
1+14　5+2　6+11　6+25　11+14　12+9　19+2　20+11
3+14　6+1　6+17　11+2　12+1　12+11　20+1　20+21

名前例

一心《かずこ》 1(4)　乙歌《いつか》 1(14)　万里花《まりか》 3(14)　千愛希《ちあき》 3(20)　冬乃《ふゆの》 5(2)　妃乙《きお》 6(1)　朱里《しゅり》 6(7)　衣都《えと》 6(11)

衣鞠《いまり》 6(17)　早祐莉《さゆり》 6(19)　有樹保《ゆきほ》 6(25)　雪乃《ゆきの》 11(2)　菜つみ《なつみ》 11(4)　深緒《みお》 11(14)　朝乙《あさお》 12(1)　翔子《しょうこ》 12(3)

朝香《あさか》 12(9)　晴菜《はるな》 12(11)　智聖《ちさと》 12(13)　麗乃《れの》 19(2)　懸音《かのん》 20(9)　護菜《もりな》 20(11)　馨南絵《かなえ》 20(21)　露水《つゆみ》 21(4)

姓の画数と例

4＋13

犬飼　中園　日置　など

姓に合う名の画数

1字名

12　22

2・3字名

2＋(4)　3＋(4)　5＋(13)　10＋(25)　12＋(12)　18＋(17)　22＋(19)

2＋(14)　3＋(13)　8＋(7)　11＋(4)　16＋(2)　20＋(4)　24＋(7)

2＋(19)　5＋(1)　10＋(14)　12＋(4)　18＋(3)　22＋(9)　24＋(17)

名前例

葵《あおい》 12
讃《あき》 22
このみ 2 (4)
八菜子《はなこ》 2 (14)
十樹子《ときこ》 2 (19)
夕月《ゆづき》 3 (4)
万椰《まや》 3 (13)
由乙《ゆい》 5 (1)

可鈴《かりん》 5 (13)
明里《あかり》 8 (7)
真緒《まお》 10 (14)
紗緒梨《さおり》 10 (25)
萌心《もえみ》 11 (4)
陽水《はるみ》 12 (4)
琴絵《ことえ》 12 (12)
喜美子《きみこ》 12 (12)

樹十《きと》 16 (2)
燿子《ようこ》 18 (3)
織梨衣《おりえ》 18 (17)
護水《もりみ》 20 (4)
讃美《あきみ》 22 (9)
鷗徽乃《おきの》 22 (19)
鷺里《さぎり》 24 (7)
鷺優《さゆ》 24 (17)

姓の画数と例

4＋14

中嶋　比嘉　井関　手嶋　など

姓に合う名の画数

1字名

なし

2・3字名

1＋(2)　2＋(3)　2＋(19)　3＋(14)　10＋(1)　10＋(13)　15＋(14)　21＋(2)

1＋(12)　2＋(11)　2＋(21)　7＋(4)　10＋(3)　11＋(2)　17＋(4)

1＋(20)　2＋(13)　3＋(4)　9＋(4)　10＋(11)　11＋(12)　18＋(3)

名前例

のん 1 (2)
一稀《かずき》 1 (12)
一都美《ひとみ》 1 (20)
ことの 2 (3)
十和子《とわこ》 2 (11)
二友美《ふゆみ》 2 (13)
七瀬《ななせ》 2 (19)
七結香《なゆか》 2 (21)

万友《まゆ》 3 (4)
夕歌《ゆうか》 3 (14)
李友《りゆ》 7 (4)
咲月《さつき》 9 (4)
恋乙《こい》 10 (1)
紗千《さち》 10 (3)
恵菜《えな》 10 (11)
真鈴《まりん》 10 (13)

偲乃《しの》 11 (2)
雪乃《ゆきの》 11 (2)
菜満《なみ》 11 (12)
麻朝《まあさ》 11 (12)
舞歌《まいか》 15 (14)
優比《ゆい》 17 (4)
繭己《まゆみ》 18 (3)
露乃《つゆの》 21 (2)

姓の画数と例

4＋16

中澤　中橋　など

姓に合う名の画数

1字名

なし

2・3字名

1＋(14)　2＋(3)　2＋(19)　8＋(7)　8＋(17)　15＋(2)　17＋(21)

1＋(20)　2＋(9)　5＋(12)　8＋(9)　9＋(2)　16＋(1)　22＋(3)

2＋(1)　2＋(11)　8＋(3)　8＋(13)　9＋(4)　16＋(9)　23＋(14)

名前例

乙歌《いつか》 1 (14)
一綺《かずき》 1 (14)
一護《いちご》 1 (20)
うの 2 (1)
七子《ななこ》 2 (3)
七海《ななみ》 2 (9)
乃梨《のり》 2 (11)
八津恵《はつえ》 2 (19)

由貴《ゆき》 5 (12)
布夕香《ふゆか》 5 (12)
來々《らら》 8 (3)
波希《なみき》 8 (7)
実乃里《みのり》 8 (9)
明日香《あすか》 8 (13)
実優《みゆ》 8 (17)
香乃《かの》 9 (2)

柚水《ゆみ》 9 (4)
嬉乃《よしの》 15 (2)
蕗一《ろい》 16 (1)
鮎美《あゆみ》 16 (9)
懐美《なつみ》 16 (9)
霞菜莉《かなり》 17 (21)
讃子《さこ》 22 (3)
鑑蜜《あきみ》 23 (14)

姓の画数と例

4＋18

内藤　井藤　など

姓に合う名の画数

1字名

7　17

2・3字名

3＋(4)　5＋(20)　6＋(9)　6＋(19)　14＋(1)　14＋(21)　20＋(3)

3＋(12)　6＋(1)　6＋(11)　11＋(12)　14＋(3)　15＋(2)　23＋(2)

3＋(14)　6＋(7)　6＋(17)　13＋(4)　14＋(11)　15＋(20)　23＋(12)

名前例

杏《あん》 7
翼《つばさ》 17
さくら 3 (4)
千晶《ちあき》 3 (12)
久美子《くみこ》 3 (12)
未彩栄《みさえ》 5 (20)
旭乙《あさお》 6 (1)
帆花《ほのか》 6 (7)

朱音《あかね》 6 (9)
次美《つぐみ》 6 (9)
多佳子《たかこ》 6 (11)
伊玖恵《いくえ》 6 (17)
江莉香《えりか》 6 (19)
深結《みゆ》 11 (12)
夢月《むつき》 13 (4)
綾乙《あやお》 14 (1)

綸子《りんこ》 14 (3)
緋菜《ひな》 14 (11)
嘉南絵《かなえ》 14 (21)
澄乃《すみの》 15 (2)
穂菜美《ほなみ》 15 (20)
耀巳《あきみ》 20 (3)
鷲乃《しゅうの》 23 (2)
鱒瑛《ますえ》 23 (12)

5

姓の画数と例

北 平 など

姓に合う名の画数

1字名：なし

2・3字名：
1+⑩　3+⑩　8+⑩　10+⑥　11+②　12+⑫　16+⑯　20+④
2+⑭　6+⑦　8+⑯　10+㉒　11+㉒　12+⑳　18+⑥　20+⑫
2+⑯　6+⑫　8+㉔　10+㉓　12+⑥　16+②　19+⑭　24+㉓

名前例

乙夏《いつか》 1 ⑩　七緒《ななお》 2 ⑭　十愛子《とあこ》 2 ⑯　千紗《ちさ》 3 ⑩　安里《あんり》 6 ⑦　早紀子《さきこ》 6 ⑫　佳恋《かれん》 8 ⑩　和可菜《わかな》 8 ⑯

奈穂美《なほみ》 8 ㉔　夏帆《かほ》 10 ⑥　恵梨菜《えりな》 10 ㉒　真裕理《まゆり》 10 ㉓　笛乃《ふえの》 11 ②　彩矢霞《あやか》 11 ㉒　遥名《はるな》 12 ⑥　琴詠《ことえ》 12 ⑫

満須実《ますみ》 12 ⑳　鮎乃《あゆの》 16 ②　樹梨可《きりか》 16 ⑯　藍吏《あいり》 18 ⑥　麗伊奈《れいな》 19 ⑭　響心《きょうこ》 20 ④　耀祐子《ようこ》 20 ⑫　鷺都貴《さつき》 24 ㉓

5＋3

姓の画数と例

石川 古川 市川 田口 北川 平山 平川 など

姓に合う名の画数

1字名：なし

2・3字名：
2+①　3+⑫　8+⑬　13+②　13+⑫　14+①　15+⑧　15+㉔　22+⑪
2+⑪　3+⑳　10+⑬　13+⑧　13+⑱　15+②　15+⑩　18+⑬
3+②　4+⑬　12+⑪　13+⑩　13+⑳　15+⑥　15+⑯　21+⑫

名前例

りの 2 ①　七奈子《ななこ》 2 ⑪　小百合《さゆり》 3 ⑫　千恵莉《ちえり》 3 ⑳　水楽《みら》 4 ⑬　和愛《かずな》 8 ⑬　華鈴《かりん》 10 ⑬　結唯《ゆい》 12 ⑪

慈乃《よしの》 13 ②　詩雨《しう》 13 ⑧　詩桜《しお》 13 ⑩　蒔絵《まきえ》 13 ⑫　詩織《しおり》 13 ⑱　楓悠美《ふゆみ》 13 ⑳　遙乙《はるき》 14 ①　潤七《じゅんな》 15 ②

舞衣《まい》 15 ⑥　遼佳《はるか》 15 ⑧　嬉恵《きえ》 15 ⑩　穂積《ほづみ》 15 ⑯　璃梨愛《りりあ》 15 ㉔　観由季《みゆき》 18 ⑬　鶴可沙《つかさ》 21 ⑫　讃理《あかり》 22 ⑪

5＋4

姓の画数と例

田中 石井 永井 平井 白井 玉井 正木 など

姓に合う名の画数

1字名：12　14

2・3字名：
3+③　4+⑫　11+⑫　12+⑳　13+⑲　21+③
3+⑬　4+⑳　11+⑬　13+②　19+⑲　21+⑪
3+㉖　9+⑥　11+㉗　13+⑪　21+②　21+㉗

名前例

結《ゆい》 12　静《しずか》 14　遙《はるか》 14　えみ 3 ③　みゆ 3 ③　三園《みその》 3 ⑬　夕樹恵《ゆきえ》 3 ㉖　友紀子《ゆきこ》 4 ⑫

比那愛《ひなえ》 4 ⑳　香帆《かほ》 9 ⑥　海衣《みえ》 9 ⑥　深晴《みはる》 11 ⑫　菜々恵《ななえ》 11 ⑬　彩騎美《あきみ》 11 ㉗　賀都美《かつみ》 12 ⑳　想乃《その》 13 ②

夢十《ゆと》 13 ②　愛梨《あいり》 13 ⑪　雅羅《がら》 13 ⑲　鏡純美《かずみ》 19 ⑲　露七《つゆな》 21 ②　露万《ろまん》 21 ③　顧和子《みわこ》 21 ⑪　露優姫《つゆき》 21 ㉗

5＋5

姓の画数と例

石田 平田 本田 永田 田辺 白石 田代 など

姓に合う名の画数

1字名：6

2・3字名：
1+⑥　3+⑫　6+⑲　10+⑪　11+⑩　11+⑳　13+⑩　13+⑱　20+③
3+②　3+⑱　8+③　10+⑬　11+⑫　12+③　13+⑫　19+⑥
3+⑩　6+①　10+③　11+②　11+⑱　13+⑧　13+⑯　19+⑱

名前例

凪《なぎ》 6　一帆《いちほ》 1 ⑥　みう 3 ②　小夏《こなつ》 3 ⑩　夕湖《ゆうこ》 3 ⑫　久美香《くみか》 3 ⑱　汐乙《しお》 6 ①　吏瀬《りせ》 6 ⑲

茉己《まみ》 8 ③　笑愛《えみな》 10 ⑬　毬七《まりな》 11 ②　淳華《じゅんか》 11 ⑩　雪瑛《ゆきえ》 11 ⑫　菜都希《なつき》 11 ⑱　理緒名《りおな》 11 ⑳　朝子《あさこ》 12 ③

夢果《ゆめか》 13 ⑧　詩真《しま》 13 ⑩　蒔絵《まきえ》 13 ⑫　愛美里《えみり》 13 ⑯　詩織《しおり》 13 ⑱　霧衣《きりえ》 19 ⑥　瀬津南《せつな》 19 ⑱　耀三《あきみ》 20 ③

5+6

姓の画数と例

本多
末吉
永吉
末次
本庄
加地
田仲
など

姓に合う名の画数

1字名
なし

2・3字名
1+(20)　11+(10)　15+(3)　23+(1)
7+(11)　11+(13)　17+(1)
9+(28)　12+(6)　18+(6)

名前例

1+(20) 乙馨《いっか》
1+(20) 一紗恵《ひさえ》
7+(11) 杏梨《あんり》
7+(11) 希菜《きな》
9+(28) 風結樹《ふゆき》
9+(28) 美優梨《みゆり》
11+(10) 章恵《あきえ》
11+(10) 康恵《やすえ》
11+(10) 菜之花《なのか》
11+(13) 深愛《みな》
11+(13) 萌夢《もえむ》
11+(13) 萊夢《らいむ》
12+(6) 琴江《ことえ》
12+(6) 葉名《はな》
12+(6) 満帆《まほ》
15+(3) 憧子《とうこ》
15+(3) 舞子《まいこ》
15+(3) 遼子《りょうこ》
17+(1) 環乙《たまき》
17+(1) 優乙《ゆうき》
18+(6) 藍妃《あいき》
18+(6) 織衣《おりえ》
18+(6) 繭衣《まゆい》
23+(1) 鑑乙《あき》

5+7

姓の画数と例

田村
北村
古谷
市村
立花
平尾
古沢
など

姓に合う名の画数

1字名
4

2・3字名
1+(2)　4+(1)　9+(16)　10+(11)　11+(10)　11+(24)　16+(19)　17+(12)　24+(11)
1+(12)　4+(13)　9+(24)　11+(2)　11+(12)　14+(3)　17+(6)　17+(16)
1+(16)　6+(19)　10+(1)　11+(6)　11+(18)　16+(13)　17+(8)　22+(1)

名前例

4 巴《ともえ》
1+(2) のん
1+(12) 乙葉《おとは》
1+(16) 一美花《ひみか》
4+(1) 友乙《ゆい》
4+(13) 水暉《みずき》
6+(19) 伊都実《いつみ》
9+(24) 美裕稀《みゆき》
10+(1) 真乙《まい》
10+(11) 恵麻《えま》
11+(2) 淑乃《よしの》
11+(6) 毬衣《まりい》
11+(10) 理桜《りお》
11+(12) 彩智《さち》
11+(18) 菜穂子《なほこ》
11+(24) 彩津輝《さつき》
14+(3) 遙子《ようこ》
16+(13) 懐愛《なつえ》
16+(19) 樹理阿《じゅりあ》
17+(6) 優羽《ゆう》
17+(8) 鞠果《まりか》
17+(12) 優貴《ゆうき》
17+(16) 優香里《ゆかり》
22+(1) 讃乙《あき》

5+8

姓の画数と例

平松
平岡
平林
田所
石岡
北岡
加茂
など

姓に合う名の画数

1字名
10

2・3字名
3+(2)　8+(24)　10+(8)　13+(19)　15+(10)　17+(1)　21+(18)
7+(1)　9+(2)　13+(3)　15+(1)　15+(20)　21+(3)　23+(12)
8+(8)　9+(26)　13+(11)　15+(3)　16+(8)　21+(11)　24+(11)

名前例

10 栞《しおり》
3+(2) 三七《みな》
3+(2) よしの
7+(1) 里乙《りお》
8+(8) 知奈《ともな》
8+(8) 茉実《まみ》
8+(24) 奈穂美《なほみ》
9+(2) 紀乃《きの》
9+(26) 美風優《みふゆ》
10+(8) 桃果《ももか》
13+(3) 園子《そのこ》
13+(11) 勢都《せつ》
13+(19) 勢都奈《せつな》
15+(1) 澄乙《すみお》
15+(3) 慧子《けいこ》
15+(10) 璃紗《りさ》
15+(20) 舞優子《まゆこ》
16+(8) 鮎奈《あゆな》
17+(1) 環乙《たまき》
21+(3) 鶴子《かこ》
21+(11) 顧奈子《みなこ》
21+(18) 鶴南美《かなみ》
23+(12) 鑑己美《あきみ》
24+(11) 鷺菜《さぎな》

5+9

姓の画数と例

石神
田畑
古屋
石垣
布施
玉城
石津
など

姓に合う名の画数

1字名
4　24

2・3字名
2+(19)　6+(11)　7+(18)　9+(2)　9+(16)　14+(1)　15+(6)　15+(18)　23+(10)
4+(11)　7+(8)　8+(3)　9+(8)　12+(3)　14+(11)　15+(8)　20+(3)
4+(19)　7+(16)　8+(13)　9+(12)　12+(19)　15+(2)　15+(10)　23+(8)

名前例

4 心《こころ》
24 麟《りん》
2+(19) 七稀沙《なぎさ》
4+(11) 友理《ゆり》
4+(19) 心麗《みれい》
6+(11) 早知子《さちこ》
7+(8) 那奈《なな》
7+(16) 杏樹《あんじゅ》
7+(18) 沙織《さおり》
8+(3) 実夕《みゆ》
8+(13) 奈桜子《なおこ》
9+(2) 海七《みな》
9+(8) 咲季《さき》
9+(12) 香央里《かおり》
9+(16) 美沙紀《みさき》
12+(3) 稀子《きこ》
12+(19) 裕樹子《ゆきこ》
14+(11) 綸里巴《りりは》
15+(2) 慶乃《よしの》
15+(6) 舞帆《まほ》
15+(8) 嬉奈《きな》
15+(10) 穂夏《ほのか》
15+(18) 穂麻里《ほまり》
20+(3) 響子《きょうこ》

5＋10

姓の画数と例

石原　田島　田原　北原　加納　矢島　北島　など

姓に合う名の画数

1字名
なし

2・3字名
1+⑯　3+⑬　3+⑳　6+②　6+⑩　6+㉖　7+①　7+⑪　8+⑩　11+⑥　11+⑬　11+㉖　13+③　13+⑪　14+⑩　15+①　15+③　15+⑧　15+⑱　19+⑬　19+⑱　21+⑪　21+⑯　23+①　23+⑩

名前例

1⑯ 乙央菜《いおな》　3⑬ 千滉《ちひろ》　3⑳ 夕梨香《ゆりか》　6② 吉乃《よしの》　6⑩ 光紗《みさ》　6㉖ 名菜穂《ななほ》　7① 沙乙《さき》　7⑪ 沙雪《さゆき》

7⑪ 佑由名《ゆゆな》　8⑩ 佳恋《かれん》　11⑥ 菜々子《ななこ》　11⑬ 深園《みその》　11㉖ 彩穂理《さほり》　13③ 愛夕《あゆ》　13⑪ 愛梨《あいり》　14⑩ 歌恋《かれん》

15③ 諒子《りょうこ》　15⑧ 嬉奈《きな》　15⑱ 舞理花《まりか》　19⑬ 鏡愛《あきえ》　19⑱ 霧梨花《きりか》　21⑪ 櫻菜《さくな》　21⑯ 鶴保里《かほり》　23⑩ 鑑恵《あきえ》

5＋11

姓の画数と例

平野　矢野　北野　石黒　永野　石崎　田崎　など

姓に合う名の画数

1字名
2

2・3字名
2+③　2+⑬　4+⑬　4+⑲　6+①　7+⑥　7+⑩　7+⑯　7+⑱　7+㉔　12+①　12+③　12+⑬　13+②　13+⑧　13+⑩　13+⑫　13+㉘　14+㉗　20+①　21+⑧　21+⑩　21+⑳　22+③

名前例

2③ 乃子《のこ》　2⑬ 乃楽《のら》　4⑬ 友起子《ゆきこ》　4⑲ 水羅《みら》　6① 汐乙《しお》　7⑥ 沙羽《さわ》　7⑩ 希恵《きえ》　7⑩ 杏華《きょうか》

7⑯ 亜季奈《あきな》　7⑱ 佑莉佳《ゆりか》　7㉔ 亜鷺《あさぎ》　12① 結乙《ゆい》　12③ 瑛子《えいこ》　12⑬ 紫園《しおん》　13② 愛七《あいな》　13⑧ 詩雨《しう》

13⑩ 愛恵《めぐみ》　13⑫ 聖絵《きよえ》　13⑫ 鈴葉《すずは》　13㉘ 詩緒歌《しおか》　14㉗ 綾貴穂《あきほ》　20① 耀一《きい》　21⑧ 露佳《ろか》　21⑩ 鶴恵《かえ》

5＋12

姓の画数と例

本間　古賀　石塚　甲斐　平塚　石渡　平賀　など

姓に合う名の画数

1字名
6　12　20

2・3字名
3+③　3+⑬　3+⑱　4+⑫　6+⑫　9+⑥　11+⑬　11+㉔　12+⑫　13+③　13+⑪　13+㉘　17+①　19+②　19+⑯　21+③　23+⑧　23+⑱

名前例

6 朱《あき》　12 釉《ゆう》　20 馨《かおる》　3③ みのり　3⑬ 夕愛《ゆうな》　3⑱ 千南美《ちなみ》　4⑫ 公美子《くみこ》　6⑫ 早稀《さき》

6⑫ 早紀子《さきこ》　9⑥ 美帆《みほ》　11⑬ 麻鈴《まりん》　11㉔ 菜穂美《なおみ》　12⑫ 遥葉《はるよ》　13③ 愛己《いつき》　13⑪ 愛菜《あいな》　13⑪ 蓮清《はすみ》

13㉘ 詩織莉《しおり》　17① 環乙《たまき》　17① 鞠乙《まりい》　19② 麗七《れいな》　19⑯ 瀬莉名《せりな》　21③ 露子《つゆこ》　23⑧ 顯季《あき》　23⑱ 鑑悠里《あゆり》

5＋13

姓の画数と例

玉置　など

姓に合う名の画数

1字名
なし

2・3字名
2+①　2+⑪　2+⑲　3+②　3+⑩　3+⑫　3+⑱　3+⑳　4+③　4+⑪　8+③　10+③　11+②　11+⑩　11+⑫　12+①　12+⑪　16+⑬　18+③　19+②　22+①

名前例

2① リノ《りの》　2⑪ 十季子《ときこ》　2⑲ 九留美《くるみ》　3② みと　3⑩ 万記《まき》　3⑩ ゆずな　3⑫ 万智《まち》　3⑱ 千織《ちおり》

3⑳ 万優子《まゆこ》　4③ 友万《ゆま》　4⑪ 友梨《ゆり》　8③ 歩己《あゆみ》　10③ 純子《じゅんこ》　11② 菊乃《きくの》　11⑩ 彩姫《さき》　11⑫ 清絵《きよえ》

12① 釉乙《ゆうき》　12⑪ 絵梨《えり》　12⑪ 皓埜《ひろの》　16⑬ 樹里衣《きりえ》　16⑬ 磨里名《まりな》　18③ 襟子《えりこ》　19② 霧乃《きりの》　22① 讃乙《あき》

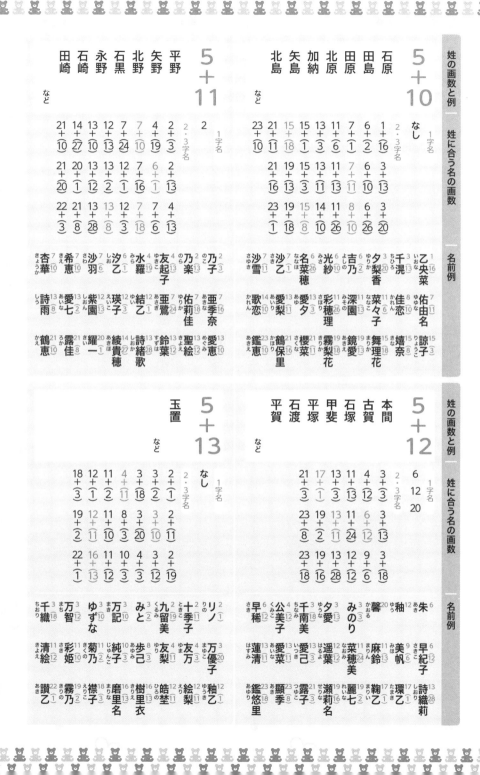

5+14

姓の画数と例

田端
田嶋
など

姓に合う名の画数

1字名
なし

2・3字名
1+12　4+2　11+27　19+19　23+16
2+27　7+11　15+3　21+12
3+3　11+2　17+1　23+6

名前例

乙稀《いっき》 1+12　一葵《かずき》 1+12　十和瀬《とわせ》 2+27　七奈瀬《ななせ》 2+27　そら 3+3　ゆみ 3+3　文乃《あやの》 4+2　おと 4+2

沙雪《さゆき》 7+11　佑梨《ゆり》 7+11　沙衣加《さえか》 7+11　毬乃《まりの》 11+2　梨乃《りの》 11+2　彩菜衛《さなえ》 11+27　琉璃湖《るりこ》 11+27　潤子《じゅんこ》 15+3

範子《のりこ》 15+3　嶺乙《みお》 17+1　麗羅《れいら》 19+19　艶梨奈《えりな》 19+19　露賀《ろか》 21+12　櫻久美《さくみ》 21+12　鑑妃《あき》 23+6　顯希南《あきな》 23+16

5+15

姓の画数と例

生駒
など

姓に合う名の画数

1字名
なし

2・3字名
1+12　2+13　3+8　6+11　9+8　9+28　16+1　24+13
1+20　2+19　3+10　9+2　9+12　10+1　17+8
1+24　3+2　3+18　9+6　9+16　10+3　23+2

名前例

乙稀《いっき》 1+12　一都香《いつか》 1+20　一菜愛《かなえ》 1+24　乃瑚《のこ》 2+13　七都乃《なつの》 2+13　乃羅《のら》 2+19　あい 3+2　小夜《さよ》 3+8

久恵《ひさえ》 3+10　小雛《こひな》 3+18　夕起奈《ゆきな》 3+18　百菜《ももな》 6+11　咲絵《さきえ》 9+12　祐里香《ゆりか》 9+16　美優梨《みゆり》 9+28　留乙《るい》 10+1

恭子《きょうこ》 10+3　薫乙《かお》 16+1　環奈《かんな》 17+8　優佳《ゆうか》 17+8　優芽《ゆめ》 17+8　顯七《あきな》 23+2　麟愛《りあ》 24+13　鷺楽《ろうら》 24+13

5+16

姓の画数と例

石橋
本橋
古橋
市橋
古澤
田頭
など

姓に合う名の画数

1字名
16

2・3字名
1+10　7+11　13+11　15+3　23+1
2+16　8+16　15+1　21+3
7+1　13+3　15+2　21+10

名前例

澪《みお》 16　操《みさお》 16　一姫《かずき》 1+10　乃利香《のりか》 2+16　希乙《きき》 7+1　芙実子《ふみこ》 7+11　知亜紀《ちあき》 8+16　弥佑紀《みゆき》 8+16

和可菜《わかな》 8+16　詢子《じゅんこ》 13+3　愛菜《あいな》 13+11　聖梛《あきな》 13+11　聖菜《せいな》 13+11　澄乙《すみお》 15+1　摩乙《まお》 15+1　舞乃《まの》 15+2

慶乃《よしの》 15+2　澄子《すみこ》 15+3　遼子《りょうこ》 15+3　櫻子《さくらこ》 21+3　鶴三《つるみ》 21+3　鶴恵《かえ》 21+10　露華《ろか》 21+10　顯乙《あきお》 23+1

5+18

姓の画数と例

加藤
など

姓に合う名の画数

1字名
15

2・3字名
3+12　6+18　11+18　15+1　21+3　23+2
3+13　7+11　13+3　15+10　21+8　23+12
6+2　11+13　14+2　15+20　23+1

名前例

千絵《ちえ》 3+12　三貴《みき》 3+12　小由希《さゆき》 3+12　小夢《こゆめ》 3+13　夕楽《ゆら》 3+13　光乃《みつの》 6+2　江莉奈《えりな》 6+18　早智衣《さちえ》 6+18

花菜《かな》 7+11　沙衣加《さえか》 7+11　麻衣花《まいか》 11+13　麻織《まおり》 11+18　愛弓《あゆみ》 13+3　睦弓《むつみ》 13+3　聡乃《あきの》 14+2　歌乃《うたの》 14+2

輝乙《きお》 15+1　澄夏《すみか》 15+10　凜緒名《りおな》 15+20　顧子《ここ》 21+3　櫻実《さくみ》 21+8　鑑乙《あき》 23+1　鱒乃《ますの》 23+2　鑑絵《あきえ》 23+12

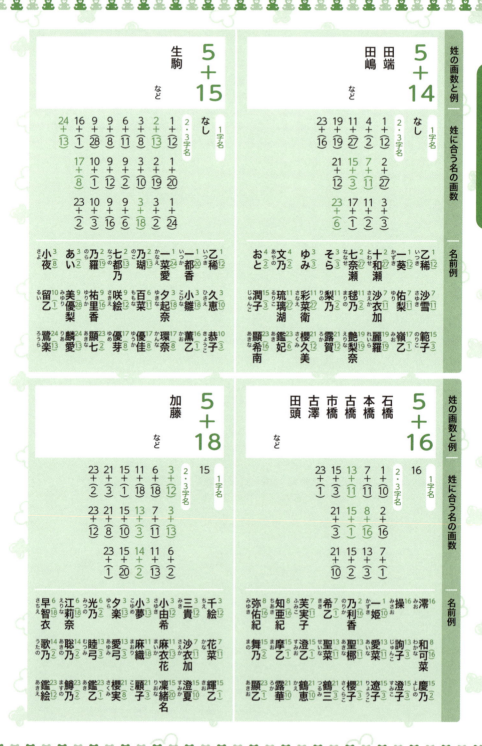

5+19

姓の画数と例：広瀬　加瀬　永瀬　古瀬　など

姓に合う名の画数

1字名：14

2・3字名：2+13　6+1　13+2　14+1　18+3　4+1　6+27　13+8　14+19　4+11　10+13　13+20　16+1

名前例

綾《あや》 14　翠《みどり》 14　七夢《ななむ》 2 (13)　七桜子《なおこ》 2 (13)　きの 4 (1)　まつ 4 (1)　心菜《ここな》 4 (11)　日埜《ひの》 4 (11)

衣乙《いお》 6 (1)　汐乙《しお》 6 (1)　早智穂《さちほ》 6 (27)　夏鈴《かりん》 10 (13)　真紗子《まさこ》 10 (13)　聖乃《きよの》 13 (2)　鈴乃《すずの》 13 (2)　瑞乃《みずの》 13 (2)

想奈《そな》 13 (8)　夢雨《ゆめ》 13 (8)　聖梨香《せりか》 13 (20)　綺乙《きお》 14 (1)　綾裕里《あゆり》 14 (19)　操乙《みさお》 16 (1)　雛女《ひな》 18 (3)　観久《みく》 18 (3)

6

姓の画数と例：辻　西　芝　仲　向　など

姓に合う名の画数

1字名：なし

2・3字名：1+10　5+20　9+24　11+4　11+24　15+16　18+7　19+14　23+16　1+24　7+4　10+5　11+7　12+5　15+17　18+15　19+22　2+15　7+16　10+23　11+20　12+23　18+5　19+4　23+6

名前例

乙華《おとか》 1 (10)　一澄美《かすみ》 1 (24)　七穂《ななほ》 2 (15)　希水《のぞみ》 7 (4)　沙樹《さき》 7 (16)　美鶴子《みつこ》 9 (24)　真世《まよ》 10 (5)　真梨絵《まりえ》 10 (23)

彩月《さつき》 11 (4)　萌花《もえか》 11 (7)　彩耀《さよ》 11 (20)　深緒莉《みおり》 11 (24)　稀央《きお》 12 (5)　葉都絵《はつえ》 12 (23)　穂奈実《ほなみ》 15 (16)　舞優《まゆ》 15 (17)

織永《おりえ》 18 (5)　襟亜《えりあ》 18 (7)　藍澄《あすみ》 18 (15)　麗水《れみ》 19 (4)　霧緒《きりお》 19 (14)　鏡樹衣《あきえ》 19 (22)　鱒帆《ますほ》 23 (6)　鑑花音《あかね》 23 (16)

6+3

姓の画数と例：吉川　西川　西山　江口　竹下　池上　米山　など

姓に合う名の画数

1字名：2　14　22

2・3字名：4+2　5+11　12+11　13+19　14+18　22+2　4+12　5+19　12+12　14+1　20+18　22+10　4+25　10+5　12+26　14+10　22+1　22+26

名前例

七《なな》 2　滴《しずく》 14　鷗《かもめ》 22　月乃《つきの》 4 (2)　まこ 4 (2)　水結《みゆ》 4 (12)　文優佳《ふゆか》 4 (25)　加菜《かな》 5 (11)

未麗《みれい》 5 (19)　真央《まお》 10 (5)　莉央《りお》 10 (5)　遥菜《はるな》 12 (11)　朝陽《あさひ》 12 (12)　智穂理《ちほり》 12 (26)　雅羅《がら》 13 (19)　楓樹子《ふきこ》 13 (19)

彰乙《あきお》 14 (1)　綺夏《あやか》 14 (10)　瑠璃子《るりこ》 14 (18)　響美紀《ひびき》 20 (18)　讃乙《あき》 22 (1)　鷗乃《かもの》 22 (2)　讃珠《あず》 22 (10)　讃優紀《さゆき》 22 (26)

6+4

姓の画数と例：竹内　向井　竹中　安井　臼井　吉井　池内　など

姓に合う名の画数

1字名：14

2・3字名：1+2　2+9　4+9　7+18　11+10　12+9　13+2　14+11　20+5　1+10　3+18　4+11　9+2　11+12　12+11　14+7　14+15　2+5　4+1　4+17　11+2　12+1　12+17　14+9　14+17

名前例

歌《うた》 14　のり 1 (2)　ことみ 2 (5)　人美《ひとみ》 2 (9)　三輝子《みきこ》 3 (18)　友乙《ゆい》 4 (1)　友香《ゆうか》 4 (9)　比奈子《ひなこ》 4 (11)

心優《みゆ》 4 (17)　沙織《さおり》 7 (18)　春乃《はるの》 9 (2)　萌七《もえな》 11 (2)　梓紗《あずさ》 11 (10)　悠稀《ゆうき》 11 (12)　智咲《ちさ》 12 (9)　絵理《えり》 12 (11)

満優《まゆ》 12 (17)　雅乃《まさの》 13 (2)　翠里《みどり》 14 (7)　綾香《あやか》 14 (9)　綾菜《あやな》 14 (11)　歌名美《かなみ》 14 (15)　遙嶺《はるね》 14 (17)　耀生《あきみ》 20 (5)

6+5

姓の画数と例

吉田　池田　西田　安田　寺田　多田　竹田　など

姓に合う名の画数

1字名：なし

2・3字名：1+17　10+27　13+5　2+19　12+9　16+2　8+10　12+12　19+5

名前例

一鞠《いまり》 1+17　乙霞《おとか》 1+17　乃麗《のれ》 2+19　七稀沙《なぎさ》 2+19　祈恵《きえ》 8+10　朋恵《ともえ》 8+10　茉莉《まり》 8+10　阿久里《あぐり》 8+10

真優記《まゆき》 10+27　真裕穂《まゆほ》 10+27　智保《ちほ》 12+9　晴美《はるみ》 12+9　暁恵《あきえ》 12+12　紫温《しおん》 12+12　瑛美子《えみこ》 12+12　遊可里《ゆかり》 12+12

聖未《きよみ》 13+5　鈴代《すずよ》 13+5　樹乃《きの》 16+2　澪乃《みおの》 16+2　鏡未《あきみ》 19+5　蘭禾《らんか》 19+5　麗可《れいか》 19+5　麗生《れいみ》 19+5

6+6

姓の画数と例

寺西　安西　安江　吉成　有吉　など

姓に合う名の画数

1字名：5　23

2・3字名：1+10　2+15　7+18　10+15　12+1　12+11　17+12　18+7　2+1　2+19　9+12　10+19　12+5　12+17　17+18　18+11　2+11　5+12　10+11　11+10　12+9　15+2　18+5　18+15

名前例

央《ひろ》 5　乙姫《おとき》 1+10　ソノ《その》 2+1　二菜《かずな》 2+11　七魅《ななみ》 2+15　未智《みち》 5+12　沙織《さおり》 7+18　保葉《やすは》 9+12

紗菜《さな》 10+11　夏穂《かほ》 10+15　真珠美《ますみ》 10+19　雪華《ゆきか》 11+10　晴乙《はるき》 12+1　智代《ともよ》 12+5　琴音《ことね》 12+9　紫野《しの》 12+11

絢霞《あやか》 12+17　諄乃《あつの》 15+2　環葵《たまき》 17+12　優騎《ゆうき》 17+18　雛代《ひなよ》 18+5　藍那《あいな》 18+7　襟菜《えりな》 18+11　藍依里《あいり》 18+15

6+7

姓の画数と例

西村　吉村　西尾　竹村　吉沢　西沢　早坂　など

姓に合う名の画数

1字名：4

2・3字名：1+7　9+7　10+25　14+10　16+9　22+2　24+11　1+15　9+23　11+7　14+18　16+19　22+10　4+1　10+1　14+2　16+2　17+7　22+17

名前例

月《つき》 4　友《とも》 4　一花《いちか》 1+7　乙穂《いっほ》 1+15　はの 4+1　香里《かおり》 9+7　咲良《さくら》 9+7　美奈穂《みなほ》 9+23

倫乙《りお》 10+1　真理緒《まりお》 10+25　菊花《きくか》 11+7　彰乃《あきの》 14+2　綾姫《あやき》 14+10　静恵《しずえ》 14+10　歌織《かおり》 14+18　磨七《まな》 16+2

薫音《かのん》 16+9　樹音《じゅね》 16+9　懐瀬《なつせ》 16+19　優里《ゆり》 17+7　鷗七《かもな》 22+2　讃姫《さき》 22+10　讃優《あゆ》 22+17　鷺都《ろと》 24+11

6+8

姓の画数と例

吉岡　伊東　西岡　寺岡　安東　竹林　吉武　など

姓に合う名の画数

1字名：10　15

2・3字名：3+15　7+17　8+17　10+7　13+2　15+9　16+7　17+7　24+9　5+10　8+7　9+9　10+11　13+5　15+10　16+9　24+1　7+10　8+15　9+12　10+15　13+11　16+5　16+17　24+7

名前例

桜《さくら》 10　舞《まい》 15　万凛《まりん》 3+15　加純《かすみ》 5+10　冴夏《さえか》 7+10　来瞳《くるみ》 7+17　知佐《ちさ》 8+7　波輝《なみき》 8+15

奈於美《なおみ》 8+17　春香《はるか》 9+9　奏絵《かなえ》 9+12　桃花《ももか》 10+7　真梨《まり》 10+11　莉穂《りほ》 10+15　愛乃《あいの》 13+2　鈴未《すずみ》 13+5

愛梨《あいり》 13+11　璃美《りみ》 15+9　舞姫《まき》 15+10　澪央《みお》 16+5　樹希《いっき》 16+7　澪音《みおね》 16+9　磨優《まゆう》 16+17　優里《ゆり》 17+7

6＋9

姓の画数と例

大久保　守屋　小久保　西垣　安保　川久保　など

姓に合う名の画数

1字名：24

2・3字名：
2+(15)　7+(1)　7+(26)　12+(5)　14+(2)　15+(9)　16+(17)　22+(10)　24+(9)
4+(12)　7+(9)　8+(10)　12+(12)　14+(10)　16+(2)　20+(12)　22+(15)
4+(19)　7+(25)　9+(9)　12+(25)　15+(2)　16+(7)　20+(17)　23+(10)

名前例

鷺《さき》 24　八澄《やすみ》 2(15)　巴絵《ともえ》 4(12)　友紀恵《ゆきえ》 4(19)　冴乙《さき》 7(1)　花音《かのん》 7(9)　佑起穂《ゆきほ》 7(25)　志穂理《しほり》 7(26)
佳那子《かなこ》 8(10)　美咲《みさき》 9(9)　暁世《あきよ》 12(5)　智尋《ちひろ》 12(12)　満理緒《まりお》 12(25)　聡乃《あきの》 14(2)　遙華《はるか》 14(10)　駒乃《こまの》 15(2)
鮎里《あゆり》 16(7)　澪緒子《みおこ》 16(17)　耀葉《てるは》 20(12)　馨奈美《かなみ》 20(17)　讃姫《さき》 22(10)　讃穂《あきほ》 22(15)　鱒恵《ますえ》 23(10)　鷺南《さぎな》 24(9)

6＋10

姓の画数と例

吉原　西原　有馬　寺島　西島　西脇　竹原　など

姓に合う名の画数

1字名：7

2・3字名：
1+(12)　3+(12)　7+(1)　8+(15)　13+(2)　14+(7)　14+(27)　22+(7)　23+(9)
3+(2)　5+(12)　8+(5)　8+(17)　13+(12)　14+(9)　15+(17)　22+(9)
3+(5)　5+(18)　8+(9)　8+(23)　14+(1)　14+(11)　21+(11)　23+(2)

名前例

忍《しのぶ》 7　みう 3(2)　万由《まゆ》 3(5)　千晶《ちあき》 3(12)　由莉乃《ゆりの》 5(12)　史穂子《しほこ》 5(18)　亜一《あい》 7(1)　芽生《めう》 8(5)
和香《わか》 8(9)　果凛《かりん》 8(15)　奈緒美《なおみ》 8(23)　瑞乃《みずの》 13(2)　愛貴《いつき》 13(12)　歌一《かい》 14(1)　颯希《さき》 14(7)　颯南《そな》 14(9)
誓菜《せいな》 14(11)　歌鶴名《かずな》 14(27)　穂霞《ほのか》 15(17)　顧奈子《みなこ》 21(11)　讃花《あきか》 22(7)　讃南《あきな》 22(9)　鷲乃《しゅうの》 23(2)　鱒美《ますみ》 23(9)

6＋11

姓の画数と例

吉野　安部　西野　宇野　江崎　吉崎　寺崎　など

姓に合う名の画数

1字名：12

2・3字名：
4+(2)　5+(2)　7+(11)　12+(23)　14+(2)　20+(1)　22+(2)　24+(7)
4+(12)　5+(11)　10+(5)　13+(2)　14+(10)　20+(15)　22+(9)　24+(17)
4+(17)　5+(26)　12+(12)　13+(11)　14+(27)　21+(10)　22+(19)

名前例

絢《あや》 12　まり 4(2)　友湖《ともこ》 4(12)　友梨衣《ゆりえ》 4(17)　由乃《ゆの》 5(2)　未悠《みゆ》 5(11)　由梨穂《ゆりほ》 5(26)　芙実子《ふみこ》 7(11)
莉央《りお》 10(5)　陽葉《はるよ》 12(12)　貴緒美《きおみ》 12(23)　靖乃《やすの》 13(2)　愛彩《あいさ》 13(11)　歌七《かな》 14(2)　遙華《はるか》 14(10)　綾貴穂《あきほ》 14(27)
響乙《ひびき》 20(1)　馨璃《かおり》 20(15)　露紗《ろうざ》 21(10)　鷗乃《かもの》 22(2)　讃衣子《さえこ》 22(9)　讃季菜《あきな》 22(19)　鷺那《さぎな》 24(7)　鷺霞《さぎか》 24(17)

6＋12

姓の画数と例

五十嵐　安達　有賀　西森　伊達　多賀　羽賀　など

姓に合う名の画数

1字名：20

2・3字名：
1+(2)　3+(18)　4+(11)　4+(25)　5+(10)　12+(1)　13+(10)
1+(10)　4+(1)　4+(17)　5+(1)　9+(2)　12+(9)　17+(12)
3+(10)　4+(9)　4+(19)　5+(2)　11+(2)　12+(11)　19+(2)

名前例

響《ひびき》 20　一乃《いちの》 1(2)　乙恵《おとえ》 1(10)　万記《まき》 3(10)　みなほ 3(10)　小波留《こはる》 3(18)　心乙《こい》 4(1)　文音《あやね》 4(9)
心美《ここみ》 4(9)　心深《ここみ》 4(11)　月霞《つきか》 4(17)　六都実《むつみ》 4(19)　水輝恵《みきえ》 4(25)　なつ 5(1)　令乃《あやの》 5(2)　冬華《ふゆか》 5(10)
宥七《ゆな》 9(2)　理十《りと》 11(2)　朝乙《あさお》 12(1)　晴海《はるみ》 12(9)　結菜《ゆな》 12(11)　愛紗《あいさ》 13(10)　鞠瑛《まりえ》 17(12)　瀬七《せな》 19(2)

6+16

姓の画数と例：吉澤　江頭　舟橋　西澤　など

姓に合う名の画数

1字名：なし

2・3字名：1+⑩　2+①　2+⑤　2+⑨　2+⑪　2+⑮　2+㉓　5+②　5+⑩　5+⑫　7+⑱　8+⑤　8+⑦　8+⑨　8+⑮　8+⑰　9+②　13+⑩　15+②　16+①　16+⑨　16+⑲　17+⑱　22+①

名前例

- 一二実《ひふみ》 1⑩
- りつ 2①
- 七央《ななお》 2⑤
- ひなた 2⑨
- 乃唯《のい》 2⑪
- 十穂《とほ》 2⑮
- 乃栄瑠《のえる》 2㉓
- 未十《みと》 5②
- 加恵《かえ》 5⑩
- ななほ 5⑩
- 由美子《ゆみこ》 5⑫
- 里穂子《りほこ》 7⑱
- 佳代《かよ》 8⑤
- 明里《あかり》 8⑦
- 知海《ともみ》 8⑨
- 育穂《いくほ》 8⑮
- 阿優《あゆ》 8⑰
- 眉乃《まゆの》 9②
- 鈴華《すずか》 13⑩
- 摩八《まや》 15②
- 懐乙《なつき》 16①
- 龍美《たつみ》 16⑨
- 鮎遊里《あゆり》 16⑲
- 優起奈《ゆきな》 17⑱

6+18

姓の画数と例：伊藤　安藤　江藤　など

姓に合う名の画数

1字名：5　7　15

2・3字名：3+⑫　5+⑩　7+㉖　11+⑫　14+①　14+⑦　14+⑲　15+⑱　19+②

名前例

- 令《あや》 5
- 礼《れい》 5
- 冴《さえ》 7
- 良《りょう》 7
- 諄《じゅん》 15
- 凜《りん》 15
- 千尋《ちひろ》 3⑫
- 弓絵《ゆみえ》 3⑫
- 小由希《さゆき》 3⑫
- 可恋《かれん》 5⑩
- 未記《みき》 5⑩
- 沙優紀《さゆき》 7㉖
- 志穂理《しほり》 7㉖
- 麻稀《まき》 11⑫
- 麻貴《まき》 11⑫
- 淑絵《よしえ》 11⑫
- 嘉乙《かお》 14①
- 綴乙《つづき》 14①
- 綾沙《あやさ》 14⑦
- 颯希《さき》 14⑦
- 嘉都奈《かづな》 14⑲
- 歌梨奈《かりな》 14⑲
- 舞理花《まりか》 15⑱
- 蘭乃《らんの》 19②

6+19

姓の画数と例：成瀬　百瀬　早瀬　など

姓に合う名の画数

1字名：14

2・3字名：2+⑤　4+②　4+⑨　4+⑫　14+②　14+⑱　14+⑲　16+⑦　16+⑰　20+⑫　22+⑩

名前例

- 歌《うた》 14
- 緑《みどり》 14
- 七生《ななお》 2⑤
- ひとみ 2⑤
- 文乃《あやの》 4②
- おと 4②
- 心春《こはる》 4⑨
- 友映《ともえ》 4⑨
- 双葉《ふたば》 4⑫
- 水森《みもり》 4⑫
- 友貴《ゆき》 4⑫
- ふゆ美《ふゆみ》 4⑫
- 静乃《しずの》 14②
- 綿七《わたな》 14②
- 綾騎《あき》 14⑱
- 嘉織《かおり》 14⑱
- 緋花梨《ひかり》 14⑱
- 綺麗《きらら》 14⑲
- 維津記《いつき》 14⑲
- 樹希《いつき》 16⑦
- 樹里《じゅり》 16⑦
- 懐来《なつき》 16⑦
- 澪優《みゆう》 16⑰
- 響稀《ひびき》 20⑫

7

姓の画数と例：谷　角　沖　伴　沢　坂　佃　など

姓に合う名の画数

1字名：なし

2・3字名：1+⑯　4+②　4+⑳　6+⑤　6+⑩　8+⑯　8+㉔　9+⑯　9+㉒　10+⑭　10+㉒　11+⑥　11+⑭　11+⑳　14+②　14+⑩　14+⑰　17+㉔　18+⑥　18+⑭　18+⑳　22+⑯　22+②　22+⑩

名前例

- 一路《いちろ》 1⑯
- きこ 4②
- 友梨香《ゆりか》 4⑳
- 光央《みお》 6⑤
- 安珠《あんじゅ》 6⑩
- 英里南《えりな》 8⑯
- 奈津輝《なつき》 8㉔
- 咲樹《さき》 9⑯
- 香穂里《かほり》 9㉒
- 紗綺《さき》 10⑭
- 益紗稀《みさき》 10㉒
- 彩名《あやな》 11⑥
- 毬緒《まりお》 11⑭
- 麻亜鈴《まありん》 11⑳
- 嘉乃《よしの》 14②
- 嘉恵《かえ》 14⑩
- 歌那恵《かなえ》 14⑰
- 鞠麟《まりん》 17㉔
- 燿妃《あき》 18⑥
- 観緒《みお》 18⑭
- 観菜美《みなみ》 18⑳
- 繭裕理《まゆり》 18㉓
- 讃七《あきな》 22②
- 讃樹《さき》 22⑯

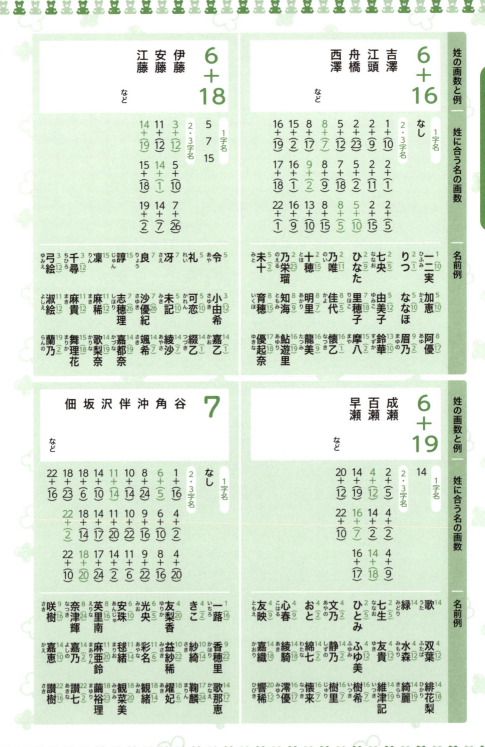

7＋3

姓の画数と例

村上 谷口 杉山 坂口 村山 谷川 坂下 など

姓に合う名の画数

1字名: 14 / 22

2・3字名:
2＋(1) 3＋(4) 5＋(8) 5＋(18) 12＋(9) 13＋(10) 15＋(6) 15＋(14) 22＋(1)
2＋(9) 3＋(8) 5＋(10) 8＋(17) 12＋(11) 13＋(16) 15＋(8) 21＋(4)
2＋(11) 4＋(17) 5＋(16) 10＋(1) 13＋(8) 14＋(17) 15＋(10) 21＋(8)

名前例

翠《みどり》 14
りく 2 (1)
十胡《とおこ》 2 (9)
七奈子《ななこ》 2 (11)
三月《みづき》 3 (4)
夕季《ゆき》 3 (8)
円霞《まどか》 4 (17)
由芽《ゆめ》 5 (8)

未華《みか》 5 (10)
可愛子《かなこ》 5 (16)
左織《さおり》 5 (18)
実優《みゆ》 8 (17)
華乙《かお》 10 (1)
詠美《えいみ》 12 (9)
絵菜《えな》 12 (11)
夢奈《ゆめな》 13 (8)

愛紗《あいさ》 13 (10)
瑠璃乃《るりの》 14 (17)
舞羽《まう》 15 (6)
穂果《ほのか》 15 (8)
輝紗《きさ》 15 (10)
輝良利《きらり》 15 (14)
露心《ろみ》 21 (4)
鶴奈《かな》 21 (8)

7＋4

坂井 村井 坂元 宍戸 赤木 沢井 村木 など

1字名: 12 / 14

2・3字名:
1＋(17) 9＋(9) 13＋(11) 17＋(1)
2＋(16) 11＋(26) 13＋(28) 20＋(4)
3＋(18) 13＋(8) 14＋(4)

琴《こと》 12
遥《はるか》 12
綺《あや》 14
静《しずか》 14
乙瞳《おとめ》 1 (17)
七衛《ななえ》 2 (16)
乃利香《のりか》 2 (16)
小雛《こひな》 3 (18)

千織《ちおり》 3 (18)
郁美《いくみ》 9 (9)
祐香《ゆか》 9 (9)
麻優美《まゆみ》 11 (26)
愛実《あいみ》 13 (8)
楓奈《ふうな》 13 (8)
聖棚《あきな》 13 (11)
勢梨《せり》 13 (11)

愛夕奈《あゆな》 13 (11)
詩織莉《しおり》 13 (28)
颯月《さつき》 14 (4)
瑠水《るみ》 14 (4)
優乙《ゆうき》 17 (1)
耀予《あきよ》 20 (4)
響水《おとみ》 20 (4)
護水《もりみ》 20 (4)

7＋5

姓の画数と例

坂本 村田 杉本 沢田 児玉 足立 坂田 など

姓に合う名の画数

1字名: 6

2・3字名:
1＋(4) 2＋(9) 3＋(18) 8＋(17) 12＋(9) 13＋(10) 16＋(1) 19＋(4) 19＋(14)
1＋(16) 3＋(10) 3＋(26) 11＋(14) 13＋(4) 13＋(16) 18＋(11) 19＋(6)
1＋(22) 3＋(14) 6＋(11) 11＋(22) 13＋(8) 13＋(22) 18＋(17) 19＋(10)

名前例

糸《いと》 6
乙巴《おとは》 1 (4)
一都菜《いつな》 1 (22)
七香《ななか》 2 (9)
小桃《こもも》 3 (10)
千歌《ちか》 3 (14)
小織《さおり》 3 (18)
久美霞《くみか》 3 (26)

朱野《あけの》 6 (11)
茉莉花《まりか》 8 (17)
雪緒《ゆきお》 11 (14)
麻理唯《まりい》 11 (22)
絵美《えみ》 12 (9)
夢心《ゆめこ》 13 (4)
愛奈《あいな》 13 (8)
詩桜《しお》 13 (10)

愛積《あづみ》 13 (16)
聖理菜《せりな》 13 (22)
藍彩《あいさ》 18 (11)
織霞《おりか》 18 (17)
鏡心《あきこ》 19 (4)
瀬名《せな》 19 (6)
麗紗《れいさ》 19 (10)
霧里那《きりな》 19 (14)

7＋6

佐竹 赤羽 住吉 近江 杉江 赤池 など

1字名: 5

2・3字名:
1＋(10) 2＋(6) 10＋(22) 15＋(1) 17＋(1) 17＋(28) 23＋(9)
1＋(17) 2＋(14) 11＋(24) 15＋(9) 17＋(8) 18＋(6) 23＋(16)
1＋(24) 10＋(6) 12＋(6) 15＋(17) 17＋(18) 23＋(1)

史《あや》 5
叶《かな》 5
乙珠《いつみ》 1 (10)
一霞《いちか》 1 (17)
一南穂《かなほ》 1 (24)
りおん 2 (6)
乃維《のい》 2 (14)
華江《はなえ》 10 (6)

恵梨菜《えりな》 10 (22)
理織名《りおな》 11 (24)
紫妃《しき》 12 (6)
紫帆《しほ》 12 (6)
舞乙《まい》 15 (1)
澄香《すみか》 15 (9)
璃美《りみ》 15 (9)
摩紗希《まさき》 15 (17)

嶺乙《みお》 17 (1)
輿奈《よな》 17 (8)
霞南美《かなみ》 17 (18)
優騎恵《ゆきえ》 17 (28)
顕帆《あきほ》 18 (6)
鑑乙《あき》 23 (1)
鷲珈《しゅうか》 23 (9)
鑑花音《あかね》 23 (16)

7＋7

姓の画数と例

佐伯 志村 尾形 杉村 赤坂 谷村 角谷 など

姓に合う名の画数

1字名：4

2・3字名：
1＋(6) 6＋(9) 8＋(25) 9＋(16) 10＋(1) 11＋(10) 14＋(17) 17＋(6) 22＋(1)
1＋(14) 6＋(17) 9＋(6) 9＋(22) 10＋(11) 11＋(14) 16＋(9) 17＋(8)
1＋(16) 8＋(9) 9＋(14) 9＋(24) 11＋(6) 14＋(1) 17＋(4) 17＋(16)

名前例

月《るな》 4
つぐみ 1(6)
一榎《いちか》 1(14)
乙磨《おとま》 1(16)
早紀《さき》 6(9)
光優《みゆ》 6(17)
実紅《みく》 8(9)
歩優実《あゆみ》 8(25)
秋帆《あきほ》 9(6)
風歌《ふうか》 9(14)
美操《みさお》 9(16)
美智恵《みちえ》 9(22)
純乙《すみお》 10(1)
笑梨《えみり》 10(11)
菊江《きくえ》 11(6)
雪華《ゆきか》 11(10)
梨歌《りか》 11(14)
静乙《しずき》 14(1)
歌霞《うたか》 14(17)
澪南《みおな》 16(9)
優羽《ゆう》 17(6)
鞠奈《まりな》 17(8)
優樹《ゆうき》 17(16)
讃乙《あき》 22(1)

7＋8

姓の画数と例

村松 村岡 赤松 坂東 花岡 我妻 別府 など

姓に合う名の画数

1字名：10

2・3字名：
3＋(14) 8＋(8) 10＋(8) 13＋(24) 16＋(8) 17＋(16) 23＋(9)
5＋(11) 8＋(24) 13＋(4) 15＋(1) 17＋(1) 21＋(11) 23＋(14)
5＋(18) 9＋(9) 13＋(11) 15＋(9) 17＋(6) 21＋(16)

名前例

華《はな》 10
千彰《ちあき》 3(14)
可梨《かりん》 5(11)
布美香《ふみか》 5(18)
明奈《あきな》 8(8)
弥智葉《みちよ》 8(24)
星美《ほしみ》 9(9)
美咲《みさき》 9(9)
紗歩《さほ》 10(8)
真実《まみ》 10(8)
詩友《しゆ》 13(4)
愛理《あいり》 13(11)
詩穂美《しほみ》 13(24)
摩乙《まお》 15(1)
凛音《りのん》 15(9)
澪奈《みおな》 16(8)
鞠乙《まりい》 17(1)
環妃《たまき》 17(6)
優帆《ゆうほ》 17(6)
優季奈《ゆきな》 17(16)
露菜《つゆな》 21(11)
顧津希《みつき》 21(16)
顯香《あきか》 23(9)
鑑玖里《あぐり》 23(14)

7＋10

姓の画数と例

杉浦 杉原 児島 対馬 佐原 坂根 君島 など

姓に合う名の画数

1字名：14

2・3字名：
5＋(1) 6＋(1) 11＋(4) 14＋(10) 15＋(26)
5＋(11) 6＋(10) 13＋(11) 15＋(1) 21＋(14)
5＋(16) 8＋(10) 13＋(22) 15＋(9) 23＋(1)

名前例

緑《みどり》 14
由乙《ゆい》 5(1)
未唯《みい》 5(11)
未梨《みり》 5(11)
可奈女《かなめ》 5(11)
由磨《ゆま》 5(16)
旭乙《あさお》 6(1)
圭華《けいか》 6(10)
和姫《かずき》 8(10)
朋恵《ともえ》 8(10)
弥起《みき》 8(10)
悠友《ゆうゆ》 11(4)
愛唯《あい》 13(11)
鈴々瀬《すずせ》 13(22)
歌姫《うたき》 14(10)
澄乙《すみお》 15(1)
舞乙《まい》 15(1)
穂香《ほのか》 15(9)
舞香《まいか》 15(9)
凜香《りんか》 15(9)
輝織奈《きおな》 15(26)
露歌《つゆか》 21(14)
鑑乙《あき》 23(1)
顯乙《あきお》 23(1)

7＋11

姓の画数と例

佐野 尾崎 杉野 坂野 日下部 杉崎 赤堀 など

姓に合う名の画数

1字名：6

2・3字名：
2＋(1) 4＋(17) 5＋(16) 6＋(9) 13＋(8) 18＋(11)
2＋(9) 5＋(8) 5＋(18) 10＋(1) 13＋(10) 20＋(1)
4＋(9) 5＋(10) 6＋(1) 12＋(1) 14＋(9)

名前例

有《ゆう》 6
りの 2(1)
七胡《ななこ》 2(9)
公栄《きみえ》 4(9)
心美《ここみ》 4(9)
仁美《ひとみ》 4(9)
水優《みゆ》 4(17)
可英《かえ》 5(8)
加奈《かな》 5(8)
礼佳《れいか》 5(8)
由夏《ゆか》 5(10)
永遠子《とわこ》 5(16)
由梨花《ゆりか》 5(18)
妃乙《きお》 6(1)
汐音《しおね》 6(9)
如音《ゆきね》 6(9)
真乙《まい》 10(1)
葵乙《あおい》 12(1)
新奈《にいな》 13(8)
瑞姫《みずき》 13(10)
歌南《かな》 14(9)
颯香《そうか》 14(9)
雛雪《ひなゆき》 18(11)
譲乙《ゆずき》 20(1)

7+12

姓の画数と例

芳賀 志賀 那須 赤塚 村越 杉森 など

姓に合う名の画数

1字名
6 12 20

2・3字名
1+④ 1+⑰ 3+⑩ 5+① 9+⑨ 13+㉕ 17+① 21+⑰ 23+⑩

名前例

圭《けい》 6
凪《なぎ》 6
晴《はる》 12
森《もり》 12
馨《かおる》 20
耀《ひかる》 20
響《ひびき》 20
一水《かずみ》 1④

レイナ 1④
一鞠《いまり》 1⑰
乙霞《おとか》 1⑰
一輿《かずよ》 1⑰
夕夏《ゆうか》 3⑩
みなほ 3⑩
史乙《しお》 5①
なつ 5①

美香《みか》 9⑨
美哉《みや》 9⑨
宥紀《ゆき》 9⑨
愛優佳《あゆか》 13㉕
環乙《たまき》 17①
優乙《ゆうき》 17①
露美奈《ろみな》 21⑰
鑑希子《あきこ》 23⑩

7+18

姓の画数と例

佐藤 近藤 兵藤 谷藤 など

姓に合う名の画数

1字名
なし

2・3字名
3+④ 5+① 5+⑧ 5+⑪ 15+① 15+⑰ 15+⑱ 17+⑥ 17+⑯ 21+⑪ 23+⑨

名前例

三巴《みわ》 3④
あき 3④
由乙《ゆい》 5①
未空《みく》 5⑧
加代子《かよこ》 5⑧
なつ希《なつき》 5⑧
由梨《ゆり》 5⑪
可奈女《かなめ》 5⑪

澄乙《すみお》 15①
嬉環《きわ》 15⑰
凛霞《りんか》 15⑰
璃都妃《りつき》 15⑰
穂麻里《ほまり》 15⑱
摩奈華《まなか》 15⑱
環妃《たまき》 17⑥
鞠衣《まりえ》 17⑥

優帆《ゆうほ》 17⑥
篠磨《しのま》 17⑯
優磨《ゆま》 17⑯
優季奈《ゆきな》 17⑯
櫻菜《さくな》 21⑪
鶴夕奈《つゆな》 21⑪
鑑音《あかね》 23⑨
顯海《あきみ》 23⑨

7+19

姓の画数と例

村瀬 佐瀬 など

姓に合う名の画数

1字名
6 22

2・3字名
2+① 2+⑨ 4+① 4+⑨ 4+⑪ 5+⑥ 5+⑧ 5+⑩ 5+⑯ 6+① 12+⑨ 13+⑧ 13+⑱ 14+①

名前例

百《もも》 6
讃《あき》 22
うの 2①
七耶《ななか》 2⑨
まの 4①
文香《あやか》 4⑨
友映《ともえ》 4⑨
心菜《ここな》 4⑪

日菜《ひな》 4⑪
白羽《しらは》 5⑥
未妃《みき》 5⑥
可英《かえ》 5⑧
由佳《ゆか》 5⑧
玉姫《たまき》 5⑩
未也花《みやか》 5⑩
未樹《みき》 5⑯

由起江《ゆきえ》 5⑯
汐乙《しお》 6①
絵海《えみ》 12⑨
琴美《ことみ》 12⑨
詩雨《しう》 13⑧
鈴佳《すずか》 13⑧
稚南美《ちなみ》 13⑱
静乙《しずき》 14①

8

姓の画数と例

林 東 岡 岸 牧 金 長 など

姓に合う名の画数

1字名
なし

2・3字名
3+② 3+⑩ 3+㉒ 5+⑩ 5+⑳ 7+⑥ 7+⑩ 7+⑯ 7+⑰ 9+⑥ 9+⑫ 9+⑮ 9+㉒ 10+⑦ 10+⑮ 13+② 15+⑩ 16+⑤ 16+⑦ 16+⑰ 17+⑥ 17+⑦ 17+⑯ 21+⑯

名前例

ゆい 3②
千晃《ちあき》 3⑩
小稀夏《さきか》 3㉒
由姫《ゆき》 5⑩
杏名《あんな》 7⑥
佐江《さえ》 7⑥
花純《かすみ》 7⑩
亜美里《あみり》 7⑯

芙美奈《ふみな》 7⑰
秋衣《あきえ》 9⑥
美帆《みほ》 9⑥
美稀《みき》 9⑫
香穂《かほ》 9⑮
海登莉《みどり》 9㉒
莉花《りか》 10⑦
華穂《かほ》 10⑮

真穂《まほ》 10⑮
夢十《ゆと》 13②
凛桜《りお》 15⑩
澪禾《れいか》 16⑤
樹那《じゅな》 16⑦
優衣《ゆい》 17⑥
翼沙《つばさ》 17⑦
鞠衛《まりえ》 17⑯

8＋3

姓の画数と例

金子　松下　青山　松山　岩下　松川　金山　など

姓に合う名の画数

1字名
なし

2・3字名
2＋16　10＋8　14＋10　21＋3
3＋15　12＋25　14＋27
4＋17　14＋7　15＋3

名前例

2＋16 七積《なつみ》　2＋16 九楽々《くらら》　3＋15 万凜《まりん》　3＋15 三穂《みつほ》　3＋15 夕輝《ゆき》　4＋17 友霞《ともか》　4＋17 心優《みゆ》　10＋8 紗英《さえ》
10＋8 真歩《まほ》　10＋8 莉奈《りな》　10＋8 留奈《るな》　12＋25 満理緒《まりお》　12＋25 裕記穂《ゆきほ》　14＋7 綺花《あやか》　14＋7 颯希《さき》　14＋10 歌純《かすみ》
14＋10 遙夏《はるか》　14＋27 綾貴穂《あきほ》　14＋27 瑠璃絵《るりえ》　15＋3 嬉子《きこ》　15＋3 遼子《りょうこ》　21＋3 顧子《ここ》　21＋3 櫻子《さくらこ》　21＋3 露巳《ろみ》

8＋4

姓の画数と例

青木　松井　金井　岩井　茂木　武井　坪井　など

姓に合う名の画数

1字名
なし

2・3字名
2＋3　2＋23　4＋13　7＋10　12＋21　14＋7　14＋21　20＋3　20＋13
2＋15　3＋8　4＋17　9＋16　13＋8　14＋9　19＋10　20＋5
2＋21　4＋9　4＋25　12＋13　14＋3　14＋15　19＋16　20＋9

名前例

2＋3 りか　2＋15 七澄《なすみ》　2＋21 八須美《はすみ》　2＋23 二遊菜《ふゆな》　3＋8 すずか　4＋9 公美《くみ》　4＋13 心夢《ここむ》　4＋17 比環《ひわ》
7＋10 佑莉《ゆうり》　9＋16 美操《みさお》　12＋13 詠楽《えいら》　12＋21 智鶴《ちづる》　13＋8 瑞季《みずき》　14＋3 彰子《あきこ》　14＋7 誓花《せいか》　14＋9 綺香《あやか》
14＋15 綺輝《きき》　14＋21 静露《しずろ》　19＋10 霧夏《きりか》　19＋16 麗磨《れま》　20＋3 耀子《ようこ》　20＋5 馨禾《きょうか》　20＋9 響美《おとみ》　20＋13 懸帆里《かほり》

8＋5

姓の画数と例

松本　岡田　岡本　松田　和田　武田　岩田　など

姓に合う名の画数

1字名
なし

2・3字名
1＋17　2＋23　11＋21　16＋8　18＋17　24＋8
2＋9　3＋5　12＋23　16＋16　18＋27　24＋15
2＋16　11＋5　13＋5　18＋7　19＋5

名前例

1＋17 一霞《いちか》　1＋17 乙瞳《おとめ》　1＋17 一真里《ひまり》　2＋9 七海《ななみ》　2＋16 七樹《ななき》　2＋23 十輝依《ときえ》　3＋5 久未《くみ》　3＋5 三冬《みふゆ》
11＋5 麻由《まゆ》　11＋5 淑生《よしみ》　11＋5 理央《りお》　11＋21 麻理恵《まりえ》　12＋23 満由騎《みゆき》　13＋5 鈴未《すずみ》　16＋8 鮎実《あゆみ》　16＋8 樹佳《きか》
16＋8 澪奈《みおな》　16＋16 澪佑紀《みゆき》　18＋7 藍那《あいな》　18＋17 類利華《るりか》　18＋27 藍意歌《あいか》　19＋5 霧永《きりえ》　24＋8 麟佳《りんか》　24＋15 鷺那枝《さなえ》

8＋6

姓の画数と例

河合　河西　長江　国吉　金光　岡安　など

姓に合う名の画数

1字名
なし

2・3字名
1＋10　2＋13　7＋8　9＋24　10＋15　11＋10　12＋13　18＋3　18＋15
1＋16　2＋15　7＋16　10＋5　10＋21　12＋5　15＋16　18＋5
2＋5　5＋16　9＋8　10＋13　10＋23　12＋9　17＋8　18＋7

名前例

1＋10 一笑《かずえ》　1＋16 一樹《かずき》　2＋5 ひより　2＋13 乃夢《のむ》　2＋15 七輝《ななき》　5＋16 未蕗《みろ》　7＋8 佑奈《ゆうな》　7＋16 花沙音《かさね》
9＋8 美雨《みう》　9＋24 祐騎帆《ゆきほ》　10＋5 祥永《さちえ》　10＋13 華愛《かな》　10＋15 紗里奈《さりな》　10＋21 紗登美《さとみ》　10＋23 真梨絵《まりえ》　11＋10 梨紗《りさ》
12＋5 朝代《ともよ》　12＋9 紫保《しほ》　12＋13 結愛《ゆな》　15＋16 摩里香《まりか》　17＋8 瞳実《ひとみ》　18＋3 櫂女《かいな》　18＋5 顕代《あきよ》　18＋7 雛那《ひな》

8+7

姓の画数と例

松尾　松村　岡村　河村　長尾　金沢　長沢　など

姓に合う名の画数

1字名：なし

2・3字名：

1+7　4+13　9+7　11+7　14+23　18+5　22+15
1+15　6+10　9+23　14+3　16+8　18+15　24+8
1+23　6+17　10+8　14+10　17+7　22+10　24+13

名前例

乙希《いっき》 1 (7)　一久絵《いくえ》 1 (15)　一緒美《いおみ》 1 (23)　心路《こころ》 4 (13)　江真《えま》 6 (10)　有季美《ゆきみ》 6 (17)　風花《ふうか》 9 (7)　南都貴《なつき》 9 (23)

琹奈《かんな》 10 (8)　紗夜《さや》 10 (8)　彩花《あやか》 11 (7)　爽花《さやか》 11 (7)　嘉子《かこ》 14 (3)　遙夏《はるか》 14 (10)　瑠璃佳《るりか》 14 (23)　懐実《なつみ》 16 (8)

優亜《ゆあ》 17 (7)　繡可《あやか》 18 (5)　織永《おりえ》 18 (5)　顕穂《あきほ》 18 (15)　讃珠《あず》 22 (10)　讃絵子《さえこ》 22 (15)　鷺奈《さぎな》 24 (8)　鷺夢《ろむ》 24 (13)

8+8

姓の画数と例

松岡　若林　長岡　若松　長沼　松林　知念　など

姓に合う名の画数

1字名：なし

2・3字名：

3+10　7+16　10+13　15+10　16+9　24+5
5+10　10+3　10+15　16+5　16+25　24+7
7+10　10+7　10+21　16+7　17+24　24+17

名前例

夕姫《ゆうき》 3 (10)　礼華《あやか》 5 (10)　里紗《りさ》 7 (10)　亜樹《あき》 7 (16)　祥子《しょうこ》 10 (3)　桜花《おうか》 10 (7)　珠那《みな》 10 (7)　留那《るな》 10 (7)

恵夢《えむ》 10 (13)　華凛《かりん》 10 (15)　真凛《まりん》 10 (15)　眞葵子《まきこ》 10 (15)　益都記《みつき》 10 (21)　魅姫《みき》 15 (10)　鮎生《あゆみ》 16 (5)　磨由《まゆ》 16 (5)

蕗末《ろみ》 16 (5)　樹里《じゅり》 16 (7)　薫音《かのん》 16 (9)　鮎優季《あゆき》 16 (25)　霞澄美《かすみ》 17 (24)　鷺未《さぎみ》 24 (5)　鷺見《ろみ》 24 (7)　鷺優《さゆ》 24 (17)

8+9

姓の画数と例

青柳　金城　板垣　和泉　岩城　長屋　河津　など

姓に合う名の画数

1字名：なし

2・3字名：

6+10　9+9　14+21　16+25
6+15　12+3　15+9　22+13
7+9　14+10　16+8

名前例

有紗《ありさ》 6 (10)　百桃《もも》 6 (10)　江里子《えりこ》 6 (10)　羽魅《うみ》 6 (15)　早穂《さほ》 6 (15)　亜美《あみ》 7 (9)　秀美《ひでみ》 7 (9)　美紀《みき》 9 (9)

保美《やすみ》 9 (9)　賀子《かこ》 12 (3)　敬子《けいこ》 12 (3)　綾姫《あやき》 14 (10)　翠莉《みどり》 14 (10)　緋名穂《ひなほ》 14 (21)　瑠璃江《るりえ》 14 (21)　輝映《きえ》 15 (9)

舞香《まいか》 15 (9)　舞衣子《まいこ》 15 (9)　曉枝《あきえ》 16 (8)　懐実《なつみ》 16 (8)　諭可子《ゆかこ》 16 (8)　鮎優季《あゆき》 16 (25)　澪紗輝《みさき》 16 (25)　讃希名《あきな》 22 (13)

8+10

姓の画数と例

松浦　松原　松島　長島　河原　門脇　板倉　など

姓に合う名の画数

1字名：なし

2・3字名：

3+8　6+7　6+17　14+9
5+8　6+9　7+8　15+8
5+16　6+15　14+7　19+10

名前例

久英《ひさえ》 3 (8)　夕佳《ゆか》 3 (8)　未苑《みその》 5 (8)　ほなみ 5 (8)　由樹《ゆき》 5 (16)　由香里《ゆかり》 5 (16)　安寿《あんじゅ》 6 (7)　圭杜《けいと》 6 (7)

百花《ももか》 6 (7)　成美《なるみ》 6 (9)　羽魅《うみ》 6 (15)　光穂《みつほ》 6 (15)　安利紗《ありさ》 6 (17)　有季美《ゆきみ》 6 (17)　佐歩《さほ》 7 (8)　希実《のぞみ》 7 (8)

誓花《せいか》 14 (7)　遙希《はるき》 14 (7)　綾音《あやね》 14 (9)　瑠美《るみ》 14 (9)　諒奈《あきな》 15 (8)　澄佳《すみか》 15 (8)　澄々未《すずみ》 15 (8)　艶恵《よしえ》 19 (10)

8+11

姓の画数と例

阿部　河野　岩崎　服部　岡崎　牧野　岡部　など

姓に合う名の画数

1字名：なし

2・3字名：2+(3)　10+(8)　24+(9)　2+(16)　14+(24)　4+(9)　22+(16)

名前例

八子《やこ》 2+(3)　りえ 2+(3)　りか 2+(3)　いのり 2+(3)　ことの 2+(3)　七積《なつみ》 2+(16)　乃磨《のま》 2+(16)　乃利香《のりか》 2+(16)

公栄《きみえ》 4+(9)　心音《ここね》 4+(9)　巴香《ともか》 4+(9)　友美《ゆみ》 4+(9)　日向子《ひなこ》 4+(9)　朔來《さくら》 10+(8)　桃果《ももか》 10+(8)　泰英《やすえ》 10+(8)

莉佳《りか》 10+(8)　真由子《まゆこ》 10+(8)　綾優花《あゆか》 14+(24)　瑠璃香《るりか》 14+(24)　讃樹《さき》 22+(16)　讃佑紀《さゆき》 22+(16)　鷺紀《さき》 24+(9)　鷺美《ろみ》 24+(9)

8+12

姓の画数と例

金森　岩間　的場　松葉　門間　武智　など

姓に合う名の画数

1字名：なし

2・3字名：1+(10)　4+(9)　5+(10)　6+(7)　12+(3)　12+(13)　1+(24)　4+(17)　5+(16)　6+(15)　12+(5)　12+(25)　3+(10)　4+(21)　6+(5)　9+(8)　12+(9)　20+(5)

名前例

一十実《ひとみ》 1+(10)　乙鶴子《いつこ》 1+(24)　一理愛《いりあ》 1+(24)　あん奈《あんな》 3+(10)　心春《こはる》 4+(9)　手鶴《たず》 4+(21)　日登美《ひとみ》 4+(21)　文遊美《ふゆみ》 4+(21)

友梨恵《ゆりえ》 4+(21)　未樹《みき》 5+(16)　未蕗《みろ》 5+(16)　由樹《ゆき》 5+(16)　伊代《いよ》 6+(5)　有沙《ありさ》 6+(7)　羽魅《うみ》 6+(15)　風佳《ふうか》 9+(8)

景子《けいこ》 12+(3)　結加《ゆか》 12+(5)　智耶《ちか》 12+(9)　絵夢《えむ》 12+(13)　満理緒《まりお》 12+(25)　馨可《きょうか》 20+(5)　響生《ひびき》 20+(5)　耀禾《ようか》 20+(5)

8+14

姓の画数と例

長嶋　宗像　など

姓に合う名の画数

1字名：なし

2・3字名：1+(16)　2+(21)　4+(3)　4+(21)　9+(16)　10+(7)　15+(8)　19+(16)　2+(5)　2+(23)　4+(7)　7+(8)　10+(3)　10+(13)　18+(7)　2+(13)　3+(8)　4+(9)　7+(10)　10+(5)　10+(15)　18+(17)

名前例

一美花《ひみか》 1+(16)　七央《ななお》 2+(5)　七楓《ななか》 2+(13)　十騎子《ときこ》 2+(21)　乃栄瑠《のえる》 2+(23)　三於《みお》 3+(8)　文与《ふみよ》 4+(3)　たまみ 4+(7)

心春《こはる》 4+(9)　水沙緒《みさお》 4+(21)　亜季《あき》 7+(8)　那奈《なな》 7+(8)　更紗《さらさ》 7+(10)　美融《みゆ》 9+(16)　夏己《なつき》 10+(3)　珠生《たまお》 10+(5)

通代《みちよ》 10+(5)　莉那《りな》 10+(7)　紗暉《さき》 10+(13)　夏穂《かほ》 10+(15)　澄佳《すみか》 15+(8)　襟亜《えりあ》 18+(7)　織梨衣《おりえ》 18+(17)　蘭樹《らんじゅ》 19+(16)

8+16

姓の画数と例

板橋　松橋　金澤　岩橋　長澤　松澤　など

姓に合う名の画数

1字名：なし

2・3字名：1+(10)　2+(9)　7+(8)　16+(17)　2+(3)　2+(15)　9+(24)　17+(16)　2+(5)　5+(10)　16+(5)

名前例

しずほ 1+(10)　乃万《のま》 2+(3)　いよ 2+(3)　ひろみ 2+(5)　りりか 2+(5)　七海《ななみ》 2+(9)　乃南《のな》 2+(9)　乃璃《のり》 2+(15)

七帆美《なほみ》 2+(15)　可恋《かれん》 5+(10)　玉姫《たまき》 5+(10)　冬華《ふゆか》 5+(10)　由里子《ゆりこ》 5+(10)　花林《かりん》 7+(8)　里佳《りか》 7+(8)　美鷹《みたか》 9+(24)

美裕稀《みゆき》 9+(24)　祐騎帆《ゆきほ》 9+(24)　鮎生《あゆみ》 16+(5)　諭可《ゆか》 16+(5)　澪優《みゆう》 16+(17)　磨里恵《まりえ》 16+(17)　澪緒子《みおこ》 16+(17)　鞠里香《まりか》 17+(16)

8+18

姓の画数と例

斉藤　武藤　松藤　など

姓に合う名の画数

1字名
なし

2・3字名
3+(8)　5+(8)　5+(10)　6+(5)　6+(7)　6+(9)　6+(15)　13+(8)　14+(7)　14+(17)

名前例

あずみ 3(8)　みなみ 3(8)　未空《みく》 5(8)　由布子《ゆうこ》 5(8)　加純《かすみ》 5(10)　世莉《せり》 5(10)　朱生《あけみ》 6(5)　安民《やすみ》 6(5)
好永《よしえ》 6(5)　江里《えり》 6(7)　妃呂《ひろ》 6(7)　名美《なみ》 6(9)　百合子《ゆりこ》 6(9)　羽魅《うみ》 6(15)　光穂《みつほ》 6(15)　光輪《みわ》 6(15)
有璃《ゆり》 6(15)　詩雨《しう》 13(8)　愛佳《まなか》 13(8)　夢果《ゆめか》 13(8)　綾希《あやき》 14(7)　聡那《さとな》 14(7)　綾霞《あやか》 14(17)　瑠璃乃《るりの》 14(17)

8+19

姓の画数と例

岩瀬　長瀬　など

姓に合う名の画数

1字名
なし

2・3字名
2+(9)　4+(21)　6+(5)　10+(8)　12+(9)　13+(8)　16+(15)　18+(3)　18+(13)　22+(3)

名前例

十胡《とおこ》 2(9)　七香《ななか》 2(9)　水露《みろ》 4(21)　日雛子《ひなこ》 4(21)　文遊美《ふゆみ》 4(21)　朱生《あけみ》 6(5)　帆禾《ほのか》 6(5)　恵実《えみ》 10(8)
紗知《さち》 10(8)　紗夜《さや》 10(8)　晶紀《あき》 12(9)　智秋《ちあき》 12(9)　遥珂《はるか》 12(9)　詩雨《しう》 13(8)　瑞季《みずき》 13(8)　夢実《ゆめみ》 13(8)
操穂《みさお》 16(15)　樹里奈《じゅりな》 16(15)　織女《おりな》 18(3)　藤之《ふじの》 18(3)　藍鈴《あいりん》 18(13)　顕誉《あきよ》 18(13)　讃与《あきよ》 22(3)　鷗女《かもめ》 22(3)

9

姓の画数と例

南　星　泉　畑　柳　神　城　など

姓に合う名の画数

1字名
なし

2・3字名
2+(4)　2+(5)　2+(22)　4+(4)　6+(2)　6+(10)　6+(17)　7+(16)　8+(7)　12+(4)　12+(12)　14+(2)　14+(10)　16+(7)　16+(16)　20+(4)　20+(12)　22+(10)　23+(16)　24+(14)

名前例

いくみ 2(4)　アリス《ありす》 2(4)　りかこ 2(5)　二実嘉《ふみか》 2(22)　心水《ここみ》 4(4)　安乃《やすの》 6(2)　有夏《ゆか》 6(10)　光輿《みつよ》 6(17)
亜佐美《あさみ》 7(16)　茉里《まり》 8(7)　朝日《あさひ》 12(4)　紫温《しおん》 12(12)　彰七《あきな》 14(2)　綺乃《あやの》 14(2)　綺紗《きさ》 14(10)　鮎里《あゆり》 16(7)
薫里《かおり》 16(7)　響水《おとみ》 20(4)　耀瑛《あきえ》 20(12)　響右花《きょうか》 20(12)　讃姫《さき》 22(10)　鑑花音《あかね》 23(16)　顯希南《あきな》 23(16)　鷺緒《さぎお》 24(14)

9+3

姓の画数と例

秋山　前川　荒川　皆川　神山　相川　香川　など

姓に合う名の画数

1字名
なし

2・3字名
3+(2)　3+(14)　3+(20)　3+(22)　4+(7)　5+(8)　5+(12)　5+(16)　5+(24)　8+(9)　10+(15)　13+(12)　13+(20)　14+(7)　15+(2)　15+(6)　15+(8)　15+(14)　15+(20)　20+(9)　20+(15)　21+(2)　21+(4)　21+(8)　21+(12)

名前例

ゆり 3(2)　万綺《まき》 3(14)　三奈貴《みなき》 3(20)　小南愛《さなえ》 3(22)　友里《ゆり》 4(7)　冬実《ふゆみ》 5(8)　なゆ香《なゆか》 5(12)　史音里《しおり》 5(16)
左優里《さゆり》 5(24)　和音《かずね》 8(9)　華穂《かほ》 10(15)　聖葉《きよは》 13(12)　稚霞子《ちかこ》 13(20)　綾希《あやき》 14(7)　輝十《きと》 15(2)　慶江《よしえ》 15(6)
舞佳《まいか》 15(8)　璃彩子《りさこ》 15(14)　輝理香《きりか》 15(20)　耀香《あきか》 20(9)　懸穂《かほ》 20(15)　鶴七《かな》 21(2)　顧心《みこ》 21(4)　躍耶子《ややこ》 21(12)

9＋4

姓の画数と例

荒木　荒井　浅井　柏木　畑中　秋元　春日　など

姓に合う名の画数

1字名：なし

2・3字名：
1+(2)　1+(23)　3+(15)　4+(12)　14+(4)　17+(28)　19+(26)
1+(7)　2+(16)　3+(22)　12+(4)　17+(7)　19+(6)　20+(4)
1+(15)　3+(8)　4+(4)　12+(20)　17+(15)　19+(16)

名前例

一乃《いちの》 1+(2)　しん 1+(2)　一希《かずき》 1+(7)　しほり 1+(7)　一凛《かりん》 1+(15)　一久絵《いくえ》 1+(15)　一雛加《ひなか》 1+(23)　九楽々《くらら》 2+(16)

あまね 3+(8)　久魅《くみ》 3+(15)　万凛花《まりか》 3+(22)　文月《ふづき》 4+(4)　水南子《みなこ》 4+(12)　智巴《ともは》 12+(4)　満友《みゆ》 12+(4)　裕貴弥《ゆきみ》 12+(20)

彰水《あきみ》 14+(4)　環那《かんな》 17+(7)　霞澄《かすみ》 17+(15)　優騎恵《ゆきえ》 17+(28)　麗名《れいな》 19+(6)　霧里香《きりか》 19+(16)　瀬都穂《せつほ》 19+(26)　響心《きょうこ》 20+(4)

9＋5

姓の画数と例

前田　神田　津田　浅田　柳田　秋田　飛田　など

姓に合う名の画数

1字名：なし

2・3字名：
1+(6)　2+(15)　3+(14)　8+(15)　10+(23)　11+(14)　13+(4)　16+(15)　19+(4)
1+(14)　3+(4)　6+(15)　10+(7)　11+(4)　11+(20)　13+(8)　18+(7)
1+(16)　3+(12)　8+(7)　10+(14)　11+(12)　11+(22)　13+(12)　19+(2)

名前例

つかさ 1+(6)　一嘉《いちか》 1+(14)　一謡《かずよ》 1+(16)　七潮《なしお》 2+(15)　夕心《ゆみ》 3+(4)　夕稀《ゆき》 3+(12)　三綺《みき》 3+(14)　早穂《さほ》 6+(15)

和花《わか》 8+(7)　和貴子《わきこ》 8+(15)　桃花《ももか》 10+(7)　真緒《まお》 10+(14)　夏奈穂《かなほ》 10+(23)　望心《のぞみ》 11+(4)　梨葉《りよ》 11+(12)　萌々菜《ももな》 11+(14)

悠理菜《ゆりな》 11+(22)　睦水《むつみ》 13+(4)　詩佳《うたか》 13+(8)　愛夕美《あゆみ》 13+(12)　樹里奈《じゅりな》 16+(15)　曜希《あき》 18+(7)　瀬十《せと》 19+(2)　霧友《きりゆ》 19+(4)

9＋6

姓の画数と例

秋吉　春名　など

姓に合う名の画数

1字名：なし

2・3字名：
1+(7)　1+(23)　2+(22)　7+(16)　11+(7)　15+(9)　18+(6)　23+(9)
1+(15)　2+(6)　5+(12)　10+(6)　12+(6)　15+(22)　19+(4)　23+(14)
1+(16)　2+(14)　7+(9)　10+(22)　15+(2)　17+(7)　19+(14)

名前例

しほり 1+(7)　一輝《かずき》 1+(15)　乙樹《おとき》 1+(16)　一愛恵《ひなえ》 1+(23)　七帆《ななほ》 2+(6)　乃維《のい》 2+(14)　七遊華《なゆか》 2+(22)　未結《みゆ》 5+(12)

初音《はつね》 7+(9)　希咲良《きさら》 7+(16)　紗帆《さほ》 10+(6)　真悠理《まゆり》 10+(22)　理佐《りさ》 11+(7)　智早《ちさ》 12+(6)　黎七《れいな》 15+(2)　潔音《きよね》 15+(9)

澄美愛《すみな》 15+(22)　優希《ゆき》 17+(7)　藍名《あいな》 18+(6)　鏡水《あきみ》 19+(4)　瀧予《たきよ》 19+(4)　艶都子《えつこ》 19+(14)　鱒美《ますみ》 23+(9)　鑑裕乃《あゆの》 23+(14)

9＋7

姓の画数と例

神谷　柳沢　相沢　保坂　浅見　染谷　津村　など

姓に合う名の画数

1字名：なし

2・3字名：
1+(4)　1+(14)　1+(22)　6+(9)　11+(2)　11+(14)　17+(4)　17+(12)
1+(6)　1+(16)　1+(28)　8+(9)　11+(6)　11+(20)　17+(6)　17+(24)
1+(12)　1+(20)　4+(9)　8+(15)　11+(12)　16+(9)　17+(8)　18+(23)

名前例

一予《かずよ》 1+(4)　乙妃《いつき》 1+(6)　一湖《かずこ》 1+(12)　乙緒《いちお》 1+(14)　一愛子《かなこ》 1+(16)　乙馨《いつか》 1+(20)　一翔恵《ひとえ》 1+(22)　一露花《ひろか》 1+(28)

仁美《ひとみ》 4+(9)　朱音《あかね》 6+(9)　明美《あけみ》 8+(9)　佳澄《かすみ》 8+(15)　実穂《みほ》 8+(15)　深七《みな》 11+(2)　淳名《じゅんな》 11+(6)　梨々香《りりか》 11+(12)

彩綺《さき》 11+(14)　彩祐梨《さゆり》 11+(20)　鮎美《あゆみ》 16+(9)　環中《わなか》 17+(4)　優妃《ゆうき》 17+(6)　瞭佳《りょうか》 17+(8)　嶺偉《れい》 17+(12)　優美穂《ゆみほ》 17+(24)

9+8

姓の画数と例

浅沼　重松　柿沼　柳沼　神林　浅岡　香取　など

姓に合う名の画数

1字名：なし

2・3字名：
3+(15)　8+(8)　15+(9)　17+(7)
7+(9)　10+(8)　15+(20)　17+(24)
7+(14)　13+(2)　16+(8)　23+(12)

名前例

千穂《ちほ》 3(15)　夕輝《ゆき》 3(15)　亜美《あみ》 7(9)　妙映《たえ》 7(9)　希美《のぞみ》 7(9)　花緒《かお》 7(14)　君歌《きみか》 7(14)　昊実《あきみ》 8(8)

果歩《かほ》 8(8)　紗歩《さほ》 10(8)　真奈《まな》 10(8)　寛乃《ひろの》 13(2)　瑞乃《みずの》 13(2)　澄香《すみか》 15(9)　璃保《りほ》 15(9)　慶伊子《けいこ》 15(9)

穂菜美《ほなみ》 15(20)　凜緒名《りおな》 15(20)　澪奈《みおな》 16(8)　樹未子《きみこ》 16(8)　優里《ゆり》 17(7)　嶺亜《れいあ》 17(7)　霞澄美《かすみ》 17(24)　鑑絵《あきえ》 23(12)

9+9

姓の画数と例

神保　保科　荒巻　など

姓に合う名の画数

1字名：なし

2・3字名：
2+(15)　6+(15)　7+(14)　15+(6)
4+(7)　7+(6)　7+(16)　15+(8)
6+(7)　7+(8)　8+(7)　20+(9)

名前例

乃摩《のま》 2(15)　月花《つきか》 4(7)　まどか 4(7)　安佑《あゆ》 6(7)　早希《さき》 6(7)　凪沙《なぎさ》 6(7)　安澄《あすみ》 6(15)　光輪《みわ》 6(15)

君会《きみえ》 7(6)　志帆《しほ》 7(6)　佑衣《ゆい》 7(6)　亜実《あみ》 7(8)　初弥《はつみ》 7(8)　杏蜜《あみ》 7(14)　花緒《かお》 7(14)　見蕗《みろ》 7(16)

明那《あきな》 8(7)　苑花《そのか》 8(7)　奈杜《なと》 8(7)　輝妃《きき》 15(6)　澄佳《すみか》 15(8)　耀香《あきか》 20(9)　響美《おとみ》 20(9)　護美《もりみ》 20(9)

9+10

姓の画数と例

相馬　相原　前原　柳原　柏原　前島　神原　など

姓に合う名の画数

1字名：なし

2・3字名：
1+(4)　3+(15)　11+(7)
1+(12)　5+(8)　15+(23)
3+(2)　6+(23)　22+(7)

名前例

一木《かずき》 1(4)　一巴《かずは》 1(4)　レイナ《れいな》 1(4)　一絵《かずえ》 1(12)　一稀《かずき》 1(12)　久乃《ひさの》 3(2)　三七《みな》 3(2)　えり 3(2)

るい 3(2)　三穂《みつほ》 3(15)　小有美《さゆみ》 3(15)　加奈《かな》 5(8)　なほ子《なほこ》 5(8)　安須菜《あすな》 6(23)　伊緒南《いおな》 6(23)　彩花《あやか》 11(7)

彩希《さき》 11(7)　深杜《みと》 11(7)　陸希《むつき》 11(7)　唯那《ゆな》 11(7)　輝緒美《きおみ》 15(23)　摩都葉《まつは》 15(23)　讃希《あき》 22(7)　讃花《あきか》 22(7)

9+11

姓の画数と例

浅野　星野　草野　狩野　海野　神野　神崎　など

姓に合う名の画数

1字名：なし

2・3字名：
2+(9)　5+(8)　6+(9)　7+(6)　13+(2)　13+(12)
2+(23)　5+(16)　6+(15)　7+(14)　13+(4)　13+(24)
4+(9)　5+(20)　7+(4)　10+(7)　13+(8)　21+(4)

名前例

りおな 2(9)　七穂実《なほみ》 2(23)　水紀《みずき》 4(9)　世奈《せな》 5(8)　由美那《ゆみな》 5(16)　未彩栄《みさえ》 5(20)　有美《ありみ》 6(9)　次美《つぐみ》 6(9)

安衣子《あいこ》 6(9)　充穂《みつほ》 6(15)　希心《きこ》 7(4)　里帆《りほ》 7(6)　杏蜜《あみ》 7(14)　桂花《けいか》 10(7)　鈴七《すずな》 13(2)　愛月《いつき》 13(4)

詩友《しゆ》 13(4)　夢水《ゆめみ》 13(4)　楓奈《ふうな》 13(8)　詩央里《しおり》 13(12)　雅澄美《ますみ》 13(24)　櫻友《おうゆ》 21(4)　鶴友《つゆ》 21(4)　露心《ろみ》 21(4)

姓の画数と例

9+12

秋葉　風間　南雲　柘植　城間　草間　など

姓に合う名の画数

1字名
なし

2・3字名
1+② 1+⑦ 1+⑮ 1+㉓ 3+⑭ 4+④ 4+⑫ 5+⑥ 5+㉖ 6+⑫ 11+⑦ 12+⑫ 17+⑦

名前例

1② 一十《いと》　1② のん　1⑦ しのぶ　1⑮ 乙穂《いっほ》　1⑮ 一凜《かりん》　1⑮ 一早美《いさみ》　1㉓ 一緒美《いおみ》　1㉓ 一愛恵《ひなえ》

1㉓ 一路恵《ひろえ》　3⑭ 小綾《さあや》　3⑭ 夕樺《ゆうか》　4④ 巴水《ともみ》　4④ 文月《ふづき》　4⑫ 水陽《みはる》　4⑫ 心結《みゆ》　4⑫ 友美子《ゆみこ》

5⑥ 可帆《かほ》　5㉖ 布優美《ふゆみ》　6⑫ 早絵《さえ》　11⑦ 萌那《もえな》　12⑫ 朝陽《あさひ》　12⑫ 智尋《ちひろ》　12⑫ 裕美子《ゆみこ》　17⑦ 鞠花《まりか》

姓の画数と例

9+16

相澤　柳澤　など

姓に合う名の画数

1字名
なし

2・3字名
1+⑥ 1+⑦ 2+④ 5+② 7+⑥ 7+⑨ 17+⑮ 17+⑯ 19+④ 19+⑭ 23+⑨

名前例

1⑥ くらら　1⑥ くるみ　1⑥ しおり　1⑦ 乙希《いっき》　1⑦ 一甫《かずほ》　2④ 七水《ななみ》　2④ りお　2④ リホ《りほ》

5② 史七《ふみな》　5② 冬乃《ふゆの》　7⑥ 亜衣《あい》　7⑥ 花与子《かよこ》　7⑨ 亜美《あみ》　7⑨ 初海《はつみ》　17⑮ 霞澄《かすみ》　17⑮ 鞠凜《まりん》

17⑮ 嶺魅《れみ》　17⑯ 優樹《ゆうき》　17⑯ 環可菜《わかな》　19④ 鏡心《あきこ》　19④ 瀬戸《せと》　19④ 霧友《むゆ》　19⑭ 麗歌《れいか》　23⑨ 顕紀《あき》

姓の画数と例

9+18

後藤　など

姓に合う名の画数

1字名
なし

2・3字名
3+⑧ 3+㉘ 5+⑳ 7+④ 11+⑦ 13+⑧ 17+⑭ 19+② 19+⑫ 23+②

名前例

3⑧ 夕季《ゆき》　3⑧ みなみ　3⑧ わかな　3㉘ 小優梨《さゆり》　3㉘ 三遊樹《みゆき》　5⑳ 永美梨《えみり》　5⑳ 由紀菜《ゆきな》　7④ 花月《かづき》

7④ 希水《のぞみ》　11⑦ 康花《やすか》　11⑦ 雪花《ゆきか》　11⑦ 理佐《りさ》　11⑦ 麻友巳《まゆみ》　13⑧ 愛奈《あいな》　13⑧ 鈴奈《すずな》　13⑧ 夢果《ゆめか》

17⑭ 鞠歌《まりか》　17⑭ 霞菜子《かなこ》　19② 識乃《しきの》　19② 麗七《れいな》　19⑫ 艶葉《あでは》　19⑫ 麗絵《よしえ》　23② 鑑乃《あきの》　23② 鱒乃《ますの》

姓の画数と例

10

原　島　秦　浜　浦　桂　脇　など

姓に合う名の画数

1字名
なし

2・3字名
1+④ 1+⑤ 1+⑥ 1+⑫ 3+② 3+⑤ 3+㉒ 6+⑰ 7+⑭ 8+⑤ 8+⑮ 11+④ 13+② 13+⑫ 13+⑯ 14+⑦ 14+⑮ 15+㉓ 19+④ 19+⑩ 21+⑭ 21+⑯ 22+⑦ 23+② 23+⑫

名前例

1④ 乙友《おとゆ》　1⑤ のりか　1⑥ しづか　1⑫ 一葵《かずき》　3② よしの　3⑤ あかり　3㉒ 万穂伽《まほか》　6⑰ 有優《ゆうゆ》

7⑭ 里嘉《りか》　8⑤ 歩生《あゆみ》　8⑮ 知穂《ちほ》　11④ 彩水《あやみ》　13② 豊乃《とよの》　13⑫ 聖葉《きよは》　13⑯ 愛侑奈《あゆな》　14⑦ 綺花《あやか》

14⑮ 颯穂《さほ》　15㉓ 輝緒美《きおみ》　19④ 麗心《れみ》　19⑩ 鏡恵《あきえ》　21⑭ 顧緒《みお》　21⑯ 鶴保里《かほり》　22⑦ 讃斗子《さとこ》　23⑫ 鑑己美《あきみ》

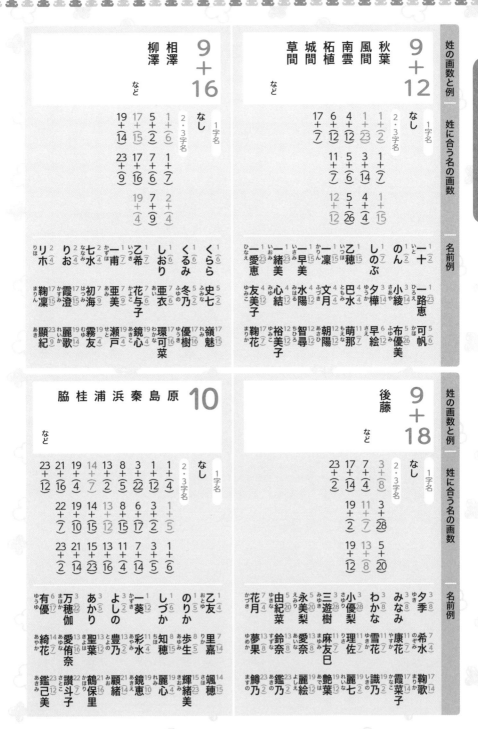

10+3

姓の画数と例

高山　宮下　宮川　畠山　浜口　原口　栗山　など

姓に合う名の画数

1字名：2　22

2・3字名：
2+(1)　2+(22)　4+(14)　5+(11)　14+(21)　18+(14)　20+(15)
2+(6)　3+(15)　4+(28)　13+(3)　15+(3)　18+(27)　20+(25)
2+(14)　4+(7)　5+(3)　13+(19)　18+(6)　20+(5)　21+(3)

名前例

乃《のり》 2　讃《あき》 22　りつ 2(1)　八江《やえ》 2(6)　七嘉《ななか》 2(14)　十貴恵《ときえ》 2(22)　千穂《ちほ》 3(15)　万凛《まりん》 3(15)
友希《ゆき》 4(7)　月歌《つきか》 4(14)　巴留観《はるみ》 4(28)　冬弓《ふゆみ》 5(3)　由菜《ゆな》 5(11)　夢女《ゆめ》 13(3)　愛真美《あまみ》 13(19)　綾樹代《あきよ》 14(21)
輝子《てるこ》 15(3)　織衣《おりえ》 18(6)　観歌《みか》 18(14)　藍意歌《あいか》 18(27)　響未《おとみ》 20(5)　耀穂《あきほ》 20(15)　耀璃姫《ありき》 20(25)　露子《つゆこ》 21(3)

10+4

姓の画数と例

佐々木　酒井　高木　桜井　宮内　高井　畠中　など

姓に合う名の画数

1字名：17

2・3字名：
2+(5)　3+(8)　4+(11)　9+(6)　12+(3)　13+(8)　14+(11)　20+(5)
2+(13)　3+(14)　4+(13)　9+(14)　12+(11)　14+(3)　17+(14)
2+(15)　4+(3)　7+(14)　11+(6)　12+(13)　14+(7)　19+(6)

名前例

環《たまき》 17　カオリ《かおり》 2(5)　十愛《そな》 2(13)　七都水《なつみ》 2(15)　万実《まみ》 3(8)　夕里亜《ゆりあ》 3(14)　まゆ 4(3)　友梨《ゆり》 4(11)
文勢《あやせ》 4(13)　亜玖里《あぐり》 7(14)　美早《みさ》 9(6)　南緒《なお》 9(14)　彩妃《さき》 11(6)　淳名《じゅんな》 11(6)　遥己《はるみ》 12(3)　陽菜《はるな》 12(11)
貴莉子《きりこ》 12(13)　蓮佳《れんか》 13(8)　綺也《きや》 14(3)　聡那《さとな》 14(7)　歌菜《かな》 14(11)　鞠緒《まりお》 17(14)　艶帆《あでほ》 19(6)　耀永《あきえ》 20(5)

10+5

姓の画数と例

原田　柴田　宮本　高田　島田　浜田　宮田　など

姓に合う名の画数

1字名：6　16

2・3字名：
2+(6)　2+(22)　3+(21)　8+(15)　12+(6)　16+(8)　20+(3)
2+(14)　3+(5)　6+(11)　11+(5)　13+(5)　18+(6)　20+(13)
2+(15)　3+(13)　8+(8)　11+(21)　16+(1)　19+(5)　24+(8)

名前例

如《ゆき》 6　樹《いっき》 16　いおり 2(6)　七都子《なつこ》 2(14)　二玖実《ふくみ》 2(15)　七雨歌《なうか》 2(22)　三冬《みふゆ》 3(5)　小夢《こゆめ》 3(13)
小緒里《さおり》 3(21)　安梨《あんり》 6(11)　芽依《めい》 8(8)　佳澄《かすみ》 8(15)　雪世《ゆきよ》 11(5)　菜美瑛《なみえ》 11(21)　紫帆《しほ》 12(6)　智帆《ちほ》 12(6)
愛未《いつみ》 13(5)　樹乙《いっき》 16(1)　澪代子《みよこ》 16(8)　織名《おりな》 18(6)　霧可《きりか》 19(5)　響子《きょうこ》 20(3)　耀莉子《よりこ》 20(13)　麟佳《りんか》 24(8)

10+6

姓の画数と例

宮地　桑名　など

姓に合う名の画数

1字名：なし

2・3字名：
1+(28)　2+(11)　2+(19)　5+(8)　9+(14)　12+(11)　17+(8)　18+(7)
2+(3)　2+(13)　2+(21)　7+(8)　12+(1)　12+(13)　18+(3)　18+(23)
2+(5)　2+(15)　2+(27)　9+(8)　12+(5)　12+(19)　18+(5)　19+(22)

名前例

一路穂《ひろほ》 1(28)　とも 2(3)　ナツコ《なつこ》 2(5)　乃麻《のま》 2(11)　七夢《ななむ》 2(13)　二遊子《ふゆこ》 2(15)　乃蘭《のらん》 2(19)　七鶴《なつ》 2(21)
十和瀬《とわせ》 2(27)　未苑《みその》 5(8)　亜季《あき》 7(8)　奏和《そな》 9(8)　美歌《みか》 9(14)　朝乙《あさお》 12(1)　結布《ゆう》 12(5)　結唯《ゆい》 12(11)
絵利名《えりな》 12(13)　絵美留《えみる》 12(19)　優芽《ゆめ》 17(8)　雛女《ひな》 18(3)　類禾《るか》 18(5)　雛来《ひなき》 18(7)　織理絵《おりえ》 18(23)　麗葦南《れいな》 19(22)

10＋7

姓の画数と例

宮沢　高村　高見　島村　高尾　宮坂　梅村　など

姓に合う名の画数

1字名
14

2・3字名
1+(7)　8+(8)　11+(7)　16+(19)　18+(23)
1+(15)　8+(13)　14+(1)　17+(7)　24+(11)
1+(23)　9+(7)　16+(8)　18+(6)

名前例

14 翠《みどり》　1(7) 一花《いちか》　1(7) 一沙《かずさ》　1(15) 一凛《かりん》　1(15) 乙登女《おとめ》　1(23) 一露乃《ひろの》　8(8) 采奈《あやな》　8(8) 若奈《わかな》

8(13) 果鈴《かりん》　8(13) 知聖《ちさと》　9(7) 音花《おとか》　9(7) 海希《みき》　11(7) 毬那《まりな》　11(7) 梨亜《りあ》　14(1) 静乙《しずき》　16(8) 曉枝《あきえ》

16(8) 鮎奈《あゆな》　16(19) 樹理阿《じゅりあ》　17(7) 優杜《ゆうと》　18(6) 藍妃《あいき》　18(6) 織妃《おりき》　18(6) 繭衣《まゆい》　18(23) 繭裕理《まゆり》　24(11) 麟彩《りさ》

10＋8

姓の画数と例

高松　根岸　高岡　栗林　高林　宮武　宮岡　など

姓に合う名の画数

1字名
15

2・3字名
5+(6)　8+(5)　8+(15)　16+(7)
7+(6)　8+(7)　9+(6)　17+(6)
7+(14)　8+(13)　16+(5)　21+(8)

名前例

15 慧《けい》　15 諒《りょう》　5(6) 未早《みさ》　5(6) 由羽《ゆう》　7(6) 花帆《かほ》　7(6) 芙有《ふゆ》　7(6) 亜夕子《あゆこ》　7(14) 冴嘉《さえか》

7(14) 志緒《しお》　8(5) 空未《くみ》　8(5) 奈央《なお》　8(5) 茉央《まお》　8(7) 奈那《なな》　8(7) 佳代乃《かよの》　8(13) 歩夢《あゆむ》　8(13) 明日美《あすみ》

8(15) 和穂《かずほ》　9(6) 美妃《みき》　9(6) 香之子《かのこ》　16(5) 磨由《まゆ》　16(7) 鮎希《あゆき》　17(6) 霞帆《かほ》　17(6) 優衣《ゆい》　21(8) 顧季《みき》

10＋9

姓の画数と例

宮城　高柳　梅津　倉持　島津　高畑　高津　など

姓に合う名の画数

1字名
4
14

2・3字名
2+(3)　4+(14)　12+(6)
2+(11)　6+(7)　16+(22)
4+(1)　6+(27)　24+(14)

名前例

4 文《あや》　4 心《こころ》　14 颯《そよ》　2(3) 七子《ななこ》　2(3) りあ　2(3) いのり　2(11) 二菜《かずな》　2(11) 十彩《とさ》

2(11) 七都《なつ》　2(11) 乃唯《のい》　4(1) まつ　4(14) 月歌《つきか》　4(14) 文緒《ふみお》　4(14) 日菜子《ひなこ》　4(14) 文由美《ふゆみ》　6(7) 安佑《あゆ》

6(7) 早希《さき》　6(7) 凪沙《なぎさ》　6(7) 百花《ももか》　6(27) 光優記《みゆき》　12(6) 琴帆《ことほ》　12(6) 椎名《しいな》　16(22) 薫穂里《かほり》　24(14) 麟歌《りんか》

10＋10

姓の画数と例

栗原　桑原　高島　荻原　宮島　高原　宮脇　など

姓に合う名の画数

1字名
なし

2・3字名
3+(8)　6+(7)　7+(8)　8+(5)　14+(1)　14+(11)
3+(22)　6+(15)　7+(14)　8+(13)　14+(3)　14+(23)
5+(8)　6+(19)　8+(3)　11+(6)　14+(7)　22+(3)

名前例

3(8) あんじゅ　3(22) 久蘭々《くらら》　5(8) 加歩《かほ》　6(7) 有花《ゆか》　6(15) 安佳里《あかり》　6(19) 凪梛実《ななみ》　7(8) 玖実《くみ》　7(8) 那奈《なな》

7(8) 亜矢子《あやこ》　7(14) 芙美代《ふみよ》　8(3) 苺子《いちこ》　8(5) 空未《くみ》　8(5) 知世《ともよ》　8(5) 芽生《めう》　8(13) 果鈴《かりん》　11(6) 悠帆《ゆうほ》

14(1) 歌一《かい》　14(3) 碧己《あおい》　14(7) 綺杜《きと》　14(11) 緋奈子《ひなこ》　14(23) 維柘嘉《いつか》　22(3) 讃子《あきこ》　22(3) 鷗女《かもめ》　22(3) 驍子《きょうこ》

10＋11

姓の画数と例

宮崎　高野　荻野　島崎　浜崎　浜野　柴崎　など

姓に合う名の画数

1字名：2、12

2・3字名：2+1、2+22、5+11、7+11、18+6、2+6、4+13、6+5、12+6、2+14、5+3、6+25、13+11

名前例

乃《ゆき》 2、晶《あき》 12、森《しん》 12、琳《りん》 12、うの 2+1、リノ《りの》 2+1、いづみ 2+6、ひなの 2+6

乃瑠《のる》 2+14、七津未《なつみ》 2+14、七津愛《なずな》 2+22、水園《みその》 4+13、弘子《ひろこ》 5+3、未彩《みさ》 5+11、早央《さお》 6+5、安民《やすみ》 6+5

光南衛《みなえ》 6+25、沙彩《さあや》 7+11、結衣《ゆい》 12+6、愛彩《あいさ》 13+11、鈴鹿《すずか》 13+11、勢都《せつ》 13+11、意央名《いおな》 13+11、観江《みえ》 18+6

10＋12

姓の画数と例

馬場　佐久間　高森　高須　高塚　鬼塚　能登　など

姓に合う名の画数

1字名：なし

2・3字名：1+14、4+3、4+21、6+5、6+19、11+14、12+5、17+6、21+14、1+22、4+11、5+6、6+7、9+6、12+1、12+11、20+5、3+14、4+19、6+1、6+11、9+8、12+3、12+13、20+15

名前例

一綺《かずき》 1+14、一南愛《ひなえ》 1+22、千沙希《ちさき》 3+14、ふゆ 4+3、仁菜《にな》 4+11、月瀬《つきせ》 4+19、日雛子《ひなこ》 4+21、由宇《ゆう》 5+6

衣乙《いお》 6+1、充代《みつよ》 6+5、百花《ももか》 6+7、江梨《えり》 6+11、吏瀬《りせ》 6+19、郁帆《いくほ》 9+6、南実《なみ》 9+8、菜緒《なお》 11+14

結乙《ゆい》 12+1、琴子《ことこ》 12+3、遥可《はるか》 12+5、裕梨《ゆり》 12+11、富友美《ふゆみ》 12+13、瞳妃《ひとき》 17+6、耀未《あきみ》 20+5、響右華《きょうか》 20+15

10＋16

姓の画数と例

高橋　鬼頭　倉橋　宮澤　真壁　など

姓に合う名の画数

1字名：なし

2・3字名：1+6、2+3、2+19、7+8、8+7、16+5、1+14、2+5、5+6、8+3、8+13、16+15、2+1、2+11、7+6、8+5、15+6

名前例

しおん 1+6、乙樺《おとか》 1+14、ソノ《その》 2+1、十子《とおこ》 2+3、りみ 2+3、七生《ななお》 2+5、りほ 2+5、りかこ 2+5

乃菜《のな》 2+11、七瀬《ななせ》 2+19、ほづみ 5+6、沙帆《さほ》 7+6、佑雨《ゆう》 7+8、雨弓《あゆみ》 8+3、佳子《かこ》 8+3、季子《きこ》 8+3

奈未《なみ》 8+5、佳花《よしか》 8+7、果鈴《かりん》 8+13、季楽《きら》 8+13、知聖《ちさと》 8+13、輝会《きえ》 15+6、澪央《みお》 16+5、磨貴子《まきこ》 16+15

10＋17

姓の画数と例

真鍋　など

姓に合う名の画数

1字名：20

2・3字名：1+5、6+19、14+7、20+11、4+7、8+3、18+13、24+1、4+27、12+6、20+1

名前例

馨《かおる》 20、乙未《いつみ》 1+5、しより 1+5、のりか 1+5、文花《ふみか》 4+7、まりな 4+7、巴留霞《はるか》 4+27、文優姫《ふゆき》 4+27

早羅《さら》 6+19、有実菜《ゆみな》 6+19、茅己《かこ》 8+3、波子《なみこ》 8+3、來々《らら》 8+3、貴江《きえ》 12+6、晴名《はるな》 12+6、結羽《ゆう》 12+6

綾沙《あやさ》 14+7、箕玖《みく》 14+7、藍鈴《あいりん》 18+13、襟愛《えりあ》 18+13、耀一《きい》 20+1、耀菜《あきな》 20+11、護菜《もりな》 20+11、麟乙《りお》 24+1

10+19

姓の画数と例

高瀬 など

姓に合う名の画数

1字名: 2、6

2・3字名: 2+1、4+14、13+3、2+6、5+3、16+7、2+14、12+6

名前例

- 旭《あさひ》 6
- 光《ひかり》 6
- うの 2+1
- りく 2+1
- りの 2+1
- ことは 2+6
- 十帆《とほ》 2+6
- こなつ 2+6
- 七歌《なのか》 2+14
- 八菜子《はなこ》 2+14
- 二三菜《ふみな》 2+14
- 月歌《つきか》 4+14
- 文由美《ふゆみ》 4+14
- 冬子《ふゆこ》 5+3
- 由女《ゆめ》 5+3
- 晶江《あきえ》 12+6
- 葉名《はな》 12+6
- 晴名《はるな》 12+6
- 満帆《まほ》 12+6
- 愛夕《あゆ》 13+3
- 園子《そのこ》 13+3
- 睦己《むつき》 13+3
- 錦希《にしき》 16+7
- 磨来《まき》 16+7

11

姓の画数と例

堀 菅 梶 など

姓に合う名の画数

1字名: なし

2・3字名: 2+16、4+20、6+15、10+14、13+24、14+10、21+20、4+2、5+2、7+6、12+6、13+28、18+6、22+2、4+17、6+12、7+14、12+12、14+4、20+17

名前例

- 七親《なちか》 2+16
- 巴乃《ともの》 4+2
- 円瞳《つぶら》 4+17
- 文優子《ふゆこ》 4+20
- なつの 5+2
- 百絵《ももえ》 6+12
- 多美江《たみえ》 6+15
- 希江《きえ》 7+6
- 亜矢香《あやか》 7+14
- 真里亜《まりあ》 10+14
- 晴名《はるな》 12+6
- 満夕美《まゆみ》 12+12
- 裕未里《ゆみり》 12+12
- 愛輝海《あきみ》 13+24
- 愛意凛《あいり》 13+28
- 詩織莉《しおり》 13+28
- 緋友《ひゆう》 14+4
- 遙夏《はるか》 14+10
- 翠莉《みどり》 14+10
- 雛妃《ひなき》 18+6
- 馨奈美《かなみ》 20+17
- 鶴瑞来《かずき》 21+20
- 讃乃《あきの》 22+2
- 鷗七《かもな》 22+2

11+3

姓の画数と例

野口 細川 黒川 堀川 堀口 亀山 野上 など

姓に合う名の画数

1字名: なし

2・3字名: 3+4、3+20、5+10、10+5、13+2、13+18、15+2、18+13、21+12、3+12、4+7、5+12、10+13、13+10、14+4、15+6、20+5、3+14、5+2、8+13、12+5、13+12、14+7、15+10、21+4

名前例

- みひろ 3+4
- 万百合《まゆり》 3+12
- 小槙《こまき》 3+14
- 万耀《まよ》 3+20
- 友那《ゆな》 4+7
- 卯乃《うの》 5+2
- 由華《ゆか》 5+10
- 未稀《みき》 5+12
- 奈々恵《ななえ》 8+13
- 莉代《りよ》 10+5
- 華愛《かな》 10+13
- 智世《ちせ》 12+5
- 聖乃《きよの》 13+2
- 慈華《いつか》 13+10
- 楓賀《ふうか》 13+12
- 愛梨沙《えりさ》 13+18
- 彰予《あきよ》 14+4
- 緒兎《おと》 14+7
- 慶乃《よしの》 15+2
- 摩名《まな》 15+6
- 慶華《よしか》 15+10
- 馨禾《きょうか》 20+5
- 櫻日《おうか》 21+4
- 鶴南子《かなこ》 21+12

11+4

姓の画数と例

清水 望月 堀内 黒木 野中 亀井 笠井 など

姓に合う名の画数

1字名: なし

2・3字名: 1+2、1+22、3+14、4+12、9+7、12+20、17+7、20+4、1+5、3+5、3+21、4+20、9+14、13+5、17+20、21+2、1+7、3+13、4+4、7+10、12+4、14+4、19+5、21+12

名前例

- 乙七《おとな》 1+2
- しゅり 1+5
- しのぶ 1+7
- 一咲愛《ひさえ》 1+22
- さゆり 3+5
- 千誉《ちよ》 3+13
- 三綺《みき》 3+14
- 三櫻《みお》 3+21
- 心水《ここみ》 4+4
- 水結《みゆ》 4+12
- 水馨《みか》 4+20
- 秀夏《ひでか》 7+10
- 柑那《かんな》 9+7
- 美沙希《みさき》 9+14
- 葉月《はづき》 12+4
- 絵梨香《えりか》 12+20
- 靖代《やすよ》 13+5
- 歌りん《かりん》 14+4
- 曖花《あいか》 17+7
- 優記恵《ゆきえ》 17+20
- 鏡禾《きょうか》 19+5
- 耀心《てるみ》 20+4
- 顧十《みと》 21+2
- 顧貴《みき》 21+12

11+5

姓の画数と例

野田　黒田　堀田　冨田　細田　亀田　野本　など

姓に合う名の画数

1字名
なし

2・3字名
1+4　1+6　1+14
1+22　2+27　3+2
3+4　3+10　3+12
3+14　3+26　6+7
8+7　10+7　10+13
13+4　13+10　13+12
13+18　18+7　19+2
19+4　19+6　19+22
20+21

名前例

しま 1+4
乙汐《いしお》 1+6
一菜子《ひなこ》 1+14
一理菜《かりな》 1+22
七鶴衣《なつえ》 2+27
あこ 3+2
夕月《ゆづき》 3+4
あおば 3+10

三琴《みこと》 3+12
三嘉《みか》 3+14
小優美《さゆみ》 3+26
安那《あんな》 6+7
実来《みき》 8+7
純那《じゅんな》 10+7
真詩《まうた》 10+13
睦水《むつみ》 13+4

聖恋《せれん》 13+10
楽々美《ららみ》 13+12
愛祐美《あゆみ》 13+18
顕那《あきな》 18+7
麗七《れいな》 19+2
霧巴《きりは》 19+4
識名《しきな》 19+6
響裕香《きょうか》 20+21

11+6

姓の画数と例

菊地　菊池　堀江　鳥羽　など

姓に合う名の画数

1字名
なし

2・3字名
1+5　1+7　1+20
2+6　2+14　2+22
7+28　9+7　9+12
10+6　12+6　17+7
17+18　18+6　19+5
19+22

名前例

しゅり 1+5
つづり 1+5
一甫《かずほ》 1+7
一耀《かずき》 1+20
ともか 2+6
七歌《ななか》 2+14
乃維《のい》 2+14
乃瑠《のる》 2+14

九々瀬《くくせ》 2+22
亜優彩《あゆさ》 7+28
美沙《みさ》 9+7
祐希《ゆき》 9+7
香葉《かよ》 9+12
華帆《かほ》 10+6
珠妃《たまき》 10+6
智衣《ちえ》 12+6

瞭芭《あきは》 17+7
鞠観《まりみ》 17+18
優騎《ゆうき》 17+18
織妃《おりき》 18+6
鏡未《あきみ》 19+5
霧永《きりえ》 19+5
麗可《れいか》 19+5
鏡樹衣《あきえ》 19+22

11+7

姓の画数と例

野村　渋谷　黒沢　深沢　野沢　細谷　深谷　など

姓に合う名の画数

1字名
なし

2・3字名
1+2　1+4　1+6
1+12　1+14　1+20
1+22　1+28　6+5
8+5　8+13　9+4
9+6　9+12　9+14
10+5　17+4　17+6
18+5

名前例

一九《いく》 1+2
一十七《いとな》 1+4
レイナ 1+4
一帆《いちほ》 1+6
乙葉《おとは》 1+12
乙嘉《おとか》 1+14
一馨《ひとか》 1+20
一南愛《ひなえ》 1+22

一露花《ひろか》 1+28
百代《ももよ》 6+5
安民《やすみ》 6+5
奈央《なお》 8+5
拓未《ひろみ》 8+5
歩友美《あゆみ》 8+13
香月《かづき》 9+4
柚月《ゆづき》 9+4

咲帆《さほ》 9+6
郁瑛《いくえ》 9+12
恢歌《ひろか》 9+14
珠代《たまよ》 10+5
桃代《ももよ》 10+5
篠巴《しのは》 17+4
霞江《かえ》 17+6
雛代《ひなよ》 18+5

11+8

姓の画数と例

鳥居　黒岩　菅沼　猪股　笹岡　笠松　菱沼　など

姓に合う名の画数

1字名
なし

2・3字名
3+2　3+10　3+26
5+13　7+6　7+26
13+5　17+21　23+6
23+10　24+14

名前例

夕七《ゆうな》 3+2
えり 3+2
小桃《こもも》 3+10
千莉《せんり》 3+10
千紗《ちさ》 3+10
みずほ 3+10
小優美《さゆみ》 3+26
三菜穂《みなほ》 3+26

夕樹恵《ゆきえ》 3+26
永夢《えいむ》 5+13
なお紀《なおき》 5+13
亜伊《あい》 7+6
花之子《かのこ》 7+6
亜優美《あゆみ》 7+26
聖民《きよみ》 13+5
楓加《ふうか》 13+5

雅世《まさよ》 13+5
睦生《むつみ》 13+5
優鶴《ゆづる》 17+21
鑑妃《あき》 23+6
鱒帆《ますほ》 23+6
鑑恵《あきえ》 23+10
鱒沙子《まさこ》 23+10
鷺綾《さあや》 24+14

11+9

姓の画数と例

阿久津　猪俣　猪狩　船津　鳥海　深津　など

姓に合う名の画数

1字名：なし

2・3字名：
4+(7)　4+(21)　6+(7)　7+(6)　7+(14)　7+(18)　8+(7)　9+(2)　9+(4)　9+(12)　9+(28)　12+(5)　15+(2)　15+(6)　15+(10)　15+(22)　23+(2)

名前例

はづき 4+(7)　支緒里《しおり》 4+(21)　安佑《あゆ》 6+(7)　芙有《ふゆ》 7+(6)　亜由耶《あゆか》 7+(14)　佐織《さおり》 7+(18)　於兎《おと》 8+(7)　実来《みき》 8+(7)

実芳《みよし》 8+(7)　星乃《ほしの》 9+(2)　柚月《ゆづき》 9+(4)　衿須《えりす》 9+(12)　美南瀬《みなせ》 9+(28)　遊生《ゆうき》 12+(5)　璃乃《りの》 15+(2)　舞衣《まい》 15+(6)

輝紗《きさ》 15+(10)　潔恵《きよえ》 15+(10)　凛桜《りお》 15+(10)　澄見子《すみこ》 15+(10)　摩悠理《まゆり》 15+(22)　鑑乃《あきの》 23+(2)　鷲乃《しゅうの》 23+(2)　鱒乃《ますの》 23+(2)

11+10

姓の画数と例

菅原　笠原　梶原　野原　曽根　野島　笹原　など

姓に合う名の画数

1字名：なし

2・3字名：
3+(5)　3+(13)　3+(21)　5+(12)　6+(2)　6+(10)　7+(4)　7+(24)　8+(10)　13+(5)　14+(10)　19+(5)

名前例

千永《ちえ》 3+(5)　みやこ 3+(5)　万椰《まや》 3+(13)　夕楽《ゆら》 3+(13)　ゆき香《ゆきか》 3+(13)　三櫻《みお》 3+(21)　夕鶴《ゆづる》 3+(21)　夕海絵《ゆみえ》 3+(21)

未琴《みこと》 5+(12)　由貴《ゆき》 5+(12)　糸乃《しの》 6+(2)　如乃《ゆきの》 6+(2)　有紗《ありさ》 6+(10)　早記《さき》 6+(10)　初日《はつひ》 7+(4)　里月《りつき》 7+(4)

亜輝海《あきみ》 7+(24)　苑華《そのか》 8+(10)　朋笑《ともえ》 8+(10)　想永《そな》 13+(5)　綺夏《あやか》 14+(10)　歌恋《かれん》 14+(10)　綺里子《きりこ》 14+(10)　蘭禾《らんか》 19+(5)

11+11

姓の画数と例

菅野　野崎　清野　細野　黒崎　紺野　鹿野　など

姓に合う名の画数

1字名：なし

2・3字名：
2+(13)　2+(21)　4+(13)　5+(2)　5+(10)　5+(18)　5+(20)　6+(5)　7+(4)　7+(6)　7+(10)　7+(18)　7+(28)　10+(5)　10+(7)　12+(13)　13+(2)　13+(4)　13+(10)　18+(5)　21+(4)　21+(14)　22+(13)

名前例

七鈴《なすず》 2+(13)　十繭子《とまこ》 2+(21)　巴留己《はるき》 4+(13)　礼七《れな》 5+(2)　可桜《かお》 5+(10)　禾唯良《かいら》 5+(18)　未菜美《みなみ》 5+(20)　帆白《ほしろ》 6+(5)

玖水《くみ》 7+(4)　芹帆《せりほ》 7+(6)　花恋《かれん》 7+(10)　芳織《かおり》 7+(18)　倫世《ともよ》 10+(5)　真白《ましろ》 10+(5)　夏希《なつき》 10+(7)　結愛《ゆな》 12+(13)

満里衣《まりい》 12+(13)　慈乃《よしの》 13+(2)　雅水《まさみ》 13+(4)　詩桜《しお》 13+(10)　愛久里《あぐり》 13+(10)　藍加《あいか》 18+(5)　鶴友《つゆ》 21+(4)　讃愛《あきえ》 22+(13)

11+12

姓の画数と例

堀越　野間　船越　鳥越　黒須　など

姓に合う名の画数

1字名：なし

2・3字名：
1+(7)　1+(14)　1+(24)　3+(5)　3+(13)　3+(21)　4+(4)　4+(12)　5+(10)　5+(13)　6+(12)　9+(6)　9+(7)　12+(12)　13+(5)　17+(7)　17+(12)　21+(4)　21+(14)

名前例

乙芭《おとは》 1+(7)　一都子《いつこ》 1+(14)　一澄美《かすみ》 1+(24)　えみり 3+(5)　みさと 3+(5)　夕起子《ゆきこ》 3+(13)　万葉香《まよか》 3+(21)　友巴《ともは》 4+(4)

双巴《ふたば》 4+(4)　まゆ美《まゆみ》 4+(12)　加恵《かえ》 5+(10)　なお美《なおみ》 5+(13)　早百合《さゆり》 6+(12)　香帆《かほ》 9+(6)　紀久子《きくこ》 9+(6)　美亜《みあ》 9+(7)

美里《みさと》 9+(7)　美友子《みゆこ》 9+(7)　貴美子《きみこ》 12+(12)　愛可《まなか》 13+(5)　霞甫《かほ》 17+(7)　鞠瑛《まりえ》 17+(12)　鶴水《つるみ》 21+(4)　顧都子《みつこ》 21+(14)

11+16

姓の画数と例

都築　黒澤　船橋　深澤　八重樫　野澤　など

姓に合う名の画数

1字名：なし

2・3字名：

- 1+(5)　1+(20)　5+(26)　13+(5)　21+(10)
- 1+(7)　2+(4)　7+(18)　15+(6)
- 1+(10)　5+(6)　9+(2)　19+(12)

名前例

- 乙未《いつみ》 1(5)　しほ 1(5)　一希《かずき》 1(7)　一沙《かずさ》 1(7)　一華《いちか》 1(10)　乙姫《おとき》 1(10)　一冨美《ひふみ》 1(20)　十予《とよ》 2(4)
- いつみ 2(4)　リリィ《りりい》 2(4)　未早《みさ》 5(6)　由衣《ゆい》 5(6)　民美霞《たみか》 5(26)　沙里菜《さりな》 7(18)　佑理那《ゆりな》 7(18)　秋乃《あきの》 9(2)
- 柚乃《ゆの》 9(2)　意央《いお》 13(5)　愛未《いつみ》 13(5)　摩名《まな》 15(6)　舞帆《まほ》 15(6)　霧瑛《きりえ》 19(12)　麗瑛《よしえ》 19(12)　顧希子《みきこ》 21(10)

11+18

姓の画数と例

斎藤　進藤　など

姓に合う名の画数

1字名：なし

2・3字名：

- 3+(5)　5+(24)　14+(2)
- 3+(13)　6+(2)　17+(6)
- 5+(13)　13+(5)

名前例

- 千央《ちひろ》 3(5)　三禾《みか》 3(5)　さゆり 3(5)　小鈴《こすず》 3(13)　千聖《ちさと》 3(13)　巳鈴《みすず》 3(13)　夕楽《ゆら》 3(13)　加愛《かな》 5(13)
- 広愛《ひろな》 5(13)　左綺恵《さきえ》 5(24)　由美穂《ゆみほ》 5(24)　朱乃《あけの》 6(2)　汐乃《しおの》 6(2)　光乃《みつの》 6(2)　愛由《あゆ》 13(5)　聖未《きよみ》 13(5)
- 詩央《しお》 13(5)　靖代《やすよ》 13(5)　彰乃《あきの》 14(2)　綾乃《あやの》 14(2)　聡七《さとな》 14(2)　嘉乃《よしの》 14(2)　鞠衣《まりえ》 17(6)　優帆《ゆうほ》 17(6)

11+19

姓の画数と例

猪瀬　黒瀬　野瀬　深瀬　など

姓に合う名の画数

1字名：なし

2・3字名：

- 2+(5)　5+(6)　6+(5)　13+(2)
- 2+(13)　5+(10)　10+(13)　13+(4)
- 5+(2)　5+(12)　12+(5)

名前例

- ともこ 2(5)　ひとみ 2(5)　七鼓《ななこ》 2(13)　乃夢《のむ》 2(13)　市乃《いちの》 5(2)　冬乃《ふゆの》 5(2)　史帆《しほ》 5(6)　弘衣《ひろえ》 5(6)
- 由羽《ゆう》 5(6)　世莉《せり》 5(10)　由恵《よしえ》 5(10)　由稀《ゆき》 5(12)　未美子《みみこ》 5(12)　有未《あみ》 6(5)　伊代《いよ》 6(5)　真愛《まな》 10(13)
- 笑恵子《えみこ》 10(13)　絵未《えみ》 12(5)　雲母《きらら》 12(5)　愛乃《あいの》 13(2)　詩乃《しの》 13(2)　瑞乃《みずの》 13(2)　愛水《まなみ》 13(4)　夢水《ゆめみ》 13(4)

12

姓の画数と例

森　堤　奥　湊　堺　巽　など

姓に合う名の画数

1字名：なし

2・3字名：

- 1+(2)　1+(22)　4+(17)　6+(15)　11+(24)　17+(6)　19+(16)　21+(12)　23+(10)
- 1+(4)　1+(24)　5+(6)　9+(2)　13+(10)　17+(12)　20+(5)　21+(14)
- 1+(10)　3+(20)　6+(5)　11+(14)　13+(20)　19+(2)　20+(15)　21+(24)

名前例

- 乙乃《いつの》 1(2)　一九乃《いくの》 1(4)　乙華《おとか》 1(10)　一翔恵《ひとえ》 1(22)　一菜愛《かなえ》 1(24)　夕美菜《ゆみな》 3(20)　比環《ひわ》 4(17)　未妃《みき》 5(6)
- 有加《ゆか》 6(5)　江澄《えすみ》 6(15)　思乃《しの》 9(2)　清歌《さやか》 11(14)　深緒莉《みおり》 11(24)　聖夏《きよか》 13(10)　瑞桃紗《みもざ》 13(20)　優名《ゆうな》 17(6)
- 優稀《ゆき》 17(12)　蘭乃《らんの》 19(2)　艶樹《よしき》 19(16)　馨可《きょうか》 20(5)　耀遊子《ようこ》 20(15)　顧菜子《みなこ》 21(14)　鶴澄美《かすみ》 21(24)　鱒恵《ますえ》 23(10)

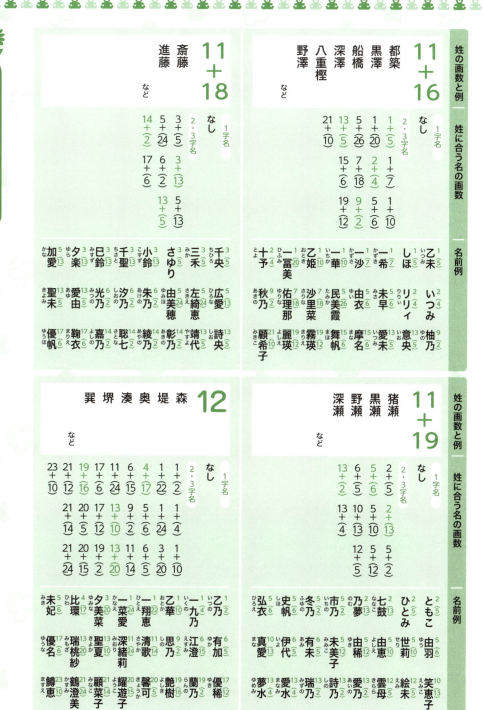

12＋3

姓の画数と例

森下 森山 森川 奥山 森口 富山 湯川 など

姓に合う名の画数

1字名: 2、22

2・3字名:
2＋(1) 2＋(21) 4＋(13) 5＋(11) 10＋(6) 13＋(19) 18＋(6) 21＋(3)
2＋(4) 4＋(4) 4＋(20) 5＋(19) 10＋(13) 14＋(4) 18＋(19) 22＋(1)
2＋(6) 4＋(12) 5＋(3) 8＋(9) 13＋(3) 15＋(3) 20＋(4) 22＋(11)

名前例

讃《あき》 22 / うの 2＋(1) / 七月《なつき》 2＋(4) / ともみ 2＋(6) / 七緒見《なおみ》 2＋(21) / 友巴《ともは》 4＋(4) / 心由希《みゆき》 4＋(12) / 友楽《ゆら》 4＋(13)

手鞠子《まりこ》 4＋(20) / 冬弓《ふゆみ》 5＋(3) / 未久《みく》 5＋(3) / 未雪《みゆき》 5＋(11) / 由理奈《ゆりな》 5＋(19) / 知咲《ちさき》 8＋(9) / 真帆《まほ》 10＋(6) / 莉愛《りな》 10＋(13)

園子《そのこ》 13＋(3) / 楓樹子《ふきこ》 13＋(19) / 綾水《あやみ》 14＋(4) / 遼子《りょうこ》 15＋(3) / 繭吏《まゆり》 18＋(6) / 雛菜歩《ひなほ》 18＋(19) / 耀巴《あきは》 20＋(4) / 露万《ろまん》 21＋(3)

12＋4

筒井 植木 森井 朝日 奥井 津久井 など

1字名: 17

2・3字名:
1＋(12) 2＋(13) 4＋(9) 4＋(17) 9＋(6) 14＋(3) 14＋(17) 20＋(3) 20＋(21)
2＋(3) 4＋(1) 4＋(11) 4＋(25) 11＋(6) 14＋(9) 19＋(6) 20＋(5)
2＋(5) 4＋(3) 4＋(13) 7＋(6) 11＋(12) 14＋(11) 20＋(1) 20＋(9)

優《ゆう》 17 / 一絵《かずえ》 1＋(12) / りみ 2＋(3) / アリサ《ありさ》 2＋(5) / 乃蓮《のれん》 2＋(13) / まの 4＋(1) / 文女《ふみな》 4＋(3) / 水咲《みさき》 4＋(9)

手毬《てまり》 4＋(11) / 友愛《ゆうな》 4＋(13) / 六津実《むつみ》 4＋(17) / 水柘樹《みつき》 4＋(25) / 佑名《ゆな》 7＋(6) / 郁帆《いくほ》 9＋(6) / 雪帆《ゆきほ》 11＋(6) / 唯葉《ゆいは》 11＋(12)

綺子《きこ》 14＋(3) / 歌奈子《かなこ》 14＋(11) / 瑠霞《るか》 14＋(17) / 鏡光《あきみ》 19＋(6) / 響乙《ひびき》 20＋(1) / 鐘子《しょうこ》 20＋(3) / 響禾《きょうか》 20＋(5) / 馨珂《きょうか》 20＋(9)

12＋5

姓の画数と例

渡辺 森田 飯田 久保田 森本 奥田 富田 など

姓に合う名の画数

1字名: なし

2・3字名:
1＋(17) 2＋(19) 3＋(21) 10＋(11) 18＋(6) 20＋(4)
2＋(4) 3＋(5) 8＋(27) 11＋(5) 18＋(17) 20＋(21)
2＋(6) 3＋(13) 10＋(6) 13＋(5) 19＋(5)

名前例

一都江《かつえ》 1＋(17) / 二月《きさら》 2＋(4) / 十予《とよ》 2＋(4) / こころ 2＋(4) / とよみ 2＋(6) / 七稀沙《なぎさ》 2＋(19) / あいみ 3＋(5) / 小鳩《こばと》 3＋(13)

夕愛《ゆうな》 3＋(13) / 三能梨《みのり》 3＋(21) / 侑樹菜《ゆきな》 8＋(27) / 真妃《まき》 10＋(6) / 真悠《まゆ》 10＋(11) / 麻央《まお》 11＋(5) / 愛未《いつみ》 13＋(5) / 想永《そな》 13＋(5)

睦生《むつみ》 13＋(5) / 襟名《えりな》 18＋(6) / 織梨衣《おりえ》 18＋(17) / 譜未《ふみ》 19＋(5) / 耀水《あきみ》 20＋(4) / 響心《きょうこ》 20＋(4) / 耀心《てるみ》 20＋(4) / 馨南絵《かなえ》 20＋(21)

12＋6

落合 葛西 喜多 椎名 など

1字名: 5、15、23

2・3字名:
1＋(20) 2＋(5) 2＋(19) 7＋(4) 10＋(3) 10＋(13) 18＋(5) 23＋(6)
2＋(1) 2＋(11) 2＋(21) 9＋(4) 10＋(5) 11＋(4) 18＋(11)
2＋(3) 2＋(13) 2＋(27) 9＋(12) 10＋(11) 18＋(3) 19＋(4)

汀《なぎさ》 5 / 潤《じゅん》 15 / 鑑《あき》 23 / りの 2＋(1) / 七三《ななみ》 2＋(3) / 乃永《のえ》 2＋(5) / 二美乃《ふみの》 2＋(11) / 七楓《ななか》 2＋(13)

九留美《くるみ》 2＋(19) / 乃葵珂《のきか》 2＋(21) / 七穂稀《なほき》 2＋(27) / 芹巴《せりは》 7＋(4) / 美月《みつき》 9＋(4) / 香絵《かえ》 9＋(12) / 莉子《りこ》 10＋(3) / 倫世《ともよ》 10＋(5)

珠理《しゅり》 10＋(11) / 真桜子《まおこ》 10＋(13) / 望心《のぞみ》 11＋(4) / 顕子《あきこ》 18＋(3) / 繭未《まゆみ》 18＋(5) / 織椛《おりか》 18＋(11) / 鏡水《あきみ》 19＋(4) / 顯名《あきな》 23＋(6)

姓の画数と例

12＋7

奥村　植村　森谷　富沢　飯村　須貝　奥谷　など

姓に合う名の画数

1字名：4　14

2・3字名：

4＋(1)　8＋(5)　16＋(13)

4＋(9)　8＋(25)

6＋(12)　14＋(4)

名前例

心《こころ》 4　巴《ともえ》 4　文《ふみ》 4　綾《あや》 14　遙《はるか》 14　綸《りん》 14　友乙《ゆい》 4(1)　まの 4(1)

心海《ここみ》 4(9)　仁美《ひとみ》 4(9)　日向子《ひなこ》 4(9)　早絵《さえ》 6(12)　百葉《ももは》 6(12)　好詠《よしえ》 6(12)　安紀子《あきこ》 6(12)　多香子《たかこ》 6(12)

和代《かずよ》 8(5)　奈央《なお》 8(5)　歩優実《あゆみ》 8(25)　実優季《みゆき》 8(25)　歌月《かづき》 14(4)　颯月《さつき》 14(4)　懐愛《なつえ》 16(13)　薫留子《かおるこ》 16(13)

12＋8

森岡　植松　富岡　飯沼　など

姓に合う名の画数

1字名：15

2・3字名：

5＋(6)　8＋(5)　9＋(6)　10＋(3)　16＋(1)　16＋(21)

5＋(20)　8＋(13)　9＋(12)　10＋(11)　16＋(5)　24＋(1)

7＋(6)　8＋(17)　10＋(1)　13＋(4)　16＋(9)

名前例

遼《りょう》 15　凜《りん》 15　弘衣《ひろえ》 5(6)　由布輝《ゆうき》 5(20)　君会《きみえ》 7(6)　芳江《よしえ》 7(6)　育永《いくえ》 8(5)　弥生《やよい》 8(5)

果鈴《かりん》 8(13)　実華子《みかこ》 8(13)　奈緒子《なおこ》 8(17)　秋帆《あきほ》 9(6)　美名《みな》 9(6)　美結《みゆ》 9(12)　恋乙《こい》 10(1)　悦子《えつこ》 10(3)

姫菜《ひめな》 10(11)　鈴予《すずよ》 13(4)　操乙《みさお》 16(1)　澪禾《れいか》 16(5)　鮎香《あゆか》 16(9)　澪音《みおね》 16(9)　澪悠記《みゆき》 16(21)　鷺乙《さぎ》 24(1)

姓の画数と例

12＋9

湯浅　結城　渥美　など

姓に合う名の画数

1字名：14　24

2・3字名：

4＋(4)　6＋(11)　8＋(3)　14＋(4)

4＋(12)　7＋(1)　8＋(23)　15＋(9)

4＋(20)　7＋(9)　9＋(9)　20＋(4)

名前例

遙《はるか》 14　碧《みどり》 14　麟《りん》 24　双巴《ふたば》 4(4)　まりん 4(4)　水貴《みき》 4(12)　友貴《ゆき》 4(12)　公美子《くみこ》 4(12)

友理南《ゆりな》 4(20)　有彩《ありさ》 6(11)　名菜《なな》 6(11)　冴乙《さき》 7(1)　志音《しおん》 7(9)　佑香《ゆうか》 7(9)　英子《えいこ》 8(3)　茅己《かこ》 8(3)

佳瑞恵《かずえ》 8(23)　玲音《れね》 9(9)　美乃里《みのり》 9(9)　綺月《きづき》 14(4)　澄香《すみか》 15(9)　穂香《ほのか》 15(9)　舞衣子《まいこ》 15(9)　耀心《てるみ》 20(4)

12＋10

萩原　飯島　朝倉　塚原　森脇　森島　奥原　など

姓に合う名の画数

1字名：7

2・3字名：

1＋(6)　5＋(11)　6＋(9)　7＋(4)　8＋(9)　11＋(6)　14＋(3)　19＋(4)　23＋(12)

1＋(12)　5＋(12)　6＋(17)　8＋(3)　8＋(17)　13＋(12)　14＋(9)　22＋(3)

3＋(12)　6＋(1)　6＋(19)　8＋(5)　11＋(4)　14＋(1)　14＋(11)　22＋(13)

名前例

邑《ゆう》 7　くらら 1(6)　一瑛《かずえ》 1(12)　千晶《ちあき》 3(12)　未都《みと》 5(11)　民絵《たみえ》 5(12)　旭乙《あさお》 6(1)　帆香《ほのか》 6(9)

有霞《ゆか》 6(17)　羽蘭《うらん》 6(19)　初日《はつひ》 7(4)　育久《いく》 8(3)　実加《みか》 8(5)　奈保《なほ》 8(9)　奈柘弥《なつみ》 8(17)　麻水《あさみ》 11(4)

梨々子《りりこ》 11(6)　鈴葉《すずは》 13(12)　綾乙《あやお》 14(1)　嘉与《かよ》 14(3)　綾美《あやみ》 14(9)　嘉椰《かな》 14(11)　瀬月《せづき》 19(4)　鷗女《かもめ》 22(3)

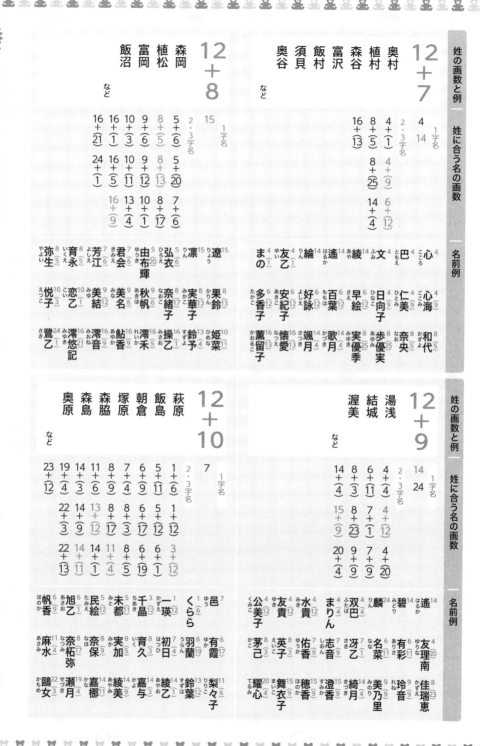

12＋11

姓の画数と例

渡部 奥野 飯野 森崎 植野 森野 萩野 など

姓に合う名の画数

1字名
6 10

2・3字名
2+(6) 4+(4) 5+(3) 6+(12) 10+(6) 18+(6) 22+(13)
2+(13) 4+(12) 5+(11) 7+(11) 13+(11) 18+(11)
2+(23) 4+(20) 6+(9) 10+(5) 14+(4) 22+(3)

名前例

朱《あき》 6
桃《もも》 10
ひなの 2+(6)
七桜子《なおこ》 2+(13)
七都陽《なつひ》 2+(23)
巴水《ともみ》 4+(4)
円水《まどみ》 4+(4)
ふゆ美《ふゆみ》 4+(12)

友梨香《ゆりか》 4+(20)
加子《かこ》 5+(3)
永菜《えいな》 5+(11)
由唯《ゆい》 5+(11)
有紀《ゆき》 6+(9)
安結《あゆ》 6+(12)
佑梨《ゆり》 7+(11)
夏未《なつみ》 10+(5)

純白《ましろ》 10+(5)
莉帆《りほ》 10+(6)
詩奈子《しなこ》 13+(11)
綾水《あやみ》 14+(4)
雛名《ひなな》 18+(6)
櫂都《かいと》 18+(11)
讃夕《あゆ》 22+(3)
讃愛《あきな》 22+(13)

12＋12

姓の画数と例

飯塚 越智 須賀 塚越 など

姓に合う名の画数

1字名
なし

2・3字名
1+(4) 4+(3) 4+(17) 6+(1) 9+(6) 17+(6) 21+(12)
3+(20) 4+(9) 4+(19) 6+(5) 11+(4) 20+(1)
4+(1) 4+(11) 5+(6) 6+(17) 13+(20) 20+(13)

名前例

一巴《かずは》 1+(4)
夕輝未《ゆきみ》 3+(20)
心乙《こい》 4+(1)
ふみ 4+(3)
心美《ここみ》 4+(9)
友耶《ともか》 4+(9)
水咲《みさき》 4+(9)
巴萌《ともえ》 4+(11)

文菜《ふみな》 4+(11)
友梨《ゆり》 4+(11)
心真希《こまき》 4+(17)
文艶《ふみえ》 4+(19)
なおこ 5+(6)
妃乙《きお》 6+(1)
有卯《ゆう》 6+(5)
名緒子《なおこ》 6+(17)

秋衣《あきえ》 9+(6)
美也子《みやこ》 9+(6)
麻水《あさみ》 11+(4)
詩保理《しほり》 13+(20)
鞠名《まりな》 17+(6)
耀乙《あき》 20+(1)
響楓《きょうか》 20+(13)
露葉《つゆは》 21+(12)

12＋16

姓の画数と例

富樫 棚橋 など

姓に合う名の画数

1字名
なし

2・3字名
1+(6) 2+(9) 5+(6) 8+(5) 16+(13)
2+(1) 2+(11) 7+(6) 9+(4) 23+(6)
2+(5) 2+(27) 8+(3) 16+(1)

名前例

くるみ 1+(6)
りつ 2+(1)
りりか 2+(5)
カオリ《かおり》 2+(5)
七胡《ななこ》 2+(9)
乃梨《のり》 2+(11)
りり香《りりか》 2+(11)
七奈瀬《ななせ》 2+(27)

史帆《しほ》 5+(6)
由早《ゆさ》 5+(6)
亜妃《あき》 7+(6)
沙帆《さほ》 7+(6)
佑衣《ゆい》 7+(6)
昌子《あきこ》 8+(3)
苑子《そのこ》 8+(3)
佳世《かよ》 8+(5)

弥生《やよい》 8+(5)
泉水《いずみ》 9+(4)
咲月《さつき》 9+(4)
思月《しづき》 9+(4)
懐乙《なつお》 16+(1)
磨里名《まりな》 16+(13)
鑑妃《あき》 23+(6)
鱒帆《ますほ》 23+(6)

12＋18

姓の画数と例

須藤 など

姓に合う名の画数

1字名
5 7 15 17

2・3字名
3+(4) 6+(5) 7+(4) 14+(3)
3+(12) 6+(9) 13+(4)
6+(1) 6+(11) 14+(1)

名前例

冬《ふゆ》 5
花《はな》 7
黎《れい》 15
霞《かすみ》 17
あゆの 3+(4)
さくら 3+(4)
三琴《みこと》 3+(12)
夕媛《ゆめ》 3+(12)

小夕紀《こゆき》 3+(12)
衣乙《いお》 6+(1)
妃代《きよ》 6+(5)
光世《みつよ》 6+(5)
汐音《しおね》 6+(9)
光南《みな》 6+(9)
帆乃花《ほのか》 6+(9)
安梨《あんり》 6+(11)

衣都《えと》 6+(11)
沙予《さよ》 7+(4)
里月《りつき》 7+(4)
詩友《しゆ》 13+(4)
綺乙《きお》 14+(1)
遙乙《はるき》 14+(1)
碧子《みどりこ》 14+(3)
瑠万《るま》 14+(3)

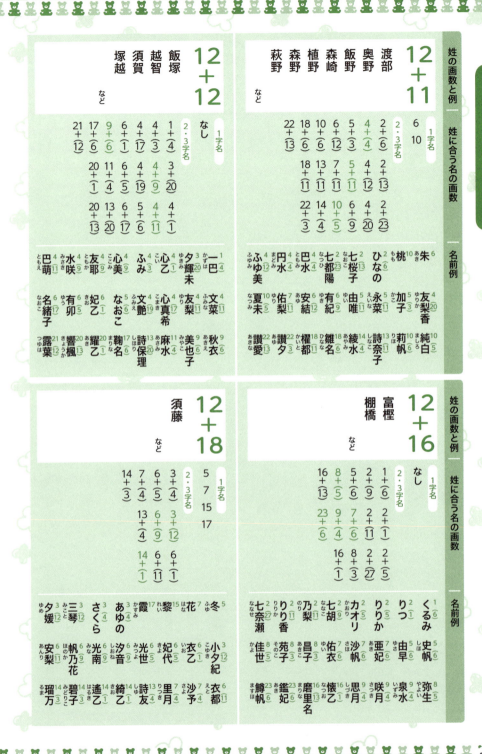

13

姓の画数と例

楠 滝 椿 塙 新 など

姓に合う名の画数

1字名

なし

2・3字名

2+(6) 4+(7) 8+(10) 10+(14) 12+(4) 16+(2) 18+(17) 20+(4) 20+(15)

3+(2) 4+(14) 8+(16) 10+(15) 12+(6) 16+(16) 19+(6) 20+(5)

4+(4) 5+(6) 10+(6) 11+(14) 12+(12) 18+(14) 19+(16) 20+(12)

名前例

2 (6) ひなの
3 (2) れい
4 (4) まりん
4 (7) 巴李《ともり》
4 (14) 巴嘉《ともか》
5 (6) 未羽《みう》
8 (10) 知晃《ちあき》
8 (16) 実蕾《みらい》

10 (6) 純名《じゅんな》
10 (14) 莉都子《りつこ》
10 (15) 笑舞《えま》
11 (14) 萌歌《もえか》
12 (4) 智巴《ともは》
12 (6) 陽向《ひなた》
12 (12) 晶紀子《あきこ》
16 (2) 篤乃《あつの》

16 (16) 樹梨可《きりか》
18 (14) 織歌《おりか》
18 (17) 曜霞《ようか》
19 (6) 鏡江《あきえ》
19 (16) 鏡楽子《あきらこ》
20 (4) 耀予《あきよ》
20 (5) 響可《きょうか》
20 (12) 耀葉《てるは》

13+3

姓の画数と例

溝口 福山 遠山 滝口 滝川 福士 小宮山 など

姓に合う名の画数

1字名

なし

2・3字名

2+(11) 3+(12) 4+(25) 5+(10) 5+(24) 12+(11) 15+(10) 21+(2) 21+(20)

3+(2) 3+(20) 5+(2) 5+(12) 8+(5) 15+(2) 15+(16) 21+(4)

3+(4) 3+(22) 5+(8) 5+(16) 12+(5) 15+(8) 20+(5) 21+(8)

名前例

2 (11) 十彩《とさ》
3 (2) みこ
3 (4) かりん
3 (12) 三晴《みはる》
3 (20) 夕梨香《ゆりか》
3 (22) 千穂里《ちほり》
4 (25) 文優佳《ふゆか》
5 (2) 令乃《あやの》

5 (8) 由季《ゆき》
5 (10) 可桜《かお》
5 (12) 未結《みゆ》
5 (16) 由香里《ゆかり》
5 (24) 左綺恵《さきえ》
8 (5) 茉央《まお》
12 (5) 智可《ともか》
12 (11) 陽奈子《ひなこ》

15 (2) 澄乃《すみの》
15 (8) 摩実《まみ》
15 (10) 澄夏《すみか》
15 (16) 舞佐美《まさみ》
20 (5) 耀禾《ようか》
21 (2) 露乃《つゆの》
21 (8) 櫻実《さくみ》
21 (20) 露祐梨《つゆり》

13+4

姓の画数と例

鈴木 新井 福井 照井 福元 碓井 など

姓に合う名の画数

1字名

なし

2・3字名

1+(5) 3+(5) 4+(4) 9+(26) 12+(4) 19+(16) 21+(20)

2+(16) 3+(18) 4+(12) 11+(5) 14+(4) 20+(4)

3+(3) 3+(28) 4+(20) 11+(10) 19+(5) 21+(3)

名前例

1 (5) 一代《かずよ》
2 (16) 八寿美《はすみ》
3 (3) 夕子《ゆうこ》
3 (3) そら
3 (3) みゆ
3 (5) みつき
3 (18) 小津紀《さつき》
3 (28) 三遊樹《みゆき》

4 (4) まこと
4 (12) 水渡《みと》
4 (12) 公美子《くみこ》
4 (20) 比那愛《ひなえ》
4 (20) 友理南《ゆりな》
9 (26) 思穂理《しほり》
11 (5) 野永《のえ》
11 (10) 麻姫《まき》

12 (4) 朝水《あさみ》
12 (4) 満友《みゆ》
14 (4) 鳴月《なつき》
19 (5) 麗可《れいか》
19 (16) 蘭樹《らんじゅ》
20 (4) 護水《もりみ》
21 (3) 露巳《ろみ》
21 (20) 顧悠紀《みゆき》

13+5

姓の画数と例

福田 豊田 新田 福本 福永 園田 塩田 など

姓に合う名の画数

1字名

なし

2・3字名

1+(4) 1+(22) 3+(4) 3+(18) 8+(3) 11+(2) 11+(12) 19+(4)

1+(10) 2+(19) 3+(10) 3+(20) 10+(3) 11+(4) 12+(3) 20+(3)

1+(16) 3+(2) 3+(12) 3+(26) 10+(11) 11+(10) 19+(2) 24+(5)

名前例

1 (4) 乙水《いつみ》
1 (10) 一紗《かずさ》
1 (16) 乙都加《いつか》
1 (22) 一都菜《いつな》
2 (19) 十樹子《ときこ》
3 (2) せり
3 (4) あくあ
3 (10) 万哩《まり》

3 (12) あゆ美《あゆみ》
3 (18) 千織《ちおり》
3 (20) 千菜津《ちなつ》
3 (26) 三菜穂《みなほ》
8 (3) 周子《ちかこ》
10 (3) 笑子《えみこ》
10 (3) 時子《ときこ》
10 (11) 紗彩《さあや》

11 (2) 麻乃《まの》
11 (4) 麻予《まよ》
11 (10) 毬笑《まりえ》
11 (12) 深晴《みはる》
12 (3) 絢子《あやこ》
19 (2) 羅七《らな》
19 (4) 麗水《れみ》
20 (3) 馨子《かおるこ》

13+7

姓の画数と例

滝沢　新谷　塩谷　塩見　新里　鈴村　宇佐見　など

姓に合う名の画数

1字名　なし

2・3字名

1+(2)　1+(4)　1+(12)　1+(16)　1+(20)　6+(5)　8+(5)　9+(4)　9+(12)　9+(16)　9+(28)　10+(5)　11+(2)　11+(10)　14+(3)　16+(2)　17+(4)　17+(8)　17+(20)

名前例

1+(2) 一七《かずな》　1+(4) 乙友《おとゆ》　1+(4) 一巴《かずは》　1+(12) 乙稀《いっき》　1+(16) 一名恵《ひなえ》　1+(20) 一都美《ひとみ》　6+(5) 早永《さえ》　8+(5) 佳世《かよ》

9+(4) 奏巴《かなは》　9+(12) 美琴《みこと》　9+(12) 美陽《みはる》　9+(12) 美津子《みつこ》　9+(16) 香衛《かえ》　9+(28) 美優梨《みゆり》　10+(5) 華生《かお》　10+(5) 紗世《さよ》

10+(5) 夏未《なつみ》　11+(2) 笛乃《ふえの》　11+(10) 彩華《あやか》　14+(3) 翠子《みどりこ》　16+(2) 懐十《なつと》　17+(4) 鞠予《まりよ》　17+(8) 鞠果《まりか》　17+(20) 優馨《ゆうか》

13+8

姓の画数と例

福岡　新妻　豊岡　など

姓に合う名の画数

1字名　なし

2・3字名

5+(3)　5+(11)　5+(19)　7+(10)　8+(8)　9+(2)　9+(22)　10+(8)　15+(3)　16+(8)　21+(3)　21+(16)

名前例

5+(3) 冬子《とうこ》　5+(3) なつこ　5+(11) 可梨《かりん》　5+(11) 由菜《ゆな》　5+(11) 由茉子《ゆまこ》　5+(19) 世都奈《せつな》　5+(19) 由津姫《ゆづき》　5+(19) 由理奈《ゆりな》

7+(10) 君華《きみか》　7+(10) 冴夏《さやか》　8+(8) 知実《ともみ》　9+(2) 虹乃《にじの》　9+(2) 宥七《ゆな》　9+(22) 玲緒奈《れおな》　10+(8) 純奈《じゅんな》　10+(8) 莉奈《りな》

15+(3) 慶子《けいこ》　15+(3) 舞夕《まゆ》　16+(8) 鮎奈《あゆな》　16+(8) 樹佳《きか》　16+(8) 澪奈《みおな》　21+(3) 鶴子《かこ》　21+(16) 顧津希《みつき》　21+(16) 露央彩《ろおざ》

13+9

姓の画数と例

宇佐美　新垣　新保　新美　照屋　新城　新海　など

姓に合う名の画数

1字名　なし

2・3字名

2+(5)　2+(11)　4+(11)　4+(19)　6+(11)　7+(8)　7+(16)　7+(18)　8+(3)　9+(2)　9+(4)　9+(8)　9+(16)　9+(26)　12+(3)　12+(5)　14+(11)　15+(2)　15+(8)　15+(10)　20+(3)　23+(2)　23+(12)　24+(11)

名前例

2+(5) 八永《やえ》　2+(11) 七悠《なゆ》　4+(11) 比奈子《ひなこ》　4+(19) 水蘭《みらん》　6+(11) 安唯《あい》　7+(8) 佐和《さわ》　7+(16) 里磨《りま》　7+(18) 佑莉佳《ゆりか》

8+(3) 佳子《かこ》　9+(2) 眉乃《まゆの》　9+(4) 秋水《あきみ》　9+(8) 美雨《みう》　9+(16) 秋衛《あきえ》　9+(26) 紀織奈《きおな》　12+(3) 結万《ゆま》　12+(5) 晶代《あきよ》

14+(11) 緒都《おと》　15+(2) 嬉乃《よしの》　15+(8) 魅雨《みう》　15+(10) 舞姫《まき》　20+(3) 響女《おとめ》　23+(2) 鷲乃《しゅうの》　23+(12) 鑑絵《あきえ》　24+(11) 鷺雪《さゆき》

13+10

姓の画数と例

福島　福原　豊島　福留　嵯峨　など

姓に合う名の画数

1字名　なし

2・3字名

1+(5)　1+(24)　3+(5)　3+(12)　3+(22)　5+(3)　5+(11)　5+(19)　6+(2)　6+(10)　7+(8)　7+(11)　7+(28)　8+(10)　11+(4)　11+(5)　14+(10)　15+(3)　19+(5)　19+(10)　23+(2)　23+(12)

名前例

1+(5) 乙加《いつか》　1+(24) 一菜愛《かなえ》　3+(5) えりか　3+(12) 万葉《まよ》　3+(22) 小稀夏《さきか》　5+(3) なつこ　5+(11) 未都《みと》　5+(19) 世都奈《せつな》

6+(2) 光乃《みつの》　6+(10) 光紗《みさ》　7+(8) 沙奈《さな》　7+(11) 佐理《さり》　7+(28) 沙鶴希《さつき》　8+(10) 茉莉《まり》　11+(4) 菊水《きくみ》　11+(5) 麻未《あさみ》

11+(5) 偲央《しお》　11+(5) 理世《りせ》　14+(10) 彰恵《あきえ》　15+(3) 範子《のりこ》　19+(5) 霧可《きりか》　19+(10) 麗華《れいか》　23+(2) 鑑乃《あきの》　23+(12) 鱒寸美《ますみ》

姓の画数と例

13+11

塩崎 塩野 園部 新野 溝渕 など

姓に合う名の画数

1字名
なし

2・3字名
2+(3) 4+(19) 5+(2)
5+(8) 5+(10) 5+(16)
5+(18) 6+(5) 7+(4)
7+(10) 10+(5) 12+(3)
14+(19) 21+(12) 22+(11)

名前例

リサ《りさ》 2 (3)　友瀬《ゆうせ》 4 (19)　市乃《いちの》 5 (2)　史乃《しの》 5 (2)　冬乃《ふゆの》 5 (2)　加奈《かな》 5 (8)　冬実《ふゆみ》 5 (8)　未歩《みほ》 5 (8)

由希子《ゆきこ》 5 (10)　未操《みさお》 5 (16)　由稀江《ゆきえ》 5 (18)　光央《みお》 6 (5)　伴予《ともよ》 7 (4)　希恵《きえ》 7 (10)　邑夏《ゆうか》 7 (10)　紗世《さよ》 10 (5)

珠生《たまお》 10 (5)　桃代《ももよ》 10 (5)　敬子《けいこ》 12 (3)　裕子《ゆうこ》 12 (3)　歌都奈《かづな》 14 (19)　嘉梨奈《かりな》 14 (19)　顧葉《みよ》 21 (12)　讃和子《さわこ》 22 (11)

13+12

猿渡 新開 福富 など

1字名
なし

2・3字名
1+(22) 3+(3) 3+(5)
3+(10) 3+(20) 4+(4)
4+(12) 4+(28) 5+(2)
5+(3) 11+(2) 11+(5)
21+(11) 21+(12) 23+(10)

一咲愛《ひさえ》 1 (22)　あみ 3 (3)　みち 3 (3)　あさひ 3 (5)　かれん 3 (5)　小夏《こなつ》 3 (10)　ゆり奈《ゆりな》 3 (10)　みなほ 3 (10)

夕美菜《ゆみな》 3 (20)　ねね 4 (4)　文夕美《ふゆみ》 4 (12)　水南瀬《みなせ》 4 (28)　令乃《あやの》 5 (2)　由乃《ゆの》 5 (2)　礼七《れな》 5 (2)　冬弓《ふゆみ》 5 (3)

未夕《みゆ》 5 (3)　なみ 5 (3)　偲乃《しの》 11 (2)　望生《のぞみ》 11 (5)　康代《やすよ》 11 (5)　鶴夕奈《つゆな》 21 (11)　露満《ろまん》 21 (12)　鱒沙子《まさこ》 23 (10)

姓の画数と例

13+18

遠藤 新藤 など

姓に合う名の画数

1字名
なし

2・3字名
3+(4) 3+(5) 5+(3)
5+(11) 6+(2) 11+(5)
14+(2) 19+(2)

名前例

久水《くみ》 3 (4)　みお 3 (4)　ゆま 3 (4)　ゆりこ 3 (4)　三冬《みふゆ》 3 (5)　三矢《みや》 3 (5)　せいら 3 (5)　やよい 3 (5)

央子《ひろこ》 5 (3)　由女《ゆめ》 5 (3)　未唯《みい》 5 (11)　未梨《みり》 5 (11)　由麻《ゆま》 5 (11)　可奈女《かなめ》 5 (11)　安七《あんな》 6 (2)　光乃《みつの》 6 (2)

麻白《ましろ》 11 (5)　理央《りお》 11 (5)　綾乃《あやの》 14 (2)　歌乃《うたの》 14 (2)　静七《しずな》 14 (2)　嘉乃《よしの》 14 (2)　蘭乃《らんの》 19 (2)　麗七《れな》 19 (2)

14

関 境 榊 嶋 榎 など

1字名
なし

2・3字名
1+(2) 1+(16) 2+(5)
3+(4) 3+(15) 4+(7)
7+(4) 7+(10) 7+(17)
9+(15) 9+(16) 10+(7)
10+(15) 11+(7) 11+(12)
17+(4) 17+(7) 18+(7)
18+(15) 19+(5) 19+(6)
19+(14) 21+(10) 21+(12)
23+(15)

レナ《れな》 1 (2)　乙樹《いつき》 1 (16)　ナツコ《なつこ》 2 (5)　かの子《かのこ》 3 (4)　夕輝《ゆき》 3 (15)　文伽《ふみか》 4 (7)　亜友《あゆ》 7 (4)　杏華《きょうか》 7 (10)

亜優《あゆ》 7 (17)　美由起《みゆき》 9 (15)　美磨《みま》 9 (16)　真希《まき》 10 (7)　真紗代《まさよ》 10 (15)　梨花《りか》 11 (7)　萌絵《もえ》 11 (12)　優月《ゆづき》 17 (4)

鞠那《まりな》 17 (7)　観沙《みさ》 18 (7)　観由起《みゆき》 18 (15)　瀬央《せお》 19 (5)　霧江《きりえ》 19 (6)　麗菜子《れなこ》 19 (14)　躍寿子《やすこ》 21 (10)　露賀《ろか》 21 (12)

14＋3

姓の画数と例

関口 増子 増山 緑川 徳山 関川 稲川 など

姓に合う名の画数

1字名

22

2・3字名

2＋(4) 4＋(4) 5＋(3) 10＋(25) 13＋(3) 20＋(15) 22＋(19)
3＋(15) 4＋(17) 5＋(11) 12＋(4) 15＋(3) 21＋(3)
4＋(2) 4＋(27) 5＋(19) 12＋(9) 20＋(4) 22＋(2)

名前例

22 讃《あき》
22 鷗《かもめ》
2＋(4) ライム《らいむ》
3＋(15) 夕美衣《ゆみえ》
4＋(2) 巴七《はな》
4＋(2) まり
4＋(4) まき
4＋(17) 文霞《あやか》
4＋(27) 文優姫《ふゆき》
5＋(3) 由巳《ゆみ》
5＋(11) 可梨《かりん》
5＋(11) 由菜《ゆな》
5＋(19) 加菜枝《かなえ》
10＋(25) 紗緒梨《さおり》
12＋(4) 朝水《あさみ》
12＋(9) 晴美《はるみ》
13＋(3) 楓子《ふうこ》
15＋(3) 徹子《てつこ》
15＋(3) 舞夕《まゆ》
20＋(4) 耀巴《あきは》
20＋(15) 響輝《ひびき》
21＋(3) 櫻子《さくらこ》
22＋(2) 鷗七《かもな》
22＋(19) 讃都季《さつき》

14＋4

姓の画数と例

緒方 増井 堀之内 関戸 綿引 熊木 など

姓に合う名の画数

1字名

なし

2・3字名

1＋(2) 2＋(9) 3＋(18) 4＋(11) 4＋(25) 11＋(10) 12＋(9) 19＋(10) 21＋(2)
1＋(10) 2＋(15) 4＋(3) 4＋(17) 9＋(2) 12＋(1) 12＋(11) 20＋(1)
2＋(3) 2＋(21) 4＋(9) 4＋(19) 11＋(2) 12＋(3) 13＋(2) 20＋(3)

名前例

1＋(2) のん
1＋(10) 一恵《かずえ》
2＋(3) りりの
2＋(9) 乃南《のな》
2＋(15) 七穂《ななほ》
2＋(21) 十騎子《ときこ》
3＋(18) 千南美《ちなみ》
4＋(3) はる
4＋(9) 友美《ゆみ》
4＋(11) 文菜《ふみな》
4＋(17) 水都江《みつえ》
4＋(19) 心麗《みれい》
4＋(25) 水輝恵《みきえ》
9＋(2) 秋乃《あきの》
11＋(2) 清乃《きよの》
11＋(10) 菊恵《きくえ》
12＋(1) 釉乙《ゆうき》
12＋(3) 賀子《かこ》
12＋(9) 智海《ともみ》
12＋(11) 紫野《しの》
13＋(2) 靖七《やすな》
19＋(10) 麗夏《れいか》
20＋(1) 譲乙《ゆずき》
21＋(2) 露七《つゆな》

14＋5

姓の画数と例

増田 榎本 徳永 窪田 嶋田 稲田 小野田 など

姓に合う名の画数

1字名

6 12

2・3字名

1＋(17) 6＋(7) 10＋(23)
2＋(4) 8＋(10) 16＋(2)
2＋(27) 10＋(3) 20＋(18)

名前例

6 凪《なぎ》
6 光《ひかり》
12 葵《あおい》
12 晶《あき》
1＋(17) 一鞠《いまり》
2＋(4) このみ
2＋(4) ヒカリ《ひかり》
2＋(27) 七奈瀬《ななせ》
2＋(27) 八詩緒《やしお》
6＋(7) 有沙《ありさ》
6＋(7) 早良《さら》
6＋(7) 朱里《しゅり》
8＋(10) 昊恵《あきえ》
8＋(10) 和姫《かずき》
8＋(10) 知華《ちか》
10＋(3) 桂子《けいこ》
10＋(3) 恋子《こいこ》
10＋(23) 夏奈穂《かなほ》
10＋(23) 紗輝佳《さきか》
16＋(2) 篤乃《あつの》
16＋(2) 樹乃《きの》
16＋(2) 澪乃《みおの》
20＋(18) 馨奈恵《かなえ》
20＋(18) 響美紀《ひびき》

14＋6

姓の画数と例

小野寺 など

姓に合う名の画数

1字名

5 15

2・3字名

1＋(10) 2＋(3) 2＋(19) 9＋(4) 10＋(15) 11＋(10) 15＋(2) 18＋(19)
1＋(24) 2＋(11) 7＋(4) 10＋(3) 10＋(27) 12＋(1) 18＋(3)
2＋(1) 2＋(15) 7＋(18) 10＋(11) 11＋(4) 12＋(9) 18＋(7)

名前例

5 司《つかさ》
15 憧《あこ》
1＋(10) 乙華《おとか》
1＋(24) 一澄美《かすみ》
2＋(1) リノ《りの》
2＋(3) リサ《りさ》
2＋(11) 七雪《なゆき》
2＋(15) 乃璃《のり》
2＋(19) 乃羅《のら》
7＋(4) 希水《のぞみ》
7＋(18) 亜花梨《あかり》
9＋(4) 祐友《ゆうゆ》
10＋(3) 珠巳《たまみ》
10＋(11) 真唯《まい》
10＋(15) 真結子《まゆこ》
10＋(27) 真裕穂《まゆほ》
11＋(4) 萌心《もえみ》
11＋(10) 梢恵《こずえ》
12＋(1) 晶乙《あき》
12＋(9) 陽香《はるか》
15＋(2) 諄乃《あつの》
18＋(3) 織己《おりみ》
18＋(7) 繡那《あやな》
18＋(19) 櫂唯奈《かいな》

14＋7

姓の画数と例

熊谷　関谷　熊沢　稲村　野々村　嶋村　稲見　など

姓に合う名の画数

1字名

4　17

2・3字名

1＋(7)　6＋(2)　8＋(9)　10＋(21)　17＋(7)

1＋(15)　6＋(10)　9＋(7)　11＋(7)　18＋(19)

1＋(23)　6＋(18)　10＋(1)　16＋(2)　22＋(2)

名前例

心《こころ》 4　巴《ともえ》 4　円《まどか》 4　嶺《れい》 17　ノゾミ《のぞみ》 1(7)　乙澄《いずみ》 1(15)　一緒美《いおみ》 1(23)　汐七《しおな》 6(2)

百桃《もも》 6(10)　妃呂子《ひろこ》 6(10)　有希子《ゆきこ》 6(10)　早織《さおり》 6(18)　伊柘美《いつみ》 6(18)　知保《ちほ》 8(9)　咲希《さき》 9(7)　留乙《るい》 10(1)

真輝衣《まきえ》 10(21)　爽花《さやか》 11(7)　鮎乃《あゆの》 16(2)　霞甫《かほ》 17(7)　環那《かんな》 17(7)　檀李《まゆり》 17(7)　藍羅《あいら》 18(19)　讃七《あきな》 22(2)

14＋9

姓の画数と例

稲垣　鳴海　など

姓に合う名の画数

1字名

15　16　24

2・3字名

2＋(4)　4＋(11)　6＋(2)　7＋(1)　8＋(10)　12＋(3)　16＋(2)　24＋(1)

2＋(23)　4＋(21)　6＋(10)　7＋(9)　8＋(27)　12＋(4)　20＋(4)　24＋(11)

4＋(4)　4＋(25)　6＋(18)　8＋(7)　9＋(9)　15＋(9)　20＋(9)

名前例

慶《けい》 15　蕾《つぼみ》 16　麟《りん》 24　このみ 2(4)　まお 4(4)　水悠《みゆ》 4(11)　巴菜緒《はなお》 4(25)　糸乃《しの》 6(2)

安久里《あぐり》 6(10)　多津美《たつみ》 6(18)　冴乙《さき》 7(1)　沙保《さほ》 7(9)　明花《あきか》 8(7)　和紗《かずさ》 8(10)　奈緒愛《なおえ》 8(27)　美哉《みや》 9(9)

翔子《しょうこ》 12(3)　貴水《たかみ》 12(4)　魅哉《みや》 15(9)　樹乃《きの》 16(2)　耀水《あきみ》 20(4)　譲紀《ゆずき》 20(9)　麟乙《りお》 24(1)　鷺菜《さぎな》 24(11)

14＋10

姓の画数と例

小笠原　関根　榊原　熊倉　仲宗根　漆原　など

姓に合う名の画数

1字名

7

2・3字名

1＋(4)　6＋(1)　6＋(15)　7＋(4)　8＋(15)　15＋(18)　23＋(10)

3＋(2)　6＋(7)　6＋(17)　8＋(3)　11＋(4)　19＋(4)

5＋(18)　6＋(9)　6＋(27)　8＋(9)　13＋(2)　22＋(11)

名前例

李《もも》 7　一心《かずこ》 1(4)　かこ 3(2)　史織《しおり》 5(18)　衣乙《いお》 6(1)　汐乙《しお》 6(1)　安寿《あんじゅ》 6(7)　早良《さら》 6(7)

糸音《いとね》 6(9)　早穂《さほ》 6(15)　光優《みゆ》 6(17)　安衣菜《あいな》 6(17)　早智穂《さちほ》 6(27)　那月《なつき》 7(4)　空々《くく》 8(3)　和奏《わかな》 8(9)

佳穂《かほ》 8(15)　梓水《あずみ》 11(4)　菜月《なつき》 11(4)　鈴乃《すずの》 13(2)　穂南美《ほなみ》 15(18)　瀬戸《せと》 19(4)　讃椛《あきか》 22(11)　鑑希子《あきこ》 23(10)

14＋11

姓の画数と例

波多野　熊野　二階堂　綿貫　嶋崎　熊崎　綾部　など

姓に合う名の画数

1字名

6　10　12

2・3字名

2＋(21)　4＋(9)　5＋(11)　6＋(2)　12＋(11)

4＋(2)　4＋(19)　5＋(27)　12＋(1)　12＋(21)

4＋(4)　5＋(3)　6＋(1)　12＋(4)　22＋(11)

名前例

凪《なぎ》 6　光《ひかり》 6　恵《めぐみ》 10　智《とも》 12　七結香《なゆか》 2(21)　水七《みな》 4(2)　まこ 4(2)　允予《いよ》 4(4)

天音《あまね》 4(9)　公美《くみ》 4(9)　日向子《ひなこ》 4(9)　水紗紀《みさき》 4(19)　本子《もとこ》 5(3)　由唯《ゆい》 5(11)　未奈瀬《みなせ》 5(27)　旭乙《あさお》 6(1)

安七《あんな》 6(2)　如乃《ゆきの》 6(2)　葵乙《あおい》 12(1)　満予《みつよ》 12(4)　結水《ゆみ》 12(4)　暁菜《あきな》 12(11)　稀緒里《きおり》 12(21)　鴎菜《かもな》 22(11)

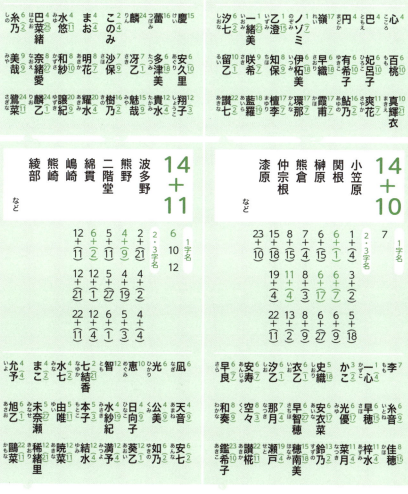

14＋12

姓の画数と例：稲葉 など

姓に合う名の画数

1字名：12

2・3字名：1+(2)　1+(4)　1+(10)　4+(1)　4+(3)　4+(9)　4+(11)　4+(17)　4+(27)　5+(2)　5+(10)　6+(1)　6+(7)　6+(15)　6+(25)　9+(2)　11+(2)　11+(4)　12+(1)　12+(3)　12+(9)　19+(2)　20+(1)　20+(11)

名前例

幾《いく》 12　のり 1+(2)　乙水《いつみ》 1+(4)　しずほ 1+(10)　きの 4+(1)　公子《きみこ》 4+(3)　友耶《ともか》 4+(9)　日奈子《ひなこ》 4+(11)

月霞《つきか》 4+(17)　史乃《しの》 5+(2)　玉姫《たまき》 5+(10)　衣乙《いお》 6+(1)　有希《ゆき》 6+(7)　光穂《みつほ》 6+(15)　有樹保《ゆきほ》 6+(25)　保乃《やすの》 9+(2)

唯七《ゆいな》 11+(2)　彩予《さよ》 11+(4)　朝乙《あさお》 12+(1)　琴子《ことこ》 12+(3)　琴美《ことみ》 12+(9)　霧乃《きりの》 19+(2)　耀一《きい》 20+(1)　耀視《てるみ》 20+(11)

14＋18

姓の画数と例：齊藤 など

姓に合う名の画数

1字名：5　7　15

2・3字名：3+(4)　5+(10)　6+(1)　6+(7)　6+(9)　6+(19)　15+(10)　23+(2)

名前例

汀《なぎさ》 5　由《ゆう》 5　里《さと》 7　寿《ひさ》 7　澄《すみ》 15　凛《りん》 15　久水《くみ》 3+(4)　あやの 3+(4)

民恵《たみえ》 5+(10)　由夏《ゆか》 5+(10)　なずな 5+(10)　旭乙《あさお》 6+(1)　汐乙《しお》 6+(1)　帆花《ほのか》 6+(7)　有李《ゆり》 6+(7)　朱美《あけみ》 6+(9)

汐音《しおね》 6+(9)　名美《なみ》 6+(9)　吏瀬《りせ》 6+(19)　江莉香《えりか》 6+(19)　嬉恵《きえ》 15+(10)　舞華《まいか》 15+(10)　顯七《あきな》 23+(2)　鷲乃《しゅうの》 23+(2)

15＋3

姓の画数と例：長谷川　横山　樋口　影山 など

姓に合う名の画数

1字名：14

2・3字名：2+(1)　2+(9)　3+(2)　3+(8)　3+(14)　3+(20)　3+(26)　4+(17)　5+(2)　5+(8)　5+(10)　5+(16)　5+(18)　5+(24)　10+(1)　12+(1)　12+(9)　13+(2)　13+(8)　13+(10)　14+(1)　21+(2)　22+(1)

名前例

綴《つづり》 14　ソノ《その》 2+(1)　七帆子《なほこ》 2+(9)　あん 3+(2)　あやな 3+(8)　小由紀《こゆき》 3+(14)　夕華莉《ゆかり》 3+(20)　久美霞《くみか》 3+(26)

友霞《ともか》 4+(17)　可七《かな》 5+(2)　永実《えいみ》 5+(8)　由真《ゆま》 5+(10)　未祐希《みゆき》 5+(16)　可織《かおり》 5+(18)　由貴瑛《ゆきえ》 5+(24)　倫乙《りお》 10+(1)

葵乙《あおい》 12+(1)　朝美《あさみ》 12+(9)　夢乃《ゆめの》 13+(2)　愛季《あき》 13+(8)　暖栞《はるか》 13+(10)　遙乙《はるき》 14+(1)　鶴乃《かの》 21+(2)　讃乙《あき》 22+(1)

15＋4

姓の画数と例：横井　横内 など

姓に合う名の画数

1字名：14

2・3字名：1+(17)　2+(16)　3+(3)　3+(26)　7+(6)　9+(9)　11+(2)　11+(22)　17+(1)　21+(17)

名前例

静《しずか》 14　颯《そよ》 14　蔦《つた》 14　乙霞《おとか》 1+(17)　一真里《ひまり》 1+(17)　七積《なつみ》 2+(16)　乃利香《のりか》 2+(16)　三夕《みゆ》 3+(3)

かのん 3+(3)　みのり 3+(3)　小優美《さゆみ》 3+(26)　三菜穂《みなほ》 3+(26)　佑衣《ゆい》 7+(6)　里帆《りほ》 7+(6)　紀香《のりか》 9+(9)　宥紀《ゆき》 9+(9)

玲音《れね》 9+(9)　毬乃《まりの》 11+(2)　悠七《ゆうな》 11+(2)　彩矢霞《あやか》 11+(22)　梨緒奈《りおな》 11+(22)　環乙《たまき》 17+(1)　櫻良華《さくらか》 21+(17)　露美奈《ろみな》 21+(17)

15＋5

姓の画数と例

横田
廣田
駒田
など

姓に合う名の画数

1字名
なし

2・3字名
1＋⑩　1＋㉔　3＋②　3＋⑱　10＋③　11＋⑭　12＋⑨　19＋②
1＋⑭　2＋⑨　3＋⑩　8＋③　11＋②　11＋㉖　13＋⑧　19＋⑥
1＋⑯　2＋㉓　3＋⑭　8＋⑨　11＋⑩　12＋③　16＋①　19＋⑱

名前例

乙夏《いつか》 1⑩　乙由美《いゆみ》 1⑭　一謡《かずよ》 1⑯　一理愛《いりあ》 1㉔　乃娃《のあ》 2⑨　七遊彩《なゆさ》 2㉓　せり 3②　すずな 3⑩
万喜乃《まきの》 3⑭　夕起奈《ゆきな》 3⑱　佳巳《よしみ》 8③　和音《かずね》 8⑨　恵子《けいこ》 10③　麻乃《まの》 11②　萌笑《もえ》 11⑩　梨緒《りお》 11⑭
彩穂理《さほり》 11㉖　結女《ゆめ》 12③　絢香《あやか》 12⑨　慈雨《いつめ》 13⑧　薫乙《かお》 16①　艶乃《よしの》 19②　鏡帆《あきほ》 19⑥　鏡記奈《あきな》 19⑱

15＋7

姓の画数と例

横尾
海老沢
横沢
など

姓に合う名の画数

1字名
なし

2・3字名
1＋②　1＋⑯　4＋⑨　8＋⑧　9＋⑭　11＋②　11＋㉔　16＋⑨　22＋①
1＋⑥　1＋㉒　6＋⑨　8＋⑨　9＋⑯　11＋⑥　14＋①　17＋⑥
1＋⑭　4＋③　6＋⑰　9＋⑥　10＋①　11＋⑭　14＋③　17＋⑧

名前例

レイ《れい》 1②　しずか 1⑥　一歌《いちか》 1⑭　一蕗《いちろ》 1⑯　一翔恵《ひとえ》 1㉒　まみ 4③　巴香《ともか》 4⑨　成美《なりみ》 6⑨
衣鞠《いまり》 6⑰　実果《みか》 8⑧　和香《わか》 8⑨　春妃《はるひ》 9⑥　衿歌《えりか》 9⑭　美融《みゆ》 9⑯　華乙《かお》 10①　菊七《きくな》 11②
彩帆《さほ》 11⑥　望都子《もとこ》 11⑭　彩津輝《さつき》 11㉔　綴乙《つづき》 14①　嘉己《よしみ》 14③　龍美《たつみ》 16⑨　鞠名《まりな》 17⑥　曙英《あきえ》 17⑧

15＋10

姓の画数と例

海老原
など

姓に合う名の画数

1字名
7　14

2・3字名
1＋⑥　5＋②　5＋⑱　6＋㉖　14＋②　23＋⑩
3＋⑳　5＋③　6＋②　7＋①　14＋⑱
5＋①　5＋⑧　6＋⑩　13＋③　23＋⑨

名前例

杏《あん》 7　芳《かおる》 7　滴《しずく》 14　綿《わた》 14　しおん 1⑥　千恵莉《ちえり》 3⑳　未乙《みお》 5①　令乃《あやの》 5②
未千《みち》 5③　未苑《みその》 5⑧　由芽《ゆめ》 5⑧　ななみ 5⑧　未彩希《みさき》 5⑱　吉乃《よしの》 6②　吏紗《りさ》 6⑩　名菜穂《ななほ》 6㉖
那乙《なお》 7①　愛夕《あゆ》 13③　颯乃《そよの》 14②　歌織《かおり》 14⑱　維津紀《いつき》 14⑱　緋花梨《ひかり》 14⑱　顕香《あきか》 23⑨　顕華《あきか》 23⑩

15＋11

姓の画数と例

長谷部
諏訪
など

姓に合う名の画数

1字名
6　12

2・3字名
2＋①　4＋⑨　5＋⑩　6＋①　7＋⑭　12＋①　13＋⑧
2＋③　4＋⑰　5＋⑯　6＋⑨　7＋㉔　12＋③　20＋①
2＋⑨　5＋②　5＋㉖　7＋⑥　10＋①　13＋②　21＋⑩

名前例

圭《けい》 6　順《じゅん》 12　りく 2①　二三《ふみ》 2③　人美《ひとみ》 2⑨　文香《あやか》 4⑨　心優《みゆ》 4⑰　なつの 5②
弘笑《ひろえ》 5⑩　由起江《ゆきえ》 5⑯　可鶴未《かずみ》 5㉖　旭乙《あさお》 6①　早保《さほ》 6⑨　良衣《よしえ》 7⑥　見緒《みお》 7⑭　亜鷺《あさぎ》 7㉔
恋乙《こい》 10①　結乙《ゆい》 12①　敦子《あつこ》 12③　暖乃《はるの》 13②　想和《そわ》 13⑧　路奈《ゆきな》 13⑧　耀乙《あき》 20①　露華《ろか》 21⑩

15+12

姓の画数と例

大須賀 樋渡 など

姓に合う名の画数

1字名: 6 / 12 / 20

2・3字名: 1+(10) / 3+(3) / 5+(1) / 5+(16) / 9+(22) / 19+(2) / 1+(17) / 3+(18) / 5+(3) / 9+(2) / 11+(14) / 1+(24) / 4+(1) / 5+(6) / 9+(9) / 17+(1)

名前例

- 有《ゆう》 6
- 森《しん》 12
- 馨《かおる》 20
- 響《ひびき》 20
- 乙姫《おとき》 1+(10)
- 一霞《いちか》 1+(17)
- 一真里《いまり》 1+(17)
- 乙鶴子《いっこ》 1+(24)
- さよ 3+(3)
- 小波留《こはる》 3+(18)
- はの 4+(1)
- ほし 5+(1)
- 民女《みな》 5+(3)
- 未帆《みほ》 5+(6)
- 由里珂《ゆりか》 5+(16)
- 柚乃《ゆの》 9+(2)
- 紀香《のりか》 9+(9)
- 恢南《ひろな》 9+(9)
- 美咲《みさき》 9+(9)
- 柚唯菜《ゆいな》 9+(22)
- 菜緒《なお》 11+(14)
- 麻綾《まあや》 11+(14)
- 嶺乙《みお》 17+(1)
- 瀬七《せな》 19+(2)

16

姓の画数と例

橘 など

姓に合う名の画数

1字名: なし

2・3字名: 1+(6) / 2+(5) / 7+(6) / 8+(15) / 9+(7) / 13+(16) / 17+(15) / 19+(13) / 23+(6) / 1+(7) / 2+(23) / 8+(5) / 8+(17) / 9+(14) / 15+(6) / 19+(4) / 21+(10) / 1+(14) / 5+(10) / 8+(7) / 9+(4) / 13+(10) / 15+(17) / 19+(12) / 22+(7)

名前例

- つぐみ 1+(6)
- 一沙《かずさ》 1+(7)
- 一榎《いちか》 1+(14)
- ひみこ 2+(5)
- 七鶴乃《なつの》 2+(23)
- 民恵《たみえ》 5+(10)
- 杏名《あんな》 7+(6)
- 采加《あやか》 8+(5)
- 祈沙《きさ》 8+(7)
- 幸穂《ゆきほ》 8+(15)
- 茉莉花《まりか》 8+(17)
- 美月《みつき》 9+(4)
- 香里《かおり》 9+(7)
- 柚嘉《ゆか》 9+(14)
- 慈華《いつか》 13+(10)
- 瑞樹《みずき》 13+(16)
- 舞羽《まう》 15+(6)
- 凛霞《りんか》 15+(17)
- 鞠穂《まりほ》 17+(15)
- 鏡心《あきこ》 19+(4)
- 艶葉《あでは》 19+(12)
- 瀬里名《せりな》 19+(13)
- 櫻莉《さり》 21+(10)
- 讃花《あきか》 22+(7)

16+3

姓の画数と例

橋口 など

姓に合う名の画数

1字名: 2 / 10 / 22

2・3字名: 2+(16) / 4+(25) / 12+(21) / 3+(15) / 8+(5) / 22+(16) / 4+(2) / 10+(8)

名前例

- 笑《えみ》 10
- 純《じゅん》 10
- 讃《あき》 22
- 七樹《ななき》 2+(16)
- 十愛子《とあこ》 2+(16)
- 夕輝《ゆき》 3+(15)
- 小有美《さゆみ》 3+(15)
- 三奈見《みなみ》 3+(15)
- 月乃《つきの》 4+(2)
- きり 4+(2)
- 文優佳《ふゆか》 4+(25)
- 水輝恵《みきえ》 4+(25)
- 歩未《あゆみ》 8+(5)
- 朋未《ともみ》 8+(5)
- 奈央《なお》 8+(5)
- 茉央《まお》 8+(5)
- 和可《わか》 8+(5)
- 恵実《えみ》 10+(8)
- 真奈《まな》 10+(8)
- 桃果《ももか》 10+(8)
- 留奈《るな》 10+(8)
- 満梨紗《まりさ》 12+(21)
- 遊樹未《ゆきみ》 12+(21)
- 讃樹《さき》 22+(16)

16+4

姓の画数と例

橋爪 薄井 田部井 など

姓に合う名の画数

1字名: 17

2・3字名: 1+(2) / 2+(15) / 3+(22) / 4+(13) / 9+(16) / 12+(1) / 12+(25) / 14+(7) / 20+(17) / 2+(9) / 2+(23) / 4+(1) / 4+(17) / 11+(2) / 12+(9) / 13+(2) / 20+(1) / 2+(13) / 3+(8) / 4+(9) / 9+(2) / 11+(21) / 12+(13) / 13+(8) / 20+(5)

名前例

- 鞠《まり》 17
- レナ《れな》 1+(2)
- 八江子《やえこ》 2+(9)
- 七楓《ななか》 2+(13)
- 二嬉《にき》 2+(15)
- 乃栄瑠《のえる》 2+(23)
- かなえ 3+(8)
- 小南愛《さなえ》 3+(22)
- まの 4+(1)
- 木の実《このみ》 4+(9)
- 心愛《ここあ》 4+(13)
- 友梨衣《ゆりえ》 4+(17)
- 春乃《はるの》 9+(2)
- 海親《みちか》 9+(16)
- 郷十《さと》 11+(2)
- 彩緒里《さおり》 11+(21)
- 釉乙《ゆうき》 12+(1)
- 智春《ちはる》 12+(9)
- 貴里衣《きりえ》 12+(13)
- 満理緒《まりお》 12+(25)
- 愛乃《あいの》 13+(2)
- 路奈《ゆきな》 13+(8)
- 緒杜《おと》 14+(7)
- 耀可《ようか》 20+(5)

16＋5

姓の画数と例

橋本 澤田 橋田 など

姓に合う名の画数

1字名

なし

2・3字名

1+(17) 2+(9) 2+(15)
2+(16) 2+(22) 3+(5)
3+(13) 3+(21) 8+(8)
8+(16) 10+(7) 11+(5)
12+(19) 13+(5) 19+(5)

名前例

一鞠《いまり》 1(17)　十妃子《ときこ》 2(9)　八澄《やすみ》 2(15)　乃磨《のま》 2(16)　二実嘉《ふみか》 2(22)　あいか 3(5)　せいら 3(5)　千聖《ちさと》 3(13)

三園《みその》 3(13)　夕鶴《ゆづる》 3(21)　万梨紗《まりさ》 3(21)　佳苗《かなえ》 8(8)　侑芽《ゆめ》 8(8)　欣実《よしみ》 8(8)　英里南《えりな》 8(16)　佳名恵《かなえ》 8(16)

和佳奈《わかな》 8(16)　桜花《おうか》 10(7)　真佑《まゆ》 10(7)　素花《もとか》 10(7)　理生《りお》 11(5)　稀羅《きら》 12(19)　愛未《あいみ》 13(5)　鏡未《あきみ》 19(5)

16＋18

姓の画数と例

衛藤 錦織 など

姓に合う名の画数

1字名

5 7

2・3字名

3+(8) 5+(8) 6+(1)
6+(5) 6+(7) 6+(17)
7+(16)

名前例

央《ひろ》 5　史《ふみ》 5　冴《さえ》 7　忍《しのぶ》 7　伶《れい》 7　夕季《ゆき》 3(8)　あゆな 3(8)　みづほ 3(8)

みゆな 3(8)　世奈《せな》 5(8)　汀和《みぎわ》 5(8)　衣乙《いお》 6(1)　妃乙《きお》 6(1)　朱生《あけみ》 6(5)　伊代《いよ》 6(5)　早永《さえ》 6(5)

帆白《ほしろ》 6(5)　百可《ももか》 6(5)　圭杜《けいと》 6(7)　百花《ももか》 6(7)　光優《みゆ》 6(17)　有季美《ゆきみ》 6(17)　邑樹《ゆうき》 7(16)　希咲良《きさら》 7(16)

17＋5

姓の画数と例

篠田 など

姓に合う名の画数

1字名

16

2・3字名

1+(6) 1+(14) 1+(16)
1+(22) 1+(24) 2+(15)
3+(4) 3+(12) 3+(14)
3+(20) 6+(7) 8+(7)
8+(15) 10+(7) 11+(4)
11+(12) 11+(14) 13+(4)
13+(12) 13+(22) 16+(1)
18+(7) 19+(4) 19+(6)

名前例

薫《かおる》 16　つかさ 1(6)　乙歌《いっか》 1(14)　一咲愛《ひさえ》 1(22)　一南穂《かなほ》 1(24)　乃凛《のりん》 2(15)　ちひろ 3(4)　夕美子《ゆみこ》 3(12)

千種《ちぐさ》 3(14)　万優子《まゆこ》 3(20)　光来《みき》 6(7)　於兎《おと》 8(7)　佳穂《かほ》 8(15)　桃那《ももな》 10(7)　雪予《ゆきよ》 11(4)　理香子《りかこ》 11(12)

麻由香《まゆか》 11(14)　雅予《まさよ》 13(4)　愛友奈《あゆな》 13(12)　稚穂里《ちほり》 13(22)　蕗一《ろい》 16(1)　織花《おりか》 18(7)　霧巴《きりは》 19(4)　霧帆《きりほ》 19(6)

17＋7

姓の画数と例

磯村 など

姓に合う名の画数

1字名

14

2・3字名

1+(4) 1+(6) 1+(14)
1+(16) 1+(20) 4+(1)
8+(15) 9+(4) 9+(6)
9+(12) 9+(14) 9+(24)
10+(1) 11+(6) 14+(1)
18+(15) 22+(1)

名前例

滴《しずく》 14　碧《みどり》 14　一予《かずよ》 1(4)　しおり 1(6)　乙樺《おとか》 1(14)　一愛子《かなこ》 1(16)　乙美菜《おみな》 1(20)　まつ 4(1)

奈結子《なゆこ》 8(15)　泉水《いずみ》 9(4)　奏巴《かなは》 9(4)　祐比《ゆい》 9(4)　美羽《みう》 9(6)　海帆《みほ》 9(6)　美也子《みやこ》 9(6)　香耶子《かやこ》 9(12)

音歌《おとか》 9(14)　美鶴子《みつこ》 9(24)　純乙《すみお》 10(1)　椛衣《かえ》 11(6)　綾乙《あやお》 14(1)　静乙《しずき》 14(1)　藍澄《あすみ》 18(15)　讃乙《あき》 22(1)

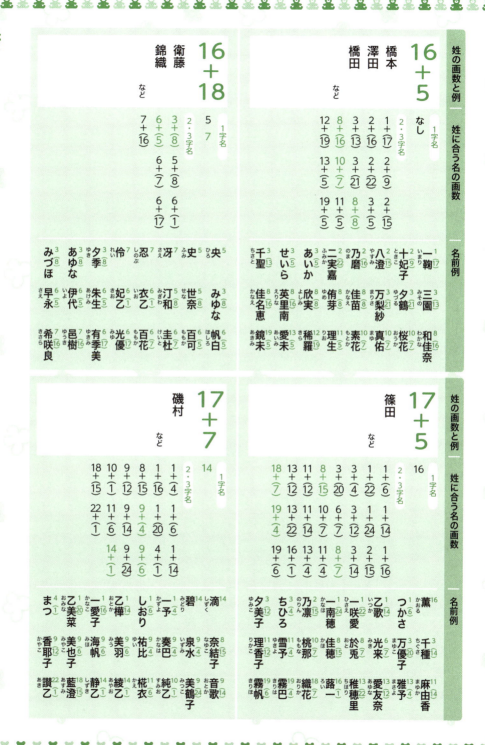

17+8

姓の画数と例

東海林 など

姓に合う名の画数

1字名：10

2・3字名：3+(4)、5+(18)、7+(1)、7+(6)、7+(16)、8+(8)、8+(24)、15+(1)

名前例

紋《あや》 10
紡《つむぎ》 10
夕水《ゆみ》 3+(4)
みこと 3+(4)
左織《さおり》 5+(18)
布美香《ふみか》 5+(18)
亜一《あい》 7+(1)
里乙《りお》 7+(1)

亜妃《あき》 7+(6)
沙名《さな》 7+(6)
志帆《しほ》 7+(6)
里帆《りほ》 7+(6)
杏樹《あんじゅ》 7+(16)
沙樹《さき》 7+(16)
花沙音《かさね》 7+(16)
希誉子《きよこ》 7+(16)

歩実《あゆみ》 8+(8)
知奈《ともな》 8+(8)
芽依《めい》 8+(8)
実可子《みかこ》 8+(8)
奈穂美《なほみ》 8+(24)
実津輝《みつき》 8+(24)
澄乙《すみお》 15+(1)
摩乙《まお》 15+(1)

17+10

姓の画数と例

篠原　宇都宮　鮫島　鍋島 など

姓に合う名の画数

1字名：14

2・3字名：1+(4)、1+(20)、1+(24)、3+(8)、3+(15)、3+(22)、5+(1)、5+(16)、7+(1)、7+(4)、7+(14)、7+(24)、11+(7)、11+(20)、13+(12)

名前例

歌《うた》 14
一木《かずき》 1+(4)
一護《いちご》 1+(20)
一澄美《かすみ》 1+(24)
小夜《さよ》 3+(8)
夕季《ゆき》 3+(8)
あずさ 3+(8)
わかな 3+(8)

小有美《さゆみ》 3+(15)
万凜花《まりか》 3+(22)
史乙《しお》 5+(1)
未乙《みお》 5+(1)
なつ 5+(1)
由樹《ゆき》 5+(16)
沙乙《さき》 7+(1)
李友《りゆ》 7+(4)

佑歌《ゆうか》 7+(14)
亜輝海《あきみ》 7+(24)
彩希《さき》 11+(7)
深杜《みと》 11+(7)
萌花《もえか》 11+(7)
彩耀《さよ》 11+(20)
照詠《てるえ》 13+(12)
楓美子《ふみこ》 13+(12)

17+11

姓の画数と例

篠崎　磯部　磯野　磯崎 など

姓に合う名の画数

1字名：10

2・3字名：2+(1)、5+(8)、6+(1)、7+(4)、7+(6)、7+(22)、10+(1)、12+(1)、13+(4)、13+(16)、21+(8)

名前例

桃《もも》 10
恋《れん》 10
りく 2+(1)
りの 2+(1)
布弥《ふみ》 5+(8)
未歩《みほ》 5+(8)
ほずみ 5+(8)
衣乙《いお》 6+(1)

汐乙《しお》 6+(1)
花月《かづき》 7+(4)
芹巴《せりは》 7+(4)
亜衣《あい》 7+(6)
希会《きえ》 7+(6)
志帆《しほ》 7+(6)
里鷗《りお》 7+(22)
伽穂里《かほり》 7+(22)

純乙《すみお》 10+(1)
真乙《まい》 10+(1)
葵乙《あおい》 12+(1)
愛月《いつき》 13+(4)
豊水《とよみ》 13+(4)
稚衛《ちえ》 13+(16)
瑞樹《みずき》 13+(16)
露佳《ろか》 21+(8)

17+18

姓の画数と例

齋藤 など

姓に合う名の画数

1字名：6、23

2・3字名：3+(14)、5+(1)、5+(8)、7+(16)、13+(4)

名前例

糸《いと》 6
百《もも》 6
有《ゆう》 6
顯《あき》 23
鑑《かがみ》 23
小綾《さあや》 3+(14)
千歌《ちか》 3+(14)
夕樺《ゆうか》 3+(14)

史乙《しお》 5+(1)
未乙《みお》 5+(1)
ほし 5+(1)
世奈《せな》 5+(8)
未空《みく》 5+(8)
由佳《ゆか》 5+(8)
礼佳《れいか》 5+(8)
ななせ 5+(8)

亜樹《あき》 7+(16)
沙樹《さき》 7+(16)
邑樹《ゆうき》 7+(16)
亜美里《あみり》 7+(16)
愛友《あゆ》 13+(4)
詩友《しゆ》 13+(4)
雅允《まさみ》 13+(4)
夢月《むつき》 13+(4)

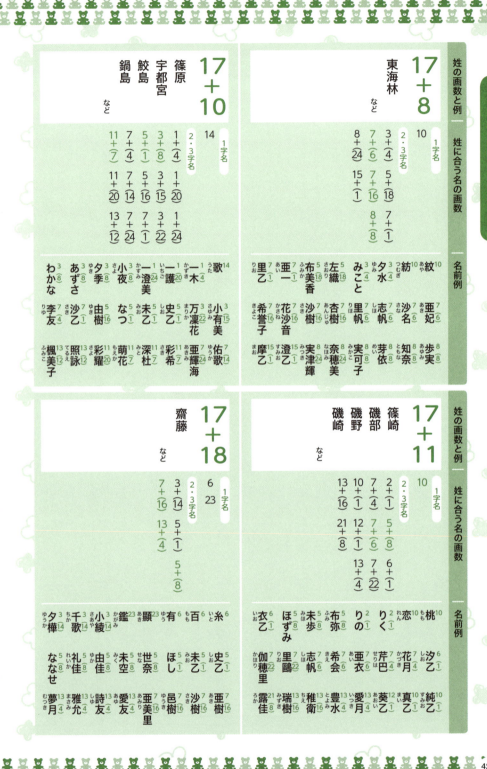

姓の画数と例

18+3

藤川　藤山　など

姓に合う名の画数

1字名
なし

2・3字名
2+⑥　4+⑦　4+⑳　5+⑪　10+⑭　14+⑰
2+⑭　4+⑬　4+㉗　5+⑲　12+⑤　15+③
3+⑮　4+⑭　5+③　10+⑥　13+③　21+③

名前例

2⑥ こなつ
2⑭ 七緒《ななお》
3⑮ 万那佳《まなか》
4⑦ まふゆ
4⑬ 日夏子《ひなこ》
4⑭ 円都子《えつこ》
4⑳ 友梨香《ゆりか》
4㉗ 文優姫《ふゆき》

5③ 冬子《とうこ》
5⑪ 史野《あやの》
5⑪ 未悠《みゆ》
5⑪ 由菜《ゆな》
5⑲ 未麗《みれい》
10⑥ 夏帆《かほ》
10⑥ 紗衣《さえ》
10⑥ 恭江《やすえ》

10⑭ 恵瑠《える》
10⑭ 真亜沙《まあさ》
10⑭ 眞理子《まりこ》
12⑤ 満由《まゆ》
13③ 靖子《やすこ》
14⑰ 綾優《あゆ》
15③ 諄子《あつこ》
21③ 露子《ろこ》

姓の画数と例

18+4

藤井　藤木　など

姓に合う名の画数

1字名
なし

2・3字名
2+⑤　2+㉑　4+③　4+⑲　9+⑭　12+⑪　14+⑪　20+③
2+⑬　2+㉓　4+⑪　7+⑥　11+⑥　12+⑬　14+㉑　20+⑤
2+⑮　3+⑭　4+⑬　9+⑥　12+③　14+③　19+⑥

名前例

2⑤ りりか
2⑬ 乃瑚《のこ》
2⑮ 七魅《ななみ》
2㉑ 乃衣璃《のえり》
2㉓ 二遊菜《ふゆな》
3⑭ 千嘉《ちか》
4③ まりの
4⑪ 水郷《みさと》

4⑬ 心夢《ここむ》
4⑲ 巴留香《はるか》
7⑥ 李名《りな》
9⑥ 柚妃《ゆき》
9⑭ 美緒《みお》
11⑥ 悠妃《ゆうき》
12③ 絵子《えこ》
12⑪ 喜彩《きさ》

12⑬ 智数《ちず》
14③ 緋女《ひめ》
14⑪ 綾由名《あゆな》
14㉑ 緋鶴《ひづる》
19⑥ 霧衣《きりえ》
19⑥ 瀬名《せな》
20③ 耀子《あきこ》
20⑤ 響未《おとみ》

姓の画数と例

18+5

藤田　藤本　鎌田　織田　藤平　藤永　など

姓に合う名の画数

1字名
なし

2・3字名
1+⑰　2+㉓　6+⑲　8+㉗　11+⑤　12+㉓　24+⑤
2+⑥　3+⑤　8+⑦　10+⑥　12+③　13+⑤
2+⑭　3+⑬　8+⑰　10+⑭　12+⑥　19+⑤

名前例

1⑰ 一都江《かつえ》
2⑥ うらら
2⑭ 七嘉《ななか》
2㉓ 十輝依《ときえ》
3⑤ ももこ
3⑬ 夕楽《ゆら》
6⑲ 早羅《さら》
6⑲ 有実菜《ゆみな》

8⑦ 典花《のりか》
8⑰ 実優《みゆ》
8㉗ 阿騎美《あきみ》
10⑥ 晃帆《あきほ》
10⑥ 真衣《まい》
10⑥ 益也子《みやこ》
10⑭ 真綾《まあや》
11⑤ 麻白《ましろ》

11⑤ 毬永《まりえ》
11⑤ 唯禾《ゆいか》
12③ 詠子《えいこ》
12⑥ 紫妃《しき》
12㉓ 葉都絵《はつえ》
13⑤ 楓加《ふうか》
19⑤ 麗生《れいみ》
24⑤ 鷺未《さぎみ》

姓の画数と例

18+7

藤沢　など

姓に合う名の画数

1字名
なし

2・3字名
1+⑦　6+⑰　9+⑦
1+⑮　8+⑤　9+㉓
4+③　8+⑮

名前例

1⑦ 一沙《かずさ》
1⑦ しほり
1⑮ 一穂《かずほ》
1⑮ 一澄《かすみ》
1⑮ 一魅《ひとみ》
1⑮ 一早美《いさみ》
4③ 六子《むつこ》
4③ きみ

4③ まや
6⑰ 衣鞠《いまり》
6⑰ 光優《みゆ》
8⑤ 采加《あやか》
8⑤ 佳代《かよ》
8⑤ 奈央《なお》
8⑤ 弥生《やよい》
8⑮ 明穂《あきほ》

8⑮ 佳澄《かすみ》
8⑮ 実穂《みほ》
8⑮ 茉里依《まりえ》
9⑦ 映見《えみ》
9⑦ 香里《かおり》
9⑦ 美亜《みあ》
9㉓ 南緒美《なおみ》
9㉓ 美咲緒《みさお》

18＋8

姓の画数と例

藤岡　難波　藤枝　など

姓に合う名の画数

1字名
なし

2・3字名
5＋(6)　7＋(6)　7＋(14)
8＋(5)　8＋(7)　8＋(13)
8＋(23)　9＋(6)　10＋(3)
10＋(11)　10＋(21)　16＋(5)
24＋(7)

名前例

5(6) 史帆《しほ》　5(6) 未妃《みき》　5(6) 由帆《ゆほ》　7(6) 亜衣《あい》　7(6) 伽江《かえ》　7(6) 花帆《かほ》　7(6) 佐江《さえ》　7(14) 沙綺《さき》
7(14) 里緒《りお》　8(5) 阿由《あゆ》　8(7) 知花《ともか》　8(7) 茉友子《まゆこ》　8(13) 阿有里《あゆり》　8(13) 奈々恵《ななえ》　8(23) 奈緒美《なおみ》　9(6) 柚妃《ゆき》
9(6) 宥万子《ゆまこ》　10(3) 透子《とうこ》　10(3) 祥巳《よしみ》　10(11) 紘菜《ひろな》　10(21) 栞緒里《しおり》　16(5) 澪央《みお》　16(5) 蕗未《ろみ》　24(7) 鷺那《さぎな》

18＋10

姓の画数と例

藤原　藤島　鎌倉　藤倉　など

姓に合う名の画数

1字名
なし

2・3字名
6＋(7)　6＋(23)　8＋(3)
8＋(5)　8＋(21)

名前例

6(7) 有沙《ありさ》　6(7) 安里《あんり》　6(7) 朱里《しゅり》　6(7) 凪沙《なぎさ》　6(7) 有那《ゆうな》　6(7) 有希《ゆき》　6(23) 安須菜《あすな》　6(23) 安澄実《あすみ》
6(23) 伊緒南《いおな》　6(23) 早季穂《さきほ》　6(23) 多佳穂《たかほ》　8(3) 昌子《あきこ》　8(3) 苺子《いちこ》　8(3) 季子《きこ》　8(3) 幸千《さち》　8(3) 茉己《まみ》
8(5) 歩生《あゆみ》　8(5) 育永《いくえ》　8(5) 佳代《かよ》　8(5) 実左《みさ》　8(5) 芽生《めう》　8(21) 和鶴《かづ》　8(21) 知鶴《ちづる》　8(21) 果南絵《かなえ》

18＋11

姓の画数と例

藤野　藤崎　曽我部　など

姓に合う名の画数

1字名
なし

2・3字名
2＋(6)　2＋(14)　2＋(21)
4＋(19)　5＋(3)　5＋(11)
7＋(11)　10＋(6)　12＋(6)
12＋(17)

名前例

2(6) ともみ　2(6) ひかる　2(14) 七嘉《ななか》　2(14) 乃梨子《のりこ》　2(14) 八菜子《はなこ》　2(21) 七鶴《なつ》　2(21) 乃衣璃《のえり》　4(19) 水蘭《みらん》
4(19) 比奈埜《ひなの》　5(3) 加子《かこ》　5(3) 未久《みく》　5(3) 未千《みち》　5(3) 由女《ゆめ》　5(11) 由理《ゆり》　5(11) 加奈子《かなこ》　7(11) 杏菜《あんな》
7(11) 沙衣加《さえか》　10(6) 栞名《かんな》　10(6) 紗江《さえ》　10(6) 純名《じゅんな》　12(6) 暁妃《あき》　12(6) 晴妃《はるひ》　12(17) 絢霞《あやか》　12(17) 裕梨衣《ゆりえ》

18＋12

姓の画数と例

藤森　藤間　など

姓に合う名の画数

1字名
なし

2・3字名
1＋(14)　3＋(14)　4＋(3)
4＋(11)　5＋(6)　6＋(5)
6＋(11)　9＋(6)　12＋(3)
12＋(5)

名前例

1(14) 一嘉《いちか》　1(14) 乙樺《おとか》　3(14) 小綾《さあや》　3(14) 千種《ちぐさ》　4(3) たみ　4(3) まち　4(11) 巴萌《ともえ》　4(11) 水唯《みい》
4(11) 水郷《みさと》　5(6) 未衣《みい》　5(6) 未早《みさ》　5(6) 由衣《ゆい》　6(5) 帆白《ほしろ》　6(5) 如未《ゆきみ》　6(11) 江梨《えり》　6(11) 有埜《ゆの》
9(6) 郁帆《いくほ》　9(6) 奏衣《かなえ》　9(6) 咲帆《さほ》　9(6) 思帆《しほ》　12(3) 貴子《たかこ》　12(3) 温子《はるこ》　12(5) 智民《ともみ》　12(5) 結布《ゆう》

姓の画数と例

19＋3

瀬川 など

姓に合う名の画数

1字名：なし

2・3字名：3＋(4)、3＋(12)、3＋(14)、3＋(20)、3＋(22)、4＋(13)、5＋(2)、5＋(10)、5＋(12)、5＋(18)、8＋(5)、10＋(5)、10＋(13)、12＋(5)、13＋(2)、13＋(10)、13＋(12)、15＋(2)、15＋(10)、15＋(20)、20＋(5)、21＋(2)、21＋(4)

名前例

- あいり 3(4)
- 久瑛《ひさえ》 3(12)
- 三綺《みき》 3(14)
- 千愛希《ちあき》 3(20)
- 万穂伽《まほか》 3(22)
- 水暉《みずき》 4(13)
- 由乃《ゆの》 5(2)
- 未之里《みのり》 5(10)
- 未森《みもり》 5(12)
- 史穂子《しほこ》 5(18)
- 幸永《さちえ》 8(5)
- 真冬《まふゆ》 10(5)
- 紗楽《さら》 10(13)
- 紗里名《さりな》 10(13)
- 裕可《ゆうか》 12(5)
- 雅乃《まさの》 13(2)
- 愛姫《いつき》 13(10)
- 絹葉《きぬよ》 13(12)
- 摩八《まや》 15(2)
- 璃莉《りり》 15(10)
- 凜緒名《りおな》 15(20)
- 耀永《あきえ》 20(5)
- 顧十《みと》 21(2)
- 露心《ろみ》 21(4)

姓の画数と例

19＋4

瀬戸 など

姓に合う名の画数

1字名：なし

2・3字名：1＋(5)、2＋(16)、3＋(5)、3＋(13)、3＋(22)、4＋(4)、4＋(12)、7＋(18)、9＋(6)、9＋(16)、9＋(26)、11＋(5)、11＋(13)、12＋(4)、13＋(2)、13＋(5)、13＋(22)、14＋(4)、20＋(4)

名前例

- 一世《かずよ》 1(5)
- しほ 1(5)
- 十愛子《とあこ》 2(16)
- ありす 3(5)
- 千滉《ちひろ》 3(13)
- 小艶子《さえこ》 3(22)
- 文月《ふづき》 4(4)
- 心結《みゆ》 4(12)
- 沙耶香《さやか》 7(18)
- 保帆《やすほ》 9(6)
- 美津希《みつき》 9(16)
- 美風優《みふゆ》 9(26)
- 麻由《まゆ》 11(5)
- 唯禾《ゆいか》 11(5)
- 彩楽《さら》 11(13)
- 萊夢《らいむ》 11(13)
- 梨愛《りな》 11(13)
- 結比《ゆい》 12(4)
- 遊心《ゆうこ》 12(4)
- 想乃《その》 13(2)
- 夢可《ゆめか》 13(5)
- 愛遊華《あゆか》 13(22)
- 瑠水《るみ》 14(4)
- 響水《おとみ》 20(4)

姓の画数と例

19＋7

瀬尾 など

姓に合う名の画数

1字名：なし

2・3字名：1＋(2)、1＋(4)、1＋(6)、1＋(12)、1＋(14)、1＋(20)、6＋(5)、8＋(5)、8＋(13)、9＋(4)、9＋(6)、9＋(12)、9＋(22)、10＋(5)、11＋(2)、11＋(10)、11＋(20)、17＋(4)

名前例

- 一七《かずな》 1(2)
- 乙巳《おとは》 1(4)
- しづか 1(6)
- 乙葵《いつき》 1(12)
- 一菜子《ひなこ》 1(14)
- 一富実《ひふみ》 1(20)
- 有朱《あみ》 6(5)
- 百可《ももか》 6(5)
- 吉民《よしみ》 6(5)
- 阿由《あゆ》 8(5)
- 知世《ともよ》 8(5)
- 怜可《れいか》 8(5)
- 知勢《ちせ》 8(13)
- 眉友《まゆ》 9(4)
- 春江《はるえ》 9(6)
- 珂南子《かなこ》 9(12)
- 美都理《みどり》 9(22)
- 華生《かお》 10(5)
- 紗世《さよ》 10(5)
- 恵生《めぐみ》 10(5)
- 笙乃《しょうの》 11(2)
- 梨華《りか》 11(10)
- 菜都美《なつみ》 11(20)
- 優水《ゆみ》 17(4)

姓の画数と例

21＋4

櫻井
露木 など

姓に合う名の画数

1字名：なし

2・3字名：1＋(12)、3＋(3)、4＋(4)、4＋(12)、9＋(14)、11＋(2)、11＋(12)、12＋(4)、12＋(20)

名前例

- 乙稀《いつき》 1(12)
- 一葵《かずき》 1(12)
- 千与《ちよ》 3(3)
- 万也《まや》 3(3)
- あや 3(3)
- さや 3(3)
- 心水《ここみ》 4(4)
- 巴水《ともみ》 4(4)
- 文月《ふづき》 4(4)
- 友月《ゆづき》 4(4)
- 友湖《ともこ》 4(12)
- 双葉《ふたば》 4(12)
- 友美子《ゆみこ》 4(12)
- 香瑠《かおる》 9(14)
- 宥梨子《ゆりこ》 9(14)
- 萌七《もえな》 11(2)
- 悠七《ゆうな》 11(2)
- 麻結《まゆ》 11(12)
- 萌々音《ももね》 11(12)
- 梨々香《りりか》 11(12)
- 晶予《あきよ》 12(4)
- 結比《ゆい》 12(4)
- 絵理香《えりか》 12(20)
- 葉瑞希《はずき》 12(20)

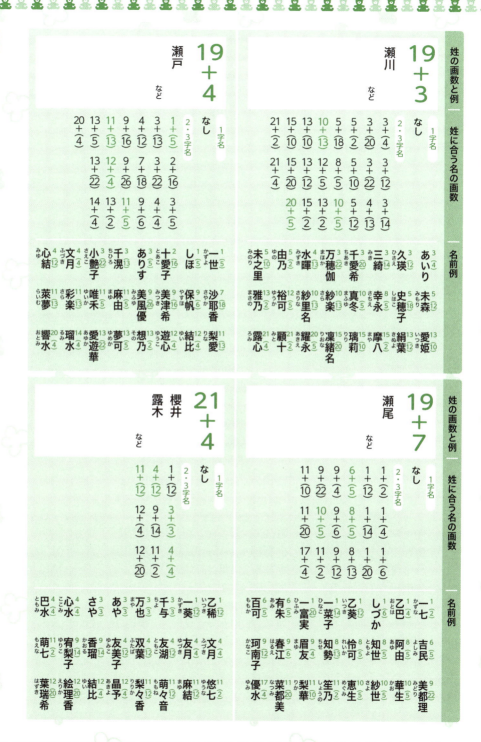

姓の画数と例	21＋5
	鶴田 など

姓に合う名の画数

1字名：なし

2・3字名：
1＋(4)　3＋(2)　3＋(12)　10＋(3)　11＋(4)　12＋(3)　19＋(2)
1＋(10)　3＋(4)　3＋(18)　10＋(11)　11＋(10)　13＋(8)
1＋(14)　3＋(10)　8＋(3)　11＋(2)　11＋(20)　13＋(18)

名前例

しま 1(4)　一姫《かずき》 1(10)　乙緒《いちお》 1(14)　けい 3(2)　ゆり 3(2)　あいこ 3(4)　みずほ 3(10)　弓絵《ゆみえ》 3(12)

小百合《さゆり》 3(12)　三輝子《みきこ》 3(18)　苺子《いちこ》 8(3)　祈子《きこ》 8(3)　紘子《ひろこ》 10(3)　真理《まり》 10(11)　雪乃《ゆきの》 11(2)　麻りん《まりん》 11(4)

梨々花《りりか》 11(10)　理緒名《りおな》 11(20)　遥己《はるみ》 12(3)　博子《ひろこ》 12(3)　結女《ゆめ》 12(3)　園來《そら》 13(8)　意津美《いつみ》 13(18)　麗七《れな》 19(2)

姓の画数と例	23＋7
	鷲見　鷲尾 など

姓に合う名の画数

1字名：なし

2・3字名：
1＋(2)　1＋(16)　8＋(9)　11＋(6)
1＋(6)　4＋(1)　9＋(6)　14＋(1)
1＋(14)　6＋(9)　10＋(1)

名前例

一乃《いちの》 1(2)　のん 1(2)　乙妃《いっき》 1(6)　くらら 1(6)　一綺《かずき》 1(14)　乙央菜《いおな》 1(16)　一美花《ひみか》 1(16)　心乙《こい》 4(1)

友乙《ゆい》 4(1)　まつ 4(1)　衣紅《いく》 6(9)　糸音《いとね》 6(9)　安衣子《あいこ》 6(9)　知香《ちか》 8(9)　実紅《みく》 8(9)　思帆《しほ》 9(6)

俊江《としえ》 9(6)　海帆《みほ》 9(6)　華乙《かお》 10(1)　留乙《るい》 10(1)　麻衣《まい》 11(6)　雪江《ゆきえ》 11(6)　彰乙《あきお》 14(1)　歌一《かい》 14(1)

Column

3字姓の人のための早見表

本書の吉数リストでは、3字姓の画数は（1字目＋2字目）＋3字目の画数で示されています。たとえば日比野さんの場合、日＝4　比＝4　野＝11　で、「8+11」の吉数リストを見ればいいことになります。

以下に、主な3字姓の吉数リストの早見表を載せました。

姓	参照する吉数リスト	姓	参照する吉数リスト	姓	参照する吉数リスト
佐々木	10＋4	阿久津	11＋9	日下部	7＋11
長谷川	15＋3	小野田	14＋5	小山田	6＋5
五十嵐	6＋12	宇都宮	17＋10	大河原	11＋10
久保田	12＋5	大和田	11＋5	小山内	6＋4
大久保	6＋9	波多野	14＋11	小田島	8＋10
小野寺	14＋6	海老原	15＋10	小宮山	13＋3
小笠原	14＋10	小久保	6＋9	加賀谷	17＋7
佐久間	10＋12	日比野	8＋11	竹之内	9＋4
長谷部	15＋11	東海林	17＋8	仲宗根	14＋10
宇佐美	13＋9	宇田川	11＋3	曽我部	18＋11

名づけのお役立ち情報

文字資料

音のひびき・読みから引ける
漢字一覧

この音にはどんな漢字を当てよう？
そんなときは、この漢字一覧が便利。赤ちゃんの名前に使える常用漢字と人名用漢字を、一般的な読みと名前によく使われる読みから調べられるよう、50音順に並べました。漢字の画数がわからないときにも役立ちます。

漢字一覧の見方と使い方

リストは50音順に並んでいます。

漢字の読み
一般的な読みや名乗《なの》り（名前特有の読み）で引くことができます。

漢字の画数

あ

読み	漢字
あ	安[6] 在[6] 亜[7] 吾[7] 阿[8] 亞[8] 空[8] 愛[13]
あい	会[6] 合[6] 和[8] 娃[9] 相[9] 挨[10] 愛[13] 曖[17] 藍[18]
あいだ	間[12]
あう	会[6] 合[6] 逢[11] 遭[14]
あお	青[8] 碧[14]
あおい	葵[12] 蒼[13]
あおぎり	梧[11]
あおぐ	仰[6]
あか	丹[4] 朱[6] 赤[7] 紅[9] 緋[14]
あかい	赤[7]
あかざ	萊[11]

同じ読みの中は、画数順に並んでいます。

黒い文字は「漢字と名前のリスト」で取り上げていない漢字です。一般的な読みを中心に掲載しています。

色の文字は、PART4 の「名前にふさわしい漢字と名前のリスト」（→P225～347）で取り上げた、特に名前にふさわしい漢字です。一般的な読みや名乗りから探せます。

＊名前には避けたい漢字（→P488）は省略しています。

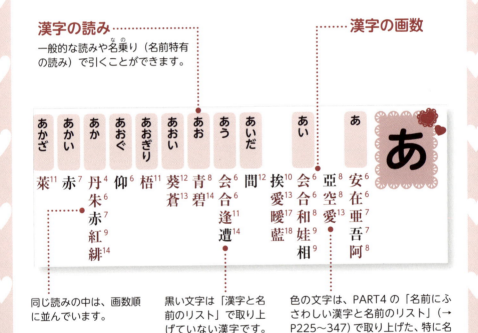

あ

あ
安 6、在 6、亜 7、吾 7、阿 8、亞 8、空 8、愛 13

あい
会 6、合 6、和 8、娃 9、相 9、挨 10、愛 13、曖 17、藍 18

あいだ
間 12

あう
会 6、合 6、逢 11、遭 14

あお
青 8、碧 14

あおい
葵 12、蒼 13

あおぎり
梧 11

あおぐ
仰 6

あか
丹 4、朱 6、赤 7、紅 9、緋 14

あかい
赤 7

あかざ
莱 11

あかし
丹 4

あかつき
暁 12、曉 16

あかね
茜 9

あかり
灯 6、明 8、燈 16

あがる
上 3

あかるい
明 8

あき
士 3、日 4、右 5、旦 5、白 5、礼 5、旭 6、光 6、在 6、成 6、壮 6、印 6、亨 7、吟 7、見 7、壯 7、旺 8、茅 8、享 8、尭 8、昂 8、昌 8、知 8、昊 8、映 9、紀 9、研 9、秋 9、昭 9、玲 9、晃 10、晄 10、高 10、晋 10、哲 10、紋 10、朗 10、晟 10、菊 11、郷 11、淳 11、章 11、紹 11、爽 11、彬 11、晨 11、朗 11、瑛 12、覚 12、暁 12、景 12、晶 12、揚 12、陽 12、皓 12、堯 12、義 13、照 13、聖 13、誠 13、幌 13、暉 13、滉 13、煌 13、彰 14、聡 14、璃 15、諒 15、憲 16、曉 16、謙 17、燦 17、曙 17、瞭 17、観 18、顕 18、曜 18、燿 18、禮 18、鏡 19、耀 20、讃 22、顯 23、鑑 23

あきなう
商 11

あきら
丹 4、壬 4、央 5、旦 5、旭 6、名 6、見 7、旺 8、果 8、学 8、享 8、昂 8、昊 8、映 9、秋 9、昭 9、省 9、亮 9、玲 9、高 10、哲 10、朗 10、郷 11、爽 11、彬 11、朗 11、瑛 12、覚 12、卿 12、暁 12、景 12、晶 12、智 12、斐 12、揚 12、惺 12、皓 12、照 13、聖 13、幌 13、暉 13、滉 13、煌 13、彰 14、翠 14、聡 14、輝 15、慧 15、徹 15、憲 16、曉 16、曙 17、瞳 17、瞭 17、顕 18、曜 18、燿 18、鏡 19、麗 19、麒 19、耀 20、露 21、鑑 23、顯 23

あきらか
明 8、亮 9、晃 10、晄 10、晟 10、叡 16、瞭 17

あく
空 8、握 12、渥 12、開 12

あくた
芥 7

あけ
旦 5、朱 6、南 9、暁 12、緋 14、曉 16、曙 17

あけぼの
曙 17

あけみ
朱 6

あげる
挙 10、揚 12

あご
顎 18

あこがれる
憧 15

あさ	元4 旦5 旭6 麻11 晨11 滋12 朝12 諒15
あざ	字6
あさい	浅9
あさひ	旭6
あざやか	鮮17
あし	疋5 芦7 足7 脚11 葦13
あじ	味8
あした	晨11 朝12
あず	梓11
あずける	預13
あずさ	梓11
あずま	東8 春9
あせ	汗6
あせる	焦12
あたい	価8 値10 價15
あたえる	与3 與14
あたかも	恰9
あたたかい	温12 暖13 溫13
あたま	頭16
あたらしい	新13
あたり	辺5
あたる	当6
あつ	功5 充6 孝7 宏7 孜7 京8 昌8 忠8 重9 春9 純10 凉10 陸11 涼11 温12 貴12 敦12 暖13 溫13 斡14 諄15 篤16
あつい	厚9 淳11 惇11 渥12 暑12 敦12 暑13 醇15 熱15
あつかう	扱6
あづさ	椅12
あつむ	伍6
あつめる	集12 蒐13 鳩13 輯16 纂20
あて	宛8 貴12
あでやか	艶19
あてる	充6
あと	与3 後9 跡13 與14 蹟18
あな	窟13
あに	兄5
あね	姉8
あひる	鴨16
あびる	浴10
あふれる	溢13
あま	天4 雨8 海9 海10
あまい	甘5
あまね	周8
あまる	余7
あみ	天4 網14 編15
あむ	編15
あめ	天4 雨8 穹8
あや	文4 史5 礼5 朱6 英8 苑8 采8 郁9 恵10 純10 紋10 彩11 章11 菖11 琢11 彬11 理11 絢12 順12 斐12 恵12 琢12 綾14 彰14 綺14 操16 繡18 禮18
あやうい	殆9
あやしい	妖7
あやつる	操16
あやまる	謝17
あやめ	菖11
あゆ	鮎16
あゆみ	歩8

- あゆむ　歩7 歩8
- あらい　荒9
- あらう　洗9
- あらし　嵐12
- あらす　荒9
- あらた　新13
- あらためる　改7
- あらわす　表8 現11 著11 著12
- あり　也3 可5 在6 有6 作7 社7 杜7 茂8 社8 益10 惟11 満12 照13
- ある　在6 有6 或8
- あるく　歩7 歩8
- あれる　荒9 蕪15
- あわ　沫8 粟12
- あわい　淡11
- あわせる　併8
- あわれむ　怜8 憐16
- あん　安6 行6 杏7 按9 案10 晏10 庵11 鞍15
- あんず　杏7

い

- い　己3 已3 井4 五4 允4 比4 以5 生5 伊6 夷6 衣6 亥6 位7 囲7 医7 依8 委8 易8 威9 為9 畏9 祝9 泉9 莞10 祝10 尉11 惟11 異11 移11 猪11 唯11 偉12 椅12 猪12 爲12 葦13 意13 彙13 維14 慰15 遺15 緯16 謂16
- いう　云4 言7 謂16
- いえ　家10
- いお　庵11
- いおり　庵11
- いかのぼり　凧5
- いかん　奈8
- いき　粋10 息10 域11 粹14
- いきおい　勢13
- いきる　生5
- いく　行6 如6 育8 侑8 郁9 活9 幾12
- いぐさ　莞10
- いけ　池6
- いこい　憩16
- いこう　憩16
- いさ　功5 伊6 沙7
- いさぎよい　屑10 潔15
- いさご　砂9
- いささか　些8
- いさむ　勇9 湧12
- いし　石5
- いしずえ　礎18
- いず　五4 出5 稜13
- いずくんぞ　烏10
- いずみ　泉9

読み	漢字（画数）
いそ	礒17
いそぐ	急9
いそし	克7
いた	板8
いだく	抱8
いたす	致10
いただき	頂11 顚19
いただく	頂11 戴17
いたむ	戚11
いたる	至6 周8
いち	一1 市5 壱7 都11 都12
いちご	苺8
いちじるしい	著11 著12
いつ	一1 乙1 伍6 逸11 逸12 溢13 稜13
いつき	斎11 樹16
いつくしむ	慈13
いつつ	五4
いと	文4 糸6 弦8 純10 絃11 綸14
いとなむ	営12
いどむ	挑9
いな	稲14 稻15
いぬ	犬4
いね	禾5 稲14 稻15
いのしし	猪11 猪12
いのち	命8
いのる	祈8 祈9 祷11 禱19
いばら	茨9 楚13
いま	今4 未5
いもうと	妹8
いや	未5 弥8 彌17
いやす	癒18
いよいよ	弥8 彌17
いる	入2 居8 要9 射10 煎13 鋳15 鑄22
いろ	色6 采8 紅9
いろどる	彩11
いわ	岩8 磐15
いわう	祝9 祝10
いわお	巌20 巖23
いわし	鰯21

読み	漢字（画数）
いわや	窟13
いん	允4 引4 印6 因6 姻9 胤9 音9 員10 院10 寅11 飲12 蔭14 韻19

う

読み	漢字（画数）
う	右5 卯5 生5 宇6 羽6 有6 迂7 兎7 雨8 遊12 鵜18
うい	初7
うえ	上3 於8 高10
うえる	植12
うお	魚11
うかがう	伺7 窺16
うがつ	穿9

- うかぶ　汎 6
- うく　浮 10
- うけたまわる　承 8
- うける　受 8　稟 13　請 15
- うごく　動 11
- うさぎ　兎 7
- うし　丑 4　牛 4
- うじ　氏 4
- うしお　汐 6　潮 15
- うしろ　後 9
- うす　臼 6　碓 13
- うず　渦 12
- うすい　薄 16
- うすぎぬ　紗 10
- うずたかい　堆 11
- うすめる　薄 16
- うずめる　填 13
- うた　吟 7　唄 10　唱 11　詠 12　詩 13　頌 13　歌 14　謡 16　謠 17
- うたい　謡 16　謠 17
- うたう　謡 16　謠 17
- うち　内 4　裡 12
- うつ　打 5
- うつくしい　美 9
- うつる　写 5　映 9　移 11
- うつわ　器 15　器 16
- うで　腕 12
- うな　海 9　海 10
- うながす　促 9
- うね　采 8　畝 10
- うばら　楚 13
- うぶ　産 11
- うま　馬 10
- うまや　厩 14
- うまれる　生 5　産 11
- うみ　海 9　洋 9　海 10　湖 12
- うめ　梅 10　梅 11
- うやうやしい　恭 10
- うやまう　欽 12　敬 12
- うら　浦 10　裡 12　裏 13
- うらなう　卜 2　占 5
- うらやむ　羨 13
- うらら　麗 19
- うり　瓜 6
- うる　売 7　得 11　閏 12　賣 15
- うるう　閏 12
- うるおう　潤 15
- うるし　漆 14
- うるわしい　麗 19
- うれい　愁 13
- うれえる　戚 11
- うれしい　嬉 15
- うれる　熟 15
- うろこ　鱗 24
- うわ　上 3
- うわぐすり　釉 12
- うわさ　噂 15
- うん　云 4　運 12　雲 12

え

- え　永 5　衣 6　会 6　回 6　江 6　守 6　依 8　延 8　英 8　枝 8　苗 8　映 9　栄 9　廻 9　重 9

柄 9　恵 10　笑 10　彗 11　瑛 12
詠 12　絵 12　恵 12　愛 13　園 13
榎 14　徳 14　榮 14　慧 15　德 15
叡 16　薗 16

えい
永 5　曳 6　泳 8　英 8　映 9
栄 9　哉 9　営 12　瑛 12　詠 12
榮 14　影 15　鋭 15　叡 16　衛 16
衞 16

えがく
描 11

えき
亦 6　役 7　易 8　益 10　駅 14

えだ
枝 8　幹 13　繁 16　繁 17

えつ
悦 10　越 12　謁 15　閲 15　謁 16

えのき
榎 14

えび
蝦 15

えびす
夷 6　胡 9　蕃 15

えみ
咲 9　笑 10

えむ
笑 10

えらい
偉 12

えらぶ
撰 15　選 15

えり
衿 9　襟 18

える
得 11　獲 16

えん
円 4　宛 8　奄 8　延 8　沿 8
炎 8　苑 8　宴 10　俺 10　淵 11
堰 12　援 12　焔 12　媛 12　園 13
煙 13　猿 13　遠 13　鉛 13　塩 13
圓 13　演 14　鳶 14　縁 15　緣 15
燕 16　薗 16　艶 19

お

お
乙 1　士 3　小 3　大 3　王 4
水 4　央 5　広 5　弘 5　生 5
乎 5　壮 6　百 6　牡 7　尾 7
良 7　壯 7　於 8　旺 8　弦 8
房 8　和 8　音 9　保 9　烏 10
桜 10　峰 10　峯 10　朗 10　絃 11
渚 11　麻 11　隆 11　凰 11　朗 11
雄 12　陽 12　渚 12　意 13　寛 13
緒 14　綸 14　寬 14　緒 15　穂 15
廣 15　輿 17　穗 17　櫻 21

おい
姪 9　笈 10　甥 12

おいて
於 8

おう
王 4　央 5　生 5　応 7　往 8
押 8　於 8　旺 8　欧 8　皇 9
追 9　翁 10　桜 10　黄 11　凰 11
奥 12　黃 12　奧 13　横 15　橫 16
鴨 16　應 17　襖 18　櫻 21　鷗 22

おうい
於 8

おうぎ
扇 10

おえる
竣 12

おお
大 3　碩 14　艶 19

おおい
多 6

おおう
蓋 13　蔽 15

おおかみ
狼 10

おおきい
大 3

おおせ
仰 6

おおとり
凰 11　鳳 14　鴻 17　鵬 19

おおやけ
公 4

おか
丘 5　岡 8　阜 8

おかす
冒 9

おがむ
拝 8　拜 9

おき
気 6　沖 7　宋 7　知 8　宙 8
典 8　恩 10　隆 11　幾 12　陽 12
意 13

読み	漢字（画数）
おぎ	荻10
おぎなう	補12
おきる	起10
おく	屋9 奥12 置13 奧13 億15 憶16 臆17
おくる	送9 贈18 贈19
おくれる	後9
おけ	桶11
おこし	起10
おごそか	厳17 嚴20
おこなう	行6
おこる	興16
おさ	正5 吏6 容10 理11 意13 廉13 種14 総14
おさえる	押8
おさない	幼5
おさめる	収4 收6 治8 修10 納10 脩11 理11
おし	忍7
おしえる	教11
おしはかる	臆17
おしむ	惜11
おす	牡7 押8 推11 捺11 雄12
おそい	晏10
おそれる	畏9
おだやか	穏16
おつ	乙1
おっと	夫4
おと	乙1 己3 吟7 呂7 音9 律9 頌13 響20 響22
おとうと	弟7
おとこ	男7
おとずれる	訪11
おとる	劣6
おどる	踊14 躍21
おどろく	驚22
おなじ	同6
おに	鬼10
おの	斧8
おのおの	各6
おのれ	己3
おび	帯10 帶11
おびやかす	劫7
おぼえる	覚12
おも	主5 面9
おもい	重9
おもう	思9 惟11 想13 謂16
おもて	表8
おもねる	阿8
おもむき	趣15
おもむく	赴9
おや	親16
およぐ	泳8
およぶ	及3
おり	織18
おりる	下3
おる	織18
おれ	俺10
おろか	魯15
おろし	卸9
おわる	畢11
おん	苑8 音9 恩10 温12 御12 遠13 溫13 穏16
おんな	女3

か

か

一 1　下 3　化 4　火 4　五 4
日 4　加 5　可 5　禾 5　叶 5
乎 5　瓜 6　仮 6　圭 6　何 7
伽 7　花 7　芳 7　価 8　佳 8
果 8　河 8　茄 8　庚 8　郁 9
科 9　架 9　珂 9　迦 9　香 9
神 9　風 9　哉 9　耶 9　珈 9
夏 10　家 10　荷 10　華 10　栞 10
菓 11　貨 11　椛 11　鹿 11　渦 12
賀 12　雁 12　翔 12　嫁 13　暇 13
嘩 13　靴 13　楓 13　榎 14　嘉 14
歌 14　箇 14　樺 14　稼 15　蝦 15
課 15　駕 15　價 15　薫 16　霞 17
薰 17　鍋 17　蘭 19　馨 20

が

牙 4　瓦 5　伽 7　我 7　画 8
河 8　芽 8　俄 9　臥 9　峨 10
賀 12　雅 13　駕 15

かい

介 4　会 6　回 6　灰 6　合 6
快 7　改 7　芥 7　貝 7　廻 9
恢 9　海 9　界 9　皆 9　海 10
桧 10　晦 11　械 11　絵 12　開 12
階 12　街 12　堺 12　解 13　塊 13
楷 13　魁 14　諧 16　懐 16　檜 17
櫂 18　蟹 19　懷 19

がい

外 5　亥 6　崖 11　涯 11　凱 12
街 12　慨 13　蓋 13　該 13　概 14
鎧 18

かいこ

蚕 10

かいり

浬 10

かう

買 12　飼 13

かえす

返 7

かえで

楓 13

かえりみる

省 9　顧 21

かえる

帰 10

かお

貌 14　顔 18

かおり

匂 4　香 9　馨 20

かおる

芳 7　香 9　郁 9　薫 16　薰 17
馨 20

かが

香 9

かかえる

抱 8

かかげる

掲 11　揭 12

かがみ

鏡 19

かがやく

暉 13　煌 13　輝 15　曜 18　燿 18
耀 20

かかり

係 9

かかる

掛 11　斯 12　繫 19　懸 20

かかわる

関 14

かき

垣 9　柿 9　堵 12

かぎ

勾 4　鍵 17

かく

各 6　此 6　角 7　画 8　拡 8
革 9　客 9　格 10　核 10　書 10
殼 11　郭 11　描 11　覚 12　較 13

閣[14] 摑[14] 確[15] 獲[16] 穫[18] 鶴[21]

がく 学[8] 岳[8] 楽[13] 樂[15] 額[18] 顎[18]

かぐわしい 馨[20]

かげ 景[12] 蔭[14] 影[15]

がけ 崖[11]

かける 架[9] 翔[12] 駆[14] 駈[15] 賭[16] 曖[17]

かご 籠[22]

かこむ 囲[7]

かさ 笠[11] 傘[12] 蓋[13] 嵩[13]

かざ 風[9]

かさねる 重[9]

かざる 飾[13]

かし 播[15] 樫[16]

かじ 梶[11] 舵[11]

かしこい 賢[16]

かしら 頭[16]

かしわ 柏[9]

かす 春[9] 貸[12]

かず 一[1] 七[2] 十[2] 二[2] 八[2] 三[3] 千[3] 万[3] 五[4] 司[5] 旦[5] 冬[5] 会[6] 多[6] 年[6] 壱[7] 寿[7] 宗[8] 知[8] 法[8] 和[8] 紀[9] 研[9] 春[9] 政[9] 品[9] 起[10] 兼[10] 航[10] 倭[10] 教[11] 葛[12] 策[12] 順[12] 萬[12] 数[13] 圓[13] 種[14] 壽[14] 稽[15] 憲[16] 麗[19]

かすみ 霞[17]

かすめる 掠[11]

かぜ 吹[7] 風[9]

かせぐ 稼[15]

かぞえる 数[13]

かた 片[4] 方[4] 名[6] 形[7] 肩[8] 型[9] 兼[10] 結[12] 朝[12] 潟[15] 賢[16] 謙[17]

かたい 固[8] 堅[12] 硬[12]

かたち 形[7] 貌[14]

かたな 刀[2]

かたまり 塊[13]

かたまる 固[8]

かたる 語[14]

かたわら 傍[12]

かつ 万[3] 且[5] 功[5] 仔[5] 克[7] 括[9] 活[9] 品[9] 亮[9] 桂[10] 健[11] 捷[11] 割[12] 葛[12] 勝[12] 筈[12] 萬[12] 滑[13] 褐[13] 徳[14] 徳[15] 轄[17] 優[17]

かっ 合[6]

がつ 月[4]

がっ 合[6]

かつぐ 担[8]

かつて 曽[11] 曾[12] 嘗[14]

かつみ 克[7]

かつら 桂[10] 葛[12] 藤[18]

かて 糧[18]

かど 圭[6] 角[7] 門[8] 葛[12] 稜[13] 暢[14]

かな 乎[5] 金[8] 哉[9] 奏[9]

かなう 叶[5] 協[8]

かなえ 鼎[13]

かなでる 奏[9]

- かなめ　要[9]
- かならず　必[5]
- かに　蟹[19]
- かぬ　兼[10] 詠[12]
- かね　金[8] 周[8] 宝[8] 兼[10] 詠[12] 銀[14] 錦[16] 謙[17] 鏡[19] 鐘[20]
- かねる　兼[10]
- かの　彼[8]
- かのう　協[8]
- かのえ　庚[8]
- かば　椛[11] 樺[14]
- かばう　庇[7]
- かばん　鞄[14]
- かぶ　株[10] 蕪[15]
- かぶと　兜[11]
- かべ　壁[16]

- かま　釜[10] 窯[15] 鎌[18] 蒲[13]
- かまえる　構[14]
- かまびすしい　喧[12] 嘩[13] 噌[15]
- かみ　上[3] 天[4] 守[6] 昇[8] 省[9] 神[9] 紙[10] 神[10] 髪[14] 髮[15]
- かみなり　雷[13]
- かむ　神[9]
- かめ　亀[11]
- かも　鴨[16]
- かもしか　羚[11]
- かもす　醸[20] 釀[24]
- かもめ　鷗[22]
- かや　茅[8] 草[9] 萱[12]
- かゆ　粥[12]
- かよう　通[10]
- から　空[8] 唐[10] 殻[11] 樺[14]

- がら　柄[9]
- からい　辛[7]
- からす　烏[10]
- からだ　体[7]
- からむ　絡[12]
- かり　仮[6] 雁[12]
- かる　刈[4] 狩[9]
- かるい　軽[12]
- かれ　彼[8]
- かろやか　軽[12]
- かわ　川[3] 皮[5] 河[8] 革[9]
- がわ　側[11]
- かわく　乾[11]
- かわす　交[6]
- かわせみ　翠[14]
- かわら　瓦[5]

- かわる　代[5] 替[12] 換[12]
- かん　干[3] 刊[5] 甘[5] 甲[5] 汗[6] 缶[6] 完[7] 肝[7] 串[7] 侃[8] 官[8] 函[8] 巻[8] 冠[9] 卷[9] 柑[9] 看[9] 竿[9] 神[9] 莞[10] 神[10] 栞[10] 乾[11] 勘[11] 貫[11] 菅[11] 紺[11] 寒[12] 喚[12] 堪[12] 換[12] 敢[12] 款[12] 間[12] 閑[12] 勧[13] 寛[13] 幹[13] 感[13] 漢[13] 寬[14] 慣[14] 漢[14] 管[14] 関[14] 歓[15] 監[15] 緩[15] 憾[16] 還[16] 館[16] 環[17] 簡[18] 観[18] 韓[18] 艦[21] 鑑[23]
- がん　丸[3] 元[4] 含[7] 岸[8] 玩[8] 岩[8] 眼[11] 雁[12] 頑[13] 顔[18] 願[19] 巌[20] 巖[23]

かんがえる　考6

かんがみる　鑑23

かんなぎ　巫7

かんば　樺14

かんばしい　芳7

かんむり　冠9

き

き　己3 王4 木4 生5 企6 伎6 机6 気6 吉6 行6 妃6 岐7 希7 汽7 求7 芹7 玖7 芸7 来7 李7 奇8 祈8 季8 宜8 祁8 其8 東8 林8 來8 祈9 紀9 軌9 祇9 既10 帰10 記10 起10 鬼10 桔10 姫10 氣10 黄11 基11 寄11 規11 亀11 埼11 章11 絆11 葵12 黄12 喜12 幾12 揮12 期12 棋12 稀12 貴12 幹13 暉13 旗14 箕14 綺14 器15 嬉15 毅15 畿15 輝15 槻15 熙15 窺16 器16 機16 興16 樹16 橘16 磯17 徽17 騎18 藝18 麒19

ぎ　伎6 技7 芸7 宜8 祇9 義13 儀15 戯15 誼15 戲17 藝18 議20

きく　利7 効8 掬11 菊11 聞14 鞠17 聴17 聽22

きざし　兆6

きざす　萌11 萠11

きざむ　刻8

きし　岸8 研9

きずく　築16

きずな　絆11

きそう　競20

きた　北5 朔10

きたえる　鍛17

きたる　来7 來8

きち　吉6 禄12 祿13

きつ　吉6 迄7 桔10 喫12 詰13 橘16

きっさき　鋒15

きぬ　衣6 絹13

きぬた　砧10

きね　杵8

きのこ　茸9

きのと　乙1

きば　牙4

きびしい　厳17 嚴20

きみ　王4 公4 仁4 后6 江6 君7 淑11 卿12

きめる　決7

きも　肝7

きゃく　客9 脚11

きゅう　九2 久3 及3 弓3 丘5 旧5 臼6 休6 吸6 求7 汲7 灸7 究7 玖7 穹8 急9 級9 宮10 笈10 赳10 救11 球11 毬11 給12 鳩13 厩14

ぎゅう　牛4

きよ　人2 心4 玉5 白5 圭6 汐6 青8 斉8 研9 神9 政9 洋9 粋10 健11 淑11 淳11 雪11 陽12 聖13 廉13 静14 碧14 齊14 粹14 潔15 澄15 摩15 磨16 靜16 燦17 馨20

きょ　去5 巨5 居8 拠8 挙10 許11 距12 裾13 鋸16

ぎょ　魚11 御12 漁14

きよい　清11

きょう　叶5 兄5 共6 匡6 杏7 亨7 享8 京8 供8 協8 況8 恰9 俠9 峡9 挟9 香9 峽10 恭10 強11 教11 郷11 経11 梗11 卿12 喬12 境14 蕎15 橋16 興16 頬16 鏡19 馨20 競20 響20 響22 饗22 驚22

ぎょう　仰6 行6 形7 尭8 暁12 堯12 業13 凝16 曉16 驍22

きょく　旭6 曲6 局7 極12

ぎょく　玉5

きよみ　雪11

きら　晃10 晄10

きらめく　煌13 燦17

きり　桐10 錐16 霧19

きる　斬11 着12

きわ　際14

きわめる　究7 極12

きん　巾3 斤4 公4 今4 均7 芹7 近7 君7 欣8 金8 衿9 菫11 勤12 欽12 琴12 筋12 僅13 勤13 緊15 錦16 謹17 檎17 襟18 謹18

ぎん　吟7 銀14

く

く　九2 久3 口3 工3 公4 区4 句5 功5 巧5 玖7 来7 供8 空8 穹8 來8 紅9 宮10 矩10 庫10 貢10 琥12 鳩13 駆14 駈15 駒15

ぐ　弘5 具8 倶10

くい　杭8

くう　空8 食9

ぐう　宮10 偶11 寓12 遇12 隅12

くき　茎8

くぎ　釘10

くさ　色6 草9 種14

くさむら　叢18

くし　串7 櫛19

くじら　鯨19

くしろ　釧11

くす　楠13 樟15

くず　屑10 葛12

くすのき　楠13 樟15

くすり　薬16 藥18

くだ　管14

くだる　下3

くち　口3

くちすすぐ　漱14

くつ　沓8 掘11 窟13 靴13

- くに：乙1 州6 地6 宋7 邦7 邑7 国8 郁9 洲9 晋10 恕10 都11 國11 葉12 都12
- くばる：配10
- くび：首9
- くぼむ：窪14
- くま：阿8 隈12 熊14
- くみ：与3 伍6 組11 綸14 與14
- くむ：汲7 酌10 組11
- くも：雲12
- くもる：曇16
- くら：倉10 椋12 鞍15 蔵15 藏17
- くらい：位7 昧9 冥10 晦11 蒙13
- くらう：食9
- くらす：暮14
- くらべる：比4

- ぐらむ：瓦5
- くり：栗10
- くりや：厨12
- くる：来7 來8 徠11 繰19
- くるま：車7
- くれ：伎6 紅9
- くれない：紅9
- くれる：呉7 暮14
- くろ：玄5 黒11 墨15 黎15
- くわ：桑10 鍬17
- くわえる：加5
- くわしい：詳13
- くわだてる：企6
- くん：君7 訓10 勲15 薫16 勳16 薰17
- ぐん：軍9 郡10 群13

け

- け：化4 斗4 仮6 気6 圭6 架9 家10 華10 氣10 袈11 稀12 懸20
- げ：下3 外5 夏10 解13
- けい：兄5 圭6 形7 系7 佳8 京8 径8 茎8 係9 型9 契9 計9 勁9 奎9 恵10 桂10 啓11 掲11 渓11 経11 蛍11 彗11 頃11 卿12 揭12 敬12 景12 軽12 惠12 携13 継13 詣13 境14 肇14 慶15 慧15 稽15 憬15 憩16 繋19 警19 鶏19 馨20 競20 鷄21

- げい：芸7 迎7 藝18 鯨19
- げき：戟12 隙13 劇15 激16
- けさ：祇9
- けた：桁10
- けだし：蓋13
- けつ：決7 頁9 訣11 結12 傑13 潔15 蕨15

げつ
月4

けむい
煙13

けむり
煙13

けや
槻15

ける
蹴19

けわしい
峻10 険11 險16

けん
犬4 件6 見7 券8 肩8 建9 研9 県9 倹10 兼10 剣10 拳10 軒10 栞10 健11 捲11 牽11 険11 萱11 圏11 絢12 萱12 間12 喧12 圏12 堅12 検12 硯12 献13 絹13 遣13 権15 倹15 剣15 憲16 賢16 縣16 険16 謙17 鍵17 検17 顕18 験18 繭18 懸20 顯23 驗23

げん
元4 幻4 玄5 言7 弦8 彦9 原10 眼11 現11 絃11 舷11 源13 諺16 厳17 験18 嚴20 驗23

こ

こ
己3 三3 子3 女3 小3 戸4 公4 心4 木4 去5 乎5 古5 仔5 君7 来7 呼8 固8 虎8 來8 故9 胡9 弧9 個10 庫10 粉10 黄11 教11 袴11 黄12 琴12 湖12 雇12 琥12 誇13 跨13 鼓13 瑚13 糊15 顧21

ご
五4 互4 午4 伍6 呉7 吾7 冴7 胡9 後9 娯10 悟10 梧11 期12 御12 瑚13 碁13 語14 醐16 檎17 護20

こい
恋10 濃16 鯉18

こいねがう
倖10

こう
口3 工3 公4 勾4 孔4 功5 巧5 広5 弘5 甲5 匡6 仰6 交6 光6 向6 后6 好6 江6 考6 行6 亙6 亘6 亨7 坑7 孝7 宏7 攻7 更7 劫7 岡8 効8 幸8 庚8 昂8 杭8 肯8 肴8 昊8 穹8 恰9 後9 侯9 厚9 巷9 恒9 洪9 皇9 紅9 荒9 郊9 香9 神9 虹9 恆9 洸9 格10 桁10 候10 倖10 晃10 晄10 校10 浩10 紘10 耕10 航10 貢10 高10 神10 恋10 黄11 康11 梗11 皐11 黄12 港12 硬12 項12 皓12 溝13 鉱13 塙13 幌13 滉13 煌13 構14 綱14 酵14 閤14 稿15 請15 廣15 興16 衡16 鋼16 縞16 講17 購17 鴻17 藁17

ごう
号5 合6 劫7 昂8 剛10 強11 郷11 業13 豪14 壕17 轟21

こうむる
蒙13

こえ
吟7 声7

こえる
越12 超12

こおり
氷5

こおる 冴7 凍10
こがれる 焦12
こく 石5 克7 告7 谷7 刻8 国8 黒11 國11 黑12 穀14 穀15
こぐ 漕14
ごく 極12
こけ 苔8
こげる 焦12
ここ 心4 此6 斯12
こごえる 凍10
ここのつ 九2
こころ 心4
こころざし 志7
こころざす 志7
こころみる 試13

こころよい 快7
こし 輿17
こす 越12 超12
こずえ 梶11 梢11 槙14 槇14 櫂18
こそ 社7 社8
こたえ 答12
こたえる 応7
こち 東8
こつ 忽8 惚11 滑13
こと 士3 功5 言7 采8 事8 紀9 信9 殊10 異11 琴12 詞12 肇14
ことごとく 悉11 畢11
ことぶき 寿7 壽14
ことわざ 諺16
ことわり 理11

こな 粉10
この 之3 此6 斯12
このみ 好6
このむ 好6 喜12
こはく 琥12
こぶし 拳10
こま 駒15
こまかい 細11
こむ 込5 混11
こめ 米6
こもる 籠22
こよみ 暦14 曆16
こる 凝16
これ 之3 比4 以5 右5 伊6 此6 荘9 時10 莊10 惟11 斯12

ころ 頃11
ころぶ 転11 轉18
ころも 衣6
こわ 声7
こん 今4 金8 昆8 建9 根10 婚11 混11 紺11 渾12 献13 魂14 墾16 懇17
ごん 言7 勤12 勤13 権15 厳17 嚴20

さ

さ 二2 叉3 才3 三3 小3 左5 再6 早6 佐7 沙7 冴7 作7 些8 査9 砂9 珊9 咲9 茶9 差10 桜10

紗10 彩11 皐11 渚11 爽11 善12 朝12 渚12 嵯13 裟13 蓑13 榊14 瑳14 総14 聡14 櫻21 讃22

ざ　三3 坐7 座10

さい　才3 再6 西6 妻8 采8 哉9 宰10 栽10 財10 晒10 柴10 淒10 彩11 採11 済11 砦11 祭11 斎11 細11 菜11 最12 犀12 裁12 催13 塞13 歳13 載13 際14

ざい　在6 材7 剤10 財10

さいわい　幸8 倖10

さえ　冴7 朗10 朗11

さえる　冴7

さお　竿9 操16

さか　坂7 阪7 酒10 祥10 祥11

さかい　堺12 境14

さかえ　光6 秀7 昌8 冨11 富12 潤15

さかえる　栄9 榮14

さかき　榊14

さがす　捜10 探11 搜12

さかずき　杯8 盃9

さかな　肴8 魚11

さかのぼる　遡14

さかり　興16

さかる　盛11

さがる　下3

さかん　昌8 盛11

さき　先6 早6 幸8 岬8 咲9 祥10 崎11 埼11 祥11 福13 福14 興16

さぎ　鷺24

さきがけ　魁14

さく　冊5 作7 咲9 昨9 柵9 朔10 窄10 索10 開12 割12 策12 酢12

さくら　桜10 櫻21

さけ　酒10

さげる　提12

ささ　小3 笹11 楽13 樂15 篠17

ささえる　支4

ささげる　捧11

さざなみ　漣14

さしがね　矩10

さす　指9 差10 挿10

さずかる　授11

さそう　誘14

さた　究7

さだ　正5 安6 会6 完7 究7 治8 為9 貞9 真10 眞10 晏10 渉10 渉11 覚12 爲12 禎13 寧14 禎14 憲16

さだめる　定8

さち　士3 吉6 幸8 祐9 倖10 祥10 祐10 祥11 葛12 禎13 福13 禎14 福14

さつ　冊5 札5 刷8 刹8 拶9 察14 颯14 撮15 薩17

さっ　早6

ざつ　雑14 雜18

さと　公4 仁4 吏6 邑7 里7 学8 知8 恵10 哲10 敏10

郷11 都11 啓11 理11 敏11 覚12 暁12 達12 智12 恵12 都12 聖13 徳14 慧15 德15 賢16 諭16 識19

さとい
怜8 俐9 智12 惺12 聡14 慧15 叡16

さとし
里7 暁12

さとす
諭16

さとる
悟10

さね
人2 心4 以5 守6 壱7 志7 実8 尚8 修10 嗣13 實14 諄15

さばく
裁12

さび
錆16

さま
様14 樣15

さます
覚12 醒16

さむい
寒12

さむらい
侍8

さめ
雨8

さめる
冷7

さや
清11 爽11 鞘16

さやか
爽11

さら
皿5 更7

さらう
掠11

さらす
晒10

さる
去5 猿13

さわ
沢7

さわやか
爽11

さん
三3 山3 参8 珊9 桟10 蚕10 産11 傘12 算14 撒15 賛15 燦17 纂20 讃22

ざん
斬11 暫15

し

し
士3 子3 之3 巳3 支4 止4 氏4 仕5 仔5 司5 史5 四5 市5 示5 只5 白5 矢5 伎6 此6 旨6 糸6 至6 次6 自6 伺7 志7 孜7 私7 芯7 使8 始8 姉8 枝8 祉8 茂8 茨9 柿9 祇9 姿9 思9 指9 施9 祉9 信9 品9 師10 紙10 砥10 恣10 梓11 視11 偲11 斯12 紫12 視12 詞12 椎12 嗣13 獅13 詩13 試13 資13 飼13 誌14 雌14 賜15 摯15 諮16

じ
仕5 示5 字6 寺6 次6 而6 耳6 自6 地6 弐6 似7 児7 事8 侍8 治8 兒8 持9 時10 滋12 智12 道12 慈13 蒔13 路13 爾14 磁14 璽19

しあわせ
幸8

しい
椎12

しいる
強11

しお
汐6 塩13 潮15

しおり
栞10

しか
鹿11 然12 爾14

しかして
而6

しき
布5 式6 色6 織18 識19

じき
直8 食9

しく
滋[12] 敷[15]

じく
竺[8] 軸[12]

しげ
十[2] 木[4] 以[5] 成[6] 孜[7]
苑[8] 枝[8] 林[8] 為[9] 栄[9]
重[9] 草[9] 荘[9] 恵[10] 莊[10]
隆[11] 賀[12] 滋[12] 森[12] 達[12]
惠[12] 爲[12] 義[13] 慈[13] 維[14]
種[14] 蓬[14] 榮[14] 諄[15] 調[15]
薫[16] 樹[16] 篤[16] 繁[16] 薰[17]
繁[17] 鑑[23]

しげみ
茂[8]

しげる
秀[7] 茂[8] 萊[11] 董[12] 蒼[13]
蕃[15]

しし
鹿[11] 獅[13]

しず
玄[5] 倭[10] 康[11] 靖[13] 静[14]
寧[14] 穏[16] 靜[16] 謙[17]

しずか
康[11] 惺[12] 閑[12] 静[14] 靜[16]

しずく
雫[11] 滴[14]

しずめる
鎮[18] 鎭[18]

した
下[3]

しだ
恩[10]

したう
慕[14]

したがう
従[10] 從[11]

したしい
親[16]

したたる
滴[14]

しち
七[2] 質[15]

しつ
室[9] 疾[10] 執[11] 悉[11] 湿[12]
漆[14] 質[15] 濕[17] 櫛[19]

じつ
日[4] 実[8] 實[14]

じっ
十[2]

しな
色[6] 枝[8] 品[9]

しの
忍[7] 神[9] 要[9] 篠[17]

しのぎ
凌[10]

しのぐ
凌[10]

しのぶ
忍[7] 恕[10] 偲[11]

しば
芝[6] 柴[10]

しぶ
渋[11] 澁[15]

しぶき
沫[8]

しま
島[10] 嶋[14] 縞[16]

しみ
染[9]

しめす
示[5]

しめる
占[5] 湿[12] 締[15] 濕[17]

しも
下[3] 霜[17]

しゃ
写[5] 沙[7] 社[7] 車[7] 舎[8]
社[8] 者[8] 砂[9] 者[9] 柘[9]
射[10] 紗[10] 赦[11] 斜[11] 這[11]
煮[12] 煮[13] 謝[17]

しゃく
勺[3] 尺[4] 石[5] 灼[7] 赤[7]
昔[8] 酌[10] 釈[11] 錫[16] 爵[17]

じゃく
若[8] 雀[11] 惹[12] 着[12]

しゃべる
喋[12]

しゅ
手[4] 主[5] 守[6] 朱[6] 取[8]
狩[9] 首[9] 殊[10] 珠[10] 酒[10]
修[10] 衆[12] 須[12] 楢[13] 種[14]
趣[15] 諏[15]

じゅ
朱[6] 寿[7] 受[8] 殊[10] 珠[10]
従[10] 授[11] 從[11] 就[12] 需[14]
竪[14] 壽[14] 儒[16] 樹[16] 濡[17]

しゅう
収[4] 州[6] 舟[6] 收[6] 秀[7]
周[8] 宗[8] 拾[9] 洲[9] 秋[9]
祝[9] 柊[9] 修[10] 祝[10] 袖[10]
執[11] 習[11] 週[11] 脩[11] 就[12]
衆[12] 集[12] 萩[12] 葺[12] 愁[13]
蒐[13] 酬[13] 楢[13] 輯[16] 鍬[17]

繍18 蹴19 鷲23

じゅう
十2 廿4 汁5 充6 住7 拾9 柔9 重9 従10 渋11 從11 銃14 澁15 縦16 縱17

しゅく
叔8 祝9 祝10 宿11 淑11 粛11 粥12 縮17

じゅく
塾14 熟15

しゅつ
出5

じゅつ
述8 術11

しゅん
旬6 俊9 春9 峻10 隼10 淳11 竣12 舜13 駿17 瞬18

じゅん
旬6 巡6 盾9 洵9 准10 隼10 純10 淳11 惇11 絢12 閏12 循12 順12 準13 詢13 楯13 潤15 遵15 醇15 諄15

しょ
処5 初7 杵8 所8 書10 恕10 渚11 庶11 埜11 暑12 渚12 暑13 署13 緒14 署14 緒15 諸15 諸16 曙17

じょ
女3 丈3 汝6 如6 助7 序7 叙9 徐10 恕10 敍11

しょう
小3 上3 井4 升4 少4 召5 正5 生5 匠6 庄6 床7 抄7 肖7 声7 尚8 承8 招8 昇8 昌8 松8 沼8 姓8 青8 昭9 省9 政9 星9 荘9 相9 従10 哨10 宵10 将10 渉10 祥10 称10 笑10 商11 唱11 捷11 梢11 渉11 祥11 章11 紹11 菖11 訟11 清11 從11 將11 笙11 勝12 掌12 晶12 湘12 焦12 硝12 粧12 証12 詔12 象12 装12 翔12 奨13 照13 詳13 裝13 頌13 嘗14 彰14 蔣14 裳14 摺14 精14 奬14 樟15 蕉15 賞15 憧15 鞘16 篠17 礁17 醤18 鐘20

じょう
上3 丈3 丞6 成6 条7 杖7 状7 狀8 帖8 定8 乗9 城9 浄9 茸9 乘10 常11 情11 盛11 條11 淨11 場12 畳12 蒸13 嘗14 静14 縄15 壌16 嬢16 錠16 靜16 穣18 譲20 醸20 孃20 疊22 穰22 讓24 釀24

しょく
色6 食9 埴11 植12 殖12 飾13 嘱15 燭17 織18 職18

しら
白5

しらべる
調15

しる
汁5 知8

しるし
印6 徽17

しるす
記10 疏12

しろ
代5 白5 城9 素10

しろい
白5 皓12

しろがね
銀14

しん
心4 申5 伸7 臣7 芯7 身7 辛7 辰7 信9 神9 津9 振10 晋10 真10 眞10 神10 秦10 針10 深11 紳11 進11 晨11 森12 診12 寝13 慎13 新13 愼13 榛14 賑14 槙14 槇14 寢14 審15 震15 請15 薪16 親16

じん
人2 刃3 仁4 壬4 尽6 迅6 臣7 神9 甚9 神10 訊10 陣10 尋12 盡14

す

す
子3 主5 朱6 守6 州6 沙7 寿7 治8 為9 洲9 春9 津9 珠10 栖10 素10 進11 雀11 巣11 巢11 須12 酢12 棲12 爲12 数13 壽14 諏15

ず
子3 寿7 図7 豆7 事8 洲9 津9 逗11 瑞13 壽14 頭16 鶴21

すい
水4 出5 吹7 垂8 炊8 帥9 珀9 粋10 推11 酔11 彗11 遂12 睡13 翠14 粹14 誰15 穂15 醉15 錐16 錘16 穗17

ずい
随12 瑞13 髄19

すう
吸6 枢8 崇11 嵩13 数13 雛18

すえ
与3 末5 君7 秀7 宋7 季8 梶11 淑11 梢11 陶11 葉12 與14

すえる
据11

すが
菅11 清11 廉13

すがた
姿9

すき
隙13 鍬17

すぎ
杉7

すく
好6 透10

すくう
匡6 掬11 救11

すくない
少4

すぐれる
卓8 優17

すけ
友4 弐6 佐7 助7 佑7 亮9 輔14

すげ
菅11

すこし
少4

すこぶる
頗14

すこやか
健11

すさまじい
凄10

すじ
筋12

すす
煤13

すず
紗10 清11 鈴13 錫16

すすぐ
漱14

すずしい
凉10 涼11

すすむ
步7 歩8 晋10 進11 奨13 獎14

すずめ
雀11

すすめる
侑8 勧13 薦16

すずり
硯12

すそ
裾13

すだれ
簾19

ずつ
宛8

すでに
既10

すな
沙7 砂9

すなお
忠8 直8 純10 素10 淳11 惇11 温12 廉13 溫13

- すなわち　乃2　曽11　曾12
- すばる　昴9
- すべ　皇9
- すべて　全6
- すべる　統12　滑13　綜14
- すぼむ　窄10
- すみ　在6　有6　究7　邑7　宜8　紀9　宣9　炭9　恭10　純10　栖10　菫11　淑11　逗11　清11　隅12　統12　遥12　誠13　維14　墨14　遙14　澄15　墨15　篤16
- ずみ　泉9
- すみやか　速10
- すみれ　菫11
- すむ　住7　栖10　済11　棲12　澄15
- すめら　皇9
- すもも　李7
- する　刷8　摺14
- するどい　鋭15
- すわる　坐7　座10　据11
- すん　寸3

せ

- せ　世5　汐6　施9　勢13　醒16　瀬19　瀨19
- ぜ　是9
- せい　井4　世5　正5　生5　成6　西6　声7　制8　姓8　征8　青8　斉8　省9　政9　星9　凄10　栖10　晟10　情11　清11　盛11　甥12　晴12　棲12　婿12　貰12　惺12　歳13　勢13　聖13　誠13　靖13　精14　製14　誓14　静14　齊14　請15　錆16　整16　醒16　靜16
- ぜい　税12　説14
- せき　夕3　石5　汐6　赤7　昔8　析8　隻10　席10　脊10　惜11　戚11　責11　堰12　跡13　関14　碩14　錫16　積16　績17　蹟18　籍20
- せち　節13　節15
- せつ　刹8　拙8　屑10　接11　設11　雪11　摂13　節13　説14　綴14　節15　攝21
- ぜに　銭14
- せまい　窄10
- せまる　迫8
- せみ　蟬18
- せめる　攻7　責11
- せり　芹7
- せる　競20
- せん　千3　川3　仙5　占5　先6　尖6　亙6　亘6　串7　茜9　宣9　専9　泉9　浅9　洗9　染9　穿9　扇10　栓10　閃10　釧11　旋11　船11　專11　揃12　煎13　羨13　践13　詮13　銭14　銑14　箋14　撰15　潜15　線15　選15　遷15　薦16　繊17　鮮17　檀17　蟬18　纖23
- ぜん　全6　前9　善12　然12　禅13　漸14　膳16　禪17　繕18

そ

そ
十2 三3 双4 衣6 狙8 祖9 奏9 祖10 租10 素10 措11 曽11 組11 曾12 疏12 塑13 楚13 想13 遡14 噌15 礎18 蘇19

そう
三3 双4 爪4 壮6 早6 宋7 走7 壯7 沿8 宗8 奏9 相9 草9 荘9 送9 桑10 倉10 捜10 挿10 莊10 曽11 爽11 掃11 曹11 巣11 巢11 窓11 曾12 創12 惣12 搜12 装12 湊12 僧13 想13 蒼13 裝13 僧14 層14 槍14 漕14 総14 綜14 聡14 遭14 漱14 颯14 噌15 層15 槽15 踪15 操16 燥17 霜17 叢18 贈18 藻19 贈19

ぞう
造10 象12 雑14 像14 増14 增15 蔵15 藏17 贈18 雜18 贈19

そうろう
候10

そえる
添11

そく
即7 束7 足7 促9 則9 卽9 息10 捉10 速10 側11 測12 塞13

ぞく
族11 粟12 属12 続13

そこ
底8

そそぐ
注8 漱14

そぞろに
坐7

そだつ
育8

そつ
卒8 率11

そで
袖10

そと
外5

そなえる
供8 備12

そなわる
詮13

その
苑8 其8 園13 薗16

そば
蕎15

そまる
染9

そめる
初7

そら
天4 空8 宙8 昊8 穹8

そる
反4

それ
其8

そろう
揃12

そん
存6 村7 孫10 尊12 巽12 遜14 噂15 樽16 鱒23

ぞん
存6

た

た
才3 大3 手4 太4 玉5 北5 他5 旦5 田5 民5 多6 汰7 為9 爲12 詫13

だ
打5 陀8 舵11 梛11 楕13

たい
大3 太4 代5 台5 体7 対7 苔8 耐9 待9 殆9 帯10 泰10 堆11 袋11 帶11 替12 貸12 隊12 碓13 態14 黛16 戴17 鯛19

だい
乃2 大3 内4 代5 台5 弟7 第11 醍16 題18

だいだい
橙16

たいら 平5 坦8
たいらげる 夷6
たう 忍7
たえ 才3 巧5 布5 糸6 克7 妙7 紗10
たえる 耐9 堪12
たか 子3 女3 万3 王4 公4 天4 比4 右5 立5 宇6 共6 好6 考6 竹6 位7 孝7 社7 学8 享8 尭8 空8 昂8 尚8 卓8 宝8 茂8 祉8 香9 俊9 荘9 飛9 恭10 能10 峰10 峯10 渉10 荘10 教11 啓11 阜11 梢11 渉11 章11 琢11 陸11 隆11 貴12 敬12 竣12 尊12 登12 揚12 陽12 萬12 堯12 琢12 嵩13 節13 楚13 稜13 旗14 鳳14 節15 賢16 顕18 寵19 顯23 鷹24
たかい 尭8 昂8 高10 峻10 喬12 堯12
たがい 互4
たがやす 耕10
たから 宝8 聖13
たき 滝13 瀧19
たきぎ 薪16
たく 宅6 托6 択7 沢7 炊8 卓8 拓8 度9 啄10 託10 琢11 琢12 焚12 濯17 擢17 櫂18
だく 抱8 諾15
たぐい 類18
たくましい 逞11
たくみ 巧5 伎6 匠6
たくわえる 蓄13
たけ 丈3 広5 壮6 竹6 壮7 岳8 長8 建9 茸9 高10 健11 貴12 義13 嵩13 廣15
たけし 毅15
たこ 凧5
たしか 確15
たす 足7
たず 鶴21
だす 出5
たすく 匡6 奨13 奬14 翼17
たすける 丞6 助7 佑7 侑8 毘9 祐9 祐10 輔14
たずさえる 携13
たずねる 訊10 訪11 尋12
ただ 一1 士3 也3 允4 只5 矢5 由5 伊6 地6 匡6 江6 旬6 伸7 妙7 周8 忠8 迪8 祇9 貞9 品9 柾9 祥10 粋10 渉10 惟11 規11 渉11 唯11 祥11 萱12 喬12 達12 渡12 雅13 資13 禎13 維14 彰14 粹14 禎14 撫15 叡16
たたえる 湛12 讃22
たたかう 闘18
たたく 啄10
ただし 但7 按9
ただしい 正5

ただす　匡6
ただちに　直8
たたみ　畳12 疊22
ただよう　漂14
たち　立5
たちばな　橘16
たちまち　奄8 忽8
たつ　立5 辰7 建9 起10 健11 琢11 裁12 達12 琢12 樹16
だつ　捺11
たつき　樹16
たっとい　貴12 尊12
たつみ　巽12
たて　立5 盾9 律9 楯13 竪14 縦16 縱17
たてまつる　奉8

たてる　建9
たとえる　例8
たどる　辿7
たな　棚12
たに　谷7
たね　苗8 胤9 留10 種14
たのし　予4 喜12
たのしい　楽13 樂15
たのむ　頼16 賴16
たば　束7
たび　度9 旅10
たべる　食9
たま　玉5 圭6 玖7 珂9 珊9 玲9 珀9 珠10 球11 瑛12 弾12 琳12 琥12 瑞13 瑶13 碧14 霊15 彈15 環17

たまき　珠10 環17
たまご　卵7
たましい　魂14
たまる　溜13
だまる　黙15 默16
たまわる　賜15
たみ　人2 民5 在6 彩11 黎15
ため　糸6
ためす　試13
たもつ　保9
たゆ　妙7
たよる　頼16 賴16
たらす　垂8
たりる　足7
たる　立5 健11 善12 樽16
だれ　誰15

たわむれる　戯15 戲17
たわら　俵10
たん　丹4 反4 旦5 坦8 担8 単9 炭9 胆9 耽10 探11 淡11 湛12 短12 單12 端14 綻14 誕15 壇16 鍛17 簞18 灘22
だん　団6 男7 段9 弾12 暖13 楠13 團14 談15 彈15 壇16 檀17

ち

ち　千3 市5 地6 池6 茅8 治8 知8 為9 祐9 値10 致10 祐10 智12 道12 爲12

稚13 椿13 置13 馳13 質15
緻16

ちいさい
小3

ちか
子3 允4 元4 比4 央5
史5 考6 至6 次6 年6
亨7 見7 京8 周8 知8
直8 恒9 哉9 信9 恆9
恭10 時10 峻10 真10 眞10
規11 悠11 幾12 尋12 寛13
義13 慈13 慎13 新13 睦13
愼13 爾14 誓14 静14 寬14
慶15 親16 靜16

ちかい
近7

ちかう
盟13 誓14

ちから
力2

ちぎる
契9

ちく
竹6 逐10 筑12 蓄13 築16

ちち
父4

ちぢむ
縮17

ちつ
秩10

ちまた
巷9

ちゃ
茶9

ちゃく
着12 嫡14

ちゅう
丑4 中4 仲6 虫6 沖7
宙8 忠8 抽8 注8 昼9
柱9 衷10 酎10 紐10 紬11
晝11 厨12 註12 鋳15 駐15
鑄22

ちょ
猪11 著11 猪12 著12 貯12
緒14 緒15 箸15 儲18

ちょう
丁2 庁5 兆6 町7 帖8
長8 重9 挑9 挺10 帳11
張11 彫11 眺11 頂11 鳥11
釣11 喋12 朝12 超12 貼12
牒13 跳13 徴14 暢14 蔦14
肇14 澄15 徵15 潮15 蝶15
調15 聴17 鯛19 寵19 聽22
廳25

ちょく
直8 勅9 捗10

ちん
枕8 珍9 砧10 陳11 椿13
塡13 鎮18 鎭18

つ

つ
津9 柘9 通10 紬11 都11
都12 藤18 鶴21

づ
津9

つい
対7 追9 堆11 椎12 槌14

ついたち
朔10

ついばむ
啄10

つう
通10

つえ
杖7

つか
策12 塚12 緑14 綠14

つかう
使8

つかえる
仕5

つかさ
司5 吏6 長8 典8 政9

つかね
緯16

つかむ　摑14
つかわす　遣13
つき　月4 晋10 調15 槻15
つぎ　月4 次6 亜7 亞8 連10 紹11 嗣13 調15
づき　月4
つきる　尽6 盡14
つく　付5 突8 突9 就12 着12 撞15
つぐ　二2 世5 次6 亜7 更7 亞8 倫10 接11 皓12 継13 嗣13 禎13 頌13 緒14 静14 禎14 緒15 調15 諭16 靜16 鞠17 譜19 麗19
つくえ　机6
つくだ　佃7

つぐみ　壬4
つくる　作7 造10 創12
つくろう　繕18
つげ　柘9
つける　就12 漬14
つげる　告7
つじ　辻6
つた　蔦14
つたえる　伝6 傳13
つたない　拙8
つち　土3 槌14
つちかう　培11
つちのえ　戊5
つつ　土3 筒12
つづく　続13
つつしむ　欽12 慎13 愼13 謹17 謹18

つつみ　堤12
つづみ　鼓13
つつむ　包5
つづら　葛12
つづる　綴14
つと　朝12
つどう　集12
つとむ　励7
つとめる　孜7 努7 務11 勤12 勤13
つな　維14 綱14 緑14 綠14
つなぐ　繋19
つね　久3 玄5 長8 典8 法8 恒9 則9 恆9 倫10 経11 常11 曽11 庸11 尋12 曾12 統12 道12 幹13 継13 識19
つの　角7

つのる　募12
つばき　椿13
つばさ　翼17
つばめ　燕16
つぶ　粒11
つぶさに　悉11
つぶら　円4 圓13
つぼ　坪8
つぼみ　蕾16

つま　妻8
つみ　摘14
つむ　万3 紡10 萬12 詰13 摘14 錘16 積16
つむぎ　紡10 紬11
つむぐ　紡10
つめ　爪4
つめたい　冷7
つめる　詰13
つもる　積16
つや　釉12 艶19
つゆ　露21
つよい　侃8 勁9 強11 毅15
つら　位7 面9 航10 編15 羅19
つらなる　連10
つらぬく　貫11

つる　弦8 絃11 釣11 敦12 蔓14 鶴21
つるぎ　剣10 劍15
つれ　然12
つれる　連10

て

て　手4 豊13
で　弟7
てい　丁2 汀5 体7 呈7 廷7 弟7 定8 底8 邸8 亭9 貞9 帝9 訂9 庭10 悌10 挺10 逓10 釘10 停11 偵11 梯11 逞11 堤12 提12 程12 禎13 艇13 鼎13 綴14 禎14 締15 鄭15 蹄16 薙16 鵜18
でい　祢9 禰19
てき　的8 迪8 荻10 笛11 摘14 滴14 適14 擢17
てつ　姪9 哲10 鉄13 綴14 徹15 撤15
てら　寺6
てる　央5 旭6 光6 明8 映9 珂9 昭9 毘9 晃10 晄10 晟10 瑛12 晶12 晴12 皓12 釉12 照13 煌13 瑳14 彰14 輝15 燕16 顕18 曜18 燿18 耀20 顯23
でる　出5
てん　天4 辿7 典8 店8 点9 展10 添11 転11 貼12 塡13 殿13 槙14 槇14 轉18 顚19 纏21
でん　田5 伝6 佃7 淀11 殿13 電13 傳13 鮎16

と

と　乙1 十2 人2 士3 土3 戸4 仁4 斗4 永5 冬5 年6 百6 図7 兎7 杜7 利7 音9 度9 徒10 途10 敏10 鳥11 都11 敏11 翔12 達12 堵12 渡12 登12 都12 塗13 豊13 聡14 澄15 賭16 頭16 橙16
ど　土3 奴5 努7 度9

とい
問11 樋15

とう
刀2 永5 冬5 灯6 当6 投7 豆7 延8 沓8 宕8 東8 到8 桐10 純10 党10 凍10 唐10 套10 島10 桃10 透10 納10 能10 祷11 桶11 兜11 逗11 陶11 萄11 問11 登12 塔12 搭12 棟12 湯12 等12 答12 筒12 統12 董12 道12 稲14 嶋14 読14 踏15 樋15 稻15 燈16 糖16 頭16 橙16 謄17 瞳17 藤18 闘18 櫂18 禱19 騰20

どう
同6 洞9 桐10 動11 堂11 萄11 童12 道12 働13 銅14 導15 憧15 撞15 瞳17

とうげ
峠9

とうとい
貴12 尊12

とお
十2 玄5 更7 昊8 深11 野11 埜11 達12 遥12 遙14 遼15

とおい
遠13

とおる
亙6 亘6 亨7 通10 徹15

とかす
溶13

とがめる
尤4

とがる
尖6

とき
可5 世5 旬6 迅6 季8 国8 宗8 斉8 怜8 秋9 祝9 春9 信9 則9 時10 朗10 祝10 常11 隆11 國11 晨11 朗11 暁12 朝12 節13 睦13 齊14 稽15 節15 曉16

とぎ
伽7

ときわ
松8 常11

とく
啄10 匿10 特10 得11 解13 督13 説14 徳14 読14 德15 篤16

とぐ
研9 砥10

どく
独9 読14

とける
冶7 解13 溶13

とげる
遂12

とこ
床7 常11

ところ
所8

とし
才3 子3 代5 冬5 考6 迅6 年6 寿7 甫7 利7 伶7 英8 季8 宗8 斉8 紀9 哉9 秋9 俊9 信9 星9 要9 記10 恵10 峻10 隼10 敏10 倫10 逸11 健11 淑11 淳11 章11 惇11 捺11 理11 敏11 暁12 敬12 棲12 惣12 智12 敦12 禄12 逸12 惠12 資13 準13 照13 聖13 馳13 福13 稔13 歳13 祿13 聡14 肇14 壽14 齊14 福14 慧15 叡16 穏16 憲16 賢16 繁16 曉16 繁17 駿17 鏡19

とじる
綴14

とせ
年6 歳13

とち
栃9

とつ
突8 突9

とつぐ
嫁13

とどく
届8

ととのえる
調15 整16

とどまる　逗11

とどろく　轟21

となえる　唱11

となり　隣16

との　殿13

どの　殿13

とび　鳶14

とびら　扉12

とぶ　飛9　翔12　跳13

とまる　止4　泊8

とみ　十2　吉6　多6　宝8　美9　冨11　富12　登12　禄12　寛13　福13　祿13　聡14　徳14　賑14　寛14　福14　德15

とみに　頓13

とむ　冨11　富12

とめ　徠11

とめる　留10

とも　丈3　与3　巴4　比4　文4　友4　以5　叶5　共6　伍6　有6　作7　那7　呂7　供8　幸8　始8　知8　宝8　朋8　茂8　皆9　毘9　侶9　兼10　流10　倫10　智12　朝12　登12　寛13　幹13　義13　誠13　節13　禎13　睦13　賑14　與14　寛14　禎14　諄15　節15　興16　類18　鵬19　類19

ともえ　巴4

ともしび　燈16　燭17

ともなう　伴7

ともに　倶10

とよ　茂8　冨11　晨11　富12　豊13

とら　虎8　寅11

とらえる　捉10

とり　酉7　鳥11

とりで　砦11　塞13

とる　采8　取8　採11　執11　撮15

とん　屯4　団6　沌7　惇11　問11　敦12　遁13　頓13　團14

どん　丼5　呑7　曇16

どんぶり　丼5

な

な　七2　己3　水4　永5　多6　凪6　名6　那7　来7　声7　奈8　林8　來8　南9　納10　菜11　捺11　梛11　愛13　楠13　樹16　薙16

ない　乃2　内4　祢9　無12　禰19

なえ　苗8

なお　正5　矢5　多6　如6　亨7　君7　作7　実8　若8　尚8　斉8　真10　眞10　通10　梗11　野11　脩11　順12　董12　實14

齊14 類18 類19

なおる 治8 直8

なか 心4 中4 央5 考6 仲6
陽12 肇14

なが 久3 市5 呂7 良7 延8
直8 祥10 隆11 脩11 祥11
詠12 温12 斐12 溫13 暢14
蔓14

ながい 永5 長8

なかば 半5

ながめる 眺11

なかれ 勿4 莫10

ながれる 流10

なぎ 凪6 梛11

なぎさ 汀5 渚11 渚12

なく 鳴14

なぐ 薙16

なぐさめる 慰15

なげる 投7

なごむ 和8

なさけ 情11

なし 梨11 類18 類19

なす 茄8

なず 摩15

なぞ 謎17

なだ 灘22

なだめる 宥9

なつ 夏10 捺11

なっ 納10

なつかしい 懐16 懷19

なでる 撫15

なな 七2

ななつ 七2

ななめ 斜11

なに 何7 奈8

なの 七2

なべ 鍋17

なまず 鮎16

なまめく 妖7

なまり 鉛13

なみ 双4 比4 次6 汎6 波8
並8 南9 洋9 浪10 漣14

なめらか 滑13

なめる 嘗14

なら 楢13

ならう 倣10 習11

ならす 鳴14

ならべる 並8

なり 也3 功5 令5 考6 成6
位7 孝7 克7 作7 育8
宜8 周8 斉8 忠8 苗8
為9 哉9 政9 記10 容10
規11 教11 曽11 詞12 晴12
然12 曾12 爲12 慈13 勢13
稔13 齊14 調15 燕16 整16

響 20　響 22

なる：功 5　匠 6　成 6　完 7　育 8　忠 8　稔 13　鳴 14　燕 16　親 16

なれる：馴 13　慣 14

なわ：苗 8　縄 15

なん：何 7　男 7　奈 8　南 9　納 10　軟 11　楠 13

なんじ：而 6　汝 6　爾 14

なんぞ：胡 9

に

に：二 2　丹 4　仁 4　匂 4　丹 4　弐 6　児 7　兒 8　荷 10　爾 14

にい：新 13

にえる：煮 12　煮 13

にお：薫 16　薰 17

におう：匂 4

にぎる：握 12

にぎわう：賑 14

にし：西 6

にじ：虹 9

にしき：錦 16

にち：日 4

にな：螺 17

になう：担 8

にゃく：若 8

にゅう：入 2　柔 9

によ：女 3　如 6

にょう：女 3

にる：亨 7　似 7　煮 12　煮 13

にわ：庭 10

にわか：俄 9

にわとり：鶏 19　鷄 21

にん：人 2　任 6　忍 7　認 14

ぬ

ぬ：野 11　埜 11

ぬい：縫 16　繡 18

ぬう：縫 16

ぬきんでる：擢 17

ぬさ：麻 11

ぬし：主 5

ぬの：布 5

ぬま：沼 8

ぬる：塗 13

ぬれる：濡 17

ね

ね：子 3　年 6　音 9　祢 9　根 10　値 10　峰 10　峯 10　道 12　福 13　寧 14　福 14　嶺 17　禰 19

ねい：寧 14

ねがう：願 19

ねこ：猫 11

ねじる：捻 11

ねつ：熱 15

ねばる：粘 11

ねむる：眠 10

ねらう：狙 8

ねる：寝 13　煉 13　練 14　寢 14　練 15

ねん：年 6　念 8　捻 11　粘 11　然 12

稔[13] 燃[16]

ねんごろ 懇[17]

の

の 乃[2] 之[3] 能[10] 野[11] 埜[11]

のう 納[10] 能[10] 農[13] 濃[16]

のがれる 遁[13]

のき 宇[6] 軒[10]

のこぎり 鋸[16]

のせる 載[13]

のぞく 窺[16]

のぞみ 希[7] 望[11]

のぞむ 希[7] 望[11] 臨[18]

のち 後[9]

のっと 浬[10]

のどか 和[8] 温[12] 溫[13]

のばす 暢[14]

のびる 伸[7] 延[8]

のぶ 与[3] 円[4] 布[5] 江[6] 亙[6] 亘[6] 更[7] 寿[7] 伸[7] 延[8] 宜[8] 長[8] 房[8] 恒[9] 重[9] 信[9] 政[9] 宣[9] 恆[9] 洵[9] 悦[10] 将[10] 展[10] 惟[11] 啓[11] 経[11] 常[11] 進[11] 庸[11] 將[11] 脩[11] 喜[12] 喬[12] 惣[12] 達[12] 董[12] 敦[12] 揚[12] 葉[12] 遥[12] 照[13] 睦[13] 靖[13] 圓[13] 頌[13] 総[14] 聡[14] 暢[14] 蔓[14] 壽[14] 與[14] 遙[14] 諄[15] 薫[16] 整[16] 薰[17]

のべる 述[8]

のぼり 幟[15]

のぼる 上[3] 昂[8] 昇[8] 登[12]

のみ 已[3] 爾[14]

のむ 呑[7] 飲[12]

のり 乃[2] 士[3] 土[3] 文[4] 永[5] 玄[5] 功[5] 代[5] 令[5] 考[6] 行[6] 至[6] 舟[6] 位[7] 芸[7] 孝[7] 甫[7] 利[7] 里[7] 学[8] 宜[8] 尭[8] 実[8] 周[8] 宗[8] 昇[8] 知[8] 忠[8] 典[8] 法[8] 明[8] 廻[9] 紀[9] 祇[9] 祝[9] 宣[9] 則[9] 品[9] 律[9] 益[10] 記[10] 悟[10] 修[10] 恕[10] 哲[10] 能[10] 倫[10] 祝[10] 基[11] 規[11] 教[11] 郷[11] 啓[11] 経[11] 視[11] 章[11] 庸[11] 理[11] 賀[12] 幾[12] 卿[12] 敬[12] 詞[12] 順[12] 然[12] 尋[12] 智[12] 朝[12] 登[12] 統[12] 道[12] 遥[12] 堯[12] 極[12] 愛[13] 意[13] 雅[13] 寛[13] 義[13] 準[13] 慎[13] 数[13] 節[13] 稚[13] 稔[13] 路[13] 愼[13] 徳[14] 緑[14] 實[14] 寬[14] 綠[14] 遙[14] 駕[15] 慶[15] 稽[15] 糊[15] 調[15] 範[15] 節[15] 德[15] 憲[16] 賢[16] 頼[16] 賴[16] 謙[17] 藝[18] 識[19] 鑑[23]

のる 乗[9] 乘[10]

のん 恩[10] 暖[13]

は

は 八 2　刃 3　巴 4　羽 6　把 7　芭 7　芳 7　杷 8　波 8　房 8　春 9　派 9　華 10　琶 12　葉 12　頗 14　端 14　播 15　覇 19

ば 芭 7　杷 8　馬 10　場 12　葉 12

はい 灰 6　拝 8　杯 8　盃 9　拜 9　俳 10　配 10　輩 15

ばい 売 7　苺 8　唄 10　倍 10　梅 10　培 11　梅 11　陪 11　媒 12　買 12　煤 13　賠 15　賣 15

はいる 入 2

はう 這 11

はえる 生 5　映 9　栄 9　榮 14

はか 博 12

はがね 鋼 16

はかま 袴 11

はかり 秤 10

はかる 図 7　計 9　測 12　量 12　詢 13　諮 16

はぎ 萩 12

はく 白 5　伯 7　拍 8　泊 8　迫 8　柏 9　珀 9　掃 11　舶 11　博 12　箔 14　履 15　薄 16

ばく 麦 7　莫 10　博 12　漠 13　幕 13

はぐくむ 育 8

はげしい 激 16

はげむ 励 7

ばける 化 4

はこ 函 8　箱 15

はこぶ 運 12

はさむ 挟 9

はし 端 14　箸 15　橋 16

はしご 梯 11

はしばみ 榛 14

はじむ 創 12

はじめ 初 7　甫 7　始 8　東 8　肇 14

はじめる 始 8

はしら 柱 9

はしる 走 7

はす 芙 7　荷 10　蓉 13　蓮 13

はず 筈 12

はずむ 弾 12　彈 15

はずれる 外 5

はせる 馳 13

はた 畑 9　将 10　秦 10　畠 10　將 11　旗 14　端 14　綺 14　幡 15　機 16

はたけ 畑 9　圃 10

はたす 果 8

はたらく 働 13

はち 八 2　鉢 13　蜂 13

はつ 初 7　発 9　逸 11　逸 12　鉢 13　肇 14　髪 14　髮 15

はっ 法 8

ばつ 末 5

はて 果 8

はと 鳩 13

はとり 織 18

はな 花 7　芳 7　英 8　華 10　椛 11

はなし 話 13

はなす 話 13

はなつ 放 8

はなはだ　甚9

はなぶさ　英8

はなわ　塙13

はに　土3 埴11

はね　羽6

はねる　跳13

はは　母5

はば　巾3 幅12

はぶく　省9

はま　浜10

はや　迅6 快7 隼10 逸11 敬12 逸12 颯14

はやい　早6 速10 捷11

はやお　駿17

はやし　林8 馳13

はやて　颯14

はやぶさ　隼10

はら　原10

はり　針10 梁11

はる　大3 元4 日4 玄5 立5 令5 会6 合6 花7 良7 始8 治8 青8 東8 明8 春9 昭9 美9 華10 浩10 時10 敏10 流10 晏10 啓11 張11 敏11 脩11 悠11 絢12 温12 開12 喜12 晴12 貼12 遥12 陽12 暖13 溫13 榛14 遙14

はるか　永5 悠11 遥12 遙14 遼15

はれる　晴12

はん　凡3 反4 半5 氾5 帆6 汎6 坂7 阪7 伴7 判7 板8 版8 班10 畔10 般10 販11 絆11 斑12 飯12 搬13 頒13 幡15 範15 繁16 繁17 藩18

ばん　万3 伴7 判7 板8 挽10 晩11 晩12 番12 萬12 播15 盤15 磐15 蕃15

はんのき　榛14

ひ

ひ　一1 火4 日4 比4 禾5 弘5 皮5 氷5 灯6 妃6 庇7 彼8 披8 枇8 飛9 毘9 柊9 品9 秘10 桧10 祕10 菊11 啓11 扉12 斐12 琵12 陽12 碑13 碑14 緋14 樋15 燈16 檜17

び　尾7 枇8 弥8 毘9 眉9 美9 梶11 備12 琵12 微13 彌17

ひいでる　秀7

ひいらぎ　柊9

ひえる　冷7

ひがし　東8

ひかり　光6 曜18 燿18 耀20

ひかる　玄5 光6 晃10 晄10 皓12 輝15

ひき　疋5

ひきいる　率11

ひく　引4 曳6 挽10 牽11 惹12 弾12 彈15

ひこ
彦[9]

ひさ
之[3] 比[4] 央[5] 向[6] 玖[7] 寿[7] 阿[8] 尚[8] 長[8] 弥[8] 栄[9] 胡[9] 恒[9] 宣[9] 恆[9] 桐[10] 修[10] 能[10] 留[10] 常[11] 冨[11] 悠[11] 喜[12] 富[12] 壽[14] 榮[14] 藤[18]

ひざ
膝[15]

ひさご
瓢[17]

ひさし
庇[7]

ひさしい
久[3]

ひし
菱[11]

ひじ
土[3]

ひじり
聖[13]

ひそむ
潜[15]

ひたい
額[18]

ひだり
左[5]

ひつ
必[5] 畢[11] 筆[12]

ひつじ
未[5] 羊[6]

ひづめ
蹄[16]

ひで
之[3] 禾[5] 未[5] 次[6] 成[6] 求[7] 秀[7] 英[8] 季[8] 東[8] 栄[9] 毘[9] 品[9] 淑[11] 彬[11] 継[13] 嗣[13] 静[14] 榮[14] 穂[15] 薫[16] 靜[16] 穗[17] 薰[17]

ひと
一[1] 人[2] 仁[4] 史[5] 民[5] 倫[10]

ひとし
伍[6]

ひとしい
等[12]

ひとつ
一[1]

ひとみ
眸[11] 瞳[17]

ひとり
独[9]

ひな
穂[15] 穗[17] 雛[18]

ひねる
捻[11]

ひのき
桧[10] 檜[17]

ひびく
響[20] 響[22]

ひま
暇[13]

ひめ
妃[6] 姫[10] 媛[12]

ひめる
秘[10] 祕[10]

ひも
紐[10]

ひやかす
冷[7]

ひゃく
百[6]

びゃく
白[5]

ひやす
冷[7]

ひょう
氷[5] 兵[7] 拍[8] 表[8] 俵[10] 豹[10] 彪[11] 票[11] 評[12] 漂[14] 標[15] 瓢[17]

びょう
平[5] 苗[8] 秒[9] 猫[11] 描[11] 廟[15]

ひら
永[5] 平[5] 旬[6] 位[7] 拓[8] 迪[8] 開[12] 数[13]

ひらく
開[12]

ひらめく
閃[10]

ひる
干[3] 日[4] 昼[9] 晝[11]

ひるがえる
翻[18] 飜[21]

ひろ
丈[3] 大[3] 公[4] 丑[4] 央[5] 玄[5] 広[5] 弘[5] 礼[5] 光[6] 先[6] 托[6] 完[7] 宏[7] 宗[8] 拓[8] 宙[8] 明[8] 栄[9] 恢[9] 厚[9] 宥[9] 祐[9] 洋[9] 洸[9] 浩[10] 紘[10] 恕[10] 泰[10] 展[10] 容[10] 祐[10] 啓[11] 梧[11] 都[11] 野[11] 埜[11] 敬[12] 景[12] 尋[12] 達[12] 博[12] 裕[12] 皓[12] 都[12]

寛[13] 蒼[13] 豊[13] 滉[13] 嘉[14] 碩[14] 榮[14] 寛[14] 播[15] 廣[15] 優[17] 彌[17] 鴻[17] 禮[18]

ひろい 広[5] 汎[6] 宏[7] 浩[10] 廣[15]

ひろう 拾[9]

ひろし 湖[12]

ひん 品[9] 浜[10] 彬[11] 稟[13] 賓[14] 賓[15] 頻[17] 瀕[19]

びん 秤[10] 敏[10] 敏[11] 瓶[11]

ふ

ふ 二[2] 不[4] 双[4] 夫[4] 父[4] 付[5] 布[5] 吹[7] 巫[7] 扶[7] 芙[7] 步[7] 甫[7] 府[8] 斧[8] 阜[8] 附[8] 歩[8] 赴[9] 風[9] 釜[10] 浮[10] 経[11] 婦[11] 冨[11] 符[11] 富[12] 普[12] 蒲[13] 輔[14] 敷[15] 賦[15] 譜[19]

ぶ 分[4] 不[4] 巫[7] 步[7] 武[8] 歩[8] 奉[8] 部[11] 葡[12] 無[12] 撫[15] 舞[15] 蕪[15]

ふう 夫[4] 封[9] 風[9] 冨[11] 富[12] 楓[13]

ふえ 呂[7] 笛[11]

ふえる 殖[12] 増[14] 增[15]

ふかい 深[11]

ふき 吹[7] 英[8] 維[14] 蕗[16]

ぶき 吹[7]

ふく 伏[6] 吹[7] 服[8] 副[11] 葺[12] 復[12] 幅[12] 福[13] 福[14] 複[14] 噴[15]

ふくべ 瓢[17]

ふくむ 含[7]

ふくろ 袋[11]

ふける 更[7] 耽[10]

ふさ 芳[7] 弦[8] 房[8] 林[8] 重[9] 宣[9] 亮[9] 記[10] 倭[10] 紘[11] 幾[12] 滋[12] 惣[12] 葉[12] 維[14] 種[14] 総[14] 諄[15] 興[16]

ふさぐ 塞[13]

ふし 節[13] 節[15]

ふじ 藤[18]

ふす 臥[9]

ふすま 襖[18]

ふせぐ 防[7]

ふせる 伏[6] 臥[9]

ふた 二[2] 双[4] 蓋[13]

ふだ 札[5] 牒[13]

ふたたび 再[6]

ふたつ 二[2]

ふち 淵[11] 縁[15] 緣[15]

ふつ 沸[8]

ぶつ 仏[4] 勿[4] 佛[7] 物[8]

ふで 筆[12]

ふとい 太[4]

ふところ 懐[16] 懷[19]

ふとる 太[4]

ふな 舟[6]

ふなばた 舷[11]

ふね 舟[6] 船[11]

ふの 史[5]

ふみ 文[4] 史[5] 良[7] 典[8] 迪[8] 郁[9] 奎[9] 記[10] 章[11] 詞[12]

ふむ　踏[15]
ふもと　麓[19]
ふゆ　冬[5] 那[7]
ふる　雨[8] 振[10] 経[11]
ふるい　古[5]
ふるう　奮[16]
ふるえる　震[15]
ふん　分[4] 粉[10] 焚[12] 雰[12] 噴[15] 奮[16]
ぶん　分[4] 文[4] 豊[13] 聞[14]

へ

へ　経[11]
べ　辺[5]
へい　丙[5] 平[5] 兵[7] 併[8] 並[8] 柄[9] 陛[10] 塀[12] 幣[15] 蔽[15] 餅[15]
べい　米[6]
ぺーじ　頁[9]
へき　碧[14] 壁[16] 璧[18]
べつ　別[7] 瞥[17]
べに　紅[9]
へりくだる　遜[14]
へる　経[11]
へん　片[4] 辺[5] 返[7] 遍[12] 篇[15] 編[15]
べん　弁[5] 勉[9] 勉[10]

ほ

ほ　火[4] 帆[6] 秀[7] 歩[7] 甫[7] 芳[7] 歩[8] 宝[8] 保[9] 昴[9] 圃[10] 哺[10] 峰[10] 葡[12] 補[12] 蒲[13] 輔[14] 蓬[14] 鳳[14] 舗[15] 穂[15] 縫[16] 穗[17]
ぼ　戊[5] 母[5] 牡[7] 莫[10] 菩[11] 募[12] 慕[14] 暮[14] 模[14] 簿[19]
ほう　方[4] 包[5] 芳[7] 邦[7] 奉[8] 宝[8] 抱[8] 放[8] 朋[8] 法[8] 祝[9] 封[9] 倣[10] 俸[10] 峰[10] 峯[10] 砲[10] 祝[10] 逢[11] 捧[11] 萌[11] 萠[11] 訪[11] 報[12] 蜂[13] 豊[13] 鞄[14] 蓬[14] 鳳[14] 褒[15] 鋒[15] 縫[16] 鵬[19]
ぼう　卯[5] 坊[7] 防[7] 茅[8] 房[8] 苺[8] 某[9] 冒[9] 昴[9] 紡[10] 望[11] 眸[11] 傍[12] 帽[12] 棒[12] 貿[12] 貌[14]
ほお　頬[16]
ほか　外[5] 他[5]
ほがらか　朗[10] 朗[11]
ほく　北[5]
ぼく　卜[2] 木[4] 目[5] 朴[6] 牧[8] 睦[13] 僕[14] 墨[14] 墨[15]
ほこ　矛[5] 戟[12]
ほこる　誇[13]
ほころびる　綻[14]

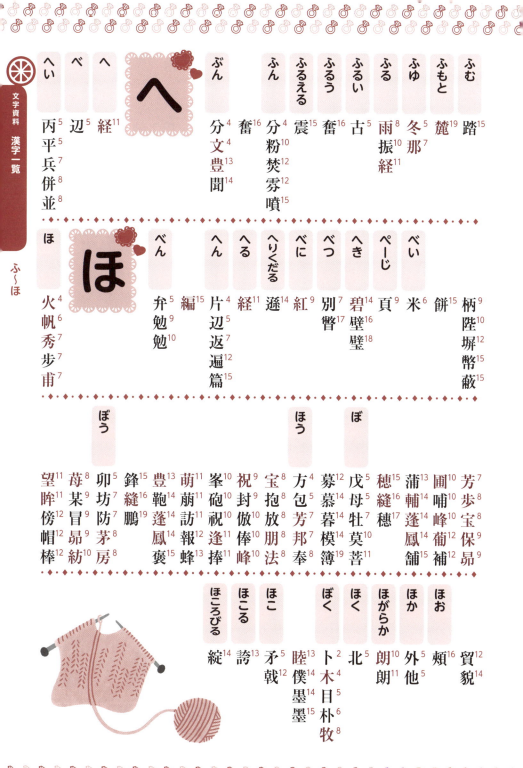

- ほし：斗(4) 星(9)
- ほしい：欲(11)
- ほす：干(3)
- ほそい：細(11)
- ほだし：絆(11)
- ほたる：蛍(11)
- ほつ：発(9)
- ほっ：法(8)
- ぼっ：坊(7)
- ほっする：欲(11)
- ほど：高(10) 程(12)
- ほとけ：仏(4) 佛(7)
- ほとけぐさ：菩(11)
- ほどこす：施(9)
- ほとんど：殆(9)
- ほのお：炎(8) 焔(12)
- ほまれ：誉(13)
- ほめる：褒(15)
- ほら：洞(9)
- ほり：堀(11) 壕(17)
- ほる：掘(11) 彫(11)
- ほれる：惚(11)
- ほろ：幌(13)
- ほん：反(4) 本(5) 奔(8) 翻(18) 飜(21)
- ぼん：凡(3) 盆(9)

ま

- ま：丸(3) 万(3) 目(5) 守(6) 茉(8) 真(10) 眞(10) 馬(10) 麻(11) 間(12) 満(12) 萬(12) 舞(15) 摩(15) 磨(16)
- まい：米(6) 毎(6) 每(7) 妹(8) 枚(8) 苺(8) 昧(9) 詣(13) 舞(15)
- まいる：参(8) 哩(10)
- まう：舞(15)
- まえ：前(9)
- まかせる：任(6)
- まがる：曲(6)
- まき：在(6) 牧(8) 巻(8) 卷(9) 真(10) 眞(10) 蒔(13) 槙(14) 槇(14)
- まく：巻(8) 卷(9) 捲(11) 蒔(13) 幕(13) 撒(15) 播(15)
- まくら：枕(8)
- まご：孫(10)
- まこと：允(4) 丹(4) 充(6) 実(8) 卓(8) 信(9) 亮(9) 洵(9) 純(10) 真(10) 眞(10) 淳(11) 惇(11) 董(12) 慎(13) 誠(13) 睦(13) 愼(13) 詢(13) 實(14) 諒(15) 諄(15)
- まさ：上(3) 允(4) 元(4) 予(4) 正(5) 礼(5) 匡(6) 旬(6) 庄(6) 壮(6) 多(6) 完(7) 求(7) 芹(7) 芸(7) 甫(7) 利(7) 壯(7) 宜(8) 若(8) 尚(8) 昌(8) 直(8) 祇(9) 政(9) 荘(9) 昆(9) 柾(9) 祐(9) 修(10) 将(10) 真(10) 眞(10) 容(10) 連(10) 倭(10) 晟(10) 莊(10) 祐(10) 逸(11) 理(11) 將(11) 萱(12) 順(12) 晶(12) 董(12) 裕(12) 逸(12) 雅(13) 幹(13) 絹(13) 聖(13) 誠(13) 維(14) 暢(14) 諒(15) 叡(16) 薫(16) 整(16) 優(17) 薰(17) 禮(18) 藝(18)
- まさる：果(8) 勝(12)
- まじる：交(6) 混(11)

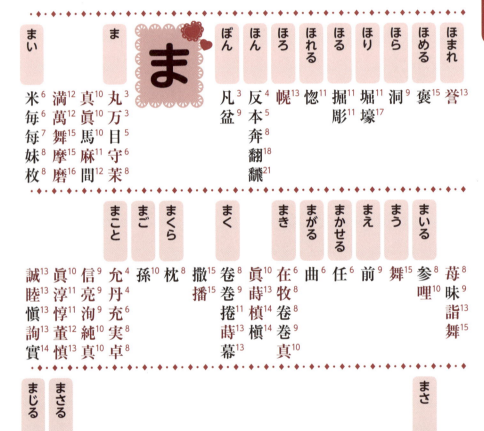

まじわる 交6
ます 丈3 斗4 升4 加5 孜7 尚8 昌8 松8 長8 弥8 益10 曽11 賀12 滋12 曾12 満12 増14 潤15 增15 錫16 鞠17 彌17 鱒23
また 又2 叉3 也3 加5 亦6 完7 俣9
またぐ 跨13
またたく 瞬18
まだら 斑12
まち 市5 町7 街12
まつ 末5 松8 沫8 茉8 待9
まったく 全6
まつり 祭11
まつりごと 政9

まつる 祷11
まで 迄7
まと 的8
まど 円4 窓11 圓13
まとう 纏21
まどか 円4 圓13
まな 愛13
まなこ 眼11
まなぶ 学8
まねく 招8
まぼろし 幻4
まめ 豆7
まもる 守6 葵12 護20
まゆ 眉9 檀17 繭18
まゆずみ 黛16
まゆみ 檀17

まり 球11 毬11 鞠17
まる 丸3
まるい 丸3 円4 圓13
まれ 希7 稀12
まろ 丸3 満12 観18 麿18
まわり 周8
まわる 回6 廻9
まん 万3 満12 萬12 漫14 蔓14

み

み 弓3 己3 三3 巳3 允4 王4 心4 仁4 壬4 水4 文4 史5 生5 未5 民5 光6 后6 好6 充6 位7 究7 見7 身7 巫7 甫7 良7 実8 味8 弥8 海9 皆9 神9 省9 泉9 眉9 美9 洋9 珠10 真10 眞10 益10 海10 梶11 規11 視11 深11 望11 登12 幹13 誠13 種14 箕14 實14 稽15 魅15 親16 彌17 観18 臨18 鏡19 顧21 鑑23
みお 澪16
みがく 琢11 琢12 瑳14 磨16
みかん 柑9
みき 幹13 樹16
みぎ 右5
みぎわ 汀5
みこ 巫7
みことのり 詔12

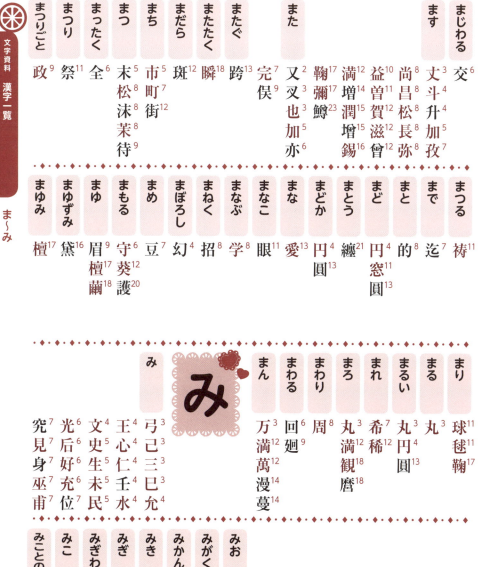

みさ　節13 節15
みさお　貞9 操16
みさき　岬8
みささぎ　陵11
みじかい　短12
みず　壬4 水4 泉9 瑞13
みずうみ　湖12
みずから　自6
みずのえ　壬4
みせ　店8
みそ　衣6
みぞ　溝13
みそか　晦11
みたす　満12
みたまや　廟15
みち　礼5 行6 至6 充6 成6 花7 岐7 亨7 孝7 利7 学8 享8 宙8 長8 典8 宝8 迪8 皆9 信9 祐9 峻10 恕10 通10 倫10 祐10 教11 康11 進11 理11 陸11 達12 道12 裕12 遥12 義13 路13 碩14 総14 遙14 慶15 徹15 諒15 禮18
みちびく　導15
みちる　庚8 満12 碩14
みつ　允4 円4 弘5 光6 充6 完7 秀7 実8 苗8 弥8 架9 則9 映9 美9 恭10 晃10 晄10 通10 密11 尋12 満12 照13 慎13 圓13 愼13 暢14 蜜14 實14 潤15 鞠17 彌17
みつぐ　貢10 調15
みっつ　三3
みつる　充6 庚8 爾14 暢14
みとめる　認14
みどり　翠14 碧14 緑14 綠14
みな　水4 皆9 南9 倶10 港12 湊12
みなと　港12 湊12
みなみ　南9
みなもと　源13
みぬ　敏10 敏11
みね　峻10 峰10 峯10 節13 節15 嶺17
みの　蓑13
みのる　西4 季8 実8 秋9 豊13 稔13 實14 穂15 穗17 穣18 穰22
みみ　耳6
みや　宮10
みゃく　脈10
みやこ　京8 洛9 都11 都12 畿15
みやび　雅13
みゆき　幸8
みょう　名6 妙7 命8 明8 冥10
みる　見7 視11 視12 診12 瞥17 観18 鑑23

- みわ　神9
- みん　民5　眠10

む

- む　六4　矛5　牟6　巫7　武8　務11　陸11　眸11　無12　睦13　夢13　霧19
- むい　六4
- むかえる　迎7
- むかし　昔8
- むぎ　麦7
- むく　向6
- むくいる　報12
- むくのき　椋12
- むこ　婿12
- むし　虫6
- むす　蒸13
- むすぶ　結12
- むすめ　娘10
- むつ　六4　陸11　輯16
- むっつ　六4
- むつむ　睦13
- むと　人2
- むね　心4　旨6　至6　志7　宗8　梁11　棟12　統12　意13　臆17
- むら　村7　邑7　宣9　紫12　群13　樹16
- むらさき　紫12
- むれ　群13
- むれる　蒸13
- むろ　室9

め

- め　人2　女3　目5　芽8　海9　要9　梅10　姫10　海10　萌11　萠11　梅11　雌14　瞳17
- めい　名6　芽8　命8　明8　姪9　冥10　盟13　銘14　鳴14　謎17
- めぐ　愛13
- めぐみ　仁4　恩10　恵10　萌11　萠11　惠12　寵19
- めぐむ　恵10　萌11　萠11　惠12　愛13　徳14　德15
- めぐる　巡6　周8　廻9
- めし　飯12
- めす　召5　雌14
- めずらしい　珍9
- めでる　愛13
- めん　面9　綿14　麺16

も

- も　百6　茂8　望11　萌11　萠11　雲12　裳14　模14　藻19
- もう　孟8　望11　猛11　蒙13　網14
- もうける　設11　儲18
- もうす　申5
- もうでる　詣13
- もえ　萌11　萠11
- もえる　萌11　萠11　燃16
- もく　木4　目5　黙15　默16
- もぐる　潜15

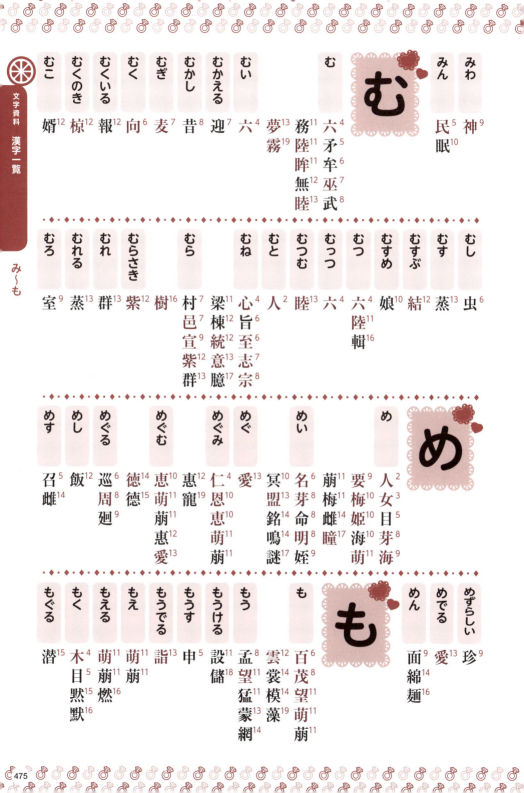

もしくは 若[8]

もち 勿[4] 以[5] 有[6] 茂[8] 保[9] 時[10] 将[10] 望[11] 庸[11] 將[11] 須[12] 撫[15] 餅[15] 操[16]

もちいる 用[5]

もつ 物[8] 持[9]

もっとも 尤[4] 最[12]

もっぱら 専[9] 專[11]

もてあそぶ 玩[8]

もと 一[1] 下[3] 元[4] 心[4] 司[5] 本[5] 民[5] 如[6] 花[7] 求[7] 孝[7] 志[7] 初[7] 扶[7] 甫[7] 始[8] 宗[8] 東[8] 林[8] 紀[9] 祇[9] 泉[9] 朔[10] 索[10] 修[10] 素[10] 倫[10] 基[11] 規[11] 喬[12] 智[12] 統[12] 意[13] 楽[13] 雅[13] 寛[13] 幹[13] 源[13] 資[13] 誠[13] 福[13] 肇[14] 寬[14] 福[14] 樂[15] 輪[15] 親[16]

もとい 基[11]

もとむ 須[12]

もとめる 求[7]

もの 者[8] 物[8] 者[9]

もみ 紅[9] 籾[9]

もみじ 椛[11]

もも 百[6] 李[7] 桃[10]

もやす 燃[16]

もゆ 萌[11] 萠[11]

もよおす 催[13]

もらう 貰[12]

もり 司[5] 守[6] 壮[6] 托[6] 名[6] 杜[7] 壮[7] 典[8] 林[8] 保[9] 容[10] 彬[11] 隆[11] 策[12] 森[12] 護[20]

もる 盛[11]

もろ 壱[7] 艶[19]

もん 文[4] 門[8] 紋[10] 問[11] 聞[14]

もんめ 匁[4]

や

や 八[2] 也[3] 文[4] 乎[5] 矢[5] 冶[7] 夜[8] 弥[8] 屋[9] 哉[9] 耶[9] 家[10] 泰[10] 野[11] 埜[11] 数[13] 椰[13] 彌[17]

やかた 館[16]

やく 灼[7] 役[7] 約[9] 益[10] 訳[11] 焚[12] 薬[16] 藥[18] 躍[21]

やぐら 櫓[19]

やさしい 易[8] 優[17]

やし 椰[13]

やしなう 養[15]

やしろ 社[7] 社[8]

やす 予[4] 叶[5] 安[6] 快[7] 求[7] 那[7] 育[8] 宜[8] 協[8] 庚[8] 夜[8] 弥[8] 和[8] 祇[9] 毘[9] 保[9] 要[9] 恭[10] 恵[10] 祥[10] 泰[10] 能[10] 容[10] 連[10] 倭[10] 逸[11] 貫[11] 健[11] 康[11] 庸[11] 祥[11] 温[12] 順[12] 裕[12] 逸[12] 惠[12] 資[13] 慈[13] 暖[13] 鳩[13] 靖[13] 楊[13] 廉[13] 溫[13] 静[14] 徳[14] 寧[14] 慶[15] 撫[15] 德[15] 燕[16] 穏[16] 憩[16] 賢[16] 錫[16]

靜16 彌17

やすい 安6 晏10 靖13

やすし 欣8

やすむ 休6

やっ 八2

やっつ 八2

やど 宿11

やとう 雇12 傭13

やな 柳9 梁11

やなぎ 柳9 楊13

やま 山3

やまと 倭10

やまにれ 梗11

やむ 已3

やり 槍14

やわらか 柔9 軟11

やわらぐ 和8 凱12

ゆ

ゆ 弓3 夕3 水4 友4 右5 由5 有6 佑7 侑8 宥9 柚9 祐9 祐10 唯11 悠11 結12 湯12 愉12 裕12 遊12 喩12 楢13 諭16 輸16 優17 癒18

ゆい 由5 唯11 結12 遺15

ゆう 夕3 尤4 友4 右5 由5 有6 酉7 佑7 邑7 侑8 郁9 勇9 宥9 柚9 祐9 祐10 悠11 郵11 結12 湧12 猶12 裕12 遊12 雄12 釉12 楢13 熊14 誘14 融16 優17

ゆえ 故9

ゆか 床7

ゆき 乃2 千3 之3 元4 五4 以5 由5 行6 至6 先6 如6 孝7 志7 来7 亨8 幸8 侑8 來8 為9 起10 恭10 倖10 時10 恕10 将10 晋10 通10 透10 敏10 教11 章11 進11 雪11 將11 敏11 喜12 順12 爲12 詣13 廉13 維14 駕15 潔15 徹15 薫16 薰17 鵬19

ゆく 之3 水4 行6 雲12 巽12 路13

ゆず 柚9

ゆずる 譲20 讓24

ゆたか 完7 浩10 泰10 隆11 裕12 豊13 稔13 碩14 優17 穣18 穰22

ゆだねる 委8

ゆび 指9

ゆみ 弓3

ゆめ 夢13

ゆるす 宥9 恕10 許11

ゆるむ 緩15

ゆれる 揺12 搖13

よ

よ 与3 予4 四5 世5 代5 吉6 余7 依8 昌8 夜8

美 9　容 10　淑 11　葉 12　福 13　誉 13　預 13　蓉 13　與 14　福 14　頼 16　賴 16　輿 17

よい

良 7　宵 10　善 12　嘉 14

よう

八 2　幼 5　用 5　羊 6　妖 7　洋 9　要 9　容 10　酔 11　庸 11　湧 12　揚 12　揺 12　葉 12　遥 12　陽 12　傭 13　楊 13　溶 13　蓉 13　搖 13　瑶 13　暢 14　様 14　踊 14　遙 14　窯 15　養 15　樣 15　醉 15　擁 16　謡 16　謠 17　曜 18　燿 18　耀 20　鷹 24

よき

能 10

よく

沃 7　浴 10　欲 11　翌 11　翼 17

よこ

横 15　橫 16

よし

女 3　之 3　与 3　允 4　元 4

仁 4　壬 4　可 5　巧 5　世 5　正 5　布 5　由 5　令 5　礼 5　伊 6　吉 6　圭 6　好 6　考 6　至 6　成 6　如 6　芦 7　快 7　芹 7　君 7　芸 7　孝 7　克 7　佐 7　寿 7　秀 7　甫 7　芳 7　利 7　良 7　英 8　佳 8　宜 8　欣 8　幸 8　治 8　若 8　尚 8　昌 8　典 8　宝 8　林 8　為 9　栄 9　架 9　紀 9　研 9　香 9　祝 9　俊 9　省 9　宣 9　南 9　美 9　祐 9　亮 9　益 10　悦 10　記 10　恭 10　恵 10　桂 10　時 10　殊 10　修 10　純 10　恕 10　祥 10　泰 10　哲 10　能 10　敏 10　容 10　祝 10　祐 10　惟 11　啓 11　康 11

淑 11　淳 11　陶 11　惇 11　彬 11　冨 11　理 11　祥 11　敏 11　巽 12　椅 12　温 12　賀 12　覚 12　喜 12　貴 12　敬 12　善 12　董 12　斐 12　媛 12　富 12　禄 12　恵 12　爲 12　愛 13　葦 13　楽 13　寛 13　義 13　源 13　資 13　慈 13　慎 13　新 13　誠 13　滝 13　禎 13　福 13　豊 13　睦 13　愼 13　祿 13　頌 13　溫 13　嘉 14　瑳 14　静 14　徳 14　壽 14　榮 14　與 14　寬 14　禎 14　福 14　嬉 15　慶 15　慧 15　稽 15　潔 15　撫 15　樂 15　德 15　編 15　叡 16　燕 16　賢 16　親 16　整 16　頼 16　靜 16　賴 16　謙 17　燦 17　類 18　禮 18　藝 18　艶 19　瀧 19　寵 19

麗 19　類 19　馨 20

よしみ

好 6　美 9　嘉 14　誼 15

よせる

寄 11

よそおう

装 12　裝 13

よつ

四 5

よど

淀 11

よぶ

呼 8

よみがえる

蘇 19

よむ

詠 12　読 14

よめ

嫁 13

よもぎ

蓬 14

より

可 5　代 5　由 5　乎 5　糸 6　利 7　依 8　尚 8　保 9　時 10　賀 12　順 12　愛 13　資 13　撫 15　輯 16　親 16　頼 16　賴 16　麗 19

よる

因 6　夜 8　寄 11　寓 12

文字資料 漢字一覧

よ〜れ

よろい
- 鎧 18

よろこぶ
- 欣 8
- 喜 12

よろず
- 万 3
- 萬 12

よん
- 四 5

ら

ら
- 良 7
- 来 7
- 來 8
- 空 8
- 洛 9
- 萊 11
- 愛 13
- 楽 13
- 樂 15
- 螺 17
- 羅 19

らい
- 礼 5
- 来 7
- 來 8
- 萊 11
- 徠 11
- 雷 13
- 頼 16
- 賴 16
- 蕾 16
- 禮 18

らく
- 洛 9
- 絡 12
- 楽 13
- 酪 13
- 樂 15

らつ
- 辣 14

らん
- 卵 7
- 嵐 12
- 覧 17
- 濫 18
- 藍 18
- 蘭 19
- 欄 20
- 欄 21
- 覽 21

り

り
- 合 6
- 有 6
- 吏 6
- 利 7
- 李 7
- 里 7
- 俐 9
- 浬 10
- 哩 10
- 莉 10
- 梨 11
- 理 11
- 裡 12
- 稟 13
- 裏 13
- 履 15
- 璃 15
- 凛 15
- 鯉 18
- 織 18
- 麟 24

りき
- 力 2

りく
- 陸 11

りち
- 律 9

りつ
- 立 5
- 律 9
- 栗 10
- 率 11

りゃく
- 掠 11
- 略 11

りゅう
- 立 5
- 柳 9
- 流 10
- 留 10
- 竜 10
- 笠 11
- 琉 11
- 粒 11
- 隆 11
- 硫 12
- 溜 13
- 劉 15
- 龍 16

りょ
- 呂 7
- 侶 9
- 旅 10
- 慮 15

りょう
- 了 2
- 両 6
- 良 7
- 亮 9
- 凌 10
- 料 10
- 凉 10
- 菱 11
- 梁 11
- 涼 11
- 猟 11
- 陵 11
- 崚 11
- 椋 12
- 量 12
- 稜 13
- 綾 14
- 漁 14
- 僚 14
- 領 14
- 寮 15
- 諒 15
- 遼 15
- 霊 15
- 燎 16
- 療 17
- 瞭 17
- 糧 18

りょく
- 力 2
- 緑 14
- 綠 14

りん
- 林 8
- 厘 9
- 倫 10
- 梨 11
- 琳 12
- 鈴 13
- 稟 13
- 綸 14
- 輪 15
- 凜 15
- 凛 15
- 隣 16
- 臨 18
- 鱗 24
- 麟 24

る

る
- 流 10
- 留 10
- 琉 11
- 瑠 14

るい
- 累 11
- 塁 12
- 類 18
- 壘 18
- 類 19

れ

れ
- 令 5
- 礼 5
- 伶 7
- 怜 8
- 玲 9
- 連 10
- 羚 11
- 禮 18
- 麗 19

れい
- 令 5
- 礼 5
- 伶 7
- 冷 7
- 励 7
- 例 8
- 怜 8
- 栃 9
- 玲 9
- 羚 11
- 鈴 13
- 零 13
- 霊 15
- 黎 15
- 澪 16
- 嶺 17
- 齢 17
- 禮 18
- 麗 19

れき
暦14 歴14 曆16 歷16

れつ
列6 劣6 烈10

れん
怜8 恋10 連10 廉13 煉13
蓮13 漣14 練14 練15 憐16
錬16 鍊17 鎌18 簾19

ろ

ろ
芦7 呂7 炉8 朗10 路13
魯15 蕗16 櫓19 麓19 露21
鷺24

ろう
労7 郎9 朗10 浪10 狼10
郎10 朗11 廊12 稜13 廊13
楼13 糧18 瀧19 露21 蠟21
籠22

ろく
六4 鹿11 禄12 祿13 緑14
綠14 録16 錄16 麓19

ろん
論15

わ

わ
八2 王4 羽6 我7 沫8
和8 倭10 話13 窪14 輪15
環17

わい
隈12

わか
王4 雀11 湧12 新13 稚13

わが
吾7

わかい
若8

わかつ
八2

わかれる
別7 訣11

わく
或8 若8 枠8 沸8 湧12
稚13

わけ
訳11

わける
分4

わざ
伎6 技7 業13

わし
鷲23

わずか
僅13

わすれぐさ
萱12

わた
航10 綿14

わたくし
私7

わたし
私7

わたる
亙6 亘6 航10 渉10 涉11
渡12

わね
羽6

わびる
詫13

わら
藁17

わらう
笑10

わらび
蕨15

わらべ
童12

わりご
簞18

わる
割12

われ
我7 吾7

わん
椀12 湾12 腕12 碗13

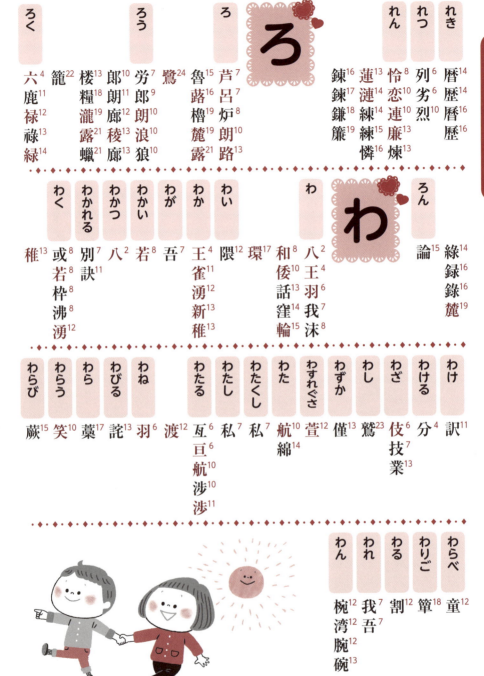

ひらがな・カタカナの画数

本書で用いているひらがな・カタカナの画数です。かなの画数は簡単なようでいて勘違《かんちが》いしやすいもの。気になる人は確認しておきましょう。

ひらがな

あ 3	い 2	う 2	え 3	お 4
か 3	き 4	く 1	け 3	こ 2
さ 3	し 1	す 3	せ 3	そ 3
た 4	ち 3	つ 1	て 2	と 2
な 5	に 3	ぬ 4	ね 4	の 1
は 4	ひ 2	ふ 4	へ 1	ほ 5
ま 4	み 3	む 4	め 2	も 3
や 3		ゆ 3		よ 3
ら 3	り 2	る 3	れ 3	ろ 2
わ 3	ゐ 3		ゑ 5	を 4
ん 2				
が 5	ぎ 6	ぐ 3	げ 5	ご 4
ざ 5	じ 3	ず 5	ぜ 5	ぞ 5
だ 6	ぢ 5	づ 3	で 4	ど 4
ば 6	び 4	ぶ 6	べ 3	ぼ 7
ぱ 5	ぴ 3	ぷ 5	ぺ 2	ぽ 6

カタカナ

ア 2	イ 2	ウ 3	エ 3	オ 3
カ 2	キ 3	ク 2	ケ 3	コ 2
サ 3	シ 3	ス 2	セ 2	ソ 2
タ 3	チ 3	ツ 3	テ 3	ト 2
ナ 2	ニ 2	ヌ 2	ネ 4	ノ 1
ハ 2	ヒ 2	フ 1	ヘ 1	ホ 4
マ 2	ミ 3	ム 2	メ 2	モ 3
ヤ 2		ユ 2		ヨ 3
ラ 2	リ 2	ル 2	レ 1	ロ 3
ワ 2	ヰ 4		ヱ 3	ヲ 3
ン 2				
ガ 4	ギ 5	グ 4	ゲ 5	ゴ 4
ザ 5	ジ 5	ズ 4	ゼ 4	ゾ 4
ダ 5	ヂ 5	ヅ 5	デ 5	ド 4
バ 4	ビ 4	ブ 3	ベ 3	ボ 6
パ 3	ピ 3	プ 2	ペ 2	ポ 5

記号など

繰り返し記号	ゝ 1
	ゞ 3
	々 3
長音記号	ー 1

名前に使われる止め字

「止め字」は、「優花」の「花」、「由美」の「美」のような名前の最後の文字のことです。名前の印象は止め字で大きく変わります。いろいろ当ててみて検討してください。

あ 亜7 阿8 愛13

あき 礼5 光6 昌8 秋9 晶12 彰14

あさ 旭6 麻11 朝12

あや 文4 礼5 紋10 彩11 絢12 綾14

い 以5 伊6 衣6 依8 委8 為9 惟11 唯11 維14

う 羽6 雨8

え 永5 衣6 江6 依8 英8 枝8 映9 栄9 重9 恵10 笑10 瑛12 絵12

えい 永5 英8 映9 栄9 瑛12 詠12 叡16

お 央5 生5 於8 桜10 緒14

おう 央5 旺8 皇9 桜10 凰11 櫻21 鷗22

おり 織18

おん（のん） 苑8 音9 恩10 温12 穏16

か 日4 加5 可5 禾5 伽7 花7 佳8 果8 河8 珂9 迦9 香9 耶9 珈9 夏10 華10 栞10 椛11 賀12 嘉14 歌14 馨20

かげ 影15

き 己3 生5 伎6 妃6 希7 芸7 芹7 来7 祈8 季8 紀9 姫10 記10 桔10 規11 葵12 喜12 幾12 稀12 貴12 暉13 箕14 綺14 嬉15 輝15 畿15 槻15 樹16 徽17

く 久3 玖7 来7 來8 空8 紅9

こ 己3 子3 古5 乎5 胡9 湖12 瑚13

こと 紀9 殊10 琴12 詞12

さ 左5 早6 佐7 沙7 冴7 砂9 茶9 咲9 紗10 朝12 嵯13 瑳14

さき 早6 幸8 咲9 祥10 福13

し 司5 史5 糸6 枝8 祇9 詞12 紫12 誌14

じゅ 寿7 殊10 珠10 儒16 樹16

しょう 昌8 祥10 笑10 梢11 笙11 彰14

す 朱6 寿7 春9 珠10 須12

ず 州6 寿7 洲9 逗11 瑞13

すみ（ずみ） 純10 澄15

せ 世5 畝10 勢13 瀬19

た 玉5 多6 汰7

ち 千3 市5 地6 池6 茅8 知8 智12

ちか
京8 知8 恭10 真10 誓14 親16

つ（づ）
津9 通10 都11 鶴21

つき（づき）
月4 槻15

と
乙1 十2 土3 冬5 兎7 杜7 音9
都11 登12 渡12 翔12 澄15 橙16

とき
旬6 迅6 季8 時10 睦13

な
七2 水4 永5 名6 凪6 那7 奈8
南9 菜11 椰11 愛13

なみ
波8 浪10

ね
音9 祢9 根10 稲14 嶺17 禰19

の
乃2 之3 能10 野11 埜11 濃16

のり
芸7 里7 典8 法8 明8 祝9 紀9
道12 徳14 範15

は（ば）
巴4 羽6 芭7 芳7 杷8 波8 房8
琶12 葉12 播15 幡15

はや
迅6 早6 逸11

ひ
日4 比4 妃6 枇8 飛9 桧10 陽12
斐12 緋14

ひろ
明8 祐9 紘10 尋12 豊13 嘉14

ふ
二2 布5 芙7 風9 富12

ふみ
文4 史5 記10 章11 詞12

ほ
帆6 甫7 歩8 宝8 保9 圃10 葡12
穂15

ま
万3 茉8 真10 眞10 麻11 満12 摩15
磨16

み
己3 三3 巳3 水4 允4 心4 未5
光6 見7 実8 弥8 海9 美9 泉9
珠10 深11 望11 箕14 魅15 親16 彌17

む
夢13 霧19

め
女3 芽8 海9

も
百6 茂8 萌11 裳14

や
也3 乎5 矢5 夜8 弥8 哉9 耶9
野11 埜11 椰13 彌17

ゆ
弓3 夕3 友4 右5 由5 有6 佑7
侑8 宥9 柚9 祐9 唯11 悠11 結12
遊12 優17

ゆう
夕3 友4 由5 佑7 結12 遊12 釉12
優17

よ
与3 予4 世5 代5 依8 夜8 誉13

よう
要9 容10 湧12 蓉13 遙14 謡16

ら
良7 来7 空8 楽13 羅19

り
吏6 利7 李7 里7 俐9 浬10 莉10
梨11 理11 璃15

る
流10 留10 琉11 瑠14

れい
令5 礼5 伶7 怜8 玲9 嶺17 麗19

れん
怜8 恋10 連10 蓮13 漣14

ろ
呂7 路13 蕗16 露21 鷺24

わ
和8 倭10 輪15 環17

万葉仮名風の当て字

「波留（＝春）」のように、意味と無関係に漢字の読みを借りた当て字を、「万《まん》葉《よう》仮《が》名《な》」といいます。印象を変えたいときや漢字にひと工夫したいときに利用してみては？

あ
安[6] 亜[7] 吾[7] 阿[8] 愛[13]

い
已[3] 井[4] 以[5] 伊[6] 夷[6] 衣[6] 位[7] 依[8] 易[8] 威[9]
為[9] 惟[11] 唯[11] 偉[12] 葦[13] 維[14]

う
右[5] 卯[5] 宇[6] 羽[6] 有[6] 烏[10] 得[11] 雲[12] 鵜[18]

え
永[5] 衣[6] 江[6] 依[8] 英[8] 枝[8] 映[9] 栄[9] 重[9] 恵[10]
笑[10] 瑛[12] 絵[12] 愛[13] 榎[14] 叡[16]

お
乙[1] 王[4] 央[5] 生[5] 応[7] 尾[7] 於[8] 旺[8] 桜[10] 緒[14]

か
甲[5] 加[5] 可[5] 伽[7] 花[7] 佳[8] 果[8] 河[8] 架[9] 珂[9]
迦[9] 香[9] 耶[9] 珈[9] 夏[10] 華[10] 賀[12] 嘉[14] 歌[14] 霞[17]

が
牙[4] 何[7] 我[7] 芽[8] 賀[12] 雅[13] 駕[15]

き
己[3] 木[4] 生[5] 気[6] 伎[6] 吉[6] 妃[6] 岐[7] 希[7] 芸[7]
来[7] 季[8] 城[9] 紀[9] 帰[10] 記[10] 起[10] 姫[10] 葵[12] 喜[12]
幾[12] 稀[12] 貴[12] 暉[13] 綺[14] 毅[15] 輝[15] 樹[16] 徽[17] 麒[19]

ぎ
伎[6] 技[7] 岐[7] 芸[7] 宜[8] 祇[9] 義[13]

く
九[2] 久[3] 丘[5] 功[5] 玖[7] 来[7] 紅[9] 倶[10] 鳩[13] 駆[14]
駈[15]

ぐ
具[8] 倶[10]

け
気[6] 圭[6] 啓[11] 袈[11] 稀[12] 結[12]

げ
芸[7] 夏[10] 樺[14]

こ
己[3] 子[3] 小[3] 木[4] 古[5] 児[7] 胡[9] 湖[12] 琥[12] 瑚[13]

ご
五[4] 伍[6] 吾[7] 冴[7] 胡[9] 悟[10] 梧[11] 御[12] 檎[17] 護[20]

さ
左[5] 早[6] 佐[7] 沙[7] 冴[7] 作[7] 草[9] 砂[9] 咲[9] 柴[10]
紗[10] 皐[11] 彩[11] 渚[11] 瑳[14]

ざ
三[3] 座[10]

し
士[3] 子[3] 之[3] 矢[5] 司[5] 史[5] 四[5] 市[5] 此[6] 旨[6]
至[6] 芝[6] 志[7] 枝[8] 思[9] 信[9] 梓[11] 視[11] 偲[11] 斯[12]
紫[12] 詞[12] 嗣[13] 資[13] 詩[13] 誌[14]

じ
二[2] 士[3] 司[5] 寺[6] 次[6] 而[6] 耳[6] 自[6] 地[6] 弐[6]
児[7] 治[8] 時[10] 滋[12] 慈[13] 蒔[13] 路[13] 爾[14]

す
寸[3] 守[6] 州[6] 寿[7] 周[8] 洲[9] 栖[10] 素[10] 珠[10] 須[12]
数[13] 諏[15]

ず
図[7] 寿[7] 豆[7] 受[8] 津[9] 殊[10] 逗[11] 瑞[13] 儒[16] 頭[16]

せ
世[5] 西[6] 斉[8] 施[9] 畝[10] 栖[10] 勢[13] 瀬[19]

ぜ
是[9]

そ
十[2] 三[3] 壮[6] 苑[8] 宗[8] 所[8] 祖[9] 素[10] 曽[11] 曾[12]
楚[13] 想[13] 蘇[19]

た
大[3] 太[4] 他[5] 田[5] 多[6] 汰[7]

だ 打5 陀8 舵11 椰11

ち 千3 地6 池6 茅8 治8 知8 致10 智12 馳13 稚13

つ 津9 通10 都11 藤18 鶴21

て 天4 手4 帝9 堤12

で 出5

と 刀2 十2 人2 土3 戸4 仁4 斗4 兎7 杜7 利7 途10 鳥11 都11 渡12 登12 翔12 澄15

ど 土3 努7 度9 渡12

な 七2 名6 那7 奈8 南9 魚11 菜11 渚11 椰11

に 二2 仁4 丹4 弐6 児7 爾14

ぬ 奴5 野11 埜11

ね 子3 年6 念8 音9 祢9 根10 峰10 峯10 稲14 嶺17 禰19

の 乃2 之3 能10 野11 埜11 農13 濃16

は 八2 巴4 羽6 芭7 芳7 杷8 波8 房8 琶12 葉12

ば 芭7 杷8 馬10 葉12

ひ 日4 比4 氷5 妃6 彼8 枇8 飛9 桧10 斐12 陽12 緋14 樋15 檜17

び 枇8 弥8 毘9 美9 琵12 彌17

ふ 不4 夫4 父4 布5 巫7 扶7 芙7 甫7 阜8 歩8 風9 経11 冨11 富12 普12 輔14 賦15 譜19

ぶ 夫4 文4 巫7 武8 歩8 部11 葡12 撫15 舞15 蕪15

へ 戸4 辺5 平5 部11 経11

べ 弁5 辺5 倍10 部11

ほ 方4 帆6 甫7 歩8 宝8 朋8 保9 圃10 葡12 輔14 穂15

ぼ 菩11

ま 万3 茉8 真10 眞10 馬10 麻11 間12 満12 摩15 磨16

み 己3 三3 巳3 水4 壬4 未5 民5 巫7 見7 実8 弥8 海9 美9 視11 望11 御12 箕14 澪16 彌17

む 六4 牟6 武8 務11 陸11 眸11 夢13 睦13 蕪15 霧19

め 女3 妹8 芽8 明8 海9 要9 梅10

も 文4 母5 百6 茂8 猛11 雲12 裳14 藻19

や 八2 也3 文4 乎5 矢5 夜8 弥8 屋9 哉9 耶9 野11 埜11 椰13 彌17

ゆ 弓3 夕3 友4 右5 由5 有6 佑7 侑8 勇9 宥9 柚9 祐9 唯11 悠11 結12 裕12 雄12 遊12 諭16 優17

よ 与3 予4 四5 世5 代5 依8 夜8 容10 蓉13 輿17

ら 良7 来7 來8 郎9 等12 楽13 頼16 羅19

り 吏6 利7 李7 里7 俐9 浬10 哩10 莉10 梨11 理11 裡12 琳12 璃15 隣16

る 光6 流10 留10 琉11 塁12 瑠14 類18

れ 令5 礼5 列6 伶7 怜8 玲9 連10 羚11 麗19

ろ 呂7 侶9 楼13 路13 魯15 蕗16 露21 鷺24

わ 吾7 我7 和8 倭10 輪15 環17

名前に使える
旧字

人名に使える漢字の中には、旧字《きゅうじ》や異体字《いたいじ》と呼ばれるものが含まれています。うまく利用すれば、雰囲気を変えたり画数を調整したりすることができます。難しくなりすぎないよう、センスよく使ってください。

主に下段の字が旧字または異体字です。上の字も下の字も名づけに使えます。

読み	上段	画数	下段	画数
ア	亜	7	亞	8
イ	為	9	爲	12
イツ	逸	11	逸	12
エイ	栄	9	榮	14
	衛	16	衞	16
エツ	謁	15	謁	16
エン	円	4	圓	13
	園	13	薗	16
	縁	15	緣	15
オウ	応	7	應	17
	桜	10	櫻	21
	奥	12	奧	13
	横	15	橫	16
オン	温	12	溫	13
カ	価	8	價	15
カイ	海	9	海	10
	桧	10	檜	17
	懐	16	懷	19
ガク	楽	13	樂	15
カン	巻	9	卷	8
	寛	13	寬	14
	漢	13	漢	14
ガン	巌	20	巖	23
キ	気	6	氣	10
	祈	8	祈	9
	器	15	器	16
ギ	戯	15	戲	17
キョウ	峡	9	峽	10
	響	20	響	22
ギョウ	尭	8	堯	12
	暁	12	曉	16
キン	勤	12	勤	13
	謹	17	謹	18
ク	駆	14	駈	15
クン	勲	15	勳	16
	薫	16	薰	17
ケイ	恵	10	惠	12
	掲	11	揭	12
	鶏	19	鷄	21
ゲイ	芸	7	藝	18
ケン	県	9	縣	16
	倹	10	儉	15
	剣	10	劍	15
	険	11	險	16
	圏	12	圈	11
	検	12	檢	17
	顕	18	顯	23
	験	18	驗	23
ゲン	厳	17	嚴	20
コウ	広	5	廣	15
	亘	6	亙	6
	恒	9	恆	9
	晃	10	晄	10
	黄	11	黃	12
コク	国	8	國	11
	黒	11	黑	12
	穀	14	穀	15
ザツ	雑	14	雜	18
シ	祉	8	祉	9
	視	11	視	12
ジ	児	7	兒	8
シツ	湿	12	濕	17
ジツ	実	8	實	14
シャ	社	7	社	8
	者	8	者	9
	煮	12	煮	13
ジュ	寿	7	壽	14
シュウ	収	4	收	6
ジュウ	従	10	從	11
	渋	11	澁	15
	縦	16	縱	17
シュク	祝	9	祝	10
ショ	渚	11	渚	12
	暑	12	暑	13
	署	13	署	14
	緒	14	緒	15
	諸	15	諸	16
ジョ	叙	9	敍	11
ショウ	将	10	將	11
	祥	10	祥	11
	渉	11	涉	10
	奨	13	奬	14
ジョウ	条	7	條	11
	状	7	狀	8
	乗	9	乘	10
	浄	9	淨	11
	剰	11	剩	12
	畳	12	疊	22
	嬢	16	孃	20
	穣	18	穰	22
	譲	20	讓	24
	醸	20	釀	24
シン	神	9	神	10

	真	10	眞	10
	寝	13	寢	14
	慎	13	愼	13
ジン	尽	6	盡	14
スイ	粋	10	粹	14
	酔	11	醉	15
	穂	15	穗	17
セ	瀬	19	瀨	19
セイ	斉	8	齊	14
	静	14	靜	16
セツ	摂	13	攝	21
	節	13	節	15
セン	専	9	專	11
	繊	17	纖	23
ゼン	禅	13	禪	17
ソ	祖	9	祖	10
ソウ	壮	6	壯	7
	荘	9	莊	10
	捜	10	搜	12
	巣	11	巢	11
	曽	11	曾	12
	装	12	裝	13
	僧	13	僧	14
	層	14	層	15
ゾウ	増	14	增	15
	蔵	15	藏	17
	贈	18	贈	19
ソク	即	7	卽	9
タイ	帯	10	帶	11
たき	滝	13	瀧	19
タク	琢	11	琢	12
タン	単	9	單	12
ダン	団	6	團	14
	弾	12	彈	15
チュウ	昼	9	晝	11
	鋳	15	鑄	22
チョ	著	11	著	12
	猪	11	猪	12
チョウ	庁	5	廳	25
	徴	14	徵	15
	聴	17	聽	22
チン	鎮	18	鎭	18
テイ	禎	13	禎	14
テン	転	11	轉	18
	槙	14	槇	14
デン	伝	6	傳	13
ト	都	11	都	12
トウ	灯	6	燈	16
	島	10	嶋	14
	祷	11	禱	19
	稲	14	稻	15
トク	徳	14	德	15
トツ	突	8	突	9
ネ	祢	9	禰	19
ハイ	拝	8	拜	9
	杯	8	盃	9
バイ	売	7	賣	15
	梅	10	梅	11
ハツ	髪	14	髮	15
ハン	繁	16	繁	17
バン	晩	12	晚	11
ヒ	秘	10	祕	10
	碑	14	碑	13
ビ	弥	8	彌	17
ヒン	賓	15	賓	14
ビン	敏	10	敏	11
フ	富	12	冨	11
フク	福	13	福	14
ブツ	仏	4	佛	7
ベン	勉	10	勉	9
ホ	歩	8	步	7
ホウ	峰	10	峯	10
	萌	11	萠	11
ボク	墨	14	墨	15
ホン	翻	18	飜	21
マイ	毎	6	每	7
マン	万	3	萬	12
モク	黙	15	默	16
ヤ	野	11	埜	11
ヤク	薬	16	藥	18
ユウ	祐	9	祐	10
ヨ	与	3	與	14
ヨウ	揺	12	搖	13
	遥	12	遙	14
	様	14	樣	15
	謡	16	謠	17
ライ	来	7	來	8
	頼	16	賴	16
ラン	覧	17	覽	21
	欄	20	欄	21
リュウ	竜	10	龍	16
リョウ	涼	11	凉	10
リョク	緑	14	綠	14
リン	凛	15	凜	15
ルイ	塁	12	壘	18
	類	18	類	19
レイ	礼	5	禮	18
レキ	暦	14	曆	16
	歴	14	歷	16
レン	練	14	練	15
	錬	16	鍊	17
ロウ	郎	9	郎	10
	朗	10	朗	11
	廊	12	廊	13
ロク	禄	12	祿	13
	録	16	錄	16

名前には避けたい
漢字

人名に使える漢字の中には、マイナスの印象が強い漢字や、身体の名称を表す漢字なども含まれています。法律上は使えても、赤ちゃんの名づけでは避けたい漢字を一覧にしました。

あ行

あ哀悪圧暗い胃萎違芋
咽淫陰隠う鬱え疫液怨
お汚凹殴虞

か行

か苛蚊過禍寡餓戒怪拐
悔潰壊劾害骸隔嚇喝渇
陥患棺き危忌飢棄毀偽
欺疑擬犠却虐逆朽泣糾
嗅窮拒虚凶叫狂狭恐胸
脅矯菌禁禽く苦惧愚屈
け刑傾撃欠穴血倦嫌限
減こ孤股枯錮誤抗拘降
控喉慌絞腔膏乞拷傲酷
獄骨困昏恨痕

さ行

さ唆詐鎖挫災砕債罪削
搾錯殺擦惨散喰酸残し
死弛刺肢脂歯辞餌叱失
嫉捨遮邪蛇借弱寂腫呪
囚臭終羞醜襲獣殉除消
症焼傷障衝償冗拭触辱
尻侵唇娠浸腎す衰せ性
牲逝斥切折窃舌絶戦腺
そ阻粗疎訴争喪葬痩騒
憎臓俗賊損

た行

た妥唾堕惰駄怠胎退逮
滞濁脱奪嘆歎断ち恥遅
痴畜窒肘弔脹腸嘲懲沈
朕賃つ墜痛て低抵諦泥
敵溺迭と吐妬怒逃倒討
悼盗痘胴毒凸豚貪鈍

な行

な難に尼肉乳尿妊の悩
脳

は行

は破婆罵背肺排敗廃剝
縛爆曝肌伐抜罰閥犯煩
蛮ひ否批肥非卑疲被悲
費罷避鼻匹泌病貧ふ怖
訃負腐膚侮腹覆払吻紛
墳憤へ閉弊癖蔑変偏便
娩鞭ほ捕姥墓泡胞崩飽
亡乏忙妨忘肪剖暴膨謀
撲没勃

ま行

ま魔埋膜抹慢め迷滅免
も毛妄盲耗

や行

や厄闇ゆ油幽憂よ腰瘍
抑

ら行

ら拉裸落乱り痢離慄虜
淋る涙れ戻隷劣裂ろ賂
老弄漏肋

わ行

わ賄脇惑

ヘボン式のローマ字表記

名づけではローマ字表記もチェックしておきたいもの。
パスポートなどに使われるヘボン式のローマ字表記を一覧にしました。

あ	A	い	I	う	U	え	E	お	O
か	KA	き	KI	く	KU	け	KE	こ	KO
さ	SA	し	SHI	す	SU	せ	SE	そ	SO
た	TA	ち	CHI	つ	TSU	て	TE	と	TO
な	NA	に	NI	ぬ	NU	ね	NE	の	NO
は	HA	ひ	HI	ふ	FU	へ	HE	ほ	HO
ま	MA	み	MI	む	MU	め	ME	も	MO
や	YA			ゆ	YU			よ	YO
ら	RA	り	RI	る	RU	れ	RE	ろ	RO
わ	WA	ゐ	I			ゑ	E	を	O
ん	N (M)								

が	GA	ぎ	GI	ぐ	GU	げ	GE	ご	GO
ざ	ZA	じ	JI	ず	ZU	ぜ	ZE	ぞ	ZO
だ	DA	ぢ	JI	づ	ZU	で	DE	ど	DO
ば	BA	び	BI	ぶ	BU	べ	BE	ぼ	BO
ぱ	PA	ぴ	PI	ぷ	PU	ぺ	PE	ぽ	PO

きゃ	KYA	きゅ	KYU	きょ	KYO
しゃ	SHA	しゅ	SHU	しょ	SHO
ちゃ	CHA	ちゅ	CHU	ちょ	CHO
にゃ	NYA	にゅ	NYU	にょ	NYO
ひゃ	HYA	ひゅ	HYU	ひょ	HYO
みゃ	MYA	みゅ	MYU	みょ	MYO
りゃ	RYA	りゅ	RYU	りょ	RYO
ぎゃ	GYA	ぎゅ	GYU	ぎょ	GYO
じゃ	JA	じゅ	JU	じょ	JO
びゃ	BYA	びゅ	BYU	びょ	BYO
ぴゃ	PYA	ぴゅ	PYU	ぴょ	PYO

ヘボン式ローマ字表記の注意点

● 撥音《はつおん》(ん)→普通はNで表す。
B、M、Pの前にはMを置く。
例：げんた　GENTA
さんぺい　SAMPEI

● 促音《そくおん》(っ)→子音を重ねて表す。
例：てっぺい　TEPPEI

● 長音《ちょうおん》(伸ばす音)→普通は母音1つで表す。「お」の長音はOかOHで表す。
例：ようこ　YOKO／YOHKO
おおた　OTA／OHTA

＊ローマ字表記には、ほかに「し」をSIとしたり、「ち」をTIとする訓令式《くんれいしき》などがある。

覚えておきたい
出生届の書き方・出し方

赤ちゃんが生まれたら、
いま住んでいる市区町村の役所などに出生届《しゅっしょうとどけ》を提出しましょう。
赤ちゃんは「戸籍《こせき》」を取得して社会の一員となり、
憲法でうたわれている基本的な権利を保障されることになるのです。

いつまでに？

赤ちゃんの生後14日以内に提出する

出生届は、誕生した日から数えて生後14日以内に提出することが「戸籍法」で定められています。

14日目が休日のときは

生後14日目が土日や祝日で役所がお休みの場合は、休み明けが期限です。休日や夜間でも届け出じたいはできますが、母子健康手帳に押印《おういん》してもらうために、後日また窓口に行く必要があります。

届け出が遅れたら

出生届と一緒に、遅延《ちえん》理由を記入した「戸籍届出期間経過通知書」を提出します。

ただし、自然災害などの正当な理由がない場合は、５万円以下の過料《かりょう》（金銭を徴収する行政上の罰）を支払わなければならないことがあります。

必ず期限内に提出しましょう。

Column

戸籍と住民票

戸籍って何？

戸籍は、出生、結婚、死亡などの身分関係を管理し、日本人であることを証明する公的文書。「夫婦と氏《うじ》（＝姓）を同じくする（未婚の）子」をまとめて登録します。戸籍を管理する市区町村が「本籍《ほんせき》（地）」です。

戸籍がないと、住民票への記載、健康保険の加入、パスポートの取得、婚姻《こんいん》届の提出などに、さまざまな支障が出やすくなります。

住民票って何？

現在の居住《きょじゅう》関係を証明するものです。運転免許証の交付のときなどに必要です。戸籍の写しではありません。

どこへ出すの？

- 赤ちゃんが生まれた地
- 親の本籍地
- 親が住民登録している地
- 親が滞在している地

上の四つのいずれかの地域の役所の窓口（生活課・戸籍係など）に提出します。

用紙はどこでもらうの？

- 市区町村の役所の窓口
- 病院・産院

出生届の右側には、出産に立ち会った医師や助産師が記入する「出生証明書」がついています。出産後なるべく早く記入・押印してもらっておくといいでしょう。

だれが出すの？

「届出人」は原則として父親か母親

「届出人」は出生の届け出の義務があり、届に署名・押印する人のことで、父もしくは母が一般的です。ただし、役所に用紙を直接もっていく人は、祖父母や同居している人など、代理人でもかまいません。代理人も、本人確認のできる身分証明書をもっていくようにしましょう。

何が必要？

- 出生届と出生証明書
- 母子健康手帳
- 届出人の印鑑
- 身分証明書
- 国民健康保険証

出生届と出生証明書

必要事項を記入したもの（→P492）を用意します。出生証明書は、出産に立ち会った人（医師や助産師）が記入します。

母子健康手帳

届の提出後、手帳の出生届済証明書に押印してもらいます。

届出人の印鑑

朱肉を使うもの。実印（印鑑登録をしたもの）でなくてもかまいません。

身分証明書

運転免許証など、本人確認ができるもの。養育者が外国人の場合は、外国人登録証も必要です。

国民健康保険証

赤ちゃんの養育者が国民健康保険に加入している場合に必要になります。

出生届の記入例

出生届《しゅっしょうとどけ》は出生証明書と一緒に1枚の用紙になっています。

出生証明書

出産に立ち会った医師や助産師が記入する書類。早めに記入・押印《おういん》してもらっておくと、あとの手続きがスムーズに進みます。

記入の注意

鉛筆や消えやすいインキで書かないでください。

子が生まれた日からかぞえて14日以内に提出してください。

子の本籍地でない市区町村役場に提出するときは、２通提出してください（札幌市内に提出する場合は、１通で結構です。）。
２通の場合でも、出生証明書は、原本１通と写し１通でさしつかえありません。

子の名は、常用漢字、人名用漢字、かたかな、ひらがなで書いてください。子が外国人のときは、原則かたかなで書くとともに、住民票の処理上必要ですから、ローマ字を付記してください。

よみかたは、戸籍には記載されません。住民票の処理上必要ですから書いてください。

□には、あてはまるものに☑のようにしるしをつけてください。

→ 筆頭者の氏名には、戸籍のはじめに記載されている人の氏名を書いてください。

→ 子の父または母が、まだ戸籍の筆頭者となっていない場合は、新しい戸籍がつくられますので、この欄に希望する本籍を書いてください。

届け出られた事項は、人口動態調査（統計法に基づく基幹統計調査、厚生労働省所管）にも用いられます。

> 届出人の署名は届出義務者が自署してください。
> 届出人が署名したあと届書をお持ちになる方は、親族その他の方でもかまいません。
> 届出義務者は、嫡出子の場合は父または母、嫡出でない子の場合は母です。

■母子手帳と届出人の印を持参してください。

出生証明書

記入の注意

子の氏名		男女の別	1男　2女
生まれたとき	令和　年　月　日　午前／午後　時　分		
(10) 出生したところ及びその種別	出生したところの種別	1 病院　2 診療所　3 助産所　4 自宅　5 その他	
	出生したところ	番地　番　号	
	（出生したところの種別1～3）施設の名称		
(11) 体重及び身長	体重　グラム	身長　センチメートル	
(12) 単胎・多胎の別	1 単胎　2 多胎（　子中第　子）		
(13) 母の氏名		妊娠週数	満　週　日
(14) 子の母の出産した子の数	出生子（この出生子及び出生後死亡した子を含む）　人		
	死産児（妊娠満22週以後）　胎		
(15) 1 医師　2 助産師　3 その他	上記のとおり証明する。　令和　年　月　日 （住所）　番地　番　号 （氏名）　印		

← 夜の12時は「午前０時」、昼の12時は「午後０時」と書いてください。

← 体重及び身長は、立会者が医師又は助産師以外の者で、わからなければ書かなくてもかまいません。

← この母の出産した子の数は、当該母又は家人などから聞いて書いてください。

← この出生証明書の作成者の順序は、この出生の立会者が例えば医師・助産師ともに立ち会った場合には医師が書くように1、2、3の順序に従って書いてください。

※出生届の手続について、悩みや困りごとがあれば、お近くの市区町村又は法務局にご相談ください。
出生届を届け出なければ、その子の戸籍がつくられず、不利益を被るおそれがあります。
詳しくは法務省のホームページをご覧ください。［無戸籍　法務省］

最終チェック！

☑ 漢字の思い違いや名前の読みの間違いはないか

名前を記入する前に、勘違《かんちが》いがないか最終確認をしましょう。思いこみで、読みや字形を間違えているケースもあります。
漢和辞典や法務省のホームページの「戸籍《こせき》統一文字情報」を利用してもいいでしょう（→P219）。

☑ 元号《げんごう》で記入してあるか

生年月日などの年の記載には、西暦ではなく元号（令和2年など）を使う決まりになっています。

☑ 楷書《かいしょ》で読みやすく書いてあるか

書類に不備があると、受理《じゅり》をしてもらえない場合があります。わかりやすく丁寧に楷書で書いてください。記入した字が戸籍に登録されるので、似たような字（→P245、P253）や新字・旧《きゅう》字などを間違えないように。

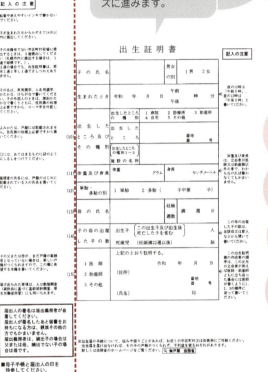

出生届

届出人が記入しなければならない書類。不備がないように、下の見本を参考にしながら丁寧に記入しましょう。

●日付

役所への提出日。出生日や記入した日ではない。提出直前に記入するとよい。

●続き柄

親から見た赤ちゃんの関係を記入。「嫡出子《ちゃくしゅつし》」は、婚姻《こんいん》関係のある夫婦に生まれた子のこと（→P494）。

●子の氏名

赤ちゃんの氏名と読み。読みは戸籍には不要だが、住民票の処理のために必要。

●生まれたところ

赤ちゃんが出生した病院などの施設の所在地。

●住所・世帯主

現住所と世帯主の氏名を記入。「世帯主との続き柄」は、世帯主が父や母の場合は「子」。世帯主が祖父の場合は「子の子」となる。

●本籍《ほんせき》

戸籍に記載されている住所を記入。「筆頭者《ひっとうしゃ》」とは、戸籍の最初に記載されている人のこと。本籍地が現住所と異なる場合は、戸籍謄《とう》本《ほん》か戸籍抄本《しょうほん》などで確認を。

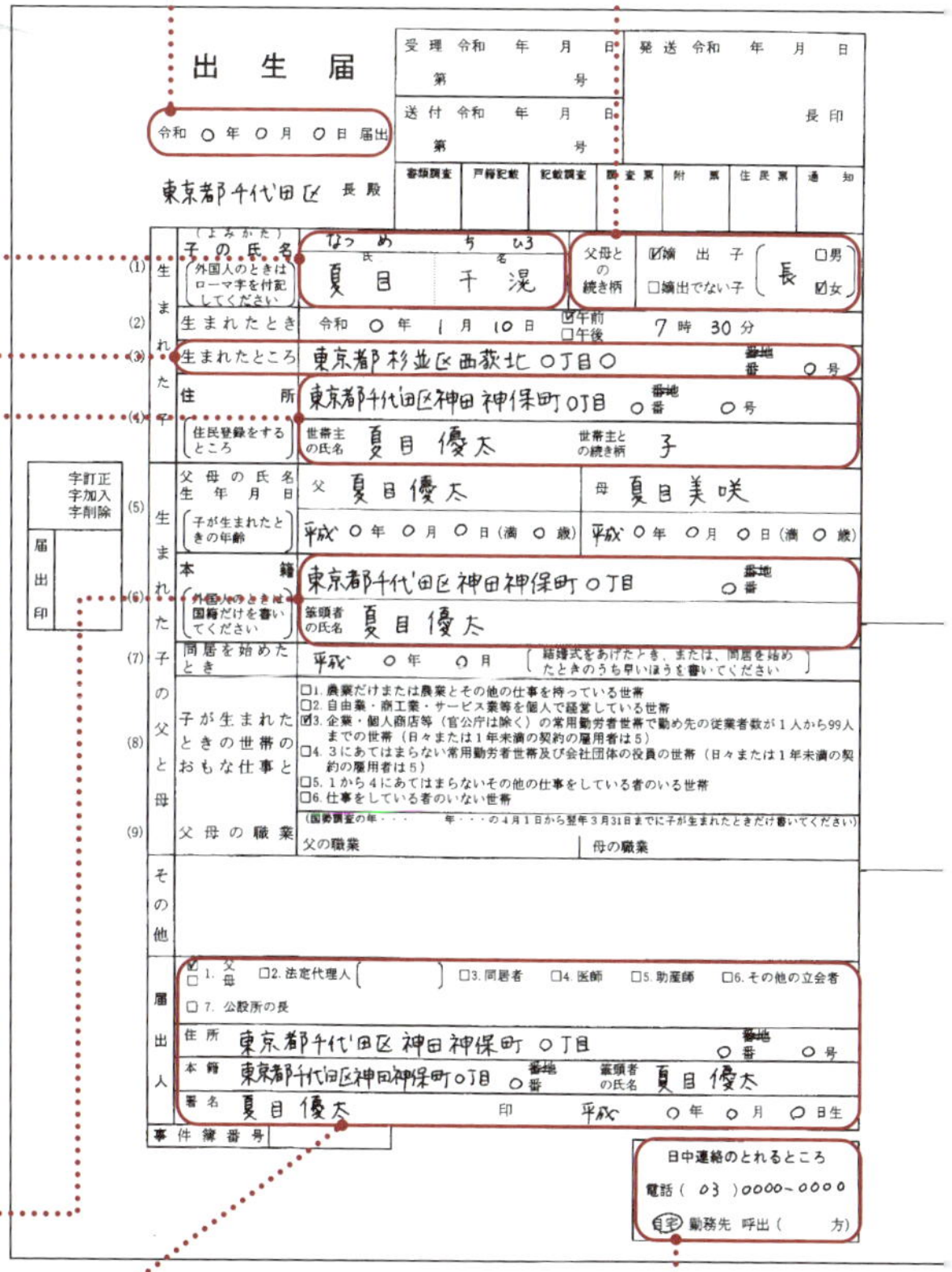
出生届
令和 ○ 年 ○ 月 ○ 日 届出
東京都千代田区 長 殿
受理 令和 年 月 日 第 号
送付 令和 年 月 日 第 号
発送 令和 年 月 日
長 印
書類調査 戸籍記載 記載調査 調査票 附票 住民票 通知
(1) 子の氏名（よみかた）（外国人のときはローマ字を付記してください） なつめ ちひろ 氏 夏目 名 千滉
父母との続き柄 ☑嫡出子 □嫡出でない子 （長 □男 ☑女）
(2) 生まれたとき 令和 ○ 年 1 月 10 日 ☑午前 □午後 7 時 30 分
(3) 生まれたところ 東京都杉並区西荻北〇丁目〇 番地 番 ○ 号
(4) 住所（住民登録をするところ） 東京都千代田区神田神保町〇丁目 ○ 番地 番 ○ 号
世帯主の氏名 夏目優太 世帯主との続き柄 子
(5) 父母の氏名 生年月日（子が生まれたときの年齢） 父 夏目優太 平成 ○ 年 ○ 月 ○ 日（満 ○ 歳） 母 夏目美咲 平成 ○ 年 ○ 月 ○ 日（満 ○ 歳）
(6) 本籍（外国人のときは国籍だけを書いてください） 東京都千代田区神田神保町〇丁目 ○ 番地 番
筆頭者の氏名 夏目優太
(7) 同居を始めたとき 平成 ○ 年 ○ 月（結婚式をあげたとき、または、同居を始めたときのうち早いほうを書いてください）
(8) 子が生まれたときの世帯のおもな仕事と
□1. 農業だけまたは農業とその他の仕事を持っている世帯
□2. 自由業・商工業・サービス業等を個人で経営している世帯
☑3. 企業・個人商店等（官公庁は除く）の常用勤労者世帯で勤め先の従業者数が1人から99人までの世帯（日々または1年未満の契約の雇用者は5）
□4. 3にあてはまらない常用勤労者世帯及び会社団体の役員の世帯（日々または1年未満の契約の雇用者は5）
□5. 1から4にあてはまらないその他の仕事をしている者のいる世帯
□6. 仕事をしている者のいない世帯
(9) 父母の職業（国勢調査の年… 年…の4月1日から翌年3月31日までに子が生まれたときだけ書いてください） 父の職業 母の職業
その他
届出人 ☑1. 父 □ 母 □2. 法定代理人（ ） □3. 同居者 □4. 医師 □5. 助産師 □6. その他の立会者 □7. 公設所の長
住所 東京都千代田区神田神保町 〇丁目 ○ 番地 番 ○ 号
本籍 東京都千代田区神田神保町〇丁目 ○ 番地 番 筆頭者の氏名 夏目優太
署名 夏目優太 印 平成 ○ 年 ○ 月 ○ 日生
事件簿番号
日中連絡のとれるところ
電話（ 03 ）0000-0000
自宅 勤務先 呼出（ 方）

●届出人

出生の届け出の義務がある人のことで、通常は父または母。役所に直接出生届を持参した人ではない。

●連絡先

届出人の連絡先を記入する。

出生届Q&A

こんなときはどうするの？

Q 「父母との続き柄」の書き方がわからない……

出生届の「父母との続き柄」の欄には、嫡《ちゃく》出子《しゅつし》かどうかを記入する欄と、性別を記入する欄があります。

「嫡出子」とは、法律上の婚姻《こんいん》手続きをした夫婦に生まれた子のこと。未婚のカップルやシングルマザーの子は「嫡出でない子」となります。ただし、出生届と同時に婚姻届を提出すれば、嫡出子として記載できます。くわしくは市区町村の窓口に問い合わせましょう。性別については、当てはまるほうにチェックを入れ、生まれた順を記入します。

最初の子は「長男・長女」、２番目以降の子は「二男・二女」のように漢数字を使い、男女別に数えます。たとえば男の子の次に、女の子、男の子、と生まれた場合、上から「長男、長女、二男」となります。

Q 海外で出産したらどうするの？

その国の日本大使館で出生届《しゅっしょうとどけ》の用紙をもらい、生後３か月以内に出生届と出生証明書を大使館や領事館に提出します。

期限内に日本の役所に提出してもかまいません。その場合は、出生証明書に和訳を添えてください。

赤ちゃんが出生国の国籍を取得した場合、日本国籍も保持したければ、出生届の「その他」の欄に「日本の国籍を留保する」と記入して、署名・押印《おういん》をします。

アメリカなど、出生国がそのまま国籍となるような国では、特に注意しましょう。

Q 期限までに名前が決まらない

「追完《ついかん》手続き」をしましょう。生後14日以内に出生届の「子の氏名」を書かずに提出し、後日名前が決まってから「追完届」と一緒に、名前だけ届けます。ただし、この場合は、戸《こ》籍《せき》に空白期間の記録が残ります。

名前が決まってから、「戸籍届出期間経過通知書」とあわせて出生届を提出する方法もありますが、この場合、簡易裁判所より５万円以下の過料《かりょう》を請求されることがあります。

Q 届けた名前は変更できる？

一度名前が登録されると、原則として改名はできません。改名を希望する場合は、「正当な事由」かどうかを、家庭裁判所によって裁定してもらう必要があります。

記入間違いや画数を変えたいなどの理由は、まず却下《きゃっか》されてしまいます。名づけと出生届の提出は、くれぐれも慎重に。

改名を認められる正当な事由

- 奇妙な名前や難しすぎる名前
- 周囲に同姓同名がいて不都合
- 異性や外国人とまぎらわしい
- 神官・僧侶になった、またはやめた
- 別の名前を通称として長年使用した
- 性同一性障害のため不都合　　など

参考文献

『「名前」の漢字学』（阿辻哲次／青春出版社）

「人名漢字はいい漢字」
（阿辻哲次／『月刊戸籍』より／テイハン）

『部首のはなし』（阿辻哲次／中央公論社）

『漢字道楽』（阿辻哲次／講談社）

『音相で幸せになる赤ちゃんの名づけ』
（黒川伊保子著　木通隆行監修／青春出版社）

『イホコ先生の音韻姓名判断』
（黒川伊保子／双葉社）

『怪獣の名はなぜガギグゲゴなのか』
（黒川伊保子／新潮社）

『名前の日本史』（紀田順一郎／文藝春秋）

『訓読みのはなし　漢字文化圏の中の日本語』
（笹原宏之／光文社）

『月刊しにか　2003年7月号』（大修館書店）

『名前と人間』（田中克彦／岩波書店）

『苗字名前家紋の基礎知識』
（渡辺三男／新人物往来社）

『読みにくい名前はなぜ増えたか』
（佐藤稔／吉川弘文館）

『日本の「なまえ」ベストランキング』
（牧野恭仁雄ほか／新人物往来社）

『世界に通じるこどもの名前』
（加東研・弘中ミエ子／青春出版社）

『くらしの法律百科』
（鍛冶良堅・鍛冶千鶴子総監修／小学館）

『冠婚葬祭　暮らしの便利事典』（小学館）

『幸せを呼ぶインテリア風水』
（李家幽竹／ワニブックス）

『官報　号外213号』

『広漢和辞典』
（諸橋轍次・鎌田正・米山寅太郎／大修館書店）

『漢語新辞典』（鎌田正・米山寅太郎／大修館書店）

『常用字解』（白川静／平凡社）

『人名字解』（白川静・津崎幸博／平凡社）

『光村漢字学習辞典』
（飛田多喜雄・藤原宏監修／光村教育図書）

『漢字典』（小和田顯・遠藤哲夫他編／旺文社）

『全訳 漢辞海』
（戸川芳郎監修　佐藤進・濱口富士雄編／三省堂）

『漢字必携』（日本漢字能力検定協会）

『人名用漢字・表外漢字字体一覧』
（小林敏編／日本エディタースクール）

『ネーミングのための8か国語辞典』
（横井惠子編／三省堂）

『コンサイス人名事典－日本編－』
（上田正昭・津田秀夫他監修／三省堂）

『こども鉱物図鑑』
（八川シズエ／中央アート出版社）

『月光』（林完次／角川書店）

『読んでわかる俳句　日本の歳時記』
（春、夏、秋、冬・新年号）（宇多喜代子・西村和子・中原道夫・片山由美子・長谷川櫂編著／小学館）

『日本の色』（コロナ・ブックス編集部編／平凡社）

『暦のたしなみ～しきたり・年中行事・季節のうつろいまで～』
（小笠原敬承斎／ワニブックス）

『岩波　日中辞典』（倉石武四郎・折敷瀬興編／岩波書店）

『タヒチ語会話集』（岩佐嘉親著／泰流社）

『小学館　日韓辞典』（油谷幸利・門脇誠一・松尾勇・高島淑郎編／小学館）

『コンサイス和仏辞典』
（重信常喜・島田昌治・橋口守人・須藤哲生・工藤進・山岡捷利・ガブリエル・メランベルジェ編／三省堂）

『クラウン和西辞典』（カルロス・ルビオ・上田博人・アントニオ・ルイズ＝ティノコ・崎山昭編／三省堂）

『ひとり歩きの会話集27ヒンディー語』（JTBパブリッシング）

『都道府県別　日本の地理データマップ　①日本の国土と産業データ』（宮田利幸監修／小峰書店）

『新ハワイ語-日本語辞典』（西沢佑／千倉書房）

『広辞苑』（新村出編／岩波書店）

『ジーニアス英和辞典』
（小西友七 ・南出康世編／大修館書店）

『知識ゼロからの百人一首』（有吉保監修／幻冬舎）

法務省ホームページ

文化庁ホームページ

外務省ホームページ

大修館書店ホームページ「漢字文化資料館」

明治安田生命ホームページ

goo辞書ホームページ

＊**掲載しているデータは2020年3月現在のものです。**

＊**本書の漢字の扱いについて**

本書の漢字の字体は、法務省令「戸籍法施行規則」で示された人名用漢字、および内閣告示「常用漢字表」の字体にできるだけ近いものを掲載しました。画数は、これらの字体と前掲した資料をもとに、監修者と相談のうえ、決定しました。

阿辻哲次（あつじ・てつじ）
1951年大阪府生まれ。京都大学文学部卒業、京都大学大学院文学研究科博士課程修了。京都大学大学院人間・環境学研究科教授を経て、同名誉教授。漢字を中心とした中国文化史を専門としている。著書に『図説　漢字の歴史』（大修館書店）、『漢字の文化史』（筑摩書房）、『漢字を楽しむ』『タブーの漢字学』（講談社現代新書）、『「名前」の漢字学』（青春新書）などがある。本書ではPART４を監修。

黒川伊保子（くろかわ・いほこ）
1959年長野県生まれ。奈良女子大学理学部物理学科卒業。メーカーでＡＩ研究に携わり、ロボットの情緒を研究したのち、語感の研究をはじめる。株式会社感性リサーチ代表取締役、日本感性工学会評議員、倉敷芸術科学大学非常勤講師。著書に『怪獣の名はなぜガギグゲゴなのか』（新潮新書）、『日本語はなぜ美しいのか』（集英社新書）、『夫婦脳』『運がいいと言われる人の脳科学』（新潮文庫）、『「しあわせ脳」に育てよう！』（講談社）ほか。本書ではPART２、PART３（P188〜P195）、PART４（漢字と名前のリスト「名づけのヒント」）を監修。

九燿木秋佳（くようぎ・しゅうけい）
1960年広島県生まれ。早稲田大学第一文学部卒業。国語や歴史関連の執筆・編集を経て、陰陽道や姓名判断を中心に、各国の魔術や占法等を研究する。『カバラの秘密』（楓書店）など、関連著書多数。本書ではPART５を執筆。

●デザイン　清水真理子（TYPEFACE）
●イラスト　福場さおり　ナシエ　福島幸　かとーゆーこ
中小路ムツヨ　くどうのぞみ　さくま育　成瀬瞳
●校正　ペーパーハウス
●編集協力　オフィス201（新保寛子　藤本真帆）
保田智子　安原里佳
●編集担当　柳沢裕子（ナツメ出版企画）

本書に関するお問い合わせは、書名・発行日・該当ページを明記の上、下記のいずれかの方法にてお送りください。電話でのお問い合わせはお受けしておりません。
・ナツメ社webサイトの問い合わせフォーム
https://www.natsume.co.jp/contact
・FAX（03-3291-1305）
・郵送（下記、ナツメ出版企画株式会社宛て）
なお、回答までに日にちをいただく場合があります。正誤のお問い合わせ以外の書籍内容に関する解説・個別の相談は行っておりません。あらかじめご了承ください。

ナツメ社Webサイト
https://www.natsume.co.jp
書籍の最新情報（正誤情報を含む）はナツメ社Webサイトをご覧ください。

はじめての贈《おく》りもの　女《おんな》の子《こ》の幸《しあわ》せ名《な》前《まえ》事《じ》典《てん》

2017年10月５日　初版発行
2022年４月１日　第６刷発行

監修者　阿《あ》辻《つじ》哲《てつ》次《じ》　Atsuji Tetsuji, 2017
黒《くろ》川《かわ》伊《い》保《ほ》子《こ》　Kurokawa Ihoko, 2017
発行者　田村正隆

発行所　株式会社ナツメ社
東京都千代田区神田神保町1-52　ナツメ社ビル1F（〒101-0051）
電話　03(3291)1257(代表)　FAX　03(3291)5761
振替　00130-1-58661
制　作　ナツメ出版企画株式会社
東京都千代田区神田神保町1-52　ナツメ社ビル3F（〒101-0051）
電話　03(3295)3921(代表)
印刷所　株式会社リーブルテック

ISBN978-4-8163-6285-9　Printed in Japan
（定価はカバーに表示してあります）（落丁・乱丁本はお取り替えします）